W0056983

Die Ukraine

Wolfgang Benz (Hrsg.)

DIE UKRAINE

Kampf um Unabhängigkeit

Geschichte und Gegenwart

Ⓜ | METROPOL

ISBN: 978-3-86331-697-6

© 2023 Metropol Verlag
Ansbacher Straße 70
D–10777 Berlin
www.metropol-verlag.de
Druck: AALEXX Druck Produktion, Großburgwedel

Inhalt

IV. Wege in die Moderne

V. Krise

Vorwort

Der russische Angriffskrieg gegen die Ukraine hat die Welt in ein politisches und wirtschaftliches Chaos gestürzt. Der jahrzehntelang vom Westen wenig beachtete Staat Ukraine steht plötzlich im Zentrum internationaler Aufmerksamkeit. Zum Verständnis des Konflikts ist deshalb der Blick auf die Hintergründe der verstörenden Ereignisse der Gegenwart unerlässlich. Jahrhundertelang stand das Land in Abhängigkeit seiner Nachbarn. Doch am Ende des 20. Jahrhundert schien der Kampf um die Souveränität der Ukraine entschieden.

Der nach Russland flächenmäßig zweitgrößte Staat Europas hat etwa 42 Millionen Einwohner, von denen nach Sprache und ethnischem Verständnis etwa 78 % Ukrainer sind. Dazu kommen 17 % Russen und kleinere Minderheiten aus Belarussen, Moldauern, Bulgaren, Polen, Ungarn, Rumänen, Griechen und Juden. Religiös bekennt sich die Mehrheit zur christlichen Orthodoxie, die jedoch drei miteinander rivalisierenden Patriarchaten (Konstantinopel, Moskau, Kiew) zugehört. Mehr als vier Millionen Christen sind katholisch, dem Papst untertan oder mit Rom uniert. Zwei Millionen Ukrainer sind Muslime und knapp 100 000 sind jüdischer Religion.

Der Staat Ukraine kämpft seit der russischen Aggression, die 2014 mit der Stimulierung von Separatismus und der Annexion der Krim begann und im Februar 2022 zum großen Krieg eskalierte, um traditionelle Integrität und den Erhalt der Souveränität.

Als Angreifer und Anstifter zur Verletzung des Kriegsrechts, zur Missachtung der Menschenrechte, wegen Verbrechen gegen die Zivilbevölkerung erließ der Internationale Strafgerichtshof im März 2023 Haftbefehl gegen den Staatspräsidenten Russlands. Die demokratische Welt hat sich mit der Ukraine solidarisch erklärt und unterstützt das überfallene Land auf vielfältige Weise. Dessen Präsident Zelens'kyj verkörpert als omnipräsente Symbolgestalt den Willen seines Landes, nach Jahrhunderten russischer Herrschaft als freie und unabhängige Nation Mitglied der europäischen Gemeinschaft zu werden. Dem Weg in die Union stehen freilich noch erhebliche Hindernisse entgegen, Probleme des politischen Systems, der sozialen Ordnung, der rechtsstaatlichen Verfassung – von Ökonomie zerstörter Infrastruktur, Notwendigkeiten des Wiederaufbaus, millionenfacher Traumatisierung durch Krieg und Flucht ganz zu schweigen.

Absicht dieses Bandes ist es, einige wesentliche historische, politische, soziale Determinanten der ukrainischen Gegenwart zu beleuchten und deren historische Ursachen darzustellen. Die emotionale Zuwendung, die das Land im Krieg zu Recht erhält, folgt auf eine lange Phase der Nichtbeachtung, in der die kulturelle Eigenart der Ukraine gegenüber Russland nicht zur Kenntnis genommen wurde. Fehler, die auch einigen Osteuropahistorikern und anderen Experten zur Last liegen, können durch Solidarität und freundschaftliche Empfindungen allein, wie sie in der Not der Ukraine entgegengebracht werden, nicht korrigiert werden. Notwendig zum Verständnis des Landes und seines Wegs nach Westen, den der übermächtige östliche Nachbar aufhalten und umkehren will, sind die historischen, politischen und sozialen Fakten und Zusammenhänge, die in den Kapiteln dieses Buches dargestellt und analysiert werden.

Die Identität als eigenes Volk wurde den Ukrainern lange Zeit abgesprochen. Sie galten im Imperium der russischen Zaren als „Kleinrussen", die Österreicher nannten sie „Ruthenen" und die Ungarn bezeichneten sie als „Karpatorussen". „Kleinrussland" im engeren Sinne hießen auch die beiden Gouvernements Černihiv und Poltava. Die Gouvernements Ekaterinoslav, Cherson und Taurien sowie das Stadtgouvernement Odesa wurden im 18. und 19. Jahrhundert „Neurussland" genannt, aktuell wird der Begriff als antiukrainische Konstruktion von der russischen Annexionspropaganda in den Regionen Donec'k und Luhans'k verwendet.

Um die ökonomischen und ideologischen Ursachen der gegenwärtigen Krise zu verstehen, müssen die Traditionslinien verfolgt werden, die das Land jahrhundertelang in Abhängigkeit von Nachbarn, am stärksten von Russland, aber auch intensiv von Polen und Litauen sowie vorübergehend vom Habsburger Reich und vom Osmanischen Reich und schließlich von der Sowjetunion hielten. Stationen des Weges, der weithin als Leidensgeschichte erinnert wird, waren der Mongolensturm im 13. Jahrhundert, die Gemeinwesen der Kosaken, entstanden aus der Abwehr der Tataren, aber in die Abhängigkeit von Russland mündend, weil sich 1654 die Kosaken dem Schutz der Moskauer Herrscher unterworfen hatten. Fortan wurde die Ukraine als Teil der russischen Geschichte gesehen. Das gescheiterte Streben nach Unabhängigkeit im Ersten Weltkrieg und unmittelbar danach änderte daran nichts. Dann wurde die Ukraine vom nationalsozialistischen Eroberungs- und Vernichtungswahn überrollt, dem ukrainische Nationalisten mit Illusionen begegneten, sich den deutschen Angreifern als Kombattanten gegen den gemeinsamen Feind Stalin anboten, aber so lange brüsk zurückgewiesen wurden, als sich die deutschen Eroberer stark und allem Slawischen überlegen dünkten.

Seit dem 1. September 1941 stand das Territorium der Ukraine als „Reichskommissariat Ukraine" unter deutscher Zivilverwaltung. Dem Reichsministerium für die besetzten Ostgebiete unter Alfred Rosenberg in Berlin unterstellt, herrschte Erich Koch, Gauleiter von Ostpreußen, als Reichskommissar mit Sitz in Rivne. Sein Herrschaftsgebiet, gegliedert in sechs Generalkommissariate, umfasste die Zentralukraine bis zum Dnipro und Wolhynien sowie ein Stück des Territoriums Weißrusslands. Die deutsche Zivilverwaltung verfolgte drei Ziele: die Ausbeutung der Ressourcen, die Rekrutierung von Arbeitskräften sowie deren Deportation nach Deutschland und die Vernichtung der Juden. Millionen Menschen verloren ihr Leben. Die Ukraine war eine deutsche Kolonie, deren Bevölkerung für die Kolonialherren – Wehrmacht, Zivilverwaltung, SS – nur geringen Wert hatte bei der Verfolgung ihrer ideologischen Ziele. Dazu gehörte auch die Indienstnahme ukrainischer Kriegsgefangener der Roten Armee als Wachmannschaften in deutschen KZ und Vernichtungslagern und die Rekrutierung als Soldaten in Einheiten der Wehrmacht und der Waffen-SS.

Nach der Befreiung von der deutschen Herrschaft durch die Rote Armee war die Ukraine wieder Glied der Sowjetunion. Die Tatsache, dass das Land in den 1945 gegründeten Vereinten Nationen Sitz und Stimme hatte, war eine formale Konzession gegenüber Stalin und blieb politisch bis zum Untergang der Sowjetunion bedeutungslos. Wahrgenommen wurde die Ukraine als integraler Bestandteil der Sowjetunion. Im besetzten Nachkriegsdeutschland galten alle Angehörigen der Streitkräfte und der Administration der Sowjetischen Besatzungszone Deutschlands als „Russen". Auch die Tatsache, dass in der Roten Armee viele Ukrainer an der Befreiung Deutschlands vom Nationalsozialismus mitwirkten, war und ist im öffentlichen Bewusstsein kaum präsent.

Im ukrainischen Verständnis wurde die Hoffnung auf nationale Selbstständigkeit zweimal enttäuscht: Sowohl im Ersten Weltkrieg als auch in den Jahren 1941 bis 1944, als das Land zum zweiten Mal unter deutscher Okkupation stand, wurden deutsche Soldaten von vielen als Befreier erst von Zaren-, dann von der Sowjetherrschaft begrüßt. Die bittere Erkenntnis war, dass das Deutsche Reich beide Male nur an den Ressourcen der Ukraine, an Rohstoffen und landwirtschaftlichen Erzeugnissen, am Land selbst aber nur als Kolonie interessiert war und – im Zweiten Weltkrieg – an den Menschen nur deshalb, weil sie zur Zwangsarbeit missbraucht werden konnten, als menschliche Kriegsressource, die im Land ausgebeutet oder nach Deutschland verschleppt wurde.

Ukrainer, die Widerstand gegen die deutsche Herrschaft leisteten, wurden als „Banditen" gejagt und getötet. Ukrainer, die als Juden identifiziert waren, wurden, wie die Funktionäre der Kommunistischen Partei, ermordet und im Massengrab verscharrt. An nur zwei Tagen erschossen Einheiten der SS am Stadtrand von Kiew in der Schlucht Babyn Jar 33 771 jüdische Männer, Frauen und Kinder. Die Massengewalt gegen Juden in den drei Jahren deutscher Herrschaft vom September 1941 bis August 1944 übertraf die Exzesse der Pogrome unter dem Zarenregime um ein Vielfaches.

Eine Station der ukrainischen Geschichte, die im Selbstverständnis der jungen Nation hohen Stellenwart hat, die Hungersnot „Holodomor", die Stalin anlässlich der Kollektivierung der sowjetischen Landwirtschaft in den 1930er-Jahren in der Ukraine verursachte und dabei Millionen Tote in Kauf nahm, war anders als der nationalsozialistische Judenmord kein Genozid, was freilich keine Minderung der entsetzlichen Folgen der Katastrophe bedeutet. Der Unterschied liegt in der Planung und der absichtsvollen Herbeiführung der Vernichtung eines Volkes (Holocaust) und der billigenden Inkaufnahme des Todes von Menschen bei Maßnahmen mit staatspolitischem und ökonomischem Ziel (Holodomor).

Die Beiträge dieses Bandes, verfasst von namhaften Expertinnen und Experten, gehen den Stationen der Unterdrückung, Einverleibung und Abhängigkeit bis zum Streben der Ukraine nach Eigenständigkeit nach. Aus wissenschaftlicher Perspektive werden ethnische, religiöse und soziale Probleme analysiert sowie politische, geografische, kulturelle und historische Entwicklungen dargestellt. Der lange Weg der Ukraine nach Westen steht im Mittelpunkt der Beiträge – mit all den Problemen, die jenseits des von Russland mit Krieg überzogenen Landes bestehen, die noch zu überwinden sind, wenn der Wiederaufbau beginnt, der dem erhofften Frieden folgen muss.

Wolfgang Benz, im April 2023

I. Traditionslinien

GERHARD SIMON

Los von Moskau!
Der lange Weg der Ukraine nach Westen

Unerwartet ist die Ukraine ins Zentrum der europäischen Politik gerückt. Als das Land vor dreißig Jahren als einer der Nachfolgestaaten der Sowjetunion auf der europäischen Landkarte erschien, war das keineswegs der Fall. Die Ukraine stand eher im Schatten. Die Hauptaufmerksamkeit im Westen galt Polen, das zwar nicht Teil der Sowjetunion gewesen war, aber als der mit Abstand größte Staat in Ostmitteleuropa sogleich eine bestimmende Rolle als Vorreiter der Reformen und Hoffnungsträger der Integration in den Westen einnahm. Die drei baltischen Staaten Estland, Lettland und Litauen erhielten deshalb eine besondere Aufmerksamkeit, weil die USA die Annexion durch die Sowjetunion niemals anerkannt hatten und die baltischen Staaten zu Recht ihre Staatlichkeit seit 1991 lediglich als die Wiederherstellung des Völkerrechts betrachteten. In Deutschland bestand zudem noch eine schwache Erinnerung an die jahrhundertealte Bindung zu Estland und Lettland durch die Deutschbalten.

Ansonsten aber stand Russland hierzulande auch nach 1991 ganz im Vordergrund der politischen Agenda und der öffentlichen Wahrnehmung, schließlich hatte man früher schon die Sowjetunion als „Sowjetrussland" bezeichnet. Die nichtrussischen Völker galten in Politik und Wissenschaft in Deutschland als Quantité négligeable. Die Tatsachen, dass die Hälfte der Bevölkerung der Sowjetunion aus Nichtrussen bestand oder dass die nichtrussischen Republiken nach dem Wortlaut der sowjetischen Verfassung das Recht auf Austritt aus der Union besaßen, waren einfach unbekannt oder wurden verdrängt, weil sie nicht in das Bild einer doch insgesamt als stabil geltenden Sowjetunion passten, auf deren gute Nachbarschaft Deutschland glaubte angewiesen zu sein.

Die Ukraine verharrte nach 1991 tatsächlich für ein Jahrzehnt in der Uneindeutigkeit. Auf eine Schocktherapie wie in Polen war das Land weder vorbereitet, noch wäre es dazu fähig gewesen. Es fehlte an Know-how, an politischem Willen und an Unterstützung von außen. Zwar erfolgte die allgemeine völkerrechtliche Anerkennung der ukrainischen Unabhängigkeit 1991 sehr rasch, aber der wichtigste Nachbar Russland stellte die Grenzen infrage und stritt jahrelang mit der

Ukraine über den zukünftigen Standort und den Besitz der Schwarzmeerflotte. Das „demokratische" Russland unter Präsident Boris El'cin (1991–1999) war keineswegs bereit, eine unabhängige Ukraine neben sich als gleichberechtigten Staat zuzulassen.

So war der Rückzug in die postkommunistische Grauzone zunächst der naheliegende Weg; weder Rückkehr unter die russische Hegemonie noch Integration nach Westen, weder Restauration des sowjetischen Sozialismus noch Aufbruch in die Marktwirtschaft, vielmehr von jedem etwas und nichts ganz. Das einzige politische Projekt, für das sich 1991 eine überzeugende Mehrheit in der Ukraine fand, war der Wille zu einem unabhängigen Staat.

Aber wie dieser Staat der Zukunft und umso mehr die Gesellschaft strukturiert sein sollten, blieb im Ungefähren. Das zeigen sehr deutlich die Wahlergebnisse vom 1. Dezember 1991: 92 % der Wähler stimmten für die Unabhängigkeit der Ukraine von der Sowjetunion, darunter auch 54 % der Wähler auf der Krim – dies war die niedrigste Zustimmungsrate aller Regionen. Zugleich wurde der de-facto-Chef der (reform)kommunistischen Partei Leonid Kravčuk mit 61,6 % der abgegebenen Stimmen zum ersten Präsidenten des Landes gewählt.

Die postkommunistische Ukraine schien sich den Weg offenzuhalten: entweder Anlehnung an den sich abzeichnenden eurasischen Integrationsraum unter russischer Führung oder Fortsetzung des Weges nach Westen, von dem in der politischen Rhetorik seit 1991 immer wieder die Rede war. Vor allem aber ging eine erhebliche Faszination von der Vorstellung aus, man würde sich nicht zu entscheiden brauchen, die Ukraine würde situativ die jeweils günstigsten Möglichkeiten für die eigenen Interessen nutzen können. Das Sitzen auf zwei Stühlen kann jedoch bekanntlich fatale Folgen haben.

Auch in Deutschland war die Warnung weitverbreitet, man dürfe die Ukraine nicht vor die Alternative Russland oder Europa zwingen. In unendlichen Varianten wurde die Metapher von der „Brücke" bemüht, die so wichtig und notwendig sei, um die Spannungen zwischen Russland und dem Westen auszubalancieren. Die Ukraine sollte diese Brückenfunktion wahrnehmen. In Tat und Wahrheit verbarg sich hinter diesen guten Ratschlägen die westliche, insbesondere die deutsche Rücksichtnahme auf Russland, dem man nach wie vor die Ukraine als Interessensphäre zurechnete.

Bekanntlich zerschlugen sich alle diese politischen Träume innerhalb und außerhalb der Ukraine durch die brutale Realität des Krieges seit dem 24. Februar 2022. Russland hat die Ukraine durch seine Aggression unausweichlich vor die Alternative gestellt: Vernichtung versus Integration nach Westen. Für das neoimperiale Russland kann es eine unabhängige Ukraine nicht geben. Präsident Putin hat sie geradezu als „Anti-Russland" bezeichnet. Denn, das zeigt der Blick zurück in die Geschichte, für die imperiale Mentalität ist die Ukraine ein Teil der russischen Identität. Für die Ukraine ergibt sich daraus zwingend der Weg nach Westen als die einzige Möglichkeit in die Zukunft. Wir sind Zeugen einer Entwicklung, die seit der Zarenzeit sichtbar war: Die Formierung der ukrainischen Unabhängigkeit verdankt sich in hohem Maß der russischen Arroganz, dem Größenwahn des russisch bestimmten Staates und seiner repressiven Politik.

Die ukrainische Nationalbewegung im Russländischen Reich

Zu Beginn des 19. Jahrhunderts gab es im Zarenreich einen beträchtlichen ukrainischen Bevölkerungsanteil, aber eine ukrainische Frage gab es nicht mehr – so schien es zumindest. Die ukrainische Frage und alle damit zusammenhängenden Probleme konnten als gelöst gelten. Das Hetmanat der Kosaken – so hießen die Ukrainer in der Frühen Neuzeit – war im 18. Jahrhundert aufgelöst und in das Zarenreich integriert worden. 1775 zerstörten russischen Truppen zuletzt die Zaporoger Sič, den Hauptort der Kosaken am Dnipro – heute Zaporižžja. Die große Zeit der ukrainischen (kosakischen) Eigenständigkeit gehörte – so hatte es den Anschein – der Vergangenheit an. Der ukrainische Adel war weitgehend loyal gegenüber Petersburg. Zahlreiche ukrainische Adlige wurden in die Oberschicht des Reiches kooptiert. Das bäuerlich geprägte Ukrainertum wurde im Zarenreich und im europäischen Ausland als Folklore wahrgenommen. Was Lieder und Tänze anbelangte, machte den Kleinrussen (malorosy) – so hießen die Ukrainer im Russländischen Reich nach dem Ende des Hetmanats – niemand etwas vor. Die „Ukrainophilie" war eine ganz und gar unpolitische Wertschätzung der Kleinrussen und ihrer Traditionen.

Auch für den „ideologischen Überbau" – wie man im 20. Jahrhundert sagte – war gesorgt. Im 17. Jahrhundert hatten erstmals orthodoxe Mönche des Kiewer Höhlenklosters das Konstrukt der ostslawischen Einheit formuliert, wonach alle Ostslawen eine gemeinsame Vergangenheit und Zukunft in der Slavia Orthodoxa haben. Dies Konstrukt wurde die Grundlage für die imperiale russische Geschichtsschreibung im 19. Jahrhundert, wonach es lediglich eine „allrussische Nation" gab, Kleinrussen und Belarussen galten als Teile dieser einheitlichen Nation mit einer einheitlichen, ununterbrochenen Geschichte seit dem 10. Jahrhundert. Die Leugnung jeder ukrainischen Eigenständigkeit war in den letzten Jahrzehnten des Zarenreiches übergreifender Konsens und verband alle Schichten und politischen Richtungen der russischen Gesellschaft miteinander – von den Monarchisten bis zu den Liberalen und Revolutionären – mit Ausnahme der Bolschewiki, einer bedeutungslosen radikalen Gruppe.[1]

Die politische Ideologie der „allrussischen Nation der Ostslawen" stand im Kontrast zu den elementaren demografischen Gegebenheiten. Nach der Volkszählung von 1897 (der einzigen umfassenden Volkszählung im Zarenreich) betrug der Anteil der Ukrainischsprecher (gefragt wurde nach der Umgangssprache, nicht nach der ethnischen Zugehörigkeit) in den kleinrussischen, „südwestlichen" Gouvernements Wolhynien, Podolien, Kiew, Černihiv, Poltava, Charkiv, Ekaterinoslav (heute Dnipro) 70 %–90 % der Bevölkerung. In den Gouvernements Cherson und Taurien (heute Krim) lag der Anteil bei 53 % bzw. 42 %; damit waren die Ukrainischsprecher auch hier noch immer eine relative Mehrheit der Bevölkerung.

Insgesamt lebten 1897 etwa 17 Millionen Ukrainer in den ukrainischen Gebieten des Zarenreiches, das waren 73 % der dortigen Bevölkerung. Die sowjetische Volkszählung von 1926 wies für die Sowjetukraine 29 Millionen Menschen aus, davon waren 80 % Ukrainer. Gegenwärtig bezeichnen etwa 80 % der Ukrainer das Ukrainische als ihre Muttersprache; die Gesamtbevölkerung beträgt etwa 40 Millionen. Der Anteil der Ukrainer und der ukrainischen Muttersprache zeigt also über einen Zeitraum von beinahe 150 Jahren eine erstaunliche Kontinuität – sieht man von den zwischenzeitlichen Schwankungen einmal ab.[2]

Vor allem machen diese Zahlen deutlich, dass die postkommunistische russische Propaganda, der Osten und Süden der Ukraine seien russisch und von Russen und Russischsprechern bewohnt, nicht der Wahrheit entspricht. Das trifft weder für die späte Zarenzeit noch für die Gegenwart zu. Dieser propagandistische Selbstbetrug hat aber bei der Rechtfertigung des Angriffskrieges gegen die Ukraine eine erhebliche Rolle gespielt. Die Russen wurden das Opfer ihrer Lügen.

In der Mitte des 19. Jahrhunderts formierte sich in dem Volk, das es gar nicht gab, eine nationale Erweckungsbewegung, und die „ukrainische Frage" kehrte auf die politische Agenda des Russländischen Reiches zurück. Sie sollte nicht mehr verschwinden und zu einem zentralen innenpolitischen Konfliktfaktor der weiteren Entwicklung werden.

Es gehört zu den Glücksfällen der ukrainischen Geschichte, dass zur ersten Generation der führenden Schriftsteller, Journalisten und Intellektuellen der

---

1   Susanne Spahn, Staatliche Unabhängigkeit – Ende der ostslawischen Gemeinschaft?, Hamburg 2011, S. 21–33; Ricarda Vulpius, Konkurrenz, Konflikt, Repression. Russland und die ukrainische Nationsbildung, in: Osteuropa 72 (2022) 6–8, S. 105–116.
2   Jaroslav Hrycak, Podolaty mynule: Hlobal'na istorija Ukrajiny [Das Vergangene überwinden: Globalgeschichte der Ukraine], Portal, Kyjiv 2021, S. 145 f.; Andreas Kappeler, Kleine Geschichte der Ukraine, 8. Aufl., München 2022, S. 146, 190.

Nationalbewegung jene überragende Figur gehörte, mit der viele Generationen Ukrainer sich bis heute identifizieren: Taras Ševčenko (1814–1861). Er ist durch seine bewegenden Verse, durch seinen unbeugsamen politischen Mut und durch sein Leben zu „einem Symbol für das Schicksal der geknechteten Ukraine" geworden.[3] Sohn eines leibeigenen Bauern, wurde er – freigekauft und gefördert durch weitsichtige Adlige und Künstler – zu einem bekannten Maler und Schriftsteller, geriet wegen seiner aufrührerischen politischen Verse in das Visier der Polizei in Petersburg und wurde für zehn Jahre als einfacher Soldat nach Kasachstan verbannt. Er kehrte mit ruinierter Gesundheit in die Hauptstadt des Reiches zurück und starb im Alter von nur 47 Jahren – ein quasi messianisches Leben.

Ševčenko verband die romantische Erinnerung an das freiheitliche Kosakentum mit modernen, westlichen nationalen und sozialen Forderungen. „So begrabt mich und erhebt euch!", heißt es in seinem „Vermächtnis" von 1845. In den russischen Zaren von Peter I. bis zu Katharina II. sah er die Feinde des ukrainischen Volkes. Seine Hoffnung setzte er in eine Zukunft ohne Zaren, Bojaren und Leibeigene, gestaltet in einer Föderation der slawischen Völker, in der eine autonome Ukraine ein „Eckstein" des Baus sein würde. Die Vorstellung einer vollständigen politischen Unabhängigkeit lag Ševčenko wie der gesamten ukrainischen Nationalbewegung vor 1880 fern.

Dennoch waren die zarische Regierung und die gebildete russische Gesellschaft elektrisiert von dem als tödliche Bedrohung wahrgenommenen Erwachen eines Volkes, das es gar nicht gab. Die daraus folgenden Repressalien leisteten einen wichtigen Beitrag zur Formierung der entstehenden Nation. Am 18. Juli 1863 erließ Innenminister Valuev ein geheimes Zirkular an die Zensurbehörden des Zarenreichs und verbot den Druck von Büchern und Unterrichtsmaterial in „südrussischer Mundart"; ausgenommen waren lediglich Bücher der schönen Literatur. Außerdem wurde der Gebrauch der kleinrussischen Sprache in allen Lehranstalten und Kirchen untersagt. „Eine eigene kleinrussische Sprache hat es nie gegeben, gibt es nicht und wird es nie geben. Der Dialekt, den das einfache Volk verwendet, ist Russisch, nur verdorben durch polnische Einflüsse." Diese Verbote, weiter verschärft durch Bestimmungen von 1876, galten im Zarenreich bis 1905. Auslöser des Valuev-Zirkulars war der geplante und nun verbotene Druck einer Bibelübersetzung ins Ukrainische.[4] Sogar der öffentliche Gebrauch der Termini „Ukraine" und „Ukrainer" wurde im Zarenreich verboten.

3   Kappeler, Kleine Geschichte, S. 118.
4   Zirkular des Innenministers P. A. Valuev vom 18. Juli 1863, in: Osteuropa 72 (2022) 6–8, S. 103 f. Dies ist die deutsche Erstveröffentlichung eines zentralen Quellentextes zur russischen Geschichte.

Die Identitätsverweigerung für Sprache, Kultur und Volkstum hat einerseits eine normale Entwicklung der ukrainischen Nationalbewegung im Zarenreich gehemmt, andererseits aber ihrer Radikalisierung und Unausweichlichkeit Vorschub geleistet. Die Kleinrussen wurden je länger umso mehr vor die Alternative des Alles oder Nichts gezwungen. Kompromisse, Mittelwege wurden abgeschnitten. Hier zeigt sich ein Grundzug der politischen Kultur Russlands, die geprägt ist durch Extreme, durch die Unfähigkeit zur Evolution, was mit einer gewissen Zwangsläufigkeit zur Revolution führt. Denn eines war in der zweiten Hälfte des 19. Jahrhunderts klar: Millionen Kleinrussen, die mit Abstand größte nationale Minderheit im Zarenreich, würden sich nicht in Luft auflösen. Und eine Annäherung und „Verflechtung" mit dem Russentum verhinderten die zarische Politik ebenso wie die anti-ukrainische Grundhaltung der gebildeten Stände in ihrer Rigorosität und mangelnden Flexibilität. Die Zukunft lief unausweichlich auf eine „Entflechtung" von Ukrainertum und Russentum hinaus.

Die Zukunfts- und Aussichtslosigkeit der zarischen Ukrainepolitik verdeutlicht der Vergleich mit der österreichischen Politik gegenüber den Ukrainern in Galizien, die hier Ruthenen hießen. Der österreichische Verfassungsstaat schuf in der zweiten Hälfte des 19. Jahrhunderts die Voraussetzungen für die legale Entfaltung einer ukrainischen Nationalbewegung mit Vereinen, Presseorganen, Selbsthilfe-Verbänden und politischen Parteien. Die mit Rom unierte Griechisch-katholische Kirche wurde zu einer Art Nationalkirche. Ein Ausgleich mit dem gleichzeitigen polnischen Nationalismus in Galizien gelang allerdings nicht.

In den 1890er-Jahren erhoben ukrainische Marxisten (!) in Galizien erstmals Forderungen nach einer unabhängigen Ukraine. Anfang des 20. Jahrhunderts traten dann alle wichtigen politischen Parteien Galiziens für die Unabhängigkeit der Ukraine ein. Die kleinrussischen Dichter und Denker im Zarenreich hielten allerdings vorerst an einer gemeinsamen Zukunft mit Russland fest.[5] Das galt auch für Mychajlo Drahomanov (1841–1895), den bedeutendsten ukrainischen Denker und Publizisten seiner Zeit. Er betonte zwar „die Eigenständigkeit der ukrainischen Nation, die im Unterschied zu den Moskowitern eng mit Europa verbunden sei", sah aber die Zukunft der Ukraine in einer Föderation mit Russland.[6]

Dennoch kam die Unabhängigkeit rascher als erwartet. Der russische Politiker Pëtr Struve lag ganz richtig mit seiner viel zitierten Warnung von 1912: „Wenn die ‚ukrainische' Idee der Intelligenz [...] das Volk mit dem ‚Ukrainertum' anstecken wird, dann wird dies zu einer gigantischen und präzedenzlosen Spaltung der russischen Nation führen." Deshalb rief Struve in seiner russisch-nationalistischen

5   Hrycak, Podolaty mynule, S. 176–177.
6   Kappeler, Kleine Geschichte, S. 135.

Verblendung zum „ideologischen Kampf mit dem ‚Ukrainertum'" auf,[7] der bis heute andauert und den Russland inzwischen als militärische Aggression auf dem Schlachtfeld austrägt. Das Konstrukt der „all-russischen Nation der Ostslawen" zerschellte schon 1917/18 an der Wirklichkeit: Ukrainer und Belarussen erklärten ihre staatliche Unabhängigkeit. Die Ukrainische Zentralrada in Kiew proklamierte am 10. Juni 1917 die Autonomie der Ukraine und anerkannte die Provisorische Regierung Russlands in Petrograd. Am 12./25. Januar 1918 folgte die Ausrufung der Unabhängigkeit der Ukraine, die von der bolschewistischen Russischen Sowjetrepublik am 3. März 1918 anerkannt wurde.

Eine zweite ukrainische Staatsbildung erfolgte in Lemberg in den Wirren während der Wiedererrichtung des polnischen Staates. Am 13. November 1918 wurde die Westukrainische Volksrepublik proklamiert, die im Januar 1919 ihre Vereinigung mit der Ostukraine bekanntgab, was aber über symbolische Schritte hinaus nicht vollzogen werden konnte. Beide Staatsbildungen scheiterten am militärischen und politischen Widerstand Polens einerseits und der erstarkenden russischen Sowjetmacht andererseits sowie der fehlenden Unterstützung von außen.

Ukrainische Nationsbildung unter den Bolschewiki

Die Rote Armee vernichtete mit brutaler Härte alle separatistischen Staatsbildungen auf dem Territorium des ehemaligen Russländischen Reiches, soweit sie dazu militärisch in der Lage war. Das Zarenreich wurde in Gestalt der Sowjetunion restauriert. Die westlichen Randgebiete konnten der Sowjetunion allerdings erst dank des Sieges im Zweiten Weltkrieg einverleibt werden. Aber die Identitätsverweigerung der Zarenzeit gegenüber den nichtrussischen Völkern kehrte nicht wieder.

Mit der Ukrainischen Sowjetrepublik erhielten die Ukrainer die nach der Russländischen Sowjetrepublik größte und bedeutendste Unionsrepublik, in der nach dem Zweiten Weltkrieg erstmals in der neueren Geschichte alle von Ukrainern bewohnten Territorien zusammengeführt wurden. Mehr noch: Das erste Jahrzehnt nach der siegreichen bolschewistischen Revolution war geprägt von der gezielten Förderung des Ukrainertums in Sprache, Kultur und Kaderpolitik. Das bedeutete zugleich die Zurückdrängung des Russischen und der Russen, die jetzt als „Großmachtchauvinisten" galten.

---

7   Andreas Kappeler, Ungleiche Brüder. Russen und Ukrainer vom Mittelalter bis zur Gegenwart, München 2017, S. 108.

„Ukrainisierung" lautete die Parteilinie. Sie stand unter dem Vorbehalt der uneingeschränkten Akzeptanz der bolschewistischen Parteidiktatur, des Klassenkampfes und der Zentralisierung aller Macht in Moskau und war weder mit einer Autonomie noch gar mit der politischen Selbstbestimmung der Ukrainer vereinbar. Aber erstmals seit der Kosakenzeit erhielten die Ukrainer wieder äußere Symbole eigener Staatlichkeit wie Fahne, Hymne, Siegel und eine Republik ihres Namens. Die sowjetische Verfassung sprach allen Unionsrepubliken das Recht auf Austritt aus der Union zu.

Aus Sicht der Bolschewiki war dieses Entgegenkommen gegenüber den nationalen Bestrebungen der Ukrainer eine notwendige Voraussetzung für die Stabilisierung der Sowjetmacht nach dem Bürgerkrieg. Außerdem waren sie davon überzeugt, dass mit dem Sieg des Sozialismus alle Nationalismen verschwinden und die Nationen miteinander „verschmelzen" würden. Sehr bald zeigte sich jedoch, dass die Ukrainisierung sich nicht auf den engen Rahmen der bolschewistischen Konzessionen würde beschränken lassen und dass unter dem Deckmantel des Nationalkommunismus weitergehende Forderungen nach politscher Autonomie und Abkoppelung von Moskau sich formierten.

Als eine Art inoffizieller Sprecher der ukrainischen Schriftsteller fragte der Nationalkommunist Mykola Chvyl'ovyj 1926: „An welcher Art Weltliteratur sollen wir uns orientieren? Auf gar keinen Fall an der russischen [...] weil die russische Literatur seit Jahrhunderten auf uns lastet [...] unserm Denken sklavische Nachahmung anerzog."[8] Die von Chvyl'ovyj geprägte Losung „Weg von Moskau!" (Het' vid Moskvy) brachte es bis auf den Majdan 2013/14.[9]

Stalin distanzierte sich seit 1926 von der Ukrainisierung, die „den Charakter eines Kampfes gegen ‚Moskau' überhaupt, gegen die Russen überhaupt" angenommen habe.[10] Sechs Jahre später schrieb er am 11. August 1932 an einen seiner engsten Mitarbeiter, Lazar' Kaganovič, die Kommunistische Partei der Ukraine sei unterwandert von „verrotteten Elementen", und die „Agenten Piłsudskis" innerhalb und außerhalb der Partei warteten nur auf einen günstigen Moment, um sich mit Ukrainern und Polen zu verbünden und gegen Moskau loszuschlagen.[11]

An die Stelle der Ukrainisierung trat der stalinsche Terror. Die gesamte Führung von Partei und Staat in Kiew wurde Opfer der Großen Säuberung, nur ein

---

8   Zit. nach Alexander Kratochvil, Romantik der Revolution, Realität der Repression. Mykola Chvyl'ovyj (1893–1933), in: Osteuropa 72 (2022) 6–8, S. 221–223, hier S. 222.
9   Ebenda, S. 223.
10 J. W. Stalin, Werke, Bd. 8, Berlin (Ost) 1953, S. 135.
11 Valerij Vasiljev/Jurij Schapoval (Hrsg.), Kommandyry velikoho holodu [Die Kommandeure des großen Hungers], Kyjiv 2001, S. 99 f.

einziger leitender Funktionär (Hryhorij Petrovs'kyj) überlebte das Jahr 1939. Russen oder Stalin-treue Ukrainer rückten in führende Stellungen der Sowjetukraine nach.[12] In Kultur und öffentlichem Leben dominierte wieder die russische Sprache. Die Ukraine wurde im Laufe der folgenden Jahrzehnte zu der neben Belarus am stärksten russisch geprägten Unionsrepublik.

Dennoch war die ukrainische Nation am Ende der sowjetischen Periode fester gefügt und politisch handlungsfähiger als 1917. Wie lässt sich das erklären? Die sowjetische Nationalitätenpolitik kehrte nicht zur Identitätsverweigerung der späten Zarenzeit zurück. Die Nationalität gehörte im Gegenteil für jeden Sowjetbürger zu den grundlegenden Personenmerkmalen (der „fünfte Punkt" im Pass). Die Nationalitätenzugehörigkeit, die jeder von seinen Eltern übernahm, war nicht änderbar.

Ukrainer wurden vielfach als die „jüngeren Brüder" in die führenden Schichten der kommunistischen Sowjetunion kooptiert. Voraussetzung dafür waren die sprachlich-kulturelle Russifizierung und der ideologischer Konformismus. Die Bolschewiki hatten im Bürgerkrieg gelernt, dass die Ukraine nicht von Russen regiert werden konnte, loyale bolschewistische Ukrainer waren für die Stabilität unabdingbar. Aber auch bolschewistische Ukrainer blieben Ukrainer, und sie konnten jederzeit ihr Ukrainertum über ihren Bolschewismus stellen. Wahrscheinlich war sich Stalin stets dieser Möglichkeit bewusst. Seine Nachfolger dagegen ließen sich von ihren eigenen ideologischen Illusionen leiten, wonach das Nationalismus-Problem in der Sowjetunion „gelöst" sei.

Die Jahrzehnte nach Stalins Tod waren geprägt durch das Heranwachsen neuer nationaler Eliten, die mehr und mehr ihre Republiken in die eigenen Hände nahmen.[13] Die Ukrainer besetzten – in Umkehrung der Verhältnisse der Stalinzeit – in den 1960er-Jahren so gut wie alle Führungspositionen in Partei und Staat der Ukraine. 93 % aller Mitglieder des Politbüros des ZK der Ukraine zwischen 1955 und 1972 waren Ukrainer.[14] In der Ukraine wie in anderen Unionsrepubliken etablierte sich eine Art nationale „Selbstverwaltung". Damit wuchs das Selbstbewusstsein der Ukrainer und das anderer Völker der Sowjetunion und stellte seit den 1960er-Jahren eine Bedrohung für den zunehmend erstarrten sowjetischen Zentralstaat dar, wie Parteichef Jurij Andropov 1982 bekannte.[15]

12 Gerhard Simon, Holodomor als Waffe. Stalinismus, Hunger und der ukrainische Nationalismus, in: Osteuropa 54 (2004) 12, S. 56.
13 Gerhard Simon, Nationalismus und Nationalitätenpolitik in der Sowjetunion, Baden-Baden 1986, S. 299–334.
14 Grey Hodnett, Leadership in the Soviet national republics, Oakville 1978, S. 378.
15 Simon, Nationalismus, S. 316.

In den 1960er-Jahren kam es in der Ukraine außerdem zu einer Art zweiten Ukrainisierung. Schriftsteller, Künstler und Wissenschaftler verlangten Freiheit, Demokratie und das Recht auf den Gebrauch der ukrainischen Sprache. Diese „Sechziger" gehörten zur ersten Welle der Dissidentenbewegung in der Sowjetunion, die das Sowjetsystem grundsätzlich infrage stellten. Die „Sechziger" waren nicht zuletzt deshalb erfolgreich, weil der ukrainische Parteichef (von 1963 bis 1972) Petro Šelest die Hand über sie hielt. Eine Konferenz zur Kultur der ukrainischen Sprache an der Akademie der Wissenschaften in Kiew im Februar 1963 formulierte sprachenpolitische Forderungen, wie sie radikaler kaum denkbar waren. Das Russische und damit in der Konsequenz auch die Russen, die in aller Regel die ukrainische Sprache nicht beherrschten, sollten praktisch aus dem öffentlichen Leben der Ukraine ausgeschlossen werden.[16] Die hier formulierten Grundsätze sind erst jetzt, 30 Jahre nach der Unabhängigkeit der Ukraine, weitgehend Realität geworden.

Šelest wurde 1972 als Parteichef abgesetzt. Die kommunistische Presse warf ihm vor, er habe das Kosakentum idealisiert, den russischen Einfluss auf die ukrainische Kultur verschwiegen und trete für die wirtschaftliche Selbstständigkeit der Ukraine ein. Hunderte von Funktionären, Wissenschaftlern und Publizisten wurden im Zuge der Säuberungen aus ihren Positionen entfernt, Dutzende von Schriftstellern und zivilgesellschaftlichen Aktivisten verhaftet und viele zu langjährigen Freiheitsstrafen verurteilt.[17] Aber das Rad der Geschichte ließ sich nicht mehr zurückdrehen wie in den 1930er-Jahren.

Die sowjetische Nationalitätenpolitik war angetreten mit dem Anspruch, den Nationalismus zu überwinden und den Sozialismus aufzubauen. Sie scheiterte in beidem. Mehr noch: Die sowjetische Nomenklatura war bis zum Ende davon überzeugt, sie habe die Nationalitätenprobleme in der Sowjetunion gelöst. Sie blieb das Opfer der eigenen Illusionen. Gorbačëv war tief erschüttert, als er im Januar 1990 Litauen bereiste und feststellte, dass es für alle seine Gesprächspartner nur ein einziges Thema gab: Austritt Litauens aus der Sowjetunion und nationale Unabhängigkeit.[18] Die Ukraine verfügte am Ende der Perestrojka nicht über die gleiche nationale Geschlossenheit wie Litauen. Aber auch hier galt: Die ukrainische nationale Identität war in den 1980er-Jahren stärker als jemals zuvor in der Vergangenheit.[19]

---

16   Ebenda, S. 326.
17   Ebenda, S. 329, 411.
18   Michail Gorbatschow, Erinnerungen, Berlin 1995, S. 1012–1016.
19   Bohdan Krawchenko, Social change and national consciousness in twentieth century Ukraine, New York 1985, S. 196.

Wesentliche Anstöße dazu waren – entgegen ihren Intentionen – von der sowjetischen Politik ausgegangen. Sie unterschätzte Gewicht und Bedeutung der von ihr selbst etablierten Symbole: die im Pass fixierte nationale Identität jedes Einzelnen, zahlreiche Attribute des Scheinföderalismus, der sich am Ende der sowjetischen Periode in Realität verwandelte. Der verlangte ideologische Konformismus war geradezu eine Aufforderung zur Mimikry. Als in den letzten Jahrzehnten der Sowjetmacht die Ideologie nur noch als Gegenstand des Spottes taugte, boten sich die Nation und die nationale Identität für Nichtrussen und Russen gleichermaßen geradezu zwangsläufig als Alternative an. Der wirtschaftliche und politische Niedergang der Sowjetunion, den Gorbačëv unübersehbar machte, verwandelte die Nation als Alternative in Realität. In der Sowjetunion verstanden das alle und handelten entsprechend. Im Westen verstand das niemand. Deshalb dauerte es Jahrzehnte, ehe westliche Politik und Gesellschaft die Ukraine als Subjekt der Geschichte angemessen wahrnahmen.

Etappen der pro-westlichen Revolution

1991 hörte die Sowjetunion als Staat auf zu bestehen; die Einparteienherrschaft brach zusammen. Aber sowjetische Strukturen, Mentalitäten und Traditionen lebten fort. „Nach Europa!" war leichter gesagt als getan, „der Westen" war in sich vielfach fragmentiert. Außerdem hatte die Ukraine ihre eigene Geschichte und ihre Geschichten, sie sollten und konnten nicht aufgegeben werden. Zwar bestand Konsens darüber, dass die Ukraine in Zukunft ein selbstständiger Nationalstaat sein würde, aber was folgte daraus im Verhältnis zu Russland und im Verhältnis zu Europa? Warteten Europa und Amerika auf die Ukraine? Bald wurde klar, dass der Westen der Ukraine gegenüber – abgesehen von freundlicher Rhetorik – in der Sache höchst zurückhaltend blieb. Das hatte zwei Gründe: Angst vor der Größe (das flächenmäßig größte Land westlich von Russland) und der Armut der Ukraine (nach Moldau das ärmste Land Europas). Zweitens proklamierte Russland eine Art Monroe-Doktrin, wonach die Ukraine ausschließliches Interessengebiet Russlands war und zur „russischen Welt" (russkij mir) gehörte. Zwar lehnte der Westen formal die Anerkennung einer Einflusszone ab, tatsächlich jedoch hatten bis zum Beginn des russischen Aggressionskrieges am 24. Februar 2022 die Interessen Russlands in der Politik des Westens Vorrang vor denen der Ukraine.

Eine zentrale Aufgabe der Politik der Ukraine nach 1991 bestand in der Überwindung des sowjetischen Erbes – ein Mammutaufgabe, die Jahrzehnte in Anspruch nehmen und mehrere Generationen beschäftigen wird. Die dabei notwendige Setzung von Prioritäten bedeutete zugleich die Vernachlässigung anderer Bereiche. Blickt man unter diesem Gesichtspunkt auf die Entwicklung seit 1991, so wurde erstaunlich viel erreicht.

Im ersten Jahrzehnt stand die Sicherung der staatlichen Unabhängigkeit ganz im Vordergrund. Keine leichte Aufgabe angesichts der russischen Vorbehalte, der im Westen weitverbreiteten Skepsis hinsichtlich der ukrainischen „Reife" für eine Unabhängigkeit und der Zweifel im eigenen Land, als sich herausstellte, dass die Unabhängigkeit keineswegs direkt in den Wohlstand führte. Die Konzentration auf die Abwehr von Gefahren, die den fragilen Staat von außen und innen bedrohten, führte zur Vernachlässigung von Wirtschaftsreformen und anderen dringenden Umbaumaßnahmen im Inneren. Deshalb unterschieden sich die postkommunistischen Verhältnisse in Russland und in der Ukraine im ersten Jahrzehnt nach 1991 nicht wesentlich voneinander. Die alten Eliten blieben weitgehend im Amt, in der Wirtschaft, die eine Karikatur des Kapitalismus war, hatten die monopolistischen Oligarchen das Sagen, von Justizreformen wurde allenfalls geredet. Die Wendung nach Westen blieb in der Ukraine weitgehend auf Rhetorik beschränkt, Russland – im Unterschied dazu – lehnte auch rhetorisch für sich die Integration nach Westen ab.

Die Orange Revolution im Herbst 2004 markierte einen entscheidenden Einschnitt: Die Wege trennten sich. Die gefälschte Präsidentenwahl vom 21. November 2004 führte zu einer unerhörten Massenmobilisierung, die nachholte, was 1989 in Leipzig und Prag geschehen war. Hunderttausende gingen in Kiew und anderen Großstädten zwei Wochen lang täglich auf die Straßen und verlangten die Kassation der gefälschten Wahlen. Die Demonstrationen blieben gewaltlos. Dann geschah eine Art politisches Wunder: Durch eine Gerichtsentscheidung (in einem Land ohne Rechtsstaatstradition) wurde eine Staatskrise gelöst. Das Oberste Gericht der Ukraine erklärte in seinem Spruch am 3. Dezember 2004 die Wahlergebnisse für ungültig. Aus der Wahlwiederholung am 26. Dezember ging Viktor Juščenko als Sieger und neuer Präsident hervor. Er hatte in allen Umfragen seit Monaten auf dem ersten Platz gelegen.[20]

Damit etablierten sich in der Ukraine zentrale Grundsätze westlicher Demokratie: alternative, freie Wahlen und gewaltfreier Machtwechsel. Diese Grundsätze sind seither nicht infrage gestellt worden. Sie bestanden vielmehr 2010 ihre Bewährungsprobe, als der Rivale und Wahlfälscher von 2004 Viktor Janukovyč dieses Mal in freien Wahlen zum Nachfolger von Juščenko gewählt wurde. Die

---

20 Gerhard Simon, Neubeginn in der Ukraine. Vom Schwanken zur Revolution in Orange, in:
Osteuropa 55 (2005) 1, S. 16–33.

Sieger der Orangenen Revolution hatten in wenigen Jahren ihren Sieg verspielt. Das Wahlvolk aber rettete die Demokratie.

Die nächste Etappe der Westwendung und der revolutionären Neugestaltung der Ukraine war der Euromajdan, die „Revolution der Würde", wie sie bald genannt wurde, vom 21. November 2013 bis zum 21. Februar 2014. Diese zweite zivilgesellschaftliche Mobilisierung innerhalb eines Jahrzehnts begann als Massenprotest von Hunderttausenden gegen die plötzliche Kehrtwendung der Regierung Janukovyč in der Europapolitik. Der Präsident lehnte auf russischen Druck hin die seit Jahren vorbereitete Unterzeichnung des Assoziierungsabkommens mit der EU ab und trat stattdessen für die Integration der Ukraine in die Eurasische Zollunion unter russischer Führung ein. Die Revolution endete mit dem Tod von fast 90 Demonstranten und Ordnungskräften, der Flucht des Präsidenten nach Moskau und der Machtübernahme durch das Parlament, die Verchovna Rada. Der Majdan hatte gesiegt.

Anders als bei den Großdemonstrationen 10 Jahre zuvor wurde bei der „Revolution der Würde" von Anfang an auch Gewalt angewendet, zuerst von den Ordnungskräften und seit Januar 2014 auch von einigen Demonstranten-Gruppen. Die meisten Todesopfer forderte der Einsatz von Schusswaffen durch Spezialkräfte der Polizei am 19./20. Februar 2014. Dennoch war dies kein Bürgerkrieg, die Armee kam nicht zum Einsatz.

Aber die Demonstranten setzten die Verfassung teilweise außer Kraft, das Zentrum der Hauptstadt verwandelte sich in ein befestigtes Lager mit eigener Versorgung und bewaffnetem Ordnungsdienst. Der Majdan traf seine politischen Entscheidungen eigenständig. Führende Politiker und politische Parteien spielten eine Nebenrolle. Janukovyč floh, weil die Institutionen, die ihn bisher getragen hatten, zusammenbrachen. Es gehört zu den großen Leistungen des noch immer fragilen Staates und der ukrainischen Gesellschaft, dass das Land nach dem Sieg des Majdan zur Verfassungsordnung zurückkehrte. Die Anarchie fand nicht statt.[21]

Zweimal hatten amtierende Präsidenten versucht, in der Ukraine eine Präsidialdiktatur zu errichten. Zweimal hatte die zivilgesellschaftliche Mobilisierung das verhindert. Die Ukraine darf deshalb als ein Land gelten, in dem die Etablierung einer Diktatur unwahrscheinlich ist – damit erfüllt sie eine weitere Grundvoraussetzung einer westlich orientierten demokratischen Ordnung; das sowjetische Erbe tritt weiter in den Hintergrund.

21 Winfried Schneider-Deters, Ukrainische Schicksalsjahre 2013–2019. Bd. 1. Der Volksaufstand auf dem Majdan im Winter 2013/2014, Berlin 2021. Diese umfangreiche Monografie (679 S.) ist ein Standardwerk und bietet eine außerordentlich faktenreiche Darstellung der unterschiedlichen Aspekte des „Majdan".

Ein anderer Schritt zur Überwindung der sowjetischen Vergangenheit bestand in der Aufarbeitung der Großen Hungersnot (Holodomor) von 1932/33. Eines der größten Verbrechen der Stalinzeit am eigenen Volk wurde der Vergessenheit entrissen und zu einem zentralen Element der nationalen Erinnerung und Identifikation. Dies war nicht nur eine Distanzierung vom Stalinismus, sondern vom sowjetischen System insgesamt, das dafür gesorgt hatte, dass Millionen Opfer dieser vermeidbaren Hungersnot 50 Jahre lang totgeschwiegen wurden.[22] Im November 2006 qualifizierte die Verchovna Rada in einem Gesetz den Holodomor als „Genozid am ukrainischen Volk" und forderte die Welt auf, ebenso zu verfahren. Nach jahrelangem Zögern folgte auch der Deutsche Bundestag zahlreichen anderen Parlamenten und internationalen Organisationen weltweit und stufte in einem Beschluss am 30. November 2022 den Holodomor als Völkermord ein. Russland weigert sich; es bestreitet zwar nicht mehr, dass es 1932/33 zu einer Hungerkatastrophe kam, lehnt aber eine normative Verurteilung des Stalin-Regimes generell ab.

Die Ukraine ging einen weiteren Schritt in der Distanzierung vom kommunistischen Erbe und verbot 2015 durch Gesetz den Gebrauch der kommunistischen Symbole. Dies führte zu einer sehr sichtbaren De-Sowjetisierung des öffentlichen Raums: Hunderte von Lenin-Denkmälern verschwanden, Tausende von Straßen und Ortschaften wurden umbenannt und erhielten zum Teil ihre früheren Namen zurück. Wie bei den Etappen der pro-westlichen Wende bedeutete auch die De-Sowjetisierung des öffentlichen Raums zugleich eine durchaus beabsichtigte Distanzierung von Russland, wo nach wie vor in jedem Dorf Lenin-Denkmäler stehen.[23]

Die De-Russifizierung gewann nach dem Ausbruch des Großen Krieges im Februar 2022 weiter an Radikalität: In manchen Städten verschwanden die Puškin-Straßen, mancherorts wurden die Denkmäler für Katharina II. und ihre Generale demontiert, die einst im 18. Jahrhundert das Kosakenerbe zerstört und die Steppe für das Zarenreich gewonnen hatten. Die klassische russische Literatur des 19. Jahrhunderts war ebenso wie die Publizistik der Zeit geprägt von imperialer Arroganz und Verachtung für Europa. Was bisher nur Fachleute interessiert hatte, wurde im Furor des Krieges an die große Öffentlichkeit gebracht. Die russische Kultur wurde zum Kriegsgegner.

---

22 Vernichtung durch Hunger. Der Holodomor in der Ukraine und der UdSSR, in: Osteuropa 54 (2004) 12.
23 Gerhard Simon, Good Bye, Lenin! Die Ukraine verbietet kommunistische Symbole, in: Osteuropa 66 (2016) 3, S.79-94.

Russlands Krieg gegen die Ukraine

Mit dem Sieg des Majdan im Februar 2014 war für Putins Russland klar, dass die Ukraine weit auf dem Weg nach Westen fortgeschritten und als Vasall für Russland verloren war, es sei denn, Russland setzte militärische Mittel ein, um die Ukraine auf ihrem Weg nach Westen aufzuhalten und nach Möglichkeit zur Umkehr zu zwingen.

Der Einsatz der russischen Armee begann mit der Besetzung der Krim am 3. März 2014 durch die „grünen Männchen", d. h. russische Soldaten, voll bewaffnet, aber ohne Hoheitsabzeichen. Die ukrainischen Streitkräfte ergaben sich kampflos. Die Krim fiel an Russland, ohne dass ein Schuss abgegeben wurde. Nach einem Scheinreferendum über die „Wiedervereinigung der Krim mit Russland" am 16. März wurde die Halbinsel am 18. März annektiert und als Subjekt in die Russische Föderation aufgenommen. Die Stadt Sevastopol' erhielt einen eigenständigen Subjektstatus. Dieser rasche und unblutige Erfolg verleitete die Putin-Führung zu dem Glauben, es werde ein Leichtes sein, die gesamte Ukraine in ähnlicher Weise zu unterwerfen. Die Ukrainer seien weder in der Lage noch willens, sich militärisch zu verteidigen – eine katastrophale Fehleinschätzung, wie sich bald erweisen sollte.

Putin rechtfertigte die Annexion in einer Rede am 18. März 2014 und kündigte in verklausulierter Form weiteren Landraub an. Ukrainer und Russen seien „ein Volk". Die Krim sei seit „jeher russisches Land und Sevastopol' eine russische Stadt".[24]

Gleichzeitig mit der Besetzung der Krim begann die militärische und politische Infiltration des Donbas. Unter Ausnutzung der im Osten der Ukraine vorhandenen prorussischen Traditionen und Mentalitäten wurden bewaffnete und unbewaffnete Aktivisten in die Städte des Donbas eingeschleust, um hier prorussische Demonstrationen und Unruhen zu organisieren, öffentliche Gebäude zu besetzen und den „Anschluss" zu fordern. Dabei kam ihnen das im Osten verbreitete Misstrauen gegen den Westkurs Kiews entgegen. Aber eine organisierte prorussische Irredenta hatte es bisher auch im Osten nicht gegeben.

Bereits im April 2014 riefen die Vasallen Moskaus eine „Volksrepublik Doneck" und eine „Volksrepublik Lugansk" aus. Die nahe der Grenze gelegene Millionenstadt Charkiv zu einer „Volksrepublik" zu machen, gelang allerdings nicht. Auch das Ziel der Eroberung des gesamten Territoriums der ukrainischen Verwaltungsgebiete Donec'k und Luhans'k für die „Volksrepubliken" verfehlten

---

24 Rede des russländischen Präsidenten Wladimir Putin am 18. März 2014, abgedr. in: Osteuropa 64 (2014) 5–6, S. 87–99; die Zitate S. 89, 96.

die prorussischen Vasallen. Stattdessen kam es vom Sommer 2014 bis zum Beginn des Großen Krieges im Februar 2022 zu einem quälenden Stellungskrieg auf vergleichsweise niedrigem militärischen Niveau, der dennoch etwa 15 000 Tote und viel mehr Verwundete forderte. Dieser Krieg ohne Sieger hat große Teile des Donbas in Schutt und Asche gelegt. Weder gelang es Russland in dem achtjährigen Krieg, die „Volksrepubliken" zu stabilisieren und als dauerhaften Stachel im Fleisch der unabhängigen Ukraine zu etablieren, noch der Ukraine, ihre Souveränität über den Donbas wiederherzustellen.[25]

Russland war nicht in der Lage, mit den bisher eingesetzten militärischen Mitteln den Weg der Ukraine nach Westen zu stoppen. Deshalb traf die Putin-Führung offenbar gegen Ende des Jahres 2021 die Entscheidung zum offenen und umfassenden Einmarsch in die Ukraine anstelle der bisherigen verdeckten und teilweise verleugneten Militäraktionen. Am 24. Februar 2022 drangen Zehntausende russischer Soldaten gleichzeitig von Norden, Süden und Osten in die Ukraine ein. Putin bezeichnete in seiner Ansprache vom gleichen Tag die Ziele des Krieges, den er eine „militärische Spezialoperation" nannte, als die „Demilitarisierung" und „Denazifizierung" der Ukraine. Das Land wurde zur totalen militärischen und politischen Unterwerfung aufgefordert.

Die den Krieg begleitende russische Propaganda rief in nie dagewesener Offenheit zum Völkermord an den Ukrainern auf. Der Filmproduzent und Politologe Timofej Sergejcev verlangte in einem Beitrag der offiziellen Nachrichtenagentur RIA Novosti, die „Unterstützer des nazistischen Regimes" in der Ukraine – und das sei die „Mehrheit" des Volkes – müssten, „soweit sie nicht mit dem Tod bestraft oder zu Freiheitsstrafen verurteilt" würden, „zur Zwangsarbeit herangezogen werden". Eine „De-Ukrainisierung" und „De-Europäisierung" seien durchzuführen. Die Bezeichnung „Ukraine" müsse verboten werden. Der „Ukronazismus" sei „eine größere Bedrohung für die Welt und für Russland, als es der deutsche Nazismus Hitlerschen Typs" gewesen sei.[26]

Damit sind die Ideologen des russischen Staates in die Zarenzeit zurückgekehrt. „Ukrainer gibt es nicht", lautete damals das Credo. Sie müssen vernichtet werden, heißt es heute. Putin hat in zahlreichen, wortreichen Beiträgen auch persönlich die Ideologie der Vernichtung mitformuliert. Ausgehend von der Mantra „Russen und Ukrainer sind ein Volk, ein geeintes Ganzes" kommt er zu dem

---

25 Winfried Schneider-Deters, Ukrainische Schicksalsjahre. 2013–2019, Bd. 2, Die Annexion der Krim und der Krieg im Donbass, Berlin 2021. Diese Monografie bietet eine detailgesättigte Darstellung der verschiedensten Aspekte der ukrainisch-russischen Auseinandersetzungen.

26 Timofej Sergejcev, Čto Rossija dolžna sdelat s Ukrainoj [Was Russland mit der Ukraine machen muss], https://ria.ru/20220403/ukraina-1781469605.html [13. 5. 2022].

Schluss, „echte Souveränität" könne es für die Ukraine „nur in Partnerschaft mit Russland" geben, d. h. als Vasall Russlands. Die Ukraine vor dem 24. Februar 2022 war dagegen in Putins Augen „Anti-Russland". „Damit werden wir uns niemals abfinden."[27]

Ausblick

Der Weg der Ukraine nach Westen ist bis heute nicht abgeschlossen. Niemals zuvor hat es eine so umfassende Unterstützung des Westens für die Ukraine gegeben wie seit Kriegsausbruch im Februar 2022. Neben der wirtschaftlichen und militärischen Hilfe rang sich die EU auch endlich zur politischen Öffnung für die Ukraine durch. Am 24. Juni 2022 verlieh der Europäische Rat der Ukraine den Kandidatenstatus und eröffnete damit dem Land die Perspektive auf die Mitgliedschaft in der EU, die jahrzehntelang verweigert worden war.

Ob die finanzielle, militärische und politische Hilfe des Westens allerdings ausreichen wird, um den Aggressor Russland zum Frieden zu zwingen, vermag derzeit niemand zu sagen. Die Zukunft eines freiheitlichen demokratischen Rechtsstaats Ukraine ist bislang nicht gesichert. Nur mit der Fortsetzung und Steigerung des Einsatzes des Westens für die Ukraine besteht eine Chance, das Land dauerhaft zu einem Teil des Westens zu machen.

In den vergangenen zwanzig Jahren hat die Ukraine wesentliche Etappen der Westintegration zurückgelegt. In einigen Bereichen sind die inneren Reformen zurückgeblieben, das betrifft insbesondere die Justiz. Wie sich auch in anderen postkommunistischen Ländern Ostmitteleuropas zeigt, erweist sich die Durchsetzung einer von der Politik unabhängigen Justiz als besonders schwierig. Der Rechtsstaat hat potente Feinde, dazu gehören manche Oligarchen und die strukturelle Verflechtung von Wirtschaft und Staat. Der Rechtsnihilismus ist zudem ein zentraler Bestandteil des sowjetischen Erbes, das zu überwinden einen langen Atem erfordert.

Der Weg der Ukraine nach Westen ist durch zwei Prozesse geprägt: die Entflechtung der Ukraine und Russlands und die aggressive Abstoßung der Ukraine durch Russland. Der historische Rückblick hat gezeigt, dass der wichtigste Motor der ukrainischen Nationsbildung die russische Politik der Verweigerung und der Repressalien war. Sowohl das Zarenreich als auch das Putin-Regime verweigerten den Ukrainern eine eigenständige Identität. Mehr noch, sie betrachteten die

---

27 Wladimir Putin, Über die historische Einheit der Russen und Ukrainer, abgedr. in: Osteuropa 71 (2021) 7, S. 51–66; die Zitate S. 51, 61, 65.

Ukrainer und die Ukraine als Teile von sich selbst, als integralen Bestandteil des Russentums, dem kein Recht auf Eigenständigkeit zukommt, weder für die Vergangenheit noch für die Zukunft. Jene Ukrainer, die sich dem widersetzen, müssen vernichtet werden. Das ist das Ziel des gegenwärtigen Krieges aus russischer Sicht.

Die bolschewistische Nationalitätenpolitik verweigerte den Ukrainern nicht die Identität. Im Gegenteil, die demonstrative Politik der Ukrainisierung im Jahrzehnt nach 1917 führte für einige Jahre zur offenen Zurückdrängung der „Großmachtchauvinisten". In den Jahrzehnten nach Stalin kam es zu einer verdeckten Ukrainisierung, sodass am Ende der Sowjet-Ära in der Ukraine ein breiter Konsens für die Loslösung von Russland bestand.

Die geschichtliche Erfahrung und der gegenwärtige Krieg lassen der Ukraine keine Alternative für die Zukunft: Nur die entschlossene Fortsetzung des Weges nach Westen eröffnet Perspektiven für eine unabhängige und freiheitliche Ukraine.

IMMO REBITSCHEK

Die Ukraine und Russland – Imperiale Hypotheken

Wenn Vladimir Putin drohen will, spricht er über Geschichte. Am Vorabend der russischen Invasion erklärte er der eigenen Bevölkerung und dem Publikum im Ausland, warum die unabhängige Ukraine ein historischer „Fehler" sei und wie weit Russland gehen müsse und werde, um die Geschichte zu korrigieren. Die Ukraine sei „nicht einfach unser Nachbarland", so Putin, sondern ihr Staat vielmehr ein Produkt westlicher Einmischung, die Russland ein Stück seines Wesens entrissen habe.[1] Der russische Präsident schlug in die gleiche Kerbe wie seine Ideologen, die in allen Medien auf die Wiederherstellung der einen „russischen Welt" (russkij mir) drängten. In dieser Welt fügten sich „Kleinrussen" (lies: Ukraine) und Weißrussen (Belarus) der Führung der „Großrussen".[2] Was russische Zaren einst „gesammelt" hätten, stehe auf ewig unter Moskaus Ägide. Russland beanspruche mit der Invasion folglich nur zurück, was ihm historisch rechtmäßig gehöre: die Ukraine als Mosaikstein der (groß)russischen Nationalgeschichte.

Die Ukraine, der zweitgrößte Staat Europas, vereint in sich die National- und Siedlungsgeschichten von über einem Dutzend europäischer Länder.[3] Die Beziehung zu Russland nimmt darin einen besonderen Platz ein. Sprache und Kultur beider Länder sind eng miteinander verwurzelt, und doch bilden diese Wurzeln nur einen Ausschnitt des europäischen Fundaments, auf dem die heutige Ukraine steht. Wichtiger noch: Nicht die russische Nation, sondern die Geschichte des Imperiums – des russländischen und des sowjetischen – verbindet beide Länder. Die Ukraine blickt auf eine konfliktreiche Geschichte der Nationswerdung in und zugleich der Emanzipation von diesen beiden Imperien zurück, die auch die gleichzeitige Emanzipation ukrainischer Territorien vom

---

1   https://zeitschrift-osteuropa.de/blog/putin-rede-21.2.2022/. – Die Weblinks in diesem Beitrag wurden zuletzt am 23. 1. 2023 abgerufen und geprüft.
2   Ulrich Schmid, Russkii Mir, https://www.dekoder.org/de/gnose/russki-mir#fuss2. Vgl. Andreas Kappeler, Ungleiche Brüder. Russen und Ukrainer. Vom Mittelalter bis zur Gegenwart, 3. Aufl., München 2022, S. 215.
3   Serhii Plokhy, The Gates of Europe. A History of Ukraine, New York 2016.

Habsburgerreich überstrahlt. Die Geschichte Russlands und der Ukraine führt nicht über den Pfad der Nationalgeschichte(n). Diese waren seit dem 18. Jahrhundert weder geradlinig noch zwangsläufig, zumal es viele Vorstellungen davon gab, wo die „Ukraine" eigentlich liegt. Sie führt vielmehr über die gemeinsamen Hypotheken des Imperiums. Diese Hypotheken vereinen in sich eine Geschichte der Gewalt und der Abhängigkeiten und zugleich die der Loyalität und der Vergemeinschaftung zwischen Zentrum und Peripherie. Sie zeugen von der Ausbildung nationaler Identitäten gegenüber großrussischen Fantasien und zuletzt vom ukrainischen Abschied vom Imperium. Eine Rückschau auf diese Hypotheken rückt die gemeinsamen Belastungen in den Vordergrund und zugleich das gemeinsame Erbe, das Moskau vergeblich für sich und Russland beansprucht.

Wiege und Wurzeln

Wann und wo beginnt die „ukrainische" Geschichte? Legen wir den geografischen Raum des heutigen Landes zugrunde, so zog dieser schon in der Antike Siedler aus allen Himmelsrichtungen an.[4] Bis ins 10. Jahrhundert erstreckte sich hier ein loses Netz aus Fürstentümern, von den Steppen am Dnipro bis nach Westen zu den Karpaten und nach Norden bis ans Weiße Meer. Sitz des mächtigsten Fürsten war Kiew, das diesem Verbund gleichsam mit der skandinavischen Selbstbezeichnung seiner Gründer auch seinen Namen gab: die Kiewer Rus. Die Rus war kein Staat (schon gar kein Nationalstaat), doch mit der Annahme des Christentums nach byzantinischem Ritus durch den Fürsten Vladimir/ Volodymyr im 10. Jahrhundert markierten Historiker der Neuzeit rückwirkend hier den Grundstein für spätere orthodoxe slawische Großreiche. Kiew wurde für viele hier zur Wiege des orthodoxen Christentums und russischer, wahlweise ukrainischer Staatlichkeit erklärt.[5]

Tatsächlich wurden die Namen „Russland" und „Ukraine" beide erst im 16. Jahrhundert gebräuchlich, um einen Raum und seine Bewohner zu beschreiben. Die Kiewer Rus' war der Expansion der Mongolen gewichen, die wiederum durch den Aufstieg Moskaus im Osten und Polens und Litauens (ab 1569 in einer Union verbunden) im Westen verdrängt wurden. Die Republik Polen-Litauen und das einstige Fürstentum Moskau (nunmehr Zarentum Russland) rangen im 16. und 17. Jahrhundert um die Vorherrschaft im Osten Europas. Dabei waren sie

---

4   Paul Robert Magocsi, A History of Ukraine. The Land and its Peoples, 2. Aufl., Toronto/Buffalo/London 2012, S. 25–38.
5   Charles J. Halperin, The Rise and Demise of the Myth of the Rus' Land, Leeds 2022.

keineswegs die einzigen Akteure, die der Region ihren Stempel aufdrückten. Auf der Krim und entlang der östlichen Schwarzmeerküste herrschte der Khan über eines der Nachfolgereiche der einstigen Goldenen Horde. Die turksprachigen Krimtataren waren mit dem Osmanischen Reich verbündet und traten gegenüber ihren Nachbarn als Handelspartner, als zeitweilige Verbündete, aber auch als militärische Bedrohung im Dienst des Sultans in Erscheinung.[6]

Genau in dieser Zeit schwang sich zudem ein weiterer Akteur zum ernst zu nehmenden Konkurrenten in der Region auf: die Kosaken. Deren Gemeinschaften siedelten an den Stromschnellen der großen Flüsse (Dnipro oder Don) und bildeten eher eine soziale denn eine ethnische Gruppe. Die Grenzregionen zwischen den Reichen des Khans und der polnischen Krone waren schwer durchdringliches Gebiet, in dem es keine nennenswerte Form sesshafter Landwirtschaft gab – eine fruchtbare Frontier-Region und zugleich eine Heimat für entflohene Leibeigene, Sträflinge oder abtrünnige Tatarensoldaten, die diese Gemeinschaften mit prägten.[7] Die Kosakengesellschaften waren militärisch organisiert und wählten ab dem 16. Jahrhundert ihr Oberhaupt („Hetman") selbst. Die Kosaken im Zaporoger Gebiet befestigten ihren Sitz (Sič) und behaupteten ihre Vormachtstellung mit militärischer Schlagkraft und indem sie sich in den Dienst der polnischen Krone bzw. des orthodoxen Adels stellten und auch Allianzen mit dem Krim-Khanat eingingen.[8] Diese Zaporoger Kosaken strebten eine Führungsrolle in der Dnipro-Region an und kämpften zunehmend für ihre Eigenständigkeit gegenüber der polnischen Obrigkeit.

1648 gelang es Hetman Bohdan Chmel'nyc'kyj schließlich, die Heere der Kosaken auf beiden Seiten des Dnipro zu einen, mithilfe der Krim-Tataren einen Aufstand weit ins polnisch-litauische Kernland zu führen und einen eigenen „Kosaken-Staat" zu etablieren. Die Errichtung dieses „Hetmanats" ging einher mit massenhafter Gewalt gegen Katholiken und Juden. Zugleich traten die Kosaken damit endgültig als europäische Akteure in Erscheinung – als orthodoxer Vorposten gegen das muslimische Osmanische Reich und auch gegen die katholischen Polen.[9]

---

6   Kerstin Jobst, Geschichte der Krim. Iphigenie und Putin auf Tauris, Berlin 2020, S. 115–124; Dariusz Kołodziejczyk, Das Krimkhanat als Gleichgewichtsfaktor in Osteuropa (17.–18. Jahrhundert), in: Denise Klein (Hrsg.), The Crimean Khanate between East and West (15th–18th Century), Wiesbaden 2012, S. 47–58.

7   Andreas Kappeler, Kleine Geschichte der Ukraine, 2. Aufl., München 2000, S. 54–71; vgl. auch Brian J. Boeck, Imperial Boundaries. Cossack Communities and Empire-Building in the Age of Peter the Great, Cambridge, MA 2009.

8   Magocsi, A History, S. 196

9   Ebenda, S. 219.

Bis zum Ende des 17. Jahrhundert formten die Kosaken den sozialen, kulturellen und politischen Raum der heutigen Ukraine, wobei nicht nationale, sondern religiöse bzw. konfessionelle und soziale Identitäten die Landschaft prägten. Der katholische Einfluss von Westen, die Ausbreitung einer Unierten Kirche bis an den Dnipro, die enge Bindung orthodoxer Kirchentradition mit Moskau, die jüdische Bevölkerung und auch der Islam prägten eine vielfältige Landkarte der europäischen Konfessionen und Kulturen. In dieser Landschaft nahmen die Kosaken jedoch eine besondere Rolle für die regionale Identität ein, da sie als vorwiegend orthodoxe Akteure den Raum auf beiden Seiten des Dnipro als Heimat- bzw. Vaterland beanspruchten und dafür die (polnische) Bezeichnung „Ukraine" verwandten.[10]

Zeitalter der Imperien – Das 18. und 19. Jahrhundert

Chmel'nyckyjs Nachfolger konnten weder den „Kosaken-Staat" noch den Burgfrieden der Kosakenfürsten untereinander dauerhaft bewahren. Die Allianz mit Moskau führte sie immer stärker in die Abhängigkeit des russischen Zaren, der in den Kosaken Untertanen und keine Partner auf Augenhöhe sah. Gemeinsam mit Polen besiegelte dieser die Eigenständigkeit des Hetmanats und teilte die Gebiete entlang des Dnipro auf.[11] Im 18. Jahrhundert verblassten die Kosaken schließlich als „ukrainische" Akteure gegenüber der imperialen Expansion St. Peterburgs. Der Versuch des Hetmans Ivan Mazepa im Jahr 1709, die Lande im Bündnis mit Schweden gegen Russland zu einen, schlug fehl. Peter I. und seine Nachfolger entzogen den Kosaken weitere Privilegien und stuften den einstigen Kosakenstaat zu einer „kleinrussischen" Provinz des Imperiums herab.[12] Bis zum Ende des Jahrhunderts verschwanden auch Polen-Litauen und das Khanat von der ukrainischen und europäischen Landkarte. Die Teilungen Polens zum Ende des 18. Jahrhunderts besiegelten die imperiale Neuordnung des ost(mittel)europäischen Raumes, in dem das Russländische Imperium, das Habsburgerreich und Preußen die Grenzen neu zogen.[13] Russlands Westgrenze verschob sich bis nach Galizien, und ein Großteil der heutigen Ukraine geriet für mehr als zwei Jahrhunderte unter den Einfluss Sankt-Peterburgs.

10 Ebenda, S. 189.
11 Zur Allianz mit Russland und ihrer Auslegung vgl. Serhii Plokhy, The Frontline. Essays on Ukraine's Past and Present, Cambridge, MA 2021, S. 37–53.
12 Vgl. Zenen E. Kohut, Russian Centralism and Ukrainian Autonomy. Imperial Absorption of the Hetmanate 1760s–1830s, Cambridge, MA 1988.
13 Vgl. Michael G. Müller, Die Teilungen Polens. 1772, 1793, 1795, München 1984.

Das Zeitalter der Imperien bedeutete nicht einfach, dass das „Russische" an die Stelle des „Ukrainischen" trat. Ein wichtiges Merkmal für imperiale Herrschaft ist, dass die „Strategien und Instrumente" zu ihrer Umsetzung von den Gesellschaften der Peripherie mit „angeeignet und konvertiert werden".[14] Die Eliten der Peripherie stellten sich in den Dienst des Zentrums und trugen Fremdzuschreibungen ebenso mit, wie sie ihre Selbstbeschreibungen mit in die imperiale Gemeinschaft einbrachten. Die Idee der „Ukraine" als Heimat der Kosaken trat in den Hintergrund gegenüber neuen imperialen Ordnungsvorstellungen, die auch von den einheimischen Eliten mit der Zeit übernommen wurden. Unter Katharina II. galt nunmehr „Kleinrussland" als autonomer, aber integraler Bestandteil des russländischen Kernlandes, das von den Kosaken noch immer als Heimat und vom imperialen Zentrum als Siedlungsraum beansprucht wurde. Obgleich die ukrainische Sprache weiterhin gesprochen wurde, während auch die ukrainische Orthodoxie unter Peter I. einen enormen Einfluss auf die Russisch-Orthodoxe Kirche nahm,[15] ging der Kosakenadel unter Katharina II. nach und nach in der russischen Aristokratie auf. Die Unierte Kirche verlor im russischen Einflussbereich gänzlich an Bedeutung, und das Ukrainische wurde vom Russischen als Verwaltungssprache abgelöst. Östlich des Dnipro sank es gar zum „kleinrussischen" Bauerndialekt herab, während es im rechtsufrigen Teil präsent blieb. Im habsburgischen Teil (insbesondere in Galizien) hatten sowohl die ukrainische (hier: ruthenische) Sprache wie auch die Unierte (hier: griechisch-katholische) Kirche noch mehr Raum zur Entfaltung, was wiederum der Entwicklung ukrainischsprachiger (klerikaler) Eliten entgegenkam.[16] Die imperiale Teilung zerstreute die Vorstellungen ruthenischer bzw. ukrainischer Eigenständigkeit, jedoch nicht auf Dauer.

Im 19. Jahrhundert beflügelte die Idee der Nation in ganz Europa das politische Denken. Nun war Russland als Vielvölkerreich kein homogenes Staatsgebilde. Die Vorstellung von Nation und Imperium kollidierten unweigerlich. Im Ergebnis bildete sich eine Vielzahl konkurrierender Nationsentwürfe heraus, die das imperiale Zentrum wahlweise stärken oder herausfordern wollten. Auf der Suche nach einer einigenden Erzählung wurde im Auftrag des Zaren Alexander I. nach dem Sieg über Napoleon die Idee des Reichspatriotismus verbreitet. Darin verbanden sich Orthodoxie, Autokratie und ein diffuses Bild von Volkstum (narodnost') miteinander. Doch dieses Konstrukt bot nicht die

---

14   Ulrike v. Hirschhausen, Imperium, in: Thomas M. Bohn/Dietmar Neutatz (Hrsg.), Studienhandbuch Östliches Europa, Bd. 2. Geschichte des Russischen Reiches und der Sowjetunion, Köln/Weimar/Wien 2009, S. 228.
15   Kappeler, Ungleiche Brüder, S. 70–75.
16   Kerstin Jobst, Geschichte der Ukraine, Stuttgart 2015, S. 148.

Integrationskraft, die man sich erhoffte.[17] Die Entstehung eines russischen Nationalbewusstseins vollzog sich parallel und rückte wahlweise staatsbürgerliche,
sprachlich-kulturelle oder ethnische Merkmale in den Mittelpunkt, ohne dass
es zu einer einheitlichen russischen Nationalbewegung gekommen wäre.[18] Konsens unter den meisten konservativen, aber auch liberalen nationalen Denkern
Russlands war hingegen, dass „Kleinrussland" als Synonym für die „Ukraine"
eine eigensinnige und komplementäre Rolle im Selbstbild der „Großrussen" einnahm. Bis zur Mitte des 19. Jahrhundert war dieses Ukraine-Bild in den russischen Salons durchaus positiv. Linke, liberale und konservative Publizisten
blickten auf die „Kleinrussen" oftmals mit folkloristischer Neugier; auf einen
idealisierten, reinen aber geschichtslosen kleinen Bruder, der die „großrussische
Kultur" vervollständigte. Die Ukrainer waren eine Stütze des Imperiums.[19]

Zu dieser Zeit forderte eine ukrainische Nationalbewegung just den Kern
dieser großrussischen Kultur- und Imperiumsvorstellung heraus. Zeitgleich, als
die russische Sprache konstitutive Bedeutung für die russische Nation bekam,
publizierten und verbreiteten auch ukrainische Intellektuelle Schriften in ihrer
Sprache. Damit war nicht zwingend eine Forderung nach nationaler Eigenständigkeit verbunden: Russische und ukrainische Beamte sprachen eher Russisch,
waren im Imperium sozialisiert und lebten ihr unbedingtes Bekenntnis zur russischen Krone. Auch ukrainischsprachige Eliten rechts des Dnipro propagierten
die Vorstellung einer russischen Nation, um das Imperium insgesamt zu stärken.[20] Und dennoch: Taras Ševčenkos literarisches Schaffen im 19. Jahrhundert
war beispielhaft dafür, wie mit der Literatur dem imperialen „Kleinrussischen"
etwas „Ukrainisches" entgegengestellt wurde. Nicht zufällig standen die Kosaken
und ihr Mythos dabei häufig im Mittelpunkt.[21] Die Zentralregierung fürchtete die
politischen Konsequenzen aus den literarischen Fantasien, obgleich selbst radikalere ukrainische Intellektuelle nicht die Abspaltung von Russland forderten.[22]

---

17   Andreas Kappeler, Russland als Vielvölkerreich. Entstehung, Geschichte, Zerfall, München
     2011, S. 198 f.
18   Geoffrey Hosking, Russland. Nation und Imperium, Berlin 2003, S. 326–334.
19   Jobst, Geschichte der Ukraine, S. 115; Paul Bushkovitch, The Ukraine in Russian Culture
     1790–1860: The Evidence of the Journals, in: Jahrbücher für Geschichte Osteuropas 39 (1991)
     3, S. 339–363.
20   Faith Hillis, Children of Rus': Right-Bank Ukraine and the Invention of Russian Nation,
     Ithaca 2013.
21   Andreas Kappeler, Die Kosaken-Ära als zentraler Baustein der Konstruktion einer national-ukrainischen Geschichte: Das Beispiel der Zeitschrift Kievskaja Starina 1882–1891, in:
     Robert Crummey/Holm Sundhaussen/Ricarda Vulpius (Hrsg.), Russische und Ukrainische
     Geschichte vom 16.–18. Jahrhundert, Wiesbaden 2001, S. 251–262.
22   David Saunders, The Ukrainian Impact on Russian Culture. 1750–1850, Edmonton 1985,
     S. 249.

Verfolgung und Zensur verhinderten bis 1905 allerdings die Verbreitung solcher Ideen im Russischen Reich, sodass diese auf einen kleinen Kreis Intellektueller beschränkt blieben.[23] Die ukrainische Sprache, die es offiziell nicht geben durfte, wurde in Russland in der zweiten Hälfte des 19. Jahrhunderts verboten. Der neue russische Nationalismus im ausgehenden Zarenreich überschrieb Ševčenko mit Aleksandr Puškin, ungeachtet der engen Verwandtschaft russischer und ukrainischer Literatur. Jedes Gerede von einer Ukraine galt bis zum Ersten Weltkrieg als polnische oder österreichische „Intrige".[24] Zugleich war es das habsburgische Galizien, in dem ukrainische und polnische Nationalbewegungen unter den relativ liberalen Zensurgesetzen aufblühen und von den politischen Freiheiten im Reich profitieren (und miteinander konkurrieren) konnten. Ab 1848 waren hier ukrainische Parteien und Bewegungen unterschiedlicher Couleur (ab 1867 auch im galizischen Landtag) aktiv, die von Autonomie in einem eigenen ukrainischen Kronland träumten.[25] Eine Irredenta mit den Gebieten im Osten war allerdings bis 1917 unvorstellbar.[26] Die ukrainischen Nationalbewegungen zum Ende des 19. Jahrhunderts waren eine Melange aus den Ideen der Wiener und Lemberger Salons und Universitäten ebenso wie der ruthenischen Kleriker und des assimilierten ukrainischen Adels in Russland.[27] Eine nationale Massenbewegung entstand daraus nicht, auch weil soziale Fragen die nationalen in Europa (noch) überlagerten und die Vorstellungen darüber, wie eine eigenständige Ukraine auszusehen hatte, weit auseinanderklafften.[28]

Imperialer Zerfall, Bürgerkrieg und Ukrainische Revolution

Zu Beginn des 20. Jahrhunderts verschmolzen im Russländischen Imperium in vielen Provinzen die Forderungen nach sozialen Veränderungen, nach politischer Teilhabe mit denen nach nationaler Selbstbestimmung. Die Revolution von 1905 hatte die soziale Dynamik gerade an den Peripherien des Reiches

---

23 Jobst, Geschichte der Ukraine, S. 139 f.
24 Kappeler, Ungleiche Brüder, S. 103 f.
25 Frank Golczewski, Deutsche und Ukrainer. 1914–1939, Paderborn 2009, S. 27; Timothy Snyder, The Reconstruction of Nations: Poland, Ukraine, Lithuania, Belarus, 1569–1999, New Haven 2003.
26 Jobst, Geschichte der Ukraine, S. 123.
27 Andreas Kappeler, Der schwierige Weg zur Nation: Beiträge zur neueren Geschichte der Ukraine, Wien 2003, S. 99–122.
28 Golczewski, Deutsche und Ukrainer, S. 28–38; Andrew Wilson, Ukrainians, Unexpected Nation, New Haven 2005, S. 119–124.

befeuert.[29] Erst der Erste Weltkrieg jedoch zerbrach die imperialen Klammern – sowohl in Russland als auch im Deutschen und im Habsburger Reich. Die sozialen Umwälzungen, die massenhafte Mobilisierung nationaler Minderheiten, die Hungerkatastrophen und Fluchtbewegungen und nicht zuletzt die Niederlage der Mittelmächte und die Februarrevolution 1917 setzten die Zentrifugalkräfte der Nationalbewegungen auch in der Region zwischen Karpaten und Donbas frei. Aus diesem Zerfall ergab sich keinesfalls ein direkter Weg vom Imperium zum Nationalstaat.[30] Vielmehr erodierte die politische Autorität in den imperialen Zentren, und neue Akteure suchten nationale, politische und soziale Losungen in ihren Regionen durchzusetzen: in Warschau, Prag, in Schlesien, im Baltikum, in Lemberg, Tbilisi oder eben Kiew. Europas Vielvölkerreiche zerfaserten.

Vor diesem Hintergrund wurde im April 1917, nur wenige Wochen nach der Abdankung von Zar Nikolaus II., in Kiew erstmals ein Parlament (Rada) gewählt. Der Begriff entstand in Anlehnung an die Kosakenräte der Frühen Neuzeit.[31] Bis zum Sommer 1917 vergrößerte sich der Rat sogar, nahm auch die neu gebildeten Arbeiter- Soldaten und Bauernkongresse mit auf und zählte bald über 700 Delegierte.[32] Während in Russland die Provisorische Regierung und der Petrograder Sowjet um den Weg zur Konstituante rangen, gelang es Kiew anfangs, die revolutionären Bewegungen in der Ukraine direkt in parlamentarische Bahnen zu lenken. Mit der einstimmig verabschiedeten Erklärung der ukrainischen Autonomie im Juni 1917 begann nicht zwingend die Ablösung von Russland. Kiew suchte Stabilität und strebte föderale Beziehungen auf Augenhöhe zu Peterburg an, zumal man sich gemeinsam im Krieg gegen die Mittelmächte befand.[33] Der Kriegsverlauf und die revolutionären Ereignisse im Herbst 1917 trieben das Imperium allerdings weiter auseinander.

Mit der Machtübernahme von Lenins Bolschewiki im Herbst 1917 erklärte Kiew die Ukraine schließlich im Dezember zur eigenständigen Volksrepublik

---

29 Vgl. Charles R. Steinwedel, Threads of Empire. Loyalty and Tsarist Authority in Bashkiria, 1552–1917, Bloomington 2016, S. 200.

30 Zur Dynamik des imperialen Zerfalls und der Entfaltung nationaler und sozialer revolutionärer Umwälzungen zwischen 1914 und 1922 vgl. Jochen Boehler, Civil War in Central Europe. The Reconstruction of Poland, 1918–1921, Oxford 2022; Włodzimierz Borodziej/ Maciej Gorny, Der vergessene Krieg. Nationen 1917–1923, Darmstadt 2018; Joshua A. Sanborn, Imperial Apocalypse: The Great War and the Destruction of the Russian Empire, Oxford 2014; S. A. Smith,: Russia in Revolution: An Empire in Crisis, 1890 to 1928, Oxford 2017.

31 Kappeler, Ungleiche Brüder, S. 134.

32 S. V. Kul'čick'kyj, Centralna Rada. Utvorennja UNR, in: Ukrains'kyi Istoryčnyi Žurnal (1992) 5, S. 71–88.

33 Georgyj Kasianov, Die Ukraine zwischen Revolution, Selbstständigkeit und Fremdherrschaft, in: Wolfram Dornik u. a. (Hrsg.), Die Ukraine zwischen Selbstbestimmung und Fremdherrschaft. 1917–1922, Graz 2011, S. 131–180.

und im Januar 1918 für unabhängig. Nicht nur hier, wo ein Putschversuch der Bolschewiki abgewehrt wurde, sondern im ganzen Reich hatte die Oktoberrevolution Unabhängigkeitsbestrebungen entfesselt – auch weil das russische Kernland im Chaos zu versinken drohte.[34] Lenin trieb das Imperium weiter auseinander, doch auch in Mitteleuropa befeuerte der Kollaps der imperialen Autorität die Ausbreitung von Revolution und Gegenrevolution sowie die Bestrebungen nach Separatismus und Irredenta. Zwischen 1917 und 1922 entbrannten im ganzen postimperialen Raum bewaffnete Zerfallskonflikte – wo einst das Habsburger, das Deutsche und das Russländische Reich in Europa herrschten. Allerorten kursierten Nationalstaatsideen und entstanden neue Staatsgebilde, und nicht alle überdauerten. Das Gebiet der heutigen Ukraine war Hauptschauplatz und ein ukrainischer Staat selbst Akteur dieser Auseinandersetzungen.

Die im Dezember 1917 proklamierte „Ukrainische Volksrepublik" beanspruchte auch die Gebiete im Osten (Charkiv), konnte aber ohne eine schlagkräftige Armee weder den Bolschewiki dort noch den Mittelmächten im Westen Paroli bieten. Die Grundlage für ihre Unabhängigkeit war ein Separatfrieden mit dem Deutschen Reich im Februar 1918, das die Rote Armee bis nach Rostóv zurückdrängte, die Ukraine aber der deutschen Besatzungsmacht auslieferte. Bis zur Kapitulation der Mittelmächte hing das Schicksal des Ukrainischen Staates (wie er ab April 1918 hieß) von der Präsenz der deutschen und österreichischen Armee ab, die das Land als Getreideproduzent für die Heimatfront ausnutzen wollten. Der in Teilen des ukrainischen Militärs und der Aristokratie populäre General Pavlo Skoropads'kyj wurde von Deutschland als „Hetman" eingesetzt.[35]

Einerseits trieb der neue „Ukrainische Staat" in dieser Zeit die Ukrainisierung in den Schulen und Universitäten voran, versuchte sich an einer (von Deutschland diktierten) Reform der Landwirtschaft und begann auch mit dem Ausbau eines modernen Verwaltungs- und Staatsapparates.[36] Andererseits hatte Kiew kaum Mittel oder die Reichweite, um Einfluss auf den ländlichen Raum zu nehmen, der zum Kosmos für Anarchie, Pogrome und Enteignungen geworden war. Selbsternannte Kosakenführer (atamany) und andere Warlords rangen mit den Heeren Moskaus und weißen Bürgerkriegsgenerälen um die Herrschaft

34 Stephen A. Smith, Revolution in Russland. Das Zarenreich in der Krise, Darmstadt 2017, S. 189–191.

35 Wolfram Dornik/Peter Lieb, Die Ukrainepolitik der Mittelmächte während des Ersten Weltkrieges, in: Dornik u. a. (Hrsg.), Die Ukraine zwischen Selbstbestimmung und Fremdherrschaft, S. 91–128.

36 Stephen Velychenko, State Building in Revolutionary Ukraine. A Comparative Study of Governments and Bureaucrats, 1917–1922, Toronto 2011; Immo Rebitschek, Statebuilding under Occupation. Pavlo Skoropadsky's Hetmanate in 1918, in: Revolutionary Russia 32 (2019) 2, S. 226–250.

in der Provinz.[37] Kiew suchte zwischenzeitlich auch hier Allianzen, blieb aber häufig der militärischen Übermacht seiner Nachbarn ausgeliefert. Nach dem Abzug Deutschlands und dem Sturz des Hetmans übernahm ein Direktorium die Regierung, das ohne nennenswerte Streitkräfte versuchte, den Ukrainischen Staat zu erhalten.

Nicht nur die Bolschewiki im Osten, sondern auch andere Kräfte des imperialen Zerfalls im Westen kämpften um Einfluss bzw. Kontrolle über jeden Quadratkilometer auf dem Gebiet der heutigen westlichen Ukraine. Auch hier, in Galizien – dem Kernland der ruthenischen Nationalbewegung – behaupteten sich zunächst ruthenische/ukrainische Akteure. Im Herbst 1918 proklamierte ein Ukrainischer Nationalrat in Lemberg die Westukrainische Volksrepublik, der bis 1919 den Zusammenschluss mit dem Ukrainischen Staat im Osten suchte, während parallel eine ruthenische Rada in der Bukowina eine Karpaten-Ukraine gründete und die Vereinigung mit Lemberg plante. Wie ihr Pendant in Kiew konnten aber weder die Westukrainische Volkrepublik noch die kleinteiligeren ruthenischen Bewegungen der Militärmacht ihrer Nachbarn etwas entgegensetzen. Kurzlebige Allianzen mit Polen oder mit den Weißen Garden im Osten blieben für ukrainische Protagonisten ergebnislos. 1920 teilten sich das wiedererstandene Polen und Sowjetrussland schließlich den größten Teil des Ukrainischen Staates auf. Die Karpaten-Gebiete gingen in Rumänien und der Tschechoslowakei auf.

Was lange Zeit als Russischer Bürgerkrieg bezeichnet wurde, war ein revolutionärer Krieg der Weltanschauungen, aber eben auch ein imperialer Zerfallskrieg, der von der Oder bis über den Ural hinaus eine Vielzahl von Kämpfern und Heeren in Bewegung setzte.[38] Rote Armee und „Weiße Garden" waren nur zwei grobe Fraktionen einer kontinentalen Konfliktlandschaft. Der ukrainische Staat war für drei Jahre unter wechselnder Besatzung dabei ein zentrales und erfolgloses Objekt, von Krieg und Hunger in weiten Teilen verwüstet. Doch das kulturelle Fundament für eine Staatstradition war gelegt, auf die auch heute immer wieder gern verwiesen wird.[39] Wichtiger noch: Die Erfahrung einer unabhängigen Ukraine überdauerte im kollektiven Gedächtnis seiner Eliten

---

37 Vgl. Felix Schnell, Räume des Schreckens. Gewalt und Gruppenmilitanz in der Ukraine, 1905–1933, Hamburg 2012; Laura Engelstein, Russia in Flames. War, Revolution, Civil War 1914–1921, New York 2018, S. 445–468.

38 Vgl. Karen Barkey/Mark von Hagen (Hrsg.), After Empire. Multiethnic Societies and Nation-Building. The Soviet Union and the Russian, Ottoman, and Habsburg Empires, Boulder 1997; Boehler, Civil War in Central Europe.

39 Die heutige Ukraine übernahm von ihm seine Symbole, die Währung (die Hrywnja), die blaugelbe Flagge und die Nationalhymne.

und prägte die Vorstellungen der ukrainischen Emigration. Auswanderer und Exilanten trugen diese nach Berlin, Wien, Paris, aber auch nach Nordamerika und begründeten so für das 20. Jahrhundert eine lange Geschichte der Ukraine im Exil.[40] In gleicher Weise setzten von dieser Erfahrung inspirierte ukrainische Nationalisten in Polen, Rumänien und der Tschechoslowakei teilweise im Untergrund ihre Bemühungen fort.[41]

Gewalt und Aufbruch – die sowjetische Ukraine im zweiten Imperium bis 1939

Zahlreiche Politikerinnen und Politiker der Ukraine waren bis 1920 ins Ausland geflohen oder getötet worden. Wer blieb, lebte in der Ukrainischen Sowjetrepublik und damit unter dem Diktat der Kommunistischen Partei der Sowjetunion und von Mitteleuropa und Galizien weitgehend abgeschnitten. Was aber war die Sowjetukraine?

Die Bolschewiki hatten mit militärischer Übermacht ihr politisches (Rätebzw. Sowjet-)System in den meisten Provinzen des früheren Imperiums durchgesetzt. Um nach dem gewonnenen Bürgerkrieg das Vielvölkerreich zu bewahren, mussten sie nun andere Nationalitäten und multiethnische Gebiete mit Zwang und zugleich mit Zugeständnissen an das sozialistische Projekt und den neuen Staat binden – nicht nur die Ukraine, sondern alle Republiken und Mitglieder der 1922 gegründeten Sowjetunion. Diese war auf dem Papier als föderaler und freiwilliger Zusammenschluss von Räterepubliken konzipiert. Nur die Kommunistische Partei durfte die Räte (also die Regierungen) der jeweiligen Republiken besetzen. Von Kasachstan bis in die Ukraine oder in den Kaukasus galt damit: Ein Austritt ist möglich, wenn es die Räteregierung vorsah – die Kontrolle über die Partei (und damit alle Räteregierungen) lag aber in Moskau. Das föderale Prinzip war letztlich das Herrschaftsinstrument einer zentralistischen Diktatur und der administrative Kitt des neuen sowjetischen Imperiums.[42]

---

40 Zur ukrainischen Emigration in Mittel- und Westeuropa vgl. Golczewski, Deutsche und Ukrainer; für Nordamerika vgl. u. a. Stella Hryniuk, Canada's Ukrainians: Changing Perspectives, 1891–1991, Toronto 2016.

41 Franziska Bruder, „Den ukrainischen Staat erkämpfen oder sterben!". Die Organisation Ukrainischer Nationalisten (OUN) 1929–1948. Berlin 2007; Grzegorz Rossoliński-Liebe, Stepan Bandera. The Life and Afterlife of a Ukrainian Nationalist. Fascism, Genocide and Cult. Stuttgart 2014; Timothy Snyder, Red Prince. The Fall of a Dynasty and the Rise of Modern Europe, London 2009.

42 William E. Pomeranz, Law and the Russian State. Russia's Legal Evolution from Peter the Great to Vladimir Putin, London 2019, S. 81.

Im Gegenzug erhielten Angehörige anderer Nationalitäten die Möglichkeit
zur Entfaltung von Sprache und Kultur in ihrer Republik – solange sie das Pri-
mat der Kommunistischen Partei und damit Moskaus Führungsanspruch anerkannten. Auf diese Weise, so das Kalkül der Parteiführung, sollten die Ideen der
Revolution und des sozialistischen Aufbaus in den jeweiligen Nationalkulturen
„einwurzeln" können.[43] Das Mantra der sowjetischen Nationalitätenpolitik hieß
in den 1920er-Jahren: national in der Form – sozialistisch im Inhalt. Die Sowjetukraine war das Produkt dieser Politik – eine Räterepublik aus neun Provinzen, in denen Ukrainer die Bevölkerungsmehrheit ausmachten, wobei auch hier
bereits Grenzstreitigkeiten verhandelt werden mussten.[44]

In dieser Republik wurde die ukrainische Sprache nun offiziell gefördert,
ebenso wie auf der Krim, die eine eigene Autonome Nationalitätenrepublik
bildete, das Krimtatarische. Ukrainische Kader wurden gezielt bevorzugt, um
lokale Eliten (d. h. ukrainische Kommunisten) auszubilden und an das System
zu binden. Schulbücher erhielten in der jeweiligen einheimischen Sprache eine
Zulassung. Die offiziellen Amtssprachen hier waren Tatarisch und Russisch.[45]
Die politische Führung in Kiew respektierte die Autorität Moskaus. Zugleich
galten die 1920er- Jahre als Blütezeit der Ukrainischen Kultur, nicht zuletzt, weil
die Ukrainisierung in vielen Bereichen der Verwaltung und Ausbildung vorangetrieben wurde und die ukrainischen Kommunisten in dieser Dekade auch
mehr Kontrolle über die kulturellen und sozialen Belange ihre Republik gegenüber dem Zentrum einforderten.[46]

Die Phase der vorsichtigen kulturellen Blüte der Ukraine ging mit Stalins
Machtübernahme ausgangs der 1920er-Jahre endgültig zu Ende. Die Jahre zwischen 1928 und 1933 markieren für die Sowjetukraine eine Epochenwende, als
Moskau stärker auf Gewalt setzte, um das neue sowjetische Imperium nach
dem Gusto Stalins zu transformieren. Stalin selbst stand der Politik der „Einwurzelung" und dem Selbstbewusstsein der ukrainischen Nationalkommunis-
ten zunehmend skeptisch gegenüber. Dabei betonte er ab 1930 immer offener
die Bedeutung des „russischen Proletariats" für die Sowjetunion insgesamt und
bediente nationalistische Ressentiments auf russischer Seite.[47]

43 Der offizielle Begriff für diese Politik lautete „Korenizacija" (Einwurzelung). Vgl. Terry Mar-
    tin, The Affirmative Action Empire. Nations and Nationalism in the Soviet Union, 1923–
    1939, Ithaca 2001, S. 26.
44 George Liber, Total wars and the Making of Modern Ukraine, 1914–1954, Toronto 2016, S. 79.
45 Jobst, Iphigenie, S. 262.
46 Liber, Total Wars, S. 111–130.
47 Martin, The Affirmative Action Empire, S. 271 f.; David Brandenberger, National Bolshe-
    vism. Stalinist Mass Culture and the Formation of Modern Russian National Identity, 1931–
    1956, Cambridge, MA 2002, S. 27–42.

Die Ukraine war ein multiethnisches und bevölkerungsreiches Land mit einer polnischen Minderheit, das an nicht-kommunistische Nachbarstaaten grenzte, die ebenfalls nicht unerhebliche ukrainische Bevölkerungsanteile aufwiesen. Hinzu kamen die Erfahrungen des wenige Jahre zurückliegenden Bürgerkrieges, in dem die Bolschewiki in den ukrainischen Gebieten massive Gegenwehr erfahren hatten. Nationaler Widerstand, schlimmer noch: eine ukrainische „bürgerliche" Irredenta in Allianz mit Polen, waren in den Augen des Kremls ernst zu nehmende Szenarien – obgleich es keine nennenswerten Kräfte gab, die diese Vorhaben in die Tat hätten umsetzen können. Für viele in der Führungsriege von Partei und Geheimpolizei war der Bürgerkrieg in der Ukraine „unvollendet" geblieben.[48] Weniger die Nationalität, sondern vielmehr der Raum Ukraine schien ideologisch fragwürdig.

Zeitgleich spielte die Ukraine eine zentrale Rolle für Stalins „Revolution von oben". Mit der Kollektivierung der Landwirtschaft sollten sich Millionen von Einzelbauern in staatlich kontrollierten Kollektivwirtschaften (Kolchosen) zusammenschließen. Dieses System sollte ein Heer von Industriearbeitern ernähren, um im gleichen Takt den Aufbau der Schwerindustrie zu ermöglichen. Mit Alphabetisierungskampagnen und der Mobilisierung Zehntausender ungelernter Arbeiter für die Großbaustellen legte der Erste Fünf-Jahres-Plan die Grundlagen für den sozialen Aufstieg einer ganzen Generation euphorischer junger Männer und Frauen. Auch die Sowjetukraine war im Osten ein Schauplatz dieser Industrialisierung im Eiltempo und der Aufstiegserfahrungen eines sowjetischen Industrieproletariats.[49] Die Ukraine war zudem eine der Hauptanbauregionen für Getreide in der Sowjetunion und somit ein für das Regime überlebenswichtiger Standort für die landwirtschaftliche Versorgung des Riesenreichs. Die Kollektivierung durfte hier auch aus ideologischen Gründen nicht scheitern. Die Moskauer Parteiführung projizierte auf die Ukraine demnach einen Großteil ihrer revolutionären Agenda und zugleich ihre größten Feindbilder. Millionen von Menschen in der Ukraine teilten diese Visionen, und sehr viele gerieten in der Folge zu Tätern und Opfern in einer Kaskade der verheerendsten Massenverbrechen der sowjetischen Geschichte.

In fast allen Teilen der Sowjetunion wehrten sich Bauern zunächst, ihre Flächen abzugeben und in Kollektivwirtschaften einzutreten. Das Regime reagierte erst mit Propaganda, dann mit Zwang und nach einer kurzen Atempause mit

48 Vgl. dazu Lynne Violas Argument des „Incomplete Civil War": Lynne Viola, Stalinist Perpetrators on Trial. Scenes from the Great Terror in Soviet Ukraine, New York 2017, S. 10–29.
49 Tanja Penter, Kohle für Stalin und Hitler. Arbeiten und Leben im Donbass 1929 bis 1953, Essen 2010.

noch mehr Zwang und massenhafter Gewalt. Bei dem Versuch, das Kolchos-System zu etablieren und die Kontrolle über die ruralen Lebenswelten des Reichs zu gewinnen, setzte die Parteiführung auf den Einsatz von Militär, Polizei und freiwilligen Brigaden, wobei Hunderttausende von Bauernfamilien als „Kulaken" und Volksfeinde gebrandmarkt und nach Sibirien deportiert wurden.[50]

In der ländlich geprägten Ukraine war der bäuerliche Widerstand besonders stark ausgeprägt. Auch hier folgten gewaltsame Requirierungen, Bestrafungsaktionen, aber auch gewaltige Missernten, nachdem weite Flächen im Zuge der Auseinandersetzungen brachgelegen hatten oder zerstört worden waren. Stalins Regime nutzte diese Notlage in den südöstlichen Gebieten gezielt, um den Widerstand der ukrainischen Bauern gegen die Kollektivierung zu brechen und zu bestrafen. Hilfslieferungen wurden unterbunden und ganze Ortschaften abgeriegelt, um die Bewohner an der Flucht vor dem Hunger zu hindern.[51] In den Jahren 1932/33 erlebte der Südwesten des Reiches folglich die schlimmste Hungerkatastrophe in der russischen und ukrainischen Geschichte: Mindestens 3,5 Millionen Menschen starben.[52] In der heutigen Ukraine spielt diese Katastrophe unter dem Begriff „Holodomor" eine zentrale Rolle in der nationalen Erinnerungskultur.[53] Sie war nicht allein auf die Ukraine begrenzt, auch Teile des südlichen Russlands, des Kaukasus und der Don-Region litten Hunger. Auch Kasachstan war von einer ähnlich verheerenden und absichtlich herbeigeführten Hungersituation betroffen.[54] Zugleich ging das massenhafte Aushungern der ukrainischen Bauern einher mit der Beseitigung nationalkommunistischer Kader und ukrainischer Eliten und wies damit eine genozidale Stoßrichtung auf. Der Genozid-Begriff, bezogen auf den Holodomor, wird in der Historiografie allerdings kontrovers diskutiert.[55]

Der Terror war 1933 nicht vorüber. In den Jahren 1937 und 1938 entfesselte die Führung um Stalin eine Welle von Verhaftungen und Erschießungen, die sich wieder gegen vermeintliche Gegner der Kollektivierung, „asoziale Elemente" und gegen verdächtige Nationalitäten richtete. Die sogenannten Massenoperationen

50 Lynne Viola, Peasant Rebels under Stalin: Collectivization and the Culture of Peasant Resistance, New York 1999.
51 Anne Applebaum, Red Famine. Stalin's War on Ukraine, London 2017, S. 196–208.
52 Die Schätzungen liegen zwischen 3,5 und 7 Millionen. Vgl. Mark Edele, Debates on Stalinism, Manchester 2020, S. 253.
53 Georgiy Kasianov, Memory Crash. Politics of History in and around Ukraine, 1980s–2010s, Budapest 2022.
54 Robert Kindler, Stalins Nomaden. Herrschaft und Hunger in Kasachstan, Hamburg 2014.
55 Zur Forschungsdiskussion vgl. vor allem das Themenheft „Soviet Famines", in: Contemporary European History 27 (2018) 3. Vgl. dazu auch den Beitrag von Stephan Merl in diesem Band.

waren ein unionsweites Phänomen; eine von Moskau aus orchestrierte Vernichtungsaktion, der bei über 1,5 Millionen Verhaftungen mehr als 650 000 Menschen zum Opfer fielen. Die Forschung diskutiert noch immer die Motive für diese Operationen.[56] Eine wichtige Rolle spielte dabei jedoch zweifelsohne die Vorstellung bei Stalin und anderen Entscheidungsträgern, dass die Sowjetunion von imperialistischen Mächten belagert werde und eine Invasion unmittelbar bevorstehe. Die Sorge vor einer „Fünften Kolonne" heizte die Paranoia gegenüber nationalen Minderheiten und Menschen mit vermeintlich suspekten Biografien an. Polen, Deutsche, Koreaner und auch Ukrainer wurden in der Operation zu Tausenden verhaftet und hingerichtet. Der „Große Terror" wütete auch deshalb am verheerendsten im Grenzland Ukraine und löschte weite Teile der erst nachgerückten Elite aus.[57]

Der Stalinismus produzierte in der Ukraine wie in der ganzen Sowjetunion eine Generation von Tätern und Opfern, eine Gesellschaft der Aufsteiger und der Entbehrlichen. Die Verbrechen waren gegen den ukrainischen Raum, teils gegen die ukrainische Kultur, aber im größeren Maßstab gegen soziale Gruppen (Bauern) gerichtet. Die Unterwerfung des ländlichen Raumes war ein zentraler Baustein im Versuch, das sowjetische Imperium nach innen zu festigen.[58] In paradoxer Weise waren ukrainische und russische Identitäten in dieser sowjetischen Gewalterfahrung zugleich verbunden und entfremdet. Wie die massenhafte Aufstiegs- und Aufbauerfahrung haben auch die Kollektivierung, die Hungersnot und der Terror die Bevölkerung noch enger an das Imperium gebunden.

Die Ukraine im und nach dem Zweiten Weltkrieg

Der Hitler-Stalin-Pakt von 1939 schlug für die Ukraine ein neues Kapitel auf. Die Aufteilung Polens zwischen der Sowjetunion und NS-Deutschland ordnete das Gebiet Wolhynien und Galizien der Sowjetukraine zu und vereinte erstmals West- und Ostukraine. Mehr noch zwang der Pakt den Westen des Landes das erste Mal unter sowjetische Herrschaft und russischen Einfluss.[59] Einerseits trieben die neuen Machthaber die Ukrainisierung zulasten der polnischen Bevölkerung und Kultur voran. Andererseits gerieten neben Polen auch der ukrainische

---

56 Oleg V. Khlevniuk, Archives of the Terror. Developments in the Historiography of Stalin's Purges, in: Kritika 22 (Spring 2021) 2, S. 367–385.
57 Viola, Stalinist Perpetrators, S. 24.
58 Serhii Plokhy spricht in diesem Zusammenhang von der Ukraine als „Festung Stalins". Plokhy, The Gates, S. 245.
59 Teile Bessarabiens und der nördlichen Bukowina folgten 1940. Plokhy, The Gates, S. 263.

Klerus und grundsätzlich polnische und ukrainische Eliten (auch Kommunisten) in das Fadenkreuz der Geheimpolizei. Das neue Regime machte präventiv nationalistische Bedrohungen und Klassenfeinde aus und deportierte dafür in nur zwei Jahren ca. 1,25 Millionen Menschen aus den neu besetzten Gebieten in die entferntesten Winkel Sibiriens.[60] Die Westukraine sollte Teil der „Festung" werden.

Doch bereits 1941 brach über diese Gebiete Deutschlands Vernichtungskrieg herein. Die Ukraine war für die NS-Führung Kolonisierungs- und Siedlungsraum zugleich – ein „Brotkorb" für die deutsche Heimat. Die Bewohner der Ukraine galten als entbehrliche Verfügungsmasse im rasseideologischen Spektrum der Besatzer.[61] Die Sowjetrepublik wurde zerstückelt und in Teilen dem Generalgouvernement einverleibt. Die Mehrheit der Region stand als „Reichskommissariat Ukraine" unter deutscher Zivilverwaltung. Der Rest der Gebiete stand unter Militärverwaltung. Der deutsche Vormarsch wurde in einigen Teilen der Ukraine zunächst mit Enthusiasmus begrüßt. Viele hatten die Hoffnung, die deutschen Besatzer würden sie vom Kolchos-System befreien, und erwarteten von ihnen die Vergeltung für die stalinistischen Verbrechen. Andere glaubten, dass der ukrainische Staat unter deutscher Kontrolle wieder auferstehen würde. Die deutschen Besatzer erfüllten keine dieser Hoffnungen. Sie richteten ihre Vernichtungspolitik zunächst gegen vermeintliche kommunistische Funktionseliten, aber vor allem gegen Juden sowie Roma. In vielen Fällen blieb die ukrainische Bevölkerung teilnahmslos oder unterstützte sogar die Deutschen als Hilfskräfte, als die Massenerschießungen und Deportationen der Juden begannen. In der Ukraine lebten bis 1941 1,5 Millionen Jüdinnen und Juden. Fast alle von ihnen wurden ermordet.[62]

Je länger die Besatzung andauerte, desto deutlicher lehnte die ukrainische Bevölkerung die deutschen Okkupanten ab.[63] Die gewaltsame Besatzung und Hungerpolitik der Deutschen kostete Millionen ukrainischer Zivilisten das Leben.

---

60   Jan Gross, Revolution from Abroad. The Soviet Conquest of Poland's Western Ukraine and Western Belorussia, Princeton 1988, S. 187–224.

61   Dieter Pohl, Die Herrschaft der Wehrmacht. Deutsche Militärbesatzung und einheimische Bevölkerung in der Sowjetunion 1941–1944. 2. Aufl., München 2009, S. 63–86; Karel C. Berkhoff, Harvest of Despair. Life and Death in Ukraine under Nazi Rule, Cambridge, MA 2004, S. 6–35.

62   Dieter Pohl: Schauplatz Ukraine: Der Massenmord an den Juden im Militärverwaltungsgebiet und im Reichskommissariat 1941–1943, in: Nobert Frei u. a., Ausbeutung, Vernichtung, Öffentlichkeit. Neue Forschungen zur nationalsozialistischen Lagerpolitik, Berlin 2011, S. 135–174. Zur Frage der Kollaboration im Holocaust in der Ukraine vgl. auch Dean Martin, Collaboration and the Holocaust: Crimes of the Local Police in Belorussia and Ukraine, 1941–1944, London 2000.

63   Berkhoff, Harvest, S. 305–316.

Die anfängliche Zusammenarbeit der Organisation Ukrainischer Nationalisten (OUN) mit den Deutschen hatte schon vor dem Überfall auf die Sowjetunion geendet. Die im Anschluss gegründete Ukrainische Aufstandsarmee (UPA) beteiligte sich allerdings aktiv am Holocaust, verübte in ihrem Wahn von einer ethnisch homogenen Ukraine zahlreiche Massaker an Polen, vermeintlichen „Kommunisten" und vor allem an Juden, während sie ab 1943 sowohl an der Seite der Deutschen als auch der heranrückenden Roten Armee kämpfte.[64]

Das Ende der deutschen Besatzungsherrschaft rettete Millionen ukrainischer Leben. Zugleich mündete es in eine neue Phase imperialer Gewalt. Bei der Rückeroberung der Ukraine hatten ukrainische und russische Truppen in der Roten Armee gemeinsam gekämpft, doch die Ukraine war als einst besetztes Gebiet vielen in der Führung Moskaus nunmehr doppelt verdächtig. Obgleich es ebenso russische und belorussische Kollaborationsarmeen gegeben hatte, stand die Ukraine ab 1943/44 besonders im Fokus der sowjetischen Polizeibehörden.[65] Wie auch in anderen Teilen Europas diente die Verfolgung von Kollaborateuren in der Sowjetunion der Stiftung einer Nachkriegsidentität, dem Stillen eines kollektiven Genugtuungsdrangs und der Aufklärung von Kriegsverbrechen.[66] Viel drastischer jedoch beabsichtigte Moskau, mit Prozessen und Deportationen potenzielle Gefahrenherde in der Bevölkerung und politische Gegner unschädlich zu machen, um den Machtanspruch des sowjetischen Regimes in allen Territorien zu festigen.[67]

Bei der „Pazifizierung des Imperiums" traf die Rote Armee dabei vor allem in den westlichen Gebieten auf den bewaffneten Widerstand nationalistischer

64 Zur antijüdischen Gewalt und der Rolle der OUN im Holocaust vgl. bes. Kai Struve, Deutsche Herrschaft, Ukrainischer Nationalismus, antijüdische Gewalt: Der Sommer 1941 in der Westukraine, Berlin 2015; John Paul Himka, Ukrainian Nationalists and the Holocaust. OUN and UPA's Participation in the Destruction of Ukrainian Jewry, 1941–1944, Stuttgart 2021. Vgl. auch die Beiträge von Grzegorz Rossiliński-Liebe und Wolfgang Benz in diesem Band.

65 Vgl. Jacek Andrzej Mlynarczyk u. a., Eastern Europe: Belarusian Auxiliaries, Ukrainian Waffen-SS Soldiers and the Special Case of the Polish 'Blue Police', in: Jochen Böhler/Robert Gerwarth (Hrsg.), The Waffen-SS. A European History, London 2017, S. 165–208.

66 Tatjana Tönsmeyer, Besatzungsgesellschaften. Begriffliche und konzeptionelle Überlegungen zur Erfahrungsgeschichte des Alltags unter deutscher Besatzung im Zweiten Weltkrieg, https://docupedia.de/zg/Besatzungsgesellschaften. Zur Strafverfolgung von „Kollaboration" vgl. Tanja Penter, Collaboration on Trial. New Source Material on Soviet Postwar Trials against Collaborators, in: Slavic Review 65 (2005) 4, S. 782–790; Sergey Kudryashov/Vanessa Voisin, The Early Stages of Legal Purges in Soviet Russia (1941–1945), in: Cahiers du Monde russe 49 (2008) 2/3, S. 263–295.

67 Amir Weiner, Making Sense of War. The Second World War and the Fate of the Bolshevik Revolution, Princeton 2001, S. 134–136.

Untergrundbewegungen. Sowohl ukrainische als auch litauische Gruppen lieferten sich bis in die späten 1940er-Jahre schwere Auseinandersetzungen mit Armee und Geheimpolizei.[68] Zur Bekämpfung dieser Aufstände gehörte auch, dass die sowjetische Führung die Deportation ganzer Bevölkerungsgruppen veranlasste, die man als potenzielle Unterstützer besonders in Grenzregionen vermutete. Über 190 000 Personen wurden nach dem Zweiten Weltkrieg aus der Westukraine nach Sibirien deportiert.[69] Zeitgleich etablierte Stalin in Absprache mit den westlichen Siegermächten endgültig die sowjetische Westgrenze zu den polnischen Territorien. Er veranlasste dafür die ethnische Homogenisierung der ukrainisch-polnischen Grenzgebiete durch Massenumsiedlungen. Zwischen 1944 und 1947 mussten mehr als 800 000 Polen das westliche Gebiet der Ukraine und über 600 000 Ukrainer Ostpolen verlassen.[70] Das sowjetische Imperium passte rücksichtslos die Bevölkerung dem Grenzverlauf an, womit Moskau die humanitäre Krise in der Region noch verschärfte.[71]

Die Ukraine in der späten Sowjetunion

In der offiziellen sowjetischen Lesart vom Sieg im Großen Vaterländischen Krieg (1941–1945) kamen weder der Hitler-Stalin-Pakt noch die Deportations- und Verhaftungswellen der späten 1940er-Jahre vor. Demnach hätten die sowjetischen Völker unter russischer Führung die faschistischen Besatzer bezwungen. Der sowjetische Internationalismus trug fortan immer einen russozentrischen Kern, während man die Freundschaft der Völker auf Augenhöhe bis zum Ende der Sowjetunion zelebrierte.[72] Politisch hatte die Ukrainische Sowjetrepublik

---

68 Mark Edele, Stalinism at War. The Soviet Union in World War II, London u. a. 2021, S. 151–174.

69 Edele, Stalinism at War, S. 159. Das Schicksal der Krimtataren steht sinnbildlich dafür, wie das Moskauer Regime ganze Volksgruppen unter Kollaborationsverdacht stellte und in Kollektivhaftung nahm. 200 000 Menschen wurden 1944 innerhalb von drei Tagen von der Krim nach Sibirien deportiert. Zu den Deportationen von Volksgruppen in der Sowjetunion vgl. Pavel Polian, Against their Will. The History and Geography of Forced Migrations in the USSR, Budapest 2003.

70 Timothy Snyder, Bloodlands. Europa zwischen Hitler und Stalin, München 2011, S. 336–337.

71 Als es infolge der Kriegsverwüstungen im Gebiet der Ukraine, in Belarus und der heutigen Republik Moldau erneut zu einer verheerenden Hungersnot kam, griff Moskau zwar ein, war aber mit der Bewältigung der humanitären Krise bis in die späten 1940er-Jahre überfordert bzw. verschärfte die Krise teilweise mit fragwürdigen politischen Prioritäten. Nicholas Ganson, The Soviet Famine of 1946–47 in Global and Historical Perspective, Basingstoke 2009.

72 Jonathan Brunstedt, The Soviet Myth of World War II. Patriotic Memory and the Russian Question in the USSR, Cambridge, MA 2021.

bis in die 1980er-Jahre eine prominente Rolle. Die Angliederung der Krim an die Ukraine 1954 markierte die Aufwertung der Republik.[73] Die Sowjetukraine war Industrie- und Agrarknotenpunkt, eine Wirtschaftsmacht, die vor allem bei der Entwicklung der zivilen Kernenergie eine Vorreiterrolle spielte. Sie war ein wirtschaftliches, technologisches und demografisches Schwergewicht und eine Vorzeigerepublik in der Sowjetunion.

Der offizielle Raum für nationale Eigenheiten blieb bis in die 1980er-Jahre indes eng und zugleich diffus. Einerseits hatten sich bis in die frühen 1960er-Jahre im ganzen Land Spielräume für eine national-kulturelle und teilweise nationalistische Publizistik geöffnet (auf Ukrainisch wie auf Russisch). Unter dem ukrainischen KP-Sekretär Petro Šelest (1962–1973) wurde die ukrainische Sprache verstärkt gefördert. Er selbst verantwortete ein (später) kontrovers diskutiertes Buch über die Geschichte der ukrainischen Nation und ihrer Unterdrückung (vor 1917). Andererseits war er mitverantwortlich für die Verfolgung einer ganzen Generation ukrainischer Literaten. Das hinderte die Moskauer Machthaber nicht daran, ihn als angeblichen Komplizen des ukrainischen Nationalismus aus dem Amt zu entfernen.[74]

Die Ukraine war ein Land zweier Sprachen, doch der Assimilationsdruck des Russischen war im ganzen Land deutlich zu spüren. Das Ukrainische war in den 1970er-Jahren im Rückzug begriffen.[75] Ein allzu klares Bekenntnis zur ukrainischen Sprache oder Geschichte blieb vor allem nach Šelests Niedergang riskant. Die Ukraine hatte im offiziellen Diskurs bei all ihren kulturellen Eigenheiten nur im Rahmen des Imperiums Raum zur Entfaltung, nicht als distinkte Akteurin. Zugleich wurden mehrere Generationen in dieser sowjetukrainischen Identität sozialisiert, sodass Forderungen nach ukrainischer Autonomie nicht in der breiten Masse gestellt wurden.[76] Solche Bestrebungen lebten eher im Untergrund fort. Dabei hatte die Mehrheit der ukrainischen Intellektuellen weniger das Ende des Sowjetsystems im Sinn als die Garantie für nationale Freiräume innerhalb der UdSSR. Die Schriften der ukrainischen Dissidenz und der Untergrundliteratur (samvydav/samizdat) fanden eher im Westen Resonanz, während

---

73 Die Angliederung erfolgte anlässlich der 300-Jahr-Feier zum Vertrag von Perejaslav, ob aus administrativem Pragmatismus oder politischem Kalkül ist bis heute umstritten. Jobst, Geschichte der Ukraine, S. 226–227.

74 Olga Bertelsen, The Labyrinth of the KGB. Ukraine's Intelligencia in the 1960s–1870s, Lanham 2021, S. 57; Lowell Tillett, Ukrainian Nationalism and the Fall of Shelest, in: Slavic Review 34 (1975) 4, S. 752–768; Serhy Yekelchyk, Ukraine. Birth of a Modern Nation, Oxford 2007, S. 161.

75 Yekelchyk, Ukraine, S. 173.

76 Wilson, Ukrainians, S. 155 f.; Yekelchyk, Ukraine, S. 168.

der GULag und das System aus Gefängnissen und Zwangspsychiatrien im Laufe der 1970er-Jahre zum Auffangbecken einer kleinen Gruppe nationaler Aktivisten wurde bzw. der Menschen, die der KGB als „Nationalisten" bezeichnete.

Die Ära Gorbačëv (1985–1991) sollte diese Stimmen wieder an die Oberfläche befördern. Mit der Verkündung von Glasnost und Perestrojka entfesselte der neue Generalsekretär der KPdSU Reforminitiativen in der ganzen Sowjetunion, die er zur Umgestaltung des Landes kanalisieren wollte, aber letztlich nicht mehr kontrollieren konnte. Die Ukraine nahm in diesem Umbruch eine prominente Rolle ein. Mit der Transformation planwirtschaftlicher Strukturen und der Öffnung für privatwirtschaftliche Elemente verschärfte sich eine ohnehin schwelende Wirtschaftskrise. Der Versuch der neuen Parteiführung in Moskau, die Menschen durch die Aufhebung der Zensur zum Austausch und zur Artikulation von Problemen anzuregen, mündete in eine neue Dynamik aus Krise und neu entstehender Öffentlichkeit. In der Folge wurden neben wirtschaftlichen Problemen auch Fragen der Teilhabe und der nationalen Identität virulent. Wie zu Beginn des Jahrhunderts befruchteten sich diese Themen im öffentlichen Diskurs gegenseitig, der damit die Fliehkräfte des Imperiums freisetzen sollte. Wie schon 1917 war die Ukraine ein wichtiger Gravitationspunkt.

Im ganzen Land sprachen und publizierten die Menschen ab den späten 1980er-Jahren erstmals offen über die Vergangenheit: Der Terror der Stalin-Zeit, der Holodomor, die Deportationen, aber auch jüngere Ereignisse wie die Reaktorkatastrophe von Tschernobyl speisten eine mediale Lawine, die die Zentralregierung in Moskau nicht mehr bremsen konnte. Immer mehr Menschen in der Ukraine – vor allem auch innerhalb der Kommunistischen Partei – entfremdeten sich von Moskau, das man für den fatalen Umgang mit der Katastrophe in Tschernobyl allein verantwortlich machte.[77] Nationalbewegungen wie die „Ruch" entwickelten sich so ab 1989 zur politischen Kraft. Damit entstand keineswegs automatisch eine Unabhängigkeitsbewegung wie im Baltikum, sondern tendenziell eine Basis für die diffusen Forderungen nach politischem Wandel und nationaler Autonomie. Menschen brachten immer öfter und lauter die Probleme und die Themen, die sie bewegten, in Zusammenhang mit ihrer nationalen Identität.[78]

---

77 Gorbačëv und die Moskauer Parteizentrale hatten die Aufklärungsarbeit nach dem Atomunfall behindert. Sie hatten ukrainische Genossen unter Druck gesetzt, die Strahlengefahr zu verheimlichen und – allen Warnungen zum Trotz – die Mai-Parade in Kiew abzuhalten, um die Bevölkerung demonstrativ zu beruhigen. Serhii Plokhy, Chernobyl. The History of a Nuclear Catastrophe, New York 2018, S. 233–248.

78 Der Ukrainische Schriftstellerverband verurteilte die einst prestigeträchtige Atomkraft als russisches Machtinstrument, und erstmals bildete sich eine kurzlebige ökologische Massen-

Gorbačëv liberalisierte auch das politische System und reagierte mit mehr Zugeständnissen an die Republiken, um das Imperium zu bewahren. Die Zulassung unabhängiger Kandidaten in den Wahlen zum Obersten Sowjet im März 1989, die Stärkung der Republiken und schließlich die Aufgabe der Einparteienherrschaft beschleunigten jedoch die Zerfallsprozesse. Zudem entstanden mit den Parlamentswahlen 1989 und 1990 in den Republiken eine Plattform für die erstarkten Nationalbewegungen und Stimmen eines offenen (auch russischen) Separatismus aus allen Winkeln des Imperiums.[79] Wer 1990 in den Sowjetrepubliken Wahlen gewinnen wollte, spielte die nationale Karte – so auch die Kommunistische Partei in Kiew (die Ruch konnte aus ihrem Kurs kein Kapital schlagen). Ein Austritt aus der Sowjetunion stand für die ukrainischen Politiker nicht auf der Agenda. Bis zum März 1991 sprach sich die Mehrheit der Bewohner der Sowjetunion (ohne die baltischen Staaten) für den Verbleib in der Föderation aus – auch 70 Prozent in der Ukraine.[80] Doch nach dem missglückten Putsch in Moskau im August 1991 stieg die Angst vor dem politischen Chaos und einem politischen Rückfall in Russland, und der Wunsch nach Unabhängigkeit wurde in der Ukraine mehrheitsfähig. Drei Tage nach dem Putsch, am 24. August, verkündete die Rada die Unabhängigkeit des Landes und band diese Entscheidung über die Abspaltung von der Sowjetunion an ein Referendum.

In diesem Referendum vom 1. Dezember 1991 sprach sich die Bevölkerungsmehrheit in allen Landesteilen für die Unabhängigkeit aus: mit fast 99-prozentiger Zustimmung in Galizien und über 54 Prozent auf der Krim. Leonid Kravčuk, einst kommunistischer Apparatschik in der Sowjetukraine, hatte seine Wahlkampagne zum ukrainischen Präsidenten an das Referendum geknüpft – und die Wahl gewonnen.[81] Als Boris El'cin im Namen Russlands mit ihm und dem Regierungschef von Belarus, Šuškevič, darüber verhandelte, die Union zusammenzuhalten, lehnte Kravčuk ab, auch unter Verweis auf das Referendum. El'cin musste sich der Entscheidung fügen. Man kann darüber streiten, ob die Ukraine letztlich die Sowjetunion auseinandertrieb oder nur den „imperialen Kollaps" besiegelte.[82] Entscheidend ist, dass die politischen Entscheidungsträger in Kiew

---

bewegung in der Ukraine. Jane Dawson, Eco-Nationalism and National Identity in Russia, Lithuania, and Ukraine, Durham 1996, S. 64–82. Dazu gehörte auch, dass ukrainische Dissidenten aus den Haftanstalten zurückkehrten und beispielsweise als Teil einer „Ukrainischen Helsinki-Gruppe" diese Kräfte mit unterschiedlichen Forderungen nach Veränderung unterstützten.

79 Vladislav Zubok, Collapse. The Fall of the Soviet Union, New Haven 2022, S. 99.
80 Plokhy, The Gates, S. 320.
81 Serii Plokhy, The Last Empire. The Final Days of the Soviet Union, London 2019, S. 293.
82 Ebenda; Zubok, Imperial Collapse.

durch die Reformen Gorbačëvs erst ukrainische Handlungsmacht und dann ein ukrainisches Mandat innerhalb des Imperiums gewannen, das sie über 1991 hinaus verantworten mussten.

Ukraine post-imperial

Die Ukraine erlangte 1991 erstmals seit 1917 die volle staatliche Souveränität. Die neuen zwischenstaatlichen Beziehungen zu Russland entwickelten sich im Lichte der Bewältigung des gemeinsamen Erbes. Ungelöste Fragen wie der Status der Krim oder der Abzug des sowjetischen Nukleararsenals wurden sukzessive und unter Beteiligung der internationalen Gemeinschaft verhandelt. Internationale Verträge bestätigten überdies Russland und die Ukraine in ihrer Souveränität und ihrer territorialen Integrität.[83] Allerdings war das Bekenntnis zum neuen ukrainischen Staat in einigen Regionen des Landes eher schwach ausgeprägt. Der (geschützte) Status der russischen Sprache im Osten der Ukraine blieb ein lokaler Zankapfel um die Anerkennung russophoner Identität. Die russischsprachige Bevölkerung erhielt 1991 zwar automatisch die ukrainische Staatsbürgerschaft, doch Versuche der Zentralregierung, das Ukrainische im Osten des Landes stärker zu fördern, wurden von Moskau bewusst als Missachtung der Rechte der „Russen" instrumentalisiert.[84] Daraus entstand weder ein Konflikt zweier politischer Gemeinschaften noch die Polarisierung ethnischer Regionen – wie später die russische Propaganda behauptete.[85] Gebiete wie der Donbas waren eher abgehängte Randregionen, die von Kiew wenig Beachtung erfuhren und der Korruption ansässiger Oligarchen preisgegeben wurden. Diese wiederum machten sich die Unzufriedenheit und Verzweiflung der Bevölkerung auch politisch zunutze.[86]

Die russische Seite sah auch unter Präsident El'cin die Ukraine und den Rest des postsowjetischen Raumes noch immer als „Sphäre" der eigenen „privilegierten Interessen".[87] Russische Nationalisten beanspruchten offen Territorien wie den Donbas oder die Krim oder sahen die Ukraine (wieder) als Baustein von Großrussland. Selbst gemäßigte Wortführer konnten die ukrainische Eigenständigkeit nur schwer mit ihrem Weltbild vereinbaren. Russland wollte

---

83   Vgl. Kappeler, Ungleiche Brüder, S. 203–205.
84   Ebenda, S. 205.
85   Vgl. dazu Anna Fournier, Mapping Identities: Russian Resistance to Linguistic Ukrainisation in Central and Eastern Ukraine, in: Europe-Asia Studies 54 (2004) 3, S. 415–433.
86   Karl Schlögel, Entscheidung in Kiew. Ukrainische Lektionen, Frankfurt a. M. 2017, S. 235.
87   Kappeler, Ungleiche Brüder, S. 198.

den „kleinen Bruder" nicht aus der Familie, die Ukraine nicht aus dem Impe-rium entlassen.[88] Vladimir Putin gab diesen Fantasien nicht nur Raum, sondern machte sie zu politischen Maximen. Annäherungen der Ukraine an den Westen wurden systematisch torpediert. Der Kreml griff zunehmend aktiv in die ukrai-nische Politik ein und setzte das Land mit der Unterbrechung der Gasversorgung und der Verbreitung von Falschinformationen unter Druck.[89] Moskau kämpfte mit immer radikaleren Mitteln darum, über den politischen Kurs seiner „privi-legierten Interessensphären" mitzubestimmen. Im gesamten post-sowjetischen Raum destabilisierte der Kreml gezielt politische Systeme und führte Kriege, um Länder der ehemaligen Sowjetunion weiterhin kontrollieren zu können.[90] Je deutlicher Kiew die Annäherung an europäische Institutionen und Märkte for-mulierte, umso stärker und gewaltsamer wurde der Druck aus Moskau.

Im Jahr 2004 setzte sich der pro-europäische Präsidentschaftskandidat Viktor Juščenko gegen den kremlnahen Kandidaten Viktor Janukovyč durch. Juščenko wurde Präsident der Ukraine, auch weil Hunderttausende seiner Unterstützer auf dem Majdan protestierten, bis die Wahlfälschungen seines pro-russischen Gegners ans Licht kamen und das erste Ergebnis annulliert wurde. Die „Orangene Revolution" von 2004 war die erste wichtige Wegmarke in der ukrainischen Demokratiegeschichte und ein Eckpfeiler für die Ausbildung einer staatsbürgerlichen Identität.[91] Zwar wurde Janukovyč 2010 Präsident, doch der „Euro-Majdan" vom November 2013 bis Februar 2014, das gewaltsame Vorgehen gegen die Demonstranten und die letztliche Flucht des Präsidenten verschaffte dem Europakurs der Ukraine in allen Regionen des Landes erneut ein breites Mandat.[92]

Der Kreml reagierte auf diese Entwicklung mit einer hybriden Invasion im östlichen Teil der Ukraine und mit der Annexion der Krim. Die Putin-Regierung verwies auf „pro-russische Separatisten" und stritt anfänglich jede Beteiligung ab. Die „Separatisten" waren tatsächlich eine kleine Zahl pro-russischer Akti-visten, die durch die Unterstützung lokaler Eliten sowie mithilfe von Soldaten,

88 Ebenda; „Even after almost a decade of independence for both state, the vast majority of Russian politicians and academics have yet to engage seriously with the reality of Ukraine's separate existence." Wilson, The Ukrainians, S. 298.

89 Catherine Belton, Putin's People. How the KGB Took back Russia and then Took on the West, London 2020, S. 330–336, https://www.dekoder.org/de/article/donbass-ukraine-genozid-propaganda-krieg.

90 Agnieszka Aleksandra Miarka, Para-states as an Instrument for Strengthening Russia's Posi-tion – the Case of Transnistria, in: Journal of Strategic Secutiry 13 (2019) 2, S. 1–18.

91 Yekelchyk, Ukraine, S. 216–228.

92 Olexiy Haran/Maria Zolkina, A Year After Euromaidan: Pro-European Forces Wins the New Parliament, in: Inside Turkey 16 (2014) 4, S. 33–43.

Mitteln und Propaganda aus Russland zu einer militärischen Kraft aufgebaut wurden. Trotz der Unzufriedenheit und des Protestpotenzials hatte die Abspaltung von Kiew im Frühjahr 2014 keinen Rückhalt in der Region. Erst das aktive Eingreifen des russischen Militärs ermöglichte die Gründung der selbsternannten Volksrepubliken in Lugansk und Doneck – paramilitärische Staatsgebilde, die durch Terror gegen politische Gegner mit Moskaus Unterstützung am Leben gehalten werden.[93]

Die Invasion des ganzen Landes im Februar 2022 war der Höhepunkt und zugleich die Fortsetzung dieser Politik. Moskaus Überlegungen, die Ukraine dauerhaft dem eigenen Einflussbereich zu unterwerfen, wichen radikaleren Plänen: Die ukrainische Eigenstaatlichkeit insgesamt sollte beseitigt und das Land erneut dem Imperium einverleibt werden. Die imperialen Ambitionen und die zugrunde liegende Strategie Russlands bleiben weiterhin bestehen. Moskau will über den Weg der Ukraine entscheiden.

Der Kreml instrumentalisiert die kulturelle Nähe, die sprachliche Verwandtschaft und die historischen Verbindungen zur Ukraine, um diesen Krieg als innere Angelegenheit Russlands (oder wahlweise als Konfrontation mit der NATO) zu signieren. Die „russische Welt" wühlt Emotionen auf. Sie beflügelt imperiale Fantasien in der Heimat und soll Zweifel säen unter denen, die der Ukraine helfen könnten. Die Ukraine wächst indes im Bombenhagel weiter als staatsbürgerliche Nation zusammen.[94] Putins Russland kann und wird außer Terror und Abhängigkeit seinem Nachbarn nichts bieten können. Imperien aber waren in allen Jahrhunderten auf Akzeptanz angewiesen, auf die Perspektive von Wohlstand und sogar Zugehörigkeit. Dieses Versprechen kann Putin nicht einlösen. Die „russische Welt" führt weder in die Zukunft noch in eine glorreiche Vergangenheit. Aber für Hunderttausende führte sie bereits ins Grab.

---

93 Andrew Wilson, The Donbas in 2014: Explaining Civil Conflict Perhaps, but not Civil War, in: Europe-Asia Studies 68 (2016) 4, S. 631–652, Nikolay Mitrokhin/Lara Rindt/Volker Weichsel, Diktaturtransfer im Donbass: Gewalt und „Staatsbildung" in Russlands „Volksrepubliken", in: Osteuropa 67 (2017) 3–4, S. 41–55.
94 https://www.washingtonpost.com/world/2022/08/24/ukrainian-identity-russian-invasion/.

FRANK GOLCZEWSKI

Das Ringen der Ukraine um den eigenen Staat

Seit unterschiedliche Konzepte von Nationalismus im Umfeld der Aufklärung und der Infragestellung dynastisch-feudaler Ordnungsprinzipien durch die Französische Revolution zu akzeptierten Regelungsrahmen wurden, stellte sich stärker als vorher für kulturelle Gruppen die Frage nach dem, was in der Folge „Nationalstaatlichkeit" genannt wurde. Dabei ist diese „Nationalstaatlichkeit" keine Notwendigkeit, weil sich auch durchaus funktionierende Staaten entwickelt haben, deren Bevölkerung entweder in der kulturellen Mehrfachheit (Schweiz) oder mit einer kulturell vielfältigen Bevölkerung im Nachhinein einen nationalstaatlichen Zusammenhang konstruiert hat (etwa Kanada und andere Emigrationsgesellschaften).

Thomas Mergel fasst die Staat-Definition der deutschen Staatslehre so zusammen, dass zu ihm ein klar abgegrenztes Territorium gehört und „dass auf seinem Gebiet nur sein Recht gilt" – das Territorium ist damit ein Machtausdruck. Zum Staat gehört auch ein Staatsvolk, mit dem aber nur im spezifischen Falle des „Nationalstaats" „ethnische oder nationale Kriterien verbunden sind". Und als drittes Element benennt er die „Staatsgewalt", einerseits „das Monopol des Staates auf legitime Gewaltausübung nach innen", damit auch den Regulierungsanspruch, und diskutiert die Gewaltausübung nach außen, die im Laufe der Zeit Veränderungen durchlaufen hat. Der aus der Staatsgewalt abgeleitete Begriff der Souveränität schließt sich an und bedeutet, dass „der Staat Herr (!) seiner selbst ist. […] Nach innen bedeutete Souveränität, dass der Staat den Bürgern Regeln setzen und deren Einhaltung durchsetzen konnte, eben mit Hilfe der Staatsgewalt, wozu auch das Rechtswesen gehört."[1]

Mit diesen Definitionen wird deutlich, dass moderne Staatlichkeit mit der Kompetenz zu Gewalt verbunden ist – im Umkehrschluss ist Nicht-Staatlichkeit mit der Abwesenheit dieser Kompetenz verknüpft und im Falle der Zugehörigkeit

---

1 Thomas Mergel, Staat und Staatlichkeit in der europäischen Moderne, Göttingen 2022, S. 15–17.

zu einem nicht-eigenen Staat mit der Möglichkeit oder der Tatsache, dass die Gewaltausübung aus einer nicht-eigenen Interessenlage heraus erfolgt.

Im Falle der Ukraine sehen wir seit Langem das Bestreben politischer Kreise, die eigenen Geschicke selbst bestimmen zu können, wobei gerade bei der Ukraine nicht der Fehler begangen werden sollte, diese Bestrebungen von Anfang an als den Drang zu einem eigenen Staat oder gar noch zu einem Nationalstaat zu interpretieren.

Wenn wir von der 2014/2022 offen kriegerisch gewordenen russisch-ukrainischen Problematik ausgehen, dann ist es sinnvoll, sich frühere Aussagen anzuschauen, wie etwa Vladimir Putins Stegreif-Antwort auf eine längere Frage Romano Prodis im Valdaj-Club am 19. September 2013: „Regarding Ukraine. Ukraine, without a doubt, is an independent state. That is how history has unfolded. But let's not forget that today's Russian *statehood* has roots in the Dnieper; as we say, we have a common Dnieper baptistery. Kievan Rus started out as the foundation of the enormous future Russian state. We have common traditions, a common mentality, a common history and a common culture. We have very similar languages. In that respect, I want to repeat again, *we are one people*. Of course, the Ukrainian people, the Ukrainian culture and the Ukrainian language have wonderful features that make up the identity of the Ukrainian nation. And we not only respect it, but moreover, I, for one, really love it, I like all of it. It is *part of our greater Russian*, or Russian-Ukrainian, *world*. But history has unfolded in such a way that today, this territory is an independent state, and we respect that."[2]

Da der Text nicht vorbereitet war, lässt sich hier beobachten, wie einerseits nach außen hin die Unabhängigkeit und die kulturelle Eigenständigkeit der Ukraine angesprochen, aber im gleichen Zug die russische Staatlichkeit

---

2   http://en.kremlin.ru/events/president/news/19243 (amtliche russische Übersetzung; eigene Hervorhebungen, FG). – Die Weblinks in diesem Beitrag wurden zuletzt am 23.1.2023 abgerufen. Russischer Originaltext: „По поводу Украины. Украина, без всяких сомнений, независимое государство. Так было угодно истории, так произошло. Но не будем забывать, что сегодняшняя российская государственность имеет днепровские корни, как мы говорим, у нас общая днепровская купель. Киевская Русь началась как основа будущего огромного Российского государства. У нас общая традиция, общая ментальность, общая история, общая культура. У нас очень близкие языки. В этом смысле, я ещё раз хочу повторить, мы один народ. Конечно, украинский народ, украинская культура, украинский язык имеют замечательные особенности, которые составляют идентичность украинской нации как таковой. И мы не просто относимся к этому с уважением, я, например, это очень люблю, мне нравится всё это. Это часть нашего большого российского мира, российско-украинского. Но так судьбе было угодно, что сегодня эта территория является независимым государством, и мы относимся к этому с уважением."

(*gosudarstvennost'*) und die darauf aufbauende Gemeinsamkeit (*my odin narod*) in den Vordergrund gestellt werden.[3]

In seiner Fernsehansprache anlässlich der „Anerkennung" der ostukrainischen „Volksrepubliken" am 21. Februar 2022 war für Putin der Staat Ukraine (negativ gemeint) „voll und ganz geschaffen durch Russland; genauer, durch das bolschewistische, kommunistische Russland". Er sollte daher mit „voller Begründung Vladimir-Il'ič-Lenin-Ukraine heißen".[4]

Da die Staatlichkeit an sich und ihre Qualität also als Argument in politischen Konflikten weiterhin verwendbar sind – und dies auch in der Vergangenheit waren –, ist verständlich, warum ukrainische Historiker und Politiker der Kategorie „Staatlichkeit" und deren Unterkategorien „Einheitlichkeit" und „Kontinuität" so viel Bedeutung zumessen.[5]

Narrative zum Mittelalter

Auch wenn es schon vorher verwandte Diskussionen über Differenzen der historischen Entwicklung in Nachfolgegegenden der Kiewer Rus' gab, kristallisierten sich festgefügte alternative Sichtweisen erst heraus, als der vom österreichischen Lemberg aus wirkende Historiker Mychajlo Hruševs'kyj (1866–1934) das „übliche Schema" der russischen Historiografie infrage stellte.[6] Hruševs'kyj kritisierte das von den russischen Historikern wie Vasilij Ključevskij (1841–1911) und anderen präsentierte Narrativ, das die Geschichte der nordöstlichen Fürstentümer in einer Kontinuität von der kiewzentrierten Zeit bis zum 13. Jahrhundert darstellte und damit die „Kiewer Periode" zum Bestandteil der „russischen" Geschichte erklärte. Während mit dieser Darstellung die Herrschaft Moskaus/Petersburgs durch die Betonung der dynastischen *translatio imperii* mit einem Vorlauf versehen und damit in die Vergangenheit verlängert würde, ist für Hruševs'kyj „das Kiewer Reich die Schöpfung eines

---

3   Noch wird hier scheinbar die Unabhängigkeit der Ukraine anerkannt, weniger als ein halbes Jahr später war dies nicht mehr der Fall.

4   Обращение Президента Российской Федерации [Botschaft des Präsidenten der Russischen Föderation], 21. 2. 2022, http://kremlin.ru/events/president/news/67828.

5   Nicht einzeln nachgewiesene Faktendarstellungen beziehen sich auf mein Buch Deutsche und Ukrainer 1914–1939, Paderborn 2010, und andere meiner Publikationen.

6   Mychajlo Hruševs'kyj, Zvyčajna schema ‚russkoï' istoriï j sprava racional'noho ukladu istoriï schidnoho slov'janstva [Das übliche Schema der „russischen" Geschichte und die Frage einer rationalen Anordnung der Geschichte der Ostslawen], in: Stat'i po slavjanovedeniju [Artikel zur Slawenkunde]. Vypusk [Ausgabe] I, Sanktpeterburg 1904, S. 298–304.

Fürstentümer der Kiewer Rus' von 1054 bis 1132.
Creative Commons Attribution-Share Alike 3.0 Unported | SeikoEn – Eigenes Werk

Volkstums, der Rus'-Ukrainer gewesen, während die nordöstlichen Fürstentümer auf dem Territorium eines anderen Volkstums, der Großrussen, entstanden seien".[7]

Hruševs'kyj war der Ansicht, man betone zu stark die staatliche Seite der
Geschichte und vernachlässige die Geschichte des Volkes und der Gesellschaft,
also soziale, wirtschaftliche und kulturelle Faktoren, die konstanter seien.
Diese Faktoren hätten sich nicht im russischen Nordosten fortgesetzt, sondern in Galizien und Wolhynien, wo sie unter polnisch-litauischem Einfluss
einen anderen Weg als Moskau eingeschlagen hätten.[8] Auch die Verlagerung
des Metropolitensitzes von Kiew nach Vladimir (und später nach Moskau)
beeindruckte Hruševs'kyj nicht, weil er die von russischen Historikern ange-
nommene Massenwanderung vom Süden in den Nordosten nicht als Faktum
akzeptierte.[9]

Die mit der politischen Einstellung des Historikers als Anhänger der
Sozialrevolutionäre kompatible Interpretation legte aber nur scheinbar keinen
Wert auf Staatlichkeit, denn an Galizien-Wolhynien als Fortsetzung der Kiewer
Tradition schätzten er und verwandte Forscher die westorientierte staatliche
Basis, die sich nicht zuletzt darin manifestierte, dass sich der galizische Fürst
Danylo (1201?–1264) zwar den Mongolen-Tataren zu entziehen suchte (obwohl
er auch zeitweise deren Oberhoheit anerkannte), mit seinen Gegenmaßnah-
men aber nur beschränkten Erfolg hatte. Immerhin trat er in Briefkontakt mit
dem römischen Papst, ließ lateinische Geistliche in sein Land und wurde mit
einem (vergeblichen) Aufruf des Papstes an westliche Staaten belohnt, einen
Kreuzzug gegen die Tataren zu unternehmen. Im Zuge dieser Entwicklung
wurde Danylo 1253 in Drohiczyn von dem päpstlichen Legaten Opizzo Fieschi
zum „*Rex Rusiae*" gekrönt,[10] was ein Verstoß gegen die tatarische Oberhoheit
war, aber auch von den anderen Rus'-Fürsten nicht anerkannt wurde. Letztlich hatte dies zeitgenössisch keine Bedeutung, weil die von Danylo erwartete
militärische Unterstützung gegen die Tataren nicht erfolgte und der Titel auch

---

7   Markus Osterrieder, Das Ringen um die Vergangenheit. Mychajlo Hruševs'kyj und die Pro-
    blematik einer Konzeption der osteuropäischen Geschichte, München 1991, S. 37.
8   Vgl. ebenda, S. 38.
9   Vgl. Donald Ostrowski, Why did the Metropolitan Move from Kiev to Vladimir in the Thir-
    teenth Century?, in: California Slavic Studies 16 (1993), S. 83–101.
10 Wir lassen es hier dahingestellt, ob dies nur eine Wiederholung einer schon 1246 vollzo-
    genen Krönung gewesen ist. Vgl. dazu Leontiy Wojtowycz, „Podwójna" koronacja Daniela
    Romanowicza: Wymysł Długosza czy fakt rzeczywisty? [Die „doppelte Krönung" von
    Danylo Romanowicz: Eine Erfindung Długoschs oder eine wahre Tatsache?], Naukovi
    zošyty istoryčnoho fakul'tetu L'vivs'koho universytetu [Wissenschaftliche Hefte der Histo-
    rischen Fakultät der Universität L'viv] 2017, Vypusk 18, S. 221–233.

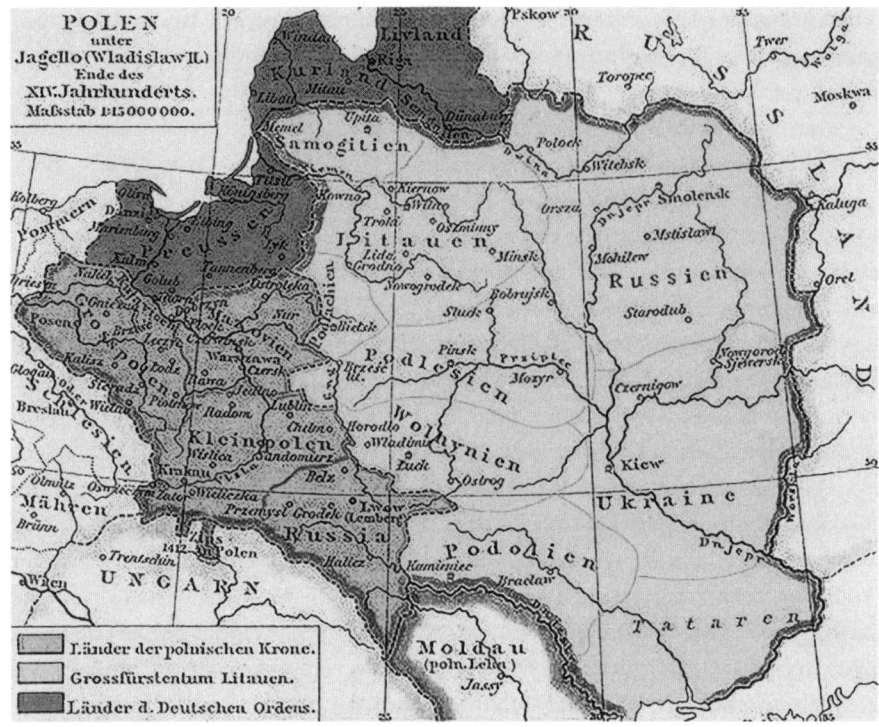

Polen-Litauen unter Władysław II. Jagiełło Ende des 14. Jahrhunderts
Gustav Droysen: „Allgemeiner historischer Handatlas" (1886) | Public Domain

später nur von seinem Enkel Jurij (ca. 1260–1308) noch einmal kurzzeitig geführt wurde.[11]

Ein kurzer Exkurs: Einen lateinischen *Rex Rusiae* hatte es schon einmal gegeben: Großfürst Izjaslav I. (1024–1078) war von seinen Brüdern aus Kiew verjagt worden und wandte sich, nachdem der polnische König und König

---

11 Der polnische König Kasimir der Große (1310–1370) führte nach der Eroberung von Lemberg den Titel Rex Polonie et Rusie, wobei unter Rusia das dann als „Wojewodschaft Ruś" bezeichnete Galizien verstanden wurde. Ludwig/Lajos I. von Ungarn (1326–1382) eroberte 1377 Galizien und akquirierte den Königstitel, der dann 1772 auf die Habsburger als Könige von „Galizien und Lodomerien" aus der ersten Teilung Polens überging. Die Ungarn bezogen sich auf einen früheren Versuch: 1188 hatte Bela III. von Ungarn (1148–1196) seinen kleinen Sohn Andreas II. (1177–1235) als König in Halyč, das Ungarn für kurze Zeit erobert hatte, eingesetzt. Seither führte Andreas den Titel eines „Königs von Galizien und Lodomerien", und er setzte später zusammen mit den Polen seinerseits seinen kleinen Sohn Koloman (1208–1241) in Halyč ein, auch wenn es diesem nur 1215–1219 gelang, über seinen Vater seine Herrschaft auszuüben.

Heinrich IV. (1050–1106) Hilfe verweigert hatten, an Papst Gregor VII. (1021–1085). Der ernannte ihn am 17. April 1075 zum Lehnsherrn der Kiewer Rus', doch Izjaslav kam nicht mehr dazu, das Lehen anzutreten. Wir sehen aber, dass die Ausdehnungspläne des Lateinertums nicht neu waren, als Papst Innozenz IV. (1195–1254) einen neuen Versuch unternahm.

Opizzo hat auf seiner Reise auch Mindaugas von Litauen (1203–1263), einen erbitterten Rivalen Danylos, der ebenfalls bewaffnete Hilfe der Christen erwartete, zum König von Litauen gekrönt. Der fiktive Krönungstag am 6. Juli (1253) ist bis heute als „Tag der Staatlichkeit" (Valstybės diena) Staatsfeiertag in Litauen – auch wenn Mindaugas zum Heidentum zurückkehrte, als die von ihm erhoffte Dividende der Christianisierung nicht eintrat.

Es ist nicht klar, ob Danylo, der damals in Cholm/Chełm residierte, für die Krönung zum Katholizismus übertrat. Aber er war der zweite Fürst der Kiewer Rus', der sich dem lateinischen Westen zuwandte, der erste, der dies im Lande selber tat, und für pro-westliche Ukrainer ist dies ein klarer Beleg für die Westorientierung der Ukraine – im Unterschied zu dem orthodoxen Nordosten der Rus'.

Als sich die ukrainischen Nationalisten der zweiten Hälfte des 19. Jahrhunderts angesichts des überall um sich greifenden Nationalismus an die Konstruktion ihrer eigenen staatlichen Tradition machten, bekamen sie Probleme. Die Kiewer Rus' war zwar ein Staat, aber die Mehrheitsmeinung war, dass sie ein russischer Staat gewesen sei, es gab sogar die durch die Nestor-Chronik gestützte These, dass erst die nordische Oberschicht eine staatliche Ordnung eingeführt habe. Das Fürstentum Galizien-Wolhynien war anfangs nur eine Provinz dieser Rus', der kurzlebige Königstitel an Polen, Ungarn und Deutsche verloren gegangen und zudem als päpstliches Produkt selbst als vorschismatisches Element orthodoxen Christen nur schwer zu vermitteln.

Ein Kosakenstaat?

Ein besserer Kandidat schien da der Kosakenhet'man Bohdan Chmel'nyc'kyj (1595–1657) zu sein. Abgesehen von seinem polnischen Vater und seinen langen Diensten für Polen führte er 1648, als ihn in einer persönlichen Angelegenheit die Rechtsungleichheit betraf, einen Aufstand, in dem sich unzufriedene Kosaken und weitgehend rechtlos gewordene Bauern gegen die polnischen Adligen (nicht gegen den König) erhoben, die seit der Übernahme der Ukraine durch die Krone Polen 1569 das polnische Rechtssystem mitgebracht hatten.

Die polnischen Grundbesitzer traf man nur selten an, dafür ermordete man einen Teil der jüdischen Verwalter und Stadtbewohner, die seit der polnischen Landnahme in die Ukraine gekommen waren. Durch die Möglichkeiten des Buchdrucks befördert, verbreitete sich in Europa das Bild der judenfeindlichen Kosaken. Nach anfänglichen Siegen wurde der religiös eher indifferente Kosakenchef zum Verteidiger der christlichen Orthodoxie von einer Geistlichkeit stilisiert, die auf polnischem Gebiet dazu gedrängt wurde, sich in der Union von Brest (1596) Moskau zu entziehen und sich unter Beibehaltung des byzantinischen Ritus dem römischen Papst jurisdiktionell zu unterstellen.

Chmel'nyc'kyj war keineswegs besonders fromm, aber nach seinen Erfolgen von 1648 zog er triumphal zu Weihnachten (6. 1. 1649) in Kiew ein, wo ihn die orthodoxe Geistlichkeit als „Moses, Retter, Erlöser, Befreier von der polnischen Knechtschaft" feierte.[12] Der griechisch-orthodoxe Patriarch von Jerusalem, Paisios (Παΐσιος) (?–1660), der gerade zu Besuch war, soll ihn als „Fürsten der Rus'" bezeichnet, vielleicht sogar gesalbt haben, wie nationalukrainische Historiker behaupteten.[13] Den orthodoxen Hierarchen war verständlicherweise das katholische bzw. unierte Polen verhasst, Chmel'nyc'kyj ging es bis dahin vor allem um materielle Dinge und die Bewahrung kosakischer Privilegien. Aber hier begann wohl auch seine Verwandlung, und in der Legende war er fortan (auch wenn er sich noch später mit den islamischen Tataren und Osmanen verbündete) ein Vorkämpfer der Orthodoxie und einer ukrainischen Nation.

---

12   Zitiert nach Andreas Kappeler, Kleine Geschichte der Ukraine, 5. Aufl., München 2019, S. 62 [dort ohne weiteren Nachweis als Aussage eines Zeitgenossen bezeichnet].
13   Vgl. Serhii Plokhy, The Cossacks and Religion in Early Modern Ukraine, Oxford 2001, S. 308 f.

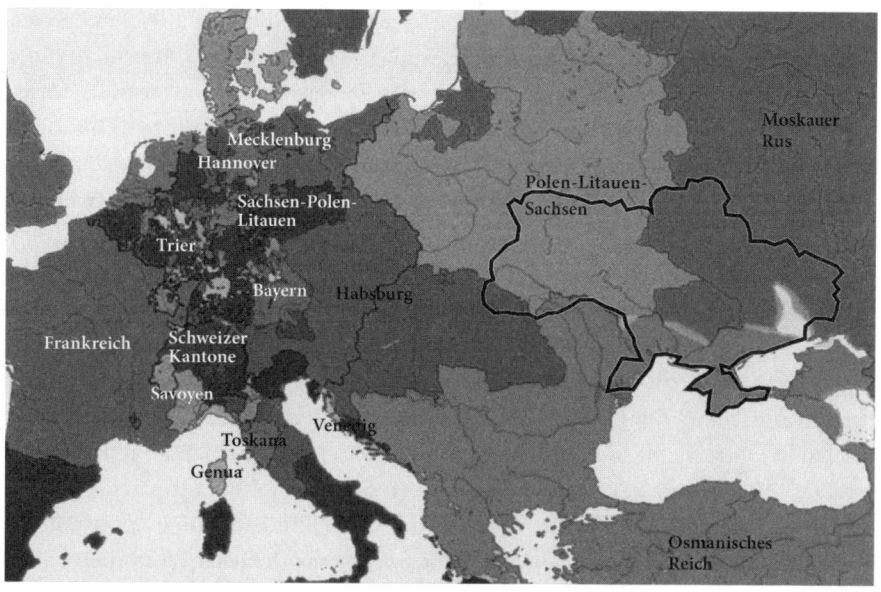

Die zwischen Polen, Russland und den Tataren geteilte Ukraine
nach dem Frieden von Andrusovo 1667
Karte: GeoCurrents basierend auf einer Karte von Euratlas

Die Kosaken, die sich aus in das „Wilde Feld" außerhalb der staatlichen Ver-
rechtlichung geflüchteten Bewohnern der umliegenden Länder zusammensetzten, bildeten eine eigene gesellschaftliche Struktur aus, die so manche Mythen
zeugte, die man für die Vorstellung von der ukrainischen Staatlichkeit nutzen
konnte. Dazu gehörte der „demokratische" Geist, da man teilweise die Het'mane
der militärähnlich gestalteten Zaporoger Sič wählte. Dazu gehörte auch die
Eigenstaatlichkeit, die man für ein paar Jahre annehmen kann.

Als aber die Auseinandersetzung mit Polen mit einer Niederlage zu enden
drohte, unterstellten sich die Kosaken im Januar 1654 in Perejaslav der Ober-
herrschaft des Moskauer Zaren. Der Het'man und seine Offiziere leisteten den
Eid als „ewige Untertanen seiner allrussländischen zarischen Majestät und seiner Nachfolger".[14] Zar Aleksej führte fortan den Titel „des ganzen Großen und
Kleinen Russland" – „vseja velikija ï malyja rosiï" –, wovon eine 1654 geprägte
Rubel-Münze zeugt.

---

14 Zitat nach Oleksandr Rigel'man, Litopysna Opovid' pro Malu Rosiju ta ïï narod i kozakiv
uzahali (1785–1786) [Eine Chronik von Kleinrussland und seinem Volk und den Kosaken im
Allgemeinen (1785–1786)], Ausgabe Moskva 1847; Kyïv 1994, http://litopys.org.ua/rigel/rig.htm.

Weil nicht alles zu dem Verfahren klar ist und zahlreiche Fälschungen im Umlauf waren, deutete der erste Unabhängigkeitsaktivist der Ukraine, Mykola Michnóvs'kyj (1873–1924), den „Vertrag von Perejaslav" um: „Der Staat unserer Vorfahren verband sich mit dem Moskauer Staat ‚als Gleicher mit Gleichem' und ‚als Freier mit Freiem', wie es die damalige Formel besagte, also als zwei getrennte Staaten, voneinander vollkommen unabhängig in Bezug auf ihre innere Ordnung, sie wollten sich zur Erreichung bestimmter internationaler Ziele zusammenschließen."[15]

Während also Russen und die Sowjetunion den Vorgang als „Wiedervereinigung der Ukraine und Russlands" verstanden und 1954 deren 300-Jahr-Feier begingen, sahen fortan einige ukrainische Nationalisten darin die Anerkennung der ukrainischen Staatlichkeit durch Russland – es gibt kaum ein anderes Beispiel in der Geschichte, dessen Interpretationen so weit voneinander divergieren.

Der ukrainisch-kanadische Historiker Serhii Plokhy attestierte Michnóvs'kyjs Interpretation, sie habe „ukrainischen Aktivisten als Inspiration gedient", aber er hielt sie auch für „questionable, to say the least", und meinte, sie habe „more harm than good for the Ukrainian cause, especially in academic circles" gebracht.[16] Aber auch eine andere Interpretation ist möglich: Hatte sich der Moskauer Herrscher zuvor als „Car' vseja Rusi" (Zar der ganzen Rus') bezeichnet, so kamen in seinem Titel nun zwei Bezeichnungen vor – sah er damit in „Kleinrussland" ein separates Gebiet, dessen Herrscher er zwar auch war, das sich aber von „Großrussland" unterschied?[17]

Die beiden ostukrainischen Kosakengebiete, das Hetmanat und das Gebiet der Zaporoger Sič waren halbmilitärisch organisiert. Das war in einer Gesellschaft, die sich im ständigen Kampf zu befinden schien, auch angemessen. Beide Gebiete wurden ungeachtet der jeweiligen Oberherren und des Kondominiums, das Russen und Polen ausübten, unumstritten in die Tradition der sich im 19. Jahrhundert entfaltenden ukrainischen Identität aufgenommen. Auf dieser Grundlage bildete sich die Vorstellung heraus, dass es zum Spezifikum der Ukrainer gehöre, militärisch organisiert zu sein. Da die Kosaken eher militärisch strukturiert lebten, bevor sie als Staat in Erscheinung traten, verbreitete sich unter Verfechtern eines ukrainischen *nation-building* die Vorstellung, dass man über einen militärischen Verband einen Staat erreichen könne.

---

15 Mykola Michnovs'kyj, Samostijna Ukraïna [Selbstständige Ukraine] (1900), London 1967, S. 15.
16 Serhii Plokhy, Ukraine and Russia. Representations of the Past, Toronto 2008, S. 91.
17 Vgl. Zenon E. Kohut, The Question of Russo-Ukrainian Unity and Ukrainian Distinctiveness in Early Modern Ukrainian Thought and Culture, in: Andreas Kappeler u. a. (Hrsg.), Culture, Nation, and Identity. The Ukrainian-Russian Encounter 1600–1945, Edmonton 2003, S. 57–86, hier S. 70.

Ganz sicher waren es wirklich die Kosaken und die Kontakte mit dem lateinischen Westen, die der Ukraine ein von Russland abweichendes kulturelles Gepräge verschafften. 1596 gelang es sogar, einen Teil der orthodoxen Kirche in der Union von Brest (die durch die Union von Užhorod 1646 ergänzt wurde) dem römischen Papst zu unterstellen. Vom 17. Jahrhundert an annektierten Österreich (Galizien) und Russland schrittweise (1667 Frieden von Andrusovo, 1772/1793/1795 Teilungen Polens) die ukrainischen Gebiete.

Anfangs profitierte das Russland Peters I. von den modernisierenden Einflüssen aus der Ukraine, die etwa von der Mohyla-Akademie in Kiew ausgingen. Andererseits befand sich Russland gerade wegen dieser Modernisierung auf dem Wege zu einer den anderen absolutistischen Staaten entsprechenden Zentralisierung und damit zur Aufhebung regionaler ständischer Privilegien. Den bisherigen kosakischen Nutzern dieser Privilegien wurden im Rahmen dieser neuen Staatsstruktur mögliche Vorteile, wie die Aufnahme in die Ränge des neuen Dienstadels, angeboten. Das befriedigte jedoch die kosakische Unterschicht nicht, die sich etwa im Kosaken- und Bauernaufstand des aus Staryj Saltiv in der Sloboda-Ukraine (heute Gebiet Charkiv) stammenden Kindrat Bulavin (1667–1708) gegen den Zentralstaat erhob. Eines der Streitobjekte waren die auch im Krieg 2022/23 umkämpften Salzsiedereien von Bachmut, die der Zentralstaat in seine Regie übernommen hatte. Der Kosakenhet'man Ivan Mazepa (1639–1709), mit Peter befreundet, von ihm reich beschenkt und am Hof wohlgelitten, verband sich daraufhin mit Karl XII. von Schweden gegen Russland und seinen Freund. Die Schlacht von Poltava im Juni 1709 brachte Russland den Sieg. In Russland galt Mazepa fortan als Verräter, in der Ukraine Jahrzehnte später als Nationalheld.

Aber ging es wirklich um einen separaten Staat? Es ging wieder um den Erhalt der ständischen Privilegien der Kosaken, bestenfalls sekundär um die staatliche Eigenständigkeit. Zarin Katharina vollendete die Zentralisierung in der Eingliederung der Kosaken in das bestehende Heer (1775) nach dem Bauern- und Kosakenaufstand des Emel'jan Pugačëv (1742–1775).

Die Nationalisierung der Politik

Nach den napoleonischen Kriegen haben sich einerseits die Imperien verfestigt, andererseits manifestierten sich im um sich greifenden Nationalismus, der nach 1830 auch Osteuropa erreichte, die Bestrebungen bis dahin staatenloser Völker, eine Eigenstaatlichkeit zu entwickeln. In den Teilungen Polens war der größere Teil der ukrainischen Gebiete zu Russland, der kleinere (Galizien) zu Österreich gekommen. Während Russland nach einer Phase der Toleranz die als

„Kleinrussen" bezeichneten Ukrainer als Russen zu integrieren suchte, nutzte
Österreich seine als „Ruthenen" bezeichneten Ukrainer zum Ausbalancieren
der Nationalitätenverhältnisse in Galizien. Waren die Polen dort die dominante
städtische und Adelsschicht gewesen, so rettete der Wiener Staat nun durch die
Förderung der theologischen Bildung die unierte Kirche vor der fortgeschrit-
tenen Polonisierung und richtete in Lemberg ein *studium ruthenum* für ukrainische Priesterschüler in ihrer Muttersprache ein. Das unierte Umfeld, dessen
Priester Familien gründen konnten, wurde zu einer der Quellen einer neuen
gebildeten Schicht nationaler Aktivisten.

Ukrainisch in kyrillischer Schrift wurde in Ostgalizien erst in den 1880er-
Jahren als Amtssprache zugelassen, dann aber samt einem Schulwesen mit dem
Polnischen nahezu gleichberechtigt behandelt, wovon in Russland keine Rede
sein konnte.

Mit dieser Förderung entwickelte sich unter den Ukrainern Galiziens ein
zugelassener Nationalismus, der auch zur politischen Partizipation führte.
Während des „Völkerfrühlings", der 1848/49 die nicht-staatlichen nationalen
Gruppen Osteuropas mobilisierte, wurden die ersten ukrainischen Forderungen nach quasi-staatlichen Rechten laut. In einer Petition vom 19. April 1848 bat
man um die Einführung der ruthenischen Sprache in Schulen und amtlichen
Veröffentlichungen. Außerdem sollten die Beamten dieser Sprache mächtig sein,
und den Ukrainern müssten alle Ämter offenstehen.[18] Uneinig war man sich darüber, ob man aus Ostgalizien ein vom polnischen Westen separiertes Kronland
schaffen sollte – dieses Thema blieb bis zum Ersten Weltkrieg virulent. Während
die Polen einen Polnischen Nationalrat gründeten, schufen die Ukrainer einen
Ruthenischen Hauptrat (Holovna Rus'ka Rada), damit das erste moderne ukrainische politische Gremium überhaupt.[19]

Zwar gründete man eine eigene bewaffnete Truppe und bezog sich auch
auf die russländischen Ukrainer, man war aber bis zur Auflösung des Rats 1851

18   Petition des ruthenischen Volkes in Galizien, welche durch die Hände Seiner Excellenz des
     Herrn Gouverneurs von Galizien Franz Graf von Stadion Seiner Majestät unterbreitet wor-
     den ist, 19. 4. 1848, in: Rudolf Wagner (Hrsg.), Die Revolutionsjahre 1848/49 im Königreich
     Galizien-Lodomerien. Dokumente aus österreichischer Zeit, München 1983, S. 26–28. Dort
     auch weitere Quellen; Dokumente der Holovna Rus'ka Rada und lokaler Gremien wurden
     publiziert in: Za viru, narid i prava. Rus'ki rady Nadsjannja 1848–1850 rr, [Um den Glauben,
     das Volk und das Recht. Die ruthenischen Räte des San-Gebiets 1848–1850], Peremyšl' 2005.
19   Die immer noch beste Arbeit dazu ist Jan Kozik, Między reakcją a rewolucją. Studia z dzie-
     jów ukraińskiego ruchu narodowego w Galicji w latach 1848–1849 [Zwischen Reaktion
     und Revolution. Studien zur Geschichte der ukrainischen Nationalbewegung in Galizien
     1848–1849]. Zeszyty Naukowe Uniwersytetu Jagiellońskiego (Prace historyczne, zeszyt 52)
     [Wissenschaftliche Hefte der Jagiellonen-Universität (Historische Arbeiten, Heft 52)],
     Kraków/Warszawa 1975.

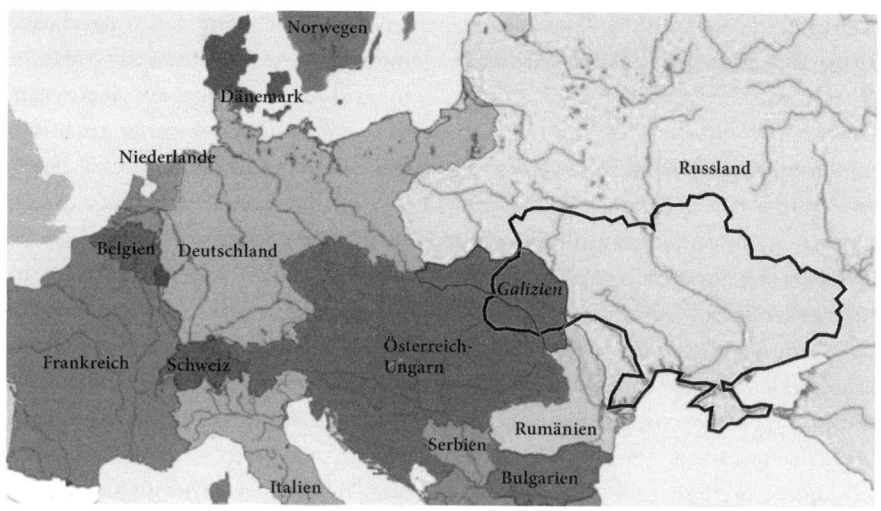

Die zwischen Russland und Österreich-Ungarn geteilte Ukraine
vor dem Ersten Weltkrieg
Karte: GeoCurrents basierend auf einer Karte von Euratlas

darauf bedacht, nicht den Eindruck zu erwecken, sich von Österreich lösen zu wollen. Das blieb so bis zum Ersten Weltkrieg, wobei sich die Ruthenen aufspalteten. Die „Moskophilen" vertraten die Ansicht, die galizischen Ruthenen seien einer der Zweige der differenzierten russischen Nation. Vor allem nach 1848, als man die Erfahrung machte, dass man sich mit den durchziehenden russischen Truppen verständigen konnte, entwickelte sich bei einem Teil der Intellektuellen die Vorstellung, die vor Ort gesprochene Bauernsprache sei eine dialektische, vielleicht auch kontaminierte Form des Russischen. Durchgesetzt haben sich aber die „Ukrainophilen", welche die Erhebung einer bis dahin nur mündlich verwendeten Sprache zur Literatursprache vertraten.

In Russland hingegen wurden Verfechter einer ukrainischen Nation (wie Taras Ševčenko) verfolgt und verbannt. Der russische Innenminister Pëtr Valuev (1815–1890) verbot 1863 die Publikation von religiösen und Lehrbüchern in der „kleinrussischen" Sprache. Diese sei eine nur durch den Einfluss Polens verdorbene russische Sprache, die „von dem einfachen Volk benutzt wird".[20] Am 18./30. Mai 1876 erließ der in dem deutschen Bad an der Lahn weilende Zar

---

20   „Eine besondere kleinrussische Sprache gab es nicht, gibt es nicht und kann es nicht geben, und ihr Dialekt, der von dem einfachen Volk benutzt wird, ist dieselbe russische Sprache, nur durch den Einfluss Polens auf sie verdorben." – Originaltext in russischer Sprache unter http://www.ukrhistory.narod.ru/texts/miller-pr1.htm und https://ru.wikisource.org/wiki/ Валуевский_циркуляр.

Alexander II. den „Emser Ukaz", in dem er zur „Verhinderung der in staatlicher
Hinsicht gefährlichen Tätigkeit der Ukrainophilen" verbot, jedwede Texte in
„kleinrussischer" Sprache nach Russland einzuführen und – bis auf historische
Denkmäler – in dieser Sprache zu drucken. Für die Russen waren Ukrainisch
und Weißrussisch keine Sprachen, sondern „Dialekte" (narečija) des Russischen.[21]

Während es in Russland bis zur Revolution von 1905 kein Parlament gab und
die Zemstvo-Landversammlungen in ukrainischen Gebieten, in denen man die
polnischen Grundbesitzer nicht weiter ermächtigen wollte, auch nicht eingerichtet wurden,[22] war es im österreichischen Galizien anders. Ab 1861 existierte ein
in seinen Kompetenzen beschränktes und ab 1873 mit dem Kuriensystem auch
sehr ungleich zusammengesetztes Parlament, aber es gab ein politisches Gremium. Erst 1907 wurde das allgemeine Männerwahlrecht eingeführt, aber auch
vorher schon waren im Rahmen der Kurieneinteilung Vertreter der „Ruthenen"
im Abgeordnetenhaus des Reichsrats vertreten. Während die nationalbewussten
Ukrainer im Russischen Reich eher links und revolutionär eingestellt waren –
sie standen schließlich in einem Gegensatz zum Zarenstaat und kooperierten
dabei auch mit den russischen Linken –, waren die im österreichischen Galizien entstandenen Gruppierungen den Habsburgern, die ihnen gewisse Rechte
gesichert hatten, treu. Zwar benachteiligte sie das Kuriensystem – sie waren in
den bevorrechteten reicheren und gebildeteren Gruppen geringer vertreten –,
aber sie partizipierten am politischen Leben und konnten dann auch legale Parteien gründen. Die Ruthenisch-Ukrainische Radikale Partei (Rus'ko-Ukraïns'ka
Radykal'na Partija) unter der Führung von Mychajlo Pavlyk (1853–1915) und Ivan
Franko (1856–1916) war dann die erste moderne Partei, die in der ukrainischen
Kommunität 1890 entstand. 1899 gründeten sich dann andere Gruppierungen:
Es entstand die Ukrainische Sozialdemokratische Partei mit Julijan Bačyns'kyj

---

21 Выводы Особого Совещания для пресечения украинофильской пропаганды после
    исправления в соответствии с замечаниями, сделанными Александром II 18 мая в г.
    Эмс, Anlage 2 [Ergebnisse der Sondersitzung zur Verhinderung der ukrainophilen Propa-
    ganda nach der Korrektur gemäß den Bemerkungen Alexanders II. vom 18. Mai in Ems,
    Anlage 2], in: Алексей Ильич Миллер, „Украинский вопрос" в политике властей и
    русском общественном мнении (вторая половина XIX века) [Aleksej Il'ič Miller, Die
    „ukrainische Frage" in der Regierungspolitik und der öffentlichen Meinung Russlands
    (2. Hälfte des 19. Jahrhunderts)], Sankt-Peterburg 2000; https://coollib.com/b/114614-
    aleksey-ilich-miller-ukrainskiy-vopros-v-politike-vlastey-i-russkom-obschestvennom-
    mnenii-vtoraya-po__/read. Auch: https://ru.wikisource.org/wiki/Эмский_указ. Damit
    entsprach dieses Verbot dem etwa auch in Deutschland und Frankreich lange praktizierten
    Brauch, die regionalen Sprachen/Dialekte aus der Öffentlichkeit und der Schule zu ver-
    bannen.
22 Zemstva wurden in der Ukraine nur in den Gouvernements Černihiv, Charkiv, Cherson,
    Taurien und Poltava eingerichtet.

(1870–1940) und Semen Vityk (1876–1937).[23] Vor allem aber wurde die Ukrainische Nationaldemokratische Partei (Ukraïns'ka Nacional'no-Demokratyčna Partija) mit Mychajlo Hruševs'kyj, Ivan Franko und Jevhen Levyc'kyj (1870–1925) zur wichtigsten ukrainischen Kraft in Galizien.

In der russländischen Ukraine bildeten sich um die Wende zum 20. Jahrhundert ebenfalls erste, noch illegale Parteien. Wegen der Unterdrückung der Nationalitäten im Zarenreich war die Ausrichtung gegen sowohl soziale als auch nationale Unterdrückungsmaßnahmen kein Gegensatz. Studenten schufen 1900 in Charkiv die Revolutionäre Ukrainische Partei (RUP), in der sie in der Tradition Taras Ševčenkos eine national und sozial befreite Ukraine forderten: Mykola Michnóvs'kyj (1873–1924), einer der wenigen Nicht-Linken, publizierte in ihrem Namen 1900 in Lemberg (in Russland hätte die Zensur eine solche Schrift nicht zugelassen) eine Broschüre mit dem Titel *Samostijna Ukraïna*, in der er eine selbstständige Ukraine forderte.

Vom Sammelbecken der RUP spalteten sich bald ideologische Gruppen ab. Michnóvs'kyj kreierte mit der Ukraïns'ka Narodna Partija einen nationalen Flügel, 1904 spaltete sich die Ukraïns'ka Social-Demokratyčna Spilka (Ukrainische Sozialdemokratische Gemeinschaft) ab, die kurz als „Spilka" bezeichnet wurde und sich gemeinsam mit dem jüdischen Bund als Teil der Russischen Sozialdemokratischen Arbeiterpartei verstand. Der Rest der RUP orientierte sich stärker an einem national gefärbten Marxismus. Nach der Russischen Revolution von 1905 wurden diese Gruppen zwar zunehmend wieder behindert, aber sie konnten legal existieren und auch Abgeordnete in die Duma entsenden.

Die Vorstufen eines Staates

Vor dem Ersten Weltkrieg zeichnete sich eine nationale Revolutionierung ab, die ein Ende der multinationalen Imperien ankündigte. Polen, Tschechen, Slowaken, Balten, Finnen, Kroaten – um nur einige zu nennen – strebten nach Nationalstaaten und damit nach einer Sprengung der Großreiche. Manche konnten sich dabei auf frühere staatliche Formationen berufen, auch wenn, wie etwa bei den Polen, die frühneuzeitliche polnisch-litauische Adelsrepublik nichts mit einem modernen Nationalstaat gemein hatte. Die Konstruktion einer nationalstaatlichen Tradition erfolgte im Sinne der „Invention of tradition".[24]

---

23 Siehe dazu Kerstin S. Jobst, Zwischen Nationalismus und Internationalismus. Die polnische und ukrainische Sozialdemokratie in Galizien von 1890 bis 1914, Hamburg 1996.
24 Eric Hobsbawm/Terence Ranger (Hrsg.), Invention of tradition, Cambridge 1983.

Die Ukrainer in Österreich bezogen sich dabei auf die Kosakentradition, die jedoch mit dem westukrainischen Galizien seinerzeit nichts zu tun gehabt hat. Sie zogen jedoch den Schluss daraus, dass aus einer militärischen Formation ein Staat entstehen könne, dass also die Bildung einer Armee vor dem Erlangen der Staatlichkeit ein gangbarer Weg zur Letzteren sei. Der nationalistische Schützenverband, der wie der Związek Strzelecki der Polen von 1910 im Jahr 1913 entstand, nannte sich daher in Anlehnung an die Kosakentradition „Ukrainischer Sič-Verband" (Ukraïns'kyj Sičovyj Sojuz). Sič war die Bezeichnung für die befestigten Lager der Zaporoger Kosaken. Unter seiner Ägide entstanden in Galizien über 50 paramilitärische Gruppen von „Sič-Schützen" (Sičovi Stril'cy), aus denen die Österreicher im September 1914 die Bildung einer kleinen „Ukrainischen Legion" zuließen. Dieser Verband war für die damalige Zeit insofern einmalig, als er auch Frauen in Kampfverbänden einsetzte.[25]

Politische Folgen hatte die Ukrainische Legion nicht. Zunächst besetzte Russland österreichisches Gebiet bis weit nach Westgalizien, wobei die Ukrainer zu Unrecht unter Verdacht gerieten, mit den Russen zu kollaborieren. Die Eroberer machten sich unbeliebt, indem sie eine Russifizierung der Galizier versuchten und damit die „moskophile" Richtung so weitgehend desavouierten und enttäuschten, dass sie praktisch aus dem politischen und kulturellen Leben verschwand. Bis 1917 gelang es nicht, ganz Galizien von den Russen zu befreien.

Mit der russischen Februar-Revolution 1917 änderte sich die Lage. Überall in den Nationalitätengebieten des Russischen Reiches bildeten sich demokratisch gestaltete politische Gremien als Keimzellen möglicher Staatlichkeit. In Kiew war dies die Ukrainische Zentral-Rada (Ukraïns'ka Central'na Rada), zu deren Vorsitzendem der Historiker Mychajlo Hruševs'kyj gewählt wurde. Entsprechend der linken Ausrichtung der russländischen ukrainischen Nationalisten war sie von Sozialdemokraten und Sozialrevolutionären dominiert. Am 15./28. Juni 1917 verkündete die Zentral-Rada in ihrem I. Universal[26] (Dekret) die Autonomie der Ukraine, „ohne sich von ganz Russland zu trennen". Anhänger der Unabhängigkeit waren in der Minderheit, man stellte sich eine ideale Föderation demokratischer Republiken vor, die einen nach außen starken Gesamtstaat mit einer im Inneren wirksamen Autonomie verbinden würde.

---

25 Zu den ukrainischen Legionistinnen erschien ein umfangreicher Artikel: Mar'jana Bajdak, Vteča i povernennja: Ukraïnky v lavach Sičovych Stril'civ [Flucht und Rückkehr: Ukrainische Frauen in den Reihen der Sič-Schützen], in: Ukraïna moderna, 13. 10. 2016, https://uamoderna.com/md/baidak-women-and-war. Dort auch weitere bibliografische Angaben zu einzelnen Soldatinnen.

26 Die Bezeichnung „Universal" bezog sich auf die Dekrete, die im Kosaken-Het'manat erlassen wurden. Text: https://en.wikipedia.org/wiki/First_Universal_of_the_Ukrainian_Central_Council#cite_note-sa-4.

Auf dieser Grundlage verständigte man sich mit der Russländischen Provisorischen Regierung über eine Aufteilung der Kompetenzen. Den Eindruck einer Eigenstaatlichkeit wollte man dadurch vermeiden, dass man die Exekutive nicht Regierung, sondern „Generalsekretariat" nannte. Schließlich befand sich Russland noch im Krieg – auch waren die „Linken" nicht so sehr an der Staatlichkeit interessiert.

Am 25. Oktober/7. November 1917 kam es in Petrograd jedoch zum Staatsstreich der Bol'ševiki, der als „Oktoberrevolution" in die Geschichte einging. Die neuen Machthaber verkündeten attraktive Maßnahmen (Frieden, Bodenverteilung), mit etwas Verspätung auch die Anerkennung der nichtrussischen Nationalitäten, bei der wieder die „Loslösung von Russland" mit einem „freiwilligen und ehrlichen Bund der Völker Russlands" verbunden wurde.[27] Dafür forderte man aber die Unterstellung unter ihre (damals noch) Zwei-Parteien-Führung. Die Zentralrada widersetzte sich dem. Die aus der Duma hervorgegangene Provisorische Regierung der Februarrevolution hatte man als legitime Zentralregierung anerkannt, die ungewählte Clique der Bol'ševiki nicht. Das am 7./20. November 1917 von Hruševśkyj verkündete III. Universal[28] erklärte, dass sich Russland in „Regierungslosigkeit, Unordnung und Ruin" befinde. Es gebe keine Zentralregierung mehr, und um in der Ukraine eine ähnliche Lage zu verhindern, habe die Rada „im Namen der Rettung ganz Russlands" (*vo im'ja rjatuvannja vseï Rosiï*) beschlossen, „ohne sich von der Russländischen Republik zu trennen und deren Einheit bewahrend" (*Ne viddiljajučys' vid respubliky Rosijs'koï i zberihajučy jednist' ii*), die Ukrainische Volksrepublik (*Ukraïns'ka Narodnja Respublika*, UNR) auszurufen.

Dazu wollte man an einem demokratischen Russland, das die verfassunggebende Versammlung schaffen sollte, festhalten. Den Bol'ševiki, die eigentlich das Recht auf Loslösung der nicht-russischen Nationalitäten propagiert hatten, passte das überhaupt nicht. 1913 hatte Lenin präzisiert: „Wir sind für das *Recht* auf Loslösung (aber nicht *für die Loslösung* aller!), die Autonomie ist *unser* Plan für die Bildung eines demokratischen Staates. Die Loslösung ist überhaupt nicht unser Plan. Eine Loslösung predigen wir keineswegs. Allgemein sind wir gegen eine Loslösung."[29] Das bolschewistische Modell war die Autonomie, also eine partielle interne Selbstverwaltung. Die „Loslösung" galt nur gegenüber bürgerlichen

---

27 Deklaration der Rechte der Völker Russlands, 2./15. November 1917, in: 1000 Dokumente, https://www. 1000dokumente.de/index.html?c=dokument_ru&dokument=0002_vol& object=translation&st=&l=de.

28 Text: https://zakon.rada.gov.ua/laws/show/n0005300–17#Text.

29 Lenin an Šaumjan, 6. 12. 1913, in: Lenin, Polnoe sobranie sočinenij [Sämtliche Werke], Bd. 48, 5. Aufl., Moskva 1970, S. 235. Hervorhebungen Lenins.

reaktionären Gebilden, aber auch hier nur dazu, danach zu einer noch stärkeren Verbindung mit einem revolutionären Russland zu kommen. Wer allerdings
gegen die Sowjetmacht vor Ort war, sollte nicht in den Genuss der „Loslösungs-
rechte" kommen. Dies führte die sowjetische Petrograder Führung in einem am
3./16. Dezember abgefassten Ultimatum an die UNR aus, das für den Fall der
Verweigerung der Anerkennung den Kriegszustand androhte.[30]

Vom 9./22. Dezember 1917 an gingen die Bol'ševiki militärisch gegen die
Ukraine vor. Nachdem Charkiv kampflos von den Truppen unter Vladimir
Antonov-Ovsijenko (1883–1938) eingenommen worden war und dortige ukrai-
nisierte Truppenteile entwaffnet worden waren, stellte sich für die Bol'ševiki in
Kiew die Frage, wem sie sich anschließen sollten. Am 11./24. Dezember 1917 verließen die bolschewistischen Mitglieder den in Kiew laufenden Rätekongress, in
dem sie eine Minderheit von 10 % der Teilnehmer darstellten, und fuhren nach
Charkiv, wo inzwischen ein Gegenkongress tagte. Dort proklamierte man am folgenden 12./25. Dezember 1917 eine eigene „Ukrainische Volksrepublik der Räte
der Arbeiter-, Bauern-, Soldaten- und Kosakendeputierten" (*Ukraïnśka Narodnja
Respublika Rad robitnyčych, sel'jans'kych, soldats'kych i kozac'kych deputativ*),
die sich – wie Lenin sich das vorstellte – als Subjekt der Russländischen Föderation der Bol'ševiki verstand. Die sowjetrussischen Truppen marschierten nun auf
Kiew zu.

Unabhängigkeit und deutsche Dominanz

Am 6./19. Januar 1918 verhinderten die Bol'ševiki die zweite Sitzung der Konstituante in Petrograd, die einen legitimen Status Russlands erarbeiten sollte.
Damit war klar, dass sie sich nicht von der Macht verdrängen lassen würden, und
die ukrainischen Politiker wussten nun, dass es keinen Sinn haben würde, auf
eine Allrussländische Verfassunggebende Versammlung zu vertrauen. In Brest,
wo Friedensverhandlungen zwischen den Mittelmächten und der russischen
Sowjetführung begonnen hatten, zu denen auch eine ukrainische Delegation
zugelassen wurde, wollten die Sowjetrussen keine Zugeständnisse machen, und
so gab es wohl ein Angebot der Mittelmächte, mit den Ukrainern einen Separatfrieden zu schließen.

---

30 Manifest k ukrainskomu narodu s ul'timativnymi trebovanijami k Ukrainskoj Rade [Mani-
    fest des ukrainischen Volkes mit ultimativen Forderungen an den ukrainischen Rat],
    3./16. 12. 1917, in: Pravda 206/5./18. 12. 1917; Lenin, Polnoe Sobranie Sočinenij, Bd. 35,
    5. Aufl., Moskva 1974, S. 143–145.

In Kiew tagte inzwischen die Zentral-Rada in einer eher verzweifelten Stimmung, weil sich die bolschewistischen Truppen der Stadt näherten, ohne dass es Aussicht auf Rettung gegeben hätte. Der Brester Verhandlungsleiter, Vsevolod Holubovyč (1885–1939), stellte einen Separatfrieden mit Deutschland und Österreich als einzigen Ausweg dar, dafür aber müsse die Ukraine ein Völkerrechtssubjekt, ein unabhängiger Staat werden. Die Folge war der Erlass des IV. Universals, das auf den 9./22. Januar datiert, aber erst am 12./25. Januar 1918 tatsächlich verabschiedet wurde. Darin erklärte sich die Ukraine zu einem unabhängigen Staat, zu einem „selbstständigen, von niemandem abhängigen, freien, souveränen Staat des ukrainischen Volkes" (*staje samostijnoju, ni vid koho ne zaležnoju, vil'noju, suverennoju deržavoju ukraïns'koho narodu*).[31] Nachdem 1917 erstmals in moderner Zeit eine staatliche Formation Ukraine entstanden war, entstand nun erstmals in der Geschichte ein souveräner Staat mit der Bezeichnung Ukraine.

Nicht alle waren mit diesem Schritt einverstanden, der eine Einigung mit Russland immens zu erschweren schien. Nachdem die ukrainische Delegation mit dem neuen Leiter Oleksander Sevrjuk (1893–1941) nach Brest zurückgekehrt war, unterzeichnete sie am 27.1./9.2.1918 den ersten Brester Frieden mit den Vertretern der Mittelmächte.[32] Kiew befand sich seit dem 26.1./8.2.1918 in den Händen der Bol'ševiki, die Rada-Regierung war auf der Flucht nach Westen. Die Ukrainer behaupteten jedoch, sie besäßen Kiew noch, und ihre Partner taten so, als glaubten sie ihnen. Der erste anerkannte ukrainische Staat war aus der Not entstanden, von dem einstigen Kriegsgegner Hilfe gegen die neue Sowjetführung zu erhalten. Dem vorher abgesprochenen Hilferuf folgten die Deutschen gern. Sie vertrieben die Bol'ševiki aus der Ukraine. Im Friedensvertrag mit Sowjetrussland vom 3.3.1918 verpflichteten sie die Sowjetrussen, die unabhängige Ukraine anzuerkennen.

Der Friede erhielt den Beinamen „Brotfriede", weil die Ukrainer den Mittelmächten in einem geheimen Zusatzvertrag versprachen, eine Million Tonnen Getreide zu liefern. Die Deutschen waren an Lebensmitteln interessiert, die UNR hatte aber gerade begonnen, das Land der Grundbesitzer aufzuteilen. Trotz eines Feldbestellungsbefehls der Deutschen sah es nicht nach Lieferungen aus. Die Deutschen ließen daher die Regierung, mit der sie gerade den Friedensvertrag geschlossen hatten, fallen und setzten an ihrer Stelle mit der

---

31 Text des IV. Universals: https://uk.wikisource.org/wiki/Четвертий_Універсал_Українсь-
   кої_Центральної_Ради.

32 Friedensvertrag zwischen Deutschland, Österreich-Ungarn, Bulgarien und der Türkei
   einerseits und der Ukrainischen Volksrepublik andererseits, 9.2.1918, in: RGBl. 1918, Nr. 107/
   9.8.1918, S. 1009–1029.

Hilfe der Großgrundbesitzer am 29. April 1918 einen russischen General ukrainischer Herkunft als „Het'man" eines monarchistischen „Ukrainischen Staates" (*Ukraïns'ka Deržava*) ein. Pavlo Skoropads'kyj (1873–1945) bemühte sich um eine äußerliche Ukrainisierung seines Staates von deutschen Gnaden, er stattete sogar Wilhelm II. einen Staatsbesuch ab, aber gleichzeitig suchte er einen Ausgleich mit Russland, verhaftete ukrainische Nationalisten und machte sich damit ihre Bewegung zum Feind.

Sein „Ukrainischer Staat" war nach acht Monaten Geschichte. Nach der deutschen Kapitulation im Westen erklärte Sowjetrussland den Brester Frieden für obsolet und begann wieder einen Krieg gegen die Ukraine. Im Dezember 1918 floh der Het'man mit den Deutschen verkleidet aus der Ukraine.

Die UNR-Politiker kamen nun in die Hauptstadt und errichteten ihren Staat neu. Ein fünfköpfiges Direktorium unter Volodymyr Vynnyčenko (1880– 1951) und dann Symon Petljura (1879–1926) übernahm die Macht, um sofort in einen Kampf mit sowohl sowjetischen als auch zarentreuen Truppen unter General Anton Denikin (1872–1947) zu geraten. Zwischen diesen drei Mächten organisierten selbstständige Militärführer, Abenteurer und Bauernpolitiker (von denen Nestor Machno (1888–1934), der eine „anarchistische" Bauernrepublik in der Südostukraine errichtete, der bekannteste war) Milizen oder Privatarmeen, die sich je nach Lage einer der drei Gruppen anschlossen, aber auch häufig die Fronten wechselten. Sie alle zogen plündernd durchs Land, worunter vor allem die jüdische Bevölkerung zu leiden hatte, die alle Parteien (einschließlich der Bol'ševiki) für eine leichte Beute hielten. Die Pogrome forderten unzählige Todesopfer, die das Image der judenfeindlichen Ukrainer verfestigten.

Auf dem ehemals österreichischen Gebiet entstand ein weiterer ukrainischer Staat: Die eigentlich österreichtreuen galizischen Ruthenen hissten auf dem Lemberger Rathaus am 1. November 1918 die blau-gelbe Fahne und befanden sich sofort in einer militärischen Auseinandersetzung mit den örtlichen Polen, die Galizien dem neuen polnischen Staat anschließen wollten. Erst einige Tage später riefen die Ukrainer die Westukrainische Volksrepublik (ZUNR) aus, die Ende November Lemberg an die rasch herangeführten polnischen Truppen verlor. Im übrigen Galizien konnten sich die Ukrainer zunächst halten, als die Polen aber aus Frankreich überstelltes Militär der sog. Haller-Armee einsetzten, wurde die Ukrainische Galizische Armee (UHA) über den ehemals österreichisch-russischen Grenzfluss Zbruč vertrieben. Der zum „Diktator" ausgerufene Präsident Jevhen Petruševyč (1863–1940) hat formell die ZUNR mit der UNR am 22. Januar 1919 vereinigt, faktisch beharrten jedoch beide Teile so auf ihrer Eigenstaatlichkeit, dass dies nur Theorie blieb.

Die mit deutschösterreichischen Offizieren organisierte UHA hatte gegen die Polen keine Chance, zusammen mit der UNR-Armee gelangte sie jedoch im Sommer 1919 gegen die Bol'ševiki bis Kiew, nur um von den erstarkten „weißen" Truppen General Anton Denikins wieder in den Westen getrieben zu werden. Nachdem die UHA-Soldaten im November 1919 zu Denikin übergelaufen waren,[33] brach auch die UNR-Armee auseinander, und Symon Petljura verband sich mit dem polnischen Staatschef Józef Piłsudski (1867–1935) zum Krieg gegen die Sowjets. Dafür musste er Galizien Polen überlassen, erhielt aber das Versprechen eines ukrainischen Staates östlich der Grenzen von 1772.

Für sechs Wochen konnten Polen und Ukrainer Kiew besetzen, die Polen machten jedoch keine Anstalten, die Ukrainer an der Herrschaft zu beteiligen. Im Frieden von Riga vom 18. März 1921 verrieten sie ihren Verbündeten und erkannten die inzwischen in Kiew wieder fest installierten Sowjet-Ukrainer als einzige Repräsentanten der Ukraine an. Diese hatten am 28. Dezember 1920 einen Vertrag mit der Russischen Sozialistischen Föderativen Sowjetrepublik (RSFSR) geschlossen, der alle wichtigen Kompetenzen (Militär, Wirtschaft, Finanzen, Außenhandel u. a.) Russland übertrug. Schon vor dem Eintritt in die

---

33 Hans Koch, Dohovir z Denikinom [Das Abkommen mit Denikin], L'viv 1930. – Die Galizier galten den „weißen" Russen, die die Wiederherstellung des Reiches (ganz ähnlich wie Putin heute) anstrebten, als „Ausländer" und damit anders als die UNR-Armee aus der russländischen Ukraine nicht unbedingt als unvereinbar mit seiner „Edinaja Rossija" (Einheitliches Russland).

UdSSR am 30. Dezember 1922 verlor die Sowjetukraine so bis auf die Kultur die meisten politischen Kompetenzen eines Staates.

Staatslos in Osteuropa

Dass die Entente neue Staaten als *cordon sanitaire* zwischen Deutschland und dem Sowjetstaat förderte, nicht aber die Ukraine, lag nicht zuletzt an der erfolgreichen Politik des polnischen Nationaldemokraten Roman Dmowski (1864–1939), der nicht müde wurde, die Ukrainer als eine deutsche Erfindung zu verleumden. Schon als sich eine ukrainische Selbstständigkeitsbewegung zu entwickeln begann, legte Dmowski im Juli 1917 den Mächten der Entente eine in London privat gedruckte Denkschrift *Problems of Central and Eastern Europe* vor, in der er auch die „Little Ruthenians" ansprach: „Man sollte sich daran erinnern, dass die Deutschen lange vor dem Ausbruch des Krieges den Plan gefasst haben, die Kleinrussen in einem Ukrainischen Staat zu organisieren und dass sie die ukrainische Nationalbewegung offen unterstützt haben."[34]

Das war falsch, wurde aber geglaubt. Auf der Pariser Friedenskonferenz wurde Dmowski noch expliziter: Eine Ukraine hätten sich die Deutschen nur ausgedacht und mit viel Geld unterstützt, um ein kleines Polen durch die Ukraine und durch Litauen, das auch nur durch deutsche Intrigen entstanden sei, zu ersticken. Überhaupt würde die Anerkennung der ukrainischen Staatlichkeit durch den Völkerbund nur die Aufnahme von „organisierter Anarchie" bedeuten. Anders als Litauern wollte Dmowski Ukrainern nicht einmal Autonomie zugestehen.[35]

Wie Belorussen erfuhren Ukrainer daher nach 1918 keine Förderung durch die Entente und blieben – sieht man von der Sowjetukraine ab – staatslos.

Unter dem Eindruck dieses kontinuierlichen Scheiterns veränderte sich die politische Haltung der ukrainischen Nationalisten. Offenbar reichte es nicht, die Ukrainer bloß zu „befreien", wie der Außenminister des Het'mans, Dmytro Dorošenko (1882–1951), noch 1919 geschrieben hatte: „Wir müssen unsere

---

34 Hier nach der polnischen Übersetzung der Denkschrift Roman Dmowski, Zagadnienia środkowo- i wschodnio-europejskie [Mittel- und osteuropäische Probleme] (Juli 1917), in: ders., Polityka polska i odbudowanie państwa [Die polnische Politik und der Wiederaufbau des Staates], 2. Aufl., Warszawa 1926, S. 450–501, hier S. 455.
35 Protokoll der Sitzung des Rats der Zehn, 29. 1. 1919, nach Remigiusz Bierzanek/Józef Kukułka (Hrsg.), Sprawy polskie na Konferencji Pokojowej w Paryżu w 1919 r [Polnische Angelegenheiten auf der Pariser Friedenskonferenz 1919]. Bd. 1, Warszawa 1965, Dok. 10, S. 45–56, hier S. 51.

nationale Sache retten; wenn die Nation einig sein wird, dann kommt irgendwann auch der Staat, er kommt mit logischer Unausweichlichkeit [...]."[36]

Das Scheitern der Staatsgründungsversuche hat zu einer Einstellung geführt, die von einem modernistischen Nationsbildungskonzept ausging, wie es auch die etatistischen italienischen Faschisten vertraten. Von allein würde der ukrainische Staat nicht kommen. Ein vollständiges ukrainisches Volk gab es für den Vordenker einer Staatlichkeit Vjačeslav Lypyns'kyj (1882–1931) noch nicht: „Zur ukrainischen Nation durch den ukrainischen Staat – durch die alle Einwohner der Ukraine vereinigenden staatlichen politischen Losungen", forderte er.[37] Seiner Ansicht nach musste eine ukrainische Gesellschaft erst kreiert, die Nation erst durch die „Realisierung unseres irrationalen Wollens" gebildet werden.[38]

Die verschiedenen ukrainischen „Staatsveteranen" verzichteten nicht auf die Staatlichkeit und bildeten Exilregierungen:

- Die Petljura-Anhänger etablierten ihr „Staatliches Zentrum der UNR" in Paris, im Zweiten Weltkrieg verlagerten sie es nach Deutschland, danach residierte es bis 1992 in Philadelphia. Von 1940 bis 1944 unterstand die von Taras „Bul'ba" Borovec' (1908–1981) gebildete Untergrundarmee „Polis'ka Sič" der Exil-UNR. 1992 ging sie in der unabhängig gewordenen Ukraine auf, die sie als einzige Gruppierung anerkannte.
- Ab 1920 bildeten die früheren Mitglieder des UNR-Direktoriums Andrij Makarenko (1885–1963) und Fedir Švec' (1882–1940) eine Gegenregierung, weil Petljura zugunsten Polens auf Galizien verzichtet hatte. Sie wurden zeitweise von Deutschland finanziert.
- Der Halbjahreshet'man Pavlo Skoropads'kyj ließ sich in Berlin-Wannsee nieder und hielt dort Hof. Er formte eine rudimentäre Verwaltung (Het'mans'ka Uprava) und wirkte über Vereine wie die Ukraïns'ka Hromada und den Het'mans'kyj Klub, hatte aber vor allem durch seine Beziehungen Einfluss auf die politischen und militärischen Kreise der Weimarer Republik und der Nationalsozialisten. Bis sie sich 1930 zerstritten, gehörte der Planer eines

36 Dorošenko an Lypyns'kyj, 3. 9. 1919, in: Vjačeslav Lypyns'kyj, Archiv, Bd. 6, Philadelphia 1973, Dok. 10, S. 16 („koly nacija bude cila, to kolys' pryjde i deržava, pryjde z lohyčnoju nemynučistju").
37 Vjačeslav Lypyn'skyj, Lysty do Brativ-Chliborobiv. Pro Ideju i Orhanizaciju Ukraïns'koho Monarchizmu [Briefe an unsere Brüder, die Bauern. Über die Idee und die Organisation des ukrainischen Monarchismus], 2. Aufl., New York 1954 (1. Aufl. 1926), S. XV.
38 Ebenda, S. 348. – Dass Lypyns'kyj immer wieder als konservativer Monarchist bezeichnet wird, weil er als Staatssymbol einen „erblichen Het'man" einsetzen wollte und sich dafür zeitweise mit Skoropads'kyj verband (dem das aber zu wenig war), geht deutlich fehl.

ständisch-faschistischen ukrainischen Staats Vjačeslav Lypyns'kyj zu seinem Kreis, und er dominierte auch das Ukrainische Wissenschaftliche Institut in Berlin, an dem sein ehemaliger Außenminister Dmytro Dorošenko
tätig war.

– Am 1. August 1920 rief Jevhen Petruševyč in Wien eine „Exilregierung des
Diktators der ZUNR" aus, die sich an Petljuras Galizien-Verzicht und der
Bevorzugung Polens durch die Entente stieß. Nachdem die Entente 1923
Galizien endgültig Polen zugesprochen hatte, löste Petruševyč die Exil-
regierung auf und zog nach Berlin um, wo er von anderen Exulanten (z. B.
Skoropads'kyj) unterstützt wurde. Während der *korenizacija*-Phase der
Sowjetukraine (1923–1930), als dort ukrainische Kultur gefördert wurde, en-
gagierte er sich prosowjetisch, gab diese Haltung aber in den 1930er-Jahren
auf.

– Es gab noch eine Reihe ephemerer Versuche wie denjenigen von Ivan
Poltavec'-Ostranycja (1890–1957), der 1918 Skoropads'kyjs Kanzleichef war
und später im Exil Organisator einer „Kosakenbewegung" wurde, die er mit
der Hilfe seiner großrussischen Verbündeten aus den ukrainischen Soldaten
der inzwischen auf den Balkan evakuierten und über ganz Europa verstreu-
ten Soldaten der „weißen" Denikin/Wrangel-Armee zusammenstellen wollte
und dazu auch mit den Nationalsozialisten zusammenarbeitete.

Die radikalste Gruppe jedoch gründete keine Exilregierung. Eine im Juli 1920
aus Veteranen der verschiedenen Armeen und Freischärlern gebildete Ukrainische Militärorganisation (Ukraïns'ka vijs'kova orhanizacija – UVO) verlegte
sich von Anfang an auf terroristische Aktionen. Unter der Führung von Jevhen
Konovalec' (1891–1938) führte sie Attentate gegen polnische Politiker sowie
polnische und ukrainische Befürworter einer polnisch-ukrainischen Aussöhnung durch und überfiel Postämter. Nebenbei leistete sie Spionagedienste für
die polenfeindlichen Staaten Deutschland und Litauen und wurde dafür von
diesen finanziert.

Während Lypyns'kyj über einen ständischen Staat nur nachdachte und
schrieb, handelten die aus dem Militär kommenden älteren und die neuen
jugendlichen Anhänger der nationalistischen Richtung aktionistisch.

Mit anderen radikalen galizischen nationalistischen vor allem die Jugend
ansprechenden Organisationen bildete Konovalec' 1929 die Organisation Ukrainischer Nationalisten (OUN). Von Deutschland (während der deutsch-polni-
schen Annäherung 1934–1938 verdeckt) finanziert, wurde die OUN zur bekanntesten und aktivsten Gruppierung des ukrainischen Exils bzw. der galizischen
Ukrainer.

Für die OUN stand der ukrainische Staat ohne Wenn und Aber im Vordergrund. Er war das eigentliche Ziel, das um jeden Preis die Voraussetzung für weiteres Handeln war. Das erste der „Zehn Gebote des ukrainischen Nationalisten" lautete dementsprechend: „Du wirst den ukrainischen Staat erlangen oder Du wirst im Kampf um ihn fallen."[39]

Die OUN erstrebte einen ständischen autoritären Nationalstaat nach (italienisch-)faschistischem Vorbild, passte sich etwas später partiell dem Antisemitismus der Nationalsozialisten an und stellte sich (trotz Rückschlägen in der Karpatho-Ukraine und durch den Hitler-Stalin-Pakt) vom ersten Kriegstag des Zweiten Weltkriegs an den Deutschen zur Verfügung, die im September 1939 bis zum erwarteten Einmarsch der UdSSR am 17. September 1939 einen national-ukrainischen Kleinstaat in Galizien als Plan B in petto hielten. Zwar musste sich die von Roman Suško (1894–1944) geführte „Legion" zurückziehen, als die Sowjets verspätet eingriffen, ihnen wurde aber eine „Entschädigung" beim nächsten Waffengang versprochen.

Die Nationalisten waren sich dessen bewusst, dass sie fremde Hilfe brauchen würden, sie nahmen jedoch fantasievoll an, dass sie ihren Staat dann selbst dominieren könnten. Damit täuschten sie sich in den Deutschen.

Kollaboration

Inzwischen haben die Deutschen im Generalgouvernement, dem quasi annektierten Territorium Zentralpolens, die Ukrainer als Verbündete behandelt. Ukrainer erhielten als „Treuhänder" jüdische Unternehmen und Geschäfte. Ihr Ukrainischer Hauptausschuss (UHA) unter dem Geografiedozenten Volodymyr Kubijovyč (1900–1985) durfte Schulen, Gymnasien und einen Verlag einrichten. Der Vorsitzende konnte sogar in einem engen Rahmen politisch aktiv werden, während die scheinbar analogen polnischen und jüdischen Einrichtungen auf die Wohlfahrt für die eigene Kommunität beschränkt blieben. Als sich die OUN 1940 über taktische und personelle Fragen in eine Fraktion unter Andrij Mel'nyk (1890–1964) und eine unter dem Führer der galizischen OUN, Stepan Bandera (1909–1959), spaltete, hielten die Deutschen zu beiden Fraktionen weiter Kontakt. Nun wurden zwei Bataillone aus ukrainischen Nationalisten aufgestellt („Nachtigall" und „Roland"), die mit den Deutschen im Juni 1941 die Sowjetunion überfielen.

---

39 Stepan Lenkavs'kyj, Декалог ОУН [Dekalog der OUN], 1929; https://zakusilov.livejournal.com/3720074.html.

Am 29. Juni wurde Lemberg eingenommen, am 30. Juni rief der Stellvertreter Stepan Banderas, Jaroslav Stec'ko (1912–1986), vom Balkon des Prosvita-Gebäudes am Lemberger Hauptplatz den „Ukrainischen Staat" aus. Im dritten Punkt der Proklamation versprachen die OUN-Führer: „Der neu entstandene Ukrainische Staat wird eng mit dem nationalsozialistischen Großdeutschland zusammenarbeiten, das unter der Leitung seines Führers Adolf Hitler eine neue Ordnung in Europa und der Welt schafft." Im Namen des griechisch-katholischen Metropoliten Andrej Šeptyc'kyj (1865–1944) begrüßte Mitrat Iosif Slipyj (1892–1982) die Proklamation. Šeptyc'kyj selbst erkannte in einem Hirtenbrief vom 1. Juli 1941 Stec'ko als Regierungschef an und rief die Gläubigen zum Gehorsam gegenüber der Regierung Stec'ko auf.

Man sollte nicht übersehen, dass an diesem Tage ein Pogrom in Lemberg tobte, auf den der Metropolit nicht einging.

Was die OUN-Führung nicht begriffen hatte, war, dass die Deutschen zwar die nationalistischen Ukrainer als pragmatische Helfer bei der Eroberung der Sowjetunion und bei der Aufrechterhaltung ihrer Herrschaft akzeptierten und sie damit neuerlich gegenüber den Westmächten desavouierten, dass sie in ihnen jedoch weder gleichwertige Verbündete sahen noch die Absicht hatten, ihre Staatlichkeitspläne zu tolerieren. Zwar dauerte es einige Wochen, bis sie klar reagierten – zuvor wurde Bandera vergebens aufgefordert, die Staatsgründung zurückzunehmen –, zwischen dem 9. Juli und September 1941 wurden jedoch die meisten unmittelbar an der Proklamation beteiligten Personen, nicht jedoch die Geistlichen, verhaftet, verhört und in Gefängnissen und Konzentrationslagern interniert.

Das Scheitern der OUN Banderas in Lemberg wiederholte sich für die OUN Mel'nyks in Kiew.[40] Am 5. Oktober 1941 riefen die *Mel'nykivcy* einen Ukrainischen Nationalrat (*Ukraïns'ka Nacional'na Rada* – UNRada) ins Leben, der unter dem Vorsitz von Mykola Velyčkivs'kyj (1882–1976) eine politische Vertretung bilden sollte. Er setzte sich aus 130 Mitgliedern zusammen, die zwar verschiedene politische Richtungen vertraten, jedoch Andrij Mel'nyk geschlossen zum „Führer der Ukraine" erklärten. Auf einer Pressekonferenz wurde eine neue ukrainische Staatlichkeit ausgerufen, welche an die auf deutsche Hilfe gestützte UNR von 1918 anschloss und die zwischenzeitliche kommunistische Herrschaft als Okkupation bezeichnete.

Der Verweis auf 1918 war passender als die Nationalisten dachten. Am 15. November 1941 wurde Kiew in das Reichskommissariat Ukraine (RKU)

40 Zu der Mel'nyk-Fraktion der OUN gibt es sehr wenig Literatur, verwiesen sei auf den Sammelband: Na zov Kyjeva. Ukraïns'kyj nacionalizm u II svitovij vijni [Auf den Ruf Kiews hin. Der ukrainische Nationalismus im Zweiten Weltkrieg], Toronto 1985, Neuauflage Kyïv 1993.

integriert – es wechselte also aus der bisherigen Militärverwaltung in die Zivilverwaltung unter dem ostpreußischen Gauleiter Erich Koch (1896–1986), dessen
erklärtes Ziel die totale Ausbeutung seines neuen Herrschaftsgebiets war. Vom
Jahresende an verfolgten die Deutschen nun die Mel'nyk-Nationalisten, verhafteten sie und erschossen eine Anzahl von ihnen, darunter die Dichterin Olena
Teliha (1906–1942), die einen Schriftstellerverband und eine literarische Zeitschrift gegründet hatte. Andere Funktionäre der OUN-M, wie etwa der Dichter,
Archäologe und Historiker Oleh Kandyba-Olžyč (1907–1944), flohen aus Kiew
und lebten untergetaucht in Galizien, wo die OUN-M zunächst nicht verfolgt
wurde.

Chancen auf eine ukrainische Staatlichkeit schienen sich wieder zu ergeben,
als Deutschland seine Stalingrad-Niederlage erlitt. In den Wäldern Wolhyniens
bildete die OUN-B im Frühjahr 1943 (fiktiv auf 1942 datiert) die Ukrainische
Aufständische Armee UPA. Geleitet von der Vorstellung, von einer Armee aus
einen Staat schaffen zu können, begann die UPA in diesem gemischt polnisch-
ukrainisch besiedelten Gebiet die polnischen Dörfer anzugreifen und ihre
Bewohner zu vertreiben bzw. zum Teil bestialisch zu ermorden, um das Gebiet
einem künftigen ukrainischen Nationalstaat einverleiben zu können. Als Reaktion ging der polnische Untergrund gegen ukrainische Dörfer vor. Dieser Kampf
wurde von der UPA für eine selbstständige nationale Ukraine mit der vollen
Grausamkeit des Guerilla-Krieges (ohne Gefangene, unter Massakrierung von
Frauen und Kindern) geführt. Er richtete sich ab 1944 (zeitweise in Zusammenarbeit mit den Deutschen) gegen die zurückgekehrten Sowjets und wurde bis zur
Niederlage Ende der 1940er-Jahre fortgesetzt.

Auch die Deutschen reagierten: Der Gouverneur des Distrikts Galizien im
Generalgouvernement, Otto Wächter (1901–1949), erreichte beim Reichsführer
SS Heinrich Himmler (1900–1945), dass eine galizische SS-Division aufgestellt
wurde, die nur nicht „ukrainisch" heißen durfte. Unterstützt wurde er dabei
vom UHA unter Kubijovyč, und nach anfänglichem Zögern billigte auch die
OUN das Vorhaben, die zwar gegenüber den Deutschen noch überwiegend
feindlich eingestellt war, sich aber von der ukrainischen SS-Division eine militärische Ausbildung für ihre Anhänger und damit einen Schritt hin zu ihrem
angestrebten Staat versprach. Anfang 1944 wurden die ersten Teile der Division
in den Kampf geführt, im Juni/Juli 1944 verteidigte sie Brody gegen die Rote
Armee, wobei sie eingeschlossen und zu einem Drittel aufgerieben wurde.

Nachdem die gesamte Ukraine von deutschen Truppen geräumt war, be-
sannen sich die Deutschen darauf, dass für die ukrainischen Nationalisten
Staatlichkeit den höchsten Wert darstellte. Sie genehmigten im März 1945 die
Umwandlung der SS-Division in die „1. Ukrainische Division der Ukrainischen

Nationalen Armee" (*1-a Ukraïns'ka Dyvizija Ukraïns'koï Nacional'noï Armiï* – UNA) unter dem Kommando von Pavlo Šandruk (1889–1979).

Die Deutschen entließen im Herbst 1944 die festgenommenen OUN-Führer Bandera und Mel'nyk (der kurz zuvor aus einem Hausarrest in Haft überführt worden war) aus der KZ-Haft und ließen sie zusammen mit Andrij Livyćkyj (1879–1954), dem Exilpräsidenten der UNR, und dem Het'man von 1918, Pavlo Skoropads'kyj, ein Ukrainisches Nationalkomitee (*Ukraïns'kyj Nacional'nyj Komitet* – UNK) bilden, dem außerdem Volodymyr Kubijovyč vom UHA, und Oleksandr Semenenko (1898–1978), der von den Deutschen 1942 eingesetzte Bürgermeister Charkivs, angehörten. Als Vorsitzenden einigte man sich auf Pavlo Šandruk. Am 17. März 1945 erkannten die Deutschen das UNK als einzige Vertretung des ukrainischen Volkes in Deutschland an und trafen mit ihm Absprachen über die künftige Wiedereroberung/Befreiung (!) der Ukraine.

Dass die Ukrainer darauf eingingen, illustriert die Bereitschaft, alles zu tun, um zu einem Staat oder wenigstens einer Vorstufe der Staatlichkeit zu gelangen. Mit der Niederlage Deutschlands im Zweiten Weltkrieg war auch dieses Kapitel erledigt.

Am Ziel: Der unabhängige Staat

Zwar förderten ab 1945 besonders die US-Amerikaner in ihrer Besatzungszone Deutschlands die antisowjetisch eingestellten ukrainischen Nationalisten, die sich seit 1943 ein pro-westliches Image zu geben bemühten,[41] aber von einer Hilfe zur Eigenstaatlichkeit war nicht die Rede. Das Gleiche gilt entsprechend für die Sowjetunion, die die Ukrainische SSR zwar als Staat (samt Außenministerium und UNO-Mitgliedschaft) ausstaffierte, faktisch jedoch von Moskau aus regierte.

Die Unabhängigkeit und Eigenstaatlichkeit der Ukraine kamen eher unerwartet. Beginnend mit Estland im November 1988 erklärten sich bis Dezember 1990 alle sowjetischen Unionsrepubliken für „souverän", wobei nicht wirklich klar war, was diese Souveränität eigentlich beinhaltete. Während einige der Unionsrepubliken es bei dieser Erklärung beließen, kündigten andere, darunter die Ukraine, an, die Unabhängigkeit anzustreben. Der Oberste Sowjet der Ukraine verkündete am 16. Juli 1990 einseitig die staatliche Souveränität.[42] Die

---

41 Siehe dazu Peter J. Potichnyj (Hrsg.), Political thought of the Ukrainian Underground 1943–1951, Edmonton 1986.

42 Deklaracija pro deržavnyj suverenitet Ukraïny [Erklärung über die staatliche Souveränität der Ukraine], № 55-XII, 16. 7. 1990; (*Відомості Верховної Ради УРСР* (ВВР), 1990, N 31, ст.429), https://zakon.rada.gov.ua/laws/show/55-12#Text.

Deklaration enthielt den Anspruch auf eigene Außenbeziehungen, eigene Streit-kräfte, eine eigene Staatsangehörigkeit, sie erklärte die künftige dauernde Neu-tralität und Blockfreiheit der Ukraine[43] und verbat sich die Einmischung in ihre inneren Angelegenheiten.

Im Frühjahr 1991 initiierte Michail Gorbačëv (1931–2022) allerdings einen Prozess, der mit der Bildung einer „Union souveräner Staaten" (*Sojuz suveren-nych gosudarstv*) zu einer Neuauflage der UdSSR führen sollte.[44] Für den 17. März 1991 wurde ein „All-Unionsreferendum zur Bewahrung der UdSSR" (*Vsesojuznyj referendum o sochranenii SSSR*) anberaumt, das jedoch nur in neun Republiken, darunter in der Ukraine, stattfand. Im Gesamtergebnis sprachen sich 76 % der Teilnehmer für eine neue Union aus, in der Ukraine war das Ergebnis mit 70,2 % Ja-Stimmen und 28 % Nein-Stimmen nur unwesentlich schlechter als im Gesamt-durchschnitt.[45]

Am 20. August 1991 sollte der neue Unionsvertrag unterschrieben werden. Am 19. August 1991 putschten aber sowjetische Hardliner. Der schlecht vorberei-tete Staatsstreich schlug fehl. In der allgemeinen Unübersichtlichkeit jener Tage erklärte am 24. August 1991 die *Verchovna Rada der Ukraine* als erstes Republik-Parlament nach dem Putsch mit 346 Ja- und 4 Nein-Stimmen die Unabhängig-keit der Ukraine. Die Unabhängigkeitsurkunde war in der Hast der Abläufe ein mit der Schreibmaschine beschriebenes Blatt Papier. Das Parlamentspräsidium verbot am folgenden Tag die Kommunistische Partei der Ukraine und erklärte ihr Vermögen zu Staatseigentum.[46]

Gefährdet bleiben die Unabhängigkeit und Integrität des Staates dennoch. Der Pressesprecher des russischen Präsidenten Boris El'cin referierte schon 1991 Bestrebungen, die Grenzen des Staates zu verändern.[47] Die west- und zen-tralukrainischen Politiker bekämpften alle Versuche einer Föderalisierung der Ukraine. Obwohl oder weil die Ukraine kulturell diverse Landesteile vereinigt,

43 Kapitel IX.
44 Teilveröffentlichung unter https://web.archive.org/web/20170610153704/http://www. ni-journal.ru/archive/2001/n_2_3_2001/b06cf728/095d6d50/index.htm und https://web. archive.org/web/20170610140924/http://www.ni-journal.ru/archive/2001/n_4_2001/640e 676e/1ba292a6/index.htm.
45 Сообщение Центральной комиссии референдума СССР об итогах референдума СССР, состоявшегося 17 марта 1991 года [Mitteilung der Zentralen Referendumskommission der UdSSR über die Ergebnisse des Referendums in der UdSSR vom 17. März 1991], in: Правда [Pravda], 27. 3. 1991.
46 Vgl. Georgij Kas'janov, Ukraïna 1991–2007. Narysy novitn'oï istoriï [Skizzen aus der jüngs-ten Geschichte], Kyïv 2008, S. 30.
47 Andrej Illarionov, in: Zajavlenie Voščanova [Erklärung von Voščanov], 7. 4. 2011, https:// aillarionov.livejournal.com/287920.html.

fürchteten sie einen Zerfall des Staates, wenn man nicht von einer exklusiven Amtssprache in einem Einheitsstaat ausging. Ostukrainische Politiker versuchten gegen den Widerstand ihrer Gegner, Russisch (und andere Minderheitssprachen) als Regionalsprachen durchzusetzen. Zwischen dem Drang zur EU und der durch die Energieabhängigkeit erpressten, von Russland gewünschten Einbindung in die „Eurasische Wirtschaftsunion" kam das Land nicht zur Ruhe.

Russland hat in der Budapester Erklärung 1994 und in einem „Freundschaftsvertrag" 1997 die territoriale Integrität der Ukraine garantiert. Das hinderte die Russländische Föderation unter Vladimir Putin nicht, zunächst die Krim 2014 zu annektieren, zwei „Volksrepubliken" im Osten des Landes abzuspalten und 2022 Russland einzuverleiben und 2022 zwei weitere Gebiete der Ukraine für russisch zu erklären. Eigentlich wollte Putin im Zuge einer Wiederherstellung des Zarenreiches oder einer modernisierten Sowjetunion die ganze Ukraine ihrer staatlichen Unabhängigkeit berauben. Er strebte eine Entmilitarisierung und „Entnazifizierung" des Landes an – das Streben nach einem eigenen Staat mit einer eigenen Politik mochte er nicht tolerieren. Der Krieg, der das bewerkstelligen sollte, war jedoch in seinem ersten Jahr nicht so erfolgreich wie geplant. Wenn er zu etwas geführt hat, dann zu einer Konsolidierung der ukrainischen Bevölkerung hinter ihrer Staatlichkeit. Wir wissen jetzt aber, welchen Teil seines Statements im Valdaj-Club von 2013 Putin ehrlich meinte.

ANDRIY MYKHALEYKO

Religion und Politik

Die neue Orthodoxe Kirche der Ukraine
und die Beziehungen zu Russland

Tomos – das Wort des Jahres in der Ukraine

2018 machte das griechische Wort Tomos („τόμος") in der medialen Landschaft der Ukraine blitzartig Karriere. Binnen nur acht Monaten schaffte es der Begriff, zum Wort des Jahres gewählt zu werden. Der Tomos, die Bezeichnung für einen kirchlichen Erlass in der orthodoxen Tradition und auch zur Verleihung der Autokephalie, war bis vor Kurzem nur einem engen Kreis von mit der kirchlichen Terminologie vertrauten Fachleuten bekannt. Zum ersten Mal stieß der Begriff auf breite gesellschaftliche Resonanz im April 2018, nachdem der ukrainische Präsident Petro Porošenko (2014–2019) sich an den Patriarchen von Konstantinopel gewandt und um Gewährung der Autokephalie für die ukrainische Orthodoxie gebeten hatte. Der Tomos wurde in den folgenden Monaten zum Symbol der Bestrebungen nach einer unabhängigen Kirche und der politischen Emanzipation von Russland. Im Dezember 2018 erklärten die Ukrainer die Vereinigung der Kirchen und die Verleihung des Tomos zum wichtigsten politischen Ereignis des zurückliegenden Jahres, und Anfang des Jahres 2019 beschloss das Bildungsministerium der Ukraine, das Ereignis in die Schulbücher für das Fach Geschichte der unabhängigen Ukraine für die elfte Klasse aufzunehmen.

Das Bestreben, kirchliche Autokephalie, die Selbstständigkeit innerhalb der Orthodoxie, ist an sich eine innerkirchliche Angelegenheit. Wie aber in früheren Fällen der Gewährung dieses Status an einzelne orthodoxe Nationalkirchen haben diese Forderungen auch im Hinblick auf die gegenwärtige Situation in der Ukraine und auf ihr Verhältnis zu Russland politische Brisanz.

Kirchenhistorische Voraussetzungen der Tomos-Verleihung

Die Analyse der Bildung der neuen unabhängigen orthodoxen Kirche in der Ukraine lässt die Interdependenz unterschiedlicher Faktoren erkennen, die für die Gesamtorthodoxie charakteristisch sind. Die orthodoxe Kirche ist eine

Gemeinschaft von autokephalen, sich selbst verwaltenden Kirchen, deren einigendes Band der gemeinsame Glaube und die Kommuniongemeinschaft sind. Das Prinzip der Autokephalie ist also ein fester Bestand der orthodoxen Ekklesiologie. Die Frage aber, wie eine neue autokephale Kirche entsteht, bleibt innerhalb der Orthodoxie höchst umstritten. Während die alten Patriarchate Konstantinopel, Alexandrien, Antiochien und Jerusalem sich als historisch gewachsene Größen auf den ersten ökumenischen Konzilien herausgebildet und etabliert hatten, verursachten die Verselbstständigungen der orthodoxen Kirchen seit der Neuzeit, vor allem im 19. Jahrhundert, und bis in die Gegenwart folgenschwere innerorthodoxe Spannungen und Spaltungen. Kennzeichnend für die Neubildungen war und bleibt die enge Verknüpfung von Religion bzw. Konfession mit einer bestimmten Ethnizität sowie mit einem Staat, in dessen Grenzen sich eine orthodoxe Kirche befindet.

Im Hintergrund der Autokephaliebestrebungen standen oft politische Entwicklungen, vor allem die Entstehung von Nationalstaaten. Nach dem Prinzip „in einem unabhängigen Staat eine unabhängige Kirche" verlangten die jeweiligen Kirchen von ihren „Mutterkirchen" den Status der Selbstständigkeit oder erklärten sich kurzerhand selbst für autokephal. Die „Mutterkirchen" wollten sich ihrerseits nicht so leicht damit abfinden, dass ihr kirchlicher Einflussbereich reduziert oder die bis dahin ihnen untergeordneten Strukturen ihrer Obödienz entzogen wurden.[1]

Der Werdegang der neuen orthodoxen Kirche in der Ukraine ähnelt diesen für die Orthodoxie charakteristischen Entwicklungslinien. Die Kiewer orthodoxe Metropolie wurde Ende des 17. Jahrhunderts dem Patriarchat Moskau untergeordnet und gehörte ihm unangefochten bis zum Zusammenbruch des Zarenreiches am Ende des Ersten Weltkrieges an. Die Bemühungen um die Bildung eines unabhängigen ukrainischen Staates gingen zwischen 1917 und 1921 mit den Versuchen, die Ukrainische Autokephale Orthodoxe Kirche (UAOK) auszurufen, einher.[2] 1921 spaltete sich ein Teil der Orthodoxen in der Ukraine

---

1   Genannt seien einige Beispiele: Der Moskauer Teil der Kiewer orthodoxen Metropolie erklärte sich 1448 für autokephal, wurde aber erst 1589 von Konstantinopel anerkannt. Vgl. Wolfram von Scheliha, Russland und die orthodoxe Universalkirche in der Patriarchatsperiode 1589–1721, Wiesbaden 2004, S. 27–63. Das Schisma zwischen Konstantinopel und der Serbisch-Orthodoxen Kirche dauerte 38 Jahre (1882–1920); zwischen Konstantinopel und der Griechisch-Orthodoxen Kirche 17 Jahre (1833–1850), zwischen Konstantinopel und der Bulgarisch-Orthodoxen Kirche 73 Jahre (1872–1945), zwischen Moskau und der Georgisch-Orthodoxen Kirche 26 Jahre (1917–1943), zwischen Moskau und der Polnisch-Orthodoxen Kirche 24 Jahre (1924–1948).

2   Für einen Überblick zu Autokephaliebestrebungen in der Geschichte der ukrainischen Orthodoxie siehe Serhii Plokhy, Kyiv vs. Moscow: The Autocephalous Movement in

von der Russisch-Orthodoxen Kirche (ROK) ab und proklamierte einseitig die Autokephalie. Weder die politischen noch die kirchlichen Bestrebungen waren erfolgreich. Wenige Jahre nach der Proklamation wurde die ukrainische autokephale Kirche von den Sowjets aufgelöst. Erst nach dem Zusammenbruch der Sowjetunion konnten sich dauerhaft zwei unabhängige Kirchen etablieren. 1990 wurde zunächst die UAOK vorwiegend in der Westukraine wiederhergestellt. Parallel dazu bildete sich aus einem Teil der Ukrainischen Orthodoxen Kirche [Moskauer Patriarchat] (UOK MP) 1992 die Ukrainische Orthodoxe Kirche des Kiewer Patriarchats (UOK KP) – Letztere in Abgrenzung zur dominierenden Kirche des Moskauer Patriarchats. Beiden Kirchen verwehrte die Weltorthodoxie die Ankerkennung– sie galten bis 2018 als nicht kanonisch.[3] Als solche hatten sie keine Gemeinschaft und unterhielten keine offiziellen Beziehungen mit den anderen orthodoxen Kirchen.

Trotz mehrmaliger Versuche der Vertreter beider nicht kanonischer Kirchen und der ukrainischen politischen Führung ließ sich 27 Jahre lang weder das Patriarchat von Konstantinopel noch das Patriarchat von Moskau dazu bewegen, den Status der nicht anerkannten Kirchen zu ändern. Den einzigen Weg zum rechtlich anerkannten Status sah man in Moskau und Konstantinopel in der Rückkehr zur kanonischen Kirche – der UOK MP. Dieser Weg war jedoch aus kirchen- und nationalpolitischen Gründen für beide nicht akzeptabel, denn obwohl die Ukrainische Orthodoxe Kirche unter Moskauer Patriarchat den Status einer „breiten Autonomie" besaß, stand sie dennoch in enger Verbindung zur Russisch-Orthodoxen Kirche. Eine solche Vereinigung hätte für die beiden Kirchen eine Rückkehr in die ungeliebte Obödienz des Patriarchen von Moskau bedeutet.

Die Situation änderte sich im Frühjahr 2018. Am 19. April wandte sich der ukrainische Präsident, nachdem er sich zuvor am 9. April mit dem Ökumenischen Patriarchen Bartholomaios getroffen hatte, an das Parlament und bat es, in Form eines Beschlusses sein Gesuch an das Oberhaupt der „Mutterkirche", den Patriarchen von Konstantinopel, um die Gewährung des Tomos zu unterstützen. Porošenko hob hervor, dass die Gewährung der Autokephalie die historische Gerechtigkeit gegenüber der ukrainischen Orthodoxie wiederherstellen

Independent Ukraine, in: Serhii Plokhy/Frank E. Sysyn (Hrsg.), Religion and Nation in Modern Ukraine, Edmonton/Toronto 2003, S. 136–145; Alfons Brüning, Orthodox Autocephaly in Ukraine: The Historical Dimension, in: Andrii Krawchuk/Thomas Bremer (Hrsg.), Churches in the Ukrainian Crisis, London 2016, S. 79–101.

3   Als kanonisch wird in der Orthodoxie eine Kirche bezeichnet, die in „Glaubenseinheit sowie in Gebets- und kanonischer Gemeinschaft mit den übrigen orthodoxen Landeskirchen steht". Hans-Dieter Döpmann, Kirchliche Identität und kanonisches Territorium, in: Thomas Bremer (Hrsg.), Religion und Nation. Die Situation der Kirchen in der Ukraine, Wiesbaden 2003, S. 53–66, hier S. 53.

würde.[4] Mit Unterstützung der beiden nicht kanonischen Kirchen, des Parlaments und trotz Einwänden vonseiten der Opposition wurde der Prozess der Autokephaliegewährung in Gang gesetzt. Seitdem bestimmte das religiöse Thema die Diskussionen in der Öffentlichkeit.

Das Gesuch der ukrainischen Regierung richtete sich an Konstantinopel in dessen doppelter Funktion als „Mutterkirche" der historischen Kiewer Metropolie, von der die Ostslawen Ende des 10. Jahrhunderts das Christentum annahmen und von der ein großer Teil der Kiewer Metropolie fast 700 Jahre kanonisch abhängig war, sowie als Zentrum der Weltorthodoxie. Jedoch wurde der Anspruch des Patriarchats von Konstantinopel, als „Mutterkirche" für die gegenwärtige ukrainische Orthodoxie zu firmieren, seitens der ROK massiv angefochten. Denn sie selbst sieht sich seit dem Anschluss der Kiewer Metropolie an das Patriarchat von Moskau im Jahr 1686 in dieser Rolle. Allerdings wird die Inkorporation der Metropolie in die Russisch-Orthodoxe Kirche, die der Eingliederung großer Teile der heutigen Ukraine in das Moskauer Reich nach dem Friedensvertrag von Andrusovo zwischen Polen-Litauen und Moskau im Jahre 1667 folgte, in der Historiografie bis heute unterschiedlich bewertet. Die Anhänger der ukrainischen Autokephalie behaupten, dass die Unterwerfung der Kiewer Metropolie unter den Patriarchen von Moskau nicht kanonisch gewesen sei.[5] Während der Vorbereitung zur Verleihung der Autokephalie gab das Patriarchat von Konstantinopel im September 2018 sogar eine Studie[6] heraus, um seine Entscheidung zu begründen. Basierend auf der Interpretation der in der Studie veröffentlichen Dokumente wurde behauptet, dass der Akt von 1686 nur einen „temporären" Charakter gehabt habe und auf dem Prinzip der kirchlichen Oikonomia basiere. Es sei außerdem 1686 keineswegs um eine vollkommene Unterordnung der Kiewer Metropolie unter das Patriarchat von Moskau gegangen. Die ROK verwarf und widerlegte am 15. Oktober 2018 diese Sichtweise des Patriarchates von Konstantinopel als rechtswidrig und bezeichnete dagegen 1686 als Jahr der Vereinigung der „Russischen Kirche".[7] Moderate Studien[8] weisen darauf

---

4   Text des Gesuches an den ökumenischen Patriarchen, siehe https://www.president.gov.ua/administration/zvernennya-prezidenta-ukrayini-do-vselenskogo-patriarha-varf-438. – Die Weblinks in diesem Beitrag wurden zuletzt am 22. 12. 2022 abgerufen und geprüft.

5   Vgl. Brüning, Orthodox Autocephaly in Ukraine, S. 93 f.

6   „Ecumenical Patriarchate the Ecumenical Throne and the Church of Ukraine – The Documents speak", http://ec-patr.org/docdisplay.php?lang=gr&id=2584&tla=gr.

7   http://www.patriarchia.ru/db/text/5283708.html.

8   Siehe exemplarisch Vera Tchentsova, The Patriarchal and Synodal Act of 1686 in Historiographical Perspective, in: Thomas Bremer/Alfons Brüning /Nadieszda Kizenko (Hrsg.), Orthodoxy in Two Manifestations? The Conflict in Ukraine as Expression of a Fault Line in World Orthodoxy, Lausanne 2022, S. 45–69.

hin, dass in dieser Frage das letzte Wort noch nicht gesprochen worden sei und sie einer weiteren Erforschung unter Berücksichtigung von terminologischen, ekklesialen und historisch-kontextuellen Besonderheiten bedürfe.

Gravierende Divergenzen in der Interpretation dieses Sachverhalts haben weitreichende Folgen für die Beantwortung der grundsätzlichen Frage, welche orthodoxe Kirche gegenwärtig die Autokephalie verleihen darf. In der Orthodoxie existiert dafür kein einheitlich anerkanntes Verfahren. Das Patriarchat von Konstantinopel beansprucht in der Berufung auf seine Vorrangstellung in der Weltorthodoxie das Recht der Verleihung der Autokephalie für sich; das Moskauer Patriarchat behauptet dagegen, dass dies die Angelegenheit der Gesamtorthodoxie sei und deshalb mit allen autokephalen orthodoxen Kirchen abgestimmt werden müsse.[9] Die Orthodoxie verpasste 2016 die Chance, eine gemeinsame und verbindliche Entscheidung in dieser Frage zu treffen. Die „Große und Heilige Synode" auf Kreta, zu der nicht alle orthodoxen Kirchen erschienen waren, behandelte diese Frage nicht, da schon im Vorfeld kein Konsens darüber bestand und man sich nicht auf einen gemeinsamen Dokumentenwurf einigen konnte.

Wegen der Ungeklärtheit dieser Frage war absehbar, dass nach den ersten positiven Signalen zur ukrainischen Autokephalie aus Konstantinopel die schärfste Reaktion des Moskauer Patriarchat erfolgen würde. Noch bis Ende des Sommers 2018 hoffte die Leitung der Russisch-Orthodoxen Kirche, den Ökumenischen Patriarchen umzustimmen. Am 31. August 2018 besuchte der russischorthodoxe Patriarch Kyrill ihn auf dem Phanar, dem Sitz des Patriarchates von Konstantinopel, um ihn zu bewegen, seine Absichten zu ändern. Der Besuch erwirkte keine Meinungsänderung – jede Seite blieb bei ihrer Überzeugung.

Die Entscheidungen in den Wochen nach diesem Treffen legten offen, dass das Rad nicht mehr zurückzudrehen war. Schon wenige Tage nach Kyrills Besuch entsandte Bartholomaios am 7. September zwei Exarchen des Patriarchates, Erzbischof Daniel (Zelinskyj) von Pamphilos und Hilarion (Rudnyk) von Edmonton (beide ukrainischer Abstammung), in die Ukraine zur Vorbereitung der Autokephalieverleihung. Im nächsten Schritt erklärte das Patriarchat von Konstantinopel auf einer Bischofssynode am 11. Oktober die beiden nicht kanonischen Kirchen in der Ukraine für kanonisch und widerrief die Entscheidung von 1686 zur Eingliederung der Kiewer Metropolie in das Moskauer Patriarchat, indem es diese als nicht mehr zeitgemäß bezeichnete.[10] Im Gegenzug übergab

---

9   Zu Differenzen zwischen Konstantinopel und Moskau um die Verleihung der neuen Autokephalien in der Orthodoxie siehe Paul Brusanowski, Autocephaly in Ukraine: The Canonical Dimension, in: Krawchuk/Bremer (Hrsg.), Churches in the Ukrainian Crisis, S. 47–77.

10 https://www.patriarchate.org/announcements/-/asset_publisher/MF6geT6kmaDE/content/ communiq-1?_101_INSTANCE_MF6geT6kmaDE_languageId=en_US.

das ukrainische Parlament am 18. Oktober 2018 die Kiewer St. Andreas Kirche
an das Patriarchat von Konstantinopel zur Nutzung.

Mit Spannung wurde die für den 15. Dezember einberufene Kirchenversammlung in Kiew erwartet, zu der der Ökumenische Patriarch Bartholomaios
die Bischöfe aller drei ukrainischen orthodoxen Kirchen eingeladen hatte. Bis
zum Tag des Konzils war unklar, wie viele Bischöfe aus der UOK MP am Vereinigungskonzil teilnehmen würden. Hinter den Kulissen sprach man von etwa
10 Hierarchen, die ihre Bereitschaft bekundeten. In der Tat partizipierten nur
zwei von mehr als 80 Bischöfen dieser Kirche am Konzil. Diese Tatsache minderte die historische Bedeutung der Versammlung deutlich. Nichtsdestotrotz
wurde am 15. Dezember der Vorsteher der neuen Kirche gewählt. Diesem übergab Patriarch Bartholomaios am 6. Januar 2019 auf dem Phanar im Rahmen
eines festlichen Gottesdienstes den lang ersehnten Tomos, mit dem die neue
autokephale Kirche – die Orthodoxe Kirche der Ukraine (OKU) – proklamiert
und in die Gemeinschaft der orthodoxen Kirchen aufgenommen wurde.

Folgen für die Weltorthodoxie und für den ökumenischen Dialog

1942 hatte der deutsche Historiker Eduard Winter die Monografie „Byzanz und
Rom im Kampf um die Ukraine 955–1939" veröffentlicht.[11] Darin untersuchte er,
wie im Laufe der Geschichte seit der Kiewer Rus' beide einflussreichen christlichen
Zentren – Rom und Konstantinopel – versuchten, Einfluss auf die Ukraine zu
nehmen. Betrachtet man die gegenwärtigen Kontroversen, kann man die Situation
auf der innerorthodoxen Ebene als Kampf zwischen Konstantinopel und Moskau,
dem „zweiten und dem dritten Rom", um die ukrainische Orthodoxie überschreiben. Zerbricht die weltweite Orthodoxie an der Ukraine-Frage? – Diese Sorge
scheint durchaus berechtigt zu sein. Die Konsequenzen sind schwer abzuschätzen,
aber alles spricht dafür, dass sich der innerorthodoxe Konflikt über mehrere Jahrzehnte hinziehen kann. Die ROK genießt innerhalb der Orthodoxie nicht nur ein
hohes Ansehen, sondern gilt gegenwärtig als eine der einflussreichsten Kirchen in
der Weltorthodoxie. Der Verlust ihres Einflusses auf die religiöse Landschaft in
der Ukraine durch den Wegfall ihrer Gemeinden wäre für sie eine schwere Niederlage gegenüber ihrem Kontrahenten in Konstantinopel und gleichbedeutend
mit einem Rückschlag bei ihrer Vormachtstellung in der Weltorthodoxie.

Es verwundert nicht, dass die Bekanntmachung des Vorhabens Konstantinopels, die Autokephalie zu verleihen, im Moskauer Patriarchat auf schärfste Kritik

---

11   Eduard Winter, Byzanz und Rom im Kampf um die Ukraine 955–1939, Leipzig 1942.

stieß. Die Lage spitzte sich zu, nachdem es offensichtlich geworden war, dass Konstantinopel nicht bereit war, nachzugeben und seinen Entschluss zu korrigieren. Das Patriarchat von Moskau sah im Vorgehen des Patriarchats von Konstantinopel eine Einmischung in den Zuständigkeitsbereich der Russisch-Orthodoxen Kirche. Metropolit Ilarion (Alfeev), damaliger Leiter des Außenamtes des Moskauer Patriarchats, warnte am 8. September 2018 – einen Tag nach dem Beschluss Konstantinopels über die Entsendung der Exarchen in die Ukraine – in einer Presseerklärung vor weitreichenden Folgen für die Orthodoxie: „Das Patriarchat von Konstantinopel ist jetzt offen auf dem Kriegspfad. Es ist nicht nur ein Krieg gegen die russische Kirche und das ukrainische orthodoxe Volk, es ist im Wesentlichen ein Krieg gegen die Einheit der ganzen Weltorthodoxie."[12] Die alleinige Verantwortung für die ernste Situation innerhalb der Orthodoxie schob er dem Patriarchen von Konstantinopel in die Schuhe und drohte ihm mit dem Jüngsten Gericht: „Ich denke, dass Patriarch Bartholomäus vor dem Gericht Gottes und vor dem Gericht der Geschichte persönlich die Verantwortung tragen wird."[13]

Nachdem alle Mittel kirchlicher Diplomatie ausgeschöpft waren, kündigte die Heilige Synode der ROK bei ihrer Versammlung in Minsk am 15. Oktober 2018 die eucharistische Gemeinschaft mit Konstantinopel auf.[14] Seitdem wird der Name des Patriarchen von Konstantinopel durch seinen Amtskollegen in Moskau in der Göttlichen Liturgie nicht mehr kommemoriert. Das bedeutete auch, dass Bischöfe und Priester der Russisch-Orthodoxen Kirche mit den Klerikern des Patriarchates von Konstantinopel nicht mehr gemeinsam Gottesdienste feiern dürfen. Das Gleiche gilt für die russisch-orthodoxen Laien. Sie dürfen in den Kirchen des Ökumenischen Patriarchates keine Sakramente mehr empfangen.[15]

Auch an der Tomos-Verleihung übte das Moskauer Patriarchat scharfe Kritik. Zuletzt bezichtigte Patriarch Kyrill in seiner Rede anlässlich des zehnjährigen Jubiläums seiner Amtseinführung am 31. Januar 2019 die Kirche von Konstantinopel des „gesetzlosen Einbrechens auf das Territorium der Ukrainischen Orthodoxen Kirche".[16] Dieser Vorwurf basiert auf Artikel I.3 der Satzung der Russisch-Orthodoxen Kirche von 2013, nach der die Ukraine (wie auch einige

---

12 Zit. nach: Regula Zwahlen, Ukrainischer Kirchenstreit droht zu eskalieren, in: Religion und Gesellschaft in Ost und West 10 (2018), S. 3 f., hier S. 3 f.
13 Ebenda, S. 4.
14 Erklärung der Heiligen Synode der Russischen Orthodoxen Kirche vom 15. Oktober 2018, in: Osteuropa 68 (2018) 8–9, S. 109–114.
15 Ebenda, S. 113.
16 http://www.patriarchia.ru/db/text/5364415.html.

andere Staaten der ehemaligen UdSSR) zum kanonischen Territorium des Moskauer Patriarchats gehört.[17] Im aktuellen Streit zwischen Moskau und Konstantinopel um die Ukraine stehen sich zwei Auffassungen unversöhnlich gegenüber: Die Russisch-Orthodoxe Kirche behauptet ihren alleinigen Anspruch auf Jurisdiktion auf dem Territorium der Ukraine, während das Patriarchat von Konstantinopel diesen Anspruch bestreitet.

Als erste Bilanz seit der Tomos-Verleihung zeichnet sich ab, dass die orthodoxen Kirchen nicht geneigt sind, die Orthodoxe Kirche der Ukraine anzuerkennen. Die Hauptgründe ihres Zögerns liegen nicht nur in der Rücksichtnahme auf Positionen des Moskauer Patriarchats, sondern ebenso in der umstrittenen Frage nach der Gültigkeit der Bischofsweihen in der OKU und der bislang gespendeten Sakramente, zumal eine der Schlüsselfiguren dieser Kirche, „Ehrenpatriarch" Filaret (Denysenko), von der ROK schon 1997 exkommuniziert und mit dem „Anathema" (Kirchenbann) belegt worden war.

Die Spaltung innerhalb der Orthodoxie hat auch Auswirkungen auf die Ökumene. Das Moskauer Patriarchat zog sich aus allen Kommissionen zurück, in denen Vertreter des Ökumenischen Patriarchats den Vorsitz führen. Am 19. Oktober 2018 erklärte Metropolit Ilarion bei einer Audienz mit Papst Franziskus, dass die ROK wegen Spannungen mit dem Patriarchat von Konstantinopel gezwungen sei, ihre Mitarbeit in der gemischten römisch-katholisch-orthodoxen Kommission für den theologischen Dialog auszusetzen.[18] Durch den innerorthodoxen Streit werden grundsätzlich die Kontakte mit dem Heiligen Stuhl erschwert. Der Vatikan hat weiterhin Interesse daran, die Beziehungen zu den beiden orthodoxen Konfliktparteien aufrechtzuerhalten, auch wenn die Treffen mit dem Patriarchat von Konstantinopel und dem Patriarchat von Moskau dann separat stattfinden müssten. Dabei wäre höchstes diplomatisches Geschick gefordert, damit sich keine Seite übergangen fühlt.

---

17   „Die Jurisdiktion der Russischen Orthodoxen Kirche erstreckt sich auf die Personen orthodoxen Glaubens, welche auf dem kanonischen Territorium der Russischen Orthodoxen Kirche leben: in der Russischen Föderation, in der Ukraine, in der Republik Weißrussland, in der Republik Moldau, in der Republik Aserbeidschan, in der Republik Kasachstan, in Turkmenistan, in der Republik Usbekistan, in der Republik Estland, in Japan, sowie aus freiem Entschluss ihr angehörenden orthodoxen Mitglieder, die in anderen Staaten leben." Anargyros Anapliotis (Hrsg.), Die Statuten der Russischen Orthodoxen Kirche, München 2015, S. 79. Zum Begriff kanonisches Territorium siehe Hans-Dieter Döpmann, Kirchliche Identität und kanonisches Territorium, in: Bremer (Hrsg.), Religion und Nation, S. 53–66; Jennifer Wasmuth, Russian Orthodoxy between State and Nation, in: Andrii Krawchuk/ Thomas Bremer (Hrsg.), Eastern Orthodox Encounters of Identity and Otherness. Values, Self-Reflection, Dialogue, New York 2014, S. 17–27, hier S. 21–23.
18   http://www.patriarchia.ru/db/text/5287375.html.

Politische Folgen

In einem Fernseherinterview behauptete der russisch-orthodoxe Metropolit Ilarion am 15. September 2018: „Es ist ganz klar, dass hinter den Handlungen des Patriarchats von Konstantinopel die amerikanische Regierung steckt."[19] Ebenso, aber ohne diese Zuspitzung, heißt es in der Erklärung der Heiligen Synode der Russisch-Orthodoxen Kirche vom 15. Oktober 2018, dass die Entscheidungen Konstantinopels in der Frage der ukrainischen Orthodoxie politisch motiviert seien.[20] Tatsächlich äußerten sich mehrere amerikanische Regierungsstellen positiv zu den Bestrebungen der Ukrainer, eine unabhängige Kirche zu haben. Nach heutigem Kenntnisstand kann man über einen möglichen Einfluss amerikanischer Regierungskreise, wie die russische Seite zu wissen vorgibt,[21] nur spekulieren. Die Begleitumstände des Konflikts zwischen Moskau und Konstantinopel lassen gleichwohl keinen Zweifel daran, dass er neben der religiösen eine unübersehbar politische Dimension hat. Deren Wurzeln reichen tief in die Geschichte zurück, zugleich wird sie von der gegenwärtigen politischen Situation geprägt. Seit Beginn des militärischen Konflikts 2014 setzen die politischen Führungen Russlands und der Ukraine diverse Mittel ein, um die eigene Position argumentativ zu untermauern und mit ihrer Propaganda erfolgreich zu sein. Sowohl bei Russlands Versuchen einer Einflussnahme auf die Ukraine als auch bei den Bemühungen der ukrainischen Regierung, diese abzuwehren, wird den Kirchen eine besondere Rolle zugedacht. Die Ursache dafür sind die komplizierte Geschichte des ukrainischen Staates, diskrepante historische Narrative und die Erinnerungspolitik in der Ukraine und Russland.

„Rus ist unser gemeinsamer Ursprung"

Das russische historische Narrativ betont, dass die Geschichte Russlands ihren Ursprung in Kiew habe und es zwischen Russen und Ukrainern keine nennenswerten Unterschiede gebe. In dieser ideologischen Perspektive kommt der orthodoxen Religion die Funktion eines einigenden Bandes zu, das Russen, Ukrainer

---

19 Zit. nach: Zwahlen, Ukrainischer Kirchenstreit droht zu eskalieren, S. 4.
20 Osteuropa 68 (2018) 8–9, S. 109–114, hier S. 113.
21 Sowohl Putin bei seiner Jahrespressekonferenz im Dezember 2018 als auch Außenminister Sergéj Lavróv warfen den Amerikanern vor, Einfluss auf beide – Kiew und Phanar – zu nehmen. Alexander Ponomariov, Ukrainian Church Autocephaly: The Redrawing of the Religious Borders and Political Identities in the Conflict between Ukraine and Russia, in: Russian Analytical Digest 231 (25. Januar 2019), S. 2–9, hier S. 2.

und Weißrussen seit der Taufe von Rus (988) zusammenhält.[22] Und die Stadt
Kiew nimmt dabei eine zentrale Bedeutung ein. Im Einklang mit der russischen
Ukraine-Politik betonte Patriarch Kyrill am 31. Januar 2019 in seiner Ansprache
bei der Begegnung mit Vertretern der orthodoxen Ortskirchen in Moskau: „Die
Ukraine ist keine Peripherie unserer Kirche. Wir bezeichnen Kiew als ‚Mutter
der russischen Städte‘, denn für uns ist Kiew das, was für viele andere Jerusalem
ist. Dort hat die russische Orthodoxie ihren Anfang genommen, und wir können
unter keinen Umständen auf diese historische und geistige Verbindung verzichten. Auf diesem geistlichen Band beruht die Einheit unserer Ortskirche."[23]

Einer ähnlichen Rhetorik über die verbindende Funktion des orthodoxen
Glaubens in der Geschichte von Russen und Ukrainern bedient sich der russische
Staat in seiner Ukraine-Politik, um seine Ansprüche auf politische Vormachtstellung im osteuropäischen Raum zu untermauern. Ein prominentes Beispiel
dafür ist die Ansprache des russischen Präsidenten Vladimir Putin zur Krim-
Annexion am 18. März 2014, in der nochmals deutlich wird, dass die Kiewer Rus'
unverzichtbar zum Gründungsmythos des heutigen russischen Staates gehört.[24]

Moskau bedient sich aber nicht nur Argumenten aus der Geschichte. Für die
gegenwärtige russische Regierung bleibt die Russisch-Orthodoxe Kirche ein wichtiges Mittel zur Durchsetzung außenpolitischer Ziele.[25] In diesem Zusammenhang ist Putins ideologisches Projekt der „Russischen Welt" (russ. Русский мир/

---

22 Zum gegenwärtigen politischen Missbrauch des historischen Mythos über die Einheit stif-
    tende Rolle der Taufe von Rus siehe Timothy Snyder, Der Weg in die Unfreiheit. Russland,
    Europa, Amerika, München 2018, S. 71–74.

23 https://mospat.ru/ru/2019/01/31/news169851/.

24 „Buchstäblich alles auf der Krim ist durchdrungen von unserer gemeinsamen Geschichte,
    unserem gemeinsamen Stolz. Hier liegt das antike Chersones, wo der heilige Fürst Vladi-
    mir getauft wurde. Die geistige Großtat, die Annahme des orthodoxen Glaubens, hat das
    gemeinsame kulturelle, moralische und zivilisatorische Fundament gelegt, das die Völker
    Russlands, der Ukraine und Weißrusslands verbindet […] Kiew ist die Mutter der russischen
    Städte. Die alte Rus ist unser gemeinsamer Ursprung – wir gehören nun einmal zusammen."
    Zit. nach: Rede des russischen Präsidenten Vladimir Putin am 18. März 2014 im Kreml vor
    den Abgeordneten der Staatsduma, den Mitgliedern des Föderationsrats, den Leitern der
    Regionalverwaltungen und Vertretern der Zivilgesellschaft, in: Zerreißprobe Ukraine: Kon-
    flikt, Krise, Krieg, in: Osteuropa 64 (2014) 5–6, S. 87–99, hier S. 87, 96. Siehe auch Alexander
    Ponomariov, The Visible Religion. The Russian Orthodox Church and her Relations with
    State und Society in Post-Soviet Canon Law 1992–2015, Frankfurt a. M. 2017, S. 109 f. Zum
    Streit der russischen und ukrainischen Narrative bezüglich der Taufe siehe Frank Golczew-
    ski, Unterschiedliche Geschichtsnarrative zur Ukraine im Kontext der aktuellen Krise, in:
    Heinz-Gerhard Justenhoven (Hrsg.), Kampf um die Ukraine. Ringen um Selbstbestimmung
    und geopolitische Interessen, Baden-Baden 2018, S. 35–59, hier S. 47–50.

25 Vgl. dazu: Michael Kemper, Streit um die Orthodoxie in der Ukraine. Die Risiken der kir-
    chenpolitischen Eskalation, in: Osteuropa 68 (2018) 8–9, S. 143–154.

Russkij Mir) zu nennen.[26] Die Idee der „Russischen Welt" entstand in den 1990er-Jahren und war zunächst als eine Art Netzwerk der russischsprechenden und russischdenkenden Gemeinden im postsowjetischen Raum ohne vordergründig politische Dimension gedacht. Das ursprüngliche Konzept gewann seither deutlich an politischer Bedeutung bzw. Brisanz und nahm nicht zuletzt in Putins Propaganda immer mehr identitätspolitische und geopolitische Dimensionen an. Unter der Bezeichnung „Russische Welt" ist in der gegenwärtigen Interpretation eine Art Kulturraum oder großrussische Zivilisation gemeint, die durch die russische Sprache und Literatur definiert ist und den orthodoxen Glauben einschließt und territorial nicht auf das heutige Russland beschränkt ist. Die Ukraine gehört nach der festen Überzeugung der Befürworter dieses Konzeptes ganz selbstverständlich dazu. Da dem orthodoxen Glauben als einigendem Faktor dabei eine hohe Relevanz zukommt, ist folgerichtig auch der ROK die zentrale Rolle zugedacht,[27] zumal sie in den Ländern, die dem Konzept zufolge der „Russischen Welt" angehören, durch eine beachtliche Zahl orthodoxer Gemeinden mit einem entsprechenden Netz an Metropolitan- bzw. Diözesanstrukturen präsent ist.

Vor diesem Hintergrund machte der russische Präsident mehrfach deutlich, dass Russland den mit der Gründung der Orthodoxen Kirche der Ukraine neu entstandenen kirchenpolitischen Konstellationen in der Ukraine nicht tatenlos zuschauen werde. Bei den Feierlichkeiten am 31. Januar 2019, anlässlich des Inthronisationsjubiläums des Patriarchen Kyrill, betonte Putin zwar das Prinzip der Nicht-Einmischung des Staates in kirchliche Angelegenheiten, räumte aber in Bezug auf die Ukraine ein, dass der russische Staat sich das Recht vorbehalte zu reagieren, wenn die Menschenrechte, konkret das Recht auf Bekenntnisfreiheit, missachtet würden. Damit spielte Putin auf die Situation der UOK MP an, die nach der Schaffung der OKU unter der Regierung Porošenko in Misskredit geraten war. In der Ansprache vom 31. Januar 2019 warf er den Initiatoren des neuen kirchlichen Projektes zudem „grobe" Einmischung in kirchliche Angelegenheiten vor und verglich diese mit den gottlosen Bolschewiki, die im 20. Jahrhundert Gläubige und Priester verfolgt hatten.[28]

---

26   Dazu siehe Thomas Bremer, Diffuses Konzept. Die Russische Orthodoxe Kirche und die „Russische Welt", in: Osteuropa 66 (2016) 3, S. 3–18; Cyril Hovorun, Interpreting the „Russian World", in: Krawchuk/Bremer (Hrsg.), Churches in the Ukrainian Crisis, S. 163–171; Oleksandr Zabirko, Russkij Mir und Novorossija. Theologische und nationalistische Konzepte russischer (Außen-)Politik, in: Justenhoven (Hrsg.), Kampf um die Ukraine, S. 63–77; Andriy Mykhaleyko, Gott auf dem Majdan. Die Rolle der Kirchen in der Ukraine-Krise, in: ContaCOr 17 (2015), S. 78–84; Ponomariov, The Visible Religion, S. 109 f.

27   Vgl. Kathy Rousselet, The Russian Orthodox Church and the Russkii Mir, in: Bremer/Brüning/Kizenko (Hrsg.), Orthodoxy in Two Manifestations?, S. 121–144.

28   https://tass.ru/politika/6064331.

„Kirche ohne Putin"

Auf ukrainischer Seite wird die Kirchenfrage ebenfalls für politische Zwecke in Dienst genommen. Das Engagement der ukrainischen Regierung bei den Autokephaliebestrebungen folgt einer lang- und einer kurzfristigen Perspektive. Langfristig ist die kirchliche Autokephalie eine Mittel zur weiteren Verselbstständigung der Ukraine von Russland und Teil der politischen Strategie zur Erhaltung der territorialen Integrität, zur Ausbildung einer nationalen Identität und zur Festigung der nationalen Einheit. Ein Blick in die Geschichte zeigt, dass die Bestrebungen um Autokephalie vor 100 Jahren denselben Zielen galten. Die Ziele der damaligen Protagonisten der unabhängigen Kirche waren ebenfalls bereits die Unabhängigkeit der ukrainischen Nation und die politische Selbstständigkeit. Die Regierung des kurzlebigen Ukrainischen Staates sah 1918 weniger aus religiöser Überzeugung, sondern vielmehr aus politischem Kalkül eine von Moskau unabhängige Kirche als logische Folge der Entwicklungen und als politische Notwendigkeit zur innen- und außenpolitischen Stabilisierung des Staates: „Die grundlegende Position der Regierung des Ukrainischen Staates ist es, daß in einem unabhängigen Staat eine unabhängige Kirche sein muß. Die Interessen des Staates und die Interessen der Kirche verlangen dies in gleicher Weise. Keine Regierung, die sich ihrer Verantwortlichkeiten bewußt ist, kann eine Situation akzeptieren, wo das Zentrum der Kirchenautorität in einem anderen Staat residiert"[29] – so lautete die Grundüberzeugung des Religionsministers Oleksandr Lotoc'kyj, die er im November 1918 in einer Ansprache vor dem Allukrainischen Kirchensobor in Kiew formulierte.

Jahrzehnte später interpretierte auch Präsident Porošenko die Abhängigkeit eines Teiles der ukrainischen Orthodoxie vom Moskauer Patriarchat als einen der letzten politischen Einflussmechanismen Russlands auf die Ukraine, den es zu beenden gelte.[30] 1919 erhielt Minister Lotoc'kyj den Auftrag, nach Konstantinopel zu reisen, um mit dem Ökumenischen Patriarchen über die Verleihung

---

29 Zit. nach: Ricarda Vulpius, Der Kirchenkampf in der Ukraine als Beispiel für Sakralisierung der Nation und Nationalisierung der Religion (1917–1921), in: Martin Schulze Wessel (Hrsg.), Nationalisierung der Religion und Sakralisierung der Nation im östlichen Europa, Stuttgart 2006, S. 101–118, hier S. 107 f.

30 „Wenn sich das Leitungszentrum einer Kirche in einem fremden Land befindet und wenn dieses Land dazu ein Aggressor ist, was für einen Staatsbürger wird sie dann erziehen? Gewiss keinen Bürger der Ukraine. Der Kreml macht keinen Hehl daraus, dass er die Russisch-Orthodoxe Kirche als eines der wichtigsten Instrumente der Einflussnahme auf die Ukraine betrachtet." Ansprache des Präsidenten Porošenko nach dem Vereinigungskonzil am 15. Dezember 2018, https://www.ukrinform.ua/rubric-society/2601728-porosenko-privatav-gromadan-ukraini-zi-stvorennam-pomisnoi-cerkvi.html.

des Autokephaliestatus zu verhandeln. Seine Bemühungen waren jedoch nicht von Erfolg gekrönt.[31]

2018/19 waren die Rahmenbedingungen weitaus günstiger. Während damals kein orthodoxer Bischof bereit gewesen war, sich für die autokephale Kirche einzusetzen, hat die neue Kirche heute über 60 Bischöfe und kann sich auf einen breiten gesellschaftlichen Rückhalt stützen. In seiner hoch emotionalen Rede nach dem Vereinigungskonzil am 15. Dezember 2018, in der er sich von einer starken antirussischen Rhetorik leiten ließ, fasste Porošenko die Bedeutung der Autokephalie zusammen. Er dankte der „Mutterkirche" von Konstantinopel für die Heilung der Wunden, die die jahrhundertelange „Vorherrschaft Moskaus" der ukrainischen Orthodoxie zugefügt hatte.

Die Orthodoxe Kirche der Ukraine charakterisierte Porošenko als „Kirche ohne Putin", ohne Patriarch Kyrill und als Kirche ohne Gebete für die russische Regierung und die russische Armee: „Wie kein anderer wissen wir: Da, wo heute das russische Weihrauchfass geschwenkt wird, wird morgen mit russischen Mehrfachraketenwerfern (russ. град) geschossen. Zuerst bereiste Patriarch Kyrill die Ukraine mit der Propaganda der ‚Russischen Welt' und des gemeinsamen Taufbeckens, nun rollen dort die russischen Panzer! Offensichtlich geht die Frage der Autokephalie weit über den Rahmen des kirchlichen Kontextes hinaus. Das ist eine Frage unserer nationalen Sicherheit. Das ist eine Frage unserer Staatlichkeit. Das ist eine Frage der Weltpolitik. […] Kein Patriot bezweifelt, wie wichtig eine unabhängige orthodoxe Kirche in einem unabhängigen ukrainischen Staat ist. Eine solche Kirche ist Garant unserer Souveränität. […] Die Autokephalie ist ein Teil unserer proeuropäischen und proukrainischen staatlichen Strategie, die wir seit fast fünf Jahren konsequent umsetzen. All das ist die Grundlage unseres eigenen Entwicklungsweges, der Entwicklung unseres Staates Ukraine und der Entwicklung unserer ukrainischen Nation."[32]

Die Rolle von Präsident Porošenko bei den Bestrebungen nach Autokephalie sowie sein persönliches Interesse in dieser Frage waren unverkennbar. Denn, kurzfristig gesehen, waren seine Bemühungen um die Autokephalie ein wichtiger Bestandteil in der Kampagne zu den Präsidentschaftswahlen. Vor dem Hintergrund der schwierigen wirtschaftlichen Lage, mangelnder Fortschritte bei der Lösung des Konfliktes im Osten des Landes und der Korruptionsskandale in seiner unmittelbaren Umgebung musste der damalige Präsident, um wiedergewählt zu werden, irgendwelche politischen und strategischen Erfolge vorweisen.

---

31 Vgl. Vulpius, Der Kirchenkampf in der Ukraine, S. 108.
32 https://www.ukrinform.ua/rubric-society/2601728-porosenko-privitav-gromadan-ukraini-zi-stvorennam-pomisnoi-cerkvi.html.

Die Etablierung einer von Moskau unabhängigen orthodoxen autokephalen
Kirche in der Ukraine wurde zweifelsohne auch als politischer Erfolg des Präsidenten Porošenko gewertet, der sich bei allen wichtigen Ereignissen um die
Verleihung der Autokephalie und die Vergabe des Tomos geschickt in den Vordergrund rückte. Am 15. Dezember 2018 saß er im Präsidium des Vereinigungs-
konzils und durfte nach der Wahl des neuen Vorstehers und nach Beendigung
der Sitzungen in einer Ansprache seinen Namen verkünden. Er reiste zur Unterzeichnung des Tomos durch den Ökumenischen Patriarchen nach Istanbul und
ist im Text des Tomos namentlich genannt.

Porošenkos Regierung und sein Wahlkampf-Team nutzten das propagandistische Potenzial dieses Ereignisses. Für Aufsehen und Kritik sorgten sogenannte
Tomos-Touren durch die Ukraine, auf denen Porošenko die ukrainischen Regionen bereiste und an den einzelnen Stationen das Tomos-Dokument in kirch-
lichem Rahmen der Öffentlichkeit feierlich präsentierte. Seine Konkurrenten im
Rennen um das Präsidentschaftsamt warfen ihm eine Instrumentalisierung der
religiösen Thematik für den Wahlkampf vor.

Bei der Euphorie um den Tomos wurde kaum der Tatsache Rechnung getragen, dass die Ukraine ein multikonfessionelles bzw. multireligiöses Land ist, in
dem Kirche und Staat gemäß der Verfassung getrennt sind und dementsprechend alle Kirchen und Religionsgemeinschaften vom Staat gleich zu behandeln
sind. Aus den Präsidentschaftswahlen vom April 2019 ließ sich dann eine für
die künftige staatliche Kirchenpolitik bedeutende Schlussfolgerung ziehen. Laut
amtlichem Endergebnis der zweiten Runde am 21. April 2019 errang Porošenko
nur 24,45 % der Wählerstimmen, sein Herausforderer Volodymyr Zelens'kyj dagegen das dreifache (73,22 %). Trotz aller Bemühungen Porošenkos, die religiöse
Karte zu seinen eigenen Gunsten zu spielen, war es ihm nicht gelungen, daraus
Kapital zu schlagen.

Ukrainische Orthodoxie und der Krieg

Die ukrainischen religiösen Gemeinschaften reagierten auf den Angriffskrieg
Russlands auf die Ukraine am 24. Februar 2022 in großer Geschlossenheit. Der
Allukrainische Rat der Kirchen und der Religiösen Organisationen, dem die
meisten religiösen Gruppen angehören,[33] verurteilte die russische Aggression in
mehreren einstimmigen Stellungnahmen. Bereits Wochen zuvor hatte sich die

---

33 Andrii Krawchuk, Constructing Interreligious Consensus in the Post-Soviet Space: The
Ukrainian Council of Churches and Religious Organizations, in: Krawchuk/Bremer (Hrsg.),
Eastern Orthodox Encounters of Identity and Otherness, S. 273–300.

Orthodoxe Kirche der Ukraine in mehreren Erklärungen zur Bedrohung der Ukraine geäußert, die militärischen Machtspiele Russlands entlang der ukrainischen Grenze verurteilt sowie sich mit dem ukrainischen Staat solidarisiert. Sie forderte Putin auf, die Gewalt zu beenden und die Integrität der Ukraine zu respektieren.

Die Ukrainischen Orthodoxen Kirche [Moskauer Patriarchat] (UOK MP) hielt sich bis zum russischen Angriff eher zurück. Dann aber meldete sich deren Vorsteher, Metropolit Onufrij (Berezovs'kyj), bereits in den ersten Stunden nach dem Überfall auf die Ukraine mit einer Stellungnahme zu Wort und verurteilte den Krieg Russlands gegen die Ukraine aufs Schärfste. Der „Bruderkrieg" zwischen dem ukrainischen und dem russischen Volk sei durch nichts zu rechtfertigen. Zugleich sprach sich der Metropolit für die Souveränität und territoriale Integrität der Ukraine und für die Unterstützung der ukrainischen Armee aus. Am Montag, dem 28. Februar, erschien eine Erklärung der Bischofsversammlung der UOK MP mit einem flammenden Appell an den Moskauer Patriarchen Kyrill mit der Bitte um dessen Wort, was als Forderung zu einer Positionierung in diesem Krieg verstanden werden kann, damit das „brudermörderische Blutvergießen" in der Ukraine aufhöre.[34]

Gegenwärtig scheint unter den christlichen Konfessionen in der Ukraine die UOK MP den schwersten Stand zu haben. Sie gilt nach der Gemeindezahl (etwa 12 000) als die größte Kirche in der Ukraine und ist/war mit der Russisch-Orthodoxen Kirche und dem Patriarchen Kyrill in Moskau kanonisch verbunden. Obwohl sie über einen autonomen Status verfügt und sich weitgehend selbstständig verwalten kann, wird sie von einem großen Teil der ukrainischen Gesellschaft als Kirche wahrgenommen, die russische Einflüsse in die Ukraine importiere und verbreite.[35] Nach dem Angriff Russlands spitzte sich die Kritik noch einmal zu, zumal der russische Präsident Vladimir Putin in seiner Rechtfertigung des Krieges unter anderem auf die Unterdrückung der orthodoxen Glaubensbrüder verwies.

Die Positionierung des Patriarchen Kyrill zum Krieg, der diesen grundlegend anders interpretiert als sein Mitbruder Onufryj, stellt offensichtlich ein Problem dar. Seitens der offiziellen Stellen des Moskauer Patriarchates gibt es weder eine ausdrückliche Verurteilung des „Bruderkrieges" noch irgendwelche alternativen Positionen, die sich von der offiziellen staatlichen Propaganda abheben würden.

34 Natalija Zenger/Regula Zwahlen/Stefan Kube, Der Krieg in der Ukraine und die Rolle der Kirchen, in: Religion und Gesellschaft in Ost und West 50 (2022) 3, S. 16–18.
35 Sergii Bortnyk, Die gegenwärtige Situation der ukrainischen Orthodoxie, in: Religion und Gesellschaft in Ost und West 46 (2018) 3, S. 17–19.

Stattdessen wiederholt Kyrill unbeirrt das Narrativ des russischen Staates, mit dem der Krieg gerechtfertigt wird, und stuft ihn sogar als einen „metaphysischen Krieg gegen das Böse" ein. In seinen Predigten fantasiert er von einer Bedrohung Russlands und der Notwendigkeit, das Heimatland und die „wahre Unabhängigkeit unseres Landes" zu verteidigen.[36]

Die UOK MP steht wegen des Krieges vor einer Zerreißprobe. Immer lauter werden die Stimmen aus der ukrainischen Gesellschaft, sie solle sich entscheiden, auf welcher Seite sie steht, wozu sie sich bekennt und wie sie sich ihre Zukunft in der Ukraine vorstellt – mit oder ohne die bisherige Verbundenheit mit dem Patriarchat von Moskau. Auf einer Versammlung am 27. Mai 2022 erklärte die UOK MP dann ihre volle Unabhängigkeit von Moskau.[37] Doch diese Entscheidung nährte viele Spekulationen, denn in dem Dokument der Kirchenversammlung wurde der in der Orthodoxie für die Bezeichnung einer unabhängigen Kirche übliche Begriff „Autokephalie" nicht verwendet. Das Moskauer Patriarchat betrachtete die Beschlüsse der UOK daher nicht als Ablösung von Moskau, sondern als bloße Bestätigung jenes Status, den die Kirche bereits seit 1990 besitzt.

Was die Entscheidungen vom 27. Mai tatsächlich bedeuten und welche Wirkung sie haben werden, lässt sich gegenwärtig nicht absehen. Die kirchliche Situation in der Ukraine müsste Patriarch Kyrill dennoch große Sorge bereiten. Denn fast ein Drittel aller Gemeinden des Moskauer Patriarchats weltweit befindet sich in der Ukraine, sie zu verlieren käme für die Russisch-Orthodoxe Kirche einer Katastrophe gleich. Kyrill weiß, dass die von ihm geleitete Kirche für seine Pro-Putin-Äußerungen einen hohen Preis zahlt. Doch Kyrill stemmt sich mit seiner Ideologie gegen die Realität. Er richtet seine Gebete auf die „Bewahrung der Einheit seiner Kirche und der geistigen Einheit der Rus" und hält weiter die innere Einheit seiner Kirche für unverbrüchlich; nur Fremdeinwirkung könne sie bedrohen.

Fazit

Das primäre Ziel der Bildung einer unabhängigen Kirche in der Ukraine bestand in der Überwindung der fast 30 Jahre währenden Spaltung innerhalb der ukrainischen Orthodoxie. Nach dem Vereinigungskonzil am 15. Dezember 2018 und nach der Verleihung des Tomos an die Orthodoxe Kirche der Ukraine (OKU)

---

36 http://www.patriarchia.ru/db/text/5914188.html.
37 Andriy Fert, Neue Handlungsspielräume in der Ukrainischen Orthodoxen Kirche, in: Religion und Gesellschaft in Ost und West 50 (2022) 7, S. 21–23.

entstand in der Ukraine eine ganz neue kirchliche Konstellation. Durch die Fusion der Ukrainischen Orthodoxen Kirche [Kiewer Patriarchat] (UOK KP) und der Ukrainischen Autokephalen Orthodoxen Kirche (UAOK) reduzierte sich die Zahl der orthodoxen Kirchen in der Ukraine von drei auf zwei. Dies aber ist nur ein partieller Erfolg, denn die Ereignisse in der Ukraine führten zugleich eine andere Spaltung herbei. Aus Sicht des Patriarchates von Konstantinopel wurde der bislang nicht kanonische Status eines Teiles der ukrainischen Orthodoxie bereinigt. Die Entscheidung des Patriarchen Bartholomaios, die Autokephalie zu verleihen, hatte jedoch den Bruch der eucharistischen Gemeinschaft des Moskauer Patriarchates mit Konstantinopel und ein neues Schisma in der Weltorthodoxie zur Folge. Während Konstantinopel die von ihm ins Leben gerufene OKU als fünfzehnte autokephale Kirche in die orthodoxen Diptychen aufnahm, lehnte Moskau nicht nur deren Anerkennung ab, sondern strich den Namen des Patriarchen von Konstantinopel aus der Liste der liturgischen Kommemoration. Es bleibt abzuwarten, ob die Gründung der neuen Kirche in der Ukraine die Kräfteverhältnisse innerhalb der Weltorthodoxie auf Dauer wesentlich verändern kann und ob das Moskauer Patriarchat um seine Vormachtstellung in der Weltorthodoxie fürchten muss.

Zudem ist die zwischenkirchliche Lage in der Ukraine nach der Verleihung der Autokephalie weit davon entfernt, frei von Spannungen zu sein. Konfliktpotenzial besteht weiterhin zwischen der Orthodoxen Kirche der Ukraine (OKU) und der Ukrainischen Orthodoxen Kirche [Moskauer Patriarchat] (UOK MP). Die Befürworter der unabhängigen Kirche wünschten sich und rechneten auch damit, dass sich mehr Bischöfe der UOK (MP) der OKU anschließen würden als tatsächlich geschehen – lediglich zwei von mehr als achtzig entschieden sich für diesen Schritt. So stehen sich gegenwärtig zwei orthodoxe Kirchen gegenüber: Die UOK (MP) mit etwa 12 000 registrierten Gemeinden und die Orthodoxe Kirche der Ukraine mit etwa 7000 Gemeinden.

Die Entstehung der neuen orthodoxen Kirche kann man besser verstehen, wenn man diese in den Kontext der russisch-ukrainischen Beziehungen einordnet. Für Russland und die Ukraine steht die religiöse Frage auf der Prioritätenliste ganz oben. Für die russische Seite ist die Orthodoxie in ein Instrument zur Bewahrung des Einflusses auf die Ukraine; für die ukrainische Seite ist die unabhängige Orthodoxie ein Garant dafür, sich endgültig von diesen Einflüssen zu befreien. Der am 24. Februar 2022 begonnene Angriff auf die gesamte Ukraine hat erneut gezeigt, dass die religiöse Komponente ein wesentlicher Bestandteil der politischen Narrative und der Propaganda bleibt. Im Gegensatz zu Bestrebungen Russlands und der Russischen Orthodoxen Kirche, diesen Krieg durch religiöse Bezüge als Verteidigung des einheitlichen zivilisatorischen Raumes zu rechtfertigen, unterstützen die Kirchen in der Ukraine das national-politische Narrativ der von Russland unabhängigen Ukraine und bemühen sich, hegemoniale Ansprüche Russlands einzudämmen. Aufgrund dieser tiefen Gräben ist eine religiöse Verständigung zwischen Russland und der Ukraine bzw. zwischen den Kirchen in beiden Ländern in absehbarer Zeit nicht zu erwarten – ebenso wenig wie eine politische.

ANDREAS SCHULZ

Brüchige Staatlichkeit und fremde Interessen

Die Mittelmächte und die Ukraine im Ersten Weltkrieg

Krieg hat immer Konjunktur. Als Ausnahmezustand bedroht er die Menschheit seit jeher und fasziniert sie doch gleichermaßen. Der Krieg und die Gewalt, die er entfesselt, sind Konstanten des menschlichen Daseins. Über Disziplinen hinweg beschäftigt sich der Mensch mit dem Krieg und seinen Folgen. Und selbst die „schönen Künste" bedienen sich gern des grausamen Sujets.

Krieg lässt Imperien untergehen. Krieg schafft Identifikation. Über Kriege definieren sich Staaten. Ein Staat ist souverän, wenn er über Freund und Feind entscheidet, schrieb der spätere Kronjurist der Nazis, Carl Schmitt, 1932[1] – ein Staat führt Krieg, also ist er. Und ohne Kriege gäbe es womöglich keinen modernen Nationalstaat. „War made state, and state made war", so spitzte es der Historiker Charles Tilly 1975 zu.[2] Auch der einzelne Mensch scheint dem Krieg nicht immer abgeneigt: Als „Moratorium des Alltags" bezeichnet Manès Sperber die Flucht der Menschen aus ihrem eintönigen, gleichförmigen Alltag in den Ausnahmezustand des Kriegs.[3] Aber der Krieg verändert den Menschen nachhaltig. Wer einmal in Räumen der Gewalt gelebt hat, richtet sich oft dauerhaft in ihnen ein.[4]

Menschen, Kriege und Staaten stehen auf diese Weise in einem engen Beziehungsgeflecht, das schnell zu einem Teufelskreis zu werden droht: Der Mensch traut dem Menschen nicht. Um sich voreinander zu schützen, gründen Menschen einen Staat, der ein sicheres Miteinander verspricht. Dieser tritt in Beziehung zu anderen Staaten, die nun die Sicherheit von außen bedrohen. Also zieht er gegen sie in den Krieg, bis neue Abkommen einen neuen, brüchigen Frieden sichern: Die Gefahrenabwehr legitimiert den Krieg, analysiert der Historiker Gregor Schöllgen.[5]

---

1   Carl Schmitt, Der Begriff des Politischen. Text von 1932 mit einem Vorwort und drei Corollarien, 9. Aufl., Berlin 2015.

2   Charles Tilly, The Formation of National States in Western Europe, Princeton 1975, S. 42.

3   Manès Sperber, Leben im Jahrhundert der Weltkriege. Dankesrede zur Verleihung des Friedenspreises des deutschen Buchhandels, Frankfurt a. M. 1983, S. 12.

4   Vgl. etwa Jörg Baberowski, Räume der Gewalt, Frankfurt a. M. 2015.

5   Gregor Schöllgen, Krieg. Hundert Jahre Weltgeschichte, München 2017, S. 327.

Ist der Krieg aber erst einmal entfesselt, müssen die Menschen Farbe bekennen. Und oft bestimmt der Staat nicht nur nach außen, sondern auch innerhalb der eigenen Grenzen, wer zu den Freunden, wer zu den Feinden gehört. Überhaupt gehören Grenzen und Krieg zusammen. Der Krieg fegt über sie hinweg, verschiebt sie und schafft neue territoriale Realitäten. Die Geschichte von Grenzen und Krieg ist auch die Geschichte der Ukraine. Natürliche wie politisch gezogene Grenzen spielten seit jeher eine bedeutende Rolle für das Gebiet, das erst 1991 eine vollumfängliche Unabhängigkeit erlangen konnte. Die ukrainischen Grenzen waren Einfallstor für Angriffe und Eroberungen von außen und wurden zur politischen Verhandlungsmasse fremder Mächte. Und ihre Kontrolle bestimmte stets auch über den Zugang zu dieser an Rohstoffen und Getreide reichen Region.

Die ukrainische Gesellschaft am Vorabend des Weltkriegs

Neben den territorialen Grenzen der Ukraine waren über Jahrhunderte hinweg auch die ethnischen fließend. Zu Beginn des 20. Jahrhunderts gehörte das Gebiet mehrheitlich zum Russischen Reich und zur Habsburger Monarchie. Die Region war ein multiethnischer Schmelztiegel, in dem u. a. Russen, Polen, Weißrussen, Deutsche, Griechen, Bulgaren und weitere Nationalitäten lebten.[6]

Gleichzeitig bildeten sich größere Bevölkerungsströme, die zu einem ständigen Wandel der Gesellschaft führten: Aus Galizien etwa, das seit den Teilungen Polens Ende des 18. Jahrhunderts zur Habsburger Monarchie gehörte, wanderten bis zum beginnenden 20. Jahrhundert knapp 800 000 Ukrainer nach Übersee aus. Jährlich 50 000 Ukrainer kamen als Arbeiter ins Deutsche Reich. In Russland bewegten sich mehrheitlich ukrainische Bauern in die entgegengesetzte Richtung, nach Süden und Osten, in die landwirtschaftlich noch wenig erschlossenen Gebiete bis nach Zentralasien.[7] Ständige Herrschaftswechsel und Migrationsbewegungen dürften dazu beigetragen haben, dass sich unter dem größeren Teil der Bevölkerung lange Zeit keine festen nationalen Identitäten ausbilden konnten.

Ein weiterer Grund war die soziale Lage vieler Ukrainer. Die Gesellschaft war überwiegend bäuerlich und dörflich geprägt. Viele Bauern lebten in Leibeigenschaft. Die meisten Bewohner einer Region knüpften Herkunft und Zugehörigkeit eher an ihr selbst bestelltes Stück Land als an die kulturelle und politische

6 Andreas Kappeler, Kleine Geschichte der Ukraine, 8. Aufl., München 2022, S. 145.
7 Ebenda, S. 147.

Idee einer ukrainischen Nation. Selbst der Begriff „Ukraine" war der Mehrheit der Ukrainer lange Zeit kaum geläufig.[8] Dorf- und Landbewohner waren zu einem großen Teil Analphabeten, wozu auch der Mangel an muttersprachlichen Schulen, vor allem im mittleren und höheren Bildungsbereich, beitrug.[9] Gegen Ende des 19. Jahrhunderts erfuhren schließlich einige ukrainische Städte einen enormen Zuwachs und Aufschwung – maßgeblich durch Angehörige der nicht-ukrainischen Bevölkerung, des polnischen und russischen Adels und eines kleineren Teils Ukrainer, die als Eliten in Kirchen, Universitäten und Verwaltung, im Militär und im kulturellen Leben wirkten.[10]

Nationalbewegungen zwischen Großreichen im Krieg

Vor allem von solchen Eliten gingen bereits seit Mitte des 19. Jahrhunderts sowohl in den russischen Landesteilen als auch u. a. in Galizien im Westen nationale Bewegungen aus, die eine größere Unabhängigkeit der Region und eine Anerkennung der ukrainischen Sprache und Kultur forderten. Die Nationalbewegungen – die meist auch Sozialbewegungen waren – wurden unter der Habsburger Monarchie bald zu einem Massenphänomen. Im Russischen Reich hingegen blieben derlei Bestrebungen vorerst auf einen kleineren Kreis der Intelligenz beschränkt – nicht nur, aber vermutlich auch deshalb, weil die russischen Behörden die Einheit des Imperiums bedroht sahen und mit allen Kräften versuchten, kulturelle und politische Aktivitäten der ukrainischen Minderheit zu unterbinden.[11]

Allgemein stellte sich die Lage für die Ukrainer Österreichs sozial und kulturell zunächst deutlich besser dar: Bereits 1846 war hier die Leibeigenschaft der Bauern abgeschafft worden. Im Parlament waren ukrainische Abgeordnete vertreten.[12] Nationale Positionen wurden von der Habsburger Monarchie aus taktischen Gründen sogar vielfach gefördert, etwa um sie gegen polnische Magnaten auszuspielen.[13] Allerdings wurden derlei ukrainische Bestrebungen nur in

---

8   Guido Hausmann, Die Kultur der Niederlage. Der Erste Weltkrieg in der ukrainischen Erinnerung, in: Osteuropa (2014) 2–4,, S. 127.
9   Kappeler, Kleine Geschichte, S. 158 f.
10 Ebenda, S. 149 ff.
11 Zusammenfassend (etwa auch zu einzelnen Parteiengründungen) Mirco Günther, Die Ukraine auf dem Weg nach Europa. Eindrücke und Betrachtungen aus historischer und gegenwartspolitischer Sicht, Berlin 2006, S. 38 f., allgemeiner Kappeler, Kleine Geschichte, S. 139–143.
12 Günther, Die Ukraine, S. 38.
13 Felix Schnell, Die erwartete Nation. Imperien, Bauern und das Nationale in der Ukraine, in: Journal of Modern European History 11 (2013) 3, S. 378.

Friedenszeiten gerne als Spielball in der Nationenpolitik eingesetzt und blieben dementsprechend unbehelligt. Das änderte sich spätestens mit Beginn des Weltkriegs. Mit dem Vormarsch der russischen Armee auf Galizien im August 1914 bezichtigten die österreichischen Behörden fast reflexhaft zahlreiche galizische Ukrainer des Landesverrats und angeblicher Russophilie, einige von ihnen wurden standrechtlich erschossen.[14]

Das Vorgehen wurde als vermeintliche Gefahrenabwehr gerechtfertigt und traf zu Beginn des Weltkriegs neben Ukrainern auch Angehörige zahlreicher anderer Minderheiten: Der Krieg gegen den Feind von außen wurde erweitert um einen Krieg gegen den angeblichen Verräter im Innern.[15] Waren die Minderheiten zuvor (zumindest teilweise) in Alltag, Politik und Wirtschaft der Großreiche integriert, wurden sie nun auf einen Schlag verdächtigt: etwa als „nationalistische Abtrünnige" oder als „fünfte Kolonne" – wahlweise des Kaisers[16] oder des Zaren. Und das, obwohl – oder gerade weil – sich Ukrainer in den Anfangsjahren des Kriegs als Einwohner verfeindeter Reiche auf dem Schlachtfeld gegenüberstanden. Selbst Loyalitätsbekundungen den jeweiligen Herrschern gegenüber halfen ihnen meist nicht. Den Verdächtigungen folgten unweigerlich Repressionen.[17]

Diese aber führten vielerorts zu trotzigen Gegenreaktionen. Felix Schnell hat in Anlehnung an Zygmunt Bauman beschrieben, wie das „Bedürfnis der Großreiche nach Eindeutigkeit" die ukrainischen Bauern zwang, Farbe zu bekennen und sich zu Fragen nach Herkunft und Identität zu positionieren: Fragen, die in ihrer Lebenswelt bislang kaum Relevanz besessen hatten.[18] Die Nation, die von vielen bislang kaum mobilisierten Bauern stets als Konstrukt empfunden wurde, hatte plötzlich auch für sie Konjunktur.[19]

Mit Beginn des Ersten Weltkriegs war das ukrainische Gebiet international zum beachteten und gleichermaßen beobachteten „Grenzfall" geworden.

---

14 Hausmann, Die Kultur, S. 128. Zum detaillierten Ausmaß der Inhaftierungen und Hinrichtungen siehe Wolfdieter Bihl, Die Ukraine-Politik Österreich-Ungarns im Ersten Weltkrieg, in: Wolfram Dornik/Stefan Karner (Hrsg.), Die Besatzung der Ukraine 1918. Historischer Kontext – Forschungsstand – wirtschaftliche und soziale Folgen, Graz u. a. 2008, S. 55 f.

15 Jörg Baberowski, Der Anfang vom Ende. Das Zarenreich im Ersten Weltkrieg, in: Osteuropa (2014) 2–4, S. 17.

16 Oxana Nagornaja, Des Kaisers Fünfte Kolonne? Kriegsgefangene aus dem Zarenreich im Kalkül deutscher Kolonisationskonzepte (1914 bis 1922), in: Vierteljahrshefte für Zeitgeschichte 58 (2010) 2, S. 181–206.

17 Vgl. Mark von Hagen, „Kriege machen Nationen": Nationsbildung in der Ukraine im Ersten Weltkrieg, in: Andreas Kappeler (Hrsg.), Die Ukraine. Prozesse der Nationsbildung, Köln/Wien/Weimar 2011, S. 280.

18 Schnell, Die erwartete Nation, S. 380 f.

19 Ebenda, S. 376.

Die Großreiche versprachen sich von seiner Kontrolle militärisch, politisch und wirtschaftlich entscheidende Vorteile. Die Leidtragenden dieser Interessen, der Weltkriegspolitik und der Paranoia waren die Menschen, die diese Regionen bewohnten.[20]

Ukrainische Agenda und Agenda der Mittelmächte in den ersten Kriegsjahren

Allerdings bescherte der Weltkrieg den Nationalbewegungen auch enormen Aufwind und eine durchaus positive Rezeption im westlichen Ausland. Gleich mehrere ukrainische Initiativen sahen daher bereits früh im Kriegsverlauf ihre Chance gekommen, ihre Ideen staatliche Realität werden zu lassen.[21] Das Russische Imperium war jedoch gleichzeitig darum bemüht, auch die Gebiete Galiziens und der Bukowina wieder in die slawische Welt einzugliedern – Bestrebungen, die zunächst auch am wachsenden Widerstand der dortigen Bevölkerung gegen Repressionen und die drohende Russifizierung scheiterten.[22]

Vor diesem Hintergrund und angesichts der militärischen Erfolge der Mittelmächte verwundert es nicht, dass sich Unabhängigkeitsbestrebungen, wie etwa die des ukrainischen Geografen Stepan Rudnyc'kyj, vor allem gen Westen orientierten, um für Unterstützung zu werben. Ihre Konzepte waren oft bereits äußerst konkret ausgearbeitet – teils sogar mit genauen Vorstellungen über künftig verlaufende Grenzen des angestrebten Staats.[23]

Die Offenheit der Mittelmächte, solche Pläne zu unterstützen – während viele Ukrainer sich zeit- und ortsgleich weiterhin Repressionen ausgesetzt sahen –, war allerdings keineswegs selbstlos. Vielmehr war sie von eigenen Interessen motiviert und hatte keineswegs das Ziel eines de facto unabhängigen

---

20 Den Erfahrungen der Zivilbevölkerung wird in den letzten Jahren mehr Aufmerksamkeit geschenkt, wo zuvor die Politik der Großreiche und die Nationenbildung im Fokus der Forschung standen. Ausführlich dazu Alfred Eisfeld/Guido Hausmann/Dietmar Neutatz (Hrsg.), Besetzt, interniert, deportiert. Der Erste Weltkrieg und die deutsche, jüdische, polnische und ukrainische Zivilbevölkerung im östlichen Europa, Essen 2013; zur Ukraine besonders der Aufsatz von Wolfram Dornik im nämlichen Band: Die Politik Österreich-Ungarns gegenüber der Ukraine und den Schwarzmeerdeutschen im Ersten Weltkrieg, S. 107–126, und Hausmann, Die Kultur, S. 129 ff.

21 von Hagen, Nationsbildung, v. a. S. 281–283.

22 Ebenda, S. 284 f.

23 Zu Rudnyc'kyjs Ideen siehe detailliert Hausmann, Die Kultur, S. 134–137, zu seiner Rezeption (und anderen publizistischen Tätigkeiten) in der deutschen Presse siehe Oleksyj Kuraev, Der Verband „Freie Ukraine" im Kontext der deutschen Ukraine-Politik des Ersten Weltkriegs, in: Osteuropa-Institut München. Mitteilungen 35 (2000), S. 8 ff.

Staats.[24] Oxana Nagornaja zeigt in ihrer Studie zur Kriegsgefangenenpolitik des Kaiserreichs, wie deutsche Vertreter aus Militär, Politik und Wirtschaft umfassende Konzepte entwickelten, die die Mobilisierung ukrainischer Kriegsgefangener gegen das Zarenreich vorsahen: Indem man die ukrainischen Soldaten auf die Idee einer eigenen Nation einschwören und so gegen das Russische Reich in Stellung bringen wollte, sollte das Imperium in seinem Streben nach Expansion geschwächt werden; darüber hinaus versprach man sich, die eigene Wirtschaft durch Ausbeutung der vom Russischen Reich schließlich unabhängig gewordenen Region anzukurbeln.[25]

Die Kriegsgefangenen-Propaganda des Kaiserreichs scheiterte an den Menschen, für die sie bestimmt war. Viele der ukrainischen Soldaten zeigten sich zwar interessiert an der vermeintlich eigenen Kultur und Tradition und an der Förderung muttersprachlicher Schulen. Allerdings war den meisten ein Ende des Kriegseinsatzes und das eigene Überleben wichtiger als das Engagement für den Aufbau einer ukrainischen Nation. In vielen Lagern war darüber hinaus eine ausgeprägte Deutschlandfeindlichkeit festzustellen, die die Propaganda erst recht auf taube Ohren stießen ließ.[26] Die Ereignisse in Russland im Februar 1917 allerdings änderten auch die Lage für viele Ukrainer, die sich bald (abermals) hilfesuchend an die Mittelmächte wenden mussten.

Die Februarrevolution in Russland und die Folgen für die Ukrainer

Von konservativen wie liberalen Parteien gleichermaßen vorangetrieben, war das Russische Reich 1914 in den Weltkrieg eingetreten. Viele setzten ihre Hoffnung darauf, dass der Kriegspatriotismus das zerrissene Imperium wieder zusammenbringen werde. Der Panslawismus, das Streben nach Einheit aller russischen Völker, hatte Konjunktur.[27] Allerdings war die zaristische Armee dem Krieg (und vor allem der deutschen Kriegsführung) nicht gewachsen und erlitt alsbald massive Verluste. Mit der Armee zerfiel allmählich auch der alte Staat mit seiner Jahrhunderte währenden Zarenmacht.[28]

---

24 Einen Überblick über wechselnde politische, wirtschaftliche und militärische Ziele bietet Stephan Lehnstaedt, Ein Ende mit Expansion. Österreich-Ungarns Eroberungen im Ersten Weltkrieg als imperiale Herausforderung, in: Bernhard Bachinger/Wolfram Dornik/Stephan Lehnstaedt (Hrsg.), Österreich-Ungarns imperiale Herausforderungen: Nationalismen und Rivalitäten im Habsburgerreich um 1900, Göttingen 2019, v. a. S. 109–112.
25 Dazu v. a. Nagornaja, Des Kaisers Fünfte Kolonne, S. 182 ff. und S. 194 ff.
26 von Hagen, Nationsbildung, S. 283 f.
27 Baberowski, Der Anfang, S. 8 f., 12 f.
28 Ebenda, S. 11.

Nach dem besonders harten Kriegswinter 1916/17, in dem viele Einwohner des Russischen Reichs Hunger und Kälte litten, kam es im Februar vermehrt zu Demonstrationen und Aufständen. Nachdem sich auch Soldaten schließlich gegen den Zaren gewendet und den Dienst verweigert hatten, war der Herrscher endgültig zur Abdankung gezwungen. Anfang März 1917 übernahm eine Provisorische Regierung die Staatsgeschäfte. Unter ihr kam es zunächst zu einer Liberalisierung des politischen und kulturellen Lebens im Russischen Reich. Während aber die neuen Machthaber ebenfalls an der Idee eines „unteilbaren Russlands" festhielten, sahen Akteure der ukrainischen Nationalbewegung nun auch im Osten ihre Chance gekommen, die nationale Idee voranzubringen.[29] Kurz nach den revolutionären Ereignissen wurde am 17. März in Kiew der Ukrainische Zentralrat (die Zentralna Rada, Zentralrada) als eine Art Vorparlament gegründet. In ihm waren bald alle wichtigen gesellschaftlichen Gruppen vertreten: Bauern, Arbeiter, Soldaten, Angehörige der Eliten und verschiedener ethnischer und religiöser Gruppen. Vorrangiges Ziel der Rada war eine territorial eigenständige Ukraine – die aber weiterhin im Rahmen eines Russischen Großreichs existieren sollte.[30] Soziale und bürokratische Reformen hingegen wurden vom Zentralrat kaum vorangetrieben.[31]

Der brüchige Frieden zwischen der Provisorischen Regierung in Peterburg und dem Ukrainischen Zentralrat in Kiew währte, trotz Zugeständnissen, nicht lange: Nicht mehr die Ideen der nationalen Eliten bestimmten nunmehr den Fortgang der Ereignisse. Die Revolution war zur Massenbewegung von unten geworden.[32] Mehr denn je war damit auch im Russischen Reich die nationale mit der sozialen Frage verbunden. Wo Erstere zuvor mehrheitlich von den Eliten in den Städten auf die Agenda gesetzt worden war, gaben plötzlich die Sozialrevolutionäre und Einwohner der ländlichen Regionen die Richtung insbesondere bei gesellschaftlichen Themen vor.[33]

29 Einen detaillierten Überblick über die Revolution in der Ukraine und die Politik des Zentralrats bietet Georgiy Kasianov, Ukraine between Revolution, Independence, and Foreign Dominance, in: Wolfram Dornik u. a. (Hrsg.), The emergence of Ukraine: self-determination, occupation, and war in Ukraine, 1917–1922, Toronto 2015, S. 76–131.

30 Kappeler, Kleine Geschichte, S. 167 f.

31 Wolfram Dornik, Die Besatzung der Ukraine 1918 durch österreichisch-ungarische Truppen, in: Dornik/Karner (Hrsg.), Die Besatzung der Ukraine 1918, S. 141–182, hier S. 143 f.

32 Guido Hausmann, Brest-Litowsk 1918: Zwei Friedensschlüsse und zwei Historiographien, in: Geschichte in Wissenschaft und Unterricht 70 (2019) 5/6, S. 275.

33 Kappeler, Kleine Geschichte, S. 170 f. Über die durchaus unterschiedlichen Motive hinter den Aufständen siehe zusammenfassend Dietrich Beyrau, 1917. Der Rote Oktober in zeitgenössischen Deutungen. Bolschewistische Camouflage und bürgerliche Apokalypse, in: Jan Claas Behrends/Nikolaus Katzer/Thomas Lindenberger (Hrsg.), 100 Jahre Roter Oktober. Zur Weltgeschichte der Russischen Revolution, Berlin 2017, S. 30 ff.

Die Oktoberrevolution, die „Ukrainische Volksrepublik"
und das Ende des Kriegs

Je länger der Weltkrieg dauerte, desto mehr litten die Bewohner des Russischen Reichs unter Hunger und den tödlichen Folgen des internationalen Kräftemessens. Im Juni 1917 folgte auf ukrainischem Gebiet eine Sommeroffensive der Provisorischen Regierung, die die Truppen des Kaiserreichs empfindlich schwächen sollte. Doch auch dieser beinahe verzweifelte Versuch endete mit Hunderttausenden toten russischen Soldaten.[34] In den folgenden Monaten kam es in immer mehr Städten zu Arbeiterstreiks. Gleichzeitig errangen die Bolschewiki die Mehrheiten in den Räten in Peterburg und Moskau. Im Oktober sahen sie die Zeit für einen Putsch gekommen, in dessen Folge sie den Regierungssitz der Provisorischen Regierung besetzten und ihre Mitglieder gefangen nehmen ließen.[35]

Innerhalb weniger Monate hatten die Bolschewiki unter der Führung Lenins die Macht an sich gerissen. Auch wenn der gewaltsame Umsturz von nur wenigen vorangetrieben wurde und sich vor allem durch ein System des Terrors legitimierte, dürfte die Akzeptanz der Ziele auf Zustimmung in der Bevölkerung gestoßen sein: Neben sozialen Reformen hatte Lenin bereits in seinen „April-Thesen" den sofortigen Kriegsaustritt Russlands gefordert, der nun, im November 1917, Realität werden sollte.[36]

Die Revolution und die anschließenden politischen Wirren wollte auch der Zentralrat in Kiew zum Handeln nutzen: Am 20. November (nach neuem Kalender) proklamierte er die „Ukrainische Volksrepublik", die formal zunächst weiterhin im Rahmen des Russischen Reichs existierte. Die Bolschewiki schienen in der Nationenfrage anfänglich zu Zugeständnissen bereit: Noch im November hatten sie sich zum Selbstbestimmungsrecht der Völker bekannt.[37] Bereits einen Monat später allerdings wurde deutlich, dass auch die Revolutionäre nicht an der nationalen Autonomie der Ukrainer und weiterer Minderheiten im Russischen Reich interessiert waren. Alsbald besetzten sie ukrainisches Gebiet und

---

34 Kappeler, Kleine Geschichte, S. 172.
35 Dietmar Neutatz betont allerdings, dass die eigentliche Eroberung des Winterpalasts, des Regierungssitzes, nicht als logische Konsequenz einer Massenbewegung angesehen werden kann, sondern dass dieser Putsch zunächst von einigen wenigen Akteuren um Lenin und Trockij vorangetrieben wurde; vgl. Dietmar Neutatz, Träume und Alpträume. Eine Geschichte Russlands im 20. Jahrhundert, München 2013, S. 152 f.
36 Neutatz, Träume, S. 154. Auch für Russland zeigt sich indes, dass weniger die Frage nach der Identität mit der Nation, sondern vielmehr soziale Fragen unter den Arbeitern und Bauern entscheidende Triebfedern für die revolutionären Ereignisse waren, ebenda, S. 150.
37 Kappeler, Kleine Geschichte, S. 171.

bildeten im östlich gelegenen Charkiv eine eigene Regierung, die „Ukrainische Sowjetrepublik".[38]

Ein solch aggressives Vorgehen ließ viele Ukrainer abermals darauf hoffen, dass die Mittelmächte die verlässlicheren Verbündeten sein müssten. Ende Januar 1918 hatte sich der Konflikt mit den Bolschewiki derart zugespitzt, dass der Zentralrat sich nun einen Schritt weiter wagte und die politische Unabhängigkeit der Ukraine von Russland ausrief. Der auf diese Weise eigenständig gewordene Staat konnte nun in eigene Friedensverhandlungen mit den Mittelmächten eintreten.[39] Anfang Februar schlossen diese einen Separatfrieden mit der Ukraine, der dem Land auch militärische Unterstützung zusicherte. Nachdem der von den Bolschewiki zwischenzeitlich aus Kiew vertriebene Zentralrat Mitte Februar einen offiziellen „Hilferuf an das deutsche Volk" und an die „Völker Österreich-Ungarns"[40] gesendet hatte, marschierten die Mittelmächte in die Ukraine ein, eroberten am 1. März Kiew zurück und setzten den Zentralrat wieder ein.

Zwei Tage später, mit der Unterzeichnung des Friedensvertrags von Brest-Litowsk, endete auch der Krieg zwischen den Mittelmächten und Sowjetrussland. Erstere konnten sich von nun an verstärkt auf die Westfront konzentrieren. Das Russische Imperium hingegen war in seine Einzelteile zerlegt worden.[41] Hinsichtlich der Ukraine umfasste der Friedensvertrag u. a. den Abzug russischer Truppen und die Anerkennung ihrer Unabhängigkeit. Zuvor hatten auch England und Frankreich die Volksrepublik anerkannt.[42] Das Land war, aus diplomatischer Sicht, zum eigenständigen Akteur geworden.[43] „War made state": Der Verlauf des Weltkriegs hatte einem ukrainischen Staat im März 1918 zu seiner Existenz verholfen. Die Ukraine konnte für einen kurzen Moment in der Geschichte souverän genannt werden. Die Volksrepublik schien ein Staat geworden zu sein, der fähig war, diplomatische Beziehungen zu anderen Staaten aufzunehmen und sich im Koordinatensystem zwischen Freund und Feind zu verorten.

---

38 Hausmann, Brest-Litowsk, S. 276.
39 Ebenda.
40 Dornik, Die Besatzung, S. 149.
41 Vgl. zu den Folgen für Russland Neutatz, Träume, S. 158: Durch den Friedensvertrag hatte Russland auf einen Schlag rund ein Drittel seiner Bevölkerung und den Zugang zu großen Teilen seiner Rohstoff- und Industrieproduktionsstätten verloren.
42 Eine knappe Übersicht über die diplomatischen Vorgänge bietet Bihl, Die Ukraine-Politik, S. 57 f.
43 Hausmann, Brest-Litowsk, S. 274 f.

Die Besatzung der Ukraine durch die Mittelmächte

De facto stand das Gebiet aber unter Besatzung bzw. unter dem Protektorat Österreich-Ungarns und des Deutschen Kaiserreichs.[44] Der im Februar geschlossene Separatfrieden (der sogenannte Brotfrieden) lässt bereits die eigentliche Motivation hinter der Unterstützung der Mittelmächte deutlich werden: Die Ukraine erkaufte sich die Hilfe der Bündnispartner u. a. mit einer Million Tonnen Getreide, mit der diese den Hunger der eigenen Bevölkerung zu stillen gedachten. Die Unterstützung ukrainischer Staatlichkeit beruhte daher nicht so sehr auf diplomatischem Geschick ihrer Protagonisten, sondern mehr auf kalkulierter Ausbeutung durch die Mittelmächte. Der von ihnen unterstützte Aufbau staatlicher Strukturen diente letztlich der Aufrechterhaltung der eigenen Kriegsfähigkeit.

Dass für die Mittelmächte vor allem die Versorgung mit Rohstoffen und Lebensmitteln handlungsleitend war, lässt sich u. a. auch daran erkennen, dass Österreich-Ungarn bei Vertragsabschluss sogar bereit war, einen territorialen Konflikt mit dem gerade wiederentstandenen Polen um das von der Ukraine beanspruchte Gebiet um Cholm zu riskieren.[45] Und als die deutsche Armee im Februar in der Ukraine einmarschierte, um die „roten Truppen" zurückzudrängen, befürchteten österreichische Politiker gar, das Deutsche Reich würde sich nun einen Großteil des Getreides einverleiben, während die Donaumonarchie leer auszugehen drohte.[46] Deutsche Propagandafotos aus dieser Zeit zeigen Marktszenen mit reich bestückten Verkaufsständen, die den Deutschen zu Hause die wirtschaftliche „Zusammenarbeit" mit der Ukraine (bzw. den Einmarsch in die Ukraine) schmackhaft machen sollten.[47] Die deutschen Truppen wurden darauf hingewiesen, eng mit den ukrainischen Stellen zusammenzuarbeiten und

44 Zu den Besatzungszonen siehe Ljubov Zhvanko, Der Ukrainische Staat von Hetman Pavlo Skoropadskyj. Soziale Absicherung für die Opfer des Ersten Weltkriegs, in: Jahrbücher für Geschichte Osteuropas 62 (2014) 4, S. 533. Peter Lieb hingegen weist darauf hin, dass die Mittelmächte weniger als Besatzer, sondern – zumindest offiziell – als Verbündete von der einheimischen Regierung ins Land gerufen worden waren, um die Bolschewiki zurückzudrängen: Peter Lieb, Aufstandsbekämpfung im strategischen Dilemma. Die deutsche Besatzung in der Ukraine 1918, in: Dornik/Karner (Hrsg.), Die Besatzung der Ukraine 1918, S. 111–140, hier S. 114.

45 Zum Konflikt zwischen Polen und Österreich-Ungarn um Cholm siehe Bihl, Die Ukraine-Politik, S. 64 f.

46 Vgl. ebenda, S. 63 f.

47 Hinweise zu weiteren Propagandafotos, die Aufschluss über das Verhältnis des Kaiserreichs zur Ukraine geben, skizziert Sara Diedrich, Als Hetman und Kaiser sich die Hände reichten. Deutsche Propagandafotos des Ersten Weltkriegs aus der Ukraine, in: Landesarchiv Baden-Württemberg (Hrsg.), Archivnachrichten (2022) 65, S. 26 f.

auf Requisitionen zunächst zu verzichten, damit der angestrebte „Handel" nicht durch Unruhen aus der Bevölkerung gefährdet würde.[48]

Bereits in den ersten Wochen nach Vertragsabschluss mussten die Mittelmächte allerdings feststellen, dass der Ukrainische Zentralrat kaum fähig und willens war, die vereinbarten enormen Getreidemengen tatsächlich zu liefern. Bolschewistische Aufstände erschütterten ein ums andere Mal die Versuche der „Rada", die öffentliche Ordnung dauerhaft aufrechtzuerhalten; die örtliche Verwaltung funktionierte kaum. Die Mittelmächte griffen infolgedessen immer mehr in die innenpolitischen Angelegenheiten der Volksrepublik ein.[49] Die ohnehin recht misstrauische Stimmung der Ukrainer den deutschen und österreich-ungarischen Besatzern gegenüber verschlechterte sich weiter.[50] Die lokale Bevölkerung hatte alsbald verstanden, dass die Mittelmächte die vermeintliche Autonomie nach Belieben zu kontrollieren gedachten – nötigenfalls auch mit Gewalt.[51]

Der „Ukrainische Staat" unter Pavlo Skoropads'kyj

Die „Ukrainische Volksrepublik" hatte sich in der kurzen Zeit ihres Bestehens als instabil erwiesen. Dies betraf sowohl die gesellschaftliche Akzeptanz (vor allem in den ländlichen Regionen) als auch den fehlenden politischen Rückhalt für die Regierung (vor allem unter den konservativen Kräften). Darüber hinaus hatte es die Rada nicht geschafft, belastbare (zumal unabhängige) Verwaltungsstrukturen und eine kampfbereite Armee zur Sicherung der Ordnung aufzubauen.[52] Auch die Mittelmächte waren aufgrund der andauernden Unruhen und der nur schleppend verlaufenden Requisitionen immer weniger bereit, die ukrainische Regierung zu unterstützen.

Am 29. April 1918 entledigten sich daher die Bündnispartner Deutschland und Österreich des ohnehin machtlosen Zentralrats in einem von ihnen unterstützen Staatsstreich. An die Spitze des neuen „Ukrainischen Staats" trat der ehemalige zaristische General Pavlo Skoropads'kyj als „Hetman" mit quasi-

---

48 Lieb, Aufstandsbekämpfung, S. 118.
49 Ebenda, S. 119 ff.
50 Dornik, Die Besatzung, S. 156, 172 ff.
51 Die vergleichenden Studien von Lieb, Aufstandsbekämpfung, und Dornik, Die Besatzung, zeigen, dass die österreichisch-ungarischen Truppen deutlich radikaler gegen Aufstände aus der Bevölkerung vorgingen. Während die deutschen Truppen eine einigermaßen klare Trennung in der Behandlung der Zivilbevölkerung und der „Bolschewisten" vollzogen, konstatiert Dornik (Die Besatzung, S. 166), dass sich das Vorgehen der österreichisch-ungarischen Truppen gegen die „Aufständischen" gleichermaßen gewaltsam richtete.
52 Kasianov, Ukraine, S. 97 f.

diktatorischen Befugnissen.[53] Ihm oblag – in Abhängigkeit vom Deutschen Reich – u. a. die Ernennung der Regierung, er war Oberbefehlshaber und höchster Richter. Binnen kürzester Zeit etablierte Skoropads'kyj aber auch neue staatliche Strukturen: Neben dem Aufbau bürokratischer, juristischer und wirtschaftlicher Apparate,[54] einem besser aufgestellten Heer[55] und Reformen in der Sozial- und Gesundheitsvorsorge[56] trieb er auch die Ukrainisierung voran – so etwa durch die verstärkte Einführung ukrainischer Schulen und die Gründung der Akademie der Wissenschaften.[57] Der neue Staat war zwar weiterhin vor allem territorial und staatsbürgerlich organisiert, wie Mark von Hagen die Entwicklungen unter Skoropads'kyjs Hetmanat zusammenfasst. Allerdings begann der Staat, sich auch verstärkt sprachlich und kulturell zu formen.[58]

Die Mittelmächte setzten zunächst auf eine (auch propagandistisch begleitete) Entspannung im Umgang mit der örtlichen Bevölkerung.[59] Im Zentrum standen nun aber umso mehr der Aufbau und die Aufrechterhaltung derjenigen Strukturen, die für den Güteraustausch wichtig waren.[60] In allen weiteren Bereichen war das Skoropads'kyj-Regime auf sich alleine gestellt. Als sich auch die Zusammenarbeit mit der Regierung schwieriger als erhofft gestaltete, wurden die deutschen Truppen angewiesen, nun mit Zwang für die Eintreibung von Lebensmitteln aus der Ukraine zu sorgen.[61]

Daraufhin nahmen die Unruhen in der Bevölkerung noch einmal zu, und die Mittelmächte sahen sich immer weniger imstande, die öffentliche Ordnung aufrechtzuerhalten: Deutsche und österreichisch-ungarische Truppen waren seit Mitte 1918 gezwungen, sich verstärkt auf den Kriegsverlauf an der Westfront und auf dem Balkan zu konzentrieren, wo sich ihre Niederlagen häuften. Dementsprechend zogen sie vermehrt Truppen aus der Ukraine ab, was zur weiteren Destabilisierung der Regierung und der erst im Aufbau befindlichen staatlichen Strukturen führte.[62]

---

53 Die Frage, inwieweit das Hetmanat Skoropads'kyjs als Regime, Diktatur o. ä. klassifiziert werden kann, wurde bereits vielfach erörtert. Zusammenfassend Kasianov, Ukraine, S. 100 f. Kasianov betont, dass die umfassenden Befugnisse des Hetmans stets im Kontrast zur tatsächlichen Politik und den Repressionen gesehen werden müssen. Der Staat sei schwach und oft kaum durchsetzungsfähig gewesen. Auch die Repressionen gegen ehemalige Regierungsmitglieder des Zentralrats oder der Opposition etwa hätten sich in Grenzen gehalten.
54 Kasianov, Ukraine, S. 105.
55 von Hagen, Nationsbildung, S. 291 f.
56 Zhvanko, Der ukrainische Staat, S. 535 ff.
57 Ebenda, S. 533.
58 von Hagen, Nationsbildung, S. 292.
59 Dornik, Die Besatzung, S. 170 f.
60 Kasianov, Ukraine, S. 100.
61 Lieb, Aufstandsbekämpfung, S. 134.
62 Kasianov, Ukraine, S. 106.

Das Ende des Hetmanats und die „Ukrainische Volksrepublik"

Das Hetmanat hatte trotz zahlreicher Reformen kaum Rückhalt aus der Bevölkerung erfahren. Nun aber entzog ihm der Zusammenbruch Österreich-Ungarns und die Kapitulation Deutschlands am 11. November 1918 endgültig jegliche Berechtigungsgrundlage. Auch die verzweifelte Neuorientierung Richtung Russland nutzte Skoropads'kyj nichts mehr. Unter der Führung u. a. der Ukrainischen Sozialrevolutionäre, der Sozialdemokratischen Unabhängigen und der Sozialdemokratischen Partei entstand am 14. November 1918 ein „Direktorium der Ukrainischen Volksrepublik" unter dem Vorsitz von Volodymyr Vynnyčenko, dem u. a. auch Symon Petljura angehörte. Einen Monat nach Gründung des Direktoriums wurde Skoropads'kyj zur Abdankung gezwungen und die (abermals so genannte) „Ukrainische Volksrepublik" ausgerufen.[63]

Zuvor, am 13. November, hatte ein „Ukrainischer Nationalrat" bereits auf Habsburger Territorium die „Westukrainische Volksrepublik" ausgerufen und begonnen, Verwaltungsstrukturen und eine Armee aufzubauen. Auch in Černivci, in der nördlichen Bukowina, war am 6. November eine ukrainische Organisation an die Macht gekommen, die in den wenigen Tagen ihres Bestehens nach der Vereinigung mit der „Westukrainischen Volksrepublik" strebte. Am 22. Januar 1919 erfolgte der kaum für möglich gehaltene Zusammenschluss mit der „Ukrainischen Volksrepublik": Das Territorium der West- und Ostukraine war für einen kurzen Zeitraum „wiedervereint", der Staat hatte seine Außengrenzen auf einen Schlag massiv ausgedehnt.

Der Traum einer großen, vereinten ukrainischen Nation währte allerdings nicht lange: Bereits im Sommer 1919 unterlagen die Truppen der Westukraine Polen, das sich mit den neuen Grenzen, namentlich dem Verlust Galiziens, nicht abfinden wollte. Im Rahmen der Pariser Friedensverträge zersplitterte das westliche Gebiet in einen ukrainischen, rumänischen, tschechoslowakischen und polnischen Teil. In der Ostukraine folgte dem Weltkrieg der Bürgerkrieg. Die Region versank im Chaos. In der Folge war Kiew wechselnd in der Hand der Bolschewiki, des „Direktoriums" und der Weißen Armee unter General Anton Denikin.[64] Innerhalb von zweieinhalb Jahren erlebte die Stadt neun Machtwechsel, ehe die „Roten" endgültig die Oberhand behielten und das Gebiet 1921 in die neu entstandene Sowjetunion eingliederten.[65]

---

63 Ebenda, S. 108 f.
64 Den Bürgerkrieg und die Wirren um Kiew schildert eindrucksvoll Michail Bulgakow in seinem Roman „Die Weiße Garde" von 1924.
65 Kappeler, Kleine Geschichte, S. 175.

Fazit: Kein Staat aber Staatsbürger?

Der Krieg hatte innerhalb weniger Jahre die ukrainische Staatlichkeit ermöglicht – und sie postwendend wieder vernichtet. Ein Staat ist ein Staat, wenn er fähig ist, Freund und Feind zu definieren. Das allein reicht aber nicht, denn er existiert nicht isoliert von anderen Staaten und deren Politik – erst recht nicht ohne Anerkennung seiner Existenzberechtigung. Wo mächtigere Staaten ihre eigenen Ziele über den Kopf einer anderen Nation hinweg verfolgen, hat sie es schwer, ihren Platz dazwischen zu finden.

Die Ideen und Bestrebungen für einen eigenständigen ukrainischen Staat sind im Ersten Weltkrieg nicht nur, aber auch an den Mittelmächten gescheitert. Weder das deutsche Kaiserreich noch die Habsburger Monarchie interessierte der Aufbau einer eigenständigen Nation um der Nation willen. Was für sie zählte, war, Sicherheit und Ordnung in der Region herzustellen, um wirtschaftlichen Handel und die Gewinnung von Rohstoffen für den eigenen Vorteil zu nutzen und um das russische Zarenreich im Krieg territorial zu destabilisieren. Solange dafür staatliche Strukturen hilfreich waren, war man bereit, Unterstützung zu leisten. Als die ukrainischen Regierungen aber mit eigenen Zielen selbstständiger zu werden drohten und die vereinbarten Zusicherungen nicht einzuhalten bereit waren, suchte man andere, repressive Wege, um die Kriegsziele zu erreichen. Und als sich der Krieg an andere Fronten verlagerte, überließen die Mittelmächte die Regierung, die sie selbst an die Macht gebracht und kontrolliert hatten, einfach sich selbst.

Dauerhaft kann sich ein Staat aber nur erhalten, wenn seine Strukturen gefestigt sind, wenn eine funktionierende Bürokratie Verwaltungshandeln ermöglicht, die eigene Armee schlagkräftig genug ist, um die öffentliche Sicherheit und Ordnung herzustellen und aufrechtzuerhalten, und wenn seine Bürger bereit sind, die Idee der Nation mitzutragen, sich mit ihr zu identifizieren und für sie zu kämpfen.

Die ukrainische Staatlichkeit ist am Ende des Ersten Weltkriegs vor allem an äußeren, aber auch an inneren Faktoren gescheitert. Dennoch hat der Krieg Identität gestiftet. Zwar konnten bis zu den Wirren der Bürgerkriege zwischen „Roten" und „Weißen" bei Weitem nicht alle Einwohner der ukrainischen Gebiete für die nationale Frage mobilisiert werden – im Westen mehr als im Osten. Durch den Krieg aber waren viele von ihnen mit der Idee einer Nation „Ukraine" zumindest in Berührung gekommen. Die von Eigennutz getriebene, teils repressive Politik der Mittelmächte hatte den Effekt, dass sich die Ukrainer erstmals mit der eigenen Nation identifizieren mussten – aber auch konnten.

Die Jahre 1917 bis 1920 hatten keinen überlebensfähigen Staat geschaffen. Aber sie hatten einen Prozess angestoßen, der Staatsbürger hervorzubringen vermag. Während die bürokratischen Strukturen wieder verschwanden, blieb das Bewusstsein eigener Kultur und eigener Traditionen erhalten, auch wenn es der Stalinismus der Folgejahrzehnte zunächst wieder unter sich begrub – und mit diesem Bewusstsein – vor allem auf politischer Ebene – auch das Wissen darum, dass sich ein Staat nicht allein auf andere verlassen darf, wenn er seine Souveränität erlangen und erhalten möchte.

STEPHAN LEHNSTAEDT

Die Ukraine im Polnisch-Sowjetischen Krieg 1919/20

Mehrfach wurde im 20. Jahrhundert Krieg in der Ukraine und Krieg um die Ukraine geführt. Wenig bekannt ist hierzulande der Polnisch-Sowjetische Krieg von 1919/21,[1] obwohl er in vielerlei Hinsicht die Weichen gegen eine ukrainische Staatlichkeit stellte. Wo heute Russland seinem Nachbarn das Recht auf Eigenständigkeit verweigert und dessen Bestehen grundsätzlich infrage stellt, waren es damals das sowjetische Russland und Polen, die sich um das Territorium der Ukraine stritten – mit dem bezeichnenden Unterschied, dass beide die Existenz einer ukrainischen Nationalität bejahten.

Tatsächlich war es schon 1917, noch während des Ersten Weltkriegs und mit Duldung der Mittelmächte, zu einer ukrainischen Staatsgründung gekommen. Diese Ukrainische Volksrepublik in Kiew war als Vasallenstaat der gegen das Zarenreich militärisch erfolgreichen deutschen und österreichisch-ungarischen Kaiserreiche gedacht, um diesem Untertanen und Ressourcen zu entziehen.[2] Die erhofften Soldaten und vor allem Lebensmittel blieben weitgehend aus, aber daran war auch die Niederlage der beiden Imperien schuld. Im entstandenen Machtvakuum der drei implodierenden östlichen Großreiche proklamierten ukrainische Politiker in Lemberg am 31. Oktober 1918 zudem die Westukrainische Volksrepublik. Anders als die Namen suggerieren, handelte es sich in beiden Fällen nicht um kommunistische Staaten, sondern recht bürgerliche Unterfangen. Das Lemberger Modell sah sich als Teil der Kiewer Schwesterrepublik, erklärte aber erst später seinen formalen Beitritt.

Lemberg allerdings war eine mehrheitlich polnische Stadt mit einem überwiegend ukrainischen Umland. Die schwelenden Nationalitätenkonflikte hatten Österreich-Ungarn vor große Herausforderungen gestellt, aber mit dessen

---

1   Stephan Lehnstaedt, Der vergessene Sieg. Der Polnisch-Sowjetische Krieg 1919–1921 und die Entstehung des modernen Osteuropa, 5. Aufl., München 2022.
2   Wolfram Dornik (Hrsg.), Die Ukraine zwischen Selbstbestimmung und Fremdherrschaft 1917–1922, Graz 2011.

Untergang verschwand auch der mühsam ausgehandelte innenpolitische Frieden. Die polnische Bevölkerung in Lwów musste deshalb feststellen, plötzlich in L'viv zu leben – und war damit gar nicht einverstanden. Ab dem 1. November 1918 kam es daher zu blutigen Kämpfen, und am 22. November mussten die Ukrainer ihre Niederlage eingestehen und sich aus Lemberg zurückziehen.[3]

Weiter im Nordosten, in Wilna war die Lage mit einer polnischen Stadtbevölkerung und einem mehrheitlich litauisches Umland ähnlich, und auch hier kam es im Januar 1919 zu Kämpfen. Involviert war freilich auch die Rote Armee der russischen Kommunisten, die selbst in Litauen die Macht erringen wollten. Ohne dass es eine offizielle Erklärung gab, handelte es sich dabei um den Beginn des Polnisch-Sowjetischen Krieges, der bis zum Friedensvertrag 1921 andauern sollte: In Warschau wollte man die Grenzen so weit wie möglich nach Osten ausdehnen und die momentane Schwäche Russlands ausnutzen; in Moskau wiederum spielten Lenins Bolschewiki auf Zeit und wollten erst den Bürgerkrieg beenden, um dann mit ganzer Stärke im Westen alten Besitz zurückzugewinnen.

Zunächst aber marschierten die Polen von Sieg zu Sieg. Bis Frühjahr 1920 hatte Józef Piłsudski, Staatschef und Kriegsherr, neben Wilna und Minsk im Norden Lemberg und Chełm im Osten sowie schon am 18. Juli 1919 ganz Galizien erobert. Angesichts steigender Gegenwehr hatte Piłsudski an dieser Front den Oberbefehl übernommen und konnte die westukrainischen Truppen bis hinter den Sbrutsch zurückdrängen, auf ein Gebiet, das die Zentralukraine in Kiew beanspruchte, mit der Polen nicht im Krieg stand. Es war ein beeindruckender Sieg zulasten eines ostmitteleuropäischen Staates, der etwa 25 000 Tote gefordert hatte, rund 10 000 auf polnischer Seite, 15 000 bei den Ukrainern.[4]

Der ukrainische Staatsbildungsprozess war damit an einem ersten Tiefpunkt angekommen. Seit der Gründung der Zentralrada in Kiew am 17. März 1917, nur zwei Tage nach der Abdankung des Zaren in Peterburg, hatten Politiker verschiedene Schritte in Richtung Unabhängigkeit unternommen, dabei aber immer wieder Rückschläge einstecken müssen. Die Proklamation der Ukrainischen Volksrepublik am 20. November 1917 war ein deutliches Signal an Russland gewesen – und dessen Reaktion erfolgte prompt: Die Bolschewiki gründeten die Ukrainische Sozialistische Sowjetrepublik und erklärten Kiew den Krieg.

3 Piotr Wróbel, The Revival of Poland and Paramilitary Violence, 1918–1920, in: Rüdiger Bergien/Ralf Pröve (Hrsg.), Spießer, Patrioten, Revolutionäre. Militärische Mobilisierung und gesellschaftliche Ordnung in der Neuzeit, Göttingen 2010, S. 281–303, hier S. 294–296.
4 Benjamin Conrad, Umkämpfte Grenzen, umkämpfte Bevölkerung. Die Entstehung der Staatsgrenzen der Zweiten Polnischen Republik 1918–1923, Stuttgart 2014, S. 209.

Militärische Erfolge stellten sich schnell ein, und nur eine Kooperation der Rada mit den Mittelmächten sicherte ihr vorläufiges Überleben.[5]

Die größte Schwierigkeit bestand für die Propagandisten der Eigenständigkeit darin, nationale Besonderheiten im Unterschied zu Russland zu benennen. Dmytro Doncov, der einflussreichste Ideologe des ukrainischen Nationalismus jener Zeit, gab dafür die entscheidenden Stichworte: Die hervorstechende Differenz zwischen Ukrainern und Russen sei psychologischer Natur, denn Ukrainer seien Europäer – und keine von buddhistischen Einflüssen geprägten Orientalen wie ihre östlichen Nachbarn.[6] Und weil die ukrainische Identität demnach stets die Abwehr gegen die russischen, asiatischen Horden verlange, stelle der Bolschewismus nur den gewissermaßen nächsten logischen Schritt der „Entwicklung" Russlands dar.

Doncov argumentierte damit nicht grundlegend anders als viele polnische Nationalisten, wobei diese die Ukrainer noch stets dem „Osten" zuschlugen und schon alleine deshalb als Feinde sahen.[7] Doch die historischen Verbindungen der Ukraine zu Polen waren stark, wenn auch von ungleichen Machtverhältnissen geprägt. Selbst nach den Teilungen der Rzeczpospolita blieben in der nun russischen Ukraine die meisten Grundbesitzer westlich des Dnipro katholisch und pflegten ihre angestammte polnische Kultur, was den griechisch-katholischen Bauern entsprechende Anpassungsleistungen abverlangte. In diesen Gegenden taten sich die Intellektuellen, die Ende des 19. Jahrhunderts eine ukrainische Nationalität propagierten, am schwersten. Im Osten konnten sie an das historische Vorbild der Kosaken als freie und unabhängige Landbesitzer anknüpfen und es als Vorbild für künftige Entwicklungen preisen. Gerade weil sich die Kosaken lange gegen die russische Oberhoheit gewehrt hatten, galten sie als Inbegriff „ukrainischer" Tugenden. Ihr Freiheitsdrang machte sie gleichwohl auch für die Polen attraktiv, die die Ukrainer dennoch meist nur „als regionale Variante ihrer eigenen Nation"[8] betrachteten und so ihre territorialen Ansprüche legitimierten – genauso, wie es im Russischen Reich üblich war.

Dmytro Doncov setzte den vielschichtigen Diskussionsebenen Pragmatismus entgegen: Dem Ziel der einen, unabhängigen Ukraine müsse sich alles andere

5 Bogdan Musial, Die Ukrainepolitik des bolschewikischen Russlands, 1917–22, in: Dornik (Hrsg.), Die Ukraine, S. 367–389.
6 Dmytro Donzow, Die ukrainische Staatsidee und der Krieg gegen Rußland, Berlin 1915, S. 63.
7 Maciej Górny, War between Allies. Polish and Ukranian Intellectuals 1914–1923, in: Joachim Bürgschwentner/Matthias Egger/Gunda Barth-Scalmani (Hrsg.), Other Fronts, Other Wars? First World War Studies on the Eve of the Centennial, Leiden 2014, S. 415–434, hier S. 418–421.
8 Andreas Kappeler, Geschichte der Ukraine, Bonn 2015, S. 116. Zum Nationsbildungsprozess in der Ukraine ebenda, S. 114–124.

unterordnen. Bündnisse seien mit ausnahmslos jedem Gegner Russlands möglich, solange sie nur den eigenen Zielen dienten.[9] Doch nach der Niederlage Deutschlands und Österreich-Ungarns im Ersten Weltkrieg fehlte dem von ihnen gestützten Machthaber Pavlo Skoropads'kyj der Rückhalt, um sich behaupten zu können. Der ehemalige General und Großgrundbesitzer hatte eine Politik für die Reichen verfolgt und damit die bäuerliche Masse der Bevölkerung verprellt: Von den 17 Millionen Ukrainern (bei 6,5 Millionen Angehörigen anderer Minderheiten) lebten nur rund sechs Prozent in Städten, in denen wiederum jeweils ungefähr ein Drittel Juden und ein Drittel Russen waren.[10] An diese Mehrheit auf dem Lande wandten sich Skoropads'kyjs Nachfolger Volodymyr Vynnyčenko und Symon Petljura im sogenannten Direktorium, in dem Ersterer als Innenpolitiker für sozialrevolutionäre Ideen und Letzterer als Heerführer für Nationaldemokratie stand.

Anstatt mit hehren Versprechungen einer Nation, für die sich nur wenige Bauern erwärmen konnten, warben sie mit Umverteilung von Land und weniger Ungleichheit. Sie überzeugten viele Menschen, aber die Herausforderungen im Inneren und im Äußeren erwiesen sich als zu groß. Da es nur selten gelang, den Vormarsch der Sowjets aufzuhalten, fiel diesen Kiew im Februar 1919 in die Hände – das Direktorium floh nach Žytomyr (Schytomyr) und musste sich auf Gebiete westlich des Dnipro beschränken. Das Territorium östlich des Flusses war verloren, dort standen sich „Weiße" und „Rote" in einem mit exzessiver Brutalität geführten Krieg gegenüber und schlugen bzw. verbündeten sich zudem mit zahlreichen lokalen Machthabern wie Nestor Machno.[11]

Noch weniger erfolgreich verlief die Geschichte der Westukrainischen Republik unter ihrem de-facto Staatsoberhaupt Jevhen Petruševyč. Sie war im vormals habsburgischen Galizien entstanden und blickte auf eine Nationalisierung zurück, die sich von der Zentralukraine gravierend unterschied.[12] Diese Ruthenen in Ostgalizien waren politisch konservativ und hatten sich mindestens seit der Jahrhundertwende stark als Bewahrer habsburgischer Herrschaft hervorgetan – im Unterschied zu den Polen, die immer mehr auf Eigenständigkeit und Unabhängigkeit drängten. Die österreichischen Behörden übergaben die Regierung deshalb im Herbst 1918 an ruthenische Politiker um Petruševyč, zumal von fast fünf Millionen Einwohnern des Kronlands über drei Millionen Ukrainer

9   Ebenda, S. 210 f.
10 Henry Abramson, A Prayer for the Government. Ukrainians and Jews in Revolutionary Times, 1917–1920, Cambridge, Mass. 1999, S. 9 f.
11 Felix Schnell, Räume des Schreckens. Gewalträume und Gruppenmilitanz in der Ukraine, 1905–1933, Hamburg 2012.
12 Kappeler, Geschichte der Ukraine, S. 121–123 und 136–139.

waren, doch nur 1,1 Millionen Polen und 620 000 Juden.[13] Innerhalb kurzer Zeit war eine Armee mobilisiert, die allerdings gegen die weit überlegenen polnischen Truppen wenig ausrichten konnte.[14]

Die Erfahrungen des Weltkriegs, in dem Ukrainer wie Polen auf beiden Seiten gestanden und quasi einen Bruderkrieg ausgefochten hatten, wirkten noch lange nach. Und sie setzten sich auf eine gewisse Weise mit den drei ukrainischen Staatsbildungen in Charkiv, Kiew und Lemberg fort: Die Konflikte liefen nicht nur auf Bolschewiki gegen Nationalisten hinaus, denn auch die West- und Zentralukraine unterschieden sich grundlegend. Die Ukrainer im habsburgischen Galizien zeigten sich politisch eher konservativ und taten sich schwer mit der sozialrevolutionären Kosakenverherrlichung in Kiew. Andererseits verbündeten sie sich nach dem Motto: „Der Feind meines Feindes ist mein Freund" sogar mit den Bolschewiki, weil jene ebenfalls gegen Polen kämpften. Diese Verzweiflungstat brüskierte freilich die Zentralukraine, die mit Moskau in einem Kampf um Leben und Tod stand. Die Losung nur eines ukrainischen Staates gab es angesichts wachsender feindlicher Bedrängung deshalb erst seit Januar 1919, doch zu einer formalen Vereinigung kam es wegen des polnischen Sieges in Galizien nicht mehr.

Ernsthafte Unterstützung konnten die Ukrainer von niemandem erwarten, auch nicht aus dem Westen, denn Großbritannien war vor allem an Getreidelieferungen aus dem Land interessiert, Frankreich an einer Art Protektorat: In gemeinsamen Verhandlungen mit dem Anführer der antibolschewistischen „Weißen", Anton Denikin, nötigte die Entente der Zentralukraine eine ausländische Kontrolle über das Bahnnetz sowie die finanziellen Angelegenheiten des Landes ab. Im Gegenzug garantierte sie weder eine unabhängige Ukraine noch erkannte sie das Direktorium als dessen Regierung an, sondern wollte lediglich auf die „Weißen" mäßigend einwirken. Diese waren der Hauptadressat des Westens, ihr wichtigster Trumpf im Kampf gegen die Bolschewiki und der beinahe ausschließliche Empfänger von militärischen Gütern. Und dennoch: Denikin empfand selbst diese Politik als Zumutung und schon die Anwesenheit von ukrainischen Vertretern am Verhandlungstisch als unerträglich.[15]

---

13 Kazimierz Badziak, W oczekiwaniu na przełom. Na drodze od odrodzenia do załamania państwa polskiego: listopad 1918 – czerwiec 1920 [Im Warten auf einen Durchbruch. Auf dem Weg von der Wiedergeburt zum Zusammenbruch des polnischen Staates: November 1918– Juni 1920], Łódź 2004, S. 483.

14 Serhy Yekelchyk, Bands of Nation Builders? Insurgency and Ideology in the Ukrainian Civil War, in: Robert Gerwarth/John Horne (Hrsg.), War in Peace. Paramilitary Violence in Europe after the Great War, Oxford 2012, S. 107–125, hier S. 118 f.

15 Hannes Leidinger, Die Ukrainepolitik Frankreichs 1917–1924, in: Dornik (Hrsg.), Die Ukraine, S. 391–412, hier S. 403.

Dementsprechend erhielten die ukrainischen Irredentisten nur wenige Waffen, zumal italienische und französische Emissäre berichteten, dass sie diese nicht nur gegen die Kommunisten, sondern auch gegen Polen einsetzen würden. Die Alliierten fürchteten zudem noch 1919 einerseits ein neues Bündnis der Zentralukraine mit Deutschland und andererseits eine Bolschewisierung Galiziens, weil die Westukraine mit Moskau verbündet war – was Polen wiederum nutzte, um sich als Garant gegen derartige Entwicklungen zu positionieren.

Auf außenpolitischem Gebiet konnte sich Kiew deshalb nur selten gegen Warschau behaupten, etwa mit der Erklärung, dass Ostgalizien nach dem Willen von England und Frankreich vollständig an die Ukraine fallen solle. Und tatsächlich favorisierte die Entente eine Neutralisierung des umstrittenen Gebiets und wollte es unter eigene Verwaltung stellen, um Auseinandersetzungen zwischen den beiden antibolschewistischen Gegnern zu verhindern.[16] Mindestens zeitweise war eine neutrale Verwaltung des umstrittenen Gebiets eine sogar von Piłsudski ins Spiel gebrachte Option. Doch als er wenig später in die Offensive gehen konnte und einen vollständigen Sieg über die Westukrainische Republik erreichte, erwähnte er diesen rein taktischen Vorschlag nicht mehr.

Für Symon Petljura, der sich im Februar 1919 zum Alleinherrscher der Zentralukraine gemacht hatte, war die Ostgalizien-Frage nicht so relevant wie sein eigenes politisches Überleben. Wenig schien den 1879 in Poltava geborenen Oberkommandierenden für seine spätere Laufbahn zu qualifizieren: Er hatte vor 1914 als Journalist in Kiew, Lemberg, Moskau und Petersburg gearbeitet, wo er langsam eine nationale Identität entwickelte und auch formulierte. Sein Geschick mit Worten und seine rhetorische Begabung machten ihn zum Anführer, aber eine militärische Ausbildung besaß er nicht.[17] Darin ähnelte er Piłsudski, der aber während des Weltkriegs immerhin praktische Erfahrung sammelte; er ähnelte aber noch viel mehr dem gleichaltrigen Lev Trockij, ebenfalls ein Journalist, hervorragender Orator und autodidaktischer Heerführer. Mit Piłsudski sollte sich Petljura verbünden, aber trotz dessen Hilfe den Krieg gegen Trockij und Russland verlieren.

Erstmals hatte Petljura in Polen Anfang 1919 die Möglichkeiten einer Kooperation mit Polen sondiert. Er drängte Petruševyč in der Westukraine zu einer

16 Wolfram Dornik, Die Ukrainepolitik des Vereinigten Königreiches von Großbritannien und Irland 1914–1920, in: ders (Hrsg.), Die Ukraine, S. 413–430, hier S. 426 f.

17 Stefan Zabrowarny, Symon Petljura – niezłomny orędownik niepodległości Ukrainy [Symon Petljura – standhafter Verfechter der ukrainischen Unabhängigkeit], in: Zbigniew Karpus/Waldemar Rezmer/Emilian Wiszka (Hrsg.), Polska i Ukraina. Sojusz 1920 roku i jego następstwa [Polen und die Ukraine. Die Allianz von 1920 und ihre Nachwirkung], Toruń 1997, S. 131–150.

Verständigung, an der jedoch Polen nicht interessiert war, und versagte ihm finanzielle Unterstützung. Nicht zuletzt war es Petljuras Anspruch, Staatsoberhaupt eines vereinigten Landes zu sein. Doch ein Zusammenschluss war schon deshalb nicht realistisch, weil Politiker auf beiden Seiten ungerne auf ihre Posten verzichten wollten, die dann doppelt vorhanden gewesen wären. Auch vor diesem Hintergrund verhandelte Petruševyč noch im Juli 1919, als die Niederlage gegen Polen schon feststand, mit den Bolschewiki. Aber als diese auf einem Bruch mit der Zentralukraine bestanden, verzichtete er auf eine Vereinigung mit der Sowjetunion – weniger aus Loyalität gegenüber Petljura als vielmehr aus Zweifeln an Moskaus Aufrichtigkeit.[18]

Zentralukrainische Einheiten waren im Frühjahr 1919 in Wolhynien immer wieder in Gefechte mit der polnischen Armee verwickelt, aber es kam nie zu einer offiziellen Kriegserklärung. Einen ersten Waffenstillstand gab es am 24. Mai 1919, weil Petljura angesichts des Verlustes von Kiew mit dem Rücken zur Wand stand. Er war bereit, auf Ostgalizien zu verzichten und den Fluss Stryj als Grenze anzuerkennen, was allgemein als eine Kapitulation vor den polnischen Forderungen angesehen wurde.[19] Die Westukrainer lehnten diesen Vertrag ebenso ab ebenso wie einen erneuten Versuch knapp einen Monat später: Die Unterzeichnung hätte schlicht ihr Territorium komplett Polen zugeschlagen.

Das geschah dann auf militärischem Wege: Die polnische Offensive war unaufhaltsam. Rund 20 000 westukrainische Soldaten flüchteten nach Osten in die Reihen der Zentralukraine. Doch selbst zusammen hatten die beiden Staaten keine besonders beeindruckende Streitmacht, zumal sie sich uneinig zeigte und gegenseitig Leute abzuwerben suchte. Noch schlimmer war freilich der Mangel an Ausrüstung. Da Denikins Konterrevolutionäre allerdings im Sommer 1919 gegen die Rote Armee von Sieg zu Sieg eilten, gelang ukrainischen Einheiten am 30. August immerhin die Rückeroberung Kiews – allerdings mussten sie die Stadt nur einen Tag später an Denikin übergeben. Dahinter stand die Absicht, den „weißen" General trotz aller großrussischen Ambitionen von einem Bündnis zu überzeugen.[20]

Die grundlegenden Differenzen blieben bestehen. Schon vorher war es deshalb immer wieder zu Gefechten zwischen „Weißen" und Ukrainern gekommen. Im September 1919 jedoch erklärten sie sich formal den Krieg. Petljura

---

18 Torsten Wehrhahn, Die Westukrainische Volksrepublik. Zu den polnisch-ukrainischen Beziehungen und dem Problem der ukrainischen Staatlichkeit in den Jahren 1918 bis 1923, Berlin 2004.
19 Bogdan Musial, Die Ukrainepolitik Polens von 1918–1922, in: Dornik (Hrsg.), Die Ukraine, S. 449–463, hier S. 455–460.
20 Kappeler, Geschichte der Ukraine, S. 175.

verbündete sich gegen Denikin sogar kurzfristig mit den Bolschewiki, was diesen außenpolitisch in die Hände spielte, weil es die Ukrainer einmal mehr in den Augen der Entente kompromittierte.[21] Für den Krieg blieb diese Ranküne letztlich ohne Relevanz, da die ukrainischen Truppen dem Gegner meist nur auswichen und einen Kampf zu vermeiden suchten: Sie konnten ihren Feinden kaum etwas entgegensetzen. Petljuras Soldaten waren militärisch zu wenig zu gebrauchen. Sie plünderten, desertierten zu Hunderten und machten Schlagzeilen viel eher mit ungezählten Pogromen gegen die jüdische Bevölkerung als mit Siegen auf dem Schlachtfeld. Nicht zuletzt wegen der mangelnden Disziplin seiner Truppen gilt Petljura als schwacher Herrscher, dessen Generäle ihm längst nicht immer folgten und häufig ihre eigene Politik machten. Er blieb weitgehend ohne echte Autorität und war in dieser Hinsicht die passende Symbolfigur einer uneinigen und wenig schlagkräftigen Nationalbewegung.[22]

Aktivitäten entfaltete Petljura im Spätsommer 1919 vor allem auf diplomatischem Gebiet. Er nahm erneute Verhandlungen mit Polen auf und schrieb an Piłsudski: „Die ukrainische Nation im Kampf gegen den Feind menschlicher Kultur und nationaler Staatlichkeit hat umso mehr das Recht auf Sympathie und Hilfe von seinen nächsten Nachbarn, als wir das Heimatland gegen die Vergewaltiger-Eindringlinge verteidigen, die der Ukraine einen ihr fremden Kommunismus auferlegen wollen; wir betreten nicht den Weg des weißen Terrors, sondern schreiten unter dem Slogan einer breiten Demokratie und nationaler Schaffenskraft, die Sie so hervorragend in Polen vertreten."[23]

Am 1. September gab es endlich einen Waffenstillstand mit Polen. Für Warschau waren die Bedingungen überaus vorteilhaft: Piłsudski sah alle seine Wünsche erfüllt und musste keinerlei Verpflichtungen eingehen. In Verhandlungen mit Moskau im Oktober 1919 forderten die Polen immerhin, dass die Bolschewiki ihre Angriffe auf Petljura einstellen sollten. Das war zuvorderst Eigeninteresse, denn so hätte die Zentralukraine die Funktion eines Puffers zwischen den beiden Kriegsparteien einnehmen können. Es war aber insofern Bündnistreue, als Piłsudski seinen einzigen Alliierten nicht verlieren wollte.

Allerdings sah Lenin keinen Grund, warum er Zugeständnisse machen und eine unabhängige Ukraine anerkennen sollte. Moskau hatte schon im Juli die Truppen der bolschewistischen Ostukraine in die Rote Armee eingegliedert und damit diesem Marionettenstaat endgültig jegliche Geschäftsgrundlage entzogen.

---

21 Musial, Die Ukrainepolitik des bolschewikischen Russlands, S. 367–378.
22 Schnell, Räume des Schreckens, S. 183.
23 Piotr Wandycz, Nieznane listy Petlury do Piłsudskiego [Unbekannte Briefe von Petljura an Piłsudski], in: Zeszyty Historyczne 8 (1965), S. 181–186, hier S. 182 f.

Und die Auseinandersetzungen in der Ukraine verliefen immer mehr nach den Wünschen Lenins: Im Dezember 1919 besetzten sowjetische Truppen einmal mehr Kiew und zerschlugen Denikins Formationen, die sich in rasender Flucht auf die Krim zurückzogen. Ost- und Zentralukraine waren gegen Jahresende fest in Moskauer Händen.[24]

Kurz zuvor war der Waffenstillstand zwischen Polen und Ukrainern ausgelaufen. Letztere konnten an ein Weiterkämpfen nicht denken, die Situation war desolat und Piłsudski einmal mehr in einer komfortablen Lage. Verhandlungen mit Vertretern der Westukraine lehnte er rundweg ab, weil Ostgalizien integraler Bestandteil des eigenen Staates sei. Petljuras Delegation musste deshalb die unangenehme Debatte führen, ob sie auf Ostgalizien verzichten könne. Es stand also die nationale Selbstaufgabe gegen den möglichen Untergang. Mit fünf gegen vier Stimmen gab es zunächst eine knappe Mehrheit für ein Festhalten am territorialen Anspruch. Doch dann erreichte sie die Nachricht, dass die ostgalizische Armee sich Denikin angeschlossen hatte.[25]

Den Zentralukrainern war der Verrat an der nationalen Sache erspart geblieben – auf andere Weise hatte ihn Petruševyč selbst begangen. Er musste mit seiner Regierung im November 1919 nach Rumänien fliehen. Die zentralukrainischen Vertreter konnten nun alleine mit Polen ein Bündnis aushandeln. Petljuras Machtbereich war inzwischen allerdings auf drei Eisenbahnstationen geschrumpft, was seine Position nicht eben verbesserte. Er musste annehmen, was ihm Warschau anbot: das Versprechen, in Kiew wieder an die Macht zu gelangen für den Verzicht auf Ostgalizien und Wolhynien, die beide inzwischen von Polen besetzt waren. Diese Warschauer Erklärung vom 2. Dezember 1919 galt insbesondere bei den Lemberger Ukrainern als ein unrechtmäßiges Diktat, führte aber auch in Petljuras eigenem Lager zu erneuten Abspaltungen.[26]

Das Abkommen war immerhin so bedeutsam, dass Moskau die Eingliederung der Ukraine in die Sowjetunion stoppte, weil sich dies propagandistisch kaum vertreten ließ – die konkurrierenden Nationalisten mochten zwar nicht gefährlich sein, aber ihr polnischer Partner war es durchaus. Es erschien besser, zumindest den Anschein einer eigenständigen Ukraine zu erwecken.[27] Genau dies hatte Piłsudski versprochen, was ihm wiederum die Kritik der Nationaldemokraten zu Hause einbrachte, die es als Verzicht auf polnische Gebiete

---

24 Andrzej Nowak, Polska i trzy Rosje. Studium polityki wschodniej Józefa Piłsudskiego (do kwietnia 1920 roku) [Polen und die drei Russlands. Eine Studie über die Ostpolitik von Józef Piłsudski (bis April 1920)], Kraków 2002, S. 378–397
25 Wehrhahn, Die Westukrainische Volksrepublik, S. 232–243.
26 Ebenda, S. 244–247.
27 Musial, Die Ukrainepolitik des bolschewischen Russlands, S. 379–384.

betrachteten. Die Allianz mit Petljura schien für diese Konzession viel zu unbedeutend, unterstellten sich doch lediglich 6100 Soldaten dem Warschauer Oberkommando und begaben sich hinter die schützenden Linien der Polen. Immerhin hatten sie selbst für ihre Ausrüstung zu sorgen – was freilich bedeutete, dass diese vollkommen unzureichend blieb und die Ukrainer auch in den kommenden Auseinandersetzungen keine militärische Relevanz erlangten.[28]

Und so war Polens Lage im Krieg mit den Bolschewiki im Frühjahr 1920 trotz aller bisherigen Erfolge schwierig: Eine akzeptierte und gesicherte Grenze gab es nicht; Moskau stationierte zunehmend Truppen an seiner Nordwestfront und hatte keinen ernst zu nehmenden Gegner im Inneren mehr. Piłsudski entschied sich, die Flucht nach vorne anzutreten und Fakten zu schaffen.[29] Nicht zuletzt würde er so sein Petljura gegebenes Versprechen einlösen. Mit ihm verstand er sich gut und pflegte das, was in der Politik gerne als Männerfreundschaft bezeichnet wird.[30] Auch deswegen spielte Petljuras Schwäche bei der Entscheidungsfindung keine Rolle. Am 21. April 1920 unterzeichneten Polen und die Exilregierung der Zentralukraine ein formales Bündnis, dem drei Tage später eine Militärkonvention folgte.[31] Und noch einmal einen Tag später, am 25. April, überschritten polnische Truppen knapp 300 Kilometer westlich von Kiew die Frontlinie und gingen in die Offensive.

Die präzisen polnischen Planungen zusammen mit dem Überraschungseffekt zahlten sich aus: Bereits am 3. Mai 1920 ritten polnische Kavalleristen im Norden von Kiew in die Stadt ein. Doch schnell erwies sich dieser Erfolg als Pyrrhussieg. Denn wo in Russland bis vor Kurzem noch der Bürgerkrieg gewütet hatte, sahen sich die Kommunisten nun von einer Welle des Nationalismus getragen. Kiew galt als Keimzelle russischer Staatlichkeit und der Verlust dieser Stadt als Tragödie, die ein Zusammenstehen gegen den polnischen Erbfeind verlangte. Lev Trockij schrieb in seinen Memoiren: „Die Besetzung Kiews durch Polen, die an sich jedes militärischen Sinnes entbehrte, erwies uns einen großen Dienst: das Land wurde aufgerüttelt."[32]

Schon im Juni trat Polen den Rückzug an und kämpfte nun um sein eigenes Überleben, das mit dem „Wunder an der Weichsel" nur knapp gelang – und

---

28 Ebenda, S. 455–460.
29 Badziak, W oczekiwaniu na przełom, S. 482.
30 Włodzimierz Suleja, Piłsudski a Petljura [Piłsudski und Petljura], in: Karpus/Rezmer/ Wiszka (Hrsg.), Polska i Ukraina, S. 113–129.
31 Józef Piłsudski Institute of America, 701/2/23, Bl. 230–254. Polnisch-Ukrainisches Abkommen vom 21. 4. 1920 sowie Militärkonvention vom 24. 4. 1920.
32 Leo Trotzki, Mein Leben. Versuch einer Autobiographie, Frankfurt a. M. 1961, S. 419.

einen großen Mythos begründete.[33] Das Schicksal der ukrainischen Nationalbewegung indes war für die nächsten 70 Jahre entschieden, und es sollte keinen
selbstständigen Staat mit der Hauptstadt Kiew geben. Im Friedensvertrag von
Riga, den Polen und die Sowjetunion im März 1921 schlossen, machte Lenin
große territoriale Zugeständnisse. Im Gegenzug verlangte Moskau allerdings die
Anerkennung Litauens sowie der neuen Sowjetrepubliken Belarus und Ukraine,
die jeweils als souveräne Nationen gelten sollten.[34] Riga verletzte außerdem
Polens Abkommen mit der Ukraine, das einen Separatfrieden explizit ausgeschlossen hatte. Piłsudski war sich dessen nur zu bewusst und empfand es als
Befleckung seiner Ehre, den Verbündeten betrogen zu haben. Mehr als eine auf-
richtige Entschuldigung konnte er freilich nicht anbieten.[35]

Die ukrainische Nationalbewegung sah dementsprechend im Friedensvertrag von Riga einen Verrat an ihrem Bündnis mit Polen. Im September 1921
verübte Stepan Fedak in Lemberg einen erfolglosen Anschlag auf Piłsudski. Er
handelte für die im Untergrund operierende Ukrainische Militärorganisation,
die sich den Widerstandskampf gegen Polen auf die Fahnen geschrieben hatte.
Anfangs bekannte sich diese Vereinigung zur Westukrainischen Volksrepublik,
ging aber ab 1925 eigene Wege und ab 1930 schrittweise in der ähnlich militanten Organisation Ukrainischer Nationalisten auf, die im Zweiten Weltkrieg mit
deutscher Duldung etwa hunderttausend Polen massakrierte.[36]

Um von diesen internen Problemen abzulenken und sie gewissermaßen
den Sowjets aufzuhalsen, unterstützte Polen die zentralukrainische Unabhängigkeitsbewegung unter Symon Petljura. Da sich Piłsudski an sein Wort gebunden fühlte, stieg die Kooperation zwar nach seinem Maiputsch 1926 an, hatte
aber fast zeitgleich den Tod Petljuras zu gewärtigen. Er wurde in Paris von dem
jüdischen Anarchisten Scholom Schwartzbard erschossen, der die zahlreichen
Pogrome in der Ukraine rächen wollte. Weil er dabei 15 Familienmitglieder verloren hatte, sprach ihn ein französisches Gericht frei.[37]

Es ist nur eine der vielen Absurditäten dieser blutigen Auseinandersetzungen nach dem „Großen Krieg" der Imperien bis 1918, dass es keine verlässlichen

---

33 Jos Stübner, Nationalismus, Antikommunismus und polnisch-katholische „Normalität".
    Zur geschichtspolitischen Funktionalisierung der Schlacht bei Warschau 1920, in: Zeit-
    schrift für Geschichtswissenschaft 68 (2020), S. 922–943.
34 Piotr Wandycz, Soviet-Polish Relations, 1917–1921, Cambridge, Mass 1969, S. 270, 286.
35 Marek Kornat, Die Wiedergeburt Polens als multinationaler Staat in den Konzeptionen von
    Józef Piłsudski, in: Forum für osteuropäische Ideen- und Zeitgeschichte (2001) 1., S. 11 f.
36 Yekelchyk, Bands of Nation Builders?, S. 125.
37 David Engel, Schwarzbard-Prozess, in: Dan Diner (Hrsg.), Enzyklopädie jüdischer Ge-
    schichte und Kultur. Bd. 5, Stuttgart 2015, S. 395–400.

Zahlen zu den zivilen Opfern 1919 und 1920 gibt.[38] Doch Schätzungen von 100 000 ermordeten und weiteren 200 000 an Hunger und Krankheiten gestorbenen Jüdinnen und Juden auf dem Gebiet der heutigen Ukraine – natürlich auch während des russischen Bürgerkriegs – können als Hinweis auf die exzessive Gewalt gegen Nichtkombattanten gelten. Es sind furchterregende Zahlen bei einer jüdischen Gesamtbevölkerung in der damaligen Ukraine von etwa 1,6 Millionen.[39]

Heute existiert wieder eine Ukraine, auch wenn Russland einen Krieg gegen das Land führt und dessen Grenzen revidieren möchte. Die Grenzen im Westen gehen zumindest indirekt auf den Polnisch-Sowjetischen Krieg zurück: Auf der Konferenz von Jalta 1945 informierte Josef Stalin die Staatschefs von USA und Großbritannien über die von ihm beschlossene „Westverschiebung" Polens. Nach dem Sieg über das nationalsozialistische Deutschland sollte Polen weite Gebiete in Pommern, Schlesien und der Neumark erhalten, während die Sowjetunion ihrerseits Teile Ostpolens bekam, die sie bereits zwischen 1939 und 1941 besetzt hatte. Die neue Grenze entsprach im Wesentlichen der altbekannten Curzon-Linie. Sämtliche Proteste der Westmächte gegen diese Annexion wies Stalin zurück: Er komme nur auf einen Vorschlag der Entente von 1919 und 1920 zurück; Polen habe im Vertrag von Riga 1921 die Schwäche der Sowjetunion einseitig ausgenutzt. Die einzig legitime Grenze zwischen beiden Staaten sei diejenige, die die Alliierten schon damals favorisiert hätten.[40] Nach dem Zerfall der Sowjetunion wurde dies die Westgrenze der Ukraine.

---

38 Siehe hierzu die Überlegungen bei Jochen Böhler, Civil War in Central Europe, 1918–1921. The Reconstruction of Poland, Oxford 2018.

39 Piotr Wróbel, Foreshadowing the Holocaust. The Wars of 1914–1921 and Anti-Jewish Violence in Central and Eastern Europe, in: Jochen Böhler/Włodzimierz Borodziej/Joachim von Puttkamer (Hrsg.), Legacies of Violence. Eastern Europe's First World War, München 2014, S. 169–208, hier S. 199.

40 Manfred Hildermeier, Geschichte der Sowjetunion 1917–1991. Entstehung und Niedergang des ersten sozialistischen Staates, München 1998, S. 732 f.

II. Minderheiten

WOLFGANG BENZ

Juden und Judenfeinde

Von den Pogromen der Zarenzeit zum Holocaust

Juden sind als Kaufleute seit dem 5. Jahrhundert v. Chr. auf ukrainischem Gebiet am Schwarzem Meer nachweisbar. Sie waren im Osten der heutigen Ukraine aber vor allem als nicht sesshafte Händler geduldet. Im Fürstentum Wolhynien und in Ostgalizien siedelten Juden unter polnischer Herrschaft seit dem 13. Jahrhundert. Ihre rechtliche Situation war im Statut von Kalisz seit 1264 geregelt. Sie gehörten als Handwerker und Kaufleute zur städtischen Gesellschaft. Die jüdischen Gemeinden in Ostgalizien und Podolien waren durch Einwanderung nach den Verfolgungen und Massakern in Mitteleuropa entstanden und erblüht. Pestepidemien des ausgehenden Mittelalters hatten auf dem Nährboden des religiösen Antijudaismus die Massengewalt gegen die vermeintlich Schuldigen an der Krankheit entzündet und zum Exodus der Juden Richtung Osten geführt.

Während der Zugehörigkeit der zentralen und östlichen Ukraine zur Kiewer Rus' waren Juden dort stärker religiös und sozial diskriminiert als in der Westukraine. Das änderte sich, als mit der Union von Lublin 1569 die ganze Ukraine der polnischen Krone zufiel. Am Ende des 16. Jahrhunderts lebten etwa 45 000 Juden in den damaligen von Ukrainern besiedelten Ostgebieten Polens.

In der polnisch-litauischen Union spielten Juden in der landwirtschaftlichen Kolonisierung der Region Ukraine eine beträchtliche Rolle. Im Auftrag polnischer Magnaten verwalteten sie deren Güter und erzwangen die Frondienste ukrainischer Bauern. Auch als Pächter von Gastwirtschaften und als Betreiber von Mühlen sowie als Steuereinnehmer waren sie im ländlichen Alltag präsent. Von den bäuerlichen Unterschichten wurden die Juden, die stellvertretend für die polnischen Grundbesitzer agierten, als Unterdrücker und Nutznießer der feudalen Agrargesellschaft wahrgenommen. Das hatte mit der aus den wirtschaftlichen Verhältnissen entstehenden Judenfeindschaft nachhaltige Folgen.

Die Aufstandsbewegung der Kosaken unter Bohdan Chmel'nyc'kyj 1648/49 richtete sich zwar gegen die adeligen polnischen Grundherren, traf aber die Juden besonders hart. Von Kosaken angeführte Bauernheere verwüsteten auf ihrem Zug nach Westen jüdische Gemeinden in der Region Kiew und verübten erhebliche Massengewalt. Wenig später, im 18. Jahrhundert, wüteten „Hajdamaken", räuberische Banden, die aus bäuerlichem Protest gegen ihre prekäre ökonomische Situation entstanden waren, gegen die Juden, wobei sie Zehntausende massakrierten. Trotzdem wuchs die jüdische Bevölkerung. Mitte des 17. Jahrhunderts lebten etwa 150 000 Juden in der Ukraine. Annexionen durch Russland und die drei Teilungen Polens 1772, 1793 und 1795 beendeten nicht nur die Staatlichkeit des Königreiches Polen. Mit der Aneignung des polnischen Territoriums durch Russland zu zwei Dritteln und durch Österreich und Preußen (je ein Sechstel) gehörte die Ukraine größtenteils zu Russland. Juden waren dort nur am westlichen Rand des Zarenreichs, im „Ansiedlungsrayon", geduldet, in Wolhynien und Podolien, in Ostgalizien und im Kernland der Ukraine.

Prekäre Existenz im Zarenreich

Am Ende des 19. Jahrhunderts lebten nach der offiziellen Volkszählung des Russischen Reiches etwa zwei Millionen Juden auf dem damaligen Territorium der Ukraine (in den russischen Gouvernements Wolhynien, Podolien, Kiew, Černihiv, Poltava, Ekaterinoslav, Cherson und Taurien). Das waren 9,2 % der Gesamtbevölkerung. Viele Juden lebten in den großen Städten, 80 % sprachen Russisch, 17 % Jiddisch, nur 3 % bezeichneten Ukrainisch als ihre Muttersprache.

Moskau verfügte im Zuge der Modernisierung des autokratischen Zarenregimes Restriktionen, die das religiöse, kulturelle und soziale Leben der Judenheit beeinträchtigten. Zur Existenz der Juden als marginaler und diskriminierter Minderheit gehörte auch, dass das zaristische Regime die Judenheit als Verfügungsmasse nutzte, wenn Unzufriedenheit kanalisiert werden musste, wenn Schuldige für Missstände, für Versagen der Administration, für fehlgeschlagene Regierungskunst gebraucht wurden. Am Ende des 19. und zu Beginn des 20. Jahrhunderts erfolgte die Massengewalt gegen Juden als inszenierter oder gelenkter, jedenfalls geduldeter „Volkszorn", der missgelauntem städtischem Prekariat die Gelegenheit bot, Unmut über die Obrigkeit abzureagieren, zu randalieren und zu plündern. Am westlichen Rand des Russischen Reiches begann im April 1881 in Elizavetgrad eine erste Welle von Pogromen, die sich im Frühjahr 1882 in Podolien fortsetzte und in den folgenden Jahren Ausläufer hatte.[1] Im Oktober 1905 brach eine neue Welle der Gewalt mit noch größerer Wucht

---

1   Werner Bergmann, Tumulte, Excesse, Pogrome. Kollektive Gewalt gegen Juden in Europa, Göttingen 2020, S. 426–499.

über die Juden herein. Das Entsetzen in der mittel- und westeuropäischen Welt, die sich zivilisiert glaubte, über die Barbarei auf russischem Staatsgebiet war grenzenlos. Die Pogrome gegen die Juden in der Ukraine und in Polen stärkten die Idee des Zionismus unter den Betroffenen, sie förderten zunächst die Auswanderung in die Vereinigten Staaten, die vielen der im osteuropäischen Elend lebenden Juden als das eigentliche gelobte Land erschienen, in geringerem Maße auch nach Palästina. Als „Ostjuden" waren sie in nicht großer Zahl auch in Deutschland präsent.

Die revolutionäre Situation des Jahres 1905 im Zarenreich spitzte sich mit dem „blutigen Sonntag" im Januar zu, als friedliche Demonstranten in Sankt-Petersburg vom Militär niedergeschossen wurden. Im Oktober 1905 erließ Ministerpräsident Vitte ein Manifest, das alle russischen Untertanen zu freien Bürgern erklärte und das allgemeine Wahlrecht versprach. Den Kundgebungen von Reformanhängern, Revolutionären, erwartungsfrohen Liberalen und Intellektuellen traten Reaktionäre, Verteidiger der alten Ordnung entgegen, trugen als Symbol ihrer Gesinnung Zarenbilder vor sich her und misshandelten nach unseliger Tradition, ermuntert von weltlicher und geistlicher Obrigkeit, die Juden als Objekte ihrer Wut.[2]

Der Pogrom in Kiew

Pogrome folgten stets dem gleichen Muster, auch wenn sie an weit auseinanderliegenden Orten stattfanden. Exemplarisch war das Geschehen an den drei Tagen vom 18.–20. Oktober 1905 in Kiew. 27 Todesopfer forderte dieser Pogrom, 300 Verletzte wurden registriert. Angesichts der dreitägigen Exzesse und Massaker erscheint diese Zahl gering. Nicht erfasst war freilich die Dimension der moralischen Katastrophe, und nicht zu ermessen waren der Schrecken und das Leid der gedemütigten, beraubten und geschundenen Juden. Ein Pogromopfer erinnerte sich: „Auf der Alexandrowskaja wurde ich von einem Stein getroffen und lief in ein russisches Haus hinein, wo mir die erste Hilfe erwiesen wurde. Nach einer Viertelstunde rannte ich nach Hause. Da brachte mich ein Droschkenkutscher in einen Haufen von ca. 200 Hooligans hinein. Diese zogen mich aus und verprügelten mich. Nachdem sie mir die Lippe zerschnitten und mir zwei Zähne ausgeschlagen hatten, begossen sie mich, der ich über und über von

2   Heinz Dietrich Löwe, The Tsars and the Jews: Reform, Reaction, and Antisemitism in Imperial Russia, 1772–1917, London 1993; Benjamin Nathans, Beyond. The Jewish Encounter with Late Imperial Russia, Los Angeles 2002.

Blut befleckt war, mit Wasser und liessen mich liegen, aber nun kam der Revieraufseher und versetzte mir mit den Füssen einige Schläge."[3]

Der Bericht der zur Erforschung der Pogrome eingesetzten Kommission, die im Auftrag des „Zionistischen Hilfsfonds in London" Zeugenaussagen, Gerichtsprotokolle, Presseberichte zeitnah zu einer Dokumentation der Pogrome zusammenfügte, beschreibt die Komplexität des Geschehens: „Die erschreckend lange Dauer der Massakers und Exzesse, die kolossale Ausdehnung des Pogromherdes, die Vereinigung von grenzenloser Grausamkeit und zynischer Demoralisation nebst Lug-, Trug- und Provokationsorgien, die pompöse und ansteckende Heuchelei in Form von ‚patriotischen' Manifestationen, die lärmende Ausgelassenheit und tierische Freude über den Zerstörungsprozess, die sinnlose, über alle Stadtteile sich erstreckende Vertilgung von grossartigen Werten, die völlige und unverhohlene Auflösung des Staatsprinzips gegenüber den Juden – all dies, in unzähligen konkreten und unvergesslichen Erscheinungen wiederkehrend, verdichtete die Qualen des einzelnen: denn ein jeder hatte in der Fülle der Ereignisse etwas, was ihn niederschmetterte. Die Panik gewann unaufhörlich Nahrung durch die Menge der gelungenen und versuchten Missetaten."[4]

Die Rolle der Obrigkeit im Pogromgeschehen ist durch zahlreiche Zeugenaussagen erwiesen. Die wohlwollende Haltung von Militär und Polizei, der orthodoxen Geistlichkeit und des gebildeten Bürgertums gegenüber dem judenfeindlichen Mob, die Sympathie der Presse und der Justiz wurde offen demonstriert.[5] Zur Regie des Pogroms gehörte die Parole, der Zar habe die Juden für die Dauer von drei Tagen als vogelfrei erklärt. Gerüchte waren ein wichtiger Antrieb. So lief die Fama um, „die Juden" hätten im Holosijivs'kyj-Kloster 500 Mönche ermordet und eine jüdische Streitmacht von 1400 Mann rücke gegen Kiew vor. Tatsächlich waren die Bestrebungen in vielen Orten, die die Pogrome in den 1880er-Jahren erlitten hatten oder wie Chişinău in Bessarabien 1903 Schauplatz antisemitischer Exzesse gewesen waren, einen jüdischen Selbstschutz zu organisieren, weitgehend wirkungslos. Die Übermacht der Judenfeinde war so riesig wie die gesellschaftliche Akzeptanz der Mehrheitsbevölkerung. Mehrere Schilderungen galten dem Verhalten des Polizeichefs. Ein Gutsbesitzer: „Im Hotel Bristol, wo ich mich befand, vernahm ich einen Lärm

3   Die Judenpogrome in Russland. Herausgegeben im Auftrage des Zionistischen Hilfsfonds in London von der zur Erforschung der Pogrome eingesetzten Kommission, 2 Bde., Köln/Leipzig 1910, Bd. 2, S. 388.
4   Ebenda.
5   John Doyle Klier/Shlomo Lambroza, Pogroms. Anti-Jewish Violence in Modern Russian History, Cambridge 1992.

von der Troitzky-Kirche her und begab mich dahin. In der Kirche wurde Gottesdienst abgehalten, während die ganze Straße von Menschen, meist dunklen Gestalten vollgestaut war. Als die Menge von der Bolschaja Wassilkowskaja nach dem Krestschatik zu sich in Bewegung setzte, fiel ihr ein Jude in die Hände, den die Hooligans in bestialischer Weise zurichteten. Nachdem die Menge die Bearbeitung ihres Opfers erledigt hatte und an das Hotel Bristol herangekommen war, fuhr der Polizeimeister hinzu. Sofort liefen zu ihm zwei Personen aus der Menge heraus. Zichotzky nahm die Mütze ab und grüsste die Menge, die in Hurra ausbrach. Darauf legte er einer der beiden vorgetretenen Personen die Hand auf die Schulter und zeigte ihnen, wohin sie sich wenden sollten, indem er den Ort des Exzessbeginns angab."[6]

Ein Student beobachtete den Fortgang der Gewalt: „Die Menge ging von der Bolschaja Wassilkowskaja nach der Bessarabka. Etwa hundert Meter vor ihr fuhr in einer Equipage der Polizeimeister nebst einem anderen Individuum, das das Publikum als Hauptspion bezeichnete. Beim Laden von B. gingen sie auf den Fahrdamm herunter. Die langsame Demolierung des Ladens dauerte fort, was der Polizeimeister nicht beachtete, indem er mit dem Gesicht zur herannahenden Menge gekehrt stand und sich an dem Zug zu weiden schien, der Flaggen und Zarenbilder trug und unausgesetzt Hurra rief, während von beiden Seiten voranreitende Schutzleute das auf den Bürgersteigen befindliche Publikum die Hüte abzunehmen und Hurra mitzuschreien hiessen. Nach etwa einer halben Minute rührte sich Zichotzky und ging der Menge entgegen, nahm die Mütze ab und stimmte ein langgezogenes Hurra an. Das Hauptzarenbild wurde vor ihn hingestellt, und es war ein Augenblick, da man annehmen musste, dass er sich der Menge anschliessen würde. Zugleich damit vernahm man das tobende Antworthalloh einer tausendköpfigen Menge, das Klirren der zertrümmerten und herabfallenden Fenster, das Krachen der Rahmen; denn eine Gruppe von Exzedenten war vorausgeeilt und demolierte den Laden von B."[7]

Ein dritter Zeuge sah den Polizeimeister Zichotzky, wie er zwei Hooligans in einer Droschke, die seiner entgegenkam, mit Wohlgefallen grüßte. Sie hatten ihm Schmuck gezeigt, der offensichtlich aus einem Pogromraub stammte und ihm zugedacht war. Die Korruption des Polizeimeisters war ebenso notorisch wie seine Sympathie für die antisemitischen Krawallmacher.

Das Haus Sokolow an der Ecke Schiljanskaja und Wassilkowskaja in Kiew beherbergte im Erdgeschoss Ladengeschäfte, darüber Wohnungen. Am Abend des 18. Oktober und am folgenden Tag wurden die Läden geplündert. Am

6   Die Judenpogrome in Russland, S. 367.
7   Ebenda, S. 368.

20. Oktober drang eine Horde von etwa 200 Menschen in die Wohnungen ein, verschonte gegen ein Lösegeld lediglich die Wohnung des Hauswirts. Er war Christ, hielt aber Juden bei sich versteckt. Als dies eine im gegenüberliegenden Haus wohnende Waschfrau den Pogromisten verriet, stürmten sie die Wohnung und zerstörten sie. Dabei wurde ein Jude getötet, mehrere wurden verletzt. Eine Kosakeneinheit beobachtete tatenlos das Geschehen.

Judenfeindschaft als politisches Prinzip und soziale Projektion

Kiew lag in der Mitte des Ansiedlungsrayons, aber nicht viele Juden waren dort wohnberechtigt. Etwa 70 000 Juden lebten zu Beginn des 20. Jahrhunderts offiziell in der Stadt. (Deren Gesamtbevölkerung lag bei 450 000 Einwohnern.) Juden durften nur in bestimmten Randbezirken und zwei innerstädtischen Ghettos leben. Viele Vorschriften und Beschränkungen regelten den Aufenthalt von Juden in der Stadt und ermöglichten den korrupten Beamten Schikanen aller Art, um sich wegen Gesetzesüberschreitungen (wie etwa Verstößen gegen das nächtliche Aufenthaltsverbot für Auswärtige), die ziemlich unvermeidlich waren, an den Angehörigen der Minderheit zu bereichern. Häufige Razzien zielten auf Ausplünderung der Juden. Sie zahlten Schutzgeld an die Polizei in der Hoffnung, die nächste „Oblawa" glimpflich zu überstehen. Trotzdem waren die Juden im städtischen Leben Kiews ökonomisch wie intellektuell und kulturell in bedeutender Weise präsent. Das nährte wiederum den latenten Antisemitismus, der in der Mehrheitsgesellschaft aus religiösen und ökonomischen Gründen verbreitet war. Bei sozialen und politischen Spannungen diente die jüdische Minderheit als Blitzableiter.

Zu den Ursachen der Pogrome, die an vielen Orten der Ukraine nach dem gleichen Muster abliefen,[8] gehörten neben der atavistischen Sehnsucht nach Aufruhr und Gewalt gegen Schwächere, neben religiösen und kulturellen Ressentiments die Minderwertigkeitskomplexe der Mehrheit. Der russisch-japanische Krieg endete im September 1905 nach dem Verlust der russischen Ostseeflotte, die nach dem langen Weg um Afrika nach dem Fernen Osten bei der Ankunft am Kriegsschauplatz im Mai 1905 vor der Insel Tsushima von den Japanern zusammengeschossen wurde und unterging. Ein demütigender Friedensschluss brachte auch in der Ukraine die nationalen Empfindungen zur

8   Henry Abramson, A Prayer for the Government: Ukrainians and Jews in Revolutionary Times, 1917–1920, Cambridge 1999; Irwin Michael Aronson, Troubled Waters: The Origins of the 1881 Anti-Jewish Pogroms in Russia, Pittsburgh 1990.

Wallung. Die Suche der Patrioten nach Opfern zur Linderung des patriotischen Schmerzes führte zunächst zu demonstrierenden Demokraten, revolutionären Sozialisten und dann traditionell zu Juden. Die freiheitsdurstigen Studenten und streikenden Arbeiter mussten nur ihre Transparente und Parolen verbergen, um unerkannt zu werden und unbehelligt zu bleiben. Den Juden als stigmatisierter Minderheit war das nicht möglich. Sie wurden stellvertretend für vieles Ungemach der russisch/ukrainischen Gesellschaft in Anspruch genommen und auf Signale hin, die von der Obrigkeit, von Meinungsführern und Scharfmachern ausgingen und konsensfähig waren, als Kollektiv misshandelt, verfolgt und ausgeraubt.

Die Pogrome der Zarenzeit waren zugleich patriotische Kundgebungen und wurden als verzeihliche Auswüchse einer „an sich begrüßungswerten" Reaktion des Volkes milde beurteilt, wenn es überhaupt dazu kam, dass sich Administration, Exekutive und Justiz mit den Ausschreitungen befassten. Die von einigen Historikern vertretene These, die Massengewalt gegen Juden habe eher ökonomische und soziale Gründe gehabt (wie die Aggression nichtjüdischer Kaufleute gegen die jüdische Konkurrenz) als die Förderung des Pogromgeschehens durch die Staatsmacht, ist nur teilweise nachvollziehbar. Sicherlich fürchtete die Regierung, die Gewalt gegen Juden könnte außer Kontrolle geraten. Die patriotische Attitüde der Judenfeinde und die Indolenz der Obrigkeit angesichts der Ereignisse sind jedoch eher Indizien der Duldung.

Im zaristischen Russland beriefen sich seit Anfang des 20. Jahrhunderts antisemitische Organisationen wie die „Union des Russischen Volkes" und paramilitärische Verbände wie die „Schwarzen Hundertschaften" auf ihren Patriotismus. Die Revolution 1917 und der anschließende Bürgerkrieg bildeten den Nährboden für Hunderte Pogrome, in denen alle Parteien Gewalt gegen Juden verübten. Sowohl die konterrevolutionären Weißen Verbände der Generale Denikin und Wrangel als auch desertierende Frontsoldaten, ukrainische Nationalisten unter dem Oberbefehlshaber Symon Petljura und sogar Bolschewiki begingen Massaker, denen nach Schätzung 60 000 Juden zum Opfer fielen. Das Jahr 1919 war der Höhepunkt antijüdischer Massengewalt vor dem Holocaust.[9]

Die Stimmung gegen die Juden fand wirkungsmächtigen und nachhaltigen Ausdruck im Vorwurf, sie erstrebten die Weltherrschaft. Das Pamphlet „Protokolle der Weisen von Zion", das angebliche Beweise für diesen Verschwörungsvorwurf präsentiert, entstand im judenfeindlichen Klima des Zarenreichs und

9   Elias Tcherikower/Semen Dubnow, Antisemitismus und Pogrome in der Ukraine 1917–1918, Berlin 1923; Alexander Victor Prusin, Nationalizing a Borderland: War, Ethnicity, and Anti-Jewish Violence in East Galicia, 1914–1920, Tuscaloosa 2005.

wurde dort seit der Wende vom 19. zum 20. Jahrhundert verbreitet. Die „Protokolle" sind bis zur Gegenwart als Inkunabel der Judenfeindschaft weltweit verbreitet. Sie fanden auch Eingang in die Ideologie des Nationalsozialismus und bildeten eine der theoretischen Grundlagen des Holocaust.[10]

Judenmord als Ziel deutscher Besatzungsherrschaft

Nach dem Überfall auf die Sowjetunion im Juli 1941 waren die Juden in der Ukraine wieder das Ziel von Massengewalt. Zu den Mitteln der nationalsozialistischen Judenverfolgung gehörte die Anstiftung der ukrainischen Bevölkerung zum Pogrom. Das erwies sich, trotz freudiger Bereitschaft einheimischer Antisemiten, nach den ersten Wochen der Okkupation als weniger effektiv als erhofft. Die deutschen Besatzer setzten statt auf Mobilisierung angeblichen autochthonen Volkszorns auf direkten Massenmord.

In Bila Cerkva, 70 km von Kiew entfernt, waren im August 1941 von einer Einheit der Waffen-SS und ukrainischer Miliz mehrere Hundert jüdische Männer und Frauen erschossen worden. Wenig später wurden auch deren Kinder auf Lastwagen zu einem Schießplatz transportiert und dort ermordet. Etwa 90 Kinder im Alter von einigen Monaten bis zu fünf oder sechs Jahren blieben, bewacht von ukrainischem „Selbstschutz", unter elenden Umständen, ohne Nahrung und Wasser, zurück. Die Wehrmacht trat auf Intervention zweier Militärpfarrer in Aktion und suchte nach einer Lösung des Problems.

Oberstleutnant Groscurth berichtete dem Oberbefehlshaber der 6. Armee, Generalfeldmarschall von Reichenau, über die Vorgänge in Bila Cerkva und stellte fest, dass die Truppe zu sauberer soldatischer Gesinnung erzogen sei, das hieß für ihn „zur Vermeidung von Gewalt und Roheit gegenüber einer wehrlosen Bevölkerung". Die Exekution von Frauen und Kindern unterscheide sich nicht von den Gräueln der Gegner.

Nach solcher Missbilligung der Aktion kam der Offizier freilich zu dem Schluss, „aus der Erschießung der gesamten Judenschaft der Stadt ergab sich zwangsweise die Notwendigkeit der Beseitigung der jüdischen Kinder; vor allem der Säuglinge. Diese hätte sofort mit Beseitigung der Eltern erfolgen müssen, um diese unmenschliche Quälerei zu verhindern." General Reichenau reagierte mit Unmut auf den Bericht. Den Vergleich des deutschen Vorgehens mit „den Greueln des Gegners" fand er ungehörig, ebenso die Tatsache, dass die Bemerkung in

---

10   Wolfgang Benz, Die Protokolle der Weisen von Zion. Die Legende von der jüdischen Weltverschwörung, 4. Aufl., München 2019.

einem offenen Schreiben zu lesen war, und „der Bericht wäre überhaupt besser unterblieben“.[11] Die Kinder wurden wenig später erschossen. Der Kommandeur der SS-Einheit, der den Befehl dazu hatte, schlug mit Rücksicht auf die Gefühle seiner Männer aber vor, die Mordarbeit durch Ukrainer verrichten zu lassen. So geschah es.

Den „spontanen“ Pogromen, dem inszenierten Totschlag vor aller Augen im Zuge des Einmarsches der Wehrmacht, folgten systematische Erschießungen. Mobile Einheiten, die „Einsatzgruppen der Sicherheitspolizei und des Sicherheitsdienstes (SD)“, waren mit insgesamt 3000 Mann SS hinter der Front als Mörder vor allem von Juden unterwegs. In der Ukraine verübten die Einsatzgruppen C und D durch die Einsatz- und Sonderkommandos die tödlichen Massenexzesse. Insgesamt fielen den Einsatzgruppen in der Sowjetunion zwischen Juni 1941 und Frühjahr 1942 mehr als eine halbe Million Menschen zum Opfer, in Erschießungsgruben, ab November 1941 auch mit „Gaswagen“.[12]

Das größte Massaker fand in Kiew statt. Die Mordaktion war, abgesehen von der Dimension, typisch für das Vorgehen im Osten. Im Baltikum und in Weißrussland, in der Ukraine und in Russland wurden auf die gleiche Weise wie in Kiew Juden „liquidiert“. Im September 1941 waren deutsche Truppen in der ukrainischen Hauptstadt einmarschiert. Der Wehrmacht folgte unmittelbar das „Sonderkommando 4a“ der SS-Einsatzgruppe C. Am 28. September 1941 lasen die Einwohner von Kiew Plakate, auf denen alle Juden der Stadt und der Umgebung in russischer, ukrainischer und deutscher Sprache aufgefordert wurden, sich am folgenden Tag zur „Umsiedlung“ einzufinden: „Mitzubringen sind: Papiere, Geld, Wertsachen sowie warme Kleidung, Wäsche usw. Wer von den Juden dieser Anordnung nicht Folge leistet und an einem anderen Ort angetroffen werden sollte, wird erschossen.“ Als Treffpunkt war eine Straßenkreuzung in der Nähe eines Güterbahnhofs angegeben, als Zeit acht Uhr morgens, es sah tatsächlich nach einer Evakuierungsaktion aus.

Was wirklich geplant war, kann man in den Akten des Reichssicherheitshauptamtes, der Mordzentrale in Berlin, nachlesen. In der Nr. 97 der Berichtserie „Ereignismeldungen UdSSR“ heißt es: „Angeblich 150 000 Juden vorhanden. Überprüfung dieser Angaben noch nicht möglich. Bei erster Aktion 1600 Fest-

---

11 Bericht Oberstleutnant Groscurth an Generalfeldmarschall Reichenau, 21. 8. 1941, und Stellungnahme Reichenau, 26. 8. 1941, in: Ernst Klee/Willi Dreßen/Volker Rieß (Hrsg.), „Schöne Zeiten“. Judenmord aus der Sicht der Täter und Gaffer, Frankfurt a. M. 1988, S. 138 f. u. S. 144.

12 Helmut Krausnick/Hans-Heinrich Wilhelm, Die Truppe des Weltanschauungskrieges. Die Einsatzgruppen der Sicherheitspolizei und des SD 1938–1942, Stuttgart 1981; Ralf Ogorreck, Die Einsatzgruppen und die „Genesis der Endlösung“, Berlin 1996.

nahmen, Maßnahmen eingeleitet zur Erfassung des gesamten Judentums, Exekution von mindestens 50 000 Juden vorgesehen. Wehrmacht begrüßt Maßnahmen und erbittet radikales Vorgehen."[13]

Die Wehrmacht war an den Ereignissen der folgenden Tage beteiligt, zwar nicht an den Morden selbst, aber durch Absperrungs- und Sicherungsmaßnahmen, und Pioniere halfen am Ende, die Spuren zu verwischen. Die Überrumpelung der Kiewer Juden gelang über alle Erwartungen. Sie glaubten, mit der Eisenbahn ins Innere der Sowjetunion evakuiert zu werden, und wollten früh am Sammelplatz sein, um gute Plätze beim Transport zu bekommen. Die Mörder hatten das selbst so nicht vermutet, wie aus dem Bericht der SS hervorgeht: „Obwohl man zunächst nur mit einer Beteiligung von etwa 5000 bis 6000 Juden gerechnet hatte, fanden sich über 30 000 Juden ein, die infolge einer überaus geschickten Organisation bis unmittelbar vor der Exekution noch an ihre Umsiedlung glaubten."[14]

Die meisten ahnten noch nichts, als der Fußmarsch zur Schlucht von Babyn Jar außerhalb von Kiew begann. Der Strom von Menschen war bald unübersehbar. Die Mörder registrierten für ihre Erfolgsbilanz aber jeden Einzelnen. Als Helfer waren Ukrainer gedungen, Polizisten und zu Hilfspolizisten ernannte Sympathisanten der nationalsozialistischen Okkupation.

Ein deutscher Kraftfahrer, der zum Abtransport der Habe der Opfer kommandiert war, verfolgte die Aktion in allen Einzelheiten: „Ich beobachtete […], daß die angekommenen Juden – Männer, Frauen und Kinder – von den Ukrainern in Empfang genommen wurden, sie wurden an verschiedenen Plätzen vorbeigeleitet, wo sie nacheinander zunächst ihr Gepäck, die Mäntel, Schuhe und Oberbekleidung und auch die Unterbekleidung ablegen mußten. Genauso mußten sie an einer bestimmten Stelle ihre Wertsachen ablegen. Für jedes Kleidungsstück war ein besonderer Haufen gebildet worden. Das ging alles sehr schnell vor sich, und wo der einzelne zögerte, wurde von den Ukrainern mit Fußtritten und Stößen nachgeholfen. Ich glaube, daß der einzelne keine Minute brauchte, bis er von der Abgabe des Mantels vollkommen nackt dastand. Es wurde hier kein Unterschied zwischen Männern, Frauen und Kindern gemacht. […] Die entkleideten Juden wurden in eine Schlucht geleitet, die die Ausmaße von etwa 150 Meter Länge, 30 Meter Breite hatte und gut 15 Meter tief war. Zu dieser Schlucht führten zwei oder drei schmale Eingänge, durch die die Juden hindurchgeschleust wurden. Wenn sie am Rande der Schlucht ankamen, wurden sie von Beamten der Schutzpolizei ergriffen und auf bereits erschossene

---

13 Ereignismeldung UdSRR Nr. 97, 28. 9. 1941, Nürnberger Dokument No 3145.
14 Ereignismeldung Nr. 128, 3. 11. 1941, Nürnberger Dokument No 3157.

Juden gelegt. Dies ging alles sehr schnell. Die Leichen wurden regelrecht ge-
schichtet. So wie ein Jude dalag, kam ein Schütze von der Schutzpolizei mit der
Maschinenpistole und erschoß den daliegenden durch Genickschuß. Die Juden,
die in die Schlucht kamen, waren von dem Anblick dieses grausigen Bildes so
erschrocken, daß sie vollkommen willenlos waren. Es soll sogar vorgekommen
sein, daß sie sich selbst in Reih und Glied legten und den Schuß abgewartet
haben."[15]

Einer der Mörder vom Sonderkommando 4a gab ein Vierteljahrhundert
später vor einem deutschen Gericht nicht nur zu Protokoll, auf welche Weise
er am Mordgeschehen mitgewirkt hatte, er forderte auch Verständnis für die
seelische Belastung, der die Mörder ausgesetzt gewesen waren: „Gleich nach
meiner Ankunft im Exekutionsgelände mußte ich mich zusammen mit anderen
Kameraden nach unten in die Mulde begeben. Es dauerte nicht lange, und es
wurden uns schon die ersten Juden über die Schluchtabhänge zugeführt. [...] In
der Mulde befanden sich drei Gruppen mit Schützen, mit insgesamt etwa zwölf
Schützen. Gleichzeitig sind diesen Erschießungsgruppen von oben her laufend
Juden zugeführt worden. [...] Mir ist heute noch in Erinnerung, in welches Entsetzen die Juden kamen, die oben am Grubenrand zum ersten Mal auf die Leichen in der Grube hinunterblicken konnten. Viele Juden haben vor Schreck laut
aufgeschrieen. Man kann sich gar nicht vorstellen, welche Nervenkraft es kostet,
da unten diese schmutzige Tätigkeit auszuführen. [...] Die ganze Erschießung an
diesem Tage mag etwa bis [...] 17.00 oder 18.00 Uhr gedauert haben. Anschließend wurden wir wieder in unser Quartier zurückgezogen. An diesem Abend
hat es wieder Alkohol (Schnaps) gegeben."[16]

Zwei Tage dauerte das Morden. Der Bericht nach Berlin, die Ereignismeldung UdSSR Nr. 101 vom 2. Oktober 1941, enthält in militärischer Knappheit
die Bilanz: „Das Sonderkommando 4a hat in Zusammenarbeit mit Gruppenstab
und zwei Kommandos des Polizei-Regiments Süd am 29. und 30. 9. 41 in Kiew
33 771 Juden exekutiert."[17]

Die Zahl der Ermordeten ist ebenso verbürgt wie die Aussage von Tätern,
Zuschauern und auch einigen Überlebenden. Ein Angehöriger des Sonderkommandos, im Zivilleben Polizist und vielleicht, wie andere Mörder auch, ein guter
Familienvater, netter Nachbar, fröhlicher Stammtischbruder, berichtet im Stil
eines Mannes, der nichts als seine Pflicht getan, der nur unvermeidliche Befehle

15 Aussage des Kraftfahrers Höfer, 27. 8. 1959, in: Klee/Dreßen/Rieß (Hrsg.), „Schöne Zeiten",
    S. 66 f.
16 Aussage Kurt Werner, 28. 5. 1964, ebenda, S. 70 f.
17 Ereignismeldung UdSSR Nr. 101, 2. 10. 1941, Nürnberger Dokument No 3137.

befolgt hatte: „Am dritten Tag nach der Exekution wurden wir noch einmal an die Exekutionsstelle gefahren. Bei der Ankunft sahen wir, daß eine Frau an einem Busch saß und die Exekution anscheinend unverletzt überstanden hatte. Diese Frau wurde von dem uns begleitenden SD-Mann – Name unbekannt – erschossen. Weiter haben wir gesehen, daß aus dem Leichenberg heraus noch eine Person mit der Hand winkte. Ob es eine Frau oder ein Mann war, weiß ich nicht. [...] Nach diesem Tage kam ich nicht mehr an die Exekutionsstelle. Wir waren danach einige Tage damit beschäftigt, Geldscheine zu glätten, die aus dem Eigentum der erschossenen Juden stammten. Ich schätze, es muß sich um Millionenbeträge gehandelt haben. Was mit dem Geld geschehen ist, weiß ich nicht. Es wurde in Säcke verpackt und weggeschickt."[18]

In den folgenden Tagen wurden die Leichen mit Erde zugeschüttet. Eine Pioniereinheit der Wehrmacht bekam den Auftrag, die Wände der Schlucht zu sprengen. Sie wurde dadurch zum riesigen Massengrab. In der amtlichen Ereignismeldung der SS hieß es: „Die gegen Juden durchgeführte ‚Umsied-lungsmaßnahme' hat durchaus die Zustimmung der Bevölkerung gefunden. Daß die Juden tatsächlich liquidiert wurden, ist bisher kaum bekannt gewor-den, würde auch nach den bisherigen Erfahrungen kaum auf Ablehnung sto-ßen. Von der Wehrmacht wurden die durchgeführten Maßnahmen ebenfalls gutgeheißen."[19]

Das Morden in Babyn Jar ging weiter bis in den August 1943. Der letzte Akt der Tragödie bestand dann darin, dass jüdische KZ-Häftlinge gezwungen wur-den, die Leichen zu exhumieren. Auf improvisierten Feuerstellen wurden sie verbrannt, die Knochenreste in der Asche wurden zermahlen und zerstoßen. Nichts sollte nach dem Rückzug der Deutschen aus der Ukraine an die Verbre-chen erinnern. Die Beseitigung der Spuren der Massenmorde im Osten war seit Frühjahr 1943 Aufgabe des „Sonderkommandos 1005" unter SS-Standartenfüh-rer Paul Blobel. Er war auch Chef der Einheit gewesen, die im September 1941 die Massenmorde in Babyn Jar verübte. Blobel wurde 1948 in Nürnberg zum Tod verurteilt und 1951 in Landsberg hingerichtet.

Akten der Täter und die Statistik des Holocaust sind abstrakte Informa-tionen, die nichts von der individuellen emotionalen Dimension des erlittenen Leides vermitteln. Eine Annäherung an das Verstehen der menschlichen Kata-strophe des Judenmords ist allenfalls über Einzelschicksale möglich. Alexandr Schwarz hat als Achtzigjähriger, den Tod vor Augen, einen Albtraum. Es ist in allen Details die Wiederholung des Schreckens, der 1941 mit dem Einmarsch

18   Aussage Anton Heidborn, 1. 11. 1963, in: Klee/Dreßen/Rieß (Hrsg.), „Schöne Zeiten", S. 70.
19   Ereignismeldung UdSSR, Nr. 106, 7. 10. 1941, Nürnberger Dokument No 3140.

der Deutschen in Lemberg begann. Damals war Alexandr 16 Jahre alt, geriet mit seinem Vater ins berüchtigte Janowska-Lager. Nach einem Jahr Zwangsarbeit ist der Vater so entkräftet, dass ihn beim Appell ein SS-Mann vor den Augen des Sohnes erschießt. Wieder ein Jahr später steht Alexandr selbst nackt auf dem Exekutionsplatz. Er rettet sich, weil er im richtigen Moment in die Erschießungs- grube springt und reglos unter den Leichen liegenbleibt – bis zum Feierabend der Henker. Dann kriecht er heraus und kehrt ins Lager zurück. Aus dem Kom- mando, das die Spuren des Judenmords beseitigen soll, indem es Leichen aus- gräbt und verbrennt, flieht er, verborgen unter den Kleidern Ermordeter, die ein Lkw in ein anderes Lager bringt. Dort arbeitet Alexandr, abermals unter den Schikanen der SS, in einem Schrottkommando. Sechs Kameraden erwürgen bei Gelegenheit den Bewacher und fliehen in die Berge. Drei Monate später ist das Inferno zu Ende. Jetzt erfährt der junge Mann, dass er der einzige Überlebende seiner Familie ist. Mutter und Schwester hatten im Ghetto den Tod gefunden. 1966 steht Alexandr Schwarz in Stuttgart als Zeuge vor Gericht noch einmal dem Mörder seines Vaters, dem SS-Mann Blum, gegenüber. Der wird zu sechs Jahren Gefängnis verurteilt. Das sei eine milde Strafe, sagt Alexandr Schwarz im Abstand der Jahrzehnte. Sein Trauma ist lebenslang.[20]

David Aschkenase, als Kind polnisch-jüdischer Eltern 1933 in Hamburg geboren, erlebt dort die „Kristallnacht", ehe die Familie Deutschland verlassen muss und sich in der Oblast Ternopil' bei Verwandten niederlässt. Das Gebiet ge- hört nach dem Hitler-Stalin-Pakt zur Ukraine. Der Sowjetherrschaft folgt 1941 die deutsche Besatzung mit „Aktionen" und der Internierung im Ghetto. Die Familie versucht, im Versteck zu überleben. Der Vater wird von ukrainischen Banditen erschossen, Mutter und Schwester werden denunziert und enden als Opfer deutscher Mordlust. Der Neunjährige irrt als Waise auf dem Gebiet zwi- schen Wehrmacht und Roter Armee umher, trifft auf fanatische Verräter, findet aber auch Helfer.[21]

Soja Aisina war gerade zur Welt gekommen, als die Wehrmacht in die Ukra- ine einmarschierte. Ihr Vater wurde zur Roten Armee eingezogen, er fiel, wie sie nach der Befreiung erfährt, 1943 in der Schlacht um Kursk. Soja und ihr vier Jahre älterer Bruder erleben den Holocaust im Gebiet Poltava, sehen die Erschie- ßung des Großvaters, spüren die Verzweiflung der Mutter, erfahren die Denun- ziation durch ukrainische Antisemiten, aber auch die Hilfe durch Anständige. Von der Mutter getrennt, lebten die Kinder zuletzt in einem Kellerversteck,

20 Boris Zabarko/Margret Müller/Werner Müller (Hrsg.), Leben und Tod in der Epoche des Holocaust in der Ukraine. Zeugnisse von Überlebenden, Berlin 2019, S. 89 f.
21 Ebenda, S. 182.

geschützt von einer hilfsbereiten Familie. Das größte Problem der Helfer war, die Kinder am Weinen zu hindern, wenn die Deutschen Razzien nach versteckten Juden machten.[22]

Die sowjetische Volkszählung verzeichnete Anfang 1941 (nach der zwischen Hitler und Stalin vereinbarten Annexion Ostpolens durch die Sowjetunion) 2,4 Millionen Juden in der Ukraine. Der Zensus von 1959 ergab knapp 850 000 Einwohner, die sich zum Judentum bekannten. Das heißt, etwa 1,5 Millionen Menschen wurden zwischen Juni 1941 und August 1944 unter deutscher Herrschaft Opfer des Völkermordes Holocaust.

Wie in Babyn Jar, dem Ort des größten Massakers, verübten mobile Einheiten der Einsatzgruppen C und D in der zentralen und östlichen Ukraine den Massenmord an den Juden. In der Westukraine, dem ehemals polnischen Gebiet, ging dem Genozid in den Gaskammern des Vernichtungslagers Belzec der Aufenthalt in einem der 442 Ghettos voraus, die unter deutscher Herrschaft eingerichtet worden waren.[23]

Diskriminierung im Sowjetsystem

Für die wenigen Überlebenden des Holocaust in der Ukraine bedeutete die Befreiung des Landes von der NS-Herrschaft kein Ende der Diskriminierung.[24] Unter der Diktatur Stalins wurden die Juden als religiöse Gruppe beargwöhnt, und als Nationalität im Sinne der Sowjetideologie standen sie wegen internationaler Verbindungen (etwa zu US-amerikanischen Hilfsorganisationen) unter Verdacht. Im Stalinismus galten sie als „wurzellose Kosmopoliten", und die paranoide Vorstellung einer „internationalen jüdischen Verschwörung" wirkte als Konstrukt weiter, obwohl Stalin den Rassismus Hitlers nicht teilte.[25]

Die Judenfeindschaft sowjetischer Observanz war dem mörderischen Antisemitismus der Nationalsozialisten nicht gleichartig, sie traf trotzdem die Opfer hart. Pogromartige Ausschreitungen in Kiew, Vinnycja und Charkiv nach dem Holocaust waren Erscheinungen eines autochthonen ukrainischen

---

22 Ebenda, S. 948.
23 Dieter Pohl, Nationalsozialistische Judenverfolgung in Ostgalizien 1941–1944. Organisation und Durchführung eines staatlichen Massenverbrechens, München 1996.
24 Frank Grüner, Patrioten und Kosmopoliten. Juden im Sowjetstaat 1941–1953, Köln/Weimar/Berlin 2008.
25 Leonid Luks, Stalin und die „Jüdische Frage". Brüche und Widersprüche, in: ders. (Hrsg.), Spätstalinismus und die „Jüdische Frage". Zur antisemitischen Wendung des Kommunismus, Köln/Weimar/Wien 1998, S. 271–298.

Antisemitismus von unten, der in der Not des verwüsteten Landes Gewaltausbrüche evozierte, die tief verwurzelte Ressentiments wie die Ritualmordlegende als Antriebskräfte hatten.

Politisches Kalkül war dagegen die von Stalin angeordnete Auflösung des 1941 gegründeten „Jüdischen Antifaschistischen Komitees", dessen Vorsitzender Solomon Michoels Anfang 1948 bei einem fingierten Autounfall ermordet wurde und dessen Mitglieder wegen des Vorwurfs der Spionage, des Nationalismus und des Geheimnisverrats in der Folge in geheimen Verfahren verurteilt und hingerichtet wurden.[26] Politisches Kalkül begründete auch die autonome jüdische Republik Birobidžán im fernen Osten der Sowjetunion, in die viele Juden aus der Ukraine ab 1944 einwanderten.[27] Und politisches Kalkül war die anfängliche Unterstützung der Gründung des Staates Israel durch Moskau.

Innenpolitisch setzte die Maxime der Überwachung, Regelung und Kontrolle als sowjetisches Herrschaftsprinzip auch der Judenheit enge Grenzen im religiösen, kulturellen und sozialen Leben. Staatliches Instrument der Kontrolle war der „Rat für religiöse Kulte", zuständig als oberste Instanz in Moskau mit Dienststellen in den Provinzen des Sowjetreiches für die Reglementierung des religiösen Lebens in christlichen, muslimischen, jüdischen und sonstigen Gemeinden. Sowjetisches Staatsziel war die atheistische sozialistische Gesellschaft, in der religiöse Inseln nur unter strenger Aufsicht geduldet waren.

Am 1. Oktober 1945 wurden in der Ukraine 59 Synagogengemeinden gezählt, die nach dem Judenmord neu gegründet worden waren. 1940 waren es 657 Synagogen gewesen, deren Gemeinden von ebenso vielen Rabbinern betreut wurden. Unter dem Regime des Rates für religiöse Kulte gab es im April 1952 noch 39 jüdische Gemeinden, deren Zahl laufend abnahm. Ein schikanöses System der Registrierung, von Verbot und Genehmigung zielte auf die Dezimierung der jüdischen Gemeinden, die Profanisierung von Synagogen (wie auch von Kirchen und Moscheen) und erschwerte mit ausgeklügelten Verordnungen die Ausübung von jüdischem Kult und jüdischer Religiosität. Es gab ein Gebetsverbot außerhalb von Synagogen, das unkontrollierbare Gebetskreise in Privatwohnungen traf, die Bereitung von Mazzen bedurfte besonderer Erlaubnis, der Verkauf an Gläubige konnte als „Spekulantentum" geahndet werden, es gab

---

26 Arno Lustiger, Rotbuch: Stalin und die Juden. Die tragische Geschichte des Jüdischen Antifaschistischen Komitees und der sowjetischen Juden, Berlin 1998; Shimon Redlich, War, Holocaust and Stalinism: A Documented Study of the Jewish Anti-Fascist Committee in the USSR, Luxembourg 1995; Joshua Rubenstein/Vladimir Naumov (Hrsg.), Stalin's Secret Pogrom: The Postwar Inquisition of the Jewish Anti-Fascist Committee, New Haven 2001.

27 Antje Kuchenbecker, Zionismus ohne Zion. Birobidžan: Idee und Geschichte eines jüdischen Staates in Sowjet-Fernost, Berlin 2000.

keine Ausbildung von Schochets (Fachleuten zum rituellen Schächten koscheren Fleisches), jüdische Literatur wurde nicht publiziert. Die Kriminalisierung von Rabbinern gehörte dagegen zu den Pflichten einer religionsfeindlichen Bürokratie. Spitzel des Geheimdienstes wühlten sich durch das jüdische Gemeindeleben, religiösen Juden wurde nach Kräften das Leben erschwert.[28]

Die Unterdrückung des Jüdischen hielt bis zum Ende der Sowjetunion grundsätzlich an, auch wenn die Formen nach dem Tod Stalins milder wurden. Die Verweigerung der öffentlichen Erinnerung an den Holocaust, das Verbot von Denkmalen für die jüdischen Opfer oder des „Schwarzbuchs" mit Zeugnissen zum Judenmord sollten ein kollektives Bewusstsein der jüdischen Leidensgemeinschaft verhindern.

Was als „nationalistische Tendenz" geschmäht wurde, ließ die Juden als Gemeinde freilich nur enger zusammenrücken. Nach der Wende der sowjetischen Politik gegenüber der Existenz Israels kam der Vorwurf „zionistischer Umtriebe" als neues Verdachtsmoment gegen die Juden in der UdSSR hinzu. Das paranoide Misstrauen sowjetischer Regierungen gegenüber Kontakten jüdischer Bürger in der Sowjetunion mit Verwandten oder Glaubensbrüdern/-schwestern in Israel oder in den USA, in Kanada und anderen westlichen Ländern äußerte sich im Spätstalinismus als latentes Verschwörungsdenken. Es fand Ausdruck in der Säuberung der kommunistischen Partei der Tschechoslowakei: Im Prager Slánský-Prozess wurden im November 1952 elf jüdische Funktionäre als „Staatsfeinde" zum Tod verurteilt und hingerichtet.[29]

Wenig später, im Januar 1954 ließ Stalin in der *Prawda* ein angebliches Ärztekomplott anprangern, worauf vor allem jüdische Mediziner verhaftet wurden. Stalins Tod verhinderte das Schicksal, das ihnen in einem Schauprozess zugedacht war.[30] Die Vorbehalte gegen Juden überdauerten das Ende des Stalinismus und trugen dazu bei, dass sich jüdisches Leben in der Sowjetukraine nur auf quasi-klandestinem und bescheidenem Niveau entfalten konnte.[31]

---

28 Katrin Boeckh, Jüdisches Leben in der Ukraine nach dem Zweiten Weltkrieg. Zur Verfolgung einer Religionsgemeinschaft im Spätstalinismus (1945–1953), in: Vierteljahrshefte für Zeitgeschichte 53 (2005), S. 421–448.

29 Klaus Holz, Marxistisch-leninistischer Antizionismus (Slánský-Prozeß), in: ders., Nationaler Antisemitismus. Wissenssoziologie einer Weltanschauung, Hamburg 2001, S. 431–482.

30 Jonathan Brent, Vladimir Naumov, Stalin's Last Crime: The Plot Against the Jewish Doctors, 1948–1953, New York 2003; Matthias Vetter, „Verschwörung der Kremlärzte", in: Wolfgang Benz (Hrsg.), Handbuch des Antisemitismus, Bd. 3, Berlin, Boston 2011, S. 416–418.

31 Matthias Vetter, Die letzte „fünfte Kolonne". Antisemitismus und stalinistische Minderheitenpolitik, in: Jahrbuch für Antisemitismusforschung 19 (2010), S. 234–268.

Jüdisches Leben in der unabhängigen Ukraine

Am Ende der Sowjetherrschaft wurden knapp 500 000 Juden in der Ukraine gezählt. Davon lebten 100 000 in Kiew und seiner Umgebung, 70 000 in und um Odesa, 30 000 in der Oblast Dnipropetrovs'k und 50 000 in der Region Charkiv. Durch Emigration dezimierte sich der jüdische Anteil der Bevölkerung bald drastisch. 2005 waren nur noch 84 000 Juden Bürger der Ukraine.[32] Die Rückgabe von Synagogen, die in der Sowjetunion profaniert worden waren, ein aufblühendes Gemeinde- und Verbandsleben, die Möglichkeit, jüdische Literatur zu publizieren, bezeichneten die Stimmung von Aufbruch und Hoffnung. Widersprüchliche Markierungen der Erinnerungspolitik bildeten das Gedenken an den Judenmord ebenso wie an die zweitägige Massengewalt in Babyn Jar. Am 50. Jahrestag 1991 sprach Präsident Kravčuk vom Anteil an Schuld des ukrainischen Volkes am Schicksal der Juden durch deutsches Verbrechen und bat die jüdischen Bürger um Verzeihung. In der ukrainischen Sowjetrepublik wurde aber auch der Anführer des Kosakenaufstands von 1648, Bohdan Chmel'nyc'kyj, der den Massenmord an mindestens 18 000 Juden verantwortet, als Nationalheld verehrt. 1991 war Symon Petljura als militärischer Chef und politischer Kopf der kurzen ukrainischen Unabhängigkeit 1917–1920 auf den Sockel gehoben worden, ungeachtet der ihm zur Last fallenden Exzesse gegen Juden. Auch Stepan Bandera als nationale Lichtgestalt zu verehren, wie es in der Gegenwart geschieht, ist nur möglich, wenn sein Anteil an der mörderischen Judenfeindlichkeit der von ihm geführten ukrainischen Nationalisten verleugnet wird.

Volkstümlicher Antisemitismus, der sich aus traditionellen Ressentiments speist und Feindbilder benutzt wie den Gottesmordvorwurf, die Ritualmordlegende oder die Verschwörungsfantasien und der dem Phantom jüdischen Strebens nach Weltherrschaft huldigt, ist wie überall auch in der Ukraine als Bodensatz der Gesellschaft virulent. Auf ihm gedeihen Welterklärungsmuster, die Feinde brauchen und in schlichtem Schwarzweiß-Denken einfache Lösungen komplexer Sachverhalte anbieten. Auch organisierte Judenfeindschaft existiert, die sich in Zirkeln, Vereinen und in Pamphleten artikuliert.[33] Aber keineswegs in einem Ausmaß, das es erlauben würde, die Gesellschaft der Ukraine pauschal als judenfeindlich zu apostrophieren.

---

32 Markus Mathyl, Staatlicher Antisemitismus in Rußland – Renaissance oder Auflösung?, in: Jahrbuch für Antisemitismusforschung 8 (1999), S. 60 f.

33 Matthias Messmer, Sowjetischer und postkommunistischer Antisemitismus: Entwicklungen in Russland, der Ukraine und Litauen, Konstanz 1997.

Iosif Sissels, der 1988 die erste legale jüdische Organisation in der Ukraine gründete, begrüßte im Mai 2013, damals war er Vizepräsident des Jüdischen Weltkongresses, das Ende des sowjetischen Antisemitismus nach der Unabhängigkeit der Ukraine. Er konstatierte auch, dass zehn Jahre später rechtsradikale, ultranationalistische und faschistische Bewegungen wie „Svoboda", „Rechter Sektor" oder „Patriot der Ukraine" mit antisemitischen und rassistischen Parolen erfolglos blieben und nicht im Parlament vertreten waren. Als Gefahr sah Sissels dagegen Ende des Jahres 2014 die Propaganda aus Moskau als Versuche, „die Probleme in der Ukraine durch Machenschaften von Zionisten, die der Propaganda zufolge die Macht im Land ergriffen haben, zu erklären. Dabei nutzen die Propagandisten den Umstand aus, dass ein paar Menschen mit jüdischen Wurzeln führende Regierungspositionen in der Ukraine besetzen."

Das war lange vor der Präsidentschaft Volodymyr Zelens'kyjs. Die gute Nachricht vom Rückgang der Judenfeindschaft verkündete Sissels freilich nicht ohne prophetische Skepsis. Es könne auch sein, „dass der Rückgang der antisemitischen und anderer fremdenfeindlichen Aktivitäten in der Ukraine in den letzten Jahren erst vorübergehenden Charakter hat und in erster Linie eine Massenreaktion auf die Versuche Russlands darstellt, die Bewegung der Ukraine Richtung Europa, die weitere Demokratisierung des Landes und die Durchführung der Antikorruptions- und anderer Reformen behindern".[34]

---

34 Iosif Sissels, Antisemitismus in der Ukraine, in: Ukraine Analysen, Nr. 140, 5. 11. 2014, S. 7–9.

TIM B. MÜLLER

Diskriminierung mit langer Tradition

Roma in der Ukraine

Im Kontext des russischen Überfalls auf die Ukraine und des seit dem 24. Februar 2022 andauernden Krieges ist trotz der Dauerpräsenz des Themas Ukraine in Presse, Politik und Öffentlichkeit von ukrainischen Roma nur selten die Rede. Einmal gelangte ein Bericht über eine „Heldentat" ukrainischer Roma bei der Abwehr der russischen Streitkräfte in die Medien.[1] Gelegentliche Aufmerksamkeit fanden die immer wieder in Deutschland und anderen Ländern auftretenden Fälle von Ungleichbehandlung und Diskriminierung ukrainischer Roma.[2] Offenkundig wiederholten sich im Umgang mit aus ost- und südosteuropäischen Staaten geflüchteten oder zugewanderten Roma etablierte Handlungsmuster, die auf antiziganistischen Stereotypen gründen.[3]

Zugleich war hierzulande ein neues Problembewusstsein zu beobachten, das zu gezielten Förder- und Aufklärungsmaßnahmen durch staatliche Stellen führte, um jeder Ungleichbehandlung entgegenzutreten. Die antiziganistischen Gewohnheiten sollten durchbrochen werden.[4] Dieser diskriminierungskritische

---

1   Vgl. https://zentralrat.sintiundroma.de/zentralrat-deutscher-sinti-und-roma-verurteilt-scharf-den-angriff-auf-die-ukraine/. – Die Weblinks in diesem Beitrag wurden zuletzt am 30. 12. 2022 abgerufen und geprüft.

2   Vgl. etwa https://www.bmfsfj.de/bmfsfj/aktuelles/alle-meldungen/antiziganismusbeauf tragter-fordert-gleichbehandlung-gefluechteter-roma--202104; https://www.sueddeutsche. de/politik/ukraine-fluechtlinge-roma-1.5597265; https://www.dw.com/de/tschechien-flücht linge-zweiter-klasse/av-62164928.

3   Vgl. etwa Wolfgang Benz, Sinti und Roma: Die unerwünschte Minderheit. Über das Vorurteil Antiziganismus, Berlin 2014; Markus End, Gutachten Antiziganismus. Zum Stand der Forschung und der Gegenstrategien, Marburg 2013; ders., Das soziale Phänomen des Antiziganismus. Theoretisches Verständnis, empirische Analyse, Präventionsmöglichkeiten, Phil. Diss., Bielefeld 2017; Jan Selling u. a. (Hrsg.), Antiziganism. What's in a Word?, Newcastle upon Tyne 2015.

4   Ministerium für Soziales, Gesundheit und Integration Baden-Württemberg, Pressemitteilung vom 28. 9. 2022, https://sozialministerium.baden-wuerttemberg.de/de/service/presse/pressemitteilung/pid/land-unterstuetzt-die-erstintegration-von-aus-der-ukraine-vertriebe nen-roma/.

Ansatz fußt auf den im vergangenen Jahrzehnt ausgebildeten Vertrauensstrukturen zwischen der deutschen nationalen Minderheit der Sinti und Roma, auch zugewanderten Roma einerseits sowie Staat und „Mehrheitsgesellschaft" andererseits.

Nach den spät einsetzenden Forschungen zum Völkermord wird mittlerweile auch die schwierige Geschichte der wechselseitigen „Anerkennung" nach 1945 aufgearbeitet.[5] Wegmarken des letzten Jahrzehnts, das als Transformationsepoche eine historische Zäsur setzen könnte, waren etwa die Errichtung des Denkmals für die im Nationalsozialismus ermordeten Sinti und Roma Europas (auch der ukrainischen Roma) 2012 in Berlin, die erheblich gesteigerte Sichtbarkeit des Völkermords an Sinti und Roma in der bundesrepublikanischen Erinnerungskultur, Maßnahmen des Minderheitenrechteschutzes wie die Verankerung der Minderheitenförderung in der Landesverfassung von Schleswig-Holstein 2012 oder der europaweit beachtete Staatsvertrag in Baden-Württemberg 2013, die wachsende Aufnahme des Themas in die Bildungspläne der Bundesländer, die Einsetzung eines Beauftragten der Bundesregierung gegen Antiziganismus im Frühjahr 2022 oder auch die im Dezember 2022 von der Kultusministerkonferenz, dem Zentralrat Deutscher Sinti und Roma und dem Bündnis für Solidarität mit den Sinti und Roma Europas, in dem zahlreiche Minderheiten- und allgemeine zivilgesellschaftliche Organisationen zusammengeschlossen sind, verabschiedete gemeinsame Erklärung zur Vermittlung der Geschichte und Gegenwart von Sinti und Roma in der Schule. Parallel dazu wurden in der Dekade seit 2011 zwei Strategien der Europäischen Union für die Inklusion und gleichberechtigte Teilhabe von Sinti und Roma vorgelegt. Wie erfolgreich die daraus resultierenden Maßnahmen bisher waren, wird – zurückhaltend formuliert – kontrovers diskutiert. Außer Frage steht jedoch, dass die gezielte, „explizite, aber nicht exklusive" Förderung der Minderheit sowie die Bekämpfung des Antiziganismus größere Zustimmung als je zuvor in der europäischen Politik gefunden haben.[6]

---

5   Vgl. Perspektivwechsel – Nachholende Gerechtigkeit – Partizipation. Bericht der Unabhängigen Kommission Antiziganismus, Berlin 2021; Sebastian Lotto-Kusche, Der Völkermord an den Sinti und Roma und die Bundesrepublik. Der lange Weg zur Anerkennung 1949–1990, München 2022; Karola Fings, Schuldabwehr durch Schuldumkehr. Die Stigmatisierung der Sinti und Roma nach 1945, in: Oliver von Mengersen (Hrsg.), Sinti und Roma. Eine deutsche Minderheit zwischen Diskriminierung und Emanzipation, Bonn 2015, S. 145–164. Die unverzichtbare Grundlage legte Michael Zimmermann, Rassenutopie und Genozid. Die nationalsozialistische „Lösung der Zigeunerfrage", Hamburg 1996.

6   Vgl. etwa Iulius Rostas, A Task for Sisyphus. Why Europe's Roma Policies Fail, Budapest 2019; Nando Sigona/Nidhi Trehan (Hrsg), Romani Politics in Contemporary Europe. Poverty, Ethnic Mobilization, and the Neoliberal Order, London 2009; Elena Marushiakova/Vesselin Popov, Roma Labelling. Policy and Academia, in: Slovenský Národopis 66 (2018),

Zu den Aufklärungsmaßnahmen für staatliche und gesellschaftliche Institutionen der Flüchtlingshilfe im Jahr 2022 gehörten auch Informationen zur Geschichte der Roma in der Ukraine. Das gesellschaftliche Unwissen überrascht nicht, wenn selbst Kenntnisse über deutsche Sinti und Roma kaum verbreitet und von Vorurteilen durchzogen sind.[7] Aber auch in der deutschsprachigen Fachwissenschaft wurde dem Thema bislang kaum Beachtung geschenkt. Über den nationalsozialistischen Völkermord an den Roma in der Ukraine und anderen Regionen der Sowjetunion im Zweiten Weltkrieg liegen dank der Forschungen von Martin Holler und anderen neue Erkenntnisse vor.[8] Mit der Situation nach dem Ende der UdSSR und der Unabhängigkeit der Ukraine 1991 haben sich vor allem Menschenrechtsexperten befasst. Immer wieder, auch in jüngster Vergangenheit, waren massive Menschenrechtsverletzungen und eine verbreitete Diskriminierung der Roma-Minderheit festzustellen sowie gewalttätige Angriffe und Morde, die vor allem, aber nicht nur von rechtsextremistischen Kräften verübt wurden.

Die aktuelle Situation

Im Krieg, dessen Vorläufer schon seit 2014 auch aus der Ostukraine und von der Krim vertriebene und geflüchtete Roma trifft, hat sich diese Lage nicht geändert. Das zeigte im Sommer 2022 die Ukraine-Reise einer Delegation des Beauftragten der Bundesregierung gegen Antiziganismus, Mehmet Daimagüler, der von Vertretern der deutschen Sinti und Roma begleitet wurde. Die Roma-Bevölkerung der Ukraine ist vielfältig, sie ist von unterschiedlichen Kulturen, Sprachen, Religionen und historischen Bedingungen geprägt. Der Umgang mit dieser Roma-Minderheit belegt, dass die militarisierte Demokratie der Ukraine

---

S. 385–418; Sergio Carrera/Iulius Rostas/Lina Vosyliūtė, Combating Institutional Anti-Gypsyism. Responses and promising practices in the EU and selected Member States, Brussels 2017; Mihai Surdu/Martin Kovats, Roma Identity as an Expert-Political Construction, in: Social Inclusion 3 (2015) 5, S. 5–18; Iulius Rostas/Tim B. Müller, Basic Concepts of Romani Policies in Europe. On Antigypsyism and the Idea of Roma in European Political Language, Mannheim 2021.

7   Vgl. etwa Daniel Strauß (Hrsg.), RomnoKher-Studie 2021: Ungleiche Teilhabe. Zur Lage der Sinti und Roma in Deutschland, Mannheim 2021; oder die Befunde bei Oliver Decker/Elmar Brähler (Hrsg.), Flucht ins Autoritäre. Rechtsextreme Dynamiken in der Mitte der Gesellschaft, Gießen 2018; dies. (Hrsg.), Autoritäre Dynamiken. Alte Ressentiments – neue Radikalität, Gießen 2020.

8   Vgl. Martin Holler, Der nationalsozialistische Völkermord an den Roma in der besetzten Sowjetunion (1941–1944). Gutachten für das Dokumentations- und Kulturzentrum Deutscher Sinti und Roma, Heidelberg 2009; ders., Der NS-Völkermord an den Sinti und Roma in der besetzten Sowjetunion, in: von Mengersen (Hrsg.), Sinti und Roma, S. 125–144.

zwar strategisch im westlichen Lager verankert ist und dort Allianzen sucht – und auch ihre Rhetorik der „Verteidigung der Freiheit" angesichts des Angriffskrieges einer neo-totalitären Diktatur ihre Berechtigung hat –, aber von einem liberalen Minderheiten- und Grundrechteschutz noch weit entfernt ist. Gemessen an der Stellung ihrer Roma-Minderheit hat die ukrainische Demokratie in ihrer Transition von einer post-totalitären Gesellschaft in einen liberalen, pluralistischen demokratischen Rechtsstaat und zu europäischen Normen der Minderheitenrechte noch einen beträchtlichen Weg vor sich. Wohn- und Schulsegregation sind nur zwei Stichworte. Antiziganismus ist Teil der sozialen und politischen Verhältnisse der Ukraine. Aber hier ist auch zu konstatieren, dass die Unterschiede zu einigen anderen ostmittel- und südosteuropäischen Gesellschaften in dieser Hinsicht eher graduell sind.

Zudem ist anzuerkennen, dass der Ukraine eine europäische „Vorreiterrolle" zukommt, was das Gedenken an den nationalsozialistischen Völkermord an den Roma betrifft. Schon 2005, zehn Jahre bevor das Europäische Parlament diesen Gedenktag einführte, beschloss das ukrainische Parlament, den 2. August zum Tag des Gedenkens an den Holocaust an den Roma zu bestimmen. Auch in der Gedenkstätte Babyn Jar wird mittlerweile an den Völkermord an den Roma erinnert. Die Verdienste im Bereich der Forschung und Aufarbeitung sind bemerkenswert, engagierte Historikerinnen und Historiker setzen sich dafür ein, Orte von Massenerschießungen und Massengräber wurden kenntlich gemacht, umfangreiche Projekte zur Aufzeichnung von Zeitzeugeninterviews sind mit internationaler Unterstützung verwirklicht worden. Das Bild der Lage der Roma und des gesellschaftlichen Umgangs mit ihnen in der Ukraine ist also differenziert.[9]

Eine Folge der antiziganistischen Zustände ist das offizielle Unwissen über die Zahl der in der Ukraine lebenden Roma. Bei der Volkszählung im Jahr 2001 wurden 47 600 Roma (etwa 0,1 Prozent der Gesamtbevölkerung) erfasst.[10] Die tatsächliche Zahl liegt deutlich höher. Schätzungen von Fachleuten und Selbst-

---

9   Vgl. Mikhail Tyaglyy, Genocide of the Roma, 1941–1944. How Is It Being Remembered in Contemporary Ukraine, in: Anna Mirga-Kruszelnicka u. a. (Hrsg.), Education for Remembrance of the Roma Genocide. Scholarship, Commemoration and the Role of Youth, Krakau 2015, S. 97–119; Holler, Der nationalsozialistische Völkermord, S. 124 f.; Holler, Der NS-Völkermord, S. 140; Alexandra Senfft, Die ignorierten Opfer des Holocaust, 12. 10. 2022, https://www.spiegel.de/geschichte/roma-in-der-ukraine-die-ignorierten-opfer-des-holocaust-a-9f0d8c87-30ca-4431-a950-9affdf664ede. – Zur ukrainischen Geschichtspolitik und Erinnerungskultur, die stark von nationalistisch-homogenisierenden Tendenzen gekennzeichnet ist und dem Holocaust einen geringeren Stellenwert als den kommunistischen Verbrechen zukommen lässt, vgl. jetzt grundlegend Georgiy Kasianov, Memory Crash. Politics of History in and around Ukraine, 1980s-2010s, Budapest 2022

10   Vgl. http://2001.ukrcensus.gov.ua/eng/ mit entsprechenden Navigationsmöglichkeiten.

organisationen zufolge leben 200 000 bis 400 000 Roma in der Ukraine. Nicht wenigen Roma fehlen erforderliche Dokumente. Es gibt Roma-Siedlungen, denen keine Adresse zugewiesen wurde und die nicht auf Karten verzeichnet sind und deren Bewohnerinnen und Bewohner darum von Volkszählungen ausgeschlossen sind. Sie werden unsichtbar gemacht. Zudem geben sich angesichts erlebter oder zu erwartender Diskriminierung Minderheitenangehörige nicht als Roma zu erkennen. Schon zu Sowjetzeiten waren ähnliche Phänomene zu beobachten: Mit den wechselnden politischen Konstellationen sank oder stieg die Zahl der offiziell gezählten Roma.[11]

Der aktuelle Antiziganismus – die am Antisemitismus orientierte Begriffsbildung geht auf Roma-Intellektuelle in der Sowjetunion der 1920er- und 1930er-Jahre zurück, zu denen auch ukrainische Roma gehörten,[12] und bezeichnet das in unterschiedlichen historischen Entstehungsbedingungen über Jahrhunderte geformte und alle Lebensbereiche durchdringende Diskriminierungsregime gegen Sinti und Roma[13] – könnte jedoch, wenn er das Gesamtbild dominieren würde, eine reiche Geschichte verdecken. Postsowjetische Diskriminierung ist kein naturgegebener Zustand. Die Realität erschöpft sich nicht in Ausgrenzung. Wie überall in Europa ist auch die Geschichte der Roma in der Ukraine nicht linear verlaufen, sondern von Höhen und Tiefen, Miteinander und Gegeneinander, Verfolgung und Widerstand, Entrechtung und rechtlicher Verbesserung geprägt.[14] Roma haben Geschichte nicht nur erlitten, sondern auch gestaltet. Auch ihre Geschichte kennt „die Fülle der möglichen Zukunft, die Ungewissheit, die Freiheit, die Endlichkeit, die Widersprüchlichkeit".[15] Die Geschichte der ukrainischen Roma war und ist in vielfältige historische Kontexte und konkrete Räume eingebettet: Roma „are and speak of themselves as connected to local places and pasts".[16]

---

11 Vgl. Holler, Der nationalsozialistische Völkermord, S. 25–27.
12 Vgl. Martin Holler, Historical Predecessors of the Term „Anti-Gypsyism", in: Selling u. a. (Hrsg.), Antiziganism, S. 82–92.
13 Vgl. etwa End, Das soziale Phänomen des Antiziganismus; Rostas/Müller, Basic Concepts.
14 Vgl. etwa von Mengersen (Hrsg.), Sinti und Roma; Anna Mirga-Kruszelnicka/Jekatyerina Dunajeva (Hrsg.), Re-thinking Roma Resistance throughout History. Recounting Stories of Strength and Bravery, Berlin 2020; Angéla Kóczé u. a. (Hrsg.), Roma Resistance during the Holocaust and in its Aftermath. Collection of Working Papers, Budapest 2018; Rostas/Müller, Basic Concepts; Daniel Strauß/Tim B. Müller, Sinti im Südwesten. Eine deutsche Geschichte, in: Sabine Mücke/Peter Fritsch (Hrsg.), Ausgrenzung und Verfolgung. Ravensburger Sinti im Nationalsozialismus, Ravensburg 2021, S. 35–42; als geschichtstheoretische Grundlage Tim B. Müller, Von der „Whig Interpretation" zur Fragilität der Demokratie. Weimar als geschichtstheoretisches Problem, in: Geschichte und Gesellschaft 44 (2018), S. 430–465.
15 Thomas Nipperdey, Nachdenken über die deutsche Geschichte. Essays, München 1990, S. 248.
16 Alaina Lemon, Between Two Fires. Gypsy Performance and Romani Memory from Pushkin to Post-Socialism, Durham 2000, S. 3.

Von der Frühen Neuzeit bis zum Ende des Zarenreichs

Die erste bekannte Erwähnung von Roma (unter den verschiedenen Namen, die ihnen im Laufe der Geschichte gegeben wurden) in historischen Quellen in Lemberg im Westen der heutigen Ukraine datiert aus der ersten Hälfte des 15. Jahrhunderts. 1501 gewährte ihnen Alexander der Jagiellone, Großfürst von Litauen und König von Polen, Bewegungsfreiheit und begrenzte rechtliche Autonomie auf litauischem Territorium, das weite Teile der heutigen Ukraine einschloss. Vom 16. Jahrhundert an nehmen die Erwähnungen der Minderheit zu. Roma wanderten aus dem Süden und aus dem Nordwesten in die Ukraine und nach Russland. Roma aus dem Fürstentum Walachei wollten der dort bis ins 19. Jahrhundert herrschenden Sklaverei entkommen. Im 17. Jahrhundert kamen über Polen auch mitteleuropäische Sinti, die vor den Verfolgungswellen im Heiligen Römischen Reich flohen. Auch aus dem Großfürstentum Litauen, das seine Eigenständigkeit verloren hatte, wurden Roma nun ausgewiesen, was zur Folge hatte, dass Roma aus der Karpatenregion sich in den dünn besiedelten Steppen im Südosten der heutigen Ukraine ansiedelten. Eine letzte große Einwanderungswelle folgte auf die Sklavenbefreiung in der Walachei und dem Fürstentum Moldau Mitte des 19. Jahrhunderts.

Diese Fluchtbewegungen zeigen, dass Roma und andere Romani-Minderheiten im Osten Europas, der zunehmend vom russischen Zarenreich beherrscht wurde – weshalb sich auch keine von diesem Kontext losgelöste Geschichte der ukrainischen Roma erzählen lässt –, Sicherheit und Schutz vor Verfolgung und Entrechtung suchten.[17] Wesentlich schlechteren Bedingungen waren Roma in den westlichsten Regionen der heutigen Ukraine ausgesetzt, in Transkarpatien, das im 18. Jahrhundert zum Habsburgerreich gehörte. Die dort lebenden Roma waren der Zwangsassimilations- und Ansiedlungspolitik der Kaiserin Maria Theresia unterworfen. Die in „neue Ungarn" oder „Neubauern" umbenannten Roma mussten ihre Sprache Romanes aufgeben, Endogamie war verboten, Kinder wurden aus ihren Familien gerissen. Die Identität der Roma sollte gewaltsam zerstört werden, was in Transkarpatien teilweise gelungen ist, wo einige Roma-Gruppen heute nur noch Ungarisch sprechen.[18]

---

17 Vgl. etwa Marushiakova/Popov, Russian Empire, S. 1 f.; Lemon, Between Two Fires, S. 7–9; O'Keeffe, New Soviet Gypsies, S. 19 f.; Viorel Achim, The Roma in Romanian History, Budapest 2004, S. 7–23.

18 Zur habsburgischen Assimilationspolitik vgl. etwa Sacha E. Davis, Competitive civilizing missions. Hungarian Germans, modernization, and ethnographic descriptions of the „Zigeuner" before World War I, in: Central European History 50 (2017) 1, S. 6–33; Claudia

Gegenüber der Gewalt des aufgeklärten Absolutismus in Mitteleuropa nimmt sich die Entwicklung im Zarenreich wie eine kulturell neutrale Zulassung von Vielfalt aus. Im Russischen Kaiserreich gab es ein Leitmotiv, das sich durch die Geschichte der Roma vom 18. Jahrhundert bis zur Revolution 1917 zog. Roma sollten Teil der russischen Gesellschaftsordnung sein wie andere Gruppen auch, es gab in ihrer Behandlung keine wesentlichen Unterschiede. Sesshaftigkeit wurde zwar zum Leitbild erhoben, aber anders als im Habsburgerreich wurden keine Zwangsmaßnahmen angewandt. Das überragende Interesse der Staatsmacht bestand darin, dass die – den Zählungen Mitte und Ende des 19. Jahrhunderts zufolge knapp 50 000 – Roma ihre Steuern zahlten und ihren Pflichten gegenüber dem Staat nachkamen. Dazu gehörten militärische Dienstpflichten, vorwiegend die Unterstützung militärischer Einheiten als Schmiede oder mit anderen handwerklichen Fertigkeiten. Höchste Priorität hatten im Zarenreich jedoch die Erfassung im Steuersystem und die Ableistung der Steuern. Auf dem Gebiet der heutigen Ukraine stieg demzufolge der Wohlstand der erfassten Roma im 18. Jahrhundert erheblich. Roma wurden wie die überwiegende Mehrheit aller Untertanen des Zarenreichs als Leibeigene oder Staatsbauern registriert, also innerhalb des regulären Rechtssystems. Beide sozialen Gruppen genossen das Recht auf Reisefreiheit im Reich. Spezifische Bedingungen für Roma wurden seit Mitte des 18. Jahrhunderts, wegweisend durch ein Dekret Katharinas II. im Jahr 1783, weitgehend abgeschafft, letzte marginale Unterschiede wurden 1856 aufgehoben. Die Expansion des Zarenreiches führte zeitweilig zu Differenzen im Rechtsstatus von Roma wie etwa in den zuvor von Sklaverei geprägten Gebieten der Walachei und Moldaus. 1861 wurde die Leibeigenschaft für alle Untertanen des Zarenreichs, Roma eingeschlossen, beendet. In rechtlicher Hinsicht herrschte Gleichheit. Roma wurde im Russischen Kaiserreich nie als „Fremde" behandelt.[19]

Die Aufnahme in die Steuerregister und die Ableistung der Steuerpflicht setzten einen festen Wohnsitz voraus, den jedoch auch die semi-nomadisch lebende Mehrheit der Roma schon früh vorweisen konnte, weil sie über dauerhafte Winterquartiere in den Dörfern verfügte. Um 1800 wuchs die Zahl der in Dörfern oder Städten permanent lebenden Roma, die vorwiegend als Bauern, Händler oder Handwerker ihren Unterhalt verdienten. Zwei 1829 und 1831 geschaffene Ansiedlungsprojekte in Bessarabien, wo Roma zuvor versklavt waren, stehen im

Mayerhofer, Dorfzigeuner. Kultur und Geschichte der Burgenland-Roma von der Ersten Republik bis zur Gegenwart, Wien 1999.

19 Zum ausgrenzenden Sonderrecht für „Fremdstämmige" im Zarenreich vgl. John W. Slocum, Who, and When, Were the *Inorodtsy*? The Evolution of the Category of „Aliens" in Imperial Russia, in: Russian Review 57 (1998), S. 173–190.

allgemeinen Kontext der Kolonisation der Steppe, an ähnlichen Siedlungspro-
jekten waren andere ethnische Minderheiten beteiligt. Zudem waren mit der
Kolonisation soziale Privilegien verbunden. Einen besonderen Status hatten die
Roma auf der 1783 unter russische Herrschaft gestellten Krim. Sie lebten überwiegend in Städten, waren Muslime und galten rechtlich zugleich als „Tataren"
und als „Zigeuner". Diese weitgehende Integration in die krimtatarische Gesellschaft hatte lebensrettende Auswirkungen während des Holocaust. Die Mehrheit
der Roma im Zarenreich mietete im Winter ein Haus auf dem Dorf oder eine
Unterkunft bei Bauern und betrieb im Sommer ambulanten Handel oder bot
ihre handwerklichen und künstlerischen Dienste an. Vor allem in der Ukraine
war die Zahl der in Dörfern dauerhaft als Bauern, auch als kleine Hofbesitzer
lebenden Roma erheblich. Unter den in den Städten wohnenden Roma entstand
eine Roma-Elite, die beträchtlichen Wohlstand erwerben konnte. Darunter
waren große Händler und Geschäftsinhaber.

Über ihnen stand eine Roma-Aristokratie von Musikern, die sich seit der
Gründung des ersten „Zigeunerchors" durch Graf Aleksej Orlov 1774 etablierte.
Die Leiter der Chöre und andere Roma-Musiker stiegen zu sozialer Prominenz
auf, führende Dynastien entstanden, Angehörige der Oberschicht – Fürsten
oder z. B. die Familie Tolstoj – heirateten Romnija aus den Kreisen dieser musi-
kalischen Aristokratie. Diese Roma-Elite wurde schon 1807 aus der Leibeigenschaft entlassen und beteiligte sich 1812 an der Verteidigung Moskaus und an
den nachfolgenden Schlachten gegen Napoleon. Im späten 19. Jahrhundert formierten sich erfolgreiche Theaterkompagnien[20] – eine Tradition, die sich in der
Sowjetunion fortsetzte, als das bis heute bestehende Moskauer „Romen"-Theater
im Zweiten Weltkrieg selbst unter Artilleriebeschuss an der Front auftrat und
der sowjetischen Führung zufolge „gigantische Arbeit" bei der Betreuung der
Roten Armee leistete. Stalin persönlich dankte dem Theater für seinen Einsatz.
Auch ukrainische Roma waren von Anfang an in kleinerer Zahl unter dieser
„Aristokratie". Der bis zu seinem Tod 2021 in Russland als Schauspieler populäre
langjährige Leiter des „Romen"-Theaters, Nikolaj Sličenko, hatte ukrainische
Wurzeln.[21]

---

20 Vgl. etwa Marushiakova/Popov, Russian Empire, S. 6 f.; Lemon, Between Two Fires.
21 Vgl. Lemon, Between Two Fires, S. 94–96; Holler, Der nationalsozialistische Völkermord,
    S. 120 f.; ders., Die nationalsozialistische Vernichtung der Roma in der sowjetischen und
    russischen Erinnerungskultur, in: Felicitas Fischer von Weikersthal u. a. (Hrsg.), Der natio-
    nalsozialistische Völkermord an den Roma Osteuropas. Geschichte und künstlerische Ver-
    arbeitung, Köln 2008, S. 245–294, hier S. 269–291.

Von der Nationalitätenpolitik der frühen Sowjetunion bis zum Völkermord unter nationalsozialistischer Herrschaft

„Tsarist Russia was, of course, no paradise for Roma, but compared with other European countries, the situation was much better", stellt Martin Holler fest. Die Selbstinszenierung der sowjetischen Nationalitätenpolitik als Grundlage eines von Gerechtigkeit und Gleichheit geprägten Vielvölkerstaates musste diese historische Tatsache negieren und Lenins Aussage vom Zarenreich als „Völker-gefängnis" bestätigen. In der frühen Sowjetunion wurde nicht nur von Roma-Intellektuellen, die überwiegend aus der Musiker-Aristokratie stammten, der Begriff des Antiziganismus gebildet, sondern auch die Bekämpfung des Antiziganismus als angebliche zaristische und kapitalistische Erbschaft aufs politische Schild gehoben – bis zum Ende der Nationalitätenpolitik 1938.[22] Zu den wenigen Kontinuitäten nach dem Bruch von 1938 gehörte das sowjetische „Staatliche Zigeunertheater ‚Romen'".[23]

Die Nationalitätenpolitik wollte die „rückständigen Nationalitäten", auch die „kleinen" unter ihnen, durch gezielte Förderung zum Teil der sowjetischen Moderne machen.[24] Den kleinen Minderheiten der Roma widmete diese Politik eine Zeit lang beträchtliche Aufmerksamkeit. Die sowjetischen Roma wurden als einheitliche Kategorie durch diese Politik überhaupt erst erfunden. Die Unterschiede der vielfältigen Gruppen wurden von einer homogenisierenden „Zigeunerpolitik" eingeebnet, der sowjetische Staat definierte alle Roma als der einen offiziellen Nation der „Zigeuner" zugehörig. Sie sollten neue sowjetische Menschen, Sowjetbürger und zugleich „New Soviet Gypsies" sein.[25] Ziel der sowjetischen „Zigeunerpolitik" war die Teilhabe an der landwirtschaftlichen und industriellen Produktion durch Sesshaftmachung und die Gründung von „nationalen Zigeunerkolchosen" und Industriekooperativen. In Kolchosen konnten auch mehrere der „kleinen" Nationalitäten zusammengeschlossen sein wie etwa Juden und Roma in der Region um das heutige Kropyvnyc'kyj in der Ukraine.[26]

Zu den Agenten der Sowjetisierung gehörten Intellektuelle, die ihre Rolle in einer Gesellschaft, in der die Privilegien der früheren Roma-Aristokratie nichts

---

22 Holler, Historical Predecessors, S. 86; vgl. zum Folgenden insgesamt auch Lemon, Between Two Fires; O'Keeffe, New Soviet Gypsies; Marushiakova/Popov, Soviet Union.

23 Vgl. O'Keeffe, New Soviet Gypsies, S. 191–238; Holler, Die nationalsozialistische Vernichtung, S. 269–291.

24 Vgl. Terry Martin, The Affirmative Action Empire. Nations and Nationalism in the Soviet Union, 1923–1939, Ithaca 2001.

25 Vgl. O'Keeffe, New Soviet Gypsies, S. 20 f., 249 f.; Holler, Historical Predecessors, S. 84–88.

26 Vgl. O'Keeffe, New Soviet Gypsies, S. 103–190; Marushiakova/Popov, Soviet Union, S. 2.

mehr galten und im Zweifel Verdacht erregten, neu finden und definieren mussten. Viele von ihnen organisierten sich in der „Allrussischen Zigeunerunion",
die von 1926 bis 1928 bestand und als erste Selbstorganisation und kulturelle
Einrichtung der Minderheit gelten kann. Auch nach ihrer Auflösung wurden
die Maßnahmen fortgesetzt. Zu den kulturellen Dimensionen der Nationalitätenpolitik gehörten eine Alphabetisierungskampagne, die Schaffung einheit-
licher schriftsprachlicher Standards für Romanes sowie die Gründung von Zeitschriften und anderen Publikationsorganen. Zwischen 1931 und 1938 wurden
292 Veröffentlichungen auf Romanes publiziert.[27] Bedeutend war auch die Bil-
dungskampagne, die Schulen für Roma mit Unterricht und Schulbüchern auf
Romanes sowie Ausbildungsstätten für Lehrkräfte auf den Weg brachte. Etwa
140 Lehrerinnen und Lehrer aus der Roma-Minderheit wurden in Moskau bis
1938 ausgebildet, hinzu kamen intensive Sommerkurse in verschiedenen Städten
der Sowjetunion.[28]

Der Erfolg vieler Maßnahmen blieb begrenzt, und mit der Kehrtwende der
sowjetischen Nationalitätenpolitik 1938, die sich nun auf die größeren Nationalitäten mit eigenem Territorium innerhalb der Sowjetunion beschränkte,
brachen die meisten gezielten Förderungen ab. Ein einheitliches Sowjetvolk
sollte entstehen. Der kulturelle Aufbruch der sowjetischen Roma kam zu seinem Ende, Roma-Intellektuelle definierten sich fortan nur noch als gute Sowjetbürger, wenn auch etwa die Alphabetisierung nachhaltige Wirkung zeitigte.
Roma gerieten seit den 1930er-Jahren auch in die Maschinerie des stalinistischen Terrors, aber nicht, weil sie Roma waren, sondern weil die sowjetischen
Sicherheitsapparate die eigene Bevölkerung aus den unterschiedlichsten ideologischen Gründen verfolgten. So wurde etwa ein kleiner Teil der Roma als
für die Kollektivwirtschaft schädliche „Kulaken" stigmatisiert, unter Mithilfe
sowjettreuer Roma. Der stalinistische Terror hatte in der Ukraine besondere
Folgen. Der „Holodomor", die politische forcierte Hungersnot 1932/33, der Millionen Ukrainer zum Opfer fielen, führte zur Flucht von auf dem Land lebenden Roma in die größeren Städte, was in ihrer Deportation resultieren konnte.
Andere verließen Kolchosen und landwirtschaftliche Tätigkeit, um durch eine
nomadische Lebensweise zu überleben. Sie waren jedoch strengen Kontrollen
unterworfen, die Bewegungsfreiheit war eingeschränkt, Städte waren schwer
zugänglich, der Besitz von Pferden war verboten. Wanderarbeitern drohte jederzeit die Verhaftung. Aus Moskau etwa wurden im Sommer 1933 5470 Roma
als angebliche „Kulaken" nach Sibirien deportiert. Bis zum Herbst des Jahres

27 Vgl. O'Keeffe, New Soviet Gypsies, S. 27–65; Marushiakova/Popov, Soviet Union, S. 4 f.
28 Vgl. O'Keeffe, New Soviet Gypsies, S. 66–102; Marushiakova/Popov, Soviet Union, S. 5 f.

waren alle von ihnen wieder geflohen. Aber viele weitere Roma wurden wie Millionen andere Sowjetbürger in den 1930er-Jahren verschleppt, einige auch in Lagern erschossen.[29]

1941 wurde das gesamte Gebiet der Ukraine von Deutschland und seinen Verbündeten besetzt. In den ersten Monaten erließen die Befehlshaber der Wehrmacht widersprüchliche Befehle zur Behandlung der Roma, die von Zwangsarbeit bis zur Erschießung reichten. Einzelne Wehrmachtseinheiten waren an der Ermordung sowjetischer Roma beteiligt. Auf breiter Front folgten den Wehrmachtseinheiten die „Einsatzgruppen" der Sicherheitspolizei und des Sicherheitsdienstes der SS (SD). Die Einsatzgruppe D im Süden der Ukraine ging entlang dem Schwarzen Meer schon im Herbst 1941 zur massenhaften Ermordung von Roma über. Auf der Krim verlief von Ende 1941 an das Morden von Roma und Juden parallel. Auch an anderen Orten wurden Juden und Roma gemeinsam ermordet. Ukrainische Hilfspolizisten führten Massenverhaftungen durch, einige Massenerschießungen zogen sich über mehrere Tage hin. Von 1942 an wurde das Ziel der vollständigen Vernichtung der Roma Realität, die Massengewalt wurde zum systematischen Völkermord. Auch die in den sowjetischen „Zigeunerkolchosen" arbeitenden, nach NS-Kriterien „sozial angepasst" lebenden Roma wurden ermordet, Männer, Frauen und Kinder, unter ihnen Arbeiter und Lehrer, allein aus rassenideologischen Gründen. Nicht zuletzt dank der frühen Untersuchungen durch eine Kommission der Roten Armee, in der auch zahlreiche sowjetische Roma kämpften, wurden viele dieser Verbrechen dokumentiert.[30]

Auf der Krim wurde besonders deutlich, dass nicht nur die – so die NS-Sprache – „herumziehenden Zigeuner" ermordet wurden, sondern ausnahmslos alle Roma Opfer eines Völkermords werden sollten. Gegen die Ermordung ihrer muslimischen Mitgläubigen leistete die krimtatarische Bevölkerung Widerstand, in einzelnen Fällen wohl auch durch Protest gegenüber den deutschen Stellen, vor allem aber durch die Verschleierung der Identität von Roma. Die Einsatzgruppen waren nicht in der Lage, die völlig integrierten Roma ausfindig zu machen, und blieben darum überall in der Ukraine und anderen sowjetischen Gebieten auf Kollaboration angewiesen. Der Widerstand einiger krimtatarischer Dorfältester durch Manipulation von Namenslisten und „tatarische

---

29 Vgl. O'Keeffe, New Soviet Gypsies, S. 24, 104, 116, 120–136, 184 f.; Holler, Der nationalsozialistische Völkermord, S. 20–27; Marushiakova/Popov, Soviet Union, S. 6–8.

30 Hierzu und zum Folgenden vgl. den maßgeblichen Forschungsbeitrag von Holler, Der nationalsozialistische Völkermord, sowie Mikhail Tyaglyy, Nazi Occupation Policies and the Mass Murder of the Roma in Ukraine, in: Anton Weiss-Wendt (Hrsg.), The Nazi Genocide of the Roma. Reassessment and Commemoration, New York 2013, S. 120–152.

Tarnung" rettete zahlreiche Leben.[31] Insgesamt wird die Zahl der auf dem Gebiet
der Ukraine durch die nationalsozialistischen deutschen Einheiten, ihre ungarischen und rumänischen Verbündeten sowie ihre Hilfstruppen im Zweiten
Weltkrieg ermordeten Roma auf 20 000 geschätzt.[32]

Darunter sind auch die Toten unter den etwa 25 000 vom rumänischen
Antonescu-Regime nach Transnistrien, also in den Südwesten der Ukraine, aus
Rumänien deportierten Roma.[33] In Transkarpatien im äußersten Westen der
heutigen Ukraine, das nach dem Ersten Weltkrieg bis 1938 zur Tschechoslowakei gehörte und danach an den deutschen Verbündeten Ungarn fiel, betrieben
tschechoslowakische „Zigeunerforscher", die mit Robert Ritter und seiner Ras-
senhygienischen Forschungsstelle in Berlin in Verbindung standen, rassistische
Erfassungen, so in der Region Užhorod die Anthropologin Marie Nováková, die
nach dem Krieg an ihre Arbeit anknüpfte.[34] Die ungarischen Besatzer zwangen
die Roma in Ghettos und setzten sie zur Zwangsarbeit ein, doch erst mit der
deutschen Okkupation 1944 kam es im ungarischen Herrschaftsbereich zum
Massenmord, von dem die transkarpatischen Roma aber infolge des Vorrückens
der Roten Armee weitgehend verschont blieben, während die transkarpatischen
Juden dem Holocaust zum Opfer fielen.

Vom Ende des Zweiten Weltkriegs bis zum Russisch-ukrainischen Krieg 2014/2022

Die wenigen überlebenden Roma in der Ukraine konnten in der Sowjetunion
nach dem Zweiten Weltkrieg nicht auf Unterstützung und Anerkennung ihres
Leids hoffen.[35] Die meisten lebten segregiert, arbeiteten in Fabriken, Kolchosen
oder kommunalen Betrieben, der Zugang ihrer Kinder zu Schulbildung erstreckte
sich selten auf weiterführende Schulen oder gar ein Studium. Die Mehrheit der
ukrainischen Roma wurde auf gering qualifizierte manuelle Arbeit vorbereitet.

31 Vgl. Holler, Der nationalsozialistische Völkermord, S. 78–101; ders., Der NS-Völkermord,
    S. 130–133; Mikhail Tyaglyy, Were the „Chingene" Victims of the Holocaust? The Nazi
    Policy towards the Crimean Roma, in: Holocaust and Genocide Studies 23 (2009), S. 26–53.
32 Vgl. Tyaglyy, Nazi Occupation Policies, S. 146.
33 Vgl. Radu Ionid, The Holocaust in Romania. The Destruction of Jews and Gypsies under
    the Antonescu Regime, 1940–1944, Chicago 2000, S. 225–237; Viorel Achim, Die Deporta-
    tion der Roma nach Transnistrien, in: Mariana Hausleitner u. a. (Hrsg.), Rumänien und der
    Holocaust. Zu den Massenverbrechen in Transnistrien 1941–1944, Berlin 2001, S. 101–112.
34 Vgl. Victoria Shmidt/Bernadette Nadya Jaworsky, Historicizing Roma in Central Europe.
    Between Critical Whiteness and Epistemic Injustice, Abingdon 2021, S. 113, 133–134.
35 Vgl. Holler, Der NS-Völkermord, S. 139.

Das Ende der Sowjetunion bedeutete darum auch den Zusammenbruch der ökonomischen Strukturen, in denen ukrainische Roma ein Auskommen gefunden
hatten. Die materielle Not führte auf der Suche nach Arbeit und Einkommen
zeitweilig zur Pendelmigration in die russischen Metropolen.

Es finden sich weiterhin sehr unterschiedliche, auch sehr erfolgreiche Biografien. Aber nicht wenige Roma verelendeten und sahen sich gezwungen, in provisorischen Lagern zu leben und sich mit prekären Tätigkeiten durchzuschlagen.
Die Kinder der an den Rand der Gesellschaft gedrängten Roma fielen aus dem
Bildungssystem heraus. Neue Generationen ohne amtliche Dokumente sind auf
diese Weise groß geworden. Bis heute dürften 15 Prozent der ukrainischen Roma
von dieser Ausgrenzung durch Unsichtbarkeit betroffen sein. Mit den fehlenden
Dokumenten gehen fehlende Zugänge zu Bildung, zum Sozialsystem, zu medi-
zinischer Versorgung und oft auch zum Arbeits- und Wohnungsmarkt einher.[36]

Der Beginn des russisch-ukrainischen Krieges 2014 auf der Krim und in der
Ostukraine löste eine Massenflucht aus. Unter den Geflüchteten waren Roma,
auch muslimische Roma von der Krim, die um ihr Leben und Wohlergehen
fürchteten oder aus ihrer Heimat vertrieben wurden und darum Richtung Westen flohen, dabei aber selten die offiziellen Hilfsangebote in Anspruch nehmen
konnten und können. Roma stehen auch in der von Russland überfallenen und
vom Krieg gezeichneten Ukraine am Rand der Gesellschaft.

Diese Marginalisierung bezeugte auch die deutsche Delegation, die Ende Juli
2022 die Ukraine besuchte. Der Beauftragte der Bundesregierung gegen Antiziganismus, Mehmet Daimagüler, wurde dabei von dem Sinto und Grünenpoliti-
ker Romeo Franz MdEP, dem Kovorsitzenden der Bundesvereinigung der Sinti
und Roma Daniel Strauß sowie der Journalistin Alexandra Senfft begleitet.[37] In
Kiew sprach die Delegation u. a. mit Dmytro Lubinec', dem Menschenrechtsbe-
auftragten und Ombudsmann des ukrainischen Parlaments, und Olena Bohdan,
der Leiterin der für den Minderheitenschutz zuständigen Staatlichen Behörde
der Ukraine für ethnische Politik und Gewissensfreiheit (DESS). Mit zahlreichen Vertreterinnen und Vertretern der Roma-Zivilgesellschaft wie Roman
Kondur vom Roma Women Fund Chiricli, Volodymyr Jakovenko von der Youth
Agency for the Advocacy of Roma Culture (ARCA) sowie anderer Nichtregierungsorganisationen, darunter Serhij Ponomar'ov vom Roma Programme der
International Renaissance Foundation, fand ein Austausch statt. Zuvor hatte die

36   Vgl. zur Vielfalt und den unterschiedlichen Lebenssituationen postsowjetischer Roma insgesamt Lemon, Between Two Fires; zur aktuellen Situation in der Ukraine, auch zum Folgenden, https://minorityrights.org/minorities/roma-13/.
37   Vgl. Alexandra Senfft, Die ignorierten Opfer des Holocaust, in: Der Spiegel, 12. 10. 2022.

Delegation schon in Užhorod mit Überlebenden des Völkermords und lokalen Roma-Selbstorganisationen Gespräche geführt.

In der westukrainischen Metropole Lemberg nahm die Delegation eines von zwölf Lagern in den umliegenden Wäldern in Augenschein, in denen Roma aus der Ostukraine untergekommen sind, weil sie andernorts keine Zuflucht finden können. In diesen Lagern leben bereits seit 30 Jahren Roma. Es gibt dort weder fließendes Wasser noch Elektrizität noch Energieversorgung. Tausende von Menschen, darunter viele Kinder, leben in Behelfsunterkünften unter Zuständen, die an die Slums des Globalen Südens erinnern. Die deutsche Delegation hat auf ihrer Reise erschreckende Augenblicksbefunde zusammengetragen. Durch den Krieg ist die Lage der Roma noch prekärer geworden.

Am Beispiel der Stadt Užhorod skizzierte die Delegation die aktuelle Situation. Segregation bestimmt den Lebensalltag von Roma in der Ukraine: Nur 15 Prozent aller Schülerinnen und Schüler besuchen reguläre Schulen. 70 Prozent der Roma-Bevölkerung leben in segregierten Wohnvierteln oder Ghettos. Die Arbeitslosigkeit ist gewaltig. Corona-Impfaktionen fanden in den Siedlungsquartieren der Roma in Užhorod nicht statt, viele Ärzte lehnten es ab, Impfdosen an Roma zu geben, und Krankenhäuser verweigern häufig die Aufnahme, wenn die Roma-Zugehörigkeit von Patienten erkannt wird. Aber die Delegation begegnete auch kompetenten Gesprächspartnern aus der Roma-Minderheit und einer aktiven Zivilgesellschaft, die sich für eine bessere Zukunft einsetzen, und traf bei einigen politischen Akteuren wie dem Menschenrechtsbeauftragte Lubinec' den Willen an, gegen den gesellschaftlichen Antiziganismus vorzugehen.[38]

Nach Jahrhunderten, in denen Roma in der Ukraine – wie in anderen Regionen des Russischen Kaiserreiches und der Sowjetunion – größere Sicherheit als im Rest Europas fanden und erst der deutsche Vernichtungskrieg zu rassistischer Massengewalt und beinahe zu ihrer vollständigen Auslöschung führte, stehen die ukrainischen Roma heute am Scheideweg zwischen sich verschärfender Marginalisierung und Ausgrenzung oder einer offenen Zukunft in einer pluralistischeren, liberaleren Gesellschaft, die sich an ihrem Umgang mit Minderheiten messen lässt und „westliche Werte" nicht nur auf dem Schlachtfeld, sondern auch im Alltag verteidigt.

---

38 Vgl.   https://www.tagesspiegel.de/politik/die-roma-leiden-doppelt-und-dreifach-8543899. html; https://www.sinti-roma.com/beitraege/reise-in-die-ukraine/.

VIKTORIA SAVCHUK

Die Deportation der Krimtataren

In der Geschichte der Ukraine gibt es viele Ereignisse, die außerhalb des Landes weitgehend unbekannt sind. Die sowjetische Epoche bis zur Proklamierung der Unabhängigkeit 1991 bedeutete für das Land eine besondere Herausforderung. Es war die Ära der massiven Repressionen, der politisch motivierten Verfolgungen Andersdenkender und der „ethnischen Säuberungen" von Volksgruppen, die vom sowjetischen Regime als illoyal betrachtet wurden.

Die Bevölkerung der Krim hat heterogene Wurzeln. Nach Skythen, Römern, Griechen, Goten, Hunnen und anderen siedelten zu Beginn des 14. Jahrhunderts auch Nachfahren der „Goldenen Horde" des Dschingis Khan auf der Halbinsel. Sie bildeten eine eigene turksprachige ethnische Gemeinschaft mit den Krimtataren als einem ihrer Zweige, die sich vornehmlich auf der Halbinsel Krim niederließen.

In der Erinnerung der Krimtataren hat ein von der sowjetischen Macht begangenes Verbrechen zentrale Bedeutung: die im Jahr 1944 von Moskau befohlene und vollzogene Deportation von über 200 000 Menschen. 2015 wurde dieses Verbrechen vom ukrainischen Parlament als Genozid am krimtatarischen Volk deklariert.

Hintergründe der Deportation

Noch kurz bevor die Krim von der bis zum 13. Mai 1944 andauernden nationalsozialistischen Besatzung befreit wurde, diskutierte die sowjetische Regierung das Schicksal der Krimtataren und beschloss eine Aktion zur „Säuberung der Krim" von antisowjetischen Elementen", von der das ganze krimtatarische Volk betroffen war. Die offizielle Begründung dafür war die Verordnung Nr. 5859-ss vom 11. Mai 1944 über die Umsiedlung der Krimtataren in die Usbekische Sowjetrepublik: Sie wurden des „Verrates am Mutterland", der „Desertion von Einheiten der Roten Armee" und der „Massenkollaboration mit den Nazis" beschuldigt. Russischen Quellen zufolge sollen im Herbst 1941 ca. 20 000 Krimtataren desertiert sein, was überproportional hoch wäre und stark anzuzweifeln ist: Insgesamt haben etwa 20 000 Krimtataren in der Roten Armee gedient – davon nahmen nicht mehr als 10 000 Soldaten an Kämpfen teil. Historikerinnen und Historiker schätzen die Zahl der krimtatarischen Deserteure auf circa 4000 Personen.

Richtig ist allerdings, dass 15 000 bis 16 000 Krimtataren mit den deutschen Besatzern kollaboriert haben. Fast alle sind entweder ums Leben gekommen oder zu Haft verurteilt worden. Kollaboration stellte zu dieser Zeit keine Seltenheit dar: In den besetzten Gebieten gab es in der Regel einen bestimmten Prozentsatz der lokalen Bevölkerung, Vertreter verschiedener (oft kleiner) Völker, die sich unter Todesdrohung oder aus Gründen der Sicherheit für die eigene Familie zur Kollaboration mit den Besatzern gezwungen sahen. Im Hinblick auf die juristische Schuld muss jeder Fall einzeln bewertet werden. Für Straftaten bestimmter Personen kann nicht das ganze Volk zur Rechenschaft gezogen werden.

Die krimtatarische Bevölkerung wurde am 18. Mai 1944, kurz nach der Verabschiedung der entsprechenden Verordnung, zur „dringenden Aussiedlung" aus ihrem Heimatgebiet in entlegene Gegenden Zentralasiens, aber auch nach Sibirien und in den Ural verschleppt. Vertrieben wurden alle auf der Krim lebenden Menschen krimtatarischer Herkunft: Frauen, Kinder und alte Menschen. Auch Familienangehörige, die von der Roten Armee für ihren Militärdienst höchste Auszeichnungen erhalten hatten, waren davon nicht ausgenommen. Für krimtatarische Soldaten und Offiziere, die in anderen sowjetischen Regionen gedient hatten, bestand keine Möglichkeit zur Rückkehr auf die Krim.

Die aktive Phase der gezielten Verschleppung war außerordentlich kurz: An einem einzigen Tag wurde die Verordnung gewaltsam durch Truppen des Innenministeriums der UdSSR (oder des NKWD) vollzogen. Bewaffnete Soldaten stürmten meist in der Nacht oder am frühen Morgen die Häuser der Krimtataren, durchsuchten sie, erzwangen die Räumung und beschlagnahmten verbliebenes Vermögen. Erinnerungen der Überlebenden zufolge fürchteten viele Menschen, erschossen zu werden. Die Zeitzeugin Munire, 96 Jahre alt, aus Bachčysaraj, Krim, berichtet: „Nachts weckten uns die Soldaten mit Waffen und befahlen, das Haus zu verlassen. Mein Vater dachte, wir würden erschossen. Unter Bewachung wurden wir zu einem Güterzug gebracht."[1]

---

1   Zitat aus dem Interview mit Zeitzeugen, geführt von der ukrainischen NGO CrimeaSOS
    im Rahmen des Projekts „Deportation of Crimean Tatars. Crime told by witnesses, Teil 1",
    26. 5. 2016.

Die Deportierten wurden in überfüllten Güterwaggons transportiert. Sie litten unter Hunger, Durst und unhygienischen Bedingungen. Insgesamt starben etwa 46 Prozent der krimtatarischen Bevölkerung bei der Vertreibung selbst und in den ersten Jahren danach. Khalide, 92 Jahre alt, aus Jalta, Krim, schildert ihre Erlebnisse „Wir wurden in Güterwagen geworfen, überall war es sehr dreckig. Zwei Menschen starben neben uns. Wir sahen, wie die Leichen aus anderen Wagen auf dem Weg liegen gelassen wurden. Am 6. Juni 1944 wurden wir zur Station Hakulabad in der Oblast Namangan [Gebiet in der damaligen Usbekischen Sozialistischen Sowjetrepublik] gebracht. Es war sonst niemand in der Nähe, als ob das Dorf ausgestorben wäre."[2]

Die Vertreibungspolitik betraf nicht nur das krimtatarische Volk. Aus denselben Gründen verschleppte die sowjetische Regierung im Jahr 1944 auch etwa 16 000 Menschen griechischer, 12 500 bulgarischer und fast 10 000 armenischer Nationalität von der Krim. Ganz offensichtlich war der eigentliche Zweck der Massendeportationen die maximale „Säuberung" der Krim. Die Halbinsel sollte „frei" von unerwünschten und „antisowjetischen Elementen" werden, die im Verdacht standen, „antisowjetische Bewegungen" zu initiieren oder die Türkei im Falle eines sowjetischen Angriffs zu unterstützen. Zudem schien die Massendeportation eine effektive Maßnahme zu sein, um andere Regionen der Union mit zusätzlichen billigen Arbeitskräften zu versorgen.

Krimtatarische Identität: Versuche der Zerstörung

Nach der Deportation überrollte die Krim eine von den sowjetischen Behörden erzeugte Welle der Zerstörung von Denkmälern zur krimtatarischen Geschichte und Kultur. Moscheen und muslimische Friedhöfe wurden massenhaft vernichtet. Die meisten Toponyme krimtatarischen Ursprungs auf der Halbinsel wurden durch russische ersetzt. Den größten Verlust erlitt die krimtatarische Sprache – ein vitaler Bestandteil der nationalen Volksidentität. Die krimtatarische Literatur wurde massenhaft verbrannt, Schulen wurden vollständig liquidiert. Auch im Exil wurde die Sprache der Krimtataren aus dem öffentlichen Leben verdrängt: In den meisten Schulen, Kindertagesstätten und sonstigen Bildungseinrichtungen war die Arbeitssprache Russisch. Unter diesen Bedingungen war die Familie der Ort, an dem Krimtataren ihre Sprache und ihre Traditionen

---

2   Zitat aus dem Interview mit Zeitzeugen, geführt von der ukrainischen NGO CrimeaSOS im Rahmen des Projekts „Deportation of Crimean Tatars. Crime told by witnesses., Teil 1", 26. 5. 2016.

pflegen konnten. Der generelle Assimilationsdruck schränkte jedoch selbst diese Möglichkeiten erheblich ein. Infolgedessen stufte die UNESCO die krimtatarische Sprache als „severely endangered" ein.

Das Leben im Exil

Ein Großteil der krimtatarischen Bevölkerung wurde nach Usbekistan in geschlossene Siedlungen unter einem Sonderregime deportiert. Die Vertriebenen standen unter Beobachtung der lokalen Behörden und erlebten drastische Einschränkungen ihrer Freizügigkeit. Die Ausreise aus dem Gebiet erlaubte man ihnen nur in Ausnahmefällen nach Antrag naher Verwandter. Generell galt ein strenges Verbot, die Siedlung zu verlassen: Bei Verstoß drohten Geldstrafen und bei erneutem Verstoß bis zu zwanzig Jahre Haft.

1956 wurden viele Krimtataren vom „Sondersiedlerstatus" befreit und durften innerhalb der Sowjetunion umziehen. Die Aufhebung der Beschränkungen sah jedoch keine Rückkehr in ihre ursprüngliche Heimat, die Krim, vor. Dies begründete die Sowjetregierung damit, dass die Krim eine komplett bewohnte Region der Ukraine sei. Diese Behauptung sowie die gewaltsame Unterdrückung der Menschen krimtatarischer Nationalität in Usbekistan wirkten als starker Katalysator für die Entstehung einer Bewegung, die sich allmählich zu einer mächtigen nationalen Kraft in der gesamten Sowjetunion entwickelte. Eine 1972 verabschiedete Verordnung erklärte Aktivisten und Aktivistinnen der Bewegung und praktisch alle Krimtataren, die versuchten, in ihre Heimat zurückzukehren, für „unzuverlässig". Dies legalisierte faktisch weitere Repressalien wie Verprügeln, Inhaftierungen, politisch motivierte Strafverfolgung und anderes mehr. Für die Wiederherstellung der Rechte und Interessen ihres Volkes zahlten die Krimtataren einen hohen Preis – sie wurden als „antisowjetische Elemente" stigmatisiert.

Rückkehr und Integration

Erst 1988 wurde das Verbot für die Krimtataren, sich wieder auf der Krim anzusiedeln, aufgehoben. Nur einzelne Aktivistinnen und Aktivisten hatten es trotzdem geschafft, vor 1988 auf die Halbinsel zurückzukehren. Ein Muslim, 26 Jahre alt, aus Kiew, erzählt: „Meine Eltern wurden im Exil geboren. Sie hätten wie ich auf der Krim geboren werden sollen, aber im Jahr 1968, dem Geburtsjahr meiner Eltern, gab es noch keine offiziellen Möglichkeiten zur Rückkehr. Nur einem kleinen Prozentsatz der Krimtataren gelang es, trotz der Schwierigkeiten früher nach Hause zurückzukommen. Sie waren im Grunde genommen aktive Mitglieder der krimtatarischen Nationalbewegung.“[3]

Auch nach ihrer Rückkehr in die Heimat blieb die die Situation für die Krimtataren äußerst angespannt. Die Immobilien, die sie vor der Deportation besessen hatten, waren vom Staat beschlagnahmt oder von neuen Eigentümern übernommen worden. Als sogenannte Kompensation wurden von der sowjetischen Regierung leere und unfruchtbare Steppengebiete im Norden der Krim bereitgestellt, wo die Rückkehrenden versuchen mussten, ohne Finanzmittel, Gas, Strom und Wasser eine neue Existenz aufzubauen. Die schwierigste Herausforderung stellte der jahrelange Kampf gegen die sowjetische Propaganda dar.

Obwohl die krimtatarische Bevölkerung im Jahr 1967 von allen Vorwürfen offiziell freigesprochen wurde, bleibt das von der Sowjetunion geschaffene negative Bild der Minderheit in der Gesellschaft innerhalb und außerhalb der Krim so tief verwurzelt, dass es auch noch nach Jahrzehnten das Schicksal der Qirimli (so der ursprüngliche Name der Krimtataren) bestimmt. Aktuelle Beispiele sind etwa die Berichte über die repressiven Maßnahmen der Okkupationsmacht gegen die krimtatarische Bevölkerung auf der von Russland seit 2014 widerrechtlich besetzten Halbinsel.

Latente Deportation im 21. Jahrhundert

Der krimtatarische Aktivist Rešat Ametov war im März 2014 in Simferopol' das erste Opfer der russischen Invasion. Drei Männer in Uniform entführten, folterten und ermordeten Ametov, der posthum zum Helden der Ukraine erklärt wurde. Was das krimtatarische Volk seit der Okkupation der Krim 2014 erleiden muss, bezeichnen ukrainische Historiker als neuerliches Verbrechen. Unbegründete Durchsuchungen, Massenverhaftungen, politisch motivierte Strafverfolgungen, Zwangspsychiatrie, der Mord an Ametov, Missachtungen der Menschenrechte – dies ist die Antwort des Kremls auf den latenten Widerstand der Krimtataren gegen die russische Besatzung. Wegen des starken direkten und indirekten Drucks wurden circa 15 000 krimtatarische Menschen (Stand: Mai 2019) gezwungen, ihre Heimat für eine unbestimmte Zeit wieder zu verlassen. Nach dem vollständigen Einmarsch Russlands in die Ukraine am 24. Februar 2022 und der Zwangsrekrutierung der Bewohner der besetzten Gebiete ist die

---

3   Zitat aus dem Interview mit Vertretern des krimtatarischen Volkes, geführt von der Verfasserin im Mai 2019.

Zahl der Krimtataren, die das Gebiet der Krim verlassen mussten, erheblich gestiegen. Mit der Annexion der Krim und den repressiven Maßnahmen reiht sich Russland in die Kontinuität der unter dem Sowjetregime begangenen Verbrechen ein. Es bleibt zu hoffen, dass die internationale Gemeinschaft nicht wegsieht, sondern das Unrecht offen zur Sprache bringt. Vertreibung – auch die subversive – ist und bleibt ein Verbrechen gegen die Menschlichkeit.

Dieser Beitrag wurde zuerst unter dem Titel „Deportation der Krimtataren – ein dorniger Weg durch die Jahrzehnte" in dem Band „Ukraine verstehen: Auf den Spuren von Terror und Gewalt", Ibidem Verlag 2021, veröffentlicht. Er wurde für den vorliegenden Band leicht bearbeitet und ergänzt.

III. Katastrophen

STEPHAN MERL

Die Hungersnot 1932/1933 in der Ukraine – ein Völkermord?

Der Begriff „Holodomor" (Tötung durch Hunger) stellt die Hungersnot als Völkermord auf eine Stufe mit dem Holocaust. Seit dem russischen Überfall auf die Ukraine im Februar 2022 ist die Bewertung der Hungersnot als Völkermord auch hierzulande immer häufiger zu hören. Der Deutsche Bundestag hat sich ihr am 30. November 2022 angeschlossen. Unabhängig von den Motiven Stalins steht außer Zweifel, dass sein Handeln in den Jahren 1932/1933 durch nichts zu rechtfertigen und ein Verbrechen gegen die Menschlichkeit war. Im Folgenden setze ich mich mit der Frage auseinander, ob es auch als gezielter Völkermord einzustufen ist: Starben die ukrainischen Bauern, weil sie Ukrainer oder weil sie Bauern waren?

Was in der Ukraine und im Nordkaukasus geschah, wo in der Kuban-Region auch ukrainische Kosaken lebten, ist zwischen den Historikern, die sich mit dem Thema befasst haben, nicht mehr strittig. Seit Beginn der 2000er-Jahre gibt es keine zur Bewertung der Ereignisse relevanten neuen Erkenntnisse mehr. Konsens ist, dass die durch Hunger bedingte Übersterblichkeit den Tod von etwa 6 Millionen Menschen forderte. Fast die Hälfte der Opfer waren nach ethnischer Zugehörigkeit Ukrainer, etwa eine Million nomadische Kasachen. Unter den restlichen Opfern befanden sich auch Russen sowie Deportierte in den Sondersiedlungen.[1] Bezogen auf die jeweilige Ethnie verhungerten etwa 30 % der Kasachen und 10 % der Ukrainer. Unstrittig ist weiter, dass Stalin nichts unternahm, um den Hungernden Hilfe zu leisten. Er griff Ende 1932 sogar ein, um das Massensterben zu lenken. Strittig sind die Motive Stalins, die aber für die Bewertung als Völkermord entscheidend sind. Die Anhänger der Holodomor-These betrachten allein die Nationalitätenpolitik und ignorieren andere mögliche

---

[1] Zur Zahl der Opfer vgl. Robert W. Davies/Stephen G. Wheatcroft, The Years of Hunger: Soviet Agriculture, 1931–1933, Basingstoke 2004, S. 400–441. Die Zahl von vermutlich 5,7 Millionen Opfern bezieht sich auf die „Übersterblichkeit" und schließt „Ungeborene" nicht ein.

Motive. Fest steht, dass es Stalin gelang, das Massensterben mit einem Tabu zu belegen, und dass er Ende 1932 nicht nur bei der Ukrainisierung, sondern auch bei der Agrarpolitik einen radikalen Kurswechsel vornahm.

Als Beleg für den Völkermord wird angeführt, dass Stalin Mitte Dezember 1932, vor Beginn des Massensterbens, die Ukrainisierung beendete und eine Repressionskampagne gegen die Funktionäre einleitete, die diese Politik getragen hatten. Kurz zuvor hatte Stalins Sonderbeauftragter für den Nordkaukasus behauptet, im Kuban hätten aus der Ukraine entsandte „Petljura[2]-Anhänger" zur Sabotage der Getreideablieferung beigetragen. Terry Martin ist in seiner Studie zur sowjetischen Nationalitätenpolitik detailliert einer möglichen Verknüpfung des Terrors bei der Getreidebeschaffung mit dem Terror gegen die Ukrainer nachgegangen. Er schließt sich der Holodomor-These explizit nicht an.[3] Zwar setzt sich Gerhard Simon mit seinen Argumenten nicht auseinander, formuliert aber enigmatisch: „Terry Martin stimmt dem jedenfalls teilweise zu."[4] Ansonsten fasst Simon den Forschungsstand korrekt zusammen: „Was nun die Intention, also die Absicht zu töten, betrifft, haben die Archive zwar keinen Tötungsukas der Stalin-Führung zum Vorschein gebracht, aber die Konfiszierung aller Lebensmittel und Einschließung und Isolierung der Hungernden kommen einer Tötungsabsicht gleich." In der ukrainischen Forschung bestehe zur Genozidthese inzwischen weitgehend Konsens, in der westlichen Forschung finde sich ein breites Spektrum von der Akzeptanz bis hin zu einer vehementen Ablehnung.

Im Widerspruch zu den bekannten Fakten steht das Buch „Roter Hunger" von Anne Applebaum. Sie spricht von einem langfristig angelegten Krieg Stalins „gegen die Ukrainer", wobei sie nur das anführt, was andere Historiker als Stalins „Krieg gegen die Bauern" bezeichnen.[5] Die von Mark Tauger vertretene Position, die Hungersnot sei eine Folge der Missernte gewesen,[6] lässt sich mit Fakten ebenso wenig belegen wie Behauptungen der ukrainischen Botschaft in Berlin vom Februar 2020, der Holodomor sei „die Folge des von der totalitären Regierung angewandten Hungerterrors [gewesen], sprich Genozid. Er wurde zu einer Bestrafung der Ukrainer für ihren Widerstand gegen die Kollektivierung

---

2   Symon Petljura, Sohn eines Stadt-Kosaken, war nach der Februarrevolution Mitglied des ukrainischen Parlaments (Rada) und dann Kriegsminister.

3   Terry Martin, The Affirmative Action Empire. Nations and Nationalism in the Soviet Union, 1923–1939, Ithaca/London 2001.

4   Gerhard Simon, Der Holodomor als Völkermord – Tatsachen und Kontroversen. Referat bei der Tagung „Holodomor 1932–33. Politik der Vernichtung", Mannheim, 24. November 2007.

5   Anne Applebaum, Roter Hunger. Stalins Krieg gegen die Ukraine, München 2019. Vgl. u. a. die Rezension von Franziska Davies in der Süddeutschen Zeitung vom 20. 1. 2020.

6   Mark B. Tauger, Natural Disaster and Human Actions in the Soviet Famine of 1931–1933, Pittsburgh 2001.

von Landwirtschaft und für ihre Ablehnung der russischen Herrschaft".[7] Einen langfristigen Plan Stalins zur Ausrottung der Ukrainer hat es nicht gegeben, und unser heutiger Kenntnisstand schließt aus, die These weiter zu vertreten, Stalin habe „künstlich" eine Massenhungersnot organisiert. Die demografischen Daten weisen aus, dass die Übersterblichkeit bereits 1928 einsetzte. Stephen Wheatcroft unterscheidet drei Phasen: Die erhöhte Sterblichkeit aufgrund von Mangelernährung in den Städten ab 1928, den Hunger in Kasachstan ab Herbst 1931 und die verheerende Hungersnot in den Hauptgetreidegebieten ab Frühjahr 1932. Das Massensterben begann in Kasachstan bereits im Herbst 1931, im Nordkaukasus im September 1932 und in der Ukraine im November 1932. Dort stieg es Anfang 1933 stark an und erreichte im Juni 1933 den Höhepunkt. Nach der Ernte 1933 ging die Übersterblichkeit deutlich zurück und blieb nur an der Mittelwolga auch 1934 noch erhöht. Grundlebensmittel waren 1932/1933 überall knapp. Vom Hunger betroffen waren etwa 70 der insgesamt 160 Millionen Personen in der Sowjetunion.[8]

Bei der Kontroverse geht es inzwischen eigentlich nicht mehr um die Hungersnot. Mit der Einstufung als Völkermord steht und fällt vielmehr das Narrativ Ukrainischer Nationalisten, das die Ukrainer zusammenschweißen soll: dass sie sich mit ihrem Kampf um die Freiheit und gegen die Diktatur Stalins grundlegend von den sklavisch geprägten Russen unterschieden. Die Behauptung vom Widerstand der Ukrainer wird in einem Zirkelschluss vor allem damit belegt, dass Stalin es für nötig hielt, eine Hungersnot zu organisieren, um diesen zu brechen.

Die These vom Holodomor als Völkermord und ihre Konjunkturen

Die „Holodomor-These" war ausgeprägt konjunkturabhängig. Nicht neue Forschungsergebnisse, sondern die weltpolitische Konstellation und Rahmenbedingungen haben sie beflügelt, bevor sie 1992 ihren Weg zunächst in die Westukraine fand. In ihrem Bericht an den amerikanischen Kongress hielten die Vertreter der Holodomor-These 1988 fest, dass sich während des Massensterbens Anfang 1933 nur Vertreter der deutschen Volksgruppe, insbesondere Mennoniten, an die amerikanische Regierung gewandt hätten. Die Exilukrainer in Nordamerika wurden genauso wie das nationalsozialistische Deutschland erst ab Ende 1933

---

7   Siehe die Webseite der Botschaft vom 12.2.2020, https://germany.mfa.gov.ua/de/partner ship/golodomor-v-ukrayini-1932-1933-rokiv/golodomor-prichini-ta-naslidki.
8   Davies/Wheatcroft, The Years of Hunger, S. 400 f.

aktiv, als es nicht mehr um Hungerhilfe ging.[9] Die Hungersnot diente nun vorrangig der antikommunistischen Propaganda.

Nach dem Zweiten Weltkrieg setzten die Exilukrainer in ihrem Kampf gegen
den Kommunismus auf die USA als neuen Verbündeten. Der Beginn des Kalten
Krieges und die McCarthy-Ära boten günstige Rahmenbedingungen. 1953 und
1955 publizierten sie eine erste zweibändige Sammlung zur Hungersnot, die auch
Augenzeugenberichte präsentierte.[10] Um eine adäquate politische Unterstützung
für ihre Forderung nach einem unabhängigen ukrainischen Staat zu erhalten,
war es ihnen wichtig, das den Ukrainern zugefügte Leid auf die gleiche Stufe wie
den Mord an den Juden zu stellen. Nachdem sich die Bewertung des Holocaust
als Völkermord durchgesetzt hatte, behaupteten sie zum 50. Jahrestag der Hungersnot, auch bei ihr habe es sich um einen Völkermord gehandelt.

Zu diesem Zeitpunkt war die Gelegenheit günstig, offizielle Unterstützung
zu erhalten, denn Präsident Ronald Reagan sah die Sowjetunion als „Reich des
Bösen" an. Die Exilukrainer erreichten, dass der amerikanische Kongress eine
„Kommission zur Ukrainischen Hungersnot" einsetzte mit dem Auftrag, „to
conduct a study of the 1932–1933 Ukraine Famine in order to expand the world's
knowledge of the famine and provide the American public with a better under-
standing of the Soviet system by revealing the Soviet role".[11] Die Kommission
führte auch Interviews mit Augenzeugen und übergab ihren Bericht am 22. April
1988. Im Umfeld der Kommissionsarbeit kam es im Anschluss an das Buch von
Robert Conquest zu vielen Publikationen, die den Holodomor als Völkermord
bewerteten. In Deutschland publizierte Dmytro Zlepko die Akten des Deutschen
Auswärtigen Amtes zur Hungersnot.[12]

9   Investigation of the Ukraine Famine 1932–1933, Report to Congress. Commission on the
     Ukraine Famine, Washington 1988, S. 11.
10   The Black Deeds of the Kremlin. A White Book. Vol. 1: Book of Testimonies, Toronto 1953;
     Vol. 2: The Great Famine in Ukraine in 1932–1933, Detroit 1955. Vgl. dazu auch Stephan
     Merl, War die Hungersnot von 1932–1933 eine Folge der Zwangskollektivierung der Land-
     wirtschaft oder wurde sie bewußt im Rahmen der Nationalitätenpolitik herbeigeführt?, in:
     Guido Hausmann/Andreas Kappeler (Hrsg.), Ukraine: Gegenwart und Geschichte eines
     neuen Staates, Baden-Baden 1993, S. 145–166., hier S. 147–149.
11   Report to Congress, S. v. Die Kommission hörte 57 Augenzeugen an und führte mehr als 200
     vertiefte Interviews durch: J. E. Mace, L. Heretz (Hrsg.), Investigation of the Ukrainian Fam-
     ine 1932–1933. Oral History Project of the Commission on the Ukraine Famine. Vol. 1–3,
     Washington 1990. Den Exilukrainern ging es insbesondere um die Aufnahme des Holodo-
     mor in die amerikanischen Schul-Curricula.
12   Robert Conquest, The Harvest of Sorrow. Soviet Collectivization and the Terror-Famine,
     London u. a. 1986; Dmytro Zlepko (Hrsg.), Der ukrainische Hunger-Holocaust. Stalins ver-
     schwiegener Völkermord 1932/33 an 7 Millionen ukrainischen Bauern im Spiegel geheim ge-
     haltener Akten des deutschen Auswärtigen Amtes. Eine Dokumentation, Sonnenbühl 1988.

Nachdem die Sowjetrepublik Ukraine 1992 ihre Unabhängigkeit erlangt hatte, eröffneten sich den Exilukrainern neue Wirkungsmöglichkeiten. Sie unterhielten gute Kontakte zu der erst im Gefolge des Zweiten Weltkriegs von Polen annektierten Westukraine. Hier wurde der Galizien-Ukrainer Stepan Bandera schnell wieder als Held verklärt und des Holodomors gedacht. Auffällig ist, dass die These vom Völkermord in dem tatsächlich betroffenen Hungergebiet im Osten (die höchste Sterblichkeit gab es in den Oblasten Kiew und Charkiv) zunächst wenig Unterstützung fand. Das wirft die Frage auf, ob Robert Kindlers Aussage zur Kasachischen Hungersnot möglicherweise auch für die Ostukraine gilt. Er erklärt das weitgehende Fehlen einer offiziellen Erinnerungskultur damit, dass solches Erinnern den Kampf jeder gegen jeden und die zugrunde liegenden ethnischen Konflikte wieder ins Gedächtnis bringen müsste.[13] Auch in der Ukraine wurden Stalins Befehle vor Ort von Parteifunktionären exekutiert, die zugleich die Ukrainisierungspolitik vertraten. Der Bericht an den amerikanischen Kongress stellte fest, dass es ohne die Unterstützung ortskundiger ukrainischer Helfer nicht möglich gewesen wäre, die Hausdurchsuchungen durchzuführen, bei denen Anfang 1933 in den Dörfern die letzten Lebensmittel beschlagnahmt wurden.[14] Stalins „Klassenpolitik" verfing also offenbar auch in den ukrainischen Dörfern.

Die Orangene Revolution eröffnete der Holodomor-These eine neue Konjunkturwelle. Viktor Juščenko, Präsident der Ukraine von 2005 bis 2010, griff sie auf, um damit die Legitimität seiner Herrschaft zu untermauern. Er machte den Holodomor zu einem Teil der nationalen Erzählung. 2006 erklärte das ukrainische Parlament ihn offiziell zum Genozid am ukrainischen Volk. In Kiew wurde ein zentrales Museum für den Holodomor errichtet, ansonsten entstanden Denkmäler und Museen weiterhin vor allem im Westteil des Landes.

Je mehr seine Popularität sank, desto stärker setzte Juščenko auf den Holodomor. 2008 betrieb er die „Internationalisierung" seines Gedächtnisses: Weltweit suchte er Anerkennung bei Politikern und Parlamenten für die Behauptung, der Holodomor sei ein Genozid gewesen. Unter den Staaten, die entsprechende Beschlüsse fassten, waren Australien, Kanada und Polen. Im September 2008 erkannte das Repräsentantenhaus des amerikanischen Kongresses den Holodomor als Genozid an, vermied aber diese Bezeichnung. Im Oktober 2008 folgte ein entsprechender Beschluss des Europäischen Parlaments. Die Europäische Union sprach 2008 von einem „Verbrechen gegen die Menschlichkeit".

---

13 Robert Kindler, Stalins Nomaden. Herrschaft und Hunger in Kasachstan, Hamburg 2014.
14 Report to Congress, besonders These 12 und Kapitel 7; vgl. auch Merl, Hungersnot, S. 156.

Die Mehrheit der Ukrainer dankte Juščenko das nicht. Seine Wahlniederlage 2010 gegen Janukovyč deutete zugleich darauf, dass die Ukraine in ihren von der Sowjetunion gezogenen Grenzen mit einer recht heterogen eingestellten Bevölkerung in den drei Landesteilen (Westen, Osten, Krim) noch kein nationales Gefühl der Zusammengehörigkeit entwickelt hatte. Nach dem Majdan und der Annexion der Krim verstärkten sich wieder die Bemühungen um die internationale Beachtung des Holodomor. Mit Putins Überfall auf die Ukraine im Februar 2022 begann dann die bis heute anhaltende Konjunktur des „Holodomor".

Nachdem die Verwendung des Begriffs zunächst ein Teil der antikommunistischen Kampagnen war, erlangte er also ab 2006 vor allem innenpolitische Bedeutung. Als gemeinsames Leidensnarrativ unter der Sowjetherrschaft dient er dazu, der Bevölkerung ein Gefühl der nationalen Zusammengehörigkeit zur Abgrenzung gegenüber den Russen zu vermitteln. Zelens'kyj spricht dem Holodomor heute konstitutive Bedeutung für das Nationalgefühl zu.

Die Ukrainisierung und ihr plötzlicher Abbruch Ende 1932: Das „Kuban"-Problem

Die Ukrainisierung im Rahmen der offiziell verfolgten Politik der *korenizacija* (Einwurzelung) zielte auf die Nationsbildung. Sie wollte die soziale Ausdifferenzierung der überwiegend noch bäuerlichen nichtrussischen Ethnien fördern und ging davon aus, dass nach der Herausbildung einer Arbeiterklasse alle Ethnien den „bürgerlichen Nationalismus" überwinden und sich mit den Arbeitern der anderen Ethnien zu einer einheitlichen Sowjetethnie zusammenschließen würden. Auf ihrem Territorium sollten die Angehörigen der Ethnie bevorzugt Zugang zu Posten und eine gewisse Autonomie in ihrer Interessenvertretung erhalten, um das nötige Vertrauen für die Einbindung in den Sowjetstaat zu schaffen. Terry Martin spricht von einer „Affirmative Action"-Politik, die den nichtrussischen Ethnien helfen sollte, ihren Entwicklungsrückstand durch eine spezielle Förderung zu überwinden. Die *korenizacija*-Politik sollte zugleich den „russischen Großmacht-Chauvinismus" unterbinden.[15]

Die Ukrainer profitierten von dieser Politik und nahmen sie positiv auf. Sie erhielten nicht nur innerhalb ihrer Sowjetrepublik kulturelle Autonomie, verbunden mit der Förderung der ukrainischen Sprache. Zugleich hatten die 7,9 der insgesamt etwa 30 Millionen Ukrainer in der Sowjetunion, die in anderen Sowjetrepubliken lebten, in ihren Siedlungen den Anspruch auf weitgehende

---

15   Vgl. zu diesem Abschnitt vor allem Martin, Affirmative Action.

Minderheitenrechte. Auch auf dem Territorium einer anderen Titularethnie waren die ukrainische Kultur und Sprache zu fördern und weitgehende Autonomie zu gewähren. Im Rahmen der *korenizacija* kam es zwischen den Unionsrepubliken sogar zu Gebietsaustauschen nach ethnischen Gesichtspunkten. Die Politik hatte auch eine außenpolitische Komponente. Die sowjetische Propaganda prangerte die Unterdrückung der ukrainischen Minderheit in Galizien (Polen) an und stellte dem ihre Minderheitenpolitik als vorbildlich gegenüber.

Die *korenizacija* führte aber auch zu Konflikten. So weigerten sich die Regierungen einiger Titularrepubliken, den Minderheiten die ihnen zustehenden Rechte einzuräumen. Auch die Ukraine stellte territoriale Ansprüche gegenüber anderen Republiken. Insbesondere spitzte sich der Streit mit der Regierung des Nordkaukasus um den Kuban zu. Hier lebten ukrainischen Kosaken. Die Ukraine forderte die Übergabe des Kuban. Auf dem Boden der Kosaken waren aber auch russische Bauern angesiedelt worden. In dem Konflikt ging es also nicht nur um eine ethnische Frage, sondern auch um den Boden. Der Kuban war in den 1920er-Jahren ein gemischt besiedeltes Gebiet und nach ethnischen Gesichtspunkten schwer zu klassifizieren, ein inhärenter Widerspruch der *korenizacija*. Einen Anspruch auf die Krim erhob die Ukraine damals übrigens nicht.

Die Parteiführung in Moskau griff mehrfach ein, um den Widerstand der anderen Republiken gegen die Ukrainisierung zu brechen. Die Regierung des Nordkaukasus lehnte die Übergabe des Kuban strikt ab und warnte vor der Unabhängigkeitstradition der Kuban-Kosaken. Im Juni 1926 verabschiedete das Zentralkomitee daraufhin eine spezielle „Kosaken-Resolution". Der Forderung der Ukraine, den von etwa 580 000 ukrainischen Kosaken bewohnten Kuban ihrem Territorium zuzuteilen, folgte sie nicht, sprach aber den Kosaken den vollen Status einer Minderheit mit dem Recht zu, in ihren Siedlungspunkten eigene Räte zu bilden. Das bedeutete, die Ukrainisierung sollte praktisch die gesamte Bevölkerung des Kuban von drei Millionen Personen einbeziehen. Die Regierung des Nordkaukasus betrachtete alles als eine Machtfrage und widersetzte sich der ZK-Resolution. Im August 1926 beschloss sie sogar, die Ukrainisierung im Kuban ganz zu beenden.[16]

Die Ukraine mischte sich danach in die Angelegenheiten des Nordkaukasus – Martin hält fest – „durchaus aggressiv" ein und forderte für die Kosaken den vollen Minderheiten-Status. Sie startete eine Pressekampagne gegen die schlechte Behandlung der Ukrainer in der Russischen Sozialistischen Föderativen Sowjetrepublik (RSFSR) und versicherte diesen ihre Solidarität. Die Angesprochenen reagierten und schickten Briefe über die Verletzung ihrer Rechte

16 Ebenda, S. 281–288.

in die Ukraine. Erst nach weiteren Interventionen der sowjetischen Regierung bewegte sich das Parteikomitee des Nordkaukasus. Im Dezember 1928 legte es einen Dreijahresplan für die „Ukrainisierung" aller 37 Rajone des Kuban mit mehrheitlich ukrainischer Bevölkerung vor. Der ukrainische Bildungsminister Skrypnyk entsandte Lehrer. Die Kampagne hatte Erfolg, der Besuch ukrainischer Schulen in den Siedlungen der Minderheiten stieg bis 1931/32 stark an.[17]

1928 berichtete die Geheimpolizei (OGPU), dass unter dem Deckmantel der „Ukrainisierung" „antisowjetische Elemente" im Kuban und der Ukraine miteinander Kontakt aufnehmen und „chauvinistische Slogans" verbreiten würden: „It was exactly these putative nationalist ties between Kuban and Ukraine that would form the basis of the national interpretation of the famine that would emerge in December 1932."[18]

Im zentralen Apparat wuchsen die Befürchtungen, die *korenizacija* könne statt des angestrebten Zusammenwachsens auseinanderstrebenden Nationalismus erzeugen. So unterminierten grenzüberschreitende ethnische Bande, wie sie zwischen den Ukrainern in Polen und in der Sowjetunion bestanden, das Vertrauen in die Ukrainisierung. Mit Sorge wurden die andauernden Auseinandersetzungen über die nationale Linie in allen nichtrussischen Parteiorganisationen beobachtet, da sich daraus ein nationalistischer Kommunismus entwickeln konnte.[19]

Die Unterstützung der Ukraine für die ukrainischen Minderheiten auf dem Territorium der RSFSR verstärkte die Befürchtung, diese könnte zur nationalistischen Einflussnahme genutzt werden. Der mit der Kollektivierung verbundene Kampf um das Getreide erschütterte das Vertrauen der Ethnien in den Sowjetstaat und weckte zudem die Erinnerung an die Bauernaufstände von 1919 in der Ukraine und an der Wolga sowie an die Bürgerkriegs-Tradition der Kuban-Kosaken. Sie hatten sich nach der Februarrevolution für selbstständig erklärt und ein eigenes Parlament gegründet. Bei der Regierung des Nordkaukasus verstärkte das die Vorbehalte gegen die befohlene Ukrainisierung. Ende 1931 beendete sie diese in 20 der 37 Rajone des Kuban. Als das Ukrainische Bildungsministerium im Oktober 1932 neuerlich ukrainische Lehrer entsandte, waren die Funktionäre im Nordkaukasus bereits mit der Anschuldigung Stalins konfrontiert, sie würden die Getreidebeschaffung sabotieren. Es lag angesichts des schwelenden Konflikts nahe, dass sie ihrerseits die Kuban-Kosaken der Sabotage beschuldigten. Die nationale Interpretation entlastete zugleich bedingt die örtlichen

17 Ebenda, S. 289 f.
18 Ebenda, S. 288.
19 Ebenda, S. 292.

Kommunisten.[20] Der von Stalin Anfang November 1932 in den Nordkaukasus entsandte Lazar' Kaganovič nahm zur Verstärkung des Drucks auf die Bevölkerung die „nationale Interpretation" gerne auf. Er sprach nun von örtlichen „Sabotage-Nestern" von „Kulaken" und „Petljura-Leuten" im Kuban.

Stalin verfolgte keine langfristigen Pläne gegen die Ukrainer. Bis Mitte Dezember 1932 hielt er sogar an der Ukrainisierung fest, erst dann übernahm er die Bedenken gegen diese Politik. Der ZK-Beschluss vom 14. Dezember 1932 beendete die Ukrainisierung und behauptete, sie habe den nationalen Widerstand verstärkt. Zudem fügte er der „Sabotage" des Getreideplans erstmals eine nationale Interpretation bei: Im Nordkaukasus seien aus der Ukraine zurückgewanderte Kosaken und ehemalige Mitglieder der Kubaner Rada zur Opposition gegen die Sowjetmacht, den Kulaken und ehemaligen Offizieren, gestoßen: „The national interpretation, then, was not a cause of the grain requisitions crisis and famine. Rather, it emerged as a consequence of it."[21] Anfang 1933 begann die Verhaftung von Funktionären, die die Ukrainisierung zuvor getragen hatten. Das Politbüro beendete ebenso die *korenizacija* für das auch an Polen grenzende Belarus.[22]

Martin kommt zu dem Ergebnis, dass der Holodomor nicht als Völkermord zu werten ist. Er schlägt stattdessen vor, zwei Ansätze des Terrors zu unterscheiden. Der Terror bei der Getreidebeschaffung traf die Bauern, russische wie nichtrussische. Der zweite richtete sich gegen Nationalisten in der Ukraine, aber auch in Weißrussland und prägte sich erst nach der Rückkehr der in den Nordkaukasus und die Ukraine entsandten Sonderbeauftragen, Kaganovič und Molotov, aus. Den Massenterror bei der Getreidebeschaffung sieht Martin als dominant an, er endete im Mai 1933. Der Terror gegen die nationalen Kräfte der Ukraine begann unabhängig von der Getreidekrise erst Anfang 1933 und hielt auch 1934 noch an.[23] Er traf zunehmend auch die ukrainische Kultur und Bildungsinstitutionen sowie Rückwanderer aus Galizien und damit nicht mehr allein Funktionäre wie zu Beginn. Bei dem zur Getreidebeschaffung eingesetzten Terror habe die Nationalität eine geringe Rolle gespielt: „The famine was not an intentional act of genocide specifically targeting the Ukrainian nation. It is equally false, however, to assert that nationality played no role whatsoever in the famine."[24]

---

20 Ebenda, S. 304 f.
21 Ebenda, S. 303. Zu Martins Bewertung der Korrespondenz zwischen Stalin und Kaganovič
    vgl. ebenda, S. 296–298.
22 Ebenda, S. 273.
23 Ebenda, S. 302–308.
24 Ebenda, S. 305.

Dem von Stalin Anfang 1933 als 2. Parteisekretär in die Ukraine entsandten
Pavel Postyšev fiel die Aufgabe zu, den ukrainischen Parteiapparat zu säubern.
Er eliminierte den nationalbewussten Flügel der KP. Als dessen Anführer wurde
im Juni 1933 dem Bildungsminister Mykola Skrypnyk eine „bürgerlich-natio-
nalistische Abweichung" vorgeworfen. Er beging im Juli 1933 Selbstmord. 1933
setzte auch eine Säuberung des kulturellen Lebens ein.[25]

Die Hungersnot von 1932/33
unter besonderer Betrachtung von Stalins Eingriffen

Als Modernisierungsprojekt zur Mechanisierung der Agrarproduktion auf groß-
betrieblicher Basis hätte die Kollektivierung enorme staatliche Investitionsmit-
tel (in Traktoren und mechanisierte Agrartechnik) erfordert. Doch bereits 1927
entschied die Moskauer Parteiführung, alle verfügbaren Mittel für die forcierte
Industrialisierung einzusetzen. Angesichts des gewaltigen Bevölkerungsüber-
schusses auf dem Lande hatten die Experten der Staatlichen Plankommission
vorgeschlagen, die Kollektivierung erst zu beginnen, wenn die Industrialisierung fortgeschritten war, um den freigesetzten Arbeitskräften andere Arbeitsplätze anbieten zu können. Doch Stalin beharrte auf der sofortigen Einleitung.
Ihm ging es vor allem um die Kontrolle über das produzierte Getreide, mit dessen Export die Industrialisierung finanziert werden sollte. Die Kollektivbetriebe
würden den staatlichen Zugriff auf das Getreide wesentlich erleichtern und sollten zunächst auf Basis bäuerlicher Produktionsmittel arbeiten, die man dazu ent-
eignete. Ab 1928 stand der „Kampf um das Getreide" im Zentrum der staatlichen
Agrarpolitik. Die Kollektivierung erfolgte vorrangig in den Hauptgetreidegebieten und wurde hier im zweiten Anlauf 1931 weitgehend abgeschlossen.[26]

Die Zwangskollektivierung desorganisierte die Produktion. Es bestand Un-
klarheit über die Arbeitsorganisation. Anders als für die Industrieproduktion
hielt Stalin Fachkenntnisse für die Leitung von Agrarbetrieben für überflüssig,
vielfach übernahmen Industriearbeiter die Leitung der Kolchosen. Der staatliche
Getreideabzug nahm keine Rücksicht auf den Reproduktionsbedarf. Die Versuche der Kolchosen, Mindestmengen für den Eigenbedarf an Nahrung, Futter
und Saatgut zu schützen, wurden schon 1930 als Sabotage eingestuft und streng
geahndet. Der Mangel an Futtergetreide dezimierte den Bestand an einsatz-

---

25 Report to Congress, S. Xiii-Xviii, sowie Thesen 8 und 10.
26 Stephan Merl, Stalins Irrweg der Kollektivierung. Destruktive Kräfte und Lähmung der Ini-
    tiative, in: Osteuropa 66 (2016) 8–10, S. 55–80.

fähigen Pferden. Die Arbeitsdisziplin sank nicht zuletzt, weil viele für ihren Arbeitseinsatz 1931 weder Lebensmittel noch Lohn erhalten hatten.[27]

Durch die Beschlagnahme sämtlicher Getreidevorräte während der Beschaffungskampagne verfügten viele Kolchosen zur Frühjahrsaussaat 1932 nicht mehr über Saatgut. 1931 hatten die Kolchosen erstmals das meiste Getreide geerntet, und der Staat hatte seinen direkten Zugriff rücksichtslos ausgenutzt. Anschließend musste er Saatdarlehen zur Verfügung stellen, um überhaupt die Feldbestellung zu ermöglichen. Im Klartext: Ein Teil des zuvor mit schärfstem Zwang erpressten Getreides musste zurücktransportiert werden. Das galt im Frühjahr 1932 auch bereits für einige Regionen in der Ukraine. Insgesamt mussten ungeplant 1,267 Millionen Tonnen aus zentralen Reserven als Saat- und weitere 0,107 Millionen als Nahrungsdarlehen ausgegeben werden, 6 % des zuvor insgesamt beschafften Getreides.[28] Die Versorgung mit Getreide war im Frühjahr 1932 prekär. In vielen Rajonen wurde gehungert. Eine Fluchtbewegung setzte ein, es kam aber noch nicht zum Massensterben. Der Nordkaukasus benötigte im Frühjahr 1932 noch keine Saatdarlehen. Durch die Entkräftung der Menschen und den eklatanten Zugkraftmangel – und nicht wegen „Sabotage" – zogen sich die Feldarbeiten hin. Aufgrund der Dürre brachten die zu spät bestellten Felder insbesondere im Südosten der Ukraine und im Nordkaukasus nur geringe Erträge.

1932 fiel die (eingebrachte) Ernte vermutlich um etwa 10 % geringer aus als 1931.[29] Zur Ernährung der Bevölkerung hätte das ausgereicht. Die ungünstigen Witterungsbedingungen spielten bei der regionalen Verteilung des späteren Hungersterbens nur eine untergeordnete Rolle. Es traf vor allem die traditionellen Getreideüberschussgebiete und wurde vom Missverhältnis zwischen der vom Staat geforderten und abgezogenen Getreidemenge und der regionalen Ernte bestimmt.

Viele Verwaltungsgebiete der Ukraine und des Nordkaukasus waren auch deshalb besonders betroffen, weil sich die vom Staat verlangte Getreideablieferung zwischen 1930 und 1932 nur bedingt an der tatsächlichen regionalen Ernte, sondern an der höchsten zuvor regional beschafften Menge orientierte. Die Ernte war 1930 in der Ukraine und 1931 im Nordkaukasus gut ausgefallen, entsprechend viel Getreide wurde dort beschafft. Der Plan der Getreidebeschaffung

---

27   Stephan Merl, Bauern unter Stalin. Die Formierung des sowjetischen Kolchossystems 1930–1941, Berlin 1990.

28   Nach Davies/Wheatcroft, Years of Hunger, S. 112–115; vgl. auch Golod v SSSR 1929–1934, Bd. 2: ijul' 1932 – ijul' 1933, Moskau 2012, S. 34.

29   Wheatcroft (Davies/Wheatcroft, Years of Hunger, S. 446) gibt für die eingebrachte Ernte die Marge an, in der sie sich bewegte: 1930 zwischen 73 und 77 Millionen Tonnen, 1931 zwischen 57 und 65, 1932 zwischen 55 und 60 und 1933 zwischen 70 und 77 Millionen.

wurde Mitte August 1932, kaum reduziert gegenüber der tatsächlichen Beschaffung im Vorjahr, auf 22,951 Millionen Tonnen festgelegt. Wiederum wurde angenommen, die Ukraine und der Nordkaukasus könnten 44,6 % des gesamten Plans aufbringen. Das stand in keinem Bezug zur Realität. Tatsächlich sank der Anteil der Ukraine und des Nordkaukasus an der Gesamtbeschaffung auf nur noch 33,3 %. Die Ernte in der Ukraine hatte 1930 23,1 Millionen Tonnen betragen, 1931 wurden nur noch 18,3 und 1932 lediglich 14,6 Millionen Tonnen Getreide eingebracht. Trotz der Terrormaßnahmen wurde der Getreideplan 1932/1933 in der Ukraine letztlich nur zu 61,5 % erfüllt, aus dem Nordkaukasus wurden 71,5 % der vorgesehenen Getreidemenge abgezogen. Insgesamt wurde der Getreideplan nur zu 82,3 % erfüllt.[30]

Obwohl viele regionale Parteikomitees den ihnen zugeteilten Getreideplan für nicht erfüllbar hielten und um eine Reduzierung baten, signalisierte Stalin, dass eine Kürzung nicht zur Diskussion stand. Er setzte auf entschiedenen Druck und Strafandrohungen gegen die lokalen Funktionäre und machte die Gebietsparteisekretäre persönlich für die Erfüllung des Plans verantwortlich. Die Nichterfüllung erklärte er zu „Sabotage", den Funktionären drohten dafür Strafen bis hin zur Erschießung. Der Terror zielte hauptsächlich auf die Funktionäre, um sie zu zwingen, jegliche Skrupel beim Einzug des Getreides fallen zu lassen. Davon, dass eine Hungersnot drohte, durfte nicht gesprochen werden. Nach der offiziellen Sprachregelung hungerten nur „böswillige Saboteure", die damit die „gerechte" Strafe erhielten.

Im Frühjahr gingen Partei und Regierung noch davon aus, dass zur Erfüllung der Getreidepläne nur geringfügige Korrekturen nötig seien. Als Anreiz zur schnellen Getreideablieferung verordneten sie am 6. Mai 1932, dass die Bauern dort, wo sie ihren Ablieferungsplan erfüllt und den Saatfonds für die nächste Aussaat gebildet hatten, ab dem 15. Januar 1933 wieder frei auf „Kolchosmärkten" Handel treiben dürften.[31] Auch die neue Bestimmung, dass bereits während des Dreschens ein bestimmter Prozentsatz des Getreides an die Kolchosmitglieder nach den erzielten Tagewerken als „Vorauszahlung" auszugeben war, sollte

---

30   Ebenda, S. 137–230, 448 f., 468–470, 478. Vgl. auch Golod v SSSR 1932–1933, Bd. 2, S. 8, 19–20, 34, 228. Der Anteil der Kolchosen an der Getreideablieferung betrug 1930 34,7 %, 1931 61,6 %, 1932 70,3 % und 1933 75,5 %. Von Staatsgütern stammten 1930 5,8 %, 1931 7,8 %, 1932 8,8 % und 1933 8,4 % des Getreides. Der von Einzelbauern aufgebrachte Rest fiel von 63,9 % 1930 auf 30,2 % 1931, 20,9 % 1932 und 16,1 % 1933.

31   I. E. Zelenin, Vvedenie (Kul'minacija krest'janskoj tragedii), in: Tragedija sovetskoj derevni. Kollektivizacija i raskulačivanie. 1927–1939: Dokumenty i materialy [Einführung (Die Kulminierung der bäuerlichen Tragödie), in: Die Tragödie des sowjetischen Dorfs. Kollektivierung und Entkulakisierung. 1927–1939: Dokumente und Materialien], 5 Bände, Bd. 3: Konec 1930–1933, Moskau 2001, S. 7–47, hier S. 28.

als Anreiz dienen. Beide Regelungen erlangten wegen des dann ausgeübten Terrors erst nach der Ernte 1933 Bedeutung.

Für wie bedrohlich Stalin die Situation im Kampf um das Getreide bereits im Sommer hielt, wird aus dem von ihm persönlich verfassten Gesetz vom 7. August 1932 „Zum Schutz des sozialistischen Eigentums" ersichtlich. Es erklärte das auf den Feldern heranreifende Getreide zu Staatseigentum: Jeder, der Getreide von den Kolchosfeldern stahl, sollte erschossen oder zu zehn Jahren Lagerhaft verurteilt werden. Obwohl nur ein kleiner Teil der Fälle aufgedeckt wurde, kam der Befehl massenhaft zur Anwendung. Bis Ende 1932 wurden 54 565 Personen nach diesem Gesetz für Mundraub verurteilt und 2100 von ihnen erschossen.[32]

Besonders zynisch war Stalins Entscheidung, Grundlebensmittel gegen Gold oder andere Wertsachen zu verkaufen. Er eröffnete damit gewissermaßen eine Möglichkeit, sich vom Hungertod zum Nutzen der Industrialisierung „freizukaufen". Das von der Bevölkerung erpresste Gold diente dazu, die hohe Auslandsverschuldung abzubauen, die durch den Import von Industrieausrüstungen entstanden war. Zwar wurde auch 1932 und sogar 1933 weiter Getreide exportiert, doch das brachte wenig ein, weil es nur zu Dumping-Preisen auf dem Weltmarkt abgesetzt werden konnte. Etwa die Hälfte der exportierten Goldmenge stammte 1933 von der Bevölkerung, denn die eigene Goldförderung war noch gering.

Der Verkauf von Waren gegen Gold erfolgte über die 1930 eigentlich für den Handel mit Ausländern geschaffenen Torgsin-Läden. Im Verlauf des Jahres 1931 wurden sie für Sowjetbürger geöffnet, die hier ansonsten nicht frei verfügbare Waren erwerben konnten. Das Torgsin-Ladennetz wurde 1932 und 1933 bis hinab in Kleinstädte ausgeweitet. Im zweiten Halbjahr 1932 änderte sich der Kundenkreis. Hatten zunächst eher gut situierte Personen Waren des gehobenen Bedarfs nachgefragt, kamen nun zunehmend auch Leute ländlicher Herkunft in die Geschäfte, um Grundlebensmittel zu erwerben. Das Geschäft mit dem Hunger „blühte" vor allem im ersten Halbjahr 1933, als Brot im freien Verkauf, wenn überhaupt, nur noch in den Torgsin-Läden zu bekommen war. Zu diesem Zeitpunkt erzielte Torgsin auch hohe Deviseneinnahmen durch ein lukratives Auslandsgeschäft: Man konnte seinen hungernden Verwandten in der Sowjetunion Lebensmittelpakete schicken oder Geld an Torgsin überweisen, das zum Einkauf in den Läden berechtigte. Genutzt wurde das vor allem aus den USA. Im Juli 1933 brach danach der Absatz von Grundnahrungsmittel über Torgsin ein, weil diese nunmehr auch wieder gegen Rubel verfügbar waren.[33]

32 Ebenda, S. 38. Vgl. auch Stephan Merl, Politische Kommunikation in der Diktatur. Deutschland und die Sowjetunion im Vergleich, Göttingen 2012, S. 104–110.
33 Elena Osokina, Stalin's Quest for Gold. The Torgsin hard-currency shops and soviet industrialization, Ithaca/London 2021.

Ende September 1932 hatten die Ukraine, der Nordkaukasus und das Untere Wolgagebiet ihren Getreideplan erst zu 30 % erfüllt, das Zentrale Schwarz-erdegebiet dagegen bereits zu 66 %. Daraufhin befasste sich das Politbüro am 22. Oktober 1932 mit der „Sabotage" der Getreidebeschaffung. Es beschloss, in die drei besonders im Rückstand befindlichen Gebiete Sonderkommissionen zu entsenden. Die größte Kommission reiste unter Leitung von Kaganovič in den Nordkaukasus. Ihr gehörten auch Mikojan, der Volkskommissar für Handel, und Jagoda, der Geheimdienstchef an. Stalin erteilte den Auftrag, Maßnahmen auszuarbeiten und durchzuführen, mit denen die „Sabotage der Bauern" gebro-chen werden konnte.[34] Gleichzeitig reiste Anfang November eine Kommission unter der Leitung von Molotov in die Ukraine. Die Kommission in die Untere Wolga wurde unter Leitung von Postyšev am 28. November 1932 losgeschickt.

Im Zentrum der von Kaganovič entwickelten Terrormaßnahmen stand die Einführung von „Schwarzen Listen", auf die alle Rajone, Siedlungen und Kolcho-sen gesetzt wurden, die mit der Planerfüllung besonders im Rückstand waren. Die gegen sie verhängten Strafmaßnahmen schlossen die sofortige Beendigung ihrer Warenversorgung ein. Alle Waren, die sich noch in den Läden befanden, wurden abtransportiert. Jeglicher Handel in diesen Regionen wurde strikt ver-boten. Zugleich begann die Säuberung der Kolchosen, Genossenschaften und des Staatsapparats von „feindlichen Elementen". Die OGPU verhaftete angeb-liche „Organisatoren der Sabotage".[35]

Diese Strafmaßnahmen exerzierte Kaganovič zur Erprobung zunächst im Kuban. Um die Bauern einzuschüchtern, ordnete er sogar die Deportation von drei Kosakensiedlungen an. Von 47 500 dort lebenden Personen wurden letztlich 45 600 deportiert. Umbenennungen sollten die Erinnerung an diese Orte aus-löschen. Demobilisierte Rotarmisten wurden dort angesiedelt. Ihnen waren alle Gebäude, der Boden, die Winteraussaat, das Inventar und das Vieh der Ausgesie-delten zu übergeben. Insgesamt kamen 15 Kosakensiedlungen auf die schwarze Liste.[36] Im Kuban ließ Kaganovič etwa die Hälfte der Amtsträger ablösen. Viele von ihnen kamen wegen „Laxheit" beim Einzug des Getreides unter dem Vor-wurf „konterrevolutionärer Tätigkeit" auf die Anklagebank. Gegen einige wur-den Musterprozesse geführt und darüber genauso wie über die anschließende Erschießung der „Saboteure" in der lokalen Presse, so in „Molot", der Parteizei-tung des Nordkaukasus, berichtet. Die OGPU ordnete auch die Verhaftung von etwa 16 000 Bauern als Saboteure der Getreidebeschaffung an.

34 Zelenin, Vvedenie, S. 28, und Tragedija, Bd. 3, Dokument 228.
35 Ebenda, Zelenin, Vvedenie, S. 26 f., Dokumente 192, 207 und 219.
36 Ebenda, Dokumente 199, 234, 244 und 247.

Kaganovič beschuldigte die Funktionäre nun zusätzlich, den gefährlichen Einfluss der aus der Ukraine entsandten ukrainischen Nationalisten nicht erkannt zu haben. Diese hätten unter dem Vorwand, Ukrainisch zu sprechen, konterrevolutionäre Arbeit verrichtet. Ende November 1932 behauptete er vor Parteiaktivisten, man habe in vielen Kolchosen im Kuban Petljura-Agenten entdeckt, die im Frühjahr 1932 dorthin geflohen seien. Einige Zehntausend geflohene Ukrainer hätten die Kolchosmitglieder demoralisiert.[37]

Auch in der Ukraine kamen besonders rückständige Rajone, Dörfer und Betriebe auf „Schwarze Listen" und wurden boykottiert. Einzelbauern, die „boshaft" ihren Getreideplan nicht erfüllt hatten, sollten aus ihrem Heimatrajon vertrieben werden. Ihnen war der Boden einschließlich des Hoflands zu entziehen. Im Dezember wurde an der Unteren Wolga entsprechend verfahren. 7 Rajone, 19 Dorfsowjets und einige Kolchosen kamen auf Schwarze Listen. Das Gleiche widerfuhr in Kasachstan 31 rückständigen Rajonen. In allen Getreidegebieten gab es viele Verhaftungen und Ablösungen.[38]

Die Strafmaßnahmen schlossen die „Säuberung" der Dorfpartei ein. Kaganovič ordnete sie am 4. November 1932 für den Kuban an. Anschließend wurde die Parteisäuberung auf den ganzen Nordkaukasus, Anfang 1933 auf die Ukraine und ab dem 2. Halbjahr 1933 bis Mitte 1935 auf alle anderen wichtigen Agrargebiete ausgedehnt. Kaganovič forderte, die „Saboteure mit Parteiausweis" zu 5–10 Jahren Lagerhaft zu verurteilen und einige von ihnen sofort zu erschießen. Auch ausgeschlossenen Parteimitgliedern drohte die Deportation nach Norden. Bis zum 15. Dezember 1932 war die Überprüfung in 17 Siedlungspunkten des Kuban abgeschlossen. Von den überprüften 1278 Dorfkommunisten wurden 30,8 % aus der Partei ausgeschlossen, weitere 48 % erhielten diverse Parteiverweise. Am härtesten traf es Kommunisten in Leitungspositionen. 55 der 113 überprüften Sekretäre von Parteizellen wurden ausgeschlossen, 37 der 77 überprüften Kolchosvorsitzenden und 11 der 23 Dorfsowjetvorsitzenden. Die Ergebnisse waren in allen danach kontrollierten Gebieten ähnlich, so Anfang 1933 in der Ukraine. Überall wurde etwa ein Drittel der Überprüften aus der Partei ausgeschlossen. Die Säuberungskampagne zog sich bis Mitte 1935 hin und traf vorwiegend die Getreidegebiete.[39]

---

37 Martin, Affirmative Action, S. 301.
38 Zelenin, Vvedenie, S. 29; Tragedija Bd. 3, Dokumente 202, 207, 219, 220, 221 und 227. Vgl. auch Martin, Affirmative Action, S. 302–307.
39 Stephan Merl, Sozialer Aufstieg im sowjetischen Kolchossystem der 30er Jahre? Über das Schicksal der bäuerlichen Parteimitglieder, Dorfsowjetvorsitzenden, Posteninhabern in Kolchosen, Mechanisatoren und Stachanovleute, Berlin 1990, S. 49–60.

Der Beschluss vom 14. Dezember 1932 erfolgte auf Grundlage des Berichts der Ersten Parteisekretäre der Ukraine, des Nordkaukasus und des Westoblasts über den Stand der Getreidebeschaffung. Das Politbüro warf ihnen „revolutionäre Blindheit" vor. Als in die Kolchosen eingedrungene „Konterrevolutionäre" wurden neben „Kulaken" und ehemaligen Offizieren jetzt auch speziell „Petljura-Leute" und „Vertreter der Kubaner Rada" genannt. Sie sollten verhaftet und in Straflager gesperrt oder gleich erschossen werden. Ebenso war mit „Saboteuren mit Parteiausweis" zu verfahren. Das Politbüro stellte die Erfüllung des Getreideplans in die Verantwortung der ersten Parteisekretäre und setzte für jedes Gebiet Fristen für den Abschluss der Kampagne.[40]

Das Politbüro erhob nun den Vorwurf, die Ukrainisierung sei formal, ohne Berücksichtigung der regionalen Bedingungen durchgeführt worden. Das hätte „bürgerlich-nationalistischen Elementen" und Petljura-Leuten erlaubt, legal ihre konterrevolutionären Organisationen aufzubauen. Wie sehr die Vorwürfe aus der Luft gegriffen waren, wird daraus ersichtlich, dass ausgerechnet dem Parteikomitee des Nordkaukasus nun Leichtsinn vorgeworfen wurde, obwohl es sich seit Jahren vehement gegen die auch von Stalin befohlene Ukrainisierung gewehrt hatte. Damit verfuhr Stalin auch hier nach dem Muster, eben denjenigen die Schuld zuzuschieben, die ihn zuvor gewarnt hatten. Absurd war auch die Behauptung, fast überall seien ukrainische Schulen und Druckanstalten legal in die Hände von Feinden der Sowjetmacht gegeben und ihnen gestattet worden, gegen die Sowjetmacht zu agitieren.[41] Das Politbüro wies die Ukraine an, 20 namentlich genannte leitende Funktionäre als „Verräter mit Parteiausweis" vor Gericht zu stellen und zu 5–10 Jahren Zwangsarbeit zu verurteilen.[42]

Anschließend eskalierte der Terror im Nordkaukasus und in der Ukraine noch einmal. Dabei kam es Anfang 1933 zu einer Kontroverse um den Abzug des Saatgetreides: Molotov griff Chataevič an, weil dieser in der Ukraine den Abzug des Saatgetreides unterbinden wollte. Entgegen dem ZK-Beschluss vom 18. September 1932 ordnete Kaganovič am 23. Dezember 1932 für den Nordkaukasus ausdrücklich an, auch das Saatgetreide einzuziehen, sonst sei der Getreideplan nicht zu erfüllen. Und er zwang auch die ukrainische Parteiführung am 29. Dezember 1932 zu befehlen, alles aufgefundene Getreide einschließlich der Saatfonds innerhalb von 5–6 Tagen abzuziehen.

In dieser letzten Phase des Terrors bei der Getreidebeschaffung wurden im Januar 1933 in der Ukraine Hausdurchsuchungen befohlen, um die letzten und

40 Zelenin, Vvedenie, S. 29; Tragedija Bd. 3, Dokumente 192 und 226.
41 Ebenda, Dokument 226.
42 Zelenin, Vvedenie, S. 30.

kleinsten Getreidevorräte von den bereits vom Hungertod Gezeichneten abzuziehen. Dabei wurde auch das zuvor für die Arbeit im Kolchos ausgegebene
Getreide konfisziert. Die betreffenden Familien blieben ohne jegliche Nahrungs-
reserven zurück.

Ende 1932 flohen immer mehr verzweifelte Bauern aus der Ukraine in die
Städte oder angrenzende Regionen. Vielfach war auch dort die Versorgungslage
prekär. Nun griff Stalin ein, um das Hungersterben zu lenken und den Perso-
nenkreis zu schützen, den er für die Industrialisierung für wichtiger hielt. Er
forderte, die Städte von „überflüssigen Elementen" zu befreien. Das Zentrale Exe-
kutivkomitee (CIK) und die Regierung (SNK) führten daraufhin am 27. Dezember 1932 Inlandspässe ein, die nur an Städter auszugeben waren. Landbewohner erhielten nur dann und so lange einen Pass, wie sie in den Städten in einem
Beschäftigungsverhältnis standen.[43] Das Passgesetz galt landesweit. Die Miliz
griff nun in den Städten Personen ohne Pass auf, setzte sie jenseits der Stadtgren-
zen wieder aus und überließ sie dann ihrem Schicksal.

Doch Stalin ging die Eingrenzung der Fluchtbewegung nicht schnell genug.
Er griff am 22. Januar 1933 noch einmal persönlich mit einer nur von ihm unter-
schriebenen Direktive von Partei und Regierung „über die Abwendung der Mas-
senausreise hungernder Bauern" ein. Darin behauptete er, wie im Vorjahr hätten
„Feinde der Sowjetmacht, Sozialrevolutionäre und Agenten Polens" die Ausreise
der Bauern organisiert, damit sie gegen die Kolchosen und die Sowjetmacht
agitierten. Stalin wies die Parteizentralen, die Regierungen und die Geheimpolizei im Nordkaukasus und in der Ukraine an, die Ausreise von Bauern zu
unterbinden, ebenso Reisen zwischen dem Nordkaukasus und der Ukraine. In
ihren Zielgebieten sollten diese Bauern verhaftet und mit Ausnahme der „konterrevolutionären Elemente" in ihren Heimatort zurückgeschickt werden.[44] Am
gleichen Tag ordnete die Geheimpolizei an, die Grenzen der Ukraine und des
Nordkaukasus für Bauern zu schließen.[45] Partei und Regierung der Ukraine
erläuterten am 23. Januar 1933, wie zu verfahren war: Alle Eisenbahnstationen
sollten unverzüglich den Verkauf von Fahrkarten über die Grenzen der Ukraine
hinaus einstellen, wenn die Käufer keine Bescheinigung eines staatlichen Indus-
triebetriebs oder einer Bauorganisation vorweisen konnten, die sie zur Ausreise
berechtigten.[46] Bis Anfang März 1933 griff die OGPU 219 500 Personen auf, von
denen 186 600 in ihre Heimatorte zurückgeschickt und die anderen vor Gericht

43   Ebenda, S. 31 f.
44   Tragedija, Bd. 3, S. 634 f.
45   Golod, Bd. 2, S. 380–383: Direktive der OGPU der UdSSR über die Unterbindung der Mas-
     senausreise von Bauern.
46   Tragedija, Bd. 3, S. 635 f.

gestellt wurden. Besonders im Nordkaukasus machten OGPU und Miliz auf den Straßen und an Eisenbahnstationen „Jagd auf Leute". Auf den Bahnhöfen sah man ausgemergelte Personen mit Kindern, viele starben auf den Bahnsteigen, in Wartesälen und in den Zügen.[47]

Nachdem Stalin diese unsäglichen Strafaktionen auf den Weg gebracht hatte, schaltete er bereits Ende Januar um. Das entsprach dem Muster, mit dem er auf Krisen reagierte, um die Verantwortung auf andere zu schieben. So strich er einen entscheidenden Satz aus der Resolution des ZK-Januarplenums 1933: „Das ZK-Plenum billigt die Beschlüsse des Politbüros zur Zerschlagung von Kulakenorganisationen im Nordkaukasus und der Ukraine und die strengen Maßnahmen gegen falsche Kommunisten mit Parteiausweisen in der Tasche." Damit lenkte er von der eigenen Urheberschaft ab und schob die Verantwortung für die Strafmaßnahmen auf die Mitglieder der Sonderkommissionen sowie auf alle regionalen Parteisekretäre.[48]

Ebenfalls mit der Zielsetzung, der Bevölkerung Sündenböcke zu präsentieren, ließ Stalin im Frühjahr 1933, auf dem Höhepunkt des Hungersterbens, einen Prozess gegen führende Mitarbeiter des Landwirtschaftskommissariats und des Kommissariats für Staatsgüter durchführen. 75 Personen wurden als „Abkömmlinge der Bourgeoisie und der Klasse der Großgrundbesitzer" verhaftet und ihnen „konterrevolutionäre Tätigkeit" in der Landwirtschaft der Ukraine, des Nordkaukasus und Weißrusslands vorgeworfen. Selbst vor den absurdesten Vorwürfen schreckten Stalin und sein Gefolge nicht zurück. So wurden sie angeklagt, Traktoren und Landmaschinen zerstört und Felder mit Unkraut übersät zu haben, um Hunger zu verursachen. 35 der Angeklagten wurden anschließend erschossen, darunter Michail Vol'f, der Volkskommissar für Staatsgüter, der Mitte 1928 in der „Pravda" vor einer vorschnellen Kollektivierung angesichts der erheblichen Übervölkerung des ländlichen Raums gewarnt hatte. Die anderen erhielten 8–10 Jahre Lagerhaft.[49]

Nachdem Kaganovič noch wenige Tage zuvor die Beschlagnahme auch des Saatgetreides verfügt hatte, ordnete Stalin im Februar 1933 die Bereitstellung von Saatdarlehen an. Nun wurden Hungernde, die sich in den Kolchosen zur Arbeit meldeten und noch nicht zu entkräftet waren, genauso wie die

---

47 Zelenin, Vvedenie, S. 33. Vgl. auch Golod, Bd. 2, S. 384: unter den Flüchtlingen dominierten Einzelbauern.

48 Zelenin, Vvedenie, S. 34.

49 Ebenda; Michail Vol'f „Über den Bauernsowchos", in: Pravda vom 11. 7. 1928, siehe Stephan Merl (Hrsg.), Sowjetmacht und Bauern. Dokumente zur Agrarpolitik und zur Entwicklung der Landwirtschaft während des „Kriegskommunismus" und der Neuen Ökonomischen Politik, Berlin 1993, S. 489–493.

benötigten Arbeitspferde für die Dauer der Feldarbeiten mit Nahrung und Futter versorgt. Die Ausgabe erfolgte streng rationiert nach geleisteter Arbeit über die Gemeinschaftsverpflegung. Wer schon so weit entkräftet war, dass er sich nicht zu den Meldestellen schleppen konnte, erhielt ebenso wie nicht arbeitsfähige Kinder und alte Leute nichts. Um die Abzweigung von Getreide an Hungernde zu verhindern, ließ Stalin einige Parteifunktionäre, die das getan hatten, in Musterprozessen aburteilen und erschießen. Die lokalen Medien hatten darüber zu berichteten.[50] Sobald die Feldarbeiten abgeschlossen waren, stellte der Staat die Ausgabe von Nahrungsmitteln und Futter wieder ein und überließ die zur Aussaat mobilisierten Arbeitskräfte (und Pferde) ihrem Schicksal. In die Ukraine wurden 14 % des zuvor unter Terror abgezogenen Getreide als Saat-, Nahrungs- oder Futterdarlehen zurücktransportiert, in den Nordkaukasus etwa 5 %.[51]

Im Frühjahr 1933 beendete Stalin den Terror zur Getreidebeschaffung. Am 27. März 1933 setzte er seine eigene Verordnung vom 7. August 1932 „zum Schutz des sozialistischen Eigentums" außer Kraft und behauptete, das Gesetz habe den aktiven Widerstand der Bauern erfolgreich gebrochen. Bei der Überprüfung wurden bis zum 1. Juli 1933 50–60 % der ergangenen Urteile wieder aufgehoben.[52] Mit ihrer Direktiv-Instruktion vom 8. Mai 1933 gaben Stalin und Molotov dann auch ein Signal an die untergeordneten Organe, die Massenrepression zu beenden. Sie behaupteten, in den drei Jahren des Kampfes (1930–1932) habe man die Klassenfeinde auf dem Lande vernichtet, nun könne die Massenaussiedlung beendet werden. Und sie erteilten die Anweisung, viele Häftlinge aus den total überfüllten Gefängnissen freizulassen.[53]

Was ist über Stalins Handeln und seine Motive bekannt?

Stalins Eingriffe in die Getreidebeschaffung 1932/1933 folgten dem für ihn typischen Muster, mit Krisen umzugehen. Wenn er erkannt hatte, dass seine diktatorische Macht auf dem Spiel stand, reagierte er in der Regel nicht mit Gewalt, sondern nahm eine radikale Kurskorrektur vor. Zuvor angeordnetes Gewalthandeln beendete er in einer solchen Situation. Obwohl das Archivmaterial

---

50 Zelenin, Vvedenie S. 33 f. Vgl. auch Report, S. Xvii f.
51 Davies/Wheatcroft, Years of Hunger, S. 112–115, S. 471; Golod v SSSR, Bd. 2. S. 8, 19 f., 34. Von den insgesamt 1.689 Millionen Tonnen, die als Saat-, Nahrungs- und Futterdarlehen zur Verfügung gestellt wurden, gingen 34,6 % in die Ukraine und 23,6 % in den Nordkaukasus.
52 Zelenin, Vvedenie, S. 39.
53 Ebenda, und Tragedija Bd. 3, Dokument 333.

zweifelsfrei nachweist, dass er alle Befehle zur Anwendung von Gewalt selbst erteilt hatte, schob er öffentlichkeitswirksam die Schuld für Übergriffe und Verbrechen immer auf andere. Zugleich bestritt er, dass es sich überhaupt um einen Kurswechsel handelte, und fuhr fort, die Richtigkeit seiner vorherigen Politik zu behaupten.[54] Das war nur möglich, weil er sich – anders als später Nikita S. Chruščev oder heute Vladimir Putin – zuvor nie öffentlich exponierte. Wichtig war zudem das sehr plötzliche Umschalten von Terror auf Maßnahmen zur Stabilisierung einer Situation. Damit überraschte er nicht nur seine „Feinde", vor allem verwirrte er seine getreuesten Gefolgsleute. Sie standen damit von einem Tag auf den anderen plötzlich als „Kursabweichler" und Verantwortliche am Pranger. Einige von ihnen beschuldigte Stalin öffentlich und ließ sie erschießen. Er hielt sich damit an die Grundregel zur Bewahrung diktatorischer Herrschaft, für andere in jeder Situation unberechenbar zu sein. Das prominenteste Opfer eines solchen Kurswechsel wurde sein Geheimpolizeichef Nikolaj Ežov, der den „Großen Terror" organisiert hatte. Obwohl Stalin die meisten Todesurteile persönlich unterschrieben hatte, ließ er Ežov 1938 verhaften, beschuldigte ihn der Ermordung unschuldiger Parteifunktionäre und ließ ihn genauso wie weitere Mitarbeiter der Geheimpolizei erschießen.

Bei Stalins Reaktion ist zu unterscheiden zwischen grundlegenden und langfristigen Änderungen seiner Politik (so 1931 bei der Industrialisierung und Ende 1932 in der Agrarpolitik) und kurzfristigem Einlenken aus taktischen Gründen, um einer Protestbewegung den Wind aus den Segeln zu nehmen. Nur in diesen Fällen setzte er anschließend unbeirrt seine Politik fort. Selbst Fehler gemacht zu haben, räumte Stalin niemals ein, auch nicht im Kreis seiner engsten Gefolgsleute, und schon gar nicht in der Öffentlichkeit. Ein solches Eingeständnis hätte seinen diktatorischen Herrschaftsanspruch gefährdet.

Ein Paradebeispiel für eine kurzfristige Politikkorrektur ist Stalins Pravda-Artikel vom März 1930 „Vor Erfolgen vom Schwindel befallen". Er hatte erkannt, dass die in den Hauptgetreidegebieten regional schnell um sich greifenden Aufstände der Bäuerinnen gegen die Expropriation der zur Ernährung der Familie benötigten Kuh und die Abnahme der Kirchenglocke seine Herrschaft ernsthaft bedrohten. In der „Pravda" wies er nun den Aktivisten die Schuld an „Übergriffen" zu und machte ein entscheidendes Zugeständnis: Statt der vollständigen Vergesellschaftung des bäuerlichen Besitzes in „Kommunen" sollte sie nach der erst jetzt publizierten Satzung doch ein kleines Stück Hofland und eine Kuh zur

---

54   Stephan Merl, Trägt Baberowskis Gewaltansatz zum Verständnis der Herrschaft Stalins bei? Anmerkungen zu „Verbrannte Erde. Stalins Herrschaft der Gewalt", in; Neue Politische Literatur 57 (2012), S. 215–232.

privaten Nutzung behalten dürfen. Stalin hatte Erfolg: die Aufstandsbewegung brach innerhalb weniger Tage in sich zusammen.[55]

Stalins diktatorische Macht beruhte auf der Monopolisierung des Informationsflusses. Alle Meldungen und die Vorschläge der Experten gingen nur an ihn, sodass er selektiv aufgreifen konnte, was ihm zur Stabilisierung der Ökonomie unter Bewahrung seiner diktatorischen Herrschaft passend erschien. Gründe für sein Handeln und die dahinterstehenden Überlegungen und Motive gab Stalin niemals preis. Auf den Absturz des industriellen Wachstumstempos (es fiel von etwa 30 % im Jahre 1930 auf nahezu Null 1932) reagierte er 1931 mit einem entschiedenen Kurswechsel, den er in seiner Rede vor den Direktoren der Industriebetriebe im Juni 1931 als Fortsetzung seiner bisherigen Politik ausgab. Die von ihm daraufhin 1931 zur Stabilisierung geformte Kommandowirtschaft erlaubte ihm, Erfolge in der Wirtschaft als Resultat der von ihm erteilten Planbefehle auszugeben.[56]

Ende 1932 erkannte Stalin, dass auch zur Stabilisierung der Landwirtschaft und damit seiner eigenen Herrschaft eine grundlegende Korrektur der Agrarpolitik unausweichlich war. Seine Maßnahmen liefen auf einen Kompromiss zwischen dem Interesse der Bauern am Überleben und seinem Interesse hinaus, den größtmöglichen Anteil der Agrarproduktion zu erhalten. Ich bezeichne dies als die Etablierung des „Kolchossystems". Es verhinderte ein neuerliches Massensterben, begrenzte aber zugleich das Wachstumspotenzial der Agrarwirtschaft, weil die Produktion selbst den Großbetrieben Verluste brachte.[57]

In der Substanz beruhte das Kolchossystem auf der Rückkehr zu einer Naturalsteuer (ohne dass Stalin diese Bezeichnung verwendete). Die Pflichtablieferung von Getreide durch Kolchosen und Einzelbauern an den Staat führten Partei und Regierung mit dem Gesetz vom 19. Januar 1933 ein.[58] Jeder Kolchos hatte ab 1933 je Hektar Saatfläche eine feste Getreidemenge an den Staat abzugeben. Für die verbliebenen Einzelbauern galt eine um 20 % höhere Pflichtablieferung je Hektar. Für das Getreide zahlte der Staat eher symbolisch den Preis von 1927.

---

55 Vgl. Stephan Merl, Die Anfänge der Kollektivierung in der Sowjetunion, Wiesbaden 1985, S. 370–400; vgl. auch Merl, Irrweg der Kollektivierung.

56 Robert W. Davies, Crisis and Progress in the Soviet Economy, 1931–1933, Basingstoke/London 1996; Robert W. Davies/Oleg Khlevniuk, Stachanovism and the Soviet Economy, in: Europe-Asia Studies 54 (2002). S. 867–903. Vgl. auch Stephan Merl, Die sowjetische Kommandowirtschaft – warum scheiterte sie nicht früher?, in: Geschichte in Wissenschaft und Unterricht 58 (2007), S. 656–677.

57 Merl, Bauern unter Stalin; vgl. auch Davies/Wheatcroft, Years of Hunger.

58 Sobranie zakonov i rasporjaženij Raboče-Krest'janskogo Pravitel'stva Sojuza sovetskich socialističeskich respublik [Sammlung der Gesetze und Verordnungen der Arbeiter-Bauernregierung der Sowjetunion], Moskau 1933, Nr. 4.

Durch die zwischenzeitlich sehr hohe Inflation deckte das 1933 nur noch etwa
10–20 % der Produktionskosten ab, insofern handelte es sich tatsächlich um eine
Naturalsteuer. Für zusätzliche, freiwillige Verkäufe zahlte der Staat etwas höhere
Aufkaufpreise. Auch sie deckten nicht die Produktionskosten.

Stalin kopierte bei der Etablierung des Kolchossystems recht exakt die Maßnahmen, mit denen Lenin 1921 die Neue Ökonomische Politik eingeführt hatte:
die Öffnung der lokalen Märkte und die Einführung einer Naturalsteuer. Anders
als Lenin verkündete er aber nur die Wiederzulassung der lokalen Märkte als
„Kolchosmärkte" im Frühjahr 1932 öffentlich. Die Rückkehr zur Naturalsteuer
erfolgte erst, als das Massensterben schon begonnen hatte. Sie wurde nicht
öffentlich propagiert und zudem dadurch getarnt, dass der Staat symbolisch für
das Getreide zahlte. Viele Historiker nicht nur in Russland ignorieren deshalb
bis heute den Kurswechsel und behaupten sogar, die Kollektivierung habe im
Zweiten Weltkrieg die Lebensmittelversorgung der Bevölkerung gesichert.

Auch für die Nutzung ihres Hoflandes mussten die Kolchosmitglieder ab
1933 Naturalabgaben an den Staat leisten. Sie wurden verpflichtet, auf einer
bestimmten Fläche Kartoffeln anzubauen und etwa 20 % der Ernte abzuliefern.
Wer eine Kuh hielt, musste zudem eine bestimmte Menge Milch an den Staat
abgeben. Die Ablieferung von Fleisch hatte sogar unabhängig von der Haltung
von Nutztieren zu erfolgen. Wer nicht selbst Nutztiere hielt, musste Fleisch zu
hohen Preisen auf den lokalen Märkten kaufen, um seine Ablieferungspflicht zu
erfüllen. Stalin bezog nach der Hungersnot also auch die Hoflandproduktion in
die staatliche Zwangswirtschaft ein.[59]

Um zu vermeiden, dass die in den Kolchosen geleistete Arbeit überhaupt
nicht bezahlt wurde – wie vielerorts 1931 und 1932 –, wurde die schon für die
Ernte 1932 angekündigte „Vorauszahlung" ab 1933, spätestens 1934 tatsächlich
geleistet. Während des Dreschens wurden 10–15 % des Getreides als „Vorschuss"
auf die Gewinnverteilung am Ende des Landwirtschaftsjahres nach den bis dahin erzielten Tagewerken an die Kolchosmitglieder ausgegeben. Damit stellte der
Staat sicher, dass sie für jedes Tagewerk bis zum Zeitpunkt des Dreschens zumindest eine kleine Menge an Getreide oder Kartoffeln erhielten.[60]

Ausgelöst durch Witterungsbedingungen gab es 1936 eine Missernte. Die
Zahl der 1936–1937 vom Hunger betroffenen Familien war zwar groß, es gab
aber kaum Todesfälle. Stalin handelte diesmal anders. Er reagierte umgehend
auf die Meldungen über die bevorstehende Missernte. Die Beschaffungspläne
für die betroffenen Regionen wurden abgesenkt und diesen Gebieten erlaubt,

59   Merl, Bauern unter Stalin, S. 129–140.
60   Ebenda, S. 327–417.

20 % des regional beschafften Getreides an die Bevölkerung zu verkaufen. Stalin räumte die schwierige Versorgungslage öffentlich ein und leistete begrenzt Hungerhilfe. Auf seine Anweisung war inzwischen eine ausreichende staatliche Getreidereserve für Notfälle gebildet worden. Die Handelswege wurden dieses Mal nicht blockiert und auch toleriert, dass Hungernde in den Städten gegen Rubel Mehl und Brot einkauften. Stalin behielt zu jedem Zeitpunkt die volle Kontrolle über die Getreideausgabe aus den Reserven, nur er persönlich entschied über die Vergabe der Getreidedarlehen. Im Einzelfall gewährte er diesmal auf Bitten regionaler Stellen sogar Getreidedarlehen für die Hungerhilfe. Zur Feldbestellung 1937 erhielten die betroffenen Gebiete wieder Saatdarlehen. Stalin stellte knapp 4 Millionen Tonnen Getreide als Darlehen zur Verfügung, davon knapp 10 % für Nahrungszwecke.[61] Diese Missernte war Stalin nicht anzulasten, auch außenpolitisch stand diesmal das Prestige der Sowjetunion nicht auf dem Spiel. Und 1936 bestand auch kein Bedarf mehr, Devisen zur Finanzierung der Industrialisierung zu beschaffen.

Warum leugnete Stalin die Hungersnot so beharrlich? 1932 musste er sie nicht „künstlich“ erzeugen. Spätestens im Frühjahr 1932 spitzte sich die seit 1928 bestehende Versorgungskrise mit Nahrungsmitteln deutlich zu. Sie war eine direkte Folge seines „Krieges gegen die Bauern“ und drohte den außenpolitischen Propagandaerfolg der Sowjetunion vor dem Hintergrund der Weltwirtschaftskrise und damit auch Stalins eigene politische Macht zu gefährden. Linke Kräfte im Westen bemühten sich fleißig, das erwünschte Kontrastbild zu verbreiten: Arbeitslosigkeit und hungernde Kinder im Kapitalismus – auf ihren Industrialisierungserfolg stolze Arbeiter in der Sowjetunion.

Für Stalins Entscheidung, die Hungersnot zu verschweigen, gab es nur ein Motiv: Das öffentliche Eingeständnis, die von ihm forcierte Industrialisierung habe eine Hungersnot ausgelöst, hätte er politisch nicht überleben können. Zu dieser Bewertung kam der deutsche Agrarexperte Otto Schiller schon 1933: „Die Sowjetregierung hat sich durch die jahrelange, auf übertriebene Siegesnachrichten eingestellte Fünfjahrplanpropaganda soweit festgerannt, dass das Eingeständnis einer solchen Wirtschaftskatastrophe wie der Hungersnot einer absoluten Bankrotterklärung mit allen daraus resultierenden Gefahren gleichkommen würde. Um sich selbst zu erhalten, muss die Sowjetregierung aufs äußerste bemüht sein, den Schein zu waren.“[62]

---

61   Robert R. W. Davies, The Years of Progress: The Soviet Economy, 1934–1936 (with the participation of Oleg V. Khlevnyuk and Stephen G. Wheatcroft), London 2014.

62   Otto Schiller im Frühjahr 1933 an die Botschaft, in: Zlepko, Der ukrainische Hunger-Holocaust, S. 203; vgl. ähnlich auch Zelenin, Vvedenie, S. 34.

Fazit

Die Antwort auf die Ausgangsfrage ist eindeutig: Die Ukrainer starben, weil sie Bauern und nicht, weil sie Ukrainer waren. Das mindert aber in keiner Weise die Verurteilungswürdigkeit von Stalins Handeln. Er nahm in der Verfolgung eigennütziger Ziele auch in diesem Fall bewusst den Tod von Millionen Menschen in Kauf und beging ein Verbrechen gegen die Menschlichkeit.

Der Diktator verfolgte mit seiner Entscheidung, die Hungersnot zu verschweigen, außen- wie innenpolitische Ziele. Nur so konnte er das propagandistische Kontrastbild einer sich schnell industrialisierenden Sowjetunion gegenüber dem scheinbaren Niedergang des von der Weltwirtschaftskrise gebeutelten Kapitalismus bewahren. Das Eingeständnis, die forcierte Industrialisierung habe eine fürchterliche Hungersnot verursacht, hätte nicht nur sein politisches Schicksal besiegelt, zugleich wäre die Industrialisierung gescheitert. 1946/1947 verschwieg Stalin erneut eine Hungersnot, um vor der Weltöffentlichkeit seine Behauptung von der Überlegenheit des Sozialismus nicht infrage zu stellen.[63] Die Ukrainisierung beendete Stalin Ende 1932, weil er sich bewusst war, dass seine Inkaufnahme des Massensterbens in der Ukraine die Stabilität der Sowjetherrschaft dort – in der Nachbarschaft zu Polen – in der Zukunft gefährden musste, nicht wegen eines bereits gefährlichen Unabhängigkeitsstrebens der Ukrainer. Die These vom Holodomor als Völkermord rückt letztlich Stalins menschenverachtendes Verbrechen in den Hintergrund, um als Narrativ von der Zusammengehörigkeit der Ukrainer ihre Abgrenzung von den Russen zu belegen.

---

63   Nicholas Ganson, The Soviet Famine of 1946–47 in Global and Historical Perspective, London 2009.

GRZEGORZ ROSSOLIŃSKI-LIEBE

Die Massengewalt der Organisation Ukrainischer Nationalisten und der Ukrainischen Aufständischen Armee

Die Organisation Ukrainischer Nationalisten (*Orhanizatsiia Ukraïns'kykh Natsionalistiv*, OUN) war in Verbindung mit der Ukrainischen Aufständischen Armee (*Ukraïns'ka Povstans'ka Armiia*, UPA) die gewalttätigste ukrainische nationalistische Bewegung des 20. Jahrhunderts. Ihre Ideologie und ihre Aktionen hatten erhebliche Auswirkungen auf die Geschichte der Ukraine, Polens, der ukrainischen und polnischen Juden, des Holocaust sowie Ostmitteleuropas und der Sowjetunion. Weil OUN und UPA Widerstand gegen die Sowjetunion leisteten und weil die deutschen Besatzer in der Ukraine noch schlimmere Verbrechen begingen, haben Historiker bisweilen die Gewalt dieser Bewegung geleugnet, ignoriert, marginalisiert oder sie als antisowjetische „Befreiungsbewegung" klassifiziert.[1] Die Einschätzung, dass die ukrainischen Nationalisten nicht am Holocaust beteiligt gewesen seien, trug ebenso wie die Tatsache, dass die Führungsschicht der OUN 1941 von den Nationalsozialisten verhaftet worden war, dazu bei, dass die faschistische Komponente des ukrainischen Nationalismus übersehen wurde.[2]

Die Ukraine als multiethnisches Territorium zwischen Ost und West

Die Ukraine existiert als Staat zwar erst wieder seit 1991, dennoch Ukrainer hatten die Geschichte des Territoriums zwischen Polen und Russland über Jahrhunderte geprägt. Sie lebten im Fürstentum Galizien-Wolhynien, im polnisch-

1   Grzegorz Rossoliński-Liebe, Ukrainian Nationalists and the Jews during the Holocaust in the Eyes of Anticommunist, Soviet, German, Jewish, Polish, and Ukrainian Historians: Transnational History and National Interpretations, in: Moreshet 19 (2022), S. 341–371.
2   Grzegorz Rossoliński-Liebe, The Fascist Kernel of Ukrainian Genocidal Nationalism. The Carl Beck Papers in Russian & East European Studies, No 2402. The Center for Russian and East European Studie, Pittsburgh 2015; ders., Stepan Bandera, The Life and Afterlife of a Ukrainian Nationalist: Fascism, Genocide and Cult, Stuttgart 2014.

litauischen Königreich, im Habsburger Vielvölkerstaat, im Russischen Reich, in der Zweiten Polnischen Republik und in der Sowjetunion. Aufgrund der Interaktionen mit Polen, Russen, Ungarn, Rumänen, Tschechen und Deutschen sowie der Ansiedlung von Juden wurde die Ukraine zu einem multiethnischen Territorium. Während der Westen des Landes von Ukrainern, Polen und Juden bewohnt wurde, war die Zentral- und Ostukraine die Heimat von Ukrainern, Russen, Juden und Polen. Aufgrund ihrer politischen Geschichte waren die West- sowie die Ost- und Zentralukraine zu Beginn des Zweiten Weltkriegs eher zwei verschiedene Landesteile als eine Nation. Die OUN und die UPA fühlten sich nur in der Westukraine zu Hause, die aus Ostgalizien und Wolhynien bestand.[3]

Ostgalizien und Wolhynien waren über Jahrhunderte von Ukrainern, Polen und Juden bewohnt. Obwohl Ukrainer die Mehrheit der Bevölkerung in beiden Regionen stellten, waren sie in Städten wie Lemberg (ukr. Ľviv, poln. Lwów) weniger präsent als in Dörfern und kleinen Gemeinden. Vor dem Zweiten Weltkrieg machten Juden in beiden Regionen etwa 10 % aller Einwohner aus, Polen etwa 25 % in Ostgalizien und 15 % in Wolhynien und Ukrainer 60 % in Ostgalizien und 70 % in Wolhynien.[4] Infolge der ersten und zweiten Teilung Polen-Litauens in den Jahren 1772 und 1793 wurde Ostgalizien in das Habsburger und Wolhynien in das Russische Reich eingegliedert, das bereits über die südlichen, zentralen und östlichen Gebiete der Ukraine verfügte. Im November 1917 riefen die Ukrainer in Kiew und im November 1918 in Lemberg einen Staat aus, doch gelang es ihnen nicht, beide Territorien unter ihre Herrschaft zu bringen. Im Jahr 1921 wurden Ostgalizien und Wolhynien offiziell in die Zweite Polnische Republik eingegliedert. Fast alle anderen ukrainischen Gebiete bildeten als Ukrainische Sozialistische Sowjetrepublik einen Bestandteil der Sowjetunion.[5]

Infolge der neuen politischen Ordnung lebten in der Zwischenkriegszeit etwa 20 Prozent aller Ukrainer in der Zweiten Polnischen Republik und 80 Prozent in der UdSSR. Ukrainische Minderheiten existierten auch in Rumänien und der Tschechoslowakei. Polen war ein multiethnischer Staat, der Ukrainer und andere Minderheiten diskriminierte und sie als Bürger zweiter Klasse

---

3   Eine multiethnische Geschichte der Ukraine ist bis heute nicht geschrieben worden. Für eine Diskussion dieses Themas siehe Andreas Kappeler, From an Ethnonational to a Multiethnic to a Transnational Ukrainian History, in: Georgiy Kasianov/Philipp Ther (Hrsg.), A Laboratory of Transnational History. Ukraine and Recent Ukranian Historiography, Budapest 2009, S. 51–80.

4   Christoph Mick, Kriegserfahrungen in einer multiethnischen Stadt: Lemberg 1914–1947, Wiesbaden 2010, S. 10.

5   Frank Golczewski, Deutsche und Ukrainer 1914–1939, Paderborn 2010, S. 240, 264, 270 f., 414–421.

behandelte.[6] Die *Korenizaciia* (Einwurzelung) und die Neue Ökonomische Politik in den 1920er-Jahren ermöglichten es den Ukrainern in der Sowjetukraine, ihre wirtschaftliche Lage zu verbessern, den Gebrauch der ukrainischen Sprache zu stärken und die ukrainische Kultur im öffentlichen Leben zu fördern. Dies änderte sich in den frühen 1930er-Jahren dramatisch. Die Kollektivierung der Landwirtschaft löste eine Hungersnot aus, der in den Jahren 1932–1933 2,5–3,9 Millionen Menschen in der Sowjetukraine zum Opfer fielen.[7]

Die OUN war in der Zwischenkriegszeit nur in Polen aktiv, in der Sowjetukraine dagegen völlig unbekannt.[8]

Innenpolitik, Rassismus, Antisemitismus und Faschismus

Bevor ukrainische Veteranen des Ersten Weltkriegs 1929 in Wien zur Konstituierung der OUN zusammentraten, hatten sie 1920 in Prag die Ukrainische Militärorganisation (UVO, *Ukraïns'ka Viis'kova Orhanizatsiia*) gegründet. Im Gegensatz zur OUN wurde die UVO nicht zu einer Massenbewegung, sondern agierte vor allem als terroristische Organisation. Gründer der UVO und der OUN waren Jevhen Konovalec', Andrij Mél'nyk, Mykola Scibors'kyj, Roman Suško und Richard Jaryj. Sie hatten zuvor in der österreichisch-ungarischen Armee gedient und später in verschiedenen ukrainischen Einheiten als Soldaten der Ukrainischen Volksarmee (*Armia Ukraïns'koï Narodnoï Respubliky*, AUNR) und der Ukrainischen Galizischen Armee (*Ukraïns'ka Halyts'ka Armiia*, UHA) gegen Polen und auch gegen Bolschewiken und weitere revolutionäre Kräfte gekämpft.[9]

Die Gründer der UVO und der OUN waren um 1890 geboren. Nach dem Ersten Weltkrieg lebten sie in Deutschland, Litauen, Italien, der Tschechoslowakei und der Schweiz. Die jüngere Generation, die sich in den späten 1920er- und frühen 1930er-Jahren in der UVO und der OUN engagierte, wurde um 1910 geboren und nach ihrem Anführer die „Bandera-Generation" genannt. Mehr als die ältere Generation war sie bestrebt, die Ukraine mit Gewalt in einen ethnisch

---

6   Jerzy Tomaszewski, Ojczyzna nie tylko Polaków. Mniejszości narodowe w Polsce w latach 1918–1939 [Heimatland nicht nur von Polen. Nationale Minderheiten in Polen in den Jahren 1918–1939], Warschau 1985, S. 194–198; Joanna Michlic, Poland's Threatening Other: The Image of the Jew from 1880 to the Present, Lincoln 2006, S. 69–108.

7   John-Paul Himka, How Many Perished in the Famine and Why Does It Matter?, in: BRAMA, 2. Februar 2008.

8   Rossoliński-Liebe, Stepan Bandera: The Life and Afterlife, S. 103 f., 244.

9   Rossoliński-Liebe, The Fascist Kernel, S. 6.

homogenen Staat zu verwandeln. Die wichtigsten Protagonisten der Bewegung waren neben Stepan Bandera Jaroslav Stec'ko, Stepan Lenkavs'kyj, Volodymyr Janyv und Roman Šuchevyč.[10]

Die jüngere Generation kontrollierte Anfang der 1930er-Jahre die Exekutive der OUN in Südostpolen, während die Älteren weiterhin die Führung im Exil innehatten. Nach der Ermordung von Jevhen Konovalec' in Rotterdam durch den NKWD-Agenten Pavel Sudoplatov im Jahr 1938 wurde Andrij Mél'nyk Chef der OUN. Obwohl offiziell der Führung im Exil unterstellt, machten die Vertreter der jüngeren Generation ihre eigene Politik. Vor allem nachdem Bandera die Befehlsgewalt in der Heimat übernommen hatte, ermordeten sie mehrere polnische und ukrainische Politiker, die sich um eine Aussöhnung zwischen Polen und Ukrainern bemüht hatten. In dieser Zeit plante die OUN eine Revolution, die als Massenaufstand der ukrainischen Bevölkerung die polnische politische Führung entmachten sollte. Dazu kam es jedoch nicht, da Bandera und 800 weitere OUN-Mitglieder im Juni 1934 wegen des Attentats auf den polnischen Innenminister Bronisław Pieracki verhaftet wurden.[11]

In den 1920er-, 1930er- und frühen 1940er-Jahren verstanden sich die OUN-Mitglieder sowohl als Nationalisten als auch als Faschisten. Sie sahen keinen Widerspruch zwischen beiden Ideologien. Der Publizist Dmytro Doncov, der der UVO und der OUN nie angehörte, sie aber maßgeblich beeinflusste, argumentierte bereits in den frühen 1920er-Jahren, dass der ukrainische Nationalismus und Faschismus eng miteinander verbundene Phänomene seien. In einem Artikel mit dem Titel „Sind wir Faschisten?" (Chy my fashysty?), der 1923 in der Zeitschrift *Zahrava* veröffentlicht wurde, erläuterte Doncov das Wesen des italienischen Faschismus und wiederholte mehrmals: „Wenn dies das Programm des Faschismus ist, dann sind wir meiner Meinung nach Faschisten!" Doch so sehr Doncov den Faschismus bewunderte, wollte er sich nicht vorwerfen lassen, ihn für die Ukraine zu kopieren: „Weil wir auf einer nationalen Plattform agieren und die Faschisten auf einer internationalen, unterscheiden wir uns von den Faschisten." Einerseits behauptete Doncov also, der ukrainische Nationalismus sei faschistisch, andererseits betonte er die Einzigartigkeit des ukrainischen Nationalismus und wollte diesen nicht als Teil eines internationalen Faschismus betrachtet wissen. Bereits in den frühen 1920er-Jahren hatte Doncov „Faschismus" als Bezeichnung für die ukrainische Bewegung abgelehnt, vor allem, weil er in Italien entstanden und mit Benito Mussolinis Ideologie konnotiert war.[12]

---

10   Rossoliński-Liebe, Stepan Bandera: The Life and Afterlife, S. 69.
11   Ebenda, S. 117–119.
12   Chy my fashysty?, in: Zahrava 1 (1923), S. 97–102.

Antisemitismus tauchte Ende der 1920er-Jahre in den ukrainischen nationalistischen Diskursen auf und dominierte in der zweiten Hälfte der 1930er-Jahre. Der OUN-Ideologe Volodymyr Martynec' war einer der bekanntesten Propagandisten der rassistischen Judenfeindschaft. In der Broschüre „Das jüdische Problem in der Ukraine", die 1938 in London veröffentlicht wurde, machte er deutlich, dass er die in Deutschland 1935 verabschiedeten Nürnberger Gesetze bewundere und die Ukrainer ähnliche Verordnungen benötigten. Er behauptete, dass Juden in jedem Land, in dem sie lebten, eine fremde Rasse seien und daher für viele Länder der Welt eine erhebliche Last darstellten. Juden, die sich in westlichen Ländern assimiliert hätten, gefährdeten diese Nationen nicht weniger als nicht-assimilierte Juden, da sie das Blut der Menschen „verunreinigten". Laut Martynec' hatte keine andere Nation ein größeres Problem mit Juden als die Ukraine, denn nirgendwo lebe eine höhere Anzahl von ihnen.[13]

Martynec' forderte die Ukrainer auf, sich unverzüglich mit der „Judenfrage" zu befassen und nicht zu warten, bis ein ukrainischer Staat gegründet wäre.[14] Das „jüdische Problem" sei nur durch Isolation und Rassenpolitik zu lösen. Da die Ukrainer aber über keinen Staat verfügten, könnten sie keine Gesetze erlassen und müssten Juden auf anderen Wegen von der Mehrheitsgesellschaft trennen. Ukrainer sollten Juden den Besuch ukrainischer Schulen, Restaurants, Cafés, Theater, Kabaretts, ja sogar Bordelle verweigern. Sie sollten nur ihre eigenen Einrichtungen nutzen. Mischehen zwischen Juden und Ukrainern müssten unterbunden werden. Die Segregation der „jüdischen Rasse" würde es den Ukrainern ermöglichen, zwei Ziele zu erreichen: Erstens würde die jüdische die ukrainische „Rasse" nicht kontaminieren und deren „rassischen" Werteverfall fördern. Zweitens würde die Isolierung die Zahl der Juden in der Ukraine verringern und ihr „parasitäres Dasein" beenden. Die Ukrainer könnten dann Berufe wie Ärzte, Professoren, Gastwirte und Händler ergreifen.[15]

Der Rassismus im Kontext des ukrainischen Nationalismus war mit der Idee der Unabhängigkeit (*samostiinist'*) verbunden. Ukrainische rassistische Denker vertraten die Ansicht, dass die Ukraine ein unabhängiger Staat werden müsse, da sie von einer besonderen „Rasse" bewohnt werde, die einen unabhängigen Nationalstaat benötige, um alle ihre Eigenschaften entwickeln zu können. Bereits Mykóla Michnóvs'kyj, Begründer und Ideologe des ukrainischen Nationalismus und Verfasser der Broschüre „Unabhängige Ukraine" (*Samostiina Ukraïna*, 1900), in der er erstmals die Idee der politischen Unabhängigkeit der

---

13 Volodymyr Martynets, Zhydivs'ka problema v Ukraïni, London, 1938.
14 Ebenda, S. 1–3.
15 Ebenda, S. 8–16.

Ukraine vorstellte, hatte 1902 die Ukrainische Nationalpartei (*Ukraïns'ka Narodna Partia*, UNP) gegründet, deren Programm nicht frei von Rassismus war. In den Parteipublikationen, darunter in den „Zehn Geboten der UNP" (1904), formulierte er die Grundprinzipien des ukrainischen Nationalismus. Im dritten Gebot forderte er: „Die Ukraine für die Ukrainer!" und im zehnten: „Heirate keine ausländische Frau, denn deine Kinder werden deine Feinde sein."[16]

Diesen Diskurs hatte der ukrainische Geograf Stepan Rudnyc'kyj angeregt. Er definierte das „natürliche Territorium" oder den „Lebensraum" der ukrainischen Nation und vertrat die Ansicht, dass die „Rasse" nach dem „nationalen Territorium" das zweitwichtigste Merkmal der ukrainischen Nation sei.[17] Darüber hinaus behauptete er, dass die „schöne ukrainische Rasse" über wichtige Eigenschaften wie die „Fähigkeit, für die Existenz einer bestimmten Rasse zu kämpfen", verfüge. „Hohe Körpergröße", so Rudnyc'kyj weiter, „und ein großer Brustumfang (vielleicht der größte in Europa) bei gleichzeitiger Schlankheit und Beweglichkeit machen den Ukrainer für alle körperlichen Arbeiten sehr geeignet."[18]

In der Zwischenkriegszeit erörterten ukrainische nationalistische Ideologen, wie ethnische und politische Gewalt zur Errichtung eines homogenen Staates eingesetzt werden könnte. Einer der wichtigsten Ideologen war Mychajlo Kolodzins'kyj, der 1933–1934 zusammen mit der kroatischen Ustaša in einem Lager in Italien ukrainische Nationalisten ausbildete. Dort lernte er den kroatischen Faschistenführer Ante Pavelić kennen und begann, die „Kriegsdoktrin der ukrainischen Nationalisten" zu verfassen, ein Dokument, in dem das Konzept eines „Aufstands" gegen die „Besatzer" der Ukraine dargelegt war. Während Kolodzins'kyj in seiner Schrift die Polen in erster Linie durch Vertreibung bekämpfen wollte, erklärte er die Juden für vogelfrei: „Der Aufstand der OUN soll alle lebenden feindlichen Elemente auf dem ukrainischen Territorium vernichten. [...] Es wird nicht möglich sein, eine halbe Million Juden während des Aufstandes zu töten, wie einige Nationalisten behaupten. Natürlich wird der Hass des ukrainischen Volkes auf die Juden besonders schrecklich sein. Wir haben nicht die Absicht, diesen Hass zu dämpfen, im Gegenteil, wir sollten ihn

16 Roman Koval, Heroi, shcho ne zmih vriatuvaty Bat'kivshchyny [Held, der seine Heimat nicht retten konnte], in: ders. (Hrsg.), Samostiina Ukraïna [Unabhängige Ukraine], Kiev 2003, S. 9.
17 Stepan Rudnyc'kyj, Do osnov ukraïns'koho natsionalizmu [Zu den Wurzeln des ukrainischen Nationalismus], in: L. M. Harbarchuk (Hrsg.), Chomu my khochemo samostiinoï Ukraïny [Warum wir eine unabhängige Ukraine wollen], Lviv 1994, S. 297.
18 Ebenda.

fördern, denn je mehr Juden während des Aufstandes getötet werden, desto besser für den ukrainischen Staat, [auch] weil die Juden die einzige Minderheit sind, die wir nicht assimilieren können."[19]

Verbrechen der OUN und UPA

Die Massengewalt ukrainischer Nationalisten erfolgte in sechs Phasen: 1921 bis 1939, September 1939, Juni bis Juli 1941, August 1941 bis Anfang 1943, 1943 bis 1944 und 1944 bis 1955. Zwar kulminierten die Aktionen erst 1941 im Massenmord, aber Kolodzins'kyj und andere Führer der OUN hatten bereits Mitte der 1930er-Jahre geplant, die Ukraine durch Vertreibung, Zwang und Mord ethnisch zu homogenisieren. Die Gewalthandlungen veränderten sich in den 1920er-, 1930er- und 1940er-Jahren, weil sich ukrainische Nationalisten an die aktuellen politischen Umstände und Gewaltdiskurse anpassten. Sie waren nun nicht mehr die einzigen Kräfte, die in der Westukraine ihre Ideologie in die Tat umsetzten. Zwei Großmächte bedienten sich ähnlicher Methoden: das nationalsozialistische Deutschland und die Sowjetunion. Beide halfen den ukrainischen Nationalisten, die Homogenisierung der Ukraine voranzutreiben.

In der Zwischenkriegszeit, in der ersten Phase der Gewalt, begingen die UVO und die OUN Morde an Polen, Ukrainern, Juden und Russen. Bedeutende Staatsmänner wie Józef Piłsudski wurden angegriffen, weil sie den polnischen „Besatzerstaat" symbolisierten. Andere Politiker wie Tadeusz Hołówko, ein Mitarbeiter des polnischen Außenministeriums, und Henryk Józewski, Gouverneur von Wolhynien, wurden attackiert, weil sie sich für die polnisch-ukrainische Aussöhnung einsetzten. Des Weiteren ermordete die OUN den Gymnasialdirektor Ivan Babij und den Journalisten und politischen Aktivisten Sydir Tverdochlib, die die Aktionen der OUN bekämpften und mit den polnischen Behörden zusammenarbeiteten. Nachdem Bandera die Befehlsgewalt übernommen hatte, tötete die Organisation selbst eigene Mitglieder wie Jakiw Bačyns'kyj und Maria Kovaliukivna. Die wichtigste öffentliche Persönlichkeit, die der OUN zum Opfer fiel, war der polnische Innenminister Bronisław Pieracki.[20] Die tatsächliche Zahl der von den Nationalisten in Polen Ermordeten ist nicht bekannt, es handelte sich

---

19 Voienna doktryna ukraïns'kykh natsionalistiv [Militärische Doktrin der ukrainischen Nationalisten], OUN-Archiv in Kiew, f. 1, op. 2, spr. 466, 136 f.

20 „Wyrok", TsDIAL (Tsentral'nyi derzhavnyi istorychnyi arkhiv u L'vovi [Zentrales Historisches Staatsarchiv der Ukraine in Lviv]), f. 205, spr. 3125, 3133–3135; Władysław Żeleński, Akt oskarżenia przeciwko Stefanowi Banderze [Anklageschrift gegen Stefan Bandera] ..., Warschau, 2. Oktober 1935 (veröffentlicht als Broschüre), S. 54–56

jedoch um mehrere Hundert. Bis 1922 hatte die UVO 2200 polnische Bauernhöfe in Brand gesetzt.[21] Allein im Jahr 1937 verübte die OUN 830 Gewalttaten gegen polnische Bürger oder deren Eigentum. Von diesen Straftaten wurden 540 vom Sicherheitsdienst des polnischen Innenministeriums als antipolnisch, 242 als antijüdisch, 67 als antiukrainisch und 17 als antikommunistisch eingestuft.[22]

Die zweite Phase der Gewalt begann mit dem Zweiten Weltkrieg und dauerte bis zum Überfall Deutschlands auf die Sowjetunion am 22. Juni 1941. Als die deutsche Wehrmacht am 1. September 1939 in Polen einfiel, erwog die OUN, eine Revolution zu initiieren, um einen ukrainischen Staat zu gründen. Diese Pläne wurden jedoch durch das Ribbentrop-Molotow-Abkommen (Hitler-Stalin-Pakt) durchkreuzt. Am 17. September 1939 griff die Rote Armee Polen von Osten her an und besetzte innerhalb weniger Tage Ostgalizien und Wolhynien. Doch schon in den ersten drei Septemberwochen hatten bewaffnete nationalistische Gruppen in mehreren Städten die Macht übernommen und kündigten an, mit den Deutschen zusammenzuarbeiten. Im September 1939 ermordete die OUN etwa 2000 Polen in Ostgalizien, 1000 in Wolhynien und eine unbekannte Zahl von Juden und politischen Gegnern.[23]

In Javoriv, einer Kleinstadt etwa fünfzig Kilometer westlich von Lemberg, verbanden sich deutsche Truppen mit ukrainischen Milizionären, zerstörten die örtliche Synagoge und demütigten, folterten und ermordeten Juden.[24] Eine OUN-Einheit griff am 17. und 18. September 1939 das Dorf Slov'jatyn an und tötete 49 Polen und einen Ukrainer, der versucht hatte, den Polen zu helfen.[25] Obwohl die Hauptzielgruppe ukrainischer Nationalisten polnische Soldaten und Polizisten sowie in Wolhynien lebende Polen waren, töteten ukrainische

---

21 Golczewski, Deutsche und Ukrainer, S. 434 f.
22 Timothy Snyder, The Life and Death of Western Volhynian Jewry, 1921–1945, in: Ray Brandon/Wendy Lower (Hrsg.), The Shoah in Ukraine: History, Testimony, Memorialization, Bloomington 2008, S. 83 f.
23 Grzegorz Motyka, Ukraińska partyzantka 1942–1960: Działalność Organizacji Ukraińskich Nacjonalistów i Ukraińskiej Powstańczej Armii [Ukrainische Partisanen 1942–1960: Aktivitäten der Organisation Ukrainischer Nationalisten und der Ukrainischen Aufständischen Armee], Warschau 2006, S. 70, 72; Władysław Siemaszko/Ewa Siemaszko, Ludobójstwo dokonane przez nacjonalistów ukraińskich na ludności polskiej Wołynia 1939–1945 [Von ukrainischen Nationalisten begangener Völkermord an der polnischen Bevölkerung Wolhyniens 1939–1945], Warschau 2000, S. 1034–1037; Kai Struve, Deutsche Herrschaft, ukrainischer Nationalismus, antijüdische Gewalt. Der Sommer 1941 in der Westukraine, Berlin 2015, S. 107–117.
24 AŻIH (Archiwum Żydowski Instytut Historyczny [Archiv des Jüdischen Historischen Instituts]), 301/1912, Izrael Manber, 2-3; AŻIH 301/1612, Nadel Chaim, 1-2; AŻIH 301/1614, Jakub Sauerbrunn, 1.
25 Struve, Deutsche Herrschaft, S. 114.

Nationalisten im September 1939 auch viele Zivilpersonen, darunter jüdische, wie in Javoriv und Seljatyn.[26]

Die nächste Welle der Gewalt begann nach dem deutschen Angriff auf die Sowjetunion. Die OUN bereitete sich akribisch auf ihr Ziel vor, einen ukrainischen Staat in Kollaboration mit den Nationalsozialisten zu gründen. Bereits 1939, als die Sowjets im Oktober und November Ostgalizien und Wolhynien in die Sowjetukraine eingliederten, hatten mehrere Hundert OUN-Angehörige diese Gebiete verlassen und sich in Krakau und anderen Teilen des Generalgouvernements angesiedelt. Im Jahr 1940 spaltete sich die OUN in die OUN-B unter Stepan Bandera und die OUN-M unter Andrij Mel'nyk. Beide Fraktionen arbeiteten mit der deutschen Abwehr und der Wehrmacht zusammen und waren an der Vorbereitung des „Unternehmens Barbarossa" beteiligt. In Kooperation mit der Abwehr, der Spionageabteilung der Wehrmacht, bildete die OUN-B die Bataillone „Nachtigall" mit 350 und „Roland" mit 330 Soldaten. Beide Einheiten bestanden aus ukrainischen Kämpfern, die von deutschen und ukrainischen Offizieren geführt wurden.[27] Die OUN-B stellte zudem Sondereinsatzkommandos (*pokhidni hrupy*) auf, die etwa 800 Mitglieder zählten.[28]

Im April 1941 organisierte die Führung der OUN-B in Krakau den Zweiten Kongress ukrainischer Nationalisten, auf dem die Ideologie und das politische Programm der Bewegung im Sinne des Faschismus weiterentwickelt wurden. Stepan Bandera wurde nun offiziell zum ukrainischen *providnyk* (gleichbedeutend mit dem deutschen „Führer" oder dem italienischen „Duce"[29]) ernannt. Der faschistische Gruß, bei dem die OUN-Mitglieder den rechten Arm „leicht nach rechts, leicht über den Scheitel" hoben und „Ruhm der Ukraine!" (*Slava Ukraini!*) und als Antwort „Ruhm den Helden!" (*Heroiam Slava!*)[30] riefen, wurde zum äußeren Kennzeichen. Zugleich nutzte die Organisation die rot-schwarze Flagge, die „Blut und Boden" symbolisierte. Die Führung kündigte an, alle demokratischen

26 Ebenda, S. 115.
27 John A. Armstrong, Ukrainian Nationalism, New York 1963, S. 74; Ivan Patryliak, Viis'kova diial'nist' OUN (B) u 1940–1942 rokakh [Operative Tätigkeit der OUN (B) in den Jahren 1940–1942], Kiev 2004, S. 274–288.
28 Motyka, Ukraińska partyzantka, S. 93.
29 Der andere ukrainische Begriff für Führer – vozhd' – wurde nach dem Zweiten Generalkongress der OUN am 27. August 1939 für Andrij Mel'nyk reserviert. Um ihr Führerprinzip von dem der OUN-M zu unterscheiden, nannte die OUN-B Bandera „providnyk". Zu diesem Kongress siehe Golczewski, Deutsche und Ukrainer, S. 943 f.
30 Postanovy II. Velykoho Zboru Orhanizatsïï Ukraïns'kykh Natsionalistiv [Beschlüsse des Zweiten Großen Kongresses der Organisation der Ukrainischen Nationalisten], TsDAHO (Tsentral'nyi derzhavnyi arkhiv hromads'kykh obiednan' Ukrainy [Zentrales Staatsarchiv der gesellschaftlichen Organisationen der Ukraine]), f. 1, op. 23, spr. 926, 199.

und kommunistischen ukrainischen Parteien und Organisationen zu bekämpfen, und erklärte Juden, Polen und Russen zu „Feinden des ukrainischen Volkes".[31]

Während sie den Deutschen beim Kampf gegen die Rote Armee zuarbeitete, bereitete die OUN-B die „Ukrainische Nationale Revolution" vor, ohne ihren Plan mit der NS-Führung abzustimmen. Die Revolution, die am selben Tag wie das „Unternehmen Barbarossa" beginnen sollte, verfolgte zwei eng miteinander verbundene Ziele: die Errichtung eines ukrainischen Staates mit Bandera an der Spitze und die ethnische Homogenisierung des Landes. Um ihre Vorstellungen den Mitgliedern nahezubringen, verfasste die Führung der OUN-B in Krakau detaillierte Richtlinien, die an den Chef der OUN in der sowjetischen West-ukraine, Iwan Kłymiw, weitergereicht wurden. Das Dokument trug den Titel „Anweisungen für die Vorkriegszeit, die Zeit des Krieges und der Revolution sowie die ersten Tage des Staatsaufbaus".[32] Im Juni 1941 zählten die OUN-B und die OUN-M 20 000 Mitglieder und 30 000 Sympathisanten, wobei die OUN-B sich auf eine größere Anhängerschaft stützen konnte.[33]

Als am 22. Juni 1941 das „Unternehmen Barbarossa" mit dem Überfall auf die Sowjetunion begann und zugleich die ukrainische Nationalrevolution aus-gerufen wurde (dritte Phase), begleiteten die in speziellen Einsatzgruppen or-ganisierten Mitglieder der OUN-B die Wehrmacht. Es gelang diesen Einheiten, die Rote Armee niederzuringen und die Ukraine zu erobern. Die Mitglieder der Einsatzgruppen halfen den örtlichen OUN-Kommandanten bei der Organisa-tion der ukrainischen Miliz und der Einrichtung von Verwaltungen in zahl-reichen Städten und Dörfern der Westukraine. Am 30. Juni 1941 rief Jaroslav Stec'ko den ukrainischen Staat aus und bat in Briefen Adolf Hitler, Benito Mus-solini, Ante Pavelić und Francisco Franco, die neue Nation anzuerkennen.[34] Zur selben Zeit organisierte die OUN-B mit den deutschen Besatzern zahlreiche Pogrome gegen Juden in der Westukraine und half der SS-Einsatzgruppe C, die ersten Massenerschießungen durchzuführen. Die Entdeckung der Leichen von über 8000 politischen Gefangenen, die vom NKWD vor seinem Rückzug aus

31   Postanovy II. Velykoho Zboru Orhanizatsiï Ukraïns'kykh Natsionalistiv, TsDAHO, f. 1, op. 23, spr. 926, 930–133.

32   Propahandyvni vkazivky na peredvoiennyi chas, na chas viiny i revoliutsiï ta na pochatkovi dni derzhavnoho budivnytstva [Propagandaanweisungen für die Vorkriegszeit, den Krieg und die Revolution sowie die Anfänge des Staatsaufbaus], TsDAVOV (Tsentral'nyi derzhavnyi arkhiv vyshchykh orhaniv vlady ta upravlinnia Ukrainy [Zentrales Staatsarchiv der höheren Behörden und Regierungen der Ukraine]), f. 3833, op. 1, spr. 69, 23–28.

33   John-Paul Himka, Ukrainian Nationalists and the Holocaust. OUN and UPA's Participation in the Destruction of Ukrainian Jewry 1941–1944, Stuttgart 2021, S. 178.

34   Grzegorz Rossoliński-Liebe, The „Ukrainian National Revolution" of Summer 1941, in: Kri-tika: Explorations in Russian and Eurasian History 12 (2011) 1, S. 90–99.

der Ukraine ermordet worden waren, kam den deutschen Besatzern und ihren Helfern für ihre Propaganda sehr gelegen. Ihre eigenen Mordaktionen konnten sie auf diese Weise verschleiern. Die Forschung hat nachgewiesen, dass während der Pogrome in der Westukraine etwa 20 000 Juden von deutschen und ukrainischen Einheiten getötet wurden.[35]

Der größte Pogrom in der Westukraine fand in Lemberg statt. Er begann am 30. Juni 1941 nachmittags, wenige Stunden vor der Ausrufung des ukrainischen Staates, und dauerte bis zum Abend des 2. Juli an. Die ukrainischen Milizionäre griffen Juden auf der Straße und in ihren Häusern auf und brachten sie in eines der vier Gefängnisse, in denen das NKWD die Leichen der ermordeten politischen Gefangenen zurückgelassen hatte. Die Juden wurden gezwungen, die Toten aus den Gefängnisgebäuden zu den Höfen zu tragen, wo die Wehrmacht eine öffentliche „Leichenschau" der Ermordeten veranstaltete. Sowohl die ukrainischen Milizionäre als auch die Wehrmachtsoldaten deuteten an, dass die Juden für den Tod der Gefangenen verantwortlich seien. Auf diese Weise motivierten sie die Ukrainer, sich an der öffentlichen Gewalt gegen die Juden zu beteiligen. Wütende Bürgerinnen und Bürger zwangen die Juden, sowjetische Lieder zu singen, und malträtierten sie mit Steinen und Stöcken oder traten und schlugen sie mit den Fäusten. Zweieinhalb Tage lang waren die Straßen Lembergs voll mit enthemmten Ukrainern, verletzten und toten Juden und Wehrmachtsoldaten, die diese Szenen filmten und die örtliche Bevölkerung anstachelten, die Juden zu misshandeln und zu massakrieren.[36]

Kurt Lewin, der im Gefängnis von Brygidki arbeiten musste, erinnerte sich: „Ein elegant gekleideter Mann in einem schönen bestickten Hemd, wie es häufig von ukrainischen Patrioten getragen wurde, schlug mit einem eisenbezogenen Stock zu. Nach einer Weile traf er nur noch die Köpfe. Bei jedem Schlag riss er Streifen von der Haut ab. Einigen stach er die Augen aus, riss ihnen die Ohren ab. Als der Stock zerbrach, nahm er sofort ein großes Stück Holz und schlug damit den Schädel meines Nachbarn ein. Der Schädel war aufgeschlitzt, und das Gehirn spritzte in alle Richtungen, auch auf mein Gesicht und meine Kleidung."[37]

35 John-Paul Himka, The Lviv Pogrom of 1941: The Germans, Ukrainian Nationalists, and the Carnival Crowd, in: Canadian Slavonic Papers LIII (2011) 2–4, S. 209–243; Grzegorz Rossoliński-Liebe, Der Verlauf und die Täter des Lemberger Pogroms 1941. Zum aktuellen Stand der Forschung, in: Jahrbuch für Antisemitismusforschung 22 (2013), S. 207–243; Struve, Deutsche Herrschaft.

36 Himka, The Lviv Pogrom of 1941; Rossoliński-Liebe, Der Verlauf und die Täter des Lemberger Pogroms; Struve, Deutsche Herrschaft, S. 304–378.

37 Kurt Lewin, Przeżyłem: Saga Świętego Jura spisana w roku 1946 [Ich habe überlebt: Die Sage von Sankt Jura aufgeschrieben im Jahr 1946], Warschau 2006, S. 58 f.

Eliyahu Yones, der am 7. Juli 1941 zusammen mit anderen Juden von deutschen Soldaten festgenommen wurde und den Befehl erhielt, in einem der Höfe des Brygidki-Gefängnisses Kalk auf die Leichen zu streuen, wurde von dem extremen Gestank der verwesenden Körper überwältigt. Der Boden unter seinen Füßen, so Yones, sei weich wie Kaugummi gewesen, habe fünf Zentimeter breite Risse aufgewiesen und die Leichen, die in dem Hof vergraben waren, nicht mehr aufnehmen können.[38]

Am 25. Juni 1941 organisierte die Wehrmacht zusammen mit der OUN-B einen weiteren Pogrom in Lemberg „zu Ehren" von Symon Petljura, der am 25. Mai 1926 in Paris von Scholom Schwartzbard ermordet worden war. Schwartzbard wurde von einem französischen Gericht freigesprochen, weil er aussagte, er habe seine Familienangehörigen rächen wollen, die bei den Pogromen in der Ukraine 1917–1920 ermordet worden waren. Es handelte sich hierbei um die größten antijüdischen Massaker vor dem Holocaust. Mehr als 50 000 Juden fielen diesen Pogromen zum Opfer.[39]

Die vierte Phase der Gewalt der OUN begann im August 1941, als die Deutschen Ostgalizien als Distrikt Galizien in das Generalgouvernement und Wolhynien in das Reichskommissariat Ukraine eingliederten. In dieser Phase, die in Wolhynien bis Ende 1942 und in Ostgalizien bis zum Frühjahr 1943 andauerte, töteten die Deutschen und ihre Helfer in der Westukraine etwa 800 000 Juden. Das war die Hälfte aller während der deutschen Besatzung in der Ukraine ermordeten Juden. Dabei ist zu berücksichtigen, dass die Westukraine wesentlich kleiner als die Zentral- und Ostukraine war.[40] Einige Juden konnten überleben, weil sie die Möglichkeit hatten zu fliehen, die Besatzungszeit kürzer war und vor allem, weil in diesem Teil des Landes weder die OUN noch die UPA organisiert waren. Dagegen wurden in Ostgalizien 250 000 Juden in das Vernichtungslager Belzec deportiert und etwa genauso viele in der Umgebung ihrer Ghettos ermordet. In Wolhynien wurden alle Juden, mehr als 200 000, bei Massenerschießungen getötet.[41]

---

38   Eliyahu Yones, Die Straße nach Lemberg, in: Susanne Heim (Hrsg.), Zwangsarbeit und Widerstand in Ostgalizien 1941–1944, Frankfurt a. M. 1999, S. 24 f.

39   Rossoliński-Liebe, Stepan Bandera: The Life and Afterlife, S. 79, 218; Henry Abramson, A Prayer for the Government: Ukrainians and Jews in Revolutionary Times, 1917–1920, Cambridge 1999, S. 134–139.

40   Alexander Kruglov, Jewish Losses in Ukraine, 1941–1944, in: Brandon/Lower (Hrsg.), The Shoah in Ukraine, S. 273, 285 f.

41   Ebenda, S. 273–283. Allgemein zum Holocaust in Ostgalizien und Wolhynien: Dieter Pohl, Nationalsozialistische Judenverfolgung in Ostgalizien. Organisation und Durchführung eines staatlichen Massenverbrechens, München 1997; Shmuel Spector, The Holocaust of Volhynian Jews 1941–1944, Jerusalem 1990.

Die Organisatoren und Hauptverantwortlichen für den Holocaust in der Ukraine waren die deutschen Besatzer, die jedoch ohne die Hilfe ukrainischer Nationalisten und gewöhnlicher Ukrainer kaum in der Lage gewesen wären, über 90 Prozent der westukrainischen Juden zu töten. Obwohl die Führung der OUN-B, darunter Stepan Bandera und sein Stellvertreter Jaroslav Stec'ko, von den Nationalsozialisten in Berlin bzw. im KZ Sachsenhausen inhaftiert wurden, schlossen sich viele ukrainische Nationalisten der von den Deutschen im August 1941 gegründeten ukrainischen Polizei an und unterstützten die deutschen Besatzer bei der Ermordung der Juden. Sie bewachten die Ghettos, halfen bei den Deportationen in das Vernichtungslager Belzec und bei den Massenerschießungen. In den Ghettos, auf dem Land und in den Wäldern suchten sie nach versteckten Juden. Ihre Komplizenschaft mit den Deutschen brachte sie in die Lage, ihre eigenen politischen Ziele umzusetzen. Sie wollten die Ukraine in ein homogenes Gebiet verwandeln und die „Feinde des ukrainischen Volkes", wie sie die Juden nannten, vernichten.[42]

Obwohl die Nazis im August 1941 der ukrainischen Polizei die Zusammenarbeit mit der OUN verboten, setzte sich Volodymyr Pitulej, der Kommandeur der ukrainischen Polizei, über diese Anordnung hinweg. Viele OUN-Mitglieder verheimlichten ihre Verbindung zur Organisation. Nach Angaben von Bohdan Kazaniws'kyj befanden sich sogar zahlreiche Angehörige der OUN-B unter den Kommandanten der Polizeischule in Lemberg, in der junge Polizisten ausgebildet wurden.[43] Eliyahu Yones, der im Zwangsarbeiterlager Kurowice arbeiten musste, schrieb in seinen Memoiren, dass es sich bei den ukrainischen Polizisten in seinem Lager um Nationalisten gehandelt habe, die stolz darauf gewesen seien, blaue Uniformen und ukrainische Mützen zu tragen.[44] Im Frühjahr 1942 kamen im Generalgouvernement über 4000 ukrainische Polizisten zum Einsatz.[45] Insgesamt waren in Wolhynien im Jahr 1942 12 000 ukrainische und nur 1400 deutsche Polizisten tätig.[46]

Als die Mehrheit der Juden in Wolhynien und Ostgalizien Ende 1942 und Anfang 1943 getötet worden war, gründete die OUN-B die UPA (Ukrainische

---

42   Grzegorz Rossoliński-Liebe, Ukraińska policja, nacjonalizm i zagłada Żydów w Galicji Wschodniej i na Wołyniu [Ukrainische Polizei, Nationalismus und die Vernichtung der Juden in Ostgalizien und Wolhynien], in: Zagłada Żydów. Studia i Materiały 13 (2017), S. 57–79.

43   Bohdan Kazanivs'kyi, Shliakhom Legendy: Spomyny [Der Legende folgen: Erinnerungen], London 1975, S. 263–266.

44   Yones, Die Straße nach Lemberg, S. 85 f.

45   Gabriel N. Finder/Alexander V. Prusin, Collaboration in Eastern Galicia: The Ukrainian Police and the Holocaust, in: East European Jewish Affairs 34 (2004) 2, S. 105 f.

46   Timothy Snyder, The Causes of Ukrainian-Polish Ethnic Cleansing 1943, in: Past and Present 179 (2003), S. 210.

Aufständische Armee), um die Polen zu vertreiben bzw. zu ermorden. Dies war die fünfte Phase der Gewalt. Im März und April 1943 desertierten etwa 5000 ukrainische Polizisten aus der Polizei in Wolhynien und schlossen sich der UPA an, die Jagd auf Juden machte, die aus den Ghettos entkommen waren und in Wäldern, Dörfern und Städten zu überleben versuchten. In einigen Regionen bildeten die ukrainischen Nationalisten eine größere Gefahr für die Juden als die deutschen Besatzer, sodass sogar untergetauchte Juden aus den Wäldern in deutsche Zwangsarbeitslager flüchteten.[47] Zu dieser Zeit versuchten etwa 80 000 Juden in der Westukraine zu überleben, aber mehr als 60 000 von ihnen wurden von den deutschen Besatzern, ukrainischen Nationalisten und gewöhnlichen Ukrainern getötet.[48]

Die Hauptzielgruppe der ukrainischen Nationalisten in der fünften Phase der Gewalt bildete jedoch die polnische Bevölkerung. Die UPA führte 1943 in Wolhynien und 1944 in Ostgalizien eine gegen Polen gerichtete „ethnische Säuberung" durch. Sie ermordete etwa 100 000 Polen und zwang noch mehr von ihnen, die Westukraine zu verlassen. Während die Mehrheit der Juden in der Westukraine sowohl von den deutschen Besatzern als auch von den ukrainischen Nationalisten ermordet wurde, war die Tötung und Vertreibung der Polen ein reines Projekt der OUN-B, die sich gemeinsam mit der UPA verschiedener Methoden zu deren Liquidierung bediente. Im Gegensatz zu den Juden wurden die meisten Polen nicht erschossen, sondern mit Äxten und Beilen erschlagen oder mit Messern und Mistgabeln umgebracht.[49]

Die ukrainischen Nationalisten wurden bei vielen Massakern von ukrainischen Bauern unterstützt. Diese umzingelten in der Regel die Dörfer, während die UPA-Partisanen und OUN-Mitglieder polnische Zivilisten in den Orten ermordeten. Menschen, die aus einem Dorf während des Massakers geflohen waren, wurden von den Bauern gefangen und von ihnen ermordet.[50] Die Nationalisten waren bereit, alle Polen zu töten, die die „ukrainischen Gebiete" nicht verlassen wollten, auch Frauen und Kinder. Oft kehrten sie bereits am zweiten oder dritten Tag nach einem Angriff zurück und suchten nach Überlebenden, um sie zu töten. Polen lebten seit Jahrzehnten und Jahrhunderten in Wolhynien und Ostgalizien und waren meist zweisprachig, weshalb die Partisanen der UPA sie nicht anhand ihrer Sprache identifizieren konnten. Wenn sie von einheimischen Ukrainern

---

47 Omer Bartov, Wartime Lies and Other Testimonies: Jewish-Christian Relations in Buczacz, 1939–1944, in: East European Politics and Societies 26 (2011) 3, S. 496 f.

48 Rossoliński-Liebe, Ukraińska policja, nacjonalizm i zagłada Żydów, S. 74.

49 Motyka, Ukraińska partyzantka, S. 284.

50 Jared McBride, Peasants into Perpetrators: The OUN-UPA and the Ethnic Cleansing of Volhynia, 1943–1944, in: Slavic Review 75 (2016), S. 630–654.

nicht erfuhren, wer Pole war, zwangen sie die Verdächtigen, auf Ukrainisch zu beten, oder erkundigten sich bei Ortsbewohnern nach der ethnischen Zugehörigkeit der Personen.[51]

Da sich in Ostgalizien und Wolhynien die ukrainische und die polnische Kultur seit Jahrhunderten vermischt hatten, betraf die Ermordung der Polen teilweise auch die ukrainische Bevölkerung. Sowohl die OUN-B als auch die UPA forderten oftmals ukrainische Partner in gemischten Familien unmissverständlich auf, ihre Angehörigen umzubringen. Einige Ukrainer, die in solchen Familien lebten, ignorierten diese Anordnung, andere jedoch befolgten sie aus panischer Angst vor den Nationalisten oder um zumindest einen Teil der Familie zu retten.[52]

Um die Polen einzuschüchtern und sie zum Verlassen der Ukraine zu zwingen, verübten ukrainische Nationalisten zahlreiche Akte von pathologischem Sadismus. Im Mai 1943 beispielsweise töteten UPA-Partisanen im Dorf Kolonia Grada zwei Familien, die nicht wie alle anderen fliehen konnten, nachdem sie erfahren hatten, dass die UPA das Nachbardorf Kolonia Łamane angegriffen hatte. Die Partisanen töteten alle Mitglieder der beiden Familien, schnitten einer schwangeren Frau den Bauch auf, nahmen den Fötus und die Eingeweide heraus und hängten sie an einen Busch, wahrscheinlich, um anderen Polen, die dem Angriff entkommen waren und ins Dorf zurückkehren wollten, eine Botschaft zu hinterlassen.[53]

UPA-Angehörige nutzten ihre mörderischen Fähigkeiten, die sie als ukrainische Polizisten unter deutscher Herrschaft erworben hatten. In einigen Orten verteilten sie Süßigkeiten an polnische Kinder und verhielten sich im Allgemeinen rücksichtsvoll, um sie zu beruhigen oder in einem bestimmten Gebäude oder Ortsteil zu versammeln, wo sie die Ahnungslosen ermordeten. In einigen Orten trieben sie die gesamte polnische Bevölkerung eines Dorfes in eine Scheune und zündeten sie an. Besonders an Sonntagen griffen sie an, wenn die Dorfbewohner zum Gottesdienst in der Kirche versammelt waren, und warfen entweder Granaten in die Kirche, brannten sie nieder oder drangen ein und ermordeten die Gläubigen. In anderen Orten hoben sie ein großes Grab aus, brachten Gruppen von Polen dorthin und erschossen sie entweder neben dem oder im Grab. Im Juli

---

51   Ebenda, S. 641.
52   Obwohl es eine solide Dokumentation über diese Art von Verbrechen gibt, wurde das Thema bisher nicht wissenschaftlich untersucht. Artur Brożyniak hat eine populäre Studie hierzu verfasst: Rasowa czystość po banderowsku – zbrodnie OUN-UPA na rodzinach mieszanych, in: Glaukopis. Pismo społeczno-historyczne 31 (2014), S. 127–134.
53   Motyka, Ukraińska partyzantka, S. 323; Siemaszko/Siemaszko, Ludobójstwo dokonane 1, S. 621.

1943, einem der blutigsten Monate der „Säuberung", griff die UPA 520 Ortschaften an und tötete zwischen 10 000 und 11 000 Polen.[54]

Obwohl sich die UPA-Führung bereits 1944 offiziell vom Faschismus distanzierte, indem sie unter anderem die Verwendung des faschistischen Grußes untersagte und den Wunsch nach Demokratisierung ankündigte, bezeugten die fortgesetzt ausgeübte Massengewalt und ihre rassistische Auslegung des Nationalismus, dass es innerhalb der Bewegung keine Abkehr von den ursprünglichen politischen Zielen gab. Die vorgebliche Demokratisierung war strategischer Natur, um mit den Alliierten zusammenzuarbeiten, da OUN und UPA nach der Niederlage Deutschlands einen neuen Verbündeten brauchten.[55]

Diese sechste und letzte Phase der Gewalt begann im Sommer 1944, als die Rote Armee in die Westukraine einrückte und das Gebiet wieder Teil der Sowjetukraine wurde. Die ukrainischen Nationalisten betrachteten die Sowjetunion als ihren politischen Hauptgegner und beschlossen trotz der ungleichen Kräfteverhältnisse, den Kampf gegen sie aufzunehmen. Die sowjetischen Militärkommandos reagierten mit einer breit angelegten Operation zur Liquidierung des nationalistischen Untergrunds, die sich nicht nur gegen Mitglieder der OUN und UPA richtete, sondern auch gegen deren Familien, Anhänger oder Unterstützer. Während die OUN und die UPA in diesem brutalen Konflikt mit den sowjetischen Einheiten etwa 20 000 Zivilisten und 10 000 Angehörige der Sicherheitskräfte töteten, brachten ihre Gegner nach eigenen Angaben 153 000 Menschen in der Westukraine ums Leben, inhaftierten 134 000 und deportierten 203 000 in das Innere der Sowjetunion. Da auf beiden Seiten Ukrainer kämpften, kann dieser Konflikt als Bürgerkrieg bewertet werden.[56]

Die Menschen in der Westukraine befanden sich in einer überaus schwierigen Situation. Einerseits wurden sie von den ukrainischen Nationalisten angegriffen, wenn sie Positionen in den Verwaltungen eingenommen hatten. Andererseits konnten sie verhaftet, getötet oder deportiert werden, wenn sie die ukrainischen Nationalisten unterstützten oder nicht gegen sie vorgehen wollten. Die sowjetischen Streitkräfte wandten brutale Methoden an, um den nationalistischen Untergrund niederzuwerfen. In der Anfangsphase des Kampfes gegen OUN und UPA rekrutierten sie viele einheimische Ukrainer und Polen, die in den sogenannten Vernichtungsbataillonen (*istrebitel'nye batal'ony*) dienten. Ab 1946 stützten sie sich verstärkt auf Sicherheitskräfte, da die Anzahl der

---

54 Motyka, Ukraińska partyzantka, S. 328 f., 331, 334, 337–340.
55 Rossoliński-Liebe, Stepan Bandera. The Life and Afterlife, S. 398–403.
56 Motyka, Ukraińska partyzantka, S. 657; Katrin Boeckh, Stalinismus in der Ukraine. Die Rekonstruktion des sowjetischen Systems nach dem Zweiten Weltkrieg, Wiesbaden 2007, S. 366.

kämpfenden ukrainischen Nationalisten abnahm. Folter war ein gängiges Mittel der Sowjets, um an Informationen zu gelangen. Öffentliche Hinrichtungen sollten demonstrieren, dass Widerstand gnadenlos bestraft wird. Zudem wurden Familien von Nationalisten deportiert, damit die Kämpfer den Widerstand aufgaben. Wie zahlreiche Beispiele zeigen, führten diese Maßnahmen nicht immer zum Erfolg, sie trugen vielmehr zur Radikalisierung der Lage bei.[57]

Im Juni 1944 erhängte die OUN-UPA im Zentrum eines Dorfes in der Region Rivne einen Bauern, der der Kollaboration verdächtigt wurde. Anschließend „hackten sie die Leiche des erhängten Banditen mit einer Axt in Stücke". Im August 1944 stachen ukrainische Nationalisten in der Region Lemberg zwei Angehörigen einer Familie die Augen aus, töteten sie und zerstückelten die Leichen dann vor den versammelten Dorfbewohnern.[58] Am 3. Mai 1946 folterten die Täter im Dorf Myl's'k zwei Beamte zu Tode, „indem sie ihnen die Augen ausstachen, ihre Körper mit Messern zerschnitten und mit glühendem Eisen verkohlten".[59] Häufig setzten sie Äxte, Beile und andere Werkzeuge wie bei den „ethnischen Säuberungen" 1943 in Wolhynien und 1944 in Ostgalizien ein. In der Stadt Sernyky in der Region Rivne wurden 1948 fünf Personen aus der Familie einer Kolchose mit einem Beil abgeschlachtet.[60]

Bei ihren Mordaktionen trugen die ukrainischen Nationalisten in vielen Fällen Schilder mit Texten und Symbolen, um die Bevölkerung einzuschüchtern und zugleich die „Gerechtigkeit" ihrer Taten zu proklamieren. Am 3. September 1944 töteten sie in Staryj Lysec' sechs Menschen. An einem Zaun brachten sie ein Schild mit der Aufschrift an: „Für den Verrat an der ukrainischen Nation werden alle auf die gleiche Weise sterben."[61] Am 11. September 1944 ermordeten sie ein Ehepaar namens Marženko und dessen vierjährige Tochter und hinterließen die Notiz: „Tod den Spitzeln des NKWD – den Feinden des arbeitenden Volkes. Tod den bolschewistischen Faschisten, Imperialisten und Kapitalisten."[62] Am 24. Dezember 1944 richteten sie in Volia Vysots'ka achtzehn Familien hin und kommentierten auf einem Schild, das sie auf die Leichen legten: „Für den Verrat an der ukrainischen Nation. Tod den NKWD-Spitzeln".[63] Am 31. Juli 1944 überfielen etwa zwanzig Nationalisten das Dorf Verbovec'. Sie suchten einen Mann namens Teodor Protsiuk, der aber nicht zu Hause war. Stattdessen trafen

57 Rossoliński-Liebe, Stepan Bandera. The Life and Afterlife, S. 295–311.
58 Ebenda, S. 106.
59 Motyka, Ukraińska partyzantka, S. 517.
60 Ebenda, S. 549.
61 Ebensa, S. 472.
62 Ebenda, S. 473.
63 Ebenda.

sie seine Frau und die vier Kinder im Alter zwischen vier und dreizehn Jahren an. Sie töteten die Kinder und verwundeten die Frau so schwer, dass sie infolge der Verletzung starb. Danach gingen sie zum Nachbarhaus von Iwan Ulin, erwürgten ihn und hinterließen auf seiner Leiche die Botschaft: „Alle Verräter und NKWD-Mitarbeiter werden einen solchen Hundetod sterben." Schließlich spürten sie Iwan Kutschera auf, ein Mitglied der Dorfverwaltung, und befahlen ihm, sie in den nächsten Ort zu fahren. Dort kam er aber nie an, weil sie ihn 300 Meter vor seinem Haus töteten und auf seiner Leiche das Bekenntnis „Die Revolutionsarmee" hinterließen.[64]

Resümee

Als gewalttätigste ukrainische nationalistische Bewegung des 20. Jahrhunderts verfolgten OUN und UPA das politische Ziel eines ethnisch homogenen ukrainischen Staates. Um dieses Ziel zu erreichen, verbündete sich die OUN mit dem nationalsozialistischen Deutschland, arbeitete mit dem faschistischen Italien und der kroatischen Ustaša zusammen und entwarf eine ukrainische Form des Faschismus. Es gelang ihr, acht Tage nach Beginn des „Unternehmens Barbarossa" in Lemberg einen Staat auszurufen. Doch die Nationalsozialisten wiesen alle derartigen Pläne vehement zurück und verhafteten die Führung der Bewegung, darunter Bandera und Stec'ko. Trotz dieses politischen Konflikts half die OUN den Deutschen bei der Ermordung von 800 000 Juden in der Westukraine und tötete 1943 in Wolhynien und 1944 in Ostgalizien etwa 100 000 Polen, ohne dass die deutschen Besatzer sie dabei unterstützt hätten. Zwischen 1944 und 1955 vernichteten sowjetische Militärs und Sicherheitskräfte die OUN und die UPA in der Westukraine. In dieser Zeit herrschte in der Westukraine ein Bürgerkrieg, unter dem die Zivilbevölkerung enorm litt.

Die sowjetische Propaganda und der fehlende Zugang zu den Quellen trugen dazu bei, dass das mörderische Vorgehen der ukrainischen Nationalisten lange Zeit als unbedeutend angesehen wurden. Historiker gingen davon aus, dass allein die Nationalsozialisten die Juden in der Ukraine ermordet hätten, ohne oder allenfalls mit marginaler Hilfe von OUN und UPA. Politiker und Publizisten stuften die Mitglieder der OUN und UPA oftmals als antisowjetische und antideutsche Freiheitskämpfer ein. Erst in den letzten zwei Jahrzehnten konnten Historiker das mörderische Agieren von OUN und UPA nachweisen und

---

64 Gosudarstvennyi arkhiv Rossiiskoi Federatsii [Staatliches Archiv der Russischen Föderation] (GARF), f. 9478, op. 1, d. 131, 293.

belegen, dass die Gewalt das zentrale Instrument zur Umsetzung der Politik der Bewegung war.

Die Geschichte der OUN und UPA muss noch detaillierter erforscht werden. Denn die mörderische Gewalt der ukrainischen Nationalisten ist ein integraler Aspekt der Geschichte des europäischen Holocaust, der Geschichte der ukrainischen und polnischen Juden, der Polen in Ostgalizien und Wolhynien, der sowjetischen Herrschaft in der Westukraine und des Faschismus in Ostmitteleuropa. Auf politischer Ebene trug die Bagatellisierung der Gewalt von OUN und UPA sowie der Entstehung des ukrainischen Faschismus zur Zuspitzung der Konflikte innerhalb der Ukraine und zwischen der Ukraine und Russland bei. Sie behinderte auch den Prozess der Herausbildung einer demokratischen Identität, der Emanzipation von Russland und wirkte sich negativ auf politische Beziehungen mit Deutschland, Israel und Polen aus.

JOHANNES SPOHR

Der Holocaust und sein Ort im öffentlichen Gedächtnis der Ukraine

„Wir retten uns vom Tod ins Leben" – so kommentierte der Holocaustforscher Borys Zabarko im April 2022 seine Flucht aus der Ukraine nach Deutschland.[1] Zabarko gehört zu den Menschen, die in der Zeit der deutschen Besatzung von den Nationalsozialisten und ihren Helfern verfolgt wurden, dem Tod entrinnen konnten und seit Februar 2022 abermals den Folgen eines Krieges ausgesetzt sind. Als Kind überlebte Zabarko das Getto in der ukrainischen Stadt Šarhorod in der Region Vinnycja. Aber er ist auch Zeuge und Protagonist der Auseinandersetzung mit dem Holocaust in der Ukrainischen Sozialistischen Sowjetrepublik (USSR) sowie der unabhängigen Ukraine seit 1991. Im Lebensweg von Borys Zabarko spiegeln sich somit mehrere Aspekte, die Gegenstand des folgenden Beitrags sind.

Die sowjetisch-ukrainische Gesellschaft hatte sich seit Bestehen der UdSSR bis nach Ende des Zweiten Weltkrieges stark gewandelt. Die territoriale Fläche des Staates war größer denn je. Gleichzeitig war die Bevölkerung durch stalinistischen Terror, den deutschen Vernichtungskrieg und die NS-Besatzungsherrschaft extrem dezimiert worden. Die Ukrainische SSR umfasste etwa die Hälfte der vom Deutschen Reich besetzten Gebiete der Sowjetunion und war neben Belarus und Polen am meisten von den Verheerungen des Krieges betroffen. Gemessen an absoluten Zahlen hatte die Ukraine die größten Verluste unter ihren Einwohnern zu beklagen. Von den geschätzten 13,8 Millionen Menschen, die die Ukraine durch den Krieg verlor, wurden etwa 7,4 Millionen ermordet (etwa 15 Prozent der Bevölkerung), darunter zwischen 1,7 und 1,8 Millionen Jüdinnen und Juden sowie Zehntausende Angehörige der Minderheit der Roma.[2]

---

1   Vgl. Holocaust-Überlebender: „Wir retten uns vom Tod ins Leben", in: tagesschau.de, https://www.tagesschau.de/inland/zabarko-flucht-ukraine-101.html. – Die Weblinks in diesem Beitrag wurden zuletzt am 5. 1. 2023 abgerufen und geprüft.
2   Vgl. Amir Weiner, Making Sense of War. The Second World War and the Fate of the Bolshevik Revolution, New Jersey 2001, S. 252–254.

Ihrem Ziel, das europäische Judentum zu vernichten, kamen die Nationalsozialisten in der Ukraine erschreckend nahe. Der Kriegsberichterstatter Vasilij Grossman gab bereits 1943 die Situation im Land in drastischen Worten wieder: „Es gibt keine Juden in der Ukraine. Überall – in Poltawa, Charkow, Krementschug, Borispol, Jagotin – in allen Städten und Hunderten von Schtetln, in Tausenden von Dörfern begegnet man keinen schwarzen verweinten Mädchenaugen, hört man nicht die gramvolle Stimme einer alten Frau, sieht man nicht das dunkle Gesichtchen eines hungrigen Kindes. Schweigen. Stille."[3]

Einige Jüdinnen und Juden, die in der Roten Armee gekämpft oder sich Partisaneneinheiten angeschlossen hatten, verlangten oder verübten Rache.[4] Von 500 000 Jüdinnen und Juden in der Roten Armee überlebten lediglich 300 000 den Krieg. Als die Sieger schließlich 1944/1945 in den Hauptstädten der ehemals besetzten Länder mit Jubel begrüßt wurden, konnten sich den Siegesfeiern nur wenige Juden anschließen. Oftmals hatten die Überlebenden keinen Ort, an den sie hätten zurückkehren können.[5] Denjenigen, die sich wieder in der Ukrainischen SSR einfanden, war es nicht immer möglich, in ihre Häuser zurückzukehren, die inzwischen von anderen bewohnt wurden. Sie hatten zudem mit Armut zu kämpfen.[6] 1947 war die Ukraine – vor allem ihr östlicher Teil – aufgrund einer Dürre erneut von einer Hungersnot betroffen, in deren Folge viele Menschen auf der Suche nach Lebensmitteln westwärts strömten.[7]

Die menschlichen Verluste waren in der Ukraine der Nachkriegszeit unweigerlich und überall präsent. Die unermessliche Brutalität der deutschen Besatzer blieb über lange Zeit äußerlich sichtbar und schrieb sich vielfach traumatisch in das Gedächtnis der Hinterbliebenen ein. Doch wie ging die ukrainische Gesellschaft in den Folgejahren und wie geht sie bis in die Gegenwart damit um?

---

3   Wassili Grossman, Ukraine ohne Juden. Aus dem Russischen übertragen und eingeleitet von Jürgen Zarusky, in: Johannes Hürter/Jürgen Zarusky, Besatzung, Kollaboration, Holocaust: Neue Studien zur Verfolgung und Ermordung der europäischen Juden, Berlin/Boston 2010, S. 196 f.
4   Vgl. Jeffrey Veidlinger, In the Shadow of the Shtetl. Small-Town Jewish Life in Soviet Ukraine, Bloomington 2013, S. 240.
5   Vgl. Ljiljana Radonić, Das Kriegsende in Gedenkmuseen in Polen, Deutschland und Israel, in: Alexandra Klei/Katrin Stoll/Annika Winert (Hrsg.), 8. Mai 1945. Internationale und interdisziplinäre Perspektiven, Berlin 2016, S. 110.
6   Vgl. Veidlinger, Shadow, S. 240–245.
7   Vgl. Alexander V. Prusin, The Lands between. Conflict in the East European Borderlands, 1870–1992, New York 2010, S. 357.

Der nationalsozialistische Judenmord und die Sowjetukraine

Juden in ganz Europa begannen teils noch vor bzw. unmittelbar nach ihrer
Befreiung aus Lagern und Verstecken, die ihnen widerfahrene Verfolgung
und Gewalt zu dokumentieren. Sie gründeten historische Kommissionen und
Geschichtszentren und bezogen ihre Fragestellungen und methodischen Überlegungen auch auf Erfahrungen des osteuropäischen Judentums, die seit dem
19. Jahrhundert eng mit antijüdischer Gewalt verknüpft waren.[8]

Vasilij Grossman dokumentierte bereits während der Krieges die nationalsozialistischen Grausamkeiten in den besetzten Gebieten. Er verlor seine Mutter, die beim Massaker von Berdyčiv zusammen mit 18 600 weiteren Jüdinnen
und Juden vom Sonderkommando 4a der Einsatzgruppe C erschossen wurde.
Sein Text „Die Hölle von Treblinka" aus dem Jahr 1944 wurde während der
Nürnberger Prozesse als Dokument der Anklage eingebracht. Das von dem
1891 in Kyjiv geborenen Schriftsteller und Journalisten Il'ja Ėrenburg geleitete Jüdische Antifaschistische Komitee bemühte sich darum, die individuelle
Schuld einzelner Funktionsträger für die Vorbereitung juristischer Verfahren
zu ermitteln. Ėrenburg und Grossman wurden zu Chronisten der später Holocaust oder Shoah genannten Menschheitsverbrechen. Ihr „Schwarzbuch" geriet
in der Sowjetunion schnell in Misskredit und konnte dort nicht erscheinen –
auch weil die Autoren dezidiert über den Massenmord an der jüdischen Bevölkerung schrieben.

Verschiedene sowjetische Kommissionen begannen ebenfalls bereits ab 1942
mit der Dokumentation der von den NS-Besatzern ausgeübten Gewalt und Zerstörungen. Massaker an Jüdinnen und Juden sowie Romnja und Roma wurden
dabei in lokalen Berichten, die vor allem auf Aussagen von Bewohnern und
auf Grundlage von Exhumierungen basierten, zunächst durchaus erwähnt. In
den folgenden Jahren führten die leitenden Verantwortlichen der sowjetischen
Ermittlungsbehörden jedoch eine pauschalisierende Benennung der Opfer
ein, die über viele Jahrzehnte die Erinnerung prägte: „Friedliche sowjetische
Bürger".[9] Faktisch war diese Bezeichnung durchaus korrekt, denn die meisten
getöteten Menschen waren Zivilistinnen und Zivilisten, die aus den besetzten
Teilen der UdSSR stammten. Die Spezifik des Holocaust – die geplante restlose
Vernichtung des europäischen Judentums – sollte mit diesem Begriff jedoch

---

8   Laura Jockusch, „Jeder Überlebende Jude ist ein Stück Geschichte". Zur Entwicklung jüdi-
     scher Zeugenschaft vor und nach dem Holocaust, in: Martin Sabrow/Norbert Frei (Hrsg.),
     Die Geburt des Zeitzeugen nach 1945, Göttingen 2012, S. 113–144, hier S. 114–116.
9   Vgl. Veidlinger, Shadow, S. 256.

aus dem kollektiven Gedächtnis verdrängt werden. Das Erinnern an Juden als Opfergruppe war aufgrund der sowjetischen Nationalitätenpolitik unerwünscht. Zivilgesellschaftliche Initiativen, die den Massenmord thematisierten, unterlagen teilweise staatlichen Repressionen. Die Einrichtung von Gedenkorten wie etwa in Kam'janec'-Podil's'kyj wurde nicht genehmigt. Den Berichten der Betroffenen schenkten die staatlichen Verwalter des Gedenkens keinen Glauben. Das jüdische Leben und auch die Erinnerung an den Holocaust hatten lediglich im individuellen, privaten Rahmen Platz.

Die 1942 eingeschlagenen Linie zur „Einebnung"[10] des Holocaust und der Verschleierung seiner ideologischen Hintergründe war der Beginn einer besonders antisemitischen Orientierung der sowjetischen Staatsführung, die sich bis zu Stalins Tod im Jahr 1953 hinziehen sollte und zahlreiche Opfer forderte. Die Verfolgung sogenannter wurzelloser Kosmopoliten und die Ärzteprozesse stellten die Höhepunkte der antisemitischen Kampagnen unter Stalin dar. Die staatlichen Behörden warfen Juden oftmals vor, nicht bzw. an der „Front in Taschkent" gekämpft und sich dem Elend so entzogen zu haben. Teilweise machte man sie für das Wüten der Deutschen verantwortlich. In Kyjiv kam es so 1945 zu einem antisemitischen Pogrom. Jüdische Friedhöfe wurden in der Ukrainischen SSR auch nach dem Krieg geplündert. Praktizierende Juden wurden immer wieder als deutsche oder amerikanische „Spione" festgenommen und Synagogen aufgrund der antireligiösen Politik geschlossen.[11]

Aller Widrigkeiten zum Trotz versammelten sich immer wieder Mitglieder der jüdischen Gemeinden, um der Ermordeten, oftmals ihrer Verwandten, zu gedenken. Symbolisch besonders bedeutsam wurde dabei der Ort, an dem das Sonderkommando 4a als Teil der deutschen Einsatzgruppe C mit der Unterstützung weiterer Einheiten im September 1941 über 33 000 Juden, Männer und Frauen, Jugendliche und Kinder, ermordet hatte: die Schlucht von Babyn Jar.[12]

Vom 28. Januar bis zum 2. Februar 1946 fand in Riga ein Kriegsverbrecherprozess statt, bei dem sich unter anderem Friedrich Jeckeln, der Höhere SS- und Polizeiführer Russland-Süd, verantworten musste. Das Gericht wies Jeckeln, einem der Haupttäter des Massakers von Babyn Jar, die Beteiligung an der Ermordung von Jüdinnen und Juden in der Ukraine und in Belarus nach und verurteilte ihn zum Tode. Noch am selben Tag wurde er gehängt. Auch im Kyjiver Prozess im Januar 1946 war der Judenmord noch Thema. Babyn Jar

10 Vgl. Grossman, Ukraine ohne Juden, S. 194 (hier Einleitung von Jürgen Zarusky).
11 Vgl. ebenda, S. 193–195; Veidlinger, Shadow, S. 255, 270 f.
12 Vgl. zur Geschichte von Babyn Jar Bert Hoppe, Babyn Jar. Massenmord am Stadtrand, in: Osteuropa 71 (2021) 1/2, S. 5–22; Vladyslav Hrynevyč/Paul R. Magocsi (Hrsg.), Babyn Yar: history and memory, Kyjiv 2016.

galt als Symbol deutscher Verbrechen. Wenig später sollte die Opfergruppe der Jüdinnen und Juden dann aus der sowjetischen Erinnerung getilgt werden.[13]

Der Dichter und Schriftsteller Evgenij Evtušenko publizierte 1961 ein Gedicht über das Massaker, dessen erste Zeile („Es steht kein Denkmal über Babij Jar") berühmt wurde.[14] Sie bildete wenig später die Grundlage für Dmitrij Šostakovičs 13. Sinfonie.

Mitte der 1960er-Jahre wurde der jüdische Friedhof, der während des Massakers in Babyn Jar als Sammelpunkt gedient hatte, eingeebnet und musste einem Fernsehturm weichen.[15] Kurz nach Beginn der Großinvasion der Russländischen Föderation im Februar 2022 wurde genau dieser Fernsehturm bei einem Raketeneinschlag getroffen. Seine Zerstörung und die Erinnerung an den jüdischen Friedhof lenkten die weltweite Aufmerksamkeit auf Babyn Jar.[16]

Bei einer Gedenkveranstaltung am 29. September 1966, dem 25. Jahrestag des Massakers, schlossen sich Dissidenten den Trauernden an, sodass eine Gruppe von Hunderten – einige Quellen sprechen von mehreren Tausend – Personen zusammenkam. Neben dem Schriftsteller Borys Antonenko-Davydovyč sprach auch die Schauspielerin Dina Proničeva, eine der wenigen Überlebenden des Massakers, die bereits beim Kyjiver Prozess ausgesagt hatte.[17] Überliefert ist zudem eine Rede des ukrainischen Literaturwissenschaftlers Ivan Dzjuba, der 1992 Kulturminister der Ukraine werden sollte. Darin hieß es: „Babyn Jar ist eine Tragödie der gesamten Menschheit, aber sie hat sich auf ukrainischem Boden ereignet. Und deswegen dürfen die Ukrainer sie genauso wenig vergessen wie die Juden."[18] Das ZK der Kommunistischen Partei der Ukraine und die ukrainische Abteilung des KGB beobachteten das Treffen und reagierten mit Sanktionen und Verboten.[19] Die Gemeinsamkeitsgefühl zwischen ukrainischen Dissidenten und den jüdischen Gemeinden, das darin bestand, nicht offen über erlebtes Unrecht sprechen zu dürfen, schuf einen Möglichkeitsraum für gemeinsamen Protest – auch wenn die Verfolgungshintergründe dafür teilweise nivelliert wurden.

---

13 Vgl. Franziska Davies, Babyn Jar vor Gericht. Juristische Aufarbeitung in der Sowjetunion und Deutschland, in: Osteuropa 71 (2021) 1/2, S. 28–31.

14 Vgl. Franziska Davies/Katja Makhotina, Offene Wunden Osteuropas. Reise zu Erinnerungsorten des Zweiten Weltkriegs, Darmstadt 2022, S. 108.

15 Vgl. Jeff Mankoff, Babi Yar and the Struggle for Memory, 1944–2004, in: Ab Imperio (2004), S. 399.

16 Vgl. Ukraine-Krieg: „Sie haben den Befehl, uns alle auszulöschen", in: tagesschau.de, https://www.tagesschau.de/ausland/selenskyj-ukraine-krieg-101.html.

17 Vgl. Yohanan Petrovsky-Shtern, Ein Tag, der die Welt veränderte. Ukrainer, Juden und der 25. Jahrestag von Babyn Jar, in: Osteuropa 71 (2021) 1/2, S. 87–115.

18 Zit. nach Ivan Dzjuba, Wider den Hass. Rede zum 25. Jahrestag des Massakers von Babyn Jar, in: Osteuropa 71 (2021) 1/2, S. 121.

19 Vgl. Petrovsky-Shtern, Ein Tag, der die Welt veränderte.

Der Massenmord in Babyn Jar hat über lange Zeit weltweit wenig Aufmerksamkeit gefunden. Der *Holocaust by bullets*, dessen grausamer Höhepunkt das Massaker im September 1941 war, wurde erst in den 2000er-Jahren eingehender erforscht und steht bis heute wie die Mordlager der „Aktion Reinhardt" im Schatten von Auschwitz – der Chiffre für die Vernichtung des europäischen Judentums.[20] Auch wenn es notwendig ist, die Erinnerung an Babyn Jar wachzuhalten, drohen die monströsen Erschießungen in anderen Regionen der ehemaligen Sowjetunion, vor allem in der Ukraine und dem heutigen Belarus, in Vergessenheit zu geraten.[21] Bei den Massakern in Kam'janec'-Podil's'kyj wurden etwa 23 600, in Berdyčiv über 18 000 Menschen in kürzester Zeit erschossen. Diese Mordaktionen sind hierzulande bis heute weitgehend unbekannt geblieben.

Die ukrainische Erinnerung an den Zweiten Weltkrieg war von Anfang an geteilt. In unterschiedlichen Ländern und damit Sphären bildeten sich zwei konkurrierende Interpretationsmodelle heraus. Ukrainisch-diasporische und sowjetische Narrative – Letztere in den 1960er-Jahren ausgebaut zur Meistererzählung des „Großen Vaterländischen Krieges" – widersprachen sich eklatant. Doch hatten sie eines gemeinsam: Die Vernichtung der ukrainischen Jüdinnen und Juden spielte in ihnen keine gesonderte Rolle. Erst in den Jahren der Perestrojka wurde der systematische Massenmord an Jüdinnen und Juden in der Sowjetunion langsam sagbar. Parallel dazu konnte sich auch der ukrainische Nationalismus in der Ukraine wieder Stück für Stück öffentlich artikulieren. Seine Anhänger hatten jedoch wenig Interesse daran, den Holocaust zum Thema zu machen, denn es hätte bedeutet, auch über die ukrainische Beteiligung daran zu sprechen.

Ambivalentes Erinnern und Vergessen in der unabhängigen Ukraine

In den frühen 1990er-Jahren war der Großteil der einstigen Sowjetbürger unmittelbar mit den ökonomischen und organisatorischen Umbrüchen und den damit häufig verbundenen Krisen befasst.[22] Die jüdischen Gemeinden in der Ukraine

---

20 Maßgebliche Impulse hat dabei das Institut Yahad-In Unum aus Frankreich gegeben. Vgl. Patrick Desbois, Der vergessene Holocaust. Die Ermordung der ukrainischen Juden. Eine Spurensuche, Berlin 2009; zu Debois siehe Yahad-In Unum, https://yiu.ngo/en; vgl. auch Bert Hoppe/Hildrun Glass (Bearb.) bzw. Bert Hoppe/Imke Hansen (Bearb.), Die Verfolgung und Ermordung der europäischen Juden durch das nationalsozialistische Deutschland 1933–1945, Bd. 7 bzw. Bd. 8, Berlin/Boston 2011.

21 Vgl. Stiftung Topographie des Terrors/Stiftung Denkmal für die Ermordeten Juden Europas (Hrsg.), Massenerschießungen. Der Holocaust zwischen Ostsee und Schwarzem Meer 1941–1944, Berlin 2016.

22 Vgl. Swetlana Alexijewitsch, Secondhand-Zeit: Leben auf den Trümmern des Sozialismus, Berlin 2015.

verloren durch Reisefreiheit und Personenfreizügigkeit nochmals viele Mitglieder. Viele von ihnen wanderten nach Israel, in die USA oder auch als sogenannte Kontingentflüchtlinge nach Deutschland aus und begannen dort ein neues Leben. Zwischen 1989 und 2006 verließen über 1,5 Millionen aus der ehemaligen Sowjetunion stammende Jüdinnen und Juden ihre bisherigen Wohnorte. In der Ukraine sank ihre Zahl um 79 Prozent von 487 300 auf 105 500.[23] Somit hatten auch viele das Land verlassen, die sich an der Thematisierung des Holocaust beteiligten und von ihren eigenen Erlebnissen hätten berichten können. Von denjenigen, die in der Ukraine verblieben, wollten oder konnten aus unterschiedlichen Gründen nur wenige über das Erlebte sprechen.[24]

National-ukrainische Diskurse hatten sich bereits in der zweiten Hälfte der 1980er-Jahre im Westen der USSR herausgebildet. Den beteiligten Dissidenten war es besonders wichtig, sich von der Sowjetunion zu distanzieren, die ukrainische Unabhängigkeit zu betonen und Helden ihrer nationalen Erzählung zu etablieren. Dafür rehabilitierten sie auch einige Kriegsverbrecher und Mittäter des Holocaust wie Stepan Bandera und weitere Angehörige der Organisation Ukrainischer Nationalisten (OUN) sowie der Ukrainischen Aufständischen Armee (UPA). Bereits 1990 wurde ein erstes Denkmal für den Nationalistenführer in seinem Geburtsort Staryj Uhryniv eingeweiht, ein zweites folgte. Erst das dritte, aus einer ehemaligen Lenin-Statue gegossen, hält bis heute stand und wurde nicht wie die vorigen beiden vom sowjetischen Geheimdienst gesprengt.[25]

Die unkritische Bandera-Verehrung folgt weniger dem Ziel, das Gedenken an den Holocaust und die Beteiligung von Ukrainerinnen und Ukrainern daran zu unterbinden. Vielmehr wollen die Anhänger einer mythischen Nationalerzählung die Erinnerung an vermeintlich ungebrochene Helden im gesellschaftlichen Diskurs verankern. Bandera wird zu einem reinen und widerspruchsfreien Freiheitskämpfer gegen die Herrschaft der UdSSR stilisiert. Dies geht mit einer Homogenisierung einher: Nicht die unter der Sowjetherrschaft wie auch maßgeblich im Zuge der NS-Vernichtung verloren gegangene kulturelle Diversität, nicht ein Drittel der Bevölkerung sind demnach zu beklagen, sondern lediglich die vermeintlich eigenen Toten, zu denen die ermordeten Juden nicht

23 Vgl. Serhii Plokhy, Das Tor Europas. Die Geschichte der Ukraine, Hamburg 2022, S. 459.
24 Vgl. Anatolyj Podolsky, Jüdisches Leben in der Ukraine der Nachkriegszeit, in: zeitgeschichte online, 28. 7. 2022, https://zeitgeschichte-online.de/interview/juedisches-leben-der-ukraine-der-nachkriegszeit.
25 Vgl. Grzegorz Rossoliński-Liebe, Formen kollektiver Erinnerungen an den Holocaust und den Zweiten Weltkrieg in der Ukraine, in: Jürgen Zarusky/Sybille Steinbacher (Hrsg.), Der deutsch-sowjetische Krieg 1941–1945. Geschichte und Erinnerung, Göttingen 2020, S. 240.

zählen. Zu Recht verweist der Historiker Georgiy Kasianov auf Ähnlichkeiten des Banderakults in großen Teilen der Westukraine mit der Mythologisierung Lenins in der Sowjetunion.[26]

Die Möglichkeiten für die Erforschung des Holocaust in der Ukraine wuchsen in den 1990er-Jahren auch durch die Öffnung ehemals sowjetischer Archive – darunter Geheimdienstarchive – immens an.[27] Auch die Oral History zum Holocaust fand Eingang in die Forschung. Zahlreiche Interviews konnten vor Ort geführt werden.[28]

Die Erinnerung an den Holocaust wurde in der unabhängigen Ukraine bereits rund um den 50. Jahrestag des Massakers von Babyn Jar von zivilgesellschaftlichen Initiativen, jüdischen Gemeinden und Teilen der Politik wiederbelebt. Am 5. Oktober 1991 fand auf dem Gelände eine Trauerkundgebung mit mehreren Tausend Teilnehmenden statt, auf der Jüdinnen und Juden ihrer Opfer ohne Angst vor Repressalien gedenken konnten. Der Parlamentspräsident Leonid Kravčuk hielt eine Rede, in der er den sowjetischen Umgang mit der Geschichte verurteilte und sich bei der jüdischen Gemeinde entschuldigte.[29] Nach und nach wurden an den Orten der Massenerschießungen Gedenksteine errichtet, die auf die jüdischen Opfer hinwiesen oder vorhandene Erinnerungsorte entsprechend ergänzt.

Es war ein bedeutender Einschnitt in der ukrainischen Erinnerungspolitik, dass die Rada, das Parlament, am Ende der Regierungszeit des Präsidenten Leonid Kučma einen jährlich am 2. August stattfindenden Internationalen Gedenktag für den Genozid an den Roma einführte und damit das Verbrechen anerkannte.[30] Dieser Schritt war umso bemerkenswerter, als die Minderheit der

---

26 Vgl. Georgiy Kasianov, Memory crash. The politics of history in and around Ukraine, 1980s-2010s, Budapest/New York 2022, S. 254.
27 Vgl. bspw. Arsenij Roginskij/Nikita Ochotin/Vera Ammer, Die Archive des KGB: Ein Jahr nach dem Putsch, in: Osteuropa 67 (2017) 11/12, S. 53–75.
28 Vgl. Boris Zabarko, Istorija i pamjat' o Cholokoste v Ukraine [Geschichte und Erinnerung an den Holocaust in der Ukraine], in: Tel'-Avivskij universitet Naučno-issledovatel'skij centr diaspory im [Zentrum für Diaspora-Forschung der Universität Tel Aviv]; ders. (Hrsg.), Leben und Tod in der Epoche des Holocaust in der Ukraine, Berlin 2019; Avram Goldsteina-Gorena (Hrsg.), Sochranenie pamjati o cholokoste na postsovetskom prostranstve. Meždunarodnaja konferencija [Bewahrung der Erinnerung an den Holocaust im postsowjetischen Raum. Internationale Konferenz], 21–22 nojabrja 2019 g, Tel Aviv 2020, S. 172.
29 Vgl. Vladyslav Hrynevyč, Umkämpftes Geschichtsgelände. Babyn Jar als ukrainischer Erinnerungsort, in: Osteuropa 71 (2021) 1/2, S. 76.
30 In der Ukraine wurden in der Zeit der deutschen Besatzung etwa 12 000 und somit einer großer Teil dort vormals lebende Romnja und Roma ermordet. Der rumänischen Besatzung fielen über 11 000 der einstigen 25 000 Romnja und Roma zum Opfer. Vgl. Fond „Memorial ubytym jevrejam Jevropy"/Ukraïns'kyj centr vyvčennja istoriï Holokostu [Stiftung

Roma in der Ukraine nach wie vor am Rande der Gesellschaft steht und immer noch diskriminiert wird.[31] Der führende Forscher auf diesem Gebiet, Mikhail Tyaglyy, beschäftigte sich unter anderem mit der Haltung der lokalen Bevölkerung zum Mord an den Roma.[32]

Der 1998 gegründeten International Holocaust Remembrance Alliance (IHRA) trat zwar 1999 mit Polen das Land bei, auf dessen Territorium die Nationalsozialisten Auschwitz und die Tötungszentren der „Aktion Reinhardt" errichtet hatten. Die Ukraine ist jedoch bis heute nicht Mitglied der IHRA, auch wenn sie der Erklärung von Stockholm von 2000 zur Bewahrung der Erinnerung an den Holocaust durch Forschung und Unterricht zustimmte. Der Holocaust wurde daraufhin zum Thema bei Abschlussprüfungen allgemeinbildender Schulen, nahm allerdings zunächst insgesamt im Lehrplan einen geringen Stellenwert ein.[33]

In der unabhängigen Ukraine gründeten einige Nichtregierungsorganisationen (NGO) zivilgesellschaftliche Einrichtungen für die schulische und außerschulische Bildungsarbeit zum Holocaust. 1999 wurde in Dnipropetrovs'k (heute Dnipro) mit dem *Tkuma* ein Ukrainisches Zentrum der Holocaust-Forschung gegründet. Es wird bis heute von dem Forscher Ihor Ščupak geleitet.[34] 2002 folgte das Ukrainian Center for Holocaust Studies in Kyjiv, das an das Institut für politische und ethno-nationale Studien der Akademie der Wissenschaften angegliedert war. Es nimmt ebenfalls einen bedeutende Stellung in der Erforschung und Vermittlung des Holocaust ein.[35]

„Denkmal für die ermordeten Juden Europas"/Ukrainisches Zentrum für die Aufarbeitung der Geschichte des Holocaust (Hrsg.), Misce pam'jati. Vbytym romam u Divošyni [Ein Ort der Erinnerung. Den ermordeten Roma in Divošyn], Kyïv 2019, S. 30; vgl. auch Petrovsky-Shtern, Ein Tag, der die Welt veränderte, S. 78.

31 Vgl. Johannes Spohr, Der erste tote Rom, in: jungle.world, 28. 6. 2018, https://jungle.world/artikel/2018/26/der-erste-tote-rom.

32 Vgl. Mikhail Tyaglyy, Die Einstellung der einheimischen Bevölkerung in der besetzten Ukraine zur Verfolgung der Roma (1941–1944), in Nordost-Institut an der Universität Hamburg, https://www.ikgn.de/uebersetzte-geschichte/uebersetzte-geschichte-artikel/mikhail-tyaglyy-die-einstellung-der-einheimischen-bevoelkerung.html.

33 Vgl. Anatolij Podol's'kyj, Der widerwillige Blick zurück. Judentum und Holocaust in der ukrainischen Erinnerung, in: Osteuropa 10 (2008) 8, S. 451.

34 Vgl. z. B. Aleksandr Kruglov/Andrij Umanskyj/Ihor Ščupak, Cholokost v Ukraine: Rejchskomissariat „Ukraina", Gubernatorstvo „Transnistrija" [Holocaust in der Ukraine: Reichskommissariat „Ukraine", Gouvernement „Transnistrien"], Dnipro 2016; Ihor Ščupak (Hrsg.), Dovidnyk „Pravednyky narodiv svitu" [Handbuch „Die Gerechten unter den Völkern der Welt"], Dnipro 2016; Holocaust Studies: A Ukrainian Focus 13 (2021), http://hsuf-journal.com.ua/index.php/hsuf.

35 Vgl. Kasianov, Memory crash, S. 169 f.

Geschichtspolitik und Erinnerungskultur einer Gesellschaft im Umbruch

Eine eindeutige Wende in der ukrainischen Geschichtspolitik strebte Viktor Juščenko in seiner Zeit als Präsident (2005–2010) an. Sowohl die stalinistischen Verbrechen als auch der Holocaust und damit Babyn Jar standen dabei im Mittelpunkt. Juščenko und seine Regierung unternahmen ab 2005 mehrere Schritte zur Musealisierung von Babyn Jar, das am 24. Februar 2010 den Status einer Nationalen Gedenkstätte erhielt. Sie engagierten sich jedoch ebenfalls für die auf dem Gelände erschossenen ukrainischen Nationalisten. 2010 verlieh Juščenko mit Unterstützung der Ministerpräsidentin Julija Tymošenko Stepan Bandera posthum den Titel „Held der Ukraine". Die Würdigung des ehemaligen OUN-Chefs löste heftige gesellschaftliche Auseinandersetzungen aus.[36] Unter Juščenkos Nachfolger Viktor Janukovyč (Präsident 2010–2014) wurde Bandera dieser Titel wieder aberkannt. Dem Gedenken folgte wieder eine moskautreue und an die sowjetischen Praktiken angelehnte Erinnerungsagenda. Dabei drängte der Präsident die Jüdinnen und Juden erneut in den Hintergrund, etwa in seiner Rede zum 70. Jahrestag von Babyn Jar.[37]

Der Umgang mit dem Zweiten Weltkrieg, dem Holocaust wie auch dem Völkermord an den Roma wird besonders seit 2014 stark an die landesweite Politik der „Dekommunisierung" – der Beseitigung des kommunistischen Erbes – geknüpft. Sowjetische Geschichtsnarrative sollen delegitimiert und überwunden werden. Vier Gesetzte des „Dekommunisierungspaktes" wurden am 9. April 2015 von der Rada verabschiedet.[38] Es folgten zahlreiche Umbenennungen von Straßen, Dörfern und Städten wie auch ganzer Regionen, Veränderungen in der religiösen Sphäre und Debatten über den Status der russischen Sprache.[39]

Einige Methoden der Dekommunisierung erinnern auf geradezu tragische Weise – und mit Abstufungen – an den Stil sowjetisch-ideologischer Geschichtspolitik. Dies war etwa der Fall, als das Ukrainische Institut für Nationales Gedenken beabsichtigte, Teilbestände zur OUN/UPA aus lokalen Archiven in einem zentralen Institutsarchiv zusammenzuführen. Ukrainische Experten kritisierten diesen Plan vehement.[40] Das 2006 auf Initiative des damaligen Präsidenten

---

36 Vgl. Plokhy, Das Tor Europas, S. 467 f.
37 Vgl. Petrovsky-Shtern, Ein Tag, der die Welt veränderte, S. 80 f.
38 Vgl. ebenda, S. 81.
39 Vgl. Plokhy, Das Tor Europas, S. 484 f.
40 Vgl. Dmytro Myeshkov, Analyse: Die Geschichtspolitik in der Ukraine seit dem Machtwechsel im Frühjahr 2014, Text der Bundeszentrale für politische Bildung, 20.4.2015, bpb.de, https://www.bpb.de/themen/europa/ukraine-analysen/205161/analyse-die-geschichtspolitik-in-der-ukraine-seit-dem-machtwechsel-im-fruehjahr-2014/.

Viktor Juščenko gegründete Institut spielte eine herausragende Rolle bei der historischen Beschäftigung mit der OUN/UPA und damit auch der ukrainischen Beteiligung am Holocaust. Es war zeitweise bedeutungslos und wurde nach der Amtsphase des Präsidenten Viktor Janukovyč von dessen Nachfolger Petro Porošenko wiederbelebt, mit weitreichenderen Befugnissen ausgestattet und nahm nun auch am Gesetzgebungsprozess zu historischen Themen teil.[41] Von Beginn an waren die Arbeit und Ausrichtung des Instituts stark an politische Entwicklungen in der Ukraine gekoppelt. Der Historikerin Carola Lau zufolge ist es nur bedingt mit anderen Instituten für nationales Gedenken in Ländern Ost- und Ostmitteleuropas vergleichbar.[42]

2019 wurde der bis dahin amtierende, als Hardliner geltende Leiter Volodymyr V'jatrovyč von Anton Drobovyč abgelöst, der ein kritischeres Geschichtsbild vertritt und etwa Stepan Bandera nicht mehr als geschichtspolitisches Symbol heroisiert wie sein Vorgänger. Auch Drobovyč, der vorher in der Bildungsarbeit zum Holocaust gearbeitet hat, fühlt sich der „Dekommunisierung" verbunden, strebt aber einen breiteren gesellschaftlichen Dialog über historische Themen an.[43]

Die „Dekommunisierung" erscheint bisweilen – etwa, wenn sowjetische Mosaike in Kyjiv zerstört werden – als unbeholfener Versuch, die eigene Vergangenheit durch symbolischen Aktionismus zu tilgen. Eine jahrzehntelang währende Herrschaft lässt sich so kaum aus dem kollektiven Gedächtnis verdrängen. Zu Initiativen dieser Art schreibt der Historiker Serhii Plokhy: „Die UdSSR hinterließ nicht nur eine ruinierte Wirtschaft, sondern auch eine sozioökonomische Infrastruktur, eine Armee, eine Denkweise und eine politische wie gesellschaftliche Elite, die durch eine gemeinsame Vergangenheit und politische Kultur gebunden waren."[44]

Während ab 2013/14 landesweit sowjetische Lenin-Denkmäler gestürzt wurden, blieben öffentliche Erinnerungszeichen für Rotarmisten und sowjetische Partisanen bemerkenswerterweise meist unangetastet. Der Grund hierfür dürfte

---

41 Vgl. ebenda.
42 Vgl. Carola Lau, Erinnerungsverwaltung, Vergangenheitspolitik und Erinnerungskultur nach 1989: Institute für nationales Gedenken im östlichen Europa im Vergleich, Göttingen 2017, S. 498–500.
43 Vgl. Kasianov, Memory crash, S. 135; Felix Heinert, Stauffenberg und Bandera. Der Nationalistenführer ist in der Ukraine keineswegs unumstritten. Anders in Deutschland, wo man nichts auf die Helden kommen lässt, in: taz.de, 26. 7. 2022, https://taz.de/Diskussion-um-Kriegsprotagonisten/!5867056/; Lana Samochvalova, Anton Drobovyč, dyrektor Instytutu nacional'noji pam'jati, https://www.ukrinform.ua/rubric-polytics/2874712-anton-drobovic-direktor-institutu-nacionalnoi-pamati.html.
44 Plokhy, Das Tor Europas, S. 450.

vor allem sein, dass die meisten Menschen in der Ukraine einen unmittelbaren familiären Bezug zu Opfern oder Siegern des Zweiten Weltkrieges haben. Der Sieg über NS-Deutschland, an dem sechs bis sieben Millionen Rotarmisten aus der Ukrainischen SSR beteiligt waren, kann und soll aus der Erinnerung nicht einfach getilgt werden. Vor allem die Regierung des Präsidenten Petro Porošenko (2014 bis 2019) war bemüht, Wege der Integration gegensätzlicher Geschichtspolitiken zu finden, dabei aber gleichzeitig die Re-Nationalisierung zu fördern. In Videoclips und auf Plakaten wurde zudem versucht, einen Bogen zwischen dem Sieg im Zweiten Weltkrieg und einem ausstehenden Sieg im kriegerischen Konflikt (der damals noch sogenannten Anti-Terror-Operation) in der Ostukraine zu spannen – „1939–1945. Wir gedenken. Wir werden siegen", hieß eine einprägsame Botschaft.[45] Um ähnliche Bezüge war die russländische Staatsführung bemüht, etwa rund um den auf die Annexion der Krim folgenden 9. Mai.[46]

Besonders 2015 flossen die geschichtspolitischen Neuorientierungen unter Petro Porošenko in zahlreiche nationale Jubiläen und Gedenktage ein.[47] Zugleich war Porošenko der erste Präsident, der 2015 eine Rede zum Holocaust in der Ukraine und der Beteiligung Einheimischer in der israelischen Knesset hielt.[48]

Besonders seit dem Euromajdan im Winter 2013/2014 nimmt die Erinnerung an den „Holodomor", die durch die stalinistische Politik herbeigeführte Hungersnot mit etwa 3,5 Millionen Toten allein in der Ukraine, einen bedeutenden Rang in der offiziellen Erinnerung der Ukraine ein. Einige Wissenschaftler warnen vor einer Konkurrenz zwischen der Erinnerung an den Holocaust und an den Holodomor. Die phonetische Nähe dürfte kein Zufall sein, sondern erscheint bewusst gewählt – auch wenn etymologisch kein Zusammenhang besteht.[49]

Massengräber von schätzungsweise über 2000 Erschießungsstätten des Holocaust befinden sich allein auf dem Gebiet der heutigen Ukraine. Das internationale Projekt „Erinnerung Bewahren" bemüht sich seit 2010, Hunderte

---

45 Vgl. Jochen Hellbeck/Tetiana Pastushenko/Dmytro Tytarenko, „Wir werden siegen, wie schon vor 70 Jahren unsere Großväter gesiegt haben." Weltkriegsgedenken in der Ukraine im Schatten des neuerlichen Krieges, in: Mischa Gabowitsch/Cordula Gdaniec/Ekaterina Makhotina (Hrsg.), Kriegsgedenken als Event. Der 9. Mai 2015 im postsozialistischen Europa, Paderborn 2017, S. 52–54.

46 Vgl. Aleksej Popov/Julija Mingaleva, „Danke, Opa, für den Sieg! Danke, Putin, für die Krim!" Der 9. Mai in Simferopol' nach dem Anschluss der Krim an Russland, in: Gabowitsch/Gdaniec/Makhotina (Hrsg.), Kriegsgedenken als Event, S. 67–90.

47 Vgl. Myeshkov, Analyse.

48 Vgl. Petrovsky-Shtern, Ein Tag, der die Welt veränderte, S. 82.

49 Vgl. zur Anerkennung des deutschen Bundestages als Genozid Johannes Spohr, „Holodomor"-Resolution: eine Gewissensberuhigung, https://www.akweb.de/gesellschaft/holodomor-resolution-eine-gewissensberuhigung/.

unmarkierte, ungeschützte und verwahrloste Massengräber von Juden sowie Roma in der Ukraine zu würdigen Orten der Trauer, des Gedenkens, der Erinnerung und der Information umzugestalten.[50] Finanziert wird es durch das Auswärtige Amt der Bundesrepublik Deutschland.

Auf lokaler Ebene begannen sich Schulklassen im Rahmen des Unterrichts über den Zweiten Weltkrieg auch mit dem Holocaust zu beschäftigen, sofern ihre Lehrer das nötige Engagement dafür aufbrachten. Lokale, meist sowjetisch-heroisch geprägte Geschichtsmuseen, bei denen der Zweite Weltkrieg im Mittelpunkt stand, wurden durch von Schülern erstellte Schautafeln sowie Dokumente zum Holocaust in der Region bzw. der gesamten Ukraine ergänzt. Besonders im ländlichen Raum ist es den lokalen Aktiven trotz des Willens zur „Dekommunisierung" oftmals aus ökonomischen Gründen nicht möglich, vorhandene Museen zu ersetzen oder grundlegend zu überarbeiten. Projekte sind meist abhängig von Stiftungen und staatlichen Zuwendungen aus dem Ausland.

In der unabhängigen Ukraine der 2000er-Jahre wurde das Holocaustgedenken verstärkt zu einem Symbol der Westorientierung. Die Zustimmung zu oder Forderung nach bestimmten, westlich orientierten kulturellen Praktiken und Events ist oft verbunden mit einer klaren Absage an alte, als verkommen betrachtete Relikte der Sowjetzeit. Darüber hinaus bot die Abkehr von der sowjetischen Erinnerungspolitik bei gleichzeitiger Anerkennung der jüdischen Verfolgtengruppe die Möglichkeit, auch die Ukrainerinnen und Ukrainer verstärkt als Opfer der NS-Besatzung, aber auch der stalinistischen Herrschaft hervorzuheben.

Für die gewünschte „Europäisierung" des Gendenkens an den Zweiten Weltkrieg wurden in der Ukraine auch neue Symbole eingeführt, die sich nur bedingt durchsetzen konnten. Dazu zählte die Mohnblume („Remembrance Poppy"), mit der im englischsprachigen Raum der gefallenen Soldaten der beiden Weltkriege gedacht wird und die an die Stelle des schwarz-orange gestreiften Georgsbandes treten sollte. Sie wurde ab 2015 massiv auf Plakaten rund um den 8. Mai verbreitet, womit die bisherigen sowjetischen Symbole zum „Tag des Sieges" abgelöst werden sollten. Das Gesetz „über die Verewigung des Sieges" aus dem Jahr 2000, das die sowjetische Sichtweise auf den Zweiten Weltkrieg zementierte, wurde 2015 aufgehoben und durch ein am 9. April 2015 verabschiedetes Gesetz „Über die Verewigung des Sieges über den Nazismus im Zweiten Weltkrieg 1939–1945" ersetzt. Der „Tag des Sieges" am 9. Mai wurde offiziell durch den „Tag der Erinnerung und Versöhnung" am 8. Mai abgelöst. Dadurch war es auch möglich, den „Befreiungskampf" der OUN-UPA im heutigen Ostpolen

---

50   Vgl. Mereža pam'jati, netzwerk-erinnerung.de, https://netzwerk-erinnerung.de/.

in das Narrativ aufzunehmen.[51] Erinnerungsgesetze, die eine bestimmte Lesart der Vergangenheit vorschreiben oder verbieten, haben in der Ukraine – ebenso wie in anderen Ländern Ost- und Mitteleuropas – in den letzten Jahren eine hohe Bedeutung gewonnen, wenngleich sie in den jeweiligen Ländern höchst umstritten sind.[52]

2019 sah der Direktor des Ukrainian Center for Holocaust Studies, Anatolyj Podol's'kyj, die ukrainische Gesellschaft erst am Anfang zu einem offenen Verständnis der komplexen Geschichte des letzten Jahrhunderts und der Verantwortung für das Gedenken an die Opfer des Holocaust. Als problematisch beschreibt er, dass lokale Beamte in den Jahren zuvor oft nicht bereit waren, Gedenkinschriften auf Denkmälern für die Opfer des Holocaust oder des Völkermords an dem Roma zu genehmigen, sofern auch die Beteiligung der ukrainischen Hilfspolizei erwähnt wurde. Dies sei im Zusammenhang mit Aktivitäten in Wolhynien der Fall gewesen. Noch immer falle es Teilen der Gesellschaft schwer zuzugeben, dass es auch Täter unter den Ukrainern gegeben habe.[53] Bis heute nimmt der Holocaust in der Erinnerungskultur der Ukraine keinen herausragenden Platz ein, obwohl er nirgends grausamere gesellschaftliche Folgen zeitigte. Zwei der wenigen Museen zur Geschichte des Holocaust in Charkiv und Odesa gehen auf private Initiativen zurück und werden durch Spenden finanziert.[54]

Dennoch kamen und kommen wichtige Impulse zur Erforschung der lokalen Beteiligung ukrainischer Nationalisten und der Hilfspolizei am Holocaust aus der Ukraine. So legte der Charkiwer Historiker Jurij Radčenko zahlreiche Beiträge zum Thema vor und arbeitete beispielsweise die Rolle der sogenannten Mel'nyk-Fraktion der Organisation Ukrainischer Nationalisten (OUN-M) unter deutscher Besatzung heraus.[55] Zusammen mit dem Historiker Andrij Usač untersuchte Radčenko die von den deutschen Besatzern unterstützte Ukrainische

51 Vgl. Myeshkov, Analyse.
52 Vgl. Oksana Myshlovska, Analyse: Regelung der Vergangenheit per Gesetz – Einordnung der ukrainischen „Erinnerungsgesetze", Text der Bundeszentrale für politische Bildung, 17.4.2018, bpb.de, https://www.bpb.de/themen/europa/ukraine-analysen/267769/analyse-regelung-der-vergangenheit-per-gesetz-einordnung-der-ukrainischen-erinnerungsgesetze/.
53 Vgl. Anatolyj Podol's'kyj, Kul'tura pamjati o žertvach Cholokosta v sovremennoj Ukraine: tendencii i perspektivy [Die Erinnerungskultur zu den Opfern des Holocaust in der modernen Ukraine: Tendenzen und Perspektiven], in: Tel'-Avivskij universitet Naučno-issledovatel'skij centr diaspory im [Zentrum für Diaspora-Forschung der Universität Tel Aviv]; Gol'dštejna-Gorena (Hrsg.), Sochranenie pamjati [Bewahrung der Erinnerung], S. 164.
54 Vgl. Kasianov, Memory crash, S. 283.
55 Vgl. Yuri Radchenko, The Organization of Ukrainian Nationalists (Mel'nyk Faction) and the Holocaust: The Case of Ivan Iuriiv, in: Holocaust and Genocide Studies 31 (2017) 2, S. 215–239.

Legion der Selbstverteidigung (Ukrajins'kyj lehion samooborony).[56] Usač veröffentlichte eine interaktive digitale Aufbereitung des Pogroms im westukrainischen Lemberg beim Einmarsch der deutschen Truppen am 30. Juni und 1. Juli 1941 unter Beteiligung der neu gegründeten ukrainischen „Miliz" und nichtjüdischer Einwohner. Diese Darstellung des Pogroms resultierte aus einer breiten internationalen Kooperation.[57] Zu den bedeutendsten ereignisgeschichtlichen Zusammenstellungen zum Holocaust gehören weiterhin die Beiträge von Alexander Kruglov und Borys Zabarko.[58]

Erfolge wurden in den vergangenen Jahren zudem vor allem in transnationalen Projekten erzielt. Dazu zählt „Erinnerung lernen", ein zivilgesellschaftliches, von der Ukraine und Nordrhein-Westfalen aus initiiertes Projekt der jüdischen Erinnerung an den Holocaust, das den Wissensbedarf an Schulen, Universitäten, lokalen Museen und Initiativen decken soll.[59]

In Babyn Jar gibt es gegenwärtig mehr als 30 Gedenkzeichen und Denkmäler zur Erinnerung an die verschiedenen Gruppierungen, deren Angehörige dort ermordet wurden.[60] In den 2010er-Jahren haben sich vor allem drei konkurrierende Gedenkstätten-Projekte auf dem Gelände entwickelt: der staatlich geförderte Gedenkkomplex Babyn Jar, das kanadisch-ukrainische Projekt Ukrainian Jewish Encounter (UJE) sowie das von in Russland ansässigen Oligarchen finanzierte – und dadurch zuletzt erheblich in Verruf geratene – Holocaust-Gedenkzentrum Babyn Jar (Babyn Jar-Memorial Center, BYHMC). Letzteres stand zudem aufgrund seines pädagogischen Konzepts in der Kritik. Dem künstlerischen Leiter und Skandalregisseur Il'ja Chržanovskij wurde nachgesagt, er habe aus Babyn Jar ein (Holocaust-)„Disneyland" machen wollen. Auch das Memorial Center wurde von mehreren ukrainischen Präsidenten (Porošenko, Zelens'kyj) zunächst unterstützt.[61]

56 Vgl. Yuri Radchenko/Andrii Usach, „For the Eradication of Polish and Jewish-Muscovite Rule in Ukraine": An Examination of the Crimes of the Ukrainian Legion of Self-Defense, in: Holocaust and Genocide Studies 34 (2020) 3, S. 450–477.

57 Andrii Usach/Lviv Interactive, The Lviv Pogrom (1941). Spatial Context and Perpetrators of the Violence, Lviv Interactive, https://lia.lvivcenter.org/en/events/pogrom/.

58 Vgl. Kruglov/Umanskyj/Ščupak, Cholokost v Ukraine; Boris Zabarko (Hrsg.), „Nur wir haben überlebt": Holocaust in der Ukraine. Zeugnisse und Dokumente, Köln 2004; Zabarko (Hrsg.), Leben und Tod in der Epoche des Holocaust.

59 Vgl. Erinnerung Lernen – Projekte, Formate und Materialien zur Erinnerung an die Shoa in der Ukraine, https://erinnerung-lernen.de/.

60 Vgl. zur Erinnerungslandschaft am historischen Ort sowie zum Gedenken an Babyn Jar: Davies/Makhotina, Offene Wunden Osteuropas, S. 93–117.

61 Petrovsky-Shtern, Ein Tag, der die Welt veränderte, S. 86; Vgl. auch Darja Bad'jor, Streit um Babyn Jar. Gedenkzentrum oder Holocaust-DisneyLand, in: Osteuropa 71 (2021) 1/2, S. 123–140.

Erinnern einer Gesellschaft im Krieg

Borys Zabarko musste, um sich selbst und seine Familie in Sicherheit vor einem Krieg zu bringen, der im Namen der „Entnazifizierung" geführt wird, im Frühjahr 2022 nicht nur seinen Wohnort und Lebensmittelpunkt, sondern auch seine Arbeiten zur Geschichte des Holocaust zurücklassen. Er steht beispielhaft für die Überlebenden der NS-Verfolgung in der Ukraine, die als Angehörige einer besonders vulnerablen Gruppe mit einem neuen Krieg konfrontiert sind und die somit die Erforschung des und die Erinnerung an den Holocaust in der Ukraine jäh und auf unbestimmte Zeit unterbrechen mussten.[62] Für sie und die im Land Gebliebenen ist es zudem eine unerträgliche Belastung, dass die Archive durch Beschuss und Raub der russländischen Armee bedroht sind.

Im Zuge einer von mehreren NS-Gedenkstätten und Initiativen projektierten Vortrags- und Diskussionsreihe, die auch dem weiteren Austausch zwischen Forschern aus der Ukraine und Deutschland dient, der Ukrainian Hour, kam immer wieder zur Sprache, man müsse im Angesicht des russländischen Angriffskrieges auch die Vermittlung zum Zweiten Weltkrieg neu denken und ausrichten. Die Debatte hierzu steht jedoch erst am Anfang.[63]

Die wichtigste Voraussetzung für die Bewahrung und Weiterentwicklung des Holocaust-Gedenkens in der Ukraine ist, dass das Land seine politische Souveränität bewahren kann. Eine Abhängigkeit vom autokratischen System Russlands würde bedeuten, dass eine streitbare, plurale und offene Gedenkkultur verhindert wird. Der Umgang mit kritischer Wissenschaft und zivilgesellschaftlichen Organisationen wie die Internationale Gesellschaft für historische Aufklärung, Menschenrechte und soziale Fürsorge „Memorial" in der Russländischen Föderation unter Putin zeigt, welche verheerenden Folgen die verordnete Gedächtnispolitik hat.

Sofern gesellschaftliche Debatten in der Ukraine unter Friedensbedingungen fortgeführt werden können, kann die offene Frage zurückkehren, an welche Gruppen zu welchem Zweck sich das Gedenken richtet und welcher Platz der Holocaust dabei einnehmen wird. Die Konfliktlinien dürften erneut zwischen dem Rekurs auf die eigene hybride, diverse, multiethnische und multilinguale Vergangenheit und dem Phantasma einer ethnischen Homogenisierung verlaufen. Die Herausforderung des Holocaustgedenkens besteht unter anderem

---

62 Siehe hierzu das Hilfsnetzwerk für Überlebende der NS-Verfolgung in der Ukraine, https:// hilfsnetzwerk-nsverfolgte.de/.

63 Vgl. Historikerlabor e. V. – Ukrainian Hour Berlin (2022), https://www.historikerlabor.de/ seite/605404/www.historikerlabor.de/seite/605404/ukrainian-hour-berlin-(2022).html.

darin, das komplexe Geflecht aus Verfolgung, Mittäterschaft und Solidarität der Besatzungsgesellschaft zu beleuchten. So sehr nationalistische Vereinfachung und verordnete Erinnerung einen offenen Umgang mit der Geschichte behindern, so bemerkenswert sind die teils obsessiven Hinweise auf die problematische Geschichte der ukrainischen Nationalisten aus Deutschland. Der Journalist Filipp Piatov äußerte am 2. Juli 2022 bezüglich der Debatte über den ukrainischen Botschafter Andrij Mel'nyk: „Bald wissen viele Deutsche mehr über Bandera als über ihre eigenen Großväter."[64] Borys Zabarko schreibt zu den Aufgaben der Zunft: „Wir haben die Pflicht, uns nicht nur an die Vergangenheit zu erinnern, sondern uns auch der Bedrohungen bewusst zu sein, die ethnische Zwietracht, Rassendiskriminierung und die Missachtung der Menschenwürde für die moderne Welt darstellen."[65]

64   Zit. nach Johannes Spohr, Deutsche Familiengeschichten und die Ukraine, in: zeitgeschichte online, 16. 11. 2022, https://zeitgeschichte-online.de/geschichtskultur/deutsche-familienge schichten-und-die-ukraine#_ftn7.
65   Zabarko, Istorija i pamjat', S. 176.

JULIANE WETZEL

Solidarität und Hilfe während des Judenmords in der Ukraine

In der Ukraine begingen Deutsche als Angehörige von Einsatzgruppen, Polizei-bataillonen, der Waffen-SS und Wehrmacht einen Massenmord an der jüdischen Bevölkerung, dem mindestens 1,5 Millionen Juden zum Opfer fielen, darunter 570 000 in Ostgalizien, das seit August 1941 Teil des Generalgouvernements war.[1] Das größte Massaker verübte die Einsatzgruppe C am 29./30. September 1941 in der Schlucht von Babyn Jar. Nahezu alle sich noch in der Stadt befind-lichen jüdischen Bewohner Kiews – 33 771 Männer, Frauen und Kinder – wurden ermordet.

Dem Krieg, mit dem Russland acht Jahrzehnte nach dem Holocaust die Ukraine überzieht, fielen erneut Jüdinnen und Juden zum Opfer – Überlebende des deutschen Judenmords ebenso wie Menschen, die damals Juden retten wollten.[2]

Wie in anderen Ländern unter deutscher Herrschaft war die Rettung von Juden in der Ukraine von vielen Zufällen bestimmt: Nachbarn und Freunde entschlossen sich, Juden und Jüdinnen – Einzelne, ganze Familien oder deren Kinder – zu verstecken oder sie zumindest mit Lebensmitteln zu versorgen, oder sie halfen, einen Unterschlupf zu finden, andere fälschten Papiere für Bekannte oder auch für Fremde. Die Helfer kamen aus allen Schichten der Bevölkerung, sie waren einfache Bauern, Handwerker oder besser gestellte Stadtbewohner. Nicht immer waren die Rettungsaktionen von Erfolg gekrönt, manchen gelang es nur zeitweise, sich mit der Hilfe von Freunden und Bekannten oder ihnen gänzlich unbekannten Helfern der Verfolgung zu entziehen. Kinder konnten gerettet

---

1   Die Verfolgung und Ermordung der europäischen Juden durch das nationalsozialistische Deutschland 1933–1945 (VEJ), Bd. 7: Sowjetunion mit annektierten Gebieten I. Besetzte sowjetische Gebiete unter deutscher Militärverwaltung, Baltikum und Transnistrien, bearb. v. Bert Hoppe und Hildrun Glass, München 2011, S. 14.
2   Anatoly Podolsky, Direktor des Ukrainischen Zentrums für Holocauststudien in Kiew, beim Treffen der International Holocaust Remembrance Alliance, Göteborg, 28. 11. 2022, Akade-mische Arbeitsgruppe, an dem die Autorin teilnahm.

werden, deren Eltern sie bei Nachbarn oder Fremden in Obhut gegeben hatten, selbst jedoch ermordet wurden. In manchen Fällen waren die Helfer überfordert und verrieten ihre Schützlinge am Ende doch oder brachte sie sogar um.

Juden zu helfen war lebensgefährlich. Im Februar 1942 etwa erschoss die Sicherheitspolizei den Bürgermeister von Kremenčuk, weil er gemeinsam mit einem Priester Juden mit Taufbescheinigungen und russischen Namen ausgestattet hatte.[3] Im Oktober 1942 befahl ein Offizier des SS-Polizeiregiments 15 die Erschießung von flüchtigen Juden sowie einer ukrainischen Familie, die Juden aufgenommen hatte.[4] Nach der Niederlage der Deutschen bei Stalingrad waren Helfer eher bereit, Juden zu verstecken, weil die Angst vor Verrat sank. Die ukrainische Unterstützung der Deutschen hatte insgesamt nachgelassen. Zuvor waren die meisten Helfer nur bereit gewesen, Juden allenfalls für einen kürzeren Zeitraum unterzubringen, und dies nicht immer selbstlos.

Die israelische Gedenkstätte Yad Vashem hat bis zum 1. Januar 2022 2691 ukrainische „Gerechte unter den Völkern" anerkannt, zudem befinden sich unter den 7177 von Yad Vashem genannten polnischen Rettern einige, die ukrainischen Juden geholfen haben. In Wolhynien etwa halfen vor allem Polen Juden, für längere Zeit unterzutauchen. Gershon Shteynkruk aus Kovel' hatte mit seiner Frau und zwei Kindern ab August 1942 mehr als zwanzig Monate im Wald gelebt, bis die fast 70-jährige Polin Aleksandra Cyrkowa die Familie in ihrem Haus am Rande eines Waldes für sechs Monate auf dem Dachboden versteckte. Sie war arm und hatte selbst kaum etwas zu essen, doch sie teilte alles, zwei Monate später auch mit zwei jungen jüdischen Männern, die ebenfalls bei ihr Aufnahme fanden.[5]

Einigen Juden war es gelungen, aus Dubno zu entkommen. Der Schlachter Jan Wierzbicki, seine Frau Józefa und deren drei Söhne versteckten sie insgesamt 17 Monate lang bis März 1944, weitere waren im Laufe der Zeit dazugestoßen, sodass insgesamt zwölf Menschen bei der Familie Aufnahme fanden. 1981 wurde sie von Yad Vashem als polnische „Gerechte unter den Völkern geehrt". Die Untergetauchten betonten im Mai 1944 in ihrem Dankesbrief an die Retter, dass die drohende Todesstrafe diese nicht davon abgehalten habe, sie zu retten.[6]

---

3   VEJ, Bd. 7, S. 84, Dok. 153; Frank Golczewski, Die Revision eines Klischees. Die Rettung von verfolgten Juden im Zweiten Weltkrieg durch Ukrainer, in: Wolfgang Benz/Juliane Wetzel (Hrsg.), Solidarität und Hilfe für Juden während der NS-Zeit, Regionalstudien 2. Ukraine, Frankreich, Böhmen und Mähren, Österreich, Lettland, Litauen, Estland, Berlin 1996, S. 9–82, hier S. 55.

4   VEJ, Bd. 8: Sowjetunion mit annektierten Gebieten II. Generalkommissariat Weißruthenien und Reichskommissariat Ukraine, bearb. v. Bert Hoppe, Berlin/Boston 2016, S. 520, Dok. 216.

5   Ebenda, S. 710 f., Dok. 291.

6   Ebenda, S. 689 f., Dok. 283; The Righteous Among the Nations Database, Eintrag Wierzbicki Jan & Wierzbicka Józefa (Maciak), https://righteous.yadvashem.org/?search=wierzbicki&

Da die Nationalität für die Auszeichnung von Yad Vashem bestimmend ist, werden deutsche Helfer – wie etwa Berthold Beitz im ostgalizischen Boryslav[7] oder Hermann Friedrich Gräbe in Wolhynien – unter der Rubrik Deutschland erfasst. Nach Polen und den Niederlanden steht die Zahl der von Yad Vashem anerkannten ukrainischen „Gerechten unter den Völkern" an dritter Stelle, wobei zu berücksichtigen ist, dass das weitläufige Territorium der Ukraine keinesfalls mit dem der Niederlande zu vergleichen ist. Auch gegenüber Polen ist der prozentuale Anteil der Retter deutlich geringer.

Metropolit Andrej Šeptyc'kyj

Andrej Šeptyc'kyj, seit 1900 Oberhaupt der unierten Ukrainisch-Griechischen Katholischen Kirche in Galizien, hatte den Einmarsch der Deutschen als Befreiung aus den Fesseln der Sowjetunion begrüßt. Gegen den Pogrom an der jüdischen Bevölkerung in Lemberg im Juli 1941 bezog er zunächst keine Stellung, zog sich dann aber „leise von der Annäherung an die Nationalsozialisten"[8] zurück, wandte sich mit pastoralen Episteln, die in allen ihm unterstehenden Kirchen verlesen werden sollten, gegen die Massenmorde und rettete etwa 150 Juden und Jüdinnen.[9] Ein Protestbrief an Heinrich Himmler im Februar 1942 hatte zur Folge, dass die Deutschen die Aktivitäten des Ukrainischen Nationalen Rats, dem Šeptyc'kyj vorstand, unterbanden. Dies hielt den Metropoliten jedoch nicht davon ab, seine Rettungsaktionen für Juden fortzusetzen.[10]

---

searchType=righteous_only&language=en&itemId=4035417&ind=0. – Alle Weblinks in diesem Beitrag wurden zuletzt aufgerufen und geprüft am 12. 1. 2023.

7   Berthold Beitz, der mehrere Hundert jüdische Arbeiter der von ihm verwalteten Karpathen-Öl AG in Boryslav rettete, indem er sie als unabkömmlich ausgab, wurde 1973 als „Gerechter unter den Völkern" ausgezeichnet, seine Frau erst 2006, vgl. The Righteous Among the Nations Database, Eintrag Beitz Berthold & Else (Hochheim), https://righteous.yadvashem. org/?search=beitz&searchType=righteous_only&language=en&itemId=4013862&ind=0.

8   Dieter Pohl, Nationalsozialistische Judenverfolgung in Ostgalizien 1941–1944. Organisation und Durchführung eines staatlichen Massenverbrechens, 2. Aufl., München 1997, S. 178 f., S. 320 f.

9   Philip Friedman, Their Brothers' Keepers, New York 1957, S. 133 f., https://archive.org/ stream/theirbrotherskee010843mbp/theirbrotherskee010843mbp_djvu.txt; Professor Shimon Redlich: "Sheptytsky repudiated racist thinking", in: Ukrainian Jewish Encounter, 29. 6. 2020, https://ukrainianjewishencounter.org/en/professor-shimon-redlich-sheptytsky-repudiated-racist-thinking/.

10 Metropolitan Andrey Sheptytsky – savior of Jews during World War II, in: Religious Information Service of Ukraine, 9. 6. 2011, https://risu.ua/en/metropolitan-andrey-sheptytsky-savior-of-jews-during-world-war-ii_n48116.

Am 2. Juli 1941 bot Šeptyc'kyj dem Oberrabbiner von Lemberg, Jecheskiel
Lewin, der ihn um die Rettung der Lemberger Juden gebeten hatte, in seiner Residenz auf dem Berg St. Georg Unterschlupf, was Lewin zunächst annahm. Dann
aber kehrte er in seine Gemeinde zurück und wurde 1941 Opfer der deutschen
Mordmaschinerie.[11] Für seine Söhne Kurt und Natan jedoch fand Šeptyc'kyj
zusammen mit seinem Bruder Mönch Clement (Klymentij) Šeptyc'kyj,[12] dem
Ordensvorsteher aller Klöster des Studitenordens, einer ukrainisch-katholischen
Mönchsgemeinschaft, sowie der Mutter Oberin Józefa (Olena Viter),[13] von 1942
bis 1944 eine Bleibe in mehreren Klöstern, bis die Rote Armee die Region befreite.[14] Insgesamt konnten überwiegend Kinder auf diese Weise gerettet werden.
15 Kinder[15] und einige Erwachsene fanden in der Residenz Šeptyc'kyj jahrelang
Unterschlupf, darunter auch der spätere Oberrabbiner der polnischen Armee
und schließlich der israelischen Luftwaffe, David Kahane. Etwa 500 Mönche und
Nonnen wussten von den Rettungsaktionen, doch keiner der Untergetauchten
wurde verraten.[16] Die Konvente des Studitenordens in Ost-Galizien befolgten
den Rat Šeptyc'kyjs, sich an Rettungsaktionen zu beteiligen. Auch die Orden der
Franziskaner Schwestern etwa in Lemberg richteten sich nach den Anweisungen
ihrer Generaloberin Ludwika Lisówna und öffneten ihre Tore für jüdische Kinder und Erwachsene.[17]

---

11 Das United States Holocaust Memorial Museum besitzt eine Sammlung mit Dokumenten
    von Rabbi Jecheskiel Lewin, https://collections.ushmm.org/search/catalog/irn515144.
12 Ruslan Deliatynskyi/Vasyl Gogol/Alina Zadorozhnia, Blessed Klymentiy Sheptytsky (1869–
    1951) in the light of contemporary domestic historiography, in: Skhid 166 (2020) 2, S. 67–77,
    http://skhid.kubg.edu.ua/article/view/201947.
13 The Righteous Among the Nations Database, Eintrag Viter Olena, https://righteous.yadvashem.
    org/?search=Viter&searchType=righteous_only&language=en&itemId=4044362&ind=0.
14 Leo Heiman, They saved Jews, in: The Ukrainian Quarterly 17 (Winter 1961) 4, S. 328 f.,
    https://diasporiana.org.ua/wp-content/uploads/books/7832/file.pdf; Golczewski, Die Revi-
    sion eines Klischees, S. 32 f.; Schwester Khrysantia, geb. Maria Hnativ, berichtet in einem
    2004 geführten Interview von ihrem Leben und ihrer Arbeit in einem Lemberger Waisen-
    haus während des Krieges und dass die Mutter Oberin Józefa dort jüdische Kinder vor den
    Deutschen versteckte. Sie erzählt auch von der Hilfe für jüdische Kinder in einem ande-
    ren Waisenhaus, das von einer ukrainischen sozialen Hilfsorganisation betreut wurde. Sie
    erinnert sich vor allem an zwei Mädchen, Anna Khomenko und Dusha Filipina, aber auch
    an die Frau des Rabbiners David Kahane, die in einem Waisenhaus für Kleinkinder in der
    Ostrovska Straße in Lemberg versteckt war. http://www.ucrdc.org/Archive-Oral-History-
    Ukrainian_Jewish_Relations-Maria_Hnativ.html.
15 Vor allem Mädchen, weil beschnittene Jungen eine zu große Gefahr bedeuteten.
16 Friedman, Their Brothers' Keepers, S. 134.
17 Nahum Bogner, The Convent Children: The Rescue of Jewish Children in Polish Con-
    vents during the Holocaust, in: Yad Vashem Studies Vol. XXVII (1999), S. 235–285, https://
    www.yadvashem.org/righteous/resources/rescue-of-jewish-children-in-polish-convents.
    html#footnoteref27_3s7pbli.

David Kahane (geb. 1903) hatte am Rabbinerseminar in Breslau studiert und an der Universität Wien promoviert. 1929 zog er nach Lemberg und unterrichtete jüdische Religion an privaten und öffentlichen Schulen. 1930 wurde er zum Rabbiner an der liberalen Synagoge „Oze Tov" ordiniert und engagierte sich in der zionistischen Mizrachi-Bewegung. Kahane, der ab Januar 1942 der Kulturabteilung des Judenrats angehörte, und seine Familie waren seit Oktober 1941 gezwungen, im Ghetto Lemberg zu leben. Im August 1942 zeichnete sich ab, dass die Gefahr für die Familie zu groß wurde, und er entschloss sich zusammen mit Rabbiner Kalman, Unterschlupf beim Metropoliten zu suchen. Šeptyc'kyj hatte ihnen bereits geholfen, einige Hundert Tora-Rollen in Sicherheit zu bringen. Die Mutter Oberin Józefa erklärte sich bereit, Kahanes dreijährige Tochter im Konvent zu verstecken. Mit Unterstützung von Klymentij Šeptyc'kyj gelang es Kahane, auch seine Frau unter falscher Identität an einem sicheren Ort auf der „arischen Seite" unterzubringen. Kahane selbst war von November 1942 bis Mai 1943 im Zwangsarbeitslager Lemberg (ZAL-L) interniert. Die Situation spitzte sich im Frühjahr immer mehr zu, und die Liquidierung des Ghettos drohte, sodass Kahane entschied, sich zu verstecken. Er schaffte es, Šeptyc'kyj in der St. Georgs Kathedrale aufzusuchen und um Hilfe zu bitten. Der Metropolit versteckte Kahane in seiner Bibliothek hinter den Bücherregalen. Im Juni 1943 wurde die Gefahr, entdeckt zu werden, immer größer und Kahane musste Šeptyc'kyjs Residenz verlassen. Er wurde als Bruder Mateusz in ein Kloster des Studitenordens gebracht. Noch mehrmals musste Kahane sein Versteck wechseln, bis er befreit wurde.[18]

Shimon Redlich, der den Holocaust mithilfe einer ukrainischen Familie überlebt hatte,[19] beschäftigte sich als Historiker mit Šeptyc'kyjs ambivalentem Verhalten. Er nennt in einem Interview mit der polnischen katholischen Zeitschrift *Tygodnik Powszechny* im Juni 2020 die Gründe, die eine Ehrung des Metropoliten als „Gerechter unter den Völkern" durch Yad Vashem bisher verhinderten.[20] Zusammen mit Geretteten des Metropoliten setzt sich Redlich dafür ein, dass Šeptyc'kyj doch noch als „Gerechter" anerkannt wird.[21] Sein Bruder Clement

---

18 Taras Martynenko, The Story of David Kahane, https://lia.lvivcenter.org/en/storymaps/kahane/. Kahane verfasste ein Tagebuch, das zunächst auf Hebräisch publiziert wurde und dann 1990 unter dem Titel „Lvov Ghetto Diary" erschienen ist. Ein kurzer Ausschnitt siehe: https://archive.org/details/lvovghettodiary00kaha/page/n7/mode/2up.

19 Seine Retterinnen in Bereżany, Tatyana und Anna Kontsevich, wurden 1987 bzw. 1998 von Yad Vashem als „Gerechte" ausgezeichnet, vgl. The Righteous Among the Nations Database, Eintrag Kontsevich Tatyana; Daughter: Anna, https://righteous.yadvashem.org/?search=shimon%20redlich&searchType=righteous_only&language=en&itemId=4035613&ind=1.

20 Shimon Redlich: "Sheptytsky repudiated racist thinking".

21 Ebenda.

(Klymentij) war bereits 1995 ausgezeichnet worden.[22] Redlich verweist darauf, dass wohl kein anderes kirchliches Oberhaupt dem Papst so detailliert über den Massenmord an der jüdischen Bevölkerung berichtet habe wie Šeptyc'kyj. Die Kommission in Yad Vashem, so Redlich, beschuldige jedoch den Metropoliten, 1943 die Bildung einer ukrainischen Waffen-SS Division unterstützt zu haben, weil er nach einem möglichen Rückzug der Deutschen chaotische Zustände befürchtet und naiverweise geglaubt habe, diese „4. Waffen-Grenadier-Division Galizien", die 1943 aus ukrainischen Freiwilligen und Volksdeutschen aus der Lemberger Gegend gebildet worden war, könne die Schaffung einer freien Ukraine erreichen. Redlich verweist auf den stark ausgeprägten ukrainischen Nationalismus des geistlichen Würdenträgers. Dass er andererseits als Humanist jüdisches Leben rettete, zeigt die Ambivalenz in der Person des Metropoliten.

Auch der Historiker Frank Golczewski erwähnt in seinem Beitrag über die Rettung verfolgter Juden in der Ukraine während des Zweiten Weltkriegs Šeptyc'kyjs widersprüchliches Verhalten. Dennoch sei dessen Hilfe für verfolgte Juden, die vor allem Rabbiner und deren Familien betrafen, offensichtlich der einzige Fall von „organisiertem" Rettungswiderstand in der Ukraine gewesen, während es sich in allen anderen Fällen um Einzelaktionen handelte.[23] Auch dass der Metropolit nicht missionierte und keine Konversion als Gegenleistung für seine Hilfe verlangte, unterscheidet ihn von vielen Kirchenvertretern anderer Länder wie in der Ukraine selbst.[24]

Šeptyc'kyj starb kurz nach der Befreiung im Alter von 79 Jahren. 2012 ehrte ihn das kanadische Parlament in Anwesenheit zahlreicher ukrainischer religiöser Führungspersönlichkeiten – Christen, Juden und Muslime – für seine Rettungsaktionen während des Holocaust. Eine Festschrift zu seinen Ehren erwähnt allerdings die Kehrseite seines Verhaltens nicht. 1986 wurde an der Theologischen Fakultät des St. Michael's College der Universität Toronto „The Metropolitan Andrey Sheptytsky Institute" gegründet. Zudem wird jährlich eine Auszeichnung – die Metropolitan Andrey Sheptytsky Medal of Honor, die von der Jewish Confederation of Ukraine ausgelobt wird – an eine Person vergeben, die sich der Verständigung zwischen dem ukrainischen und dem jüdischen Volk verschrieben hat.[25]

---

22   The Righteous Among the Nations Database, Eintrag Sheptytsky Clement, https://righteous. yadvashem.org/?search=Sheptytsky,%20Clement&searchType=righteous_only&language= en&itemId=4017786&ind=0.

23   Golczewski, Die Revision eines Klischees, S. 9–82, hier S. 34.

24   Ebenda, S. 58 f.

25   Archbishop Andrei Sheptytsky and the Ukrainian Jewish Bond, https://ukrainianjewish encounter.org/media/Sheptytsky-and-the-Jewish-Bond-Book.pdf.

Dass in Kanada die Ereignisse während des Zweiten Weltkriegs in der Ukraine sowohl in der Wissenschaft als auch in der Zivilgesellschaft derart starke Beachtung finden, liegt darin begründet, dass bis zum Krieg Russlands gegen die gesamte Ukraine in keinem anderen Land so viele Exil-Ukrainer wie in Kanada lebten. Rund 1,2 Millionen Kanadier haben einen familiären ukrainischen Hintergrund.[26] Am „Ukrainian Canadian Research & Documentation Centre" wurden im Rahmen eines 2010 begonnenen Oral-History-Projektes zum Thema „Ukrainians assisting Jews during the Holocaust" Interviews mit Überlebenden geführt oder gesammelt, die von ukrainischen Einzelpersonen gerettet wurden.[27]

Ein Zentrum des ukrainischen Rettungswiderstands war Lemberg. Eliyahu Yones nennt in seiner Anthologie über die Juden in Lemberg während des Zweiten Weltkriegs 85 Namen von Personen, die von Yad Vashem bis 1994 als „Gerechte unter den Völkern" ausgezeichnet wurden, weil sie in Lemberg Juden geholfen haben.[28] Inzwischen sind einige mehr hinzugekommen, aber diese Liste gibt einen Einblick in die Vielschichtigkeit der Rettungsaktionen und die Spannbreite der Retter.

Hermann Friedrich Gräbe

Douglas K. Huneke hat mit seiner 1985 zuerst auf Englisch und 2002 auf Deutsch erschienenen Biografie über Hermann „Fritz" Gräbe ein beispielhaftes Zeugnis darüber abgelegt, wie es einem Menschen trotz großer Risiken, der Gefährdung seiner eigenen Familie, gesundheitlicher Probleme sowie dem Einsatz und Verlust seines Privatvermögens gelang, das Leben Hunderter Juden zu retten.[29] Anerkennung für dieses selbstlose Handeln hat er in Deutschland allerdings erst sehr spät und postum erfahren. Seine Aussagen vor dem Internationalen Militärgerichtshof in Nürnberg, die zur gerichtlichen Ahndung einiger seiner Landsleute beitrugen, hatten zur Folge, dass Hermann Gräbe und seine Familie nach Kriegsende in Deutschland in die Isolation gedrängt wurden und auswanderten.

---

26 Jörg Michel, Ukrainische Diaspora in Kanada. Angst um das ferne Land, in: taz, 9. 4. 2014, https://taz.de/Ukrainische-Diaspora-in-Kanada/!5045006/.

27 Ukrainians Assisting Jews During the Holocaust. Excerpt from the Interview with Aharon Weiss, http://www.ucrdc.org/Archive-Oral-History-Ukrainian_Jewish_Relations-Aharon_Weiss.html.

28 Eliyahu Yones, Die Juden in Lemberg während des Zweiten Weltkriegs und im Holocaust 1939–1944, hrsg. v. Susanne Heim und Grzegorz Rossoliński-Liebe, Stuttgart 2018, S. 327–349.

29 Douglas K. Huneke, In Deutschland unerwünscht. Hermann Gräbe – Biographie eines Judenretters, Lüneburg 2002, S. 13.

Gräbe, Jahrgang 1900, stammte aus Gräfrath/Kreis Solingen im Rheinland und wuchs in einfachen protestantischen Verhältnissen auf.[30] Sein Vater war Weber, seine Mutter arbeitete als Hausangestellte. Gräbe selbst war Bauingenieur. 1931 trat er in die NSDAP ein, wohl nicht aus innerer Überzeugung, sondern von seinem Arbeitsumfeld gedrängt.[31] Die Mitgliedschaft wurde ihm 1938 allerdings „wegen Verstoßes gegen die Parteidisziplin" entzogen, weil er in einer Parteiversammlung Kritik geübt und einen jüdischen Kollegen in Schutz genommen hatte. Letztlich trug ihm dieses Verhalten einen Gefängnisaufenthalt von mehreren Monaten in Essen ein.[32] Nach seiner Freilassung sollte er zum Militär eingezogen werden, konnte dem aber entgehen, weil er sich für Arbeiten an den Befestigungsanlagen des Westwalls zur Verfügung stellte. 1941 wurde er von der Organisation Todt zur Reichsbahnverwaltung nach Lemberg beordert. Im September 1941 schließlich reiste er weiter nach Zdolbuniv (Wolhynien), um dort ein Ingenieurbüro der Firma Jung/Solingen zu eröffnen, das Baukolonnen für die Instandhaltung von Gleisanlagen und den Aufbau von Lagerhallen für Ersatzteile organisierte.[33] Unter den in Zdolbuniv gestrandeten Juden und Jüdinnen konnte er Zimmerer, Maurer, Tischler und technische Zeichner für das Vorhaben rekrutieren. Dass die Eisenbahnlinie für den Nachschub von Truppen an die Ostfront wichtig war, half Gräbe dabei, binnen kurzer Zeit eine Arbeitserlaubnis für die jüdischen Fachleute zu bekommen.[34] Annähernd 1500 Juden aus dem Ghetto Riwne arbeiteten bei der Zweigstelle der Firma Jung in der Stadt, bis auch dort Mitte Juli 1942 eine „Aktion" stattfand und Gräbe hilflos zusehen musste, wie Juden und Jüdinnen zum Ort der Massenerschießung getrieben wurden.[35]

Um möglichst vielen Schutz zu gewähren, richtete Gräbe im nordwestukrainischen Bezirk Wolhynien weitere Regionalbüros als selbstfinanzierte Scheinfirmen ein, in deren Arbeitskolonnen etwa 5000 jüdische Arbeiter und Arbeiterinnen beschäftigt waren, die mit gefälschten Papieren und Ausweisen ausgestattet wurden. Diese Papiere waren insbesondere dann wichtig, wenn Arbeiter in ein anderes Baubüro in der Gegend verlegt werden mussten. Zu diesem Zweck versteckte Gräbe die Person über Nacht in seinem Auto und fuhr dann

---

30 Zu seiner Kurzbiografie siehe auch: Horst Sassin, Hermann Friedrich Gräbe, ein Solinger „Schindler", in: Die Heimat, Nr. 12–14 (1996–89), S. 85–100, https://www.bgv-solingen.de/graebe.pdf.

31 Huneke, In Deutschland unerwünscht, S. 25.

32 Ebenda, S. 31–40.

33 Ebenda, S. 46 f.

34 Ebenda, S. 47.

35 Ebenda, S. 102–107.

am nächsten Tag zum Zielort, um zu vermeiden, dass die deutschen Besatzer Verdacht schöpften.[36] Gräbe wurde immer wieder Zeuge grausamer Behandlung von Juden durch deutsche Besatzer und ukrainische Helfer.[37] Besonders erschütternd waren für ihn die Ereignisse nahe des Flugfeldes in Dubno Anfang Oktober 1942, als er Zeuge einer Massenerschießung wurde, der etwa 5000 Juden zum Opfer fielen.[38]

Mit viel Geschick, trickreichem Vorgehen und großem Ideenreichtum gelang es Gräbe immer wieder, jüdische Paare und Familien in Zweigstellen seiner Firma unterzubringen oder sie in andere Orte zu verlegen. Wenn es sich um gemischt konfessionelle Paare handelte, musste der jüdische Partner oder die Partnerin unsichtbar bleiben. Die Versorgung und Unterbringung, vor allem im Winter, stellten eine Herausforderung dar. Gräbe versuchte, die Not mit eigenen finanziellen Mitteln und Beschlagnahmeaktionen von Gebäuden etwa für eine Krankenstation oder eine Küche zu lindern. Diese Einrichtungen kamen nicht nur den jüdischen Arbeitern und Arbeiterinnen zugute, sondern auch verschleppten Landarbeitern.[39] Bei den „Aktionen" des Jahres 1942 verlor Gräbe etwa 3000 Arbeiter, viele andere aber konnte er retten.[40]

Nach dem Zusammenbruch der deutschen Besatzung in Wolhynien übersiedelte Gräbe mit seinem jüdischen Büroteam zunächst nach Warschau und von dort ins Rheinland. Im September 1944 gelang es dem inzwischen schwer kranken Gräbe zusammen mit etwa zwanzig seiner Schützlinge, zu den Amerikanern überzulaufen, die sie zunächst internierten, dann aber freiließen, als sie von den Hintergründen erfuhren. Gräbe konnte den Befreiern mit seinen Kenntnissen über den Westwall beim weiteren strategischen Vorgehen behilflich sein. Von Februar 1945 bis Herbst 1946 unterstützte er die War Crimes Branch der U.S. Armee bei den Vorbereitungen der Nürnberger Prozesse und war schließlich der einzige Deutsche, der bei den Hauptkriegsverbrecherprozessen 1945/46 als Zeuge der Anklage aussagte. In Nürnberg wie auch im Prozess gegen die Führer der SS-Einsatzgruppen und -Einsatzkommandos 1947/48 waren zwei seiner

---

36 Ebenda, S. 57.
37 Ebenda, S. 91.
38 Ebenda, S. 95 ff.
39 Ebenda, S. 86.
40 Ebenda, S. 115; siehe auch The Righteous Among the Nations Database, Yad Vashem, Eintrag Graebe Hermann, https://righteous.yadvashem.org/?search=graebe%20&searchType=righteous_only&language=en&itemId=4015099&ind=0: "Among those who were saved in this manner were Tadeus Glass, together with wife and son; Albina Wolf and daughter Lucia; Barbara Faust; Kitty Grodetski; and others." Gräbes Erinnerungen an einzelne Ereignisse des Jahres 1942 hat Huneke, In Deutschland unerwünscht, S. 117–123, festgehalten.

Aussagen zu den Massenmorden in Rivne und Dubno prozessrelevant.[41] Gräbe und seine Familie wurden daraufhin wie Aussätzige behandelt, sodass sie sich entschieden, 1948 in die USA auszuwandern. Nach seiner Einbürgerung nannte er sich Herman Frederik Graebe und bemühte sich auch weiterhin, deutsche Kriegsverbrecher, die in der Bundesrepublik Deutschland lebten, vor Gericht zu bringen. Alois Dudkovsky sagte 1965 anlässlich von Gräbes Ehrung als „Gerechter unter den Völkern"[42] in Yad Vashem aus, er „fühlte die ewige Schande, die die Nazis über das deutsche Volk gebracht hatten. Und er hat immer gesagt, dass seine Rettungsaktionen ein Versuch waren, das Unrecht, das den Ermordeten und dem deutschen Volk angetan wurde, – wenn auch nur ein bisschen – wiedergutzumachen." Gräbe starb im April 1986 in San Francisco. In Deutschland vergingen Jahrzehnte, bis er eine angemessene Anerkennung erfuhr.[43] Erst 2017 wurde in seinem Heimatort Gräfrath eine Straße nach ihm benannt und eine Gedenktafel an dem Gebäude angebracht, in dem er gelebt hatte. Zudem wurde ein Jugendzentrum nach ihm benannt.[44]

Fazit

Die Beispiele des ukrainischen Metropoliten und des deutschen Bauingenieurs zeigen nicht nur die Initiativen Einzelner, denen es mit der Unterstützung ihres Umfelds gelang, jüdisch Verfolgte zu retten, sie stehen auch für Hilfsaktionen für jüdische Nachbarn, Freunde, Bekannte oder Zufallsbegegnungen, die Einzelne oder Familien organisierten, seien es Ukrainer, Polen oder Deutsche. Sie bezeugen auch, dass es nicht allein darauf ankommt, ob Yad Vashem die Helfer als „Gerechte unter den Völkern" anerkannte, sondern dass die bisher ausgezeichneten fast 2700 Ukrainer und diejenigen, die als Polen oder Deutsche diese Ehrung erhielten, nur einen Teil der Rettungsaktivitäten abbilden. Und sie belegen einmal mehr, dass Stereotype für eine ganze Nation niemals zutreffen, auch

---

41 Sassin, Hermann Friedrich Gräbe. Hier sind auch die Prozessaussagen abgedruckt, S. 91–94 sowie zwei notarielle Zeugnisse von Geretteten, S. 94–97. Siehe Gräbes Zeugenaussagen auch bei Huneke, In Deutschland unerwünscht, S. 251–257.

42 Nr.116; einer der ersten Deutschen, vgl. The Righteous Among the Nations Database, Yad Vashem, Eintrag Graebe Hermann.

43 Anlässlich des Prozesses gegen den ehemaligen Gebietskommissar von Zdolbuniv, Georg Marschall, in Stade 1960 reiste Gräbe für eine Zeugenaussage an, wurde allerdings von der örtlichen Presse und später auch vom Spiegel (29. 12. 1965) verunglimpft, ihm wurde seine Glaubwürdigkeit abgesprochen. Vgl. Huneke, In Deutschland unerwünscht, S. 224–228, 260–275.

44 The Righteous Among the Nations Database, Yad Vashem, Eintrag Graebe Hermann.

nicht im Fall der Ukraine, wo Kollaboration und Mittäterschaft (ebenfalls) verbreitet waren, aber eben auch hier nicht die gesamte Bevölkerung einschlossen.

Seit 2021 ist der 14. Mai in der Ukraine auf Beschluss des Parlaments ein nationaler Gedenktag zu Ehren all jener Ukrainer und Ukrainerinnen, die während des Holocaust Juden gerettet haben.[45] Zugleich soll in Zusammenarbeit mit dem Ukrainischen Institut für Nationales Gedenken (UINP) eine Liste aller Personen erarbeitet werden, die während des Zweiten Weltkriegs Jüdinnen und Juden halfen, der Verfolgung durch die Nationalsozialisten zu entkommen. Zu hoffen ist, dass daraus auch weitere Forschungen zum Rettungswiderstand in der Ukraine angestoßen werden.

45 Vgl. Ukraine führt Gedenktag für Judenretter ein, in: Jüdische Allgemeine, 4. Februar 2021, https://www.juedische-allgemeine.de/juedische-welt/ukraine-fuehrt-gedenktag-fuer-judenretter-ein/.

JIM G. TOBIAS

„… es sah so aus, als ob der Himmel weinte"

Polizeikompanie Nürnberg löschte 1942 Kortelisy aus

Massaker und Vernichtungskrieg – diese Begriffe sind seit dem Überfall der russischen Armee auf die Ukraine wieder erschreckend aktuell. Das Land ist im letzten Jahrhundert immer wieder Schauplatz unvorstellbarer Massenmorde geworden, wie etwa des sogenannten Holodomor, wobei die schrecklichsten Verbrechen von Deutschen verübt wurden. 1942 liquidierten deutsche Einheiten das Ghetto der belarussischen Stadt Brest-Litowsk im Grenzgebiet zu Polen und der Ukraine, wüteten in den umliegenden Dörfern der Region und ermordeten die Zivilbevölkerung. Zu den Tätern gehörte auch eine Nürnberger Polizeikompanie. In ihrer Heimatstadt, die sich vor rund zwanzig Jahren selbst den Titel „Stadt des Friedens und der Menschenrechte" verliehen hat, wurden diese Verbrechen bislang kaum zur Kenntnis genommen. Keiner der Täter ist je zur Rechenschaft gezogen worden, obwohl in den 1960er-Jahren die Strafverfolgungsbehörden ermittelten – ausgelöst durch ein kurioses Ereignis.

An einem der ersten Frühlingstage im März 1960 war der Handelsvertreter Ernst W. mit dem Auto nach Nürnberg unterwegs, um dort einen Stadtbummel zu machen – als ihn plötzlich heftige Darmbeschwerden überfielen. Er musste so dringend auf die Toilette, dass er seinen Wagen in aller Eile im Parkverbot abstellte. Als ihm die Polizei deshalb einen Strafzettel präsentierte, schrieb der Kaufmann einen wütenden Brief an den Nürnberger Oberbürgermeister und den Polizeipräsidenten. Darin rechtfertigte er seinen Verstoß gegen die Straßenverkehrsordnung mit dem Hinweis, ein nervöser Darm nötige ihn zu häufigen und unverzüglichen Stuhlgängen. Dieses Leiden habe er sich im Krieg gegen Russland zugezogen, nachdem er zur Polizeikompanie Nürnberg einberufen worden sei. Und dann führte der ehemalige Polizist aus, was diese Kompanie im Ostfeldzug getan hat: Sie habe im Raum Brest-Litowsk Kriegsverbrechen verübt und dabei „Tausende von Frauen, Kindern und Greisen teilweise bestialisch ermordet". Was den Handelsvertreter zu diesem Bekenntnis gebracht hat, ist unklar. Vorsorglich wies er aber darauf hin, dass er selbst nie geschossen habe, da er „ein sehr weicher Mensch" sei. Die Kriminalpolizei nahm das Schreiben zum Anlass, Mordermittlungen gegen ehemalige Angehörige der Polizeikompanie Nürnberg einzuleiten.

Auch wenn kaum ein Abschnitt der deutschen Geschichte so intensiv erforscht wurde wie die Zeit des Nationalsozialismus, war über die Verbrechen der Ordnungspolizei in den besetzten Ostgebieten lange Zeit nur wenig bekannt – obwohl diese Einheiten bei unzähligen Massakern an der Zivilbevölkerung beteiligt waren. Gewöhnliche Polizisten, die effektiv ihre blutige Arbeit verrichteten und dabei teilweise eine höhere Mordziffer erreichten als die Spezialisten der Terror-Verbände, die sogenannten Einsatzgruppen.[1]

Welchen Anteil Polizisten bei der Ausrottung der osteuropäischen Zivilbevölkerungen hatten, geriet in Deutschland erst sehr spät in den Blick der Geschichtsschreibung. Der US-Historiker Christopher Browning dokumentierte erstmals 1992 mit seiner akribischen Studie über „Ganz normale Männer" des Reserve-Polizeibataillons 101 exemplarisch das Morden der Ordnungspolizei im Dritten Reich. Bis zu diesem Zeitpunkt wurden lediglich die Weltanschauungstäter von Gestapo, SD und SS als Vollstrecker der NS-Rassenideologie angesehen. Die Angehörigen der uniformierten Schutzpolizei und Gendarmerie galten jahrzehntelang als unschuldige, pflichtbewusste Männer, die in den besetzten Gebieten ihren schweren Dienst zur Aufrechterhaltung von Sicherheit und Ordnung ableisteten.[2] Die Realität sah anders aus – auch die Polizei war ein integraler Bestandteil des Vernichtungsapparates und hatte eine zentrale Aufgabe: die systematische Ermordung von Juden, Slawen und anderen sogenannten minderwertigen Rassen in den besetzten Ländern Osteuropas. Oft in Kooperation mit Einheiten des Sicherheitsdienstes (SD), der Sicherheitspolizei (SiPo) und der SS.

Allein 500 der aus insgesamt 3000 Männern bestehenden berüchtigten Einsatzgruppen A, B, C und D rekrutierten sich aus den Reihen der Ordnungspolizei.[3] Von Juli bis November 1941 ermordeten diese mobilen Todesschwadronen in der Sowjetunion rund 500 000 Menschen.[4] Angehörige des von Browning untersuchten Bataillons 101 erschossen und erschlugen zwischen Juli 1942 und November 1943 mehr als 38 000 Menschen und waren an der Deportation von

---

1   Peter Longerich, Politik der Vernichtung. Eine Gesamtdarstellung der nationalsozialistischen Judenverfolgung, München 1998, S. 305.
2   Christopher R. Browning, Ordinary Men: Reserve Police Battalion 101 and the Final Solution in Poland, New York 1992. Die deutsche Übersetzung erschien ein Jahr später unter dem Titel: Ganz normale Männer. Das Reserve-Polizeibataillon 101 und die „Endlösung" in Polen, Reinbek 1993.
3   Ebenda, S. 29.
4   Raul Hilberg, Die Vernichtung der europäischen Juden. Die Gesamtgeschichte des Holocaust, Berlin 1982, S. 216.

etwa 45 000 Männern, Frauen und Kindern in das Vernichtungslager Treblinka
beteiligt.[5] „Es wird nicht mehr ernsthaft in Frage gestellt, dass Angehörige der
deutschen Ordnungspolizei, sowohl Berufspolizisten als auch Reservisten, in
Bataillons – aber auch im Revier- oder Einzeldienst – im Zentrum des Holo-
causts standen und eine wichtige Personalquelle für die Durchführung zahlreicher Deportationen, Ghettoräumungen und Massaker darstellten", resümiert
Browning.[6] Insgesamt kamen während des Krieges 40 Polizeiregimenter oder
Polizeischützenregimenter und nahezu 300 Polizeibataillone zum Einsatz. Zahlreiche dieser vornehmlich im Osten operierenden Einheiten waren „maßgeblich an Gewalttakten gegen Juden beteiligt und taten sich dabei durch besondere
Grausamkeit hervor".[7]

Im Jahr 1936 wurde der Reichsführer SS Heinrich Himmler zugleich „Chef
der deutschen Polizei". Damit war „der wichtigste Schritt auf dem Wege der
Umwandlung der deutschen Polizei in ein Instrument der Führergewalt"[8] vollzogen, da Himmler dem „Führer" und Reichskanzler Adolf Hitler „persönlich
und unmittelbar"[9] unterstellt war.

Mit der Zentralisierung und der damit verbundenen Einrichtung der
Hauptämter Ordnungs- und Sicherheitspolizei erfuhr der Polizeiapparat auch
eine Neuorganisation. Kurt Daluege wurde Chef der Ordnungspolizei (OrPo),
Reinhard Heydrich erhielt die Leitung der Sicherheitspolizei (SiPo). Die Ordnungspolizei umfasste die Schutzpolizei, Gendarmerie und Gemeindepolizei,
die Sicherheitspolizei die Politische Polizei sowie die Kriminalpolizei. Mit der
Einführung der Institution des „Höheren SS- und Polizeiführers" (HSSPF) im
November 1937 war die Verschmelzung von Polizei und SS abgeschlossen und
somit eine einheitliche Führung dieser Kräfte erreicht. Der HSSPF unterstand
Heinrich Himmler und war unabhängig von der zivilen Verwaltung. Insbesondere in den besetzten Gebieten bestanden die Aufgaben des HSSPF in der Koor-
dination und Leitung des Judenmords. Als regionale Untergliederung des Höheren SS- und Polizeiführers waren SS- und Polizeiführer (SSPF) zuständig, die vor
Ort gemeinsame Einsätze von SS, OrPo, SiPo und SD gegen Juden und andere
„minderwertige Rassen" organisierten. Schließlich wurden im September 1939

5   Browning, Ganz normale Männer, S. 249 f.
6   Christopher R. Browning, Nazi Policy, Jewish Workers, German Killers, Cambridge 2000,
    S. 143.
7   Enzyklopädie des Holocaust. Die Verfolgung und Ermordung der europäischen Juden. Her-
    ausgegeben von Israel Gutman und Eberhard Jäckel, Peter Longerich, Julius H. Schoeps, Ber-
    lin 1993, Bd. 2, S. 1069 f.
8   Hans Buchheim, SS und Polizei im NS-Staat, Duisdorf b. Bonn 1964, S. 47.
9   Ebenda, S. 52.

auch der SD, der ursprünglich als Nachrichtendienst fungierte, und die SiPo im neu gegründeten Reichssicherheitshauptamt (RSHA) zusammengelegt. Damit war die Umwandlung der Sicherheits- und Ordnungsorgane in einen perfekten Unterdrückungs- und Vernichtungsapparat erfolgreich abgeschlossen.

Ab Oktober 1939 wurden Bataillone aufgestellt, die sich aus Angehörigen der Polizei und 26 000 neu angeworbenen Männern der Jahrgänge 1909–1912 und 1918–1920 zusammensetzten. Viele gingen davon aus, dass sie ihren Dienst fernab der Front verrichten müssten, denn eine Verpflichtung bei der Polizei war mit der Freistellung vom Wehrdienst verbunden.[10] Bei Kriegsbeginn verfügte das Hauptamt Ordnungspolizei über 131 000[11] Polizisten; durch das Anwerbeprogramm wuchs die Zahl auf insgesamt 244 500[12] im Jahr 1940 an. In den Reichskommissariaten Ostland und Ukraine sowie im „Generalgouvernement"[13] unterstanden diese Männer jeweils einem Befehlshaber der Ordnungspolizei (BdO); in den nachgeordneten Generalkommissariaten wurden die Polizeitruppen von einem Kommandeur der Ordnungspolizei (KdO) geführt. Obwohl die Einheiten dem Hauptamt Ordnungspolizei zugeordnet waren, erhielten Himmlers Statthalter vor Ort, die einzelnen HSSPF oder SSPF, die Gewalt über die Ordnungspolizei. Um die Mordaktionen so effektiv wie möglich abstimmen zu können, waren den SS- und Polizeiführern hohe Offiziere der Schutzpolizei oder der Gendarmerie als Stabschefs beigeordnet. Die Polizei war also nicht nur Befehlsempfänger der SS, sondern übernahm durch die Verzahnung der beiden Institutionen gleichfalls Führungsaufgaben und war eigeninitiativ tätig.[14]

Die etwa 130 Mann starke Polizeikompanie Nürnberg[15] wurde im Sommer 1941 aufgestellt und setzte sich aus Polizisten und Reservisten älterer Jahrgänge zusammen, die aus Nürnberg, Fürth oder der angrenzenden Region stammten.[16] Die Grundausbildung umfasste sowohl eine Polizei- als auch eine Infanterieausbildung. Anfang September 1941 wurde die Kompanie unter dem Befehl von

10   Stefan Klemp, „Nicht ermittelt". Polizeibataillone und die Nachkriegsjustiz. Ein Handbuch, Berlin 2022, S. 26.
11   Browning, Ganz normale Männer, S. 25.
12   Ebenda, S. 26.
13   NS-Bezeichnung für die nicht ins Reich eingegliederten besetzten polnischen Gebiete.
14   Klaus-Michael Mallmann, Vom Fußvolk der „Endlösung". Ordnungspolizei, Ostkrieg und Judenmord, in: Tel Aviver Jahrbuch für deutsche Geschichte XXVI (1997), S. 367.
15   In den Vernehmungen gaben die Beschuldigten zwischen 100 und 140 Mann als Kompaniestärke an. Zentrale Stelle der Landesjustizverwaltungen zur Aufklärung nationalsozialistischer Verbrechen, Ludwigsburg (ZSt), 204 ARZ 334/59. Die Strafverfolgungsbehörden konnten 129 ehemalige Angehörige der Polizeikompanie Nürnberg namentlich ermitteln. Beilage Namensverzeichnis, ZSt. II 204 ARZ 38/70 (Kopien aller Ermittlungsakten befinden sich im Archiv des Nürnberger Instituts, PKN/1–3, nurinst-archiv).
16   Verfügung der Staatsanwaltschaft Nürnberg vom 6. 4. 1972, ZSt. II 204 ARZ 38/70.

Hauptmann Josef E. mit der Bahn in Richtung Brest-Litowsk in Marsch gesetzt.[17] Die Stadt im Länderdreieck von Polen, Weißruthenien (Belarus) und Ukraine war als bedeutender Verkehrs- und Eisenbahnknotenpunkt sofort nach Kriegs- beginn von deutschen Truppen besetzt worden. Sie zählte rund 54 000 Bewoh- ner, die sich aus Angehörigen verschiedener Nationalitäten wie Ukrainer, Weiß- russen oder Polen zusammensetzte; der Anteil der jüdischen Bevölkerung war beträchtlich.[18]

Im Oktober 1941 bezog die Polizeikompanie Nürnberg Quartier in den Ge- bäuden einer Werkstatt, die sich auf dem Gelände eines von der sowjetischen Eisenbahn genutzten Komplexes befand. Auf demselben Grundstück war auch der Sitz des Generalkommissars für Wolhynien und Podolien untergebracht.[19] Nach dem Überfall auf die Sowjetunion hatten die deutschen Besatzer überall in den okkupierten Gebieten neue Verwaltungseinheiten installiert. Brest-Litowsk gehörte zum Reichskommissariat Ukraine, das sich von der ehemaligen polni- schen Wojewodschaft Wolhynien – inklusive Teilen Weißrusslands – über die Zentralukraine bis zum Dnipro-Gebiet erstreckte und in sechs Generalbezirke, nämlich Wolhynien, Shitomir, Kiew, Dnjepropetrowsk, Nikolajew sowie die Krim untergliederte; die Zentralverwaltung war in der Stadt Rivne (Ukraine) untergebracht.[20] Neben dem Generalkommissariat[21] und dem Gebietskom- missariat[22] siedelten sich weitere wichtige deutsche Behörden in Brest-Litowsk an, wie etwa die Dienststelle des SS- und Polizeiführers für Wolhynien und Podolien,[23] der Kommandeur der Ordnungspolizei (KdO),[24] der SS- und Polizei-

---

17 Aussagen von Ernst W., 12. 4. 1960, Karl P., 13. 4. 1960, Ludwig P., 13. 4. 1960, ZSt. 204 ARZ 334/59.

18 Der jüdische Bevölkerungsanteil zu Kriegsbeginn ist nicht genau festzustellen, da lediglich Zahlen aus dem Jahr 1931 vorliegen. Danach waren über 32 000 Juden im Kreisgebiet von Brest-Litowsk registriert. Verfügung der Staatsanwaltschaft Dortmund vom 8. 12. 1965, S. 3, ZSt. 204 ARZ 334/59.

19 Verfügung der Staatsanwaltschaft Nürnberg, 6. 4. 1972, ZSt. II 204 ARZ 38/70.

20 Wolfgang Benz/Hermann Graml/Hermann Weiß (Hrsg.), Enzyklopädie des Nationalsozia- lismus, München 1997, S. 678, sowie Andrej Angrick, Besatzungspolitik und Massenmord. Die Einsatzgruppe D in der südlichen Sowjetunion 1941–1943, Hamburg 2003, S. 451.

21 Die Dienststelle des Generalkommissars wurde vom SA-Gruppenführer Heinrich Schoene geleitet. Im Frühjahr 1942 zog die Behörde in die Stadt Luc'k. Verfügung der Staatsanwalt- schaft Dortmund, 8. 12. 1965, S. 3 sowie S. 71, ZSt. 204 ARZ 334/59.

22 Kommissarischer Bürgermeister von Brest-Litowsk und von September 1942 bis Juli 1944 Stadt- und Gebietskommissar war zunächst Franz Burat, ebenda, S. 56. Vor September 1942 hatte Curt Rolle das Amt des Gebietskommissars inne, ebenda, S. 59.

23 Nachfolger des bis Ende August 1942 amtierenden SS- und Polizeiführers für Wolhynien- Podolien, Waldemar Wappenhans, war der SS-Oberführer Wilhelm Günther, ebenda, S. 68 ff.

24 Den Posten des Kommandeurs der Ordnungspolizei bekleidete Oberst Willi Dreßler, ebenda, S. 67.

standortführer von Brest-Litowsk[25] sowie eine Dependance[26] der in Rivne residierenden übergeordneten Dienststelle des Kommandeurs der Sicherheitspolizei und des SD (KdS).[27]

Die fränkischen Polizisten waren dem SS- und Polizeiführer von Wolhynien, Waldemar Wappenhans, unterstellt und fanden zunächst Verwendung bei der Objektbewachung sowie später bei der sogenannten Partisanen- beziehungsweise Bandenbekämpfung. Mit diesen Begriffen sollte der Massenmord an den sowjetischen Zivilisten, insbesondere der rassisch motivierte Vernichtungskrieg gegen die jüdische Bevölkerung, verschleiert werden. Ein Teil der Männer wurde auf verschiedenen Außenposten, wie etwa in Kobryn, Makrany und Malaрýta im heutigen Belarus, in Kovel' und Luc'k (Ukraine) sowie anderen Ortschaften in der Umgebung von Brest-Litowsk eingesetzt.[28] Etwa zehn Beamte leisteten ihren Dienst auf den beiden Wachen der städtischen Schutzpolizei. Leiter dieser Abteilung war zeitweise Revierleutnant Karl P. von der Polizeikompanie Nürnberg.[29] Die Nürnberger Polizisten wurden bei ihren Einsätzen von einheimischen Freiwilligen, die in „Schutzmannschaften" (Schumas) zusammengefasst waren, unterstützt.[30] Diese „koloniale Hilfspolizei" unterstand dem deutschen Befehl und wurde entweder bei der stationären Schutzpolizei beziehungsweise der Gendarmerie oder als mobiles Schutzmannschaftsbataillon eingesetzt. Im Reichskommissariat Ukraine betrug die Stärke dieser „fremdvölkischen" Einheiten im Herbst 1942 knapp 100 000[31] Mann, etwa 87 Prozent aller verfügbaren Polizeikräfte.[32] Wie die Einsatzkommandos der deutschen Schutzpolizei und Gendarmerie unterstanden sie dem HSSPF.

Schon bald wurde die Polizeikompanie Nürnberg „teils geschlossen, teils zugweise, teilweise mit anderen Einheiten im Partisaneneinsatz verwendet".[33] Für diese Aufgabe hatte der Befehlshaber der Ordnungspolizei Ukraine einen speziellen Einsatzstab eingerichtet, mit dessen Hilfe er selbst in die sogenannte Banden- beziehungsweise Partisanenbekämpfung eingreifen konnte. Mitte August 1942 wurden laut Lagebericht des Stadtkommissars Brest-Litowsk etwa

---

25 SS- und Polizeistandortführer war Major der Schutzpolizei Friedrich Wilhelm Rohde, ebenda, S. 54.
26 Diese Stelle unterstand dem Kommando von SS-Sturmbannführer Ernst Berger, ebenda, S. 4.
27 KdS war SS-Obersturmbannführer Karl Pütz, ebenda, S. 75.
28 Ebenda, S. 32.
29 Ebenda, S. 40.
30 Ebenda, S. 6 f.
31 Ebenda; Ruth Bettina Birn, Die Höheren SS- und Polizeiführer. Himmlers Vertreter im Reich und in den besetzten Gebieten, Düsseldorf 1986, S. 225.
32 Mallmann, Vom Fußvolk der „Endlösung", S. 365 f.
33 Aussage Ernst W., 30. Oktober 1961, S. 5, ZSt. 204 ARZ 334/59.

1000 Juden aus Malarýta ermordet. Nach Recherchen des Historikers Christian
Gerlach kommen Angehörige der Polizeikompanie Nürnberg, die im zehn Kilometer entfernten Makrany stationiert waren, für diese Taten infrage.[34] Mehrfach wurden – ohne die zwischengeordneten Stellen wie etwa den SSPF für Wolhynien oder den zuständigen KdO einzuschalten – Befehle an die zur Verfügung
stehenden SS- oder Polizeieinheiten erteilt. Gleichzeitig bedienten sich auch der
örtliche Befehlshaber der Sicherheitspolizei und des SD (BdS) oder ihm unterge-
bene Dienststellen der „unmittelbar verfügbaren Polizeieinheiten" vor Ort.[35] Die
Unterstellungsverhältnisse der Polizeikompanie Nürnberg sind demnach nicht
genau zu klären; vermutlich variierten sie je nach Bedarf und Situation.

„Ich kann mich erinnern", gab beispielsweise Karl K., der zeitweise in
Makrany stationiert war, zu Protokoll, „dass bei Einsätzen der Kompanie auch
teilweise Dörfer nach Partisanen durchsucht wurden. […] Bei den Durchsuchungen, bei [denen] ich dabei war, kamen wir jedoch immer zu spät, die Partisanen
waren jeweils immer bereits verschwunden. Ich kann mit Sicherheit sagen, dass
ich nie dabei war, wenn bei derartigen Aktionen Partisanen festgenommen und
erschossen wurden. Erzählungsweise habe ich jedoch davon gehört." Karl K. gab
auch an „nie dazu eingeteilt [worden zu sein], irgendwelche Exekutionen durchzuführen oder an Judenerschießungen teilzunehmen". Er räumte allerdings ein,
davon gehört zu haben, dass Männer der Kompanie Erschießungen durchgeführt hätten. Bei den Delinquenten soll es sich indes entweder um Gefangene,
die „von einem Gericht verurteilt" worden waren, oder aber um „Geiseln" gehandelt haben.[36]

Im Unterschied zu den Aussagen seines Kameraden erklärte Ernst W. bei seiner Vernehmung, „dass bei Aktionen, die von unserer Kompanie durchgeführt
wurden, laufend Juden erschossen" wurden. Als Beispiel führte er einen Fall in
der Nähe von Makrany an: „Wie diese Aktion im einzelnen genau durchgeführt
wurde, weiß ich nicht mehr. Ich kann mich nur noch erinnern, dass in dem Dorf
auf einem freien Platz ca. 20 Personen versammelt waren. Diese mussten sich
nackt ausziehen und wurden etwas außerhalb des Dorfes erschossen. Wie die
Erschießung vor sich ging, kann ich nicht sagen, weil ich selbst nicht mitschie-
ßen musste."[37] Auch der Oberwachtmeister Karl Sch. gab zu, einmal dabei gewesen zu sein, als eine Ortschaft vernichtet und 35 Personen getötet wurden. Er

---

34 Christian Gerlach, Kalkulierte Morde. Die deutsche Wirtschaft-und Vernichtungspolitik in
     Weißrussland 1941–1944, Hamburg 1999, S. 716.
35 Urteil des Landgerichts Lübeck gegen Polizeioberrat Heinz K. (Polizeibataillon 310), 28. Juni
     1972, S. 10 f., LA Schleswig-Holstein, Abt. 352 Lübeck, Nr. 1414.
36 Aussage Karl K., 7. 11. 1961, S. 14 f., ZSt. 204 ARZ 334/59.
37 Aussage Ernst W. 30. 10. 1961, S. 13, ebenda.

selbst habe aber nicht geschossen, sondern nur die Anzahl der Leichen notiert. Ob es sich dabei um den Einsatz gegen das Dorf Kortelisy gehandelt habe, sei ihm aber nicht mehr erinnerlich.[38]

Nur wenige der Polizisten räumten ein, im Nachhinein von der Vernichtung des Ortes Kortelisy gehört zu haben. Johannes K. erinnerte sich, dass „in dem Ort Kortilissi bei Mokrany mehrere Personen, es soll sich um Partisanen und Juden gehandelt haben, erschossen worden" sind. Näheres vermochte er jedoch nicht anzugeben.[39] Auch Wilhelm F., Johann M., Karl T. und Georg E. bekundeten, sie hätten davon erfahren, dass ihre Kompanie während ihrer Abwesenheit zur Vernichtung von Kortelisy eingesetzt worden sei.[40]

In Kortelisy sind die Erinnerungen an die von Deutschen begangenen Verbrechen hingegen tief im kollektiven Gedächtnis verankert: Im Jahr 1941 hatten unbekannte deutsche Einheiten die etwa 40 jüdischen Familien abgeholt und in das Ghetto Ratne deportiert, wo sie ermordet wurden.[41] Einige Monate später kamen die Besatzer erneut, ließen alle Bewohner auf dem Marktplatz antreten und drohten ihnen, sie zu erschießen, wenn sie weiterhin die Partisanen unterstützen würden, die von ihren Stellungen in den ukrainischen und weißrussischen Wäldern mit Sabotageakten und Überfällen die Deutschen attackierten. Zur Abschreckung wurden zwei Familien exekutiert. Am 23. September 1942 erschienen die Deutschen zum dritten Mal: Sie riegelten das Dorf ab und trieben die Menschen auf dem Marktplatz zusammen.

Der „Schwarze Mittwoch"

Einen Tag zuvor hatte die Polizeikompanie Nürnberg den Befehl erhalten, sich zusammen mit dem 3. Bataillon des 15. Polizeiregiments[42] an der „Vernichtung von bandenverseuchten Ortschaften" im Raum Ratne zu beteiligen. Während das Bataillon die nordöstlich von Makrany gelegenen Dörfer Borki, Zabalacce

38 Verfügung der Staatsanwaltschaft Nürnberg, 6. 4. 1972, ZSt. II 204 ARZ 38/70.
39 Aussage Johannes K., 2. 11. 1961, S. 15, ZSt. 204 ARZ 334/59.
40 Aussagen: Georg E., 29. 11. 1971, Wilhelm F., 22. 11. 1971, Johann M. und Karl T., 6. 12. 1971. ZSt. II 204 ARZ 38/70.
41 Shmuel Spector/Pinkas Hakehillot, Poland, Vol. V, Volhynia and Polesie, Jerusalem 1990, S. 170 (hebräisch); Churbn Ratne, Dos leben un oimkum fun a jiddisch Stetl in Wollin, Buenes Aires 1954 (jiddisch).
42 Im Juli 1942 ordnete Himmler die Zusammenlegung der Polizeibataillone 305, 306 und 310 zum 15. Polizeiregiment an. Das Bataillon 310 wurde nun das 3. Bataillon des 15. Regiments (III./Pol. 15). Edward B. Westermann, „Ordinary Men" or „Ideological Soldiers"? Police Battalion 310 in Russia, 1942, in: German Studies Review 21 (1998) 1, S. 41–68, hier S. 47 f.

Jim Tobias

und Barysaǔka auslöschen sollte, bekam die Polizeikompanie Nürnberg den Befehl zur Vernichtung von Kortelisy,[43] wobei sie Unterstützung von einer Abteilung ukrainischer Hilfspolizisten erhielt, die in der nahe gelegenen Kreisstadt Ratne stationiert waren.[44]

In den frühen Morgenstunden des 23. September 1942 machten sich die Mörder auf den Weg. „Bis 4.35 Uhr sind die Ortschaften umstellt", lautete die Order: „Beginn des Unternehmens 5.30 Uhr."[45] Wie aus dem mit deutscher Gründlichkeit geführten Kriegstagebuch zu entnehmen ist, erschossen die Polizisten des 3. Bataillons befehlsgemäß in Barysaǔka 169, in Borki 705 und in Zabalacce 289 Männer, Frauen und Kinder.[46] Das von der Polizeikompanie Nürnberg zu verantwortende Massaker von Kortelisy wird im Kriegstagebuch nicht erwähnt, da die Kompanie nur während dieser Aktion dem Bataillon unterstellt war. „Trotzdem muss angenommen werden", so schlussfolgerte die Staatsanwaltschaft Nürnberg richtig, „dass die Ortschaft Kortelisy und ihre Einwohner dasselbe Schicksal erlitten haben, wie die drei anderen erwähnten Dörfer und ihre Bevölkerung".[47] Insbesondere der Bericht des Kommandeurs der SiPo und des SD in Rivne (Außenstelle Brest-Litowsk) vom 5. Oktober 1942 erhärtet die Vermutung. In diesem Dokument sind die „Aktionen" gegen die Dörfer Kortelisy, Borki, Zabalacce und Barysaǔka vollständig aufgeführt.[48]

Der Befehl „Polizeikompanie Nürnberg vernichtet Kortelisy" wurde gnadenlos ausgeführt. Nur wenige Überlebende des Massakers konnten Zeugnis über den „Schwarzen Mittwoch" ablegen: Gregorij Iwanowitsch Korneljuk (geb. 1922) war einer von ihnen: „Als der Morgen dämmerte, ging ich auf den Hof und sah zwei Männer auf der Straße stehen, die Waffen über der Schulter trugen. Ich rannte zu meinem Onkel, der unweit von uns wohnte, weckte ihn und sagte ‚Onkel, da stehen bewaffnete Leute, unser Dorf ist umringt'. Es wurde heller, deutsche und ukrainische Polizei lief durch das Dorf und befahl uns, zum Marktplatz bei der Kirche zu kommen. Mein Onkel und ich versteckten uns im Stall auf dem Heuboden. Auf einmal hörten wir schrecklichen Lärm, Motorenlärm! Dann begann das Morden. Sie brachten die Menschen gruppenweise und führten sie zu den Massengräbern. Durch den starken Motorenlärm hörte man

---

43   Einsatzbefehl des III./Pol. 15, 22. 9. 1942, ZSt. II 204 ARZ 38/70.

44   Gerd E. Haida, Der Fall Kortelisi, „Sie kamen, sahen und mordeten", unveröffentlichtes Manuskript, S. 1, PKN/3, nurinst-archiv.

45   Einsatzbefehl des III./Pol. 15, 22. 9. 1942, ZSt. II 204 ARZ 38/70.

46   Kriegstagebuch III./Pol. 15, Eintrag, 23. 9. 1942, ebenda.

47   Verfügung der Staatsanwaltschaft Nürnberg, 6. 4. 1972, ZSt. II 204 ARZ 38/70.

48   Meldung des Kommandeurs der Sicherheitspolizei und des SD in Rowno – Außenstelle Brest-Litowsk, Ernst Berger, 5. 10. 1942, ebenda.

die Schüsse kaum. Dann war es für ein paar Stunden sehr ruhig. Später kamen ukrainische Polizisten mit Pferdefuhrwerken und plünderten unser Dorf aus. Ich konnte die Männer fragen, was denn passiert sei. Sie antworteten: ‚Deine Leute sind alle tot!' Mein Onkel und ich rannten zusammen mit anderen Jugendlichen, die sich auch versteckt hatten, in den Wald. Dort waren wir sicher."[49]

Darija Alexandrovna Polivoda war am „Schwarzen Mittwoch" zehn Jahre alt. „Es war am frühen Morgen, meine Mutter weckte mich und stammelte: ‚Die Deutschen sind im Dorf, die Deutschen, die Deutschen!'" Darija überlebte, weil sie sich auf Anweisung ihrer Mutter als Tochter einer polnischen Frau ausgab, deren Mann bei den Deutschen arbeitete. Im Haus der polnischen Familie hörte das Mädchen, wie die Menschen schrien: „Sie töten uns, sie töten!" Das Kind blickte aus dem Fenster und sah, wie die Leute aus den Häusern geholt und zu kleinen Gruppen zusammengefasst wurden. „Immer so ungefähr 20 waren es, ich weiß es nicht genau. Ich sah, wie die deutschen Soldaten[50] die Erschossenen mit blutüberströmten Köpfen in Reihen, Kopf an Kopf, legten", erzählte sie ein halbes Jahrhundert später. „Auch meine Mutter wurde ermordet, mein Opa und mein drei Monate alter Bruder. Warum haben sie uns getötet?"[51]

„In meiner Familie gab es keine Partisanen, wir waren ganz einfache Leute, wir waren Bauern und arbeiteten auf den Feldern", betont die Überlebende Agawija Iwanowna Sachatschuk (geb. 1920), die Familienangehörige bei dem Massaker verloren hat. „Wir haben auch die deutschen Befehle befolgt. Und dann kamen sie und haben alle erschossen."[52] Ihr Ehemann verließ frühmorgens das Haus, um aufs Feld zu gehen. Er kam nicht mehr zurück. Er wurde von ukrainischen Polizisten aufgegriffen, ins Zentrum des Dorfes geschleppt und erschossen. Frau Sachatschuk versteckte sich im Stall und entkam den Mördern nur knapp. Am Abend ging sie mit anderen Überlebenden durch das Dorf und sah das Unbegreifliche. „Überall lagen Leichen herum. Etliche dieser Menschen wurden bei dem Versuch zu fliehen erschossen. Wir sammelten die Toten und brachten sie zu den Massengräbern. Wir nahmen Schaufeln und warfen Erde auf die Leiber, doch das Blut quoll aus der Erde hervor", berichtete Agawija Iwanowna Sachatschuk. Verbittert fügte sie hinzu: „Ich frage mich bis heute noch

49 Interview des Verfassers mit Gregorij Iwanowitsch Korneljuk, Kortelisy, Oktober 1997, PKN/3, nurinst-archiv.
50 Die Zeitzeugen bezeichneten die uniformierten Mörder gelegentlich als Soldaten, meinten jedoch Angehörige der Polizeiverbände.
51 Interview des Verfassers mit Darija Alexandrovna Polivoda, Kortelisy, Oktober 1997, PKN/3, nurinst-archiv.
52 Interview des Verfassers mit Agawija Iwanowna Sachatschuk, Kortelisy, Oktober 1997, PKN/3, nurinst-archiv

oft, warum die Deutschen keine Gewehrkugel für mich mehr hatten, warum haben die Deutschen wegen einer einzigen Kugel gegeizt? So schwer war das alles zu erleben. Oh mein Gott, ich hoffe, meine Enkel und Urenkel müssen das nicht erleiden, was wir erlebt haben."[53]

Da kaum mehr Menschen am Leben sind, die aus eigener Erfahrung über die von deutschen Polizisten verübten Verbrechen berichten können, hatte der langjährige Bürgermeister von Kortelisy, Nikolaij Andronowitsch Michalewitsch, deshalb schon frühzeitig angeregt, die Aussagen der Zeitzeugen zu protokollieren und zu archivieren: „Die Polizisten trieben die Bewohner auf dem Marktplatz zusammen. Dann sperrte man sie in die Kirche und Schule", zitiert der gelernte Historiker aus den Berichten und Unterlagen. „Einige Bewohner wurden gezwungen, Gruben auszuheben. Insgesamt wurden sechs Massengräber geschaufelt." Dann erschossen die Polizisten erst die Männer und dann Frauen und Kinder, immer in Gruppen zu je 50 Menschen. „Etwa 1000 Bewohner, zumeist Alte oder kleine Kinder, warf man in eine große, mit Wasser gefüllte Lehmgrube. Wer nicht ertrank oder wer flüchten wollte, wurde erschossen. Das war alles die Polizeikompanie Nürnberg."[54]

Das kleine historische Museum in Kortelisy hält mit seiner 1980 eröffneten Dauerausstellung die Erinnerungen an das Massaker wach. Obwohl sich Direktorin Maria Jaroschuk seit Jahrzehnten mit der Geschichte des „Schwarzen Mittwoch" beschäftigt und akribisch alle Aussagen und Fakten archivierte, fällt es ihr immer wieder schwer, über die Vergangenheit zu sprechen: „Das Morden dauerte bis 16 Uhr. In diesen paar Stunden wurden 2875 Bewohner ermordet, davon 1620 Kinder", erzählte sie und kämpfte mit den Tränen. „Unser Dorf wurde durch die Polizeikompanie Nürnberg vernichtet. Die Überlebenden berichten, dass es dann anfing zu regnen. Es sah so aus, als ob der Himmel über das Schicksal der Menschen weinte." Am späten Nachmittag begannen die Deutschen und ihre ukrainischen Helfer mit der Sicherstellung des Viehs, der Getreidevorräte und der sonstigen Wirtschaftsgüter. Nachdem die Polizisten Kortelisy restlos ausgeplündert hatten, zündeten sie das Dorf an. Insgesamt wurden über siebenhundert Häuser und Höfe vernichtet.[55]

Rund drei Wochen nach der Auslöschung Kortelisys beteiligten sich am 15. Oktober 1942 Männer der Polizeikompanie Nürnberg an der Liquidation

---

53 Ebenda.
54 Interview des Verfassers mit Nikolaij Andronowitsch Michalewitsch, Kortelisy, Oktober 1997, PKN/3, nurinst-archiv.
55 Interview des Verfassers mit Maria Jaroschuk, Kortelisy, Oktober 1997, PKN/3, nurinst-archiv.

des Ghettos in Brest-Litowsk.[56] Nach Ermittlungen des Landeskriminalamtes Baden-Württemberg waren die Polizisten bis auf wenige Ausnahmen „bei der Räumung des Ghettos, teilweise zur Außenabsperrung und innerhalb des Lagers, beim Herausholen der Juden aus ihren Wohnungen, eingesetzt".[57] Auch hier bestritten die Polizisten unisono, an Straftaten beteiligt gewesen zu sein. So etwa der Polizeiobermeister Ludwig P., der zwar zugab, dass er während der Räumungsaktion kurz im Ghetto war. In dieser Zeit will er jedoch nicht gesehen haben, „dass es zu irgendwelchen Ausschreitungen oder Misshandlungen, geschweige denn Erschießungen gekommen ist".[58] Friedrich Sch., der nach dem Krieg zum stellvertretenden Leiter der Stadtpolizei in Fürth aufgestiegen war, behauptete, zu der fraglichen Zeit Heimaturlaub gehabt zu haben. Dass seine Kompanie an der Ghetторäumung beteiligt war, will Friedrich Sch. zudem erst nach dem Krieg erfahren haben. Diese hanebüchene Darstellung erschien den LKA-Ermittlern unglaubhaft: „Es ist anzunehmen, dass er durch seine Aussagen sämtlichen Unannehmlichkeiten aus dem Weg [gehen] und auch aus diesem Grunde von nichts wissen oder gehört haben will", heißt es in einem Bericht.[59] Auch diese Vernehmungen wurden von den Kollegen der Nürnberger Polizei geführt. Obwohl die Einlassungen der Beschuldigten „zu starkem Zweifel Anlass" gaben, stellte die Staatsanwaltschaft das Verfahren gegen alle Polizisten aus Mangel an Beweisen ein.[60]

Alle ehemaligen Angehörigen der Polizeikompanie Nürnberg bestritten vehement die Teilnahme an dem Kortelisy-Massaker. „Es besteht trotzdem ein erheblicher Verdacht", hielt die Staatsanwaltschaft Nürnberg fest, „dass das Dorf Kortelisy durch die Res. Pol. Kp. Nürnberg am 23. 9. 1942 niedergebrannt und zumindest ein Teil der Einwohner erschossen worden ist. Die vorhandenen Beweise reichen aber nicht aus, um einen hinreichenden Tatverdacht gegenüber dem Beschuldigten A. oder einem anderen noch lebenden Angehörigen der Res. Pol. Kp. Nürnberg zu begründen, da keine Einzelperson in irgendeiner Weise belastet wird."[61] Da der Einsatz gegen Kortelisy ausschließlich den Nürnbergern übertragen worden war, wurden auch keine anderen Polizisten, wie beispiels-

56 Ausführlich dazu: Jim G. Tobias, Ihr Gewissen war rein; sie haben es nie benutzt. Die Verbrechen der Polizeikompanie Nürnberg, Nürnberg 2005, S. 20–32.
57 Bericht über Zeugenvernehmungen des Landeskriminalamts Baden-Württemberg, 21. 11. 1961, S. 16, ZSt. 204 ARZ 334/59.
58 Aussage Ludwig P., 1. 11. 1961, S. 11 f., ZSt. 204 ARZ 334/59.
59 Bericht über Zeugenvernehmungen des Landeskriminalamts Baden-Württemberg, 21. 11. 1961, S. 12, ebenda.
60 Verfügung der Staatsanwaltschaft Dortmund, 8. Dezember 1965, S. 36 f., ZSt. 204 ARZ 334/59.
61 Verfügung der Staatsanwaltschaft Nürnberg, 6. 4. 1972, ZSt. II 204 ARZ 38/70.

weise Angehörige des 3. Bataillons, 15. Polizeiregiment vernommen. Ein Rechtshilfeersuchen an die sowjetischen Behörden zu stellen, wie es ein Jurist von der
Zentralen Stelle der Landesjustizverwaltungen in Ludwigsburg anregte,[62] lehnte
die Strafverfolgungsbehörde in Nürnberg strikt ab: „Es scheint ausgeschlossen,
dass eventuell noch lebende russische Augenzeugen nach so langer Zeit in der
Lage sind, einzelne Täter zu identifizieren oder sogar deren Namen zu nennen",
legte der zuständige erste Staatsanwalt dar. Das Verfahren gegen alle Beschuldigten der Polizeikompanie Nürnberg in der Sache Kortelisy wurde am 6. April
1972 eingestellt.[63]

Obwohl die Verbrechen der Polizeikompanie Nürnberg in der ehemaligen
„Stadt der Reichparteitage" bei der politischen Führung seit 1998 sicherlich bekannt sind,[64] hat die Stadt bislang nicht versucht, offiziellen Kontakt zu Kortelisy
aufzunehmen. In der neuen Dauerausstellung des städtischen „Dokumentationszentrum Reichsparteitagsgelände" soll das Thema jedoch ab 2025 thematisiert
werden. Denn die „Auslöschung des Dorfes Kortelisy und seiner Bevölkerung
(sowie die ‚Räumung' des Ghettos Brest-Litowsk) [sind] zwei Verbrechen der
Polizeikompanie Nürnberg, die zweifellos, gerade in Nürnberg, der Erinnerung
wert sind", erklärte Andreas Franke vom städtischen Amt für Kommunikation
und Stadtmarketing. Zudem soll auch Kontakt zu Vertretern der Gemeinde Kortelisy aufgenommen werden. „Aktuell ist hier aber natürlich das Kriegsgeschehen zu berücksichtigen", betonte der Pressesprecher einschränkend.[65]

---

62 „[…] erscheint es jedoch zweckmäßig, ein Rechtshilfeersuchen an die sowjetischen Behör-
    den zur Aufklärung des Tatgeschehens zu richten." Schreiben der Zentralen Stelle an den
    Generalstaatsanwalt beim Oberlandesgericht Nürnberg, 6. 8. 1970, S. 7, ZSt. II 204 ARZ
    38/70.
63 Verfügung der Staatsanwaltschaft Nürnberg, 6. 4. 1972, ebenda.
64 Jim Tobias, „Der Schwarze Mittwoch", TV-Dokumentation, Medienwerkstatt Franken, Erst-
    ausstrahlung 18. Januar 1998, Franken Fernsehen.
65 E-Mail von Andreas Franke (Pressesprecher Stadt Nürnberg) an das Nürnberger Institut,
    7. Oktober 2022, PKN/3, nurinst-archiv. Diese Erklärung erfolgte auf Anfrage der Autoren
    Thies Marsen/Jim Tobias kurz vor der Ausstrahlung des Radio-Features Schuld ohne Sühne.
    80 Jahre NS-Massaker von Kortelisy, Deutschlandradio Kultur, 23. September 2022 und
    der Veröffentlichung des Artikels „Ganz normale Männer, in: die tageszeitung, 13. Oktober
    2022.

MARIO WENZEL

Von Lemberg nach Taganróg: Die Straße der SS

Der Ausbau der „Durchgangsstraße IV"

Das größte Infrastrukturprojekt – gemessen sowohl an seiner räumlichen Ausdehnung als auch am Ausmaß des Einsatzes von deutschem Fachpersonal, zivilen Arbeitskräften, sowjetischen Kriegsgefangenen und jüdischen Zwangsarbeiterinnen und Zwangsarbeitern –, das nach dem Überfall auf die Sowjetunion in den neu besetzten Gebieten in Angriff genommen wurde, stellte der Ausbau der sogenannten Durchgangsstraße IV (kurz: DG IV) dar. Die mehr als 2000 Kilometer lange Straße, auch „Rollbahn Süd" oder „Straße der SS" genannt, bildete die Verlängerung der Strecke Berlin – Breslau – Krakau von Przemyśl über Lemberg, Ternopil', Vinnycja, Uman' und Dnipropetrovs'k in Richtung Stalino bis nach Taganróg. Sie verlief demnach durch das Gebiet des durch den Distrikt Galizien erweiterten Generalgouvernements und den Süden des Reichskommissariats Ukraine.[1] Weitere Planungen sahen die Ausdehnung der Durchgangsstraße IV bis nach Rostóv-na-Donú und schließlich in den Kaukasus vor.

Ihre besondere Bedeutung als Hauptnachschublinie für die in der Ukraine operierende Heeresgruppe Süd sowie als Transportweg für die geplünderten Rohstoffe und Lebensmittel ins Reich war nicht zuletzt dem Umstand geschuldet, dass in der Sowjetunion keine von West nach Ost verlaufenden zweigleisigen Eisenbahnstrecken existierten.

Die Vorbereitungen für den Ausbau der Durchgangsstraße IV setzten unmittelbar nach dem Überfall auf die Sowjetunion ein, nachdem zwischen dem Oberkommando der Wehrmacht (OKW) und Fritz Todt als Generalinspektor für das deutsche Straßenwesen eine entsprechende Vereinbarung getroffen worden war.[2] Bereits im Juni 1942 folgten Einheiten der Organisation Todt (OT) der

---

1   Die Streckenführung der DG IV zwischen Ternopil' und Stalino ist in weiten Teilen mit dem Verlauf der heutigen Europastraße E 50 identisch.
2   Hermann Kaienburg, Jüdische Arbeitslager an der „Straße der SS", in: 1999. Zeitschrift für Sozialgeschichte des 20. und 21. Jahrhunderts 11 (1996) 1, S. 13–39, hier S. 20 f.; Andrej Angrick, Forced Labor along the „Straße der SS", in: Forced and Slave Labor in Nazi-

vorrückenden Wehrmacht in die Sowjetunion und begannen unter dem Deck-
namen „Einsatz Jakob" mit Instandsetzungs- und Straßenbauarbeiten, die dem
Linienchef der OT mit Sitz in Lemberg zugeordnet waren.[3]

Die Arbeiten an der DG IV in Ostgalizien

Nach der Etablierung der Zivilverwaltung im neuen Distrikt Galizien des Generalgouvernements (GG) im August 1941 fielen die Baumaßnahmen in dieser
Region in die Kompetenz der Abteilung Bauwesen im Amt des Chefs des Distrikts Galizien mit Sitz in Lemberg. Laut Arbeitsplan der Abteilung für das Jahr
1941 sollte noch vor dem Winter begonnen werden, die Durchgangsstraße IV
als Hauptverkehrsader des Distrikts neu zu walzen, so weit wie möglich zu tee-
ren und die zerstörten verkehrswichtigen Brücken zu erneuern. Für diese Arbeiten sah der vorläufige Haushaltsplan der Abteilung Bauwesen bis Ende März
1942 sechs Millionen Reichsmark vor. Mit der Einbeziehung des Ausbaus der
DG IV in das laufende „Otto-Programm" lief die Zahlung der Geldmittel über
die Kasse des Landesstraßenbevollmächtigten beim Militärbefehlshaber im GG
(Lbv MiG).[4]

   Als die Straße und die parallel zu ihr verlaufende Bahnlinie aufgrund ihres
desolaten Zustandes im September 1941 durch Hochwasser überflutet wurden
und dadurch der Nachschub für die Wehrmacht ins Stocken geriet, drängten das
Militär und die Ostbahndirektion Lemberg auf einen beschleunigten Ausbau.
Deutsche und österreichische Baufirmen, die wie die Firmen Hellmuth Swie-
telsky aus Wien und Otto Heil aus Bad Kissingen bereits in anderen Distrik-
ten des Generalgouvernements Straßenarbeiten ausführten, erhielten von der
Unterabteilung Straßenbau der Abteilung Bauwesen in Lemberg bestimmte

---

Dominated Europe. Symposium Presentations, hrsg. v. United States Holocaust Memorial
   Museum, Washington, D.C. 2004, S. 83–93, hier S. 83.
3   Klaus Böhm, Die Organisation Todt im Einsatz 1939–1945, dargestellt nach Kriegsschau-
   plätzen auf Grund der Feldpostnummern, Osnabrück 1987, S. 103, 331 f., 525 ff.; Dieter Pohl,
   Nationalsozialistische Judenverfolgung in Ostgalizien 1941–1944. Organisation und Durchführung eines staatlichen Massenverbrechens, München 1996, S. 168. Zur Rekrutierung
   der deutschen Arbeitskräfte vgl. die Korrespondenz zwischen dem Generalinspektor für
   das deutsche Straßenwesen, Reichsministerium für Bewaffnung und Munition und Reichsarbeitsministerium im Mai/Juni 1941, Bundesarchiv (BArch), R 1901/20206, Bl. 20 ff., 30 ff.
4   HA Bauwesen an HA Finanzen vom 29.8.1941, Archiwum Akt Nowych w Warszawie
   (AAN), 111/815, Bl. 4/1-3; Material der 1. Kreishauptleutetagung des Distrikts Galizien am
   2.9.1941, Archiwum Instytutu Pamięci Narodowej w Warszawie (AIPN), 196/286, Bl. 101–
   137R, hier Bl. 113R.

Streckenabschnitte an der DG IV zur Bearbeitung zugewiesen. Die Fachaufsicht über ihre Tätigkeit übten die Straßenbauämter in Lemberg und Ternopil' aus.[5] Als Arbeitskräfte sollten zunächst ukrainische und polnische Einwohner der an der Straßenroute liegenden Landkreise sowie Angehörige des Ukrainischen Heimatdienstes[6] herangezogen werden.[7] Im Oktober 1941 stand zudem der Einsatz sowjetischer Kriegsgefangener zur Debatte, als Hitler in Anwesenheit Fritz Todts über die Neugestaltung der besetzten sowjetischen Gebiete sprach. „Das Wichtigste", so Hitler, „wären die Straßen. Er sagte Dr. Todt, daß er sein ursprünglich geplantes Projekt erheblich erweitern müsste. Dazu ständen ihm für die nächsten 20 Jahre die 3 Millionen Gefangenen zur Verfügung. Die großen Straßen, der Führer sprach heute nicht nur von der zur Krim, sondern auch von einer nach dem Kaukasus und von 2 oder 3 durch die weiter nördlich liegenden Gebiete, müßten durch landschaftlich schöner gelegene Teile gelegt werden."[8] Entsprechend hielt die Oberfeldkommandantur (OFK) in Lemberg in ihrem Monatsbericht am 19. Oktober fest, es sei „mit einem größeren Einsatz von Kgf.-Arbeitskpn. an den Durchgangsstraßen IV und IVb [Lemberg–Brody] zu rechnen, ihre Aufgabe wird vor allem die Freihaltung von Schnee während des Winters sein; außerdem werden sie auch, soweit erforderlich, zum eigentlichen Straßenbau herangezogen werden. Auf etwa je 15 km Straßenlänge wird eine Kompanie zum Einsatz gelangen."[9]

Doch bereits Ende des folgenden Monats musste die Abteilung Bauwesen in Lemberg eingestehen, dass weder der Ukrainische Heimatdienst noch die in Aussicht genommenen sowjetischen Kriegsgefangenen, von denen sehr viele bereits in den im Aufbau befindlichen Stammlagern an Unterernährung und Seuchen gestorben waren, in ausreichender Zahl für die umfangreichen Baumaßnahmen zur Verfügung standen. Um ein „[a]llgemeines Fehlen der Arbeitskräfte" zu kompensieren, sei „das Aufziehen jüdischer Zwangsarbeitslager notwendig".[10]

---

5   Thomas Sandkühler, „Endlösung" in Galizien. Der Judenmord in Ostpolen und die Rettungsinitiative von Berthold Beitz 1941–1944, Bonn 1996, S. 132 f.; Rolf-Dieter Müller, Das Scheitern der wirtschaftlichen „Blitzkriegstrategie", in: Horst Boog u. a., Der Angriff auf die Sowjetunion, Stuttgart 1983, S. 936–1029, insbes. S. 967 ff.; 5. Abschlagszahlung des Straßenbauamtes Tarnopol an die Firma Otto Heil, 28. 7. 1942, AAN, 119/16, Bl. 138.

6   Der Ukrainische Heimatdienst war Teil des Baudienstes im GG, zu dem aufgrund der verordneten Arbeitspflicht für die männliche Bevölkerung zwischen dem 14. und 60. Lebensjahr bestimmte Jahrgänge für die Dauer von drei Monaten bis zu einem Jahr herangezogen wurden.

7   Sandkühler, „Endlösung", S. 133 f.

8   Zit. nach Christian Streit, Keine Kameraden. Die Wehrmacht und die sowjetischen Kriegsgefangenen 1941–1945, Stuttgart 1978, S. 196 f., Zitat S. 197.

9   Monatsbericht OFK 365 für 16. 9.–15. 10. 1941 vom 19. 10. 1941, Institut für Zeitgeschichte (IfZ), MA 679/3, fr. 1385, zit. nach Pohl, Ostgalizien, S. 169.

10 Zit. nach Sandkühler, „Endlösung", S. 142; vgl. Pohl, Ostgalizien, S. 169.

Zur Umsetzung dieser Entscheidung wandte sich die Unterabteilung Straßenbau an den SS- und Polizeiführer (SSPF) des Distrikts Galizien, Friedrich Katzmann. Bei der Auswahl der Standorte richtete sich der SSPF auch nach den Wünschen der eingesetzten Baufirmen, die nicht nur an Lagern entlang der Streckenführung, sondern auch in der Nähe von Steinbrüchen abseits der DG IV interessiert waren.[11] Beispiele hierfür sind das Zwangsarbeitslager in Velykyj Hlybočok, dessen Insassen für die Firma Bergauer & Kassecker am Abschnitt Ozerna–Ternopil' der DG IV schuften mussten, oder das Lager „Kamionki II" beim Steinbruch in Haluščynci der Firma Otto Heil.

Die vom SSPF als Kommandanten eingesetzten SS-Männer wandten sich an die örtlichen Bürgermeister, um Gebäude (Schulen, Scheunen, Ställe) für die Einrichtung der Lager zu requirieren; in manchen Fällen wies die Liegenschaftsverwaltung dem SSPF-Stab Standorte zu.[12] Zahlreiche Lager waren Gebäudekomplexe, in denen während der sowjetischen Besatzung polnische Kriegsgefangenen untergebracht waren.[13] Der Handlungsspielraum der Firmen wird daran deutlich, dass sie auch ohne Rücksprache mit Katzmanns Dienststelle Lager einrichteten und erst anschließend über die Modalitäten des Zwangsarbeitereinsatzes (z. B. Zahlung des Tageslohns an den SSPF) verhandelten.[14] Sie stellten zum Teil das Material zur Umzäunung der Lager zur Verfügung, dessen Kosten sie sich von den Straßenbauämtern erstatten ließen, wie Rechnungen der Straßenbaufirma F. Kirchhoff an das Straßenbauamt in Lemberg bezeugen.[15]

Bis Ende November 1941 waren bereits acht Zwangsarbeitslager für Juden entlang der Straße nach Ternopil' entstanden, in denen rund 4000 jüdische Männer, in erster Linie aus Lemberg, untergebracht waren. Im Frühjahr 1942 begann Katzmann das Lagersystem an der DG IV weiter auszubauen, sodass im Herbst des Jahres 30 Lager mit mindestens 10 000 Häftlingen existierten. Die jüdischen Männer wurden aus den örtlichen jüdischen Gemeinden über das Arbeitsamt, die ukrainische Gemeindeverwaltung oder den Judenrat rekrutiert oder im Rahmen von Polizeirazzien in die Lager verschleppt. Ihre Versorgung mit Lebensmitteln und Kleidung war bis Sommer 1942 nicht geregelt worden, weshalb sie fast ausschließlich auf die Hilfslieferungen der Judenräte, der Jüdischen Sozialen Selbsthilfe und ihrer Verwandten angewiesen waren.

---

11 Rückblickend: Schreiben SSPF an Generalbevollmächtigten für die Regelung der Bauwirtschaft im GG, Bauder, vom 1. 6. 1942, AAN, 111/1153, Bl. 7 f.
12 Pohl, Ostgalizien, S. 170, 339 f.; Sandkühler, „Endlösung", S. 143 ff., 147 f.
13 Józef Marszałek, Obozy pracy w Generalnym Gubernatorstwie w latach 1939–1945 [Arbeitslager im Generalgouvernement 1939–1945], Lublin 1998, S. 70, 72.
14 Pohl, Ostgalizien, S. 200 f., 339 f.; Sandkühler, „Endlösung", S. 143.
15 Firma Kirchhoff an Straßenbauamt Lemberg, 31. 3. 1943, AAN, 119/28, Bl. 119 f.

Die meisten jüdischen Zwangsarbeiter mussten in den Sommermonaten bis zu 12 Stunden unmittelbar beim Straßenbau und in den Steinbrüchen oder auf jüdischen Friedhöfen zur Gewinnung des Straßenbaumaterials, in den Wintermonaten in erster Linie bei der Schneebeseitigung auf der Straße arbeiteten. In einigen Lagern richteten die Kommandanten verschiedene Werkstätten für jüdische Handwerker ein.

Die Aufsicht an den Baustellen übten sowohl Angehörige des Sonderdienstes als auch die Mitarbeiter der Baufirmen aus, die sich an der Misshandlung und Ermordung der Arbeiter beteiligten, in Einzelfällen aber auch Fluchthilfe leisteten.[16]

Die Ausdehnung des Zwangsarbeitslagersystems auf den Bereich der DG IV im Reichskommissariat Ukraine

Im seit September 1942 bestehenden Reichskommissariat Ukraine behielt die Organisation Todt zunächst die alleinige Zuständigkeit für die Ausbesserung und den geplanten Ausbau der Durchgangsstraße IV. An der Spitze des dafür eingerichteten Verwaltungsapparates stand die Dienststelle des OT-Linienchefs. Den Posten besetzte bis März 1942 der Landesbaurat Arnold Adam, zuvor Leiter der Straßenbauverwaltung in Münster. Zum Dienstsitz des OT-Linienchefs in Vinnycja wurden neben Verwaltungsfachleuten auch technische Fachkräfte aus den Bereichen Hoch-, Tief- und Brückenbau abgeordnet. Sie führten nicht nur die Bestandsaufnahme der Straßen und Brücken durch, sondern entwarfen die neu zu bauenden Streckenabschnitte und übernahmen die technische Beratung der untergeordneten Bauleitungen und Baufirmen bei der Umsetzung der Instandsetzungs- und Bauarbeiten.[17]

Die Strecke der DG IV von der Grenze zum Generalgouvernement östlich von Ternopil' bis nach Taganróg unterteilte die Organisation Todt in die vier Oberabschnittsbauleitungen (OABL) Winniza (Vinnycja), Kirowograd, Kriwoj Rog (Kryvyj Rih) und Stalino. Die nächst tiefere Ebene waren die Abschnittsbauleitungen (jeweils zwei bis drei je Oberabschnitt), die sich ihrerseits nochmals in drei bis vier Streckenbauleitungen untergliederten.[18]

16 Pohl, Ostgalizien, S. 170 f., 339 ff., 348; Sandkühler, „Endlösung", S. 144 f., 147.
17 Vernehmung Hermann Maier [Referent für Brückenbau beim OT-Linienchef] vom 23. 2. 1966, BArch, B 162/6160, Bl. 106 f.
18 Vernehmung Oberbaurat Adolf Moser [Vertreter des OT-Linienchefs] vom 9. 7. 1963, ebenda, B 162/6150, Bl. 139–143, hier Bl. 139; Vernehmung Heinrich Langer [OT-Linienchef] vom 27. 3. 1963, ebenda, Bl. 273–280, hier Bl. 273 f.; Vernehmung Arnold Adam [OT-Linienchef] vom 14. 2. 1966, ebenda, B 162/6159, Bl. 337–340, hier Bl. 337.

Mehr als zehn deutsche Baufirmen sind bekannt, die im Herbst 1941 und Frühjahr 1942 allein für den Einsatz im Bereich der OABL Winniza von der Organisation Todt verpflichtet wurden und sich zu diesem Zweck zum Teil zu sogenannten Arbeitsgemeinschaften zusammenschlossen. Zu ihnen gehörten u. a. Horst & Jüssen aus Sinzig/Rhein, August Dohrmann (Remscheid) und Georg Schütte (Wuppertal), die beiden Firmen Teeras und Stöhr KG aus München, Eras KG (Nürnberg), Fix (Bad Neuenahr), Ufer (Koblenz), Kasper-Emmerich (Miesenheim), Karl Kaiser (Hanau) und die Basaltwerke Neschen (Westerwald).[19]

Albin Jehle, Mitinhaber der Abbruchfirma F. & A. Jehle aus Hügelsheim, berichtet in einer Nachkriegsvernehmung, dass er zusammen mit Angehörigen der Firma Meister aus Bühl/Baden im Herbst 1941 zu einer Einsatzbesprechung nach Vinnycja fuhr. Dort wurden sie vom Landesbaurat Adam befragt, wie groß die von Jehle und Meister gebildete Arbeitsgemeinschaft sei und über welche Maschinen und Arbeitsgeräte sie verfügten. Nach der erhaltenen Auskunft erklärte sich Adam mit dem Einsatz der beiden Firmen einverstanden und verfasste eine entsprechende Verpflichtung.[20]

Die Zuweisung der Baufirmen an ihre Einsatzorte erfolgte nicht nur von zentraler Stelle, sondern auch die Leiter der Bauabschnitte nahmen daran Einfluss, indem sie bestimmte Firmen für ihren Zuständigkeitsbereich anforderten. So hatte Baurat Reiner Genevriere von der ABL Gaissin (Hajsyn) im Oktober 1941 den OT-Linienchef um den Einsatz der Tiefbauunternehmung August Dohrmann in seinem Zuständigkeitsbereich gebeten. Nach erteiltem Einverständnis forderte Genevriere die Firma auf, „sofort eine Kolonne mit allen Ihnen zur Verfügung stehenden Lkws hierher in Marsch zu setzen. Mitzubringen sind vor allem Geräte und Gegenstände zur Einrichtung der Unterkunft für Ihre deutschen Gefolgschaftsmitglieder und für die Inbetriebnahme von Gefangenenlägern [sic]. Desgleichen Handgerät, Schaufeln, Hacken, Kleinschlaghämmer für die Herstellung von Kleinschlag und die Unterhaltung der vorhandenen Straße.“[21]

Die Arbeitsgemeinschaft Dohrmann/Schütte war zunächst in Voronovycja, etwa 25 Kilometer südöstlich von Vinnycja gelegen, stationiert. Regelmäßig informierte der Bauleiter Werner Bergmann die Firmeninhaber über die Ereignisse in seinem Zuständigkeitsbereich. Einem der ersten Briefe Bergmanns entnehmen wir, mit welcher Haltung die Männer im gerade eroberten Gebiet auftraten:

---

19 Kaienburg, Arbeitslager, S. 23; Andrej Angrick, Annihilation and Labor. Jews and Thoroughfare IV in Central Ukraine, in: Ray Brandon/Wendy Lower (Hrsg.), The Shoah in Ukraine. History, Testimony, Memorialization, Bloomington 2008, S. 190–223, hier S. 199 f.
20 Vernehmung Albin Jehle vom 5. 11. 1960, BArch, B 162/3511, Bl. 160–169, hier Bl. 160 f.
21 Linienchef 5, Abschnittsbauleitung V, Prov. Baurat Genevriere, an die Tiefbauunternehmung Dohrmann vom 9. 10. 1941, ebenda, B 162/1816, Bl. 106–107, Zitat Bl. 106.

„Wir haben uns gleich nach einer neuen Bleibe umgesehen und fanden sie in einer ehemaligen technischen Schule, einem großen massiven Gebäude. Ein Schild mit der Aufschrift ‚Beschlagnahmt durch OT‘ an die Tür genagelt und der Bau war unser. Die wenigen Insassen mussten räumen. Selbsthilfe ist hier höchster Trumpf. […] Die Zimmer sind alle heizbar und besitzen fast ausnahmslos einen kleinen gemauerten Ofen, sodaß jede Stube ihre Lieblingsgerichte zusätzlich schmoren kann, sofern sie das Requirieren verstehen und gerade darin habe ich unter den Leuten Meister.“[22]

Nachdem die Wehrmacht Ende 1941 vor Moskau stecken geblieben und absehbar war, dass der Krieg noch mehrere Monate andauern würde und daher die Versorgung der Truppe unbedingt gesichert werden müsste, befahl Hitler am 19. Februar 1942 den weiteren Ausbau der zentralen Nachschublinien. Schon knapp zwei Wochen vor Hitlers Entscheidung hatte Himmler begonnen, sich in den Ausbau der DG IV einzuschalten, nachdem er bei Besuchen von Einheiten der Waffen-SS in der Südukraine um die Jahreswende 1941/42 regelmäßig mit dem Pkw im Schlamm stecken geblieben und mehr als offensichtlich war, dass bei dem aktuellen Zustand der Straße ein schneller und kontinuierlicher Nachschub nicht zu gewährleisten war. Himmler machte den Höheren SS- und Polizeiführer (HSSPF) Ukraine und Russland-Süd, Hans Adolf Prützmann, für die Gesamtleitung der Baumaßnahmen verantwortlich, der innerhalb seiner Dienststelle einen Einsatzstab DG IV einrichtete. Der Stab stand zunächst unter der Leitung des Oberstleutnants der Gendarmerie, Paul Otto Geibel, der im Mai 1942 von seinem Stellvertreter, Major Walter Gieseke, abgelöst wurde.

Als Fritz Todt am 8. Februar 1942 bei einem Flugzeugabsturz tödlich verunglückte, übertrug Hitler Albert Speer alle Ämter Todts und damit auch die Kompetenzen für den Straßenausbau in den besetzten Gebieten. Ein erstes Treffen zwischen Speer, Prützmann und Hans Kammler von der Amtsgruppe Bauwesen im SS-Wirtschafts-Verwaltungshauptamt (SS-WVVHA) kam am 17. Februar 1942 zustande, dem die entscheidende Besprechung am 19. Februar folgte, an der neben Himmler, Prützmann und Kammler der Einsatzstab-Chef Geibel, Dr.-Ing. Gerhard Fränk vom Baustab Speer und der OT-Linienchef DG IV, Landesbaurat Arnold Adam, teilnahmen. Anschließend unterrichtete Speer Hitler von den getroffenen Vereinbarungen hinsichtlich der Zuständigkeiten von SS- und Polizeidienststellen und OT-Bauverwaltung.[23]

---

22 Brief von Werner Bergmann an die Firma Schütte vom 10. 12. 1941, ebenda, Bl. 120–121, Zitat Bl. 121.

23 Peter Witte u. a. (Hrsg.), Der Dienstkalender Heinrich Himmlers 1941/42, Hamburg 1999, S. 314 (Eintrag vom 11. 1. 1942), 339 (Eintrag vom 7. 2. 1942), 355 (Eintrag vom 19. 2. 1942), 665, 679, 681; Angrick, Annihilation, S. 196 ff.; Vermerk des Leiters der Abtl. II.1 Innere

Die Übernahme der Organisation Todt durch Speer zog auch personelle Veränderungen im OT-Apparat an der DG IV nach sich. Neuer Linienchef mit Sitz in Berlin wurde im März 1942 Stadtbaurat Heinrich Langer. Sein ständiger Vertreter in Vinnycja war Stadtbaudirektor Rudolf Pfaue, der wie sein Chef bis zu diesem Zeitpunkt für die Tiefbauverwaltung in Berlin arbeitete.[24]

Die Struktur des ab März 1942 entstehenden SS- und Polizeiapparates an der DG IV war stark am Verwaltungsaufbau der OT orientiert. Dem Einsatzstab DG IV (ab November 1942: „Einsatzstab Gieseke") in Dnipropetrovs'k waren vier Oberbauabschnitte mit Sitz in Vinnycja, Kirowograd, Kryvyj Rih und Stalino unterstellt, die ihrerseits in jeweils zwei Bauabschnitte unterteilt waren; die unterste Ebene bildeten die insgesamt 28 Baustrecken. Jedem Oberbauabschnitt war eine Kompanie der Polizeisicherungsabteilung DG IV, die Anfang März 1942 in Berlin aufgestellt wurde, zugeordnet. Die Polizisten versahen ihren Dienst von Stützpunkten aus, die in einem Abstand von zehn bis fünfzehn Kilometern entlang der Straße eingerichtet worden waren.[25] Etwa fünftausend deutsche SS-Angehörige, Polizisten, Verwaltungs- und Baufachleute sowie Angestellte der Baufirmen waren im Laufe des Jahres 1942 an der DG IV im Einsatz.[26] Um die von ihm verlangten Sicherungs- und Bewachungsaufgaben bewältigen zu können, wurde der SS- und Polizeiapparat durch mindestens 17 litauische, lettische, ukrainische und kosakische Schutzmannschafts-Bataillonen verstärkt.[27]

Die ersten Arbeitskräfte, die an der Durchgangsstraße IV eingesetzt wurden, waren sowjetische Kriegsgefangene. Sie sollten nach Anordnung der Heeresgruppe Süd vom Dezember 1941 aus den Stammlagern zu den Arbeitsstellen an

---

Verwaltung im Reichsministeriums für die besetzten Ostgebiete, Walter Labs, vom 9. 3. 1942, BArch, R 6/18, Bl. 67 f.; HSSPF Rußland-Süd, Einsatzstab f. d. Dg. IV (Ukraine), Einsatzbefehl für die Dg. IV Nr. 12/42, 21. 5. 1942, Zentralarchiv des Verteidigungsministeriums der Russischen Föderation (CAMO), Bestand 500, Findbuch 12493, Akte 39, Bl. 36, online einsehbar unter https://wwii.germandocsinrussia.org/de/nodes/8800-akte-39-unterlagen-des-hsspf-russland-s-d-einsatzstab-f-r-die-durchgangsstra-e-iv-befehle-nr-3-25-des-einsatzstabes-f-r-die-durchgangsstra-e-iv-ukraine-u-a-fragen#page/1/mode/grid/zoom/1 [28. 12. 2022].

24 Schreiben des Regierungsbaumeisters Wilhelm Martin vom 31. 5. 1965, BArch, B 162/6156, Bl. 293–296, hier Bl. 293 f.

25 HSSPF Rußland-Süd, Einsatzstab f. d. Dg. IV (Ukraine), Einsatzbefehl für die Dg. IV Nr. 6/42, 16. 3. 1942, CAMO, Bestand 500, Findbuch 12493, Akte 39, Bl. 8–13; HSSPF Rußland-Süd, Einsatzbefehl Nr. 23/42, 31. 10. 1942, ebenda, Bl. 77–79; Abschlussverfügung der StA Lübeck vom 26. 5. 1970, BArch, B 162/6167, Bl. 2817 f.

26 Angrick, Forced Labor, S. 85.

27 Kaienburg, Arbeitslager, S. 22 f.; Abschlussverfügung der StA Lübeck vom 26. 5. 1970, BArch, B 162/6167, Bl. 2817 f.; HSSPF Rußland-Süd, Einsatzstab f. d. Dg. IV (Ukraine), Einsatzbefehl für die Dg. IV Nr. 17/42, 29. 7. 1942, CAMO, Bestand 500, Findbuch 12493, Akte 39, Bl. 55–57; HSSPF Rußland-Süd, Einsatzstab f. d. Dg. IV (Ukraine), Einsatzbefehl für die Dg. IV Nr. 20/42, 23. 9. 1942, ebenda, Bl. 64–70.

der Straße eskortiert werden, alternativ seien entsprechende Gefangenenlager entlang der Strecke einzurichten.[28] So griff die Arbeitsgemeinschaft Dohrmann/ Schütte um die Jahreswende 1941/42 auf etwa 300 sowjetische Kriegsgefangene zurück, die sie vom Kommandanten des nächstgelegenen Gefangenenlagers (vermutlich in Vinnycja) anforderte und in einem von ihr errichteten und auch bewachten Lager unterbrachte. Die Arbeiten beschränkten sich zunächst auf die Unterhaltung der Straße, die in den Wintermonaten vor allem in der Beseitigung des Schnees bestand.[29] Der OT-Streckenbauleiter in Nemyriv, Stadtbaumeister Konrad Schweser, war nach eigenen Angaben „arbeits- und verpflegungsmäßig" für das Kriegsgefangenenlager verantwortlich.[30] Im Frühjahr 1942 richtete die Arbeitsgemeinschaft einen neuen Stützpunkt im Städtchen Braclav ein, um den Bau einer breiteren Straße in Richtung des Flusses Bug, wo parallel die Errichtung einer neuen Brücke geplant war, auszuführen. Wie in Voronovycja setzte sie für diese Arbeiten vor allem sowjetische Kriegsgefangene aus einem von der Firma eingerichteten Lager ein.[31] Anfang März 1942 erhielt der Bauleiter Bergmann von der vorgesetzten Abschnittsbauleitung in Gaissin die Mitteilung, dass „Sie in nächster Zeit mit der Abrückung der Kriegsgefangenen aus Brazlav zu rechnen haben".[32]

Den Hintergrund für diese Nachricht bildeten vermutlich die Besprechungen über den „Einsatz der landeseigenen Arbeitskräfte", sprich ukrainischer Zivilisten, zwischen Vertretern des OT-Linienchefs, des Einsatzstabes DG IV und der beiden Abteilungen Arbeit sowie Ernährung und Landwirtschaft des Reichskommissars für die Ukraine, die am 15. April 1942 in Rivne ihren Abschluss fanden. Zu diesem Zeitpunkt bestand für den Straßenabschnitt von der Grenze

28 Angrick, Annihilation, S. 202.
29 Aufstellung der im Monat Dezember 1941 beschäftigten Kriegsgefangenen, BArch, B 162/1816, Bl. 122; Brief von Werner Bergmann an die Firma Dohrmann vom 9. 3., 11. 4. und 14. 4. 1942, ebenda, Bl. 147–149, 153–155.
30 Vernehmung Konrad Schweser vom 18. 1. 1962, ebenda, B 162/1813, Bl. 146–150, hier Bl. 147; vgl. Vernehmung Joseph Elsässer [Bauführer bei der Fa. August Dohrmann] vom 12. 9. 1962, ebenda, B 162/1814, Bl. 530–537, hier Bl. 531; Vernehmung Werner Bergmann [Bauleiter der Fa. Georg Schütte] vom 17. 9. 1962, ebenda, Bl. 544–548, hier Bl. 544; Vernehmung Wilhelm Pflug vom 5. 10. 1962, der als Angehöriger der Fa. Dohrmann das Kgf.-Lager in Nemyriv bewachte, ebenda, Bl. 581–586, hier Bl. 582; zur Behandlung der Kriegsgefangenen: Karel C. Berkhoff, The „Russian" Prisoners of War in Nazi-Ruled Ukraine as Victims of Genocidal Massacre, in: Holocaust and Genocide Studies 15 (2001), S. 1–32, hier S. 10 ff.
31 Brief von Werner Bergmann an die Firma Schütte vom 10. 12. 1941, BArch, B 162/1816, Bl. 120 f.; Stärkemeldung für die Berichtswoche vom 15.–21. 3. 1942 an Organisation Todt, Linienchef der DG IV, Abschnittsbauleitung Gaissin, 21. 3. 1942 und Stärkemeldung an Organisation Todt, Linienchef der DG IV, Abschnittsbauleitung Gaissin, 28. 3. 1942, ebenda, Bl. 151 f.
32 OT, Der Linienchef der Dg. IV, Abschnittsbauleitung V, gez. Strake, an Firma Dohrmann vom 4. 3. 1942, ebenda, Bl. 144.

zum Generalgouvernement bis nach Dnipropetrovs'k ein sofortiger Bedarf an 31 000 Arbeitskräften. Die Teilnehmer der Besprechungen vereinbarten, dass die SS-Ober- und Bauabschnittsleitungen grundsätzlich die zivilen Arbeitskräfte bei den Arbeitsämtern anzufordern hätten.

Weiter heißt es: „Die Arbeitsämter stellen dem Straßenbau die vorhandenen Arbeitslosen[33] zur Verfügung. Soweit Arbeitslose nicht mehr verfügbar sind, werden den Polizeieinheiten von den Arbeitsämtern im Einvernehmen mit den örtlichen Dienststellen der Abteilung Ernährung und Landwirtschaft klar abgegrenzte Einzugsgebiete benannt, aus denen die Polizei die Arbeitskräfte zum Straßenbau herauszieht. […] Von der Gestellung von Arbeitskräften sollen ausgenommen werden: Staatsgüter (Sowchosen); es sollen ausschließlich die Gemeinwirtschaften (Kolchosen) herangezogen werden. Aus den Gemeinwirtschaften sollen höchstens 15 % der Arbeitskräfte abgezogen werden. Falls die geforderte Anzahl der Arbeitskräfte in Straßennähe aus Gemeinwirtschaften nicht abgezogen werden kann, ist die Einziehung auf einem Streifen von je 50 km beiderseits des Straßenzuges auszudehnen. Damit würde dann insbesondere für die Oberbauabschnitte Kirowograd und Kriwoj Rog der Höchstbedarf von je 20 000 Arbeitskräften erreicht werden. Nicht herangezogen werden dürfen Arbeitskräfte aus Zuchtstationen, Rayonsamenwirtschaften (Rübensamensowchosen), landwirtschaftlichen Versuchsstationen, Gestüt- und sonstigen Tierzuchtanstalten. Aus den Gemeinwirtschaften dürfen Spezialisten (Handwerker, Traktorenführer) und Viehpfleger nicht zum Straßenbau eingesetzt werden."[34] Die zivilen ukrainischen Arbeitskräfte, in hoher Zahl Frauen, wurden in der Regel für ihre Arbeit bezahlt, sie erhielten Lebensmittel, Tabak und Kleidung. Nach Beendigung des Arbeitstages konnten sie in ihr Zuhause zurückkehren.[35]

33   Ab Ende 1941 bestand eine Meldepflicht für arbeitslose Männer und Frauen; Markus Eikel, Arbeitseinsatz in der besetzten Sowjetunion 1941–1944. Das Reichskommissariat Ukraine als Fallbeispiel, in: Babette Quinkert/Jörg Morré (Hrsg.), Deutsche Besatzung in der Sowjetunion 1941–1944. Vernichtungskrieg – Reaktionen – Erinnerung, Paderborn 2014, S. 175–195, hier S. 178.

34   Zit. nach HSSPF Rußland-Süd, Einsatzstab f. d. Dg. IV (Ukraine), Einsatzbefehl für die Dg. IV Nr. 10/42, 18.4.1942, CAMO, Bestand 500, Findbuch 12493, Akte 39, Bl. 22–26. Vgl. Vernehmung Herbert Sittig [Gebietskommissar in Nemyriv] vom 3.9.1963, BArch, B 162/6154, Bl. 15–23, hier Bl. 19.

35   Ольга Радченко, Принудительный труд евреев на строительстве дорог на участке между Уманью и Кировоградом, 1942–1943 гг. [Olga Radtschenko, Zwangsarbeit von Juden beim Straßenbau zwischen Uman' und Kirowograd, 1942–1943], in: Голокост і Сучасність 15 (2019) 1, S. 48–74, hier S. 64; Vernehmung Johann Kreppel [Leiter des SS-Bauabschnitts Nowo-Ukrainka] vom 30.8.1960, BArch, B 162/1813, Bl. 64–66. Zu den Frauen vgl. die Fotos des Stadtarchivars Karl Lutz, der als Wehrmachtssoldat im August 1942 auf der DG IV unterwegs war, https://www.flickr.com/photos/132154516@N03/page22 [28.12.2022].

Eine besondere Situation herrschte im Tätigkeitsbereich der Arbeitsgemeinschaft Dohrmann/Schütte, die einen ihrer Stützpunkte in Braclav hatte. Braclav
lag im rumänisch besetzten Teil der Ukraine. Anfang März 1942 erhielt der Bauleiter Bergmann von der vorgesetzten Abschnittsbauleitung in Gaissin die Mitteilung, dass er nach Abzug der sowjetischen Kriegsgefangenen selbst dafür verantwortlich sei, sich um die Rekrutierung der notwendigen zivilen Arbeitskräfte
zu kümmern.[36] Angesichts des niedrigen Lohns hielten sich die freiwilligen
Meldungen aus der umliegenden Bevölkerung stark in Grenzen. Die Firma war
jedoch nicht bereit, die Arbeit durch eine Erhöhung der Verdienstmöglichkeiten
attraktiver zu gestalten, sondern setzte auf Zwangsmaßnahmen. „Ich stehe jetzt
mit dem rumänischen Präfekt zwecks zwangsweiser Heranziehung von Arbeitskräften in Verhandlung", schrieb Bergmann im März 1942 an Dohrmann.[37] Im
folgenden Monat berichtet er schließlich, dass die Firma 500 Zivilarbeiter zugewiesen bekomme, die „hier kaserniert und von uns verpflegt werden müssen. Als
Unterkunftsraum wurde mir auf Antrag ein in nächster Nähe gelegenes Schulgebäude von dem rumänischen Präfekten in Tulcin zur Verfügung gestellt. Mit der
Herrichtung desselben sind wir beschäftigt."[38]

Am 8. Juli 1942 fand erneut eine Besprechung in Rivne zum Arbeitskräfte-
einsatz statt, nun mit Beteiligung eines Vertreters des Kommandeurs der Kriegsgefangenen. Die ursprüngliche Vereinbarung erfuhr vor dem Hintergrund
der erfolgreichen Sommeroffensive insofern eine Modifizierung, als zwischen
Uman' und Dnipropetrovs'k „zusätzliche landeseigene Arbeitskräfte nicht mehr
zu erfassen" seien. Um den im April festgestellten Bedarf an 14 000 Menschen
zu erreichen, „werden Zug um Zug Kriegsgefangene zum Einsatz gelangen". Der
OT-Linienchef teilte daraufhin dem Kommandeur der Kriegsgefangen in Rivne
mit, dass in den Oberbauabschnitten Kriwoj Rog und Kirowograd 24 Kriegsgefangenenlager noch mit insgesamt 15 700 Soldaten der Roten Armee belegt
werden könnten; auch im Bereich des Oberbauabschnitts Winniza bestünden
drei Lager (Karolina, Raigorod, Gniwan) für zusammen 2700 Gefangene.[39]
Bereits am folgenden Tag teilte der Leiter des SS-Bauabschnitts Gaissin, SS-

---

36 OT, Der Linienchef der Dg. IV, Abschnittsbauleitung V, gez. Strake, an Firma Dohrmann
    vom 4. 3. 1942, BArch, B 162/1816, Bl. 144.
37 Brief von Werner Bergmann an die Firma Dohrmann vom 9. 3. 1942, ebenda, Bl. 147–149,
    Zitat Bl. 148 f.
38 Brief von Werner Bergmann an die Firma Dohrmann vom 11. 4. 1942, ebenda, Bl. 153–154,
    Zitat Bl. 153.
39 HSSPF Rußland-Süd, Einsatzstab f. d. Dg. IV (Ukraine), Einsatzbefehl für die Dg. IV
    Nr. 16/42, 12. 7. 1942, CAMO, Bestand 500, Findbuch 12493, Akte 39, Bl. 45–48. Zu Hnivan'
    vgl. Vernehmung Karl Klenk [Angehöriger der Polizeisicherungsabteilung] vom 12. 4. 1962,
    BArch, B 162/3512, Bl. 48–55, hier Bl. 51.

Hauptsturmführer Franz Christoffel, der OT-Abschnittsbauleitung mit: „Das freigewordene Lager in Nischna-Krobivna wird mit 80, das Arbeitsscheuenlager mit 100 und das Lager in Raigorod mit 350 Kriegsgefangenen belegt. Die Lager sind stärker zu sichern. Ich habe mich zu der Umstellung entschlossen, um alle Kriegsgef[angene] restlos einsetzen zu können."[40]

Ende April/Anfang Mai 1942 fiel die Entscheidung, den Streckenverlauf der DG IV dahingehend zu ändern, dass die Straße nicht wie bisher teilweise durch das von Rumänien besetzte Gebiet der Ukraine führen sollte. Hierfür war der Neubau eines Streckenabschnitts zwischen Nemyriv und Hajsyn notwendig.[41] War zunächst wohl geplant, für diese Arbeiten ukrainische Zivilisten heranzuziehen, führten anhaltende Schwierigkeiten bei den (Zwangs-)Rekrutierungen durch SS und Polizei[42] zu der Entscheidung, in größerem Umfang jüdische Zwangsarbeiter zum Einsatz zu bringen und diese in Lagern, bevorzugt im Westabschnitt der DG IV bis Uman', unterzubringen.

Die ersten Zwangsarbeitslager für Juden im Bereich der OABL Winniza entstanden ab Mai 1942. Die Anweisung zu ihrer Einrichtung erhielten die Baufirmen vom jeweils zuständigen OT-Abschnittsbauleiter.[43] Zur Unterbringung der Arbeitskräfte dienten Lagerhallen und Scheunen auf dem Gelände ehemaliger Kolchosen, Pferde- oder Schafställe sowie leer stehende Schulgebäude, „Dorfclubs" und Synagogen, die den Firmen vermutlich von den Gebietskommissaren zur Verfügung gestellt, anschließend von Mitarbeitern provisorisch eingerichtet und mit Stacheldraht umgeben wurden.[44]

Die ersten Insassen der eingerichteten Lager waren ukrainische Jüdinnen und Juden aus den in der Nähe der DG IV liegenden Städten, die – wie im Fall von Vinnycja, Uman' und Teplyk – während der im Sommer 1942 von SS- und Polizeieinheiten durchgeführten Ghettoauflösungen für den Arbeitseinsatz ausgewählt wurden.[45] Für die südlichen Kreise des Generalkommissariats

40 Zit. nach Vorläufiger Abschlussbericht der ZStL vom 29. 8. 1963, ebenda, B 162/1815, Bl. 656.
41 Brief von Werner Bergmann an die Firma Dohrmann vom 28. 4. 1942, ebenda, B 162/1816 Bl. 159.
42 Ebenda.
43 Vernehmung Joseph Elsässer [Bauführer bei der Fa. Dohrmann] vom 12. 9. 1962, ebenda, B 162/1814, Bl. 530–537, hier Bl. 531; Vernehmung Erwin Willems [Angehöriger der Fa. Dohrmann] vom 25. 9. 1962, ebenda, Bl. 560–564, hier Bl. 564; Vernehmung Hermann Kaiser [Angehöriger der Fa. Dohrmann] vom 4. 10. 1962, ebenda, Bl. 574–580, hier Bl. 576.
44 Vorläufiger Abschlussbericht der ZStL vom 29. 8. 1963, ebenda, B 162/1815, Bl. 618–703; Abschlussverfügung der StA Lübeck vom 26. 5. 1970, ebenda, B 162/6167, Bl. 3227; Arbeitsgemeinschaft August Dohrmann an Abschnittsbauleitung 2 Gaissin betr. Vorschläge für die Verleihung des Kriegsverdienstkreuzes, 4. 11. 1942, ebenda, B 162/1816, Bl. 190.
45 Angrick, Annihilation, S. 204 f.; Радченко, Принудительный труд, S. 52, 61 f.; United States Holocaust Memorial Museum (Hrsg.), Encyclopedia of Camps and Ghettos, 1933–

Wolhynien-Podolien meldete der für den Arbeitseinsatz an der DG IV zuständige SS-Sturmbannführer Hermann Kling Mitte August 1942: „Habe durch persönliche Rücksprachen mit SD-Außenstelle Kamenez Podolsk und den zuständigen Gebietskommissaren aus Kamenez Podolsk 500 Juden, aus Dunajewzy 600 Juden, aus Bar etwa 800 Juden und aus Jarmolincy 400 Juden für Zwecke der DG IV sichergestellt. Der Inspekteur für die DG IV in Winniza, SS-Oberführer [Theobald] Thier, übernimmt Abtransport und Einsatz.“[46]

Da die Baufirmen weiterhin hohen Bedarf an Arbeitskräften anmeldeten, griffen die OT-Funktionäre in Vinnycja einen Vorschlag des Leiters des SS-Bauabschnitts Gaissin, SS-Hauptsturmführer Franz Christoffel, auf und sondierten Anfang August 1942 in Gesprächen mit dem rumänischen Präfekten in Tul'čyn die „Rekrutierung“ von jüdischen Zwangsarbeitern aus den südlich angrenzenden Gebieten Transnistriens.[47] Wenige Tage später erschien Christoffel mit SS- und Polizeieinheiten in Ladyžyn, Oljanycja und Četvertynivka und verschleppte etwa 3000 Jüdinnen und Juden in die Lager an der DG IV.[48] Allein die Zahl der jüdischen Arbeitskräfte, die auf den Baustellen von Dohrmann/Schütte eingesetzt wurden, erhöhte sich zwischen Ende Juli und Anfang September 1942 von 650 auf mehr als 1300.[49]

Das Eintreffen der rumänischen Jüdinnen und Juden hatte in den Lagern die ersten Selektionen und Massenerschießungen entkräfteter und älterer Menschen zur Folge. So erinnert sich Johann Wolf, als Schachtmeister der Firma Ufer Arbeitseinsatzleiter und Lagerführer in Ositna bei Uman', den Befehl erhalten zu haben, an einem bestimmten Tag „die Kranken und Arbeitsunfähigen

---

1945, Bd. II: Teil B, Bloomington 2012, S. 1328, 1551, 1571, 1577, 1601, 1608; Vernehmung Wilhelm Müller [Kraftfahrer der OT] vom 18. 3. 1960, BArch, B 162/3511, Bl. 130–132.

46 KdS im Generalbezirk Wolhynien und Podolien an KdS-Außenstelle Kamenez Podolsk, 18. 8. 1942, zit. nach Die Verfolgung und Ermordung der europäischen Juden durch das nationalsozialistische Deutschland 1933–1945, Bd. 8: Sowjetunion mit annektierten Gebieten II, bearb. v. Bert Hoppe, Berlin/Boston 2016, S. 365 f., Dok. 153.

47 Das Gebiet zwischen Dnjestr und Bug war bis zum Juli 1941 Teil der Moldawischen Sowjetrepublik und stand nach Eroberung durch deutsche und rumänische Truppen ab August 1941 unter rumänischer Verwaltung.

48 Gedächtnisprotokoll Nathan Segall vom 21. 10. 1943, BArch, B 162/6167, Bl. 2771 ff.; Kaienburg, Arbeitslager, S. 26; Angrick, Annihilation, S. 207; Matatias Carp, Holocaust in Romania. Facts and Documents on the Annihilation of Romania's Jews 1940–1944, Safety Harbor 2000, S. 217, Eintrag vom 19. 8. 1942; Bericht der Rahel Fradis-Milner, Czernowitz, in: Arno Lustiger (Hrsg), Das Schwarzbuch. Der Genozid an den sowjetischen Juden, Reinbek bei Hamburg 1994, S. 162–171.

49 Brief von Werner Bergmann an die Firma Dohrmann, o. D. [nach 22. 7. 1942], BArch, B 162/1816, Bl. 178; Brief von Werner Bergmann an die Firma Dohrmann vom 9. 9. 1942, ebenda, Bl. 183 f.

sowie die Arbeitsfähigen getrennt im Lager antreten zu lassen. Die Juden waren bereits listenmäßig von dem jüdischen Lagerältesten erfaßt worden". Anschließend erschien SS-Hauptsturmführer Christoffel und ließ die als arbeitsunfähig bezeichneten Menschen von Polizeiangehörigen mit Pferdefuhrwerken wegfahren und erschießen.[50]

In den folgenden Monaten wurden die Lagerinsassen nach den Bedürfnissen der Baufirmen immer wieder von einem in ein anderes, bereits existierendes oder neu errichtetes Lager verlegt.[51] In dieser Hinsicht kooperierte die OT mit der SS auf Augenhöhe, wenn etwa der Bauinspektor Josef Strake im Juni 1942 folgendes Schreiben an SS-Hauptsturmführer Christoffel richtete: „Ausserdem möchte ich noch, daß das Judenlager in Iwangorod ab Donnerstag den 18. ds. Mts. aufgehoben wird, d. h. die Juden werden von der Firma Dohrmann in einem Lager in Tarassiwka [aufge]nommen, sodaß im Lager in Iwangorod nur Kriegsgefangene untergebracht sind."[52]

Während die Bewachung und Kontrolle der Arbeitslager in der Regel von Angehörigen der Polizeisicherungsabteilung und der Schutzmannschafts-Bataillone ausgeübt wurden,[53] waren die Baufirmen in Zusammenarbeit mit den Streckenbauleitungen für die „Betreuung" der Lagerinsassen verantwortlich.[54] Das betraf in erster Linie die Beschaffung und Zubereitung der Verpflegung. Waldemar Parzentny berichtete in seiner Nachkriegsaussage, dass er von Bauleiter Bergmann als „Fouriermeister" eingesetzt worden sei. „Ich hatte nunmehr die Aufgabe", so Parzentny, „mit Lastkraftwagen aus einem Verpflegungsdepot in Winniza Verpflegung abzuholen und auf die einzelnen Stützpunkte zu verteilen, wozu auch die Judenläger [sic] gehörten. Die Judenläger wurden alle 14 Tage mit Verpflegung beliefert."[55]

---

50 Vernehmung Johann Wolf [Angehöriger der Fa. Ufer] vom 8. 12. 1965, ebenda, B 162/6159, Bl. 36–38, Zitat Bl. 36; Vernehmung Josef Wagner [Schachtmeister der Fa. Horst & Jüssen] vom 29. 6. 1962, ebenda, B 162/1813, Bl. 256–261, hier Bl. 257 ff.; Abschlussverfügung der StA Lübeck vom 26. 5. 1970, ebenda, B 162/6167, Bl. 3252 ff.

51 Vernehmung Joseph Elsässer [Bauführer der Fa. Dohrmann] vom 12. 9. 1962, ebenda, B 162/1814, Bl. 530–537, hier Bl. 533 ff.; vgl. auch Vernehmung Werner Bergmann [Bauleiter der Fa. Schütte] vom 17. 9. 1962, ebenda, Bl. 544–548, hier Bl. 546.

52 Linienchef DG IV, Abschnittsbauleitung II Gaissin an SS-Oberbauabschnitt Winniza, gez. Strake, 16. 6. 1942, ebenda, B 162/1816, Bl. 167; SS-Oberbauabschnitt Winniza an Abschnittsbauleitung II, gez. Christoffel, 9. 7. 1942, ebenda, Bl. 176.

53 Zu deren Verhalten vgl. Kaienburg, Arbeitslager, S. 33 ff.

54 Vernehmung Konrad Schweser [Streckenbauleitung Teplyk] vom 18. 1. 1962, BArch, B 162/1813, Bl. 146–150, hier Bl. 147 f.

55 Vernehmung Waldemar Parzentny [Angehöriger der Fa. Dohrmann] vom 12. 11. 1962, ebenda, B 162/1814, Bl. 598–602, hier Bl. 599 f.; vgl. Vernehmung Hans Wippenbeck [Angehöriger der Fa. Schütte] vom 8. 11. 1962, ebenda, Bl. 595–597, hier Bl. 596.

Wie Parzentny in seiner Aussage betonte, reichten die von ihm transportier-
ten Nahrungsmittel nur für wenige Tage. Ähnlich muss die Situation im Lager
der Firma Horst & Jüssen in Braclav gewesen sein, denn der zuständige Bauleit-
ter beauftragte den Fahrer Josef Baumgartner, „auf den Bauerndörfern zusätzlich
Lebensmittel zu besorgen. Zu diesem Zweck bekam ich meistenteils einen deutsch
und russisch sprechenden Juden als Dolmetscher mit. Diese Nahrungsmittel holte
ich grundsätzlich aus dem rumänischen Interessengebiet. [...] Um diese Besor-
gungen durchführen zu können, mußte ich mir bei dem jeweils zuständigen
rumänischen Präses (Ortsvorsteher) die erforderliche Genehmigung einholen."[56]

Die von den Firmen besorgten Lebensmittel wurden in den Küchen der
Stützpunkte zubereitet und mit Pferdefuhrwerken zu den Baustellen an der
Straße gebracht. Lagen diese weit entfernt oder war die kalte Jahreszeit angebro-
chen, erhielten die körperlich schwer arbeitenden Menschen nur eine lauwarme
Erbsen-, Kartoffel- oder Hirsesuppe. Hin und wieder enthielt sie kleine Mengen
Pferdefleisch.[57] Über die Qualität des Essens informiert ein Bericht des jüdischen
Lagerältesten in Tarasivka, Nathan Segall, vom 21. Oktober 1943. Dieses bestehe
aus „215 gr meist ungeniessbare[m] Brot pro Tag (eine Mischung von Hirse- und
Gerstenmehl), die Ration wird einmal für 10 Tage ausgefolgt, aber selbst wenn
es gelingt, sie für 10 Tage einzuteilen, so schimmelt es doch nach 2 bis 3 Tagen!
70 gr ungeschälte Erbsen täglich, 260 g Kartoffeln[,] 20 (sage zwanzig!) g Fleisch,
nie geniessbar. Um sich das nackte Leben erhalten zu können, ist ein lebhafter
Tauschhandel mit Kleidungsstücken betrieben worden, ein Grund mehr, weshalb sämtliche, aber auch sämtliche Lagerinsassen aus allen erwähnten Lagern
ihrer Kleidungsstücke vollkommen entblößt [sic] sind und sich in dem men-
schenunwürdigsten Zustand befinden."[58]

Offenbar bemühte sich die Firma Dohrmann, der das Lager in Tarasivka zugeordnet war, erst Ende des Jahres 1943 ernsthaft darum, die Versorgung mit
Kleidung sicherzustellen, und beantragte sowohl bei der OT- als auch der SS-Ver-
waltung die Genehmigung für eine Fahrt nach Černivci. Der mit der Fahrt beauftragte Bauführer Joseph Elsässer „kam jedoch nur bis Tulcin, wo ihm vom deutschen Verbindungsoffizier und vom rum[änischen] Präfekten bedeutet wurde,
dass eine Einreise in das rumänische Gebiet nur mit Genehmigung des Deut-

---

56 Vernehmung Josef Baumgartner [Angehöriger der Fa. Horst & Jüssen] vom 30. 7. 1960,
    ebenda, B 162/1813, Bl. 269–272, hier Bl. 270.
57 Vernehmung Ernst Sauer [Angehöriger der Fa. Dohrmann] vom 5. 11. 1965, ebenda, B 162/
    6158, Bl. 124–125; Vernehmung Albert Sieber [Angehöriger der Fa. Stöhr] vom 7. 1. 1966,
    ebenda, B 162/6159, Bl. 90–92; Vernehmung Friedrich Jakob vom 10. 2. 1966, ebenda,
    Bl. 359–360.
58 Gedächtnisprotokoll Nathan Segall vom 21. 10. 1943, ebenda, B 162/6167, Bl. 2779.

schen Verbindungsstabes und des rum[änischen] Gouverneurs in Odesa möglich ist. Einen diesbezüglichen Antrag habe ich aufgesetzt und liegt zur Befürwortung bei der ABL", schrieb Bauleiter Bergmann Anfang Oktober.[59] Ende des Monats konnte die Fahrt realisiert werden, an der neben Elsässer auch Nathan Segall als ehemaliger Einwohner der Stadt teilnahm. In Černivci gelang es Segall, in den Räumen der jüdischen Gemeinde seinen Bericht zu Protokoll zu geben.[60]

Zur „Betreuung" der Lager zählte, wenn kein Polizist als Lagerkommandant eingesetzt war und sich der nächste Polizeiposten in weiterer Entfernung befand, auch die Durchführung von Zählappellen und die listenmäßige Erfassung erkrankter Arbeitskräfte durch Firmenmitarbeiter, die in regelmäßigen Abständen der vorgesetzten OT-Dienststelle Meldung erstatteten.[61]

Unter welch harten Bedingungen die jüdischen Lagerinsassen zu leiden hatten und unter welchem Druck sie die ihnen aufgezwungenen Arbeiten ausführen mussten, lässt sich erahnen, wenn Bauleiter Bergmann sich in einem Brief an den Firmeninhaber Dohrmann Ende Juli 1942 beklagt, die Zufriedenheit des deutschen Personals lasse zu wünschen übrig. „Kein Wunder nach der neuen Bestimmung, wonach seit letztem Montag trotz 60 stündiger Entlöhnung von 7–19 Uhr auf der Strecke gearbeitet werden muß. Dazu bei oft unerträglicher Hitze und sehr mangelhafter Verpflegung, die von Empfang zu Empfang geringer wird."[62]

Die Durchgangsstraße IV wurde auf eine Breite von acht Metern erweitert und mit Schotter und Kies befestigt. Die jüdischen Zwangsarbeiter, Männer und Frauen, wurden nicht nur unmittelbar beim Straßenbau eingesetzt, sondern auch in Steinbrüchen, Sand- und Kiesgruben. Sie verrichteten Hilfsarbeiten, indem sie Sand und Schotter auf- und abladen, zur Straße transportieren und mit Schaufeln verteilen oder im Steinbruch abgesprengte Steinbrocken zerkleinern mussten. Im Bereich der Steinbrüche waren zusätzlich die Zugangsstraßen zu befestigen und Gleise für die eingesetzten Feldbahnen zu legen. Im Winter, wenn die Erd- und Bauarbeiten an der Straße eingestellt werden mussten, hatten sie den Schnee von der Straße zu schaufeln und Wälle gegen Schneeverwehungen zu errichten. Daneben existierten im Lager selbst, in den Werkstätten und Unterkünften der OT- und Firmenstützpunkte Arbeitsplätze.[63]

---

59 Brief von Werner Bergmann an die Firma Dohrmann vom 7. 10. 1943, ebenda, B 162/1816, Bl. 195.
60 Vernehmung Hermann Schneider [Angehöriger der Fa. Dohrmann] vom 8. 12. 1965, ebenda, B 162/6159, Bl. 22–24, hier Bl. 23.
61 Abschlussverfügung der StA Lübeck vom 26. 5. 1970, ebenda, B 162/6167, Bl. 3251 ff.
62 Brief von Werner Bergmann an die Firma Dohrmann, o. D. [nach 22. 7. 1942], ebenda, B 162/1816, Bl. 177–179, Zitate Bl. 178 f.
63 Kaienburg, Arbeitslager, S. 31; Vernehmung Karl Kühne [Angehöriger der Fa. August Dohrmann] vom 13. 9. 1962, BArch, B 162/1814, Bl. 538–543, hier Bl. 540.

Neben der Bewachung durch Angehörige der Schutzmannschafts-Bataillone führten die Mitarbeiter der OT-Vertragsfirmen die fachliche Aufsicht. Über einige von ihnen wird von brutalem Verhalten und eigenhändigen Morden berichtet, sowohl an den Arbeitsstellen als auch in den Lagern. Zwei Beispiele: Der Lkw-Fahrer der Firma August Dohrmann, Hans Wippenbeck, soll sich nach übereinstimmenden Berichten von ehemaligen Kollegen und jüdischen Überlebenden durch ständiges Prügeln, Beschimpfungen und Beleidigungen hervorgetan und die von ihm zur Baustelle gefahrenen Arbeiterinnen und Arbeiter durch Hochstellen seines Kippers „ausgeladen" haben.[64] Im Zwangsarbeitslager Braclav taten sich Paul Reininger, Mitarbeiter der Firma Basalt-Werk Neschen, und der Arbeitsleiter der Firma Horst & Jüssen, Fritz Appelmann, besonders hervor. Nach den Feststellungen der Staatsanwaltschaft Lübeck wurde im Februar 1943 ein nächtlicher Appell abgehalten, nachdem zwei jüdischen Zwangsarbeitern die Flucht geglückt war. „Als bereits im Lager Nachtruhe herrschte, erschienen Paul Reininger und Fritz Appelmann mit Angehörigen der ukrainischen Miliz und trieben die Juden mit den Worten ‚Juden raus!' unter Zuhilfenahme von Pistolen, Spaten und Knüppeln zum Antreten auf den Hof. Die Juden hatten nur die zur Nachtruhe erforderlichen Kleidungsstücke am Leibe. Es lag Schnee. Nachdem die Juden angetreten waren, wurden sie etwa eine Stunde unter Stock- und Spatenschlägen um die Unterkunft gejagt." Im Zusammenhang mit diesem Appell soll ein Lagerinsasse, der sich verspätet hatte, von einem der beiden Männer erschossen worden sein.[65]

Als Ende 1943 die Front näherrückte, wurden die Baumaßnahmen an der Straße eingestellt, die Zwangsarbeitslager aufgelöst und ihre Insassen von SS- und Polizeieinheiten erschossen. Hierbei leisteten die Baufirmen zum Teil Hilfsdienste, indem sie für den Transport der zu ermordenden Menschen Lkw und Personal bereitstellten.[66]

Es gab aber auch Firmenmitarbeiter wie den Stützpunktleiter der Arbeitsgemeinschaft Dohrmann/Schütte in Tarasivka, Friedrich Mühl, der zahlreichen (wahrscheinlich über 200) jüdischen Männern und Frauen Ende des Jahres 1943 die Flucht ermöglichte.[67]

Nach den Ermittlungen der Staatsanwaltschaft Lübeck mussten im Jahr 1942 rund 50 000 nichtjüdische Ukrainerinnen und Ukrainer, ebenso viele sowjetische

64 Abschlussverfügung der StA Lübeck vom 26. 5. 1970, ebenda, B 162/6167, Bl. 3415.
65 Ebenda, Bl. 3063 f.
66 Vernehmung Johann Wolf vom 8. 12. 1965, ebenda, B 162/6159, Bl. 36–38; Vorläufiger Abschlussbericht der ZStL vom 29. 8. 1963, ebenda, B 162/1815, Bl. 618–703, hier Bl. 664; Abschlussverfügung der StA Lübeck vom 26. 5. 1970, ebenda, B 162/6167, Bl. 3192 f., 3195.
67 Vorläufiger Abschlussbericht der ZStL vom 29. 8. 1963, ebenda, B 162/1815, Bl. 626.

Kriegsgefangene und etwa 10 000 Jüdinnen und Juden an der Durchgangsstraße IV im Bereich des Reichskommissariats Ukraine schuften. Hinzu kamen
weitere 10 000 jüdische Zwangsarbeiter, die zum Ausbau der DG IV im Distrikt
Galizien des GG herangezogen wurden. Auch im folgenden Jahr waren mehr als
100 000 Männer und Frauen auf den Straßenbaustellen und in den Steinbrüchen
tätig. Wie viele Kriegsgefangene aufgrund der Arbeits- und Lebensbedingungen umkamen, ist unbekannt. Hinsichtlich der verstorbenen oder ermordeten
jüdischen Zwangsarbeiterinnen und Zwangsarbeiter gehen die Schätzungen von
mindestens 45 000 Menschen aus.

„In großen Arbeitskolonnen […] werden die arbeitsfähigen Juden straßen-
bauend in diese Gebiete geführt, wobei zweifellos ein Großteil durch natürliche
Verminderung ausfallen wird." Dieser viel zitierte Satz des Wannsee-Protokolls
vom 20. Januar 1942 ist nicht allein als Chiffre des millionenfachen Mords zu
verstehen, sondern wörtlich zu nehmen als bereits praktiziertes und für die
Zukunft geplantes Vorgehen im Rahmen der nationalsozialistischen Vernichtungspolitik.[68]

---

68 Kaienburg, Arbeitslager, S. 13 f., 37; Angrick, Annihilation, S. 212; Sandkühler, „Endlö-
    sung", S. 148; Pohl, Ostgalizien, S. 342.

ANGELIKA CENSEBRUNN-BENZ

Der Fall Demjanjuk

Opfer zweier Systeme und Gehilfe der SS beim Judenmord

„Unterscharführer Greatschutz [Siegfried Graetschus] war für die ukrainischen Wachleute zuständig. Sie waren in eigenen Baracken untergebracht, hatten eine eigene Küche und ein eigenes Kasino. Aufgabe der Ukrainer war es, uns Juden bei der Arbeit zu bewachen. Sie bewachten außerdem das Lager als Ganzes und halfen bei der Liquidierung der Juden in Lager III. Greatschutz trainierte die Ukrainer und führte dafür verschiedene Übungen durch. Unter den Ukrainern waren viele Volksdeutsche und auch einige Russen, die zuvor als sowjetische Soldaten in Kriegsgefangenschaft geraten waren. Sie waren sehr verschieden. Die einen belauschten uns und gaben alles an die Deutschen weiter, was sie von uns mitbekamen, andere berichteten uns, was in der Freiheit vor sich ging. Sie erzählten von der sowjetischen Front, die näher rückte, und von den Partisanenkämpfen."[1]

Mit diesem Worten schilderte Eda Lichtmann das Verhalten der sogenannten Trawniki-Männer im Vernichtungslager Sobibor, das sie als eine von wenigen Jüdinnen und Juden überlebt hatte. Das Zitat steht exemplarisch für zahlreiche Berichte von Holocaust-Überlebenden, die Erfahrungen mit Angehörigen der rund 5000 „fremdvölkischen", perfiderweise als „Hilfswillige" bezeichneten Trawniki-Männer machen mussten und die diese Handlanger der SS häufig pauschal als „Ukrainer" wahrnahmen. Tatsächlich jedoch waren die „Trawniki" weder ausschließlich Ukrainer, noch waren sie alle „hilfs-" oder „freiwillig" in den Dienst der SS getreten, und auch ein ausnahmslos gewalttätiges und besonders brutales Verhalten gegenüber Jüdinnen und Juden ist anhand der Quellen nicht zu belegen. Dennoch hält sich das Stereotyp des „ukrainischen Hilfswilligen" hartnäckig, und bis heute werden die Begriffe „Ukrainer" und „fremdvölkische Hilfswillige" oft synonym verwendet, wenn von den ins SS-Ausbildungslager Trawniki geschickten Männern die Rede ist.

---

[1] Bericht Eda Lichtmann vom 19. 5. 1959, Yad Vashem Archives (YVA), 03/1291.

Einer dieser Männer, die zu (Mit-)Tätern des Holocaust (gemacht) wurden, erhielt vor wenigen Jahren größere mediale Aufmerksamkeit: John (Iwan) Demjanjuk.

John (Iwan) Demjanjuk

Iwan Mykolajowytsch Demjanjuk wurde am 3. April 1920 in einfachen Verhältnissen geboren. In einem Dorf im Westen der Sowjet-Ukraine wuchs er unter schwierigen Bedingungen auf. Die Bevölkerung der Ukrainischen Sozialistischen Sowjetrepublik war massiv von den Folgen der Kollektivierungspolitik Stalins betroffen. Mehr als drei Millionen Menschen fielen der Hungersnot 1932/33 zum Opfer. Auch in dem Dorf, in dem Demjanjuks Familie lebte, herrschten Not und Elend. Demjanjuk selbst arbeitete zu Beginn des Zweiten Weltkrieges als Traktorist einer Kolchose. Er war ein einfacher Mann mit Grundschulbildung. Sein Anwalt Yoram Sheftel, der ihn 1987 im Prozess in Israel vertrat, charakterisierte ihn wie folgt: „Er schien all das zu verkörpern, was meine Großmutter über die schwergliedrigen, wettergegerbten ukrainischen Bauern erzählt hatte."[2]

Zu Beginn des Zweiten Weltkriegs zog die Rote Armee den jungen Mann ein und schickte ihn an die Front. Er erlitt mehrere Verletzungen, durchlief verschiedene Lazarette und kam nach seiner Genesung wieder an die Front, wo er schließlich 1942 in deutsche Kriegsgefangenschaft geriet. In einem Lager in Chełm, in der Nähe von Lublin, rekrutierten ihn die Deutschen und brachten ihn in das SS-Ausbildungslager Trawniki. Dort wurde er als Wachmann im Gefolge der SS trainiert und im März 1942 zum Dienst in das Vernichtungslager Sobibor kommandiert. Im Oktober 1943 wurde er in das Konzentrationslager Flossenbürg überstellt. Anschließend, so die Vermutung, diente er in der Vlasov-Armee, jener Einheit sowjetischer Soldaten, die auf deutscher Seite unter dem russischen General Vlasov gegen Stalins Sowjetunion kämpfte. Nach Kriegsende lebte Demjanjuk zunächst in einem Lager für Displaced Persons in Landshut in Bayern. Bis 1952 blieb er in Süddeutschland, wo er heiratete und Vater einer Tochter wurde. 1952 gelang ihm die Auswanderung nach Amerika. Gemeinsam mit seiner Frau zog er nach Indiana, später nach Ohio, wo er viele Jahre bei Ford als Mechaniker arbeitete. 1958 erhielt er die US-amerikanische Staatsbürgerschaft.

1975 übergab ein Journalist den amerikanischen Justizbehörden eine Liste mit Namen ukrainischer Einwanderer, denen Kollaboration mit den National-

---

2   Heinrich Wefing, Der Fall Demjanjuk, München 2011, S. 17.

sozialisten vorgeworfen wurde. Auch Demjanjuks Name stand darauf. Man verdächtigte ihn der Mittäterschaft am Judenmord als Wachmann im Vernichtungslager Sobibor. Die US-amerikanischen Gesetze sehen jedoch keine Bestrafung für nationalsozialistische Gewaltverbrechen vor. Allerdings hatte Demjanjuk bei seiner Einwanderung nicht angegeben, mit den Nationalsozialisten zusammengearbeitet zu haben, andernfalls wäre ihm die Einreise verwehrt worden. Nun erhoben die amerikanischen Justizbehörden Anklage gegen Demjanjuk wegen Falschangaben, 1981 wurde ihm die amerikanische Staatsbürgerschaft aberkannt.

Bald darauf interesserte sich die israelische Justiz für den Staatenlosen. 1986 gaben die USA dem Auslieferungsersuchen aus Israel statt. 1987 musste Demjanjuk sich vor einem Jerusalemer Gericht wegen Beteiligung an der Ermordung der europäischen Juden als SS-Wachmann im Vernichtungslager Treblinka verantworten. Überlebende hatten ausgesagt, Demjanjuk wiederzuerkennen. Ein Trawniki-Wachmann im Dienst der SS habe in Treblinka derart gewütet, dass er als „Iwan der Schreckliche" bekannt wurde. In Demjanjuk glaubte man, ihn identifiziert zu haben. Dieser behauptete aber, nie in Treblinka oder Sobibor gewesen zu sein, und erklärte, der Dienstausweis, der das Gegenteil beweisen sollte, sei eine Fälschung des sowjetischen Geheimdienstes KGB. Der District Court in Jerusalem verurteilte ihn schließlich im April 1988 zum Tod. Demjanjuks Anwälte legten Berufung ein, und im Juli 1993 hob der israelische Supreme Court das Urteil auf. Unterlagen, die nach dem Zusammenbruch der Sowjetunion in russischen Archiven gefunden wurden, hatten bewiesen, dass nicht Demjanjuk, sondern ein Iwan Marchenko jener „Iwan der Schreckliche" in Treblinka gewesen war.

Demjanjuk wurde freigelassen und kehrte zu seiner Familie nach Cleveland/ Ohio zurück. 1998 erhielt er sogar die amerikanische Staatsbürgerschaft zurück. 2001 wurde erneut ein Verfahren gegen ihn eröffnet, 2002 verlor er zum zweiten Mal die amerikanische Staatsbürgerschaft. Doch es sollte noch bis 2004 dauern, ehe ein Appellationsgericht in Ohio das Urteil bestätigte und die Einwanderungsbehörde die Ausweisung Demjanjuks in sein Geburtsland vorbereitete. Da sich die ukrainischen Behörden weigerten, Demjanjuk aufzunehmen, blieb er bis zum Auslieferungsantrag der Bundesrepublik Deutschland in Amerika. Im Mai 2009 wurde er nach Deutschland ausgeflogen.

Vom 30. November 2009 bis 12. Mai 2011 fand vor dem Landgericht München II der Prozess gegen Demjanjuk statt. Der Vorwurf lautete auf Beihilfe zum Mord in 27 900 Fällen. Zum ersten Mal in der deutschen Justizgeschichte sollten die Anwesenheit am Tatort bzw. die Zugehörigkeit zum Bewachungspersonal als Beweis einer Mitschuld ausreichen, während bei allen Prozessen gegen deutsche

Verantwortliche der Einzeltatnachweis galt (so wurde der ehemalige Komman-
dant des Lagers Trawniki, der SS-Mann Karl Streibel, 1976 mangels Beweisen
von der Anklage auf Beihilfe zum Mord freigesprochen). Tatsächlich wurde
Demjanjuk schließlich schuldig gesprochen und zu fünf Jahren Freiheitsentzug
verurteilt. Weil Verteidigung und Staatsanwaltschaft Revision einlegten und
mit Rücksicht auf sein hohes Alter setzten die Richter ihn bis zur Entscheidung
über die Revision auf freien Fuß. Zehn Monate später, am 17. März 2012, starb
Demjanjuk im Alter von 91 Jahren in einem Altersheim in Bad Feilnbach. Das
Urteil des Landgerichts ist damit nicht rechtskräftig geworden, und der Bundes-
gerichtshof, an den sich die Verteidigung im Revisionsverfahren gewandt hatte,
bekam nicht mehr die Möglichkeit, sich zu dem Urteil zu äußern.

Der lange Weg in das SS-Ausbildungslager Trawniki

Der Angriffs- und Vernichtungskrieg des Deutschen Reiches gegen Polen 1939
und die Sowjetunion 1941 ging mit einem zuvor unbekannten Ausmaß an
Gewalt und Terror einher. Von Beginn an nutzte die deutsche Okkupationsmacht ein System aus Zwang, Drohung und Gewalt einerseits, Bonifikationen
und Vergünstigungen andererseits. Der Krieg gegen die Sowjetunion war mehr
noch als der Krieg gegen Polen von rassistischen Motiven geprägt. Während die
Polen, ihrer Bildungs- und Eliteschicht beraubt, als Volk von Sklaven für die
Deutschen arbeiten oder „umgesiedelt" werden sollten, war das Ziel in der Sowjetunion noch radikaler: Die slawische Bevölkerung sollte verhungern und vertrieben werden, das Land restlos ausgebeutet und für deutsche Siedler nutzbar
gemacht werden.

Entgegen Hitlers noch im Juli 1941 geäußertem Wunsch, den er in einer
internen Besprechung formulierte: „Nur der Deutsche darf Waffen tragen, nicht
der Slawe, nicht der Tscheche, nicht der Kosak oder der Ukrainer!",[3] wurden von
Anfang an Hilfsformationen aus Einheimischen der besetzten Gebiete gebildet.
Dabei nutzte Hitler zunächst die antibolschewistische und teilweise antisemitische Einstellung der Regierungen in Rumänien, Ungarn, Italien und der Slowakei, die ihre Armeen aus eigenen, territorialen Interessen an die Seite des Deutschen Reiches beorderten.[4] So marschierte die deutsche Wehrmacht „nicht allein

---

3   Aktennotiz Bormanns über die interne Besprechung mit Hitler, abgedr. in: Gerd Ueber-
     schär/Wolfram Wette (Hrsg.), Der deutsche Überfall auf die Sowjetunion. „Unternehmen
     Barbarossa" 1941, Frankfurt a. M. 1999, S. 330 f.
4   Vgl. Rolf-Dieter Müller, An der Seite der Wehrmacht. Hitlers ausländische Helfer beim
     „Kreuzzug gegen den Bolschewismus"1941–1945, Berlin 2007, S. 14 f.

auf sich gestellt in der Sowjetunion ein, beim Angriff kam vielmehr jeder sechste Soldat aus dem Ausland".[5]

Der schnelle Vormarsch brachte riesige Gebiete im Osten unter deutsche Herrschaft. Für eine flächendeckende Besatzungs- und Verwaltungsmacht fehlte es jedoch an Personal, sodass SS und Polizei bald versuchten, Einheimische in ihre Dienste zu stellen.[6] Während die Verwaltungsapparate auf Leitungsebene von Deutschen kontrolliert waren, wurden sie vor Ort mit Einheimischen besetzt, die mehr oder weniger freiwillig mit den Deutschen kooperierten. Zum einen wurden also Landesbewohner eingebunden, wie im Falle der Ordnungspolizei in Polen, die auf polnische Polizisten zurückgriff,[7] oder des volksdeutschen Selbstschutzes, mit dem aus einer deutschen Minderheit eine der Ordnungspolizei unterstellte Miliz gebildet wurde.[8] Gleichzeitig wurden die eigenen Reihen mit „Fremdvölkischen" aufgefüllt. Die ursprünglichen Elitefantasien von SS und Waffen-SS, in der Attribute wie Freiwilligkeit und besondere Eignung (insbesondere aus rasseideologischer Sicht) ausschlaggebend waren, lösten sich im weiteren Kriegsverlauf auf.[9] Während die Aufstockung anfangs durch Volksdeutsche und „germanische Legionen", zum Beispiel holländische Freiwillige,[10] noch ideologisch konform schien, erfolgten ab 1943/44 zunehmend Ergänzungspraktiken, die den rasseideologischen Kriterien widersprachen.[11] So scheuten sich die deutschen „Werber" nicht, muslimische und slawische Einheiten aufzustellen.[12] Gegen Ende des Krieges machten die – größtenteils in Kampfverbände

---

5   Dieter Pohl, Die Herrschaft der Wehrmacht: Deutsche Militärbesatzung und einheimische Bevölkerung in der Sowjetunion 1941–1944, München 2008, S. 82.

6   Vgl. Jürgen Matthäus, Die Judenfrage als Schulungsthema von SS und Polizei, in: ders./ Konrad Kwiet/Jürgen Förster (Hrsg.), Ausbildungsziel Judenmord? „Weltanschauliche Erziehung" von SS, Polizei und Waffen-SS im Rahmen der „Endlösung", Frankfurt a. M. 2003, S. 15, 66.

7   Vgl. Dieter Pohl, Von der „Judenpolitik" zum Judenmord. Der Distrikt Lublin des Generalgouvernements 1939–1944, Frankfurt a. M. 1993, S. 39.

8   Vgl. Peter Longerich, Die Politik der Vernichtung. Eine Gesamtdarstellung der nationalsozialistischen Judenverfolgung, München 1998, S. 244 ff. Allgemein zum Selbstschutz: Christian Jansen/Arno Weckbecker (Hrsg.), Der „Volksdeutsche Selbstschutz" in Polen, München 1992.

9   Hitler wehrte sich entgegen allen wirtschaftlichen Gründen lange dagegen. Er wollte weder von seinen rassistischchen Gesichtspunkten abrücken noch die zu erwartende Beute teilen. Vgl. Müller, An der Seite der Wehrmacht, S. 14 f.

10   Zu den „nichtdeutschen Germanen" siehe Bastian Hein, Elite für Volk und Führer? Die allgemeine SS und ihre Mitglieder 1925–1945, München 2012, S. 280.

11   Vgl. dazu Paul Milata, Zwischen Hitler, Stalin und Antonescu. Rumäniendeutsche in der Waffen-SS, Köln/Weimar/Wien 2007, S. 7.

12   Vgl. Hein, Elite, S. 280. Die erste Rekrutierung von Ausländern durch die SS begann im Herbst 1939 und betraf ca. 1000 Rumäniendeutsche. Vgl. Milata, Rumäniendeutsche, S. 49 ff.

282 Angelika Censebrunn-Benz

eingegliederten – „fremdvölkischen Helfer" fast eine Million Mann aus.[13] Allein der Waffen-SS gehörten 120 000 bis 160 000 Volksdeutsche und 140 000 bis 250 000 „Fremdvölkische" an.[14] Dazu kam eine große Zahl an „fremdvölkischen" Hilfstruppen, die nicht in die Wehrmacht, SS oder Waffen-SS[15] eingegliedert waren, aber zu Hilfsdiensten herangezogen wurden, wie die von der Wehrmacht im Gefolge beschäftigten einheimischen Helfer.

Wie sehr Theorie und Praxis oftmals auseinanderklafften und wie dynamisch sich das Besatzungs- und Herrschaftsregime der Deutschen entwickelte, zeigt sich besonders eindrücklich bei der Bewachung der Kriegsgefangenenlager. Auch hier stießen die Deutschen an personelle Grenzen. Für die Bewachung von Zehntausenden Gefangenen standen mancherorts weniger als einhundert deutsche Soldaten zur Verfügung.[16] Das hatte zum einen eine extreme Brutalität der Bewacher zur Folge, zum anderen griffen die Deutschen auch hier auf eigentlich ungewolltes und unerwünschtes Personal zurück: die Insassen der Lager selbst.[17] Auf beiden Seiten waren die Motive „pragmatisch" zu nennen. Die Deutschen entledigten sich auf diese Weise ihrer Personalprobleme, die Gefangenen sahen darin eine Chance zu überleben. Denn die Behandlung der sowjetischen Kriegsgefangenen folgte den Maximen der radikalen Vernichtungspolitik, die Soldaten der Roten Armee galten als bolschewistische Todfeinde. „Niemals in der Geschichte starben so viele Kriegsgefangene in so kurzer Zeit wie die Rotarmisten in deutscher Hand."[18] Bei einer Lagerstärke von jeweils rund 20 000 bis 30 000 Mann brachen aufgrund fehlender Möglichkeiten zur Hygiene und sich infolgedessen ausbreitenden Ungeziefers schnell Ruhr- und Fleckfieberepidemien aus. Die Vernichtung der sowjetischen Kriegsgefangenen, die zu einem beträchtlichen Teil Ukrainer waren, erfolgte hier nicht durch direkten Mord. Man ließ sie vielmehr einfach erfrieren und verhungern. Da die Gefangenen als „rassisch" minderwertig galten, wollte man sie zunächst nicht einmal als Arbeitskräfte einsetzen – wer jedoch nicht arbeitete, dem stand auch kein Essen zu. Mit dem stetig drängender werdenden Personalmangel ließ sich dieses Prinzip jedoch nicht mehr für alle aufrechterhalten.

13 Vgl. Müller, An der Seite der Wehrmacht, S. 243; Matthäus, Judenfrage als Schulungsthema, S. 15, 66.
14 Vgl. zu den Zahlen und der diesbezüglichen Forschungskontroverse: Hein, Elite, S. 280.
15 Waffen-SS war die Sammelbezeichnung für Fronteinheiten der SS, SS-Besatzungstruppen und KZ-Wächter. Mit Kriegsbeginn löste er die Begriffe Totenkopfverbände, Verfügungstruppe und Polizeiverstärkung ab. Vgl. Hein, Elite, S. 277.
16 Vgl. Christian Hartmann, Wehrmacht im Ostkrieg. Front und militärisches Hinterland 1941/42, München 2009, S. 582 f.
17 Vgl. ebenda, S. 584.
18 Pohl, Herrschaft der Wehrmacht, S. 201.

Die gleiche Konstellation von Interessen war ursächlich dafür, dass aus der Gruppe der Kriegsgefangenen eine der außergewöhnlichsten Truppen nichtdeutscher Nationalität gebildet wurde, die im Dienste der Deutschen standen: die sogenannten Trawniki-Männer. Sie setzten sich neben sowjetischen Kriegsgefangenen auch aus einigen ukrainischen Zivilisten und Freiwilligen sowie zwangsverpflichteten Einheimischen des Generalgouvernements zusammen.

Als Arbeitssklaven der Deutschen entwickelten sich die Trawniki-Männer zu einem wesentlichen Faktor bei der Umsetzung der „Aktion Reinhardt", in deren Verlauf sie maßgeblich an der Ermordung von 1,75 Millionen Juden in den Vernichtungslagern Belzec, Sobibor und Treblinka beteiligt waren. Nachdem frühere Pläne zur „Lösung der Judenfrage" wirtschaftlichen und rassenideologischen Überlegungen, die die Plünderung des Vermögens der Ermordeten und die totale Ausbeutung ihrer Arbeitskraft einschlossen, gewichen waren und der Krieg gegen die Sowjetunion neue Möglichkeiten für die Durchsetzung dieser Ziele eröffnet hatte, erreichte die Radikalisierung ihren Höhepunkt.

Die Rekrutierung von Kriegsgefangenen sollten den Mangel an Arbeitskräften beheben. Auf dem Gelände einer ehemaligen Zuckerfabrik in dem Dorf Trawniki 35 km südwestlich von Lublin richteten die deutschen Besatzer im Sommer 1941 ein Lager ein. Im Zuge der Ernennung des SS-Brigadeführers Odilo Globocnik zum „Beauftragten des Reichsführers SS und Chef der Deutschen Polizei für die Errichtung der SS- und Polizeistützpunkte im neuen Ostraum" änderten sich Funktion und Bezeichnung des bis dahin als Sammelstelle für sowjetische Kriegsgefangene genutzten Lagers. Es wurde zum Ausbildungsort für „fremdvölkische Hilfstruppen", die als verlängerter Arm der SS helfen sollten, die neuen Ostgebiete zu beherrschen.

Unter dem Befehl des Lagerkommandanten SS-Sturmbannführer Karl Streibel wurden dafür „Hilfswillige" unter den sowjetischen Kriegsgefangenen rekrutiert. Zu diesem Zweck fuhren Streibels Anwerber in die Kriegsgefangenenlager und wählten Deutschstämmige, Deutschsprachige und Soldaten nichtrussischer Nationalität aus, von denen man eine antibolschewistische Einstellung erwartete. Grundlage für die Anwerbung war die von Himmler erteilte Anweisung, unter den sowjetischen Kriegsgefangenen diejenigen auszusuchen, „die besonders vertrauenswürdig erscheinen und daher für den Einsatz zum Wiederaufbau der besetzten Gebiete verwendungsfähig sind". Deutschsprachige Soldaten, von denen viele aus der Ukraine, der Autonomen Sozialistischen Sowjetrepublik der Wolgadeutschen und aus entlegenen Gegenden in Ostrussland, einschließlich Sibiriens, kamen oder die der polnischen Armee angehört hatten, dienten als Dolmetscher. Den Gefangenen versicherte man, dass sie nicht gegen die Sowjetunion eingesetzt oder an die Front geschickt, sondern lediglich Wachaufgaben übernehmen würden.

Als „besonders vertrauenswürdig" galten Ukrainer nicht zuletzt, weil ihnen eine antikommunistische und antisemitische Einstellung zugeschrieben wurde. Dies gründete sich u. a. darauf, dass Teile der Bevölkerung die deutsche Wehrmacht bei ihrem Einmarsch freudig begrüßt hatte. Aufgrund der traumatischen Erfahrungen, die viele Ukrainer (vor allem in der heutigen Westukraine) bei der Zwangskollektivierung der Landwirtschaft zu Beginn der 1930er-Jahre und unter Stalins „Großem Terror" von 1936 bis 1938 gemacht hatten, sowie in der Hoffnung, mit deutscher Hilfe eine eigene Staatlichkeit zu erreichen, sahen viele Ukrainer die Deutschen als Verbündete und empfanden entsprechend geringe Loyalität gegenüber Stalin. Willige Verbündete fanden die Deutschen u. a. in der extrem rechts ausgerichteten Organisation Ukrainischer Nationalisten (OUN),[19] die mit dem Ziel der Schaffung einer unabhängigen Ukraine bereits vor 1939 in Galizien gegen Polen gekämpft hatte.[20]

Die ausersehenen kriegsgefangenen Rotarmisten wurden im SS-Ausbildungslager Trawniki trainiert, dann unter Befehl des deutschen Kaderpersonals neben Objektschutz, Erntehilfe und Aufbauarbeiten für den exekutiven Teil des Holocaust eingesetzt. Sie dienten als Teil der Wachmannschaften zur Bewachung der Zwangsarbeitslager, in denen das Prinzip der „Vernichtung durch Arbeit" in Form von schwerer Arbeit ohne ausreichende Verpflegung und unter katastrophalen Bedingungen für die Häftlinge umgesetzt wurde. Weiterhin waren sie am Zusammentreiben der jüdischen Opfer, der Bewachung und Durchführung von Massenerschießungen sowie an Ghettoliquidierungen beteiligt. Schließlich waren sie in den drei Vernichtungslagern der „Aktion Reinhardt"an der Bewachung, Misshandlung und Ermordung der Juden beteiligt. Auch zur Partisanenbekämpfung wurden sie herangezogen.

Insgesamt wurden ca. 4000 bis 5000 Trawniki-Männer ausgebildet. Die Bevölkerung bezeichnete sie als Ukrainer, Askaris (eine Anspielung auf einheimische Truppen, die vor dem Ersten Weltkrieg von der Kolonialverwaltung in Deutsch-Ostafrika aufgestellt wurden) oder „Trawnikis", die Deutschen hingegen als Hiwis oder Hilfswillige. Offiziell hießen sie Wachmänner. Die „Trawnikis" unterstanden einem harten Regiment, sie wurden als Menschen zweiter

---

19 1940 kam es zu einer Spaltung in die von Andrij Mel'nyk geführte Organisation, die Freiwillige für die unter dem Namen „Galizien" gebildete Division der Waffen SS stellte. Sie kämpfte mit einer Höchststärke von 22 000 Mann an der Ostfront und auf dem Balkan gegen die Rote Armee und genießt bis heute großen Respekt bei den ukrainischen Rechten. Unter Führung von Stepan Bandera gründeten sich die Bataillone „Nachtigall" und „Roland", die die deutsche Wehrmacht im Ostfeldzug unterstützten.

20 1942 gründete sich die „Ukrainische Aufständische Armee", die als Verbündete der Deutschen gegen die kommunistischen Partisanen und die polnische Heimatarmee kämpfte.

Klasse behandelt, nicht selten geprügelt oder bei Missfallen auch getötet. Einige waren priviligiert, konnten Urlaub oder sogar Hilfen für ihre Familien erhalten, manche wurden von ihren deutschen Vorgesetzten protegiert. Doch der überwiegende Teil der „Trawnikis" galt den Deutschen als nützliches Werkzeug, das aber jederzeit ersetzt werden konnte.

Viele der Trawniki-Männer gingen mit großer Brutalität vor. Da es sich um traumatisierte junge Männer handelte, die knapp dem Tod entronnen waren, lassen ihre Handlungen allerdings kaum Rückschlüsse auf ihre Gesinnung zu. Auch dass sie durch besonders brutales Vorgehen gegen Juden zu Ansehen und Bonifikationen seitens ihrer Vorgesetzten gelangen konnten, spielte eine große Rolle.

Die rechtliche Stellung der Trawniki-Männer lag zwischen der von Gefangenen, Hilfspolizisten Angehörigen einer Schutztruppe oder der Waffen-SS. Sie waren zu keinem Zeitpunkt – zumindest als Gruppe – freie und gleichberechtigte Mitarbeiter des deutschen Macht- und Terrorsystems. Während die Volksdeutschen auch unter rassistischen Gesichtspunkten eher als Partner behandelt wurden, weil sie auf die Seite der freiwilligen, sich mit dem nationalsozialistischen System identifizierenden Täter gezogen werden sollten, wurden andere geschunden, misshandelt und teilweise wegen Nichtigkeiten getötet.

Die großen Unterschiede in der Behandlung zeigen, dass die Trawniki-Männer von den Deutschen nicht als einheitliches Kollektiv wahrgenommen wurden. Gegenüber den sogenannten Arbeitsjuden, die in den Vernichtungslagern nur für eine begrenzte Zeit am Leben gelassen wurden, hatten sie fast unbegrenzte Macht, im Verhältnis zur SS hingegen hatten sie jedoch kaum Rechte. Die Trawniki-Männer unterlagen einem strengen Regiment und wurden bei Verstößen weit härter bestraft als ihre deutschen Aufseher. Schon bei geringen Vergehen erhielten sie 25 Peitschen- oder Stockhiebe. Ihren deutschen Vorgesetzten waren sie schutzlos ausgeliefert. Andererseits waren einige, wie etwa die Volksdeutschen, besser gestellt. Sie kamen in den Genuss von Urlaub und sonstigen Vergünstigungen, erhielten Beförderungen, Auszeichnungen und im Todesfall ein Begräbnis auf dem deutschen Soldatenfriedhof. Für ihre Familien wurde gesorgt, etwa durch Gewährung von Hinterbliebenenrenten.

Das Verhalten der Trawniki-Männer und ihre Interaktion mit den deutschen Vorgesetzten spiegeln diese Bandbreite wider. Vom genehmigten Ausgang bis zu Trinkgelagen mit ihren deutschen Vorgesetzten auf der einen Seite und der Fluchthilfe für Juden auf der anderen findet sich ein großes Spektrum an Handlungsmöglichkeiten. Viele Überlebende der Ghettoliquidierungen und Vernichtungslager sowie polnische Dorfbewohner und sogar einige deutsche SS-Männer beschreiben die Trawniki-Männer als sehr grausam und besonders brutal, andere dagegen erinnern sich an Hilfestellungen und daran, dass die „Trawnikis" ihrerseits sehr schlecht von der SS behandelt worden waren. Die hohe Zahl derer, die desertierten – rund ein Drittel der insgesamt 4000–5000 „Trawnikis" – zeigt die keineswegs einhellige Loyalität. Die flüchtigen „Trawnikis" schlossen sich zum Teil den Partisanen an, zum Teil flohen sie nach Hause oder versuchten unterzutauchen. Im Falle des Wiederaufgreifens drohte ihnen die Todesstrafe.

Trotz der großen Heterogenität der Trawniki-Männer und ihrer unterschiedlichen Handlungsmöglichkeiten und tatsächlich gezeigten Verhaltensweisen werden sie bis heute wie kaum eine andere Gruppe als homogene Einheit betrachtet. Und auch die dynamische Entwicklung vom Opfer zum Täter wird in ihrer Bedeutung kaum wahrgenommen, obwohl sie für eine Bewertung ihres Verhaltens überaus wichtig ist. Denn ebenso wenig wie die Nationalsozialisten ursprünglich geplant hatten, etwa bei der Eroberung von „Lebensraum im Osten", beim Judenmord, bei der Bewachung von Lagern und Ghettos, auf „Fremdvölkische", Insassen von Lagern oder Ghettos zurückzugreifen, genauso wenig kann davon ausgegangen werden, dass diejenigen, die sich in den Dienst der Deutschen stellten, von Beginn an voraussahen oder absehen konnten, wie sich dieser gestalten würde und wie sie sich bei der Ausführung ihrer Aufgaben verhalten würden.

Bereits der Weg der Rekrutierung ist von großer Bedeutung. Ein erster Unterschied ist der zwischen Freiwilligen und Unfreiwilligen, der jedoch bei genauerem Hinsehen schnell verschwimmt. Denn ob z. B. alle „Trawnikis" „freiwillig" ihre Verpflichtung zum Dienst bei den Deutschen unterschrieben, ist ungewiss. Die sowjetischen Kriegsgefangenen waren als „Untermenschen" aus rassistischen und ideologischen Gründen zunächst ausnahmslos zur Vernichtung bestimmt. Vielen ließen sich „freiwillig" rekrutieren, um diesem Schicksal zu entkommen. Andere versprachen sich persönlichen Nutzen von einer Kooperation mit den Deutschen und wollten ihre Position aufwerten. Während einige speziell aufgrund ihrer deutschen Namen und Sprachfähigkeit ausgesucht wurden, gelangten andere aufgrund ihres im Vergleich zu den Mitgefangenen guten Gesundheitszustandes in deutsche Dienste. Die Bevorzugung von Volksdeutschen und Ukrainern bot diesen Rekruten die Chance, zum Beispiel am Unterführerlehrgang teilzunehmen oder später selbst Ausbilder zu werden. Auch hier gab es extreme individuelle Unterschiede. Entscheidend waren Herkunft, Sprachkenntnisse und nicht zuletzt die Bereitschaft, mit den Deutschen zu kooperieren und die neu erlangte Machtstellung gegenüber einer schwächeren Gruppe auszukosten und mit brutaler Gewalt durchzusetzen.

Die weitverbreitete Meinung, die „Trawnikis" seien „brutaler als die SS" gewesen, lässt sich nicht halten. Zweifellos gab es brutale Schläger und Sadisten unter ihnen, doch diese Charakterisierung pauschal der ganzen Gruppe zuzu-schreiben, verkennt die Situation in einem hierarchisch strukturierten, von Zwang und Unterordnung beherrschten Lager: Es sollte differenziert werden zwischen der tatsächlich ausgeführten Tat und dem jeweiligen Grund dafür. Bei aller Vorsicht muss das Maß an Gewalt berücksichtigt werden, die die Män-ner ausübten, um bei den deutschen Vorgesetzten nicht negativ aufzufallen. Das „Mehr an Gewalt", das eigeninitiativ angewendet wurde, ist den Trawniki-Männern dagegen eindeutig anzulasten.

Nicht zu unterschätzen ist an dieser Stelle auch der Zahlenschlüssel, nach dem höchstens 30 deutschen SS-Männern vor Ort in den Vernichtungslagern rund 120 „Trawnikis" gegenüberstanden. Die Berührungspunkte der Opfer waren also mit den Trawniki-Männern größer. Beispielsweise nahmen die Deportierten bei der Ankunft eines Transportes zuerst die „Trawnikis" wahr, die auf Befehl und unter Beobachtung ihrer Vorgesetzten die Jüdinnen und Juden brutal zur Eile antrieben. Die Bestrafung eines Trawniki-Mannes seitens der SS, wenn dieser nicht „energisch genug" eingriff, entzog sich meist der Wahr-nehmung der jüdischen Opfer.

Die Kollaboration mit den Deutschen bedeutete zumindest für einen Teil der „Trawnikis" einen Identitätsverlust, der sich ebenfalls auf die Gewaltbereitschaft ausgewirkt haben dürfte. Die Trawniki-Männer nutzten die extreme Gewalt auch als Abgrenzung zu der zu vernichtenden Gruppe und rückversicherten sich so permanent ihrer Macht. Das gilt freilich nicht generell für alle. Für die Volksdeutschen, denen eine bessere Behandlung zuteilwurde und die sich auch bewusst darüber waren, dass sie in der deutschen Rassenideologie als „wertvolles Material" gehandelt wurden, stellte sich die Situation anders dar. Ihnen kann ein höheres Maß an Freiwilligkeit unterstellt werden. Auffällig ist dabei, dass es sich bei den besonders brutalen „Trawnikis", an die sich ehemalige Häftlinge erin-nern, nur um einige wenige handelt. Für Treblinka beispielsweise war dies Iwan Marchenko, der bei den Gaskammern eingesetzt war und dort Häftlinge quälte. Diese These ist insofern mit Zurückhaltung zu bewerten, da es nur wenige Über-lebende der Lager gibt und somit kein umfassender Einblick möglich ist. Trotz-dem ist auffällig, dass – analog zu den SS-Männern – scheinbar nur eine kleinere Zahl Exzesstaten beging. Der Identitätsverlust darf bei der Berücksichtigung der Motive nicht außer Acht gelassen werden. Den Rotarmisten war bewusst, dass sie sich des Vaterlandsverrats schuldig machten, sobald sie sich in Kriegsgefan-genschaft begaben. In diesem Moment entschieden sie sich für ihr Überleben und verloren gleichzeitig die Zugehörigkeit zu ihrer Heimat. Dies ist auch im Demjanjuk-Prozess in München zum Tragen gekommen. Demjanjuk hat nach dem Krieg eine Lebenslüge aufgebaut, wissend, dass er weder in seine Heimat zurückkehren noch legal auswandern konnte. Er ist damit einer von vielen „Trawnikis", die mehrfach Opfer der Geschichte geworden sind.

Fazit

Während in der Zeugnisliteratur von Überlebenden und in der Berichterstattung über den Münchener Prozess gegen John (Iwan) Demjanjuk das Stereotyp des „brutalen Ukrainers" fortlebte, der sich als „Trawniki" bereitwillig zum Werkzeug der Deutschen beim Judenmord machte, und auch die Richter am Münchener Landgericht sich von Demjanjuks Schuld völlig überzeugt zeigten, tut sich die Wissenschaft mit eindeutigen oder gar pauschalen Urteilen schwerer.

Die Staatsanwaltschaft resümierte im letzten Prozess gegen Demjanjuk, der Angeklagte habe sich als Teil des Kollektivs der zum Tatzeitpunkt in Sobibor stationierten Wachmannschaft schuldig gemacht. Sie sah niedrige Beweggründe als erwiesen an, denn Demjanjuk habe nicht versucht zu fliehen. Dadurch habe er sich der nationalsozialistischen Ideologie unterworfen. Das Urteil stellte eindeutig fest, es habe kein Notstand für Demjanjuk geherrscht, auch kein vermeintlicher.

Doch weder der als Sachverständige geladene Historiker Dieter Pohl hatte Aussagen gemacht, die diese Thesen untermauern würden, noch hätten sie einer geschichtswissenschaftlichen Expertise standgehalten. Grauzonen und Schattierungen wollten weder das Gericht noch breite Teile der Öffentlichkeit und der Medien anerkennen. Die pauschale Stigmatisierung „der Ukrainer" als Gehilfen der Nationalsozialisten hatte Konjunktur. Von den einen hochstilisiert zum Mörder, zum „letzten Schergen Hitlers", der skrupellos Tausende von Juden ermordet habe, wurde Demjanjuk von anderen als „kleines Rädchen" im Getriebe der Mordmaschinerie, manchmal als Kriegsgefangener, der Opfer der Umstände gewesen sei, beschrieben.

Beides wird der Situation der „Trawniki" in Sobibor und an anderen Tatorten des Holocaust nicht gerecht, und beides verdrängt die Frage nach individuellen Motiven und Handlungsweisen. Im Fall von Demjanjuk blieb all dies bis zum Schluss weitgehend im Dunkeln. Noch immer ist fast nichts über Demjanjuks Verhalten, seine Motive oder Handlungsspielräume in Sobibor bekannt. Dabei wäre der von einem großen öffentlichen Interesse begleitete Prozess gegen den einstigen „Trawniki" die vielleicht letzte Chance gewesen, an seinem Beispiel die Rolle der kriegsgefangenen Rotarmisten zu klären. Um eine Antwort auf die nicht nur juristisch bedeutende Frage zu finden, wie sich die Schuld im konkreten Fall bewerten und bestrafen lässt, die ein „Trawniki" wie Demjanjuk auf sich geladen hat, wäre es zunächst nötig gewesen zuzugestehen, dass die historischen

Umstände vielschichtig und kompliziert waren. Dass nicht allein das national-sozialistische Besatzungs- und Terrorregime Dynamiken unterlag, sondern auch das Verhalten Einzelner Entwicklungen durchlaufen kann, die im Extremfall unschuldige Opfer zu Massenmördern machen. Beides ist nicht erfolgt, nicht seitens des Gerichts, nicht seitens der Öffentlichkeit.

Demjanjuk verstarb noch vor der Entscheidung der höchsten Berufungsinstanz. Und mit ihm das kurz aufgeflammte Interesse an den Trawniki-Männern, den „fremdvölkischen Hilfswilligen" und an der Tatsache, dass das perfide System der nationalsozialistischen Mordmaschinerie maßgeblich mithilfe von Nicht-Deutschen funktionierte. Es bleibt der Eindruck, dass eine große Chance vertan wurde. Und es bleibt das pauschale Urteil, Ukrainer hätten brutaler als die SS agiert.

CLAUDIA VON SALZEN

Zwangsarbeit für Deutschland

„Meine Mutter war zum Bahnhof mitgekommen. Auch von anderen waren Angehörige da. Aber sie durften nicht mehr zu uns. Die Deutschen haben uns mit Hunden umringt und keinen herangelassen – sofort stürzten die Schäferhunde los, deshalb konnten sie nicht zu uns. Dann trieben sie uns in den Waggon, mit Stiefeltritten. Das war ein Geschrei! Alle schrien: ‚Mama! Mama!‘ Die Eltern haben geschrien, und wir haben geschrien: ‚Nicht weinen, Mama, nicht weinen, Mama!‘"[1]

Die Ukrainerin Varvara Chabarova[2] war erst 16 Jahre alt, als sie im September 1942 von den Deutschen deportiert wurde. Sie kam aus Zolotonoša, einer Stadt im Südosten von Kiew. Das traumatische Erlebnis am Bahnhof markierte den Beginn ihrer Verschleppung zur Zwangsarbeit. Zwischen 1,7 und zwei Millionen Menschen aus der Ukraine mussten während des Zweiten Weltkrieges Zwangsarbeit im Deutschen Reich leisten.[3] Sie zählten später zu den vergessenen Opfern des NS-Regimes.

Innerhalb weniger Monate nach dem deutschen Überfall auf die Sowjetunion am 22. Juni 1941 war die Ukraine fast vollständig besetzt. Die nationalsozialistische Okkupationspolitik zielte nicht nur auf den eroberten Raum und auf die Ausbeutung der ukrainischen Schwerindustrie oder der „Kornkammer der

---

1 Memorial Moskau/Heinrich-Böll-Stiftung (Hrsg.), Für immer gezeichnet. Die Geschichte der „Ostarbeiter" in Briefen, Erinnerungen und Interviews, Berlin 2019, S. 123.

2 Dieser und die folgenden Namen von Zwangsarbeiterinnen und Zwangsarbeitern in diesem Beitrag folgen nicht der ukrainischen, sondern der russischen Schreibweise, da sie aus dem in russischer Sprache verfassten Originaltext von Memorial übernommen wurden.

3 Mark Spoerer, Zwangsarbeit unter dem Hakenkreuz. Ausländische Zivilarbeiter, Kriegsgefangene und Häftlinge im Deutschen Reich und im besetzten Europa 1939–1945, Stuttgart/München 2001, S. 80. Spoerer geht davon aus, dass 55 Prozent der 3,1 Millionen ins Großdeutsche Reich deportierten Sowjetbürger Ukrainer waren. In der Ukraine wurde die Zahl der Deportierten kurz nach Kriegsende auf mehr als zwei Millionen beziffert. Vgl. dazu Tetjana Pastushenko, Zwangsarbeiter aus der Ukraine im Deutschen Reich, https://www.ukrainianhistoryportal.org/themenmodule/der-zweite-weltkrieg/ns-zwangsarbeiter-aus-der-ukraine-im-deutschen-reich/, Fn. 5. [30. 12. 2022].

Sowjetunion". Angesichts des massiven Arbeitskräftemangels im Deutschen Reich setzte das NS-Regime auch auf die Versklavung und Ausbeutung der Menschen in den besetzten Gebieten. Zwangsarbeit war während des Krieges im Deutschen Reich allgegenwärtig, in der Industrie, im Bergbau, in der Landwirtschaft, bei Behörden und auch in privaten Haushalten. Im letzten Kriegsjahr waren ein Viertel der Beschäftigten in der deutschen Wirtschaft Ausländer, in der Landwirtschaft sogar fast die Hälfte.[4] Insgesamt mussten zwischen 1939 und 1945 mehr als zwölf Millionen Menschen Zwangsarbeit in Deutschland leisten – ausländische Zivilarbeiter, Kriegsgefangene und Häftlinge in den Konzentrationslagern.[5]

Im Dezember 1941 verhängten die Deutschen in den von ihnen besetzten Gebieten in der Sowjetunion eine allgemeine Arbeitspflicht für Männer zwischen 15 und 65 Jahren und Frauen zwischen 15 und 45 Jahren. Gleichzeitig entsandte das Reichsarbeitsministerium zehn „Reichswerbekommissionen" in die Ukraine,[6] die die Menschen für eine Arbeitsaufnahme in Deutschland gewinnen sollten. Tatsächlich meldeten sich anfangs junge Ukrainerinnen und Ukrainer von sich aus zum Arbeitseinsatz im Deutschen Reich. Doch von echter Freiwilligkeit konnte keine Rede sein. In der besetzten Ukraine mussten viele Menschen hungern, weil die Deutschen landwirtschaftliche Produkte requirierten. Ein Arbeitsplatz in Deutschland schien daher für manche eine Möglichkeit zu sein, das eigene Überleben zu sichern und vielleicht auch die Angehörigen in der Ukraine zu unterstützen. Die offizielle Propaganda der „Reichswerbekommissionen" zeichnete zudem ein überaus rosiges Bild der Lebensbedingungen in Deutschland.

Doch Anfang 1942 wurde deutlich, dass die Zahl der auf diese Weise gewonnenen Arbeitskräfte den Bedarf nicht annähernd würde decken können. Einerseits fehlten im Deutschen Reich kriegsbedingt Arbeitskräfte, vor allem in der Landwirtschaft, andererseits gab es durch den Krieg einen massiv gestiegenen Bedarf in der Rüstungsindustrie. Mit dem Einsatz sowjetischer Kriegsgefangener allein ließ sich dieses Problem nicht lösen – zwischen November 1941 und Januar 1942 waren bereits 400 000 Kriegsgefangene gestorben.[7] Zugleich wurde es für die deutschen Werber in den besetzten Gebieten immer schwieriger, überhaupt

---

4   Ulrich Herbert, Fremdarbeiter. Politik und Praxis des „Ausländereinsatzes" in der Kriegswirtschaft des Dritten Reiches, 2. Aufl., Berlin/Bonn 1986, S. 273.
5   Spoerer, Zwangsarbeit, S. 223. Spoerer gibt die Gesamtzahl der Personen, die im Großdeutschen Reich zur Arbeit eingesetzt wurden, mit mehr als 13,5 Millionen an. Von diesen seien mit Sicherheit 80 Prozent, eher 90 Prozent Zwangsarbeiter im engeren Sinn gewesen.
6   Swantje Greve, Die Arbeitskräfterekrutierungen im Reichskommissariat Ukraine während des Zweiten Weltkrieges, in: Elizabeth Harvey/Kim Christian Priemel, Working Papers of the Independent Commission of Historians Investigating the History of the Reich Ministry of Labour (Reichsarbeitsministerium) in the National Socialist Period, Nr. 14, 2017, S. 3 ff.
7   Herbert, Fremdarbeiter, S. 149.

noch „Freiwillige" zu finden. Mittlerweile war in der Ukraine durch Briefe oder Berichte von Rückkehrern bekannt geworden, wie die Arbeitskräfte in Deutschland in Wirklichkeit behandelt wurden.

Als Fritz Sauckel, als Gauleiter der NSDAP in Thüringen hochrangiger Funktionär der Hitlerpartei und im NS-Staat, im März 1942 zum Generalbevollmächtigten für den Arbeitseinsatz ernannt wurde, erhöhte er als eine seiner ersten Amtshandlungen die geforderten Kontingente für die Rekrutierung von Arbeitskräften in den besetzten Gebieten. Damit stieg der Druck auf die örtlichen Behörden in der Ukraine, Menschen für den Arbeitseinsatz im Reichsgebiet zu rekrutieren. In den folgenden Monaten begann in der Ukraine die massenhafte Verschleppung von Menschen zur Zwangsarbeit. Um die Vorgaben aus Berlin zu erfüllen, wurde zunehmend Gewalt eingesetzt. Menschen wurden willkürlich auf der Straße aufgegriffen oder bei nächtlichen Razzien zu Hause abgeholt. Die deutschen Besatzer sprachen von „Menschenjagden" oder „Sklavenjagden".[8] Ihr Verhalten in der Ukraine wurde als „besonders rücksichtslos" beschrieben.[9]

„Ich hätte fliehen können, mich irgendwo verstecken, aber es gab eine Order für unser Dorf. Wenn ich weglaufe, nehmen sie meine Mutter oder meine Schwester. Darum ist niemand geflohen."[10] So erinnerte sich Pavel Michajlov[11] aus dem Gebiet Zaporižžja an seine Verschleppung nach Deutschland im September 1943.

„Fast aus jeder ukrainischen Familie wurde während der Besatzungszeit ein Mitglied zur Zwangsarbeit verschleppt", schreibt die ukrainische Historikerin Tetjana Pastushenko.[12] Jugendliche ganzer Jahrgänge wurden zur Arbeit im Deutschen Reich zwangsverpflichtet. Im Sommer 1942 führten die deutschen Besatzer in der Ukraine einen zweijährigen Pflichtdienst für alle 18- bis 20-Jährigen ein, der im Deutschen Reich abzuleisten war, sofern die jungen Ukrainer nicht schon für die Besatzer arbeiteten.[13] So wurde die Zwangsarbeit für Deutschland in der Ukraine zur Erfahrung einer ganzen Generation.

Viele der jungen Menschen, die von den Deutschen verschleppt werden, hatten ihre Heimatstadt oder die dörfliche Umgebung, in der sie aufgewachsen waren, noch nie verlassen. Sie waren in keiner Weise vorbereitet auf das, was sie erwartete. Am Bahnhof wurden sie in Güterwaggons gesperrt, die hygienischen

8   Spoerer, Zwangsarbeit, S. 74.
9   Ebenda, S. 75.
10 Memorial/Böll-Stiftung (Hrsg.), Für immer gezeichnet, S. 119.
11 Der Name liegt nur in der russischen, nicht in der ukrainischen Schreibweise vor, da er aus dem ursprünglich in russischer Sprache geschriebenen Buch von Memorial stammt.
12 Pastushenko, Zwangsarbeiter.
13 Spoerer, Zwangsarbeit, S. 73/74.

Bedingungen auf der Reise erlebten sie als entwürdigend. Oft waren sie viele Tage unterwegs – bis zur Ankunft in einem fremden Land, dessen Sprache sie nicht verstanden und dessen Bevölkerung ihnen überwiegend mit Ablehnung und Verachtung gegenübertrat.

Am Ende der Reise ging der Prozess der Entwürdigung weiter: Die künftigen Zwangsarbeiterinnen und Zwangsarbeiter mussten sich in einem Durchgangslager medizinischen Untersuchungen unterziehen, und ihnen wurden die Haare abgeschnitten. In den Durchgangslagern wählten Betriebsleiter und Privatpersonen später die Arbeitskräfte aus. „Wir wurden nach Erfurt gebracht. Dort gab es eine große Freifläche mit Holzbaracken. Das war ein Handelsplatz für Arbeitskräfte. Dorthin kamen Gutsbesitzer, Witwen, Soldaten, Beamte und suchten sich Arbeiter aus. Sie ließen uns antreten, tasteten Arme und Schultern ab, schauten in den Mund. Wie auf einem Sklavenmarkt", berichtete der Ukrainer Lavrentij Novochat'ko, der im Juni 1942 aus einem Dorf im Gebiet Dnipropetrovs'k nach Deutschland verschleppt worden war.[14] Später musste er bei der Deutschen Reichsbahn Zwangsarbeit leisten.

Die Ukrainer und die anderen Zwangsarbeiter erlebten also schon kurz nach ihrer Ankunft in Deutschland Erniedrigung und Entmenschlichung. Sie fanden sich in der Rolle von Sklaven wieder. Von nun an waren sie vollkommen rechtlos und der Willkür ihrer Arbeitgeber ausgesetzt.

Die Deutschen rekrutierten in mehreren Ländern ausländische Arbeitskräfte, die meisten stammten allerdings aus Polen und aus der Sowjetunion. Die sowjetischen Zwangsarbeiterinnen und Zwangsarbeiter, die als „Ostarbeiter" gekennzeichnet wurden, standen dabei gemäß der nationalsozialistischen Rassenideologie in der Hierarchie ganz unten. Sie waren eine in besonderem Maße entrechtete Gruppe.

Grundlage dafür waren die „Ostarbeiter-Erlasse". Am 20. Februar 1942 unterzeichnete der Reichsführer SS und Chef der deutschen Polizei, Heinrich Himmler, die „Allgemeinen Bestimmungen über Anwerbung und Einsatz von Arbeitskräften aus dem Osten". Darin heißt es: „Für die gesamte Behandlung dieser Arbeitskräfte ist ausschlaggebend, daß sie jahrzehntelang unter bolschewistischer Herrschaft gelebt haben und systematisch zu Feinden des nationalsozialistischen Deutschland und der europäischen Kultur erzogen worden sind."[15] Die Arbeitskräfte aus der Sowjetunion seien streng von der deutschen Bevölkerung, anderen ausländischen Zivilarbeitern und den Kriegsgefangenen

---

14 Memorial/Böll-Stiftung (Hrsg.), Für immer gezeichnet, S. 138.
15 „Allgemeine Bestimmungen über Anwerbung und Einsatz von Arbeitskräften aus dem Osten", https://www.bundesarchiv.de/zwangsarbeit/files/rd19-3_erl-osta-kennz-sw.pdf [30. 12. 2022].

abzusondern. Idealzustand war dem Erlass Himmlers zufolge die Einrichtung von „Russenbetriebe", in denen die sowjetischen Arbeiter ganz unter sich sein sollten, statt Seite an Seite mit Deutschen zu arbeiten. Das ließ sich in den meisten Fällen nicht umsetzen. Allerdings dürfe bei den deutschen Arbeitern „ein Solidaritätsgefühl mit diesen Arbeitskräften möglichst nicht entstehen".

Die Zivilarbeiter, die in der Industrie tätig waren, mussten in geschlossenen Lagern untergebracht werden, die unter ständiger Bewachung stehen sollten. Ursprünglich war in dem Erlass sogar das Errichten von Stacheldrahtzäunen rund um die Lager verfügt worden. Diese Bestimmung wurde jedoch später wieder zurückgenommen. Nur zum Arbeiten sollten die sowjetischen Zwangsarbeiter das Lager überhaupt verlassen dürfen. Kontakt zur deutschen Bevölkerung sollte nach dem Willen des nationalsozialistischen Regimes möglichst vermieden werden. Die Zwangsarbeiter aus der Sowjetunion mussten zudem auf ihrer Kleidung ein besonderes Kennzeichen tragen, ein blaues Rechteck, auf dem in weißer Schrift „OST" zu lesen war.

Im September 1942 wurde ein Nachtrag zu den Bestimmungen erlassen, der speziell den „Einsatz weiblicher Arbeitskräfte" aus der Sowjetunion betraf.[16] Zu dem Zeitpunkt war der Bedarf an Arbeitskräften in der Rüstungsindustrie und auch in der Landwirtschaft offenbar weitgehend gedeckt. Der neue Erlass erlaubte nun die Beschäftigung von „Ostarbeiterinnen" in privaten Haushalten. Dafür sollten Mädchen und Frauen im Alter von 15 bis 35 Jahren angeworben werden, „deren Erscheinungsbild dem rassischen Bild des deutschen Volkes möglichst nahe kommt", wie es in dem Erlass heißt. Eine „rassische Sichtung" sollte noch vor Ort, also vor der Deportation erfolgen.

Auch innerhalb der Haushalte sollten die „Ostarbeiterinnen" getrennt von Deutschen untergebracht werden. Ein „Solidaritätsgefühl" zwischen deutschen Hilfskräften und den „Ostarbeiterinnen" dürfe gar nicht erst entstehen. „Bei stets gerechter, aber straffer Behandlung der Ostarbeiterin ist seitens der deutschen Familie stets der gebotene Abstand zu wahren."[17] Nur „politisch zuverlässige Familien" durften eine Hilfskraft aus der Sowjetunion beschäftigen. Die Arbeit in Haushalten galt insofern als erträglicher als andere Einsatzorte von Zwangsarbeitern, weil die jungen Frauen die gleichen Lebensmittelzuteilungen erhalten sollten wie die Deutschen. In der Praxis waren allerdings auch sie jederzeit der völligen Willkür ihrer Arbeitgeber ausgesetzt.

16 „Einsatz weiblicher Arbeitskräfte aus dem altsowjetischen Gebiet (Ostarbeiterinnen). Zweiter Nachtrag zu Abschnitt A der Allgemeinen Bestimmungen über Anwerbung und Einsatz von Arbeitskräften aus dem Osten", https://www.bundesarchiv.de/zwangsarbeit/files/nachtraege1_2allgbestostarbeiter.pdf [30.12.2022].
17 Ebenda.

Unter den schwierigsten Bedingungen lebten diejenigen ukrainischen und anderen sowjetischen Zwangsarbeiter, die in der Rüstungsindustrie oder im Bergbau Sklavenarbeit leisteten. In den Lagern wurden sie nicht ausreichend mit Essen versorgt. Während sie unter massiver Unterernährung litten, mussten sie gleichzeitig Schwerstarbeit verrichten. Viele Zwangsarbeiter starben an Unterernährung und Krankheiten.[18] „Wir waren nur noch Haut und Knochen, keine Menschen mehr, sondern Mumien, Keine Ahnung, wie wir uns auf den Beinen halten konnten. Uns hat nur gerettet, dass wir jung waren", berichtete Pavel Michajlov.[19] Er war als Siebzehnjähriger aus der Ukraine verschleppt worden und musste im Hüttenwerk der Reichswerke Hermann Göring in Salzgitter Zwangsarbeit leisten. Einmal schlief er nachts an seinem Arbeitsplatz ein. Einer seiner deutschen Vorgesetzten schlug ihn daraufhin zu Boden, ein anderer prügelte wieder und wieder mit einem Gummischlauch auf ihn ein.[20] Die Zwangsarbeiter waren den deutschen Arbeitgebern in jeder Hinsicht schutzlos ausgeliefert. Sie hatten keine Möglichkeit, sich gegen Ausbeutung, Erniedrigung und Gewalt zur Wehr zu setzen.

Fehler bei der Arbeit wurden ebenso mit Gewalt und Strafen geahndet wie Fluchtversuche. Schlimmstenfalls drohte das Konzentrationslager. Es genügte beispielsweise schon, wenn eine Ukrainerin in der Lagerbaracke mit ihren Freundinnen sowjetische Lieder sang.[21] Tatsächlich wurden zahlreiche ukrainische Zwangsarbeiter wegen solcher angeblicher Vergehen in ein Konzentrationslager verbracht.

Im Alltag erlebten die Zwangsarbeiterinnen und Zwangsarbeiter ständige Diskriminierungen und Erniedrigungen, auch von fremden Leuten auf der Straße. „Auf dem Weg zur Arbeit und zurück haben wir die jungen Leute gesehen und die Kinder, die haben sich über uns lustig gemacht, haben mit Steinen nach uns geworfen und ‚Schweine' gerufen", berichtete die Ukrainerin Taissa Tolkačova, die aus dem Gebiet Cherson stammte und in einem deutschen Rüstungsbetrieb Zwangsarbeit leisten musste.[22] Demütigungen durch Deutsche gehörten für die Zwangsarbeiter zum Alltag, selbst in den Familien, bei denen sie als Haushaltshilfen beschäftigt waren.

Der Leidensweg der Ukrainer, die von Deutschen zur Zwangsarbeit verschleppt worden waren, ging mit dem Tag der Befreiung nicht wirklich zu Ende.

18 Spoerer geht von etwa 170 000 Todesfällen unter den „Ostarbeitern" aus. Spoerer, Zwangsarbeit, S. 228.
19 Memorial/Böll-Stiftung (Hrsg.), Für immer gezeichnet, S. 174.
20 Ebenda, S. 297.
21 Ebenda, S. 234.
22 Ebenda, S. 297 f.

In der Sowjetunion wurden die ehemaligen Zwangsarbeiterinnen und Zwangsarbeiter der Kollaboration mit den Deutschen verdächtigt. „Man hat mir einge-
trichtert, dass ich mich schuldig gemacht habe. Und mit dieser Schuld lebe ich
bis heute. Ich kann mir nicht vorstellen, nicht schuldig zu sein, nein. Irgend-
wie bin ich schuld. Und mit dieser Schuld lebe ich weiter", berichtete Evgenija
Savranskaja, die im Juni 1942 aus der Ukraine deportiert worden war und später
in Industriebetrieben in Berlin und Falkensee Zwangsarbeit leisten musste.[23]

Nach der Befreiung waren die ehemaligen Zwangsarbeiterinnen und Zwangsarbeiter aus der Sowjetunion verpflichtet, in ihre Heimat zurückzukehren. Das
galt auch für diejenigen, die den Tag der Befreiung in einer der westlichen Besatzungszonen erlebt hatten. Diese „Repatriierung" beruhte nicht auf Freiwilligkeit.
Wer sich weigerte, wurde abgeholt. Die gerade befreiten Zwangsarbeiter wurden
nun zur „Filtration" in Lager geschickt und auf ihre Zuverlässigkeit überprüft.
Warum sie nach Deutschland gegangen seien, warum sie den Deutschen gedient
hätten und warum sie sich nicht den Partisanen angeschlossen hätten, mussten
sie in den Verhören erklären. Nur 58 Prozent der ehemaligen Zwangsarbeiter
durften nach der „Filtration" nach Hause zurückkehren. Etwa 20 Prozent wurden in die Rote Armee eingezogen.[24] Andere mussten in Arbeitsbataillonen dienen. Doch diejenigen, denen man Verrat vorwarf, wurden in einem der Arbeitslager des sowjetischen Gulag-Systems inhaftiert – dieses Schicksal traf immerhin
6,5 Prozent der ehemaligen sowjetischen Zwangsarbeiter.[25]

Auch in ihrer Heimat begegnete man den „Repatriierten" mit Misstrauen,
sie wurden weiter überwacht und verhört. Die Überwachung endete erst mit Stalins Tod im Jahr 1953. Die ehemaligen Zwangsarbeiter hatten es in der Sowjetunion schwer, einen Studienplatz zu bekommen, eine Arbeit zu finden oder sich
auch nur einen Ausweis ausstellen zu lassen. Die Deportation nach Deutschland
prägte noch Jahre später ihr Leben.

Viele verschwiegen daher lieber, dass sie Zwangsarbeit in Deutschland leisten
mussten. Das bedeutete aber auch, dass sie über ihre traumatischen Erfahrungen
über Jahrzehnte nicht sprechen konnten, nicht einmal mit ihrer Familie. In der
sowjetischen Erinnerungskultur hatten die ehemaligen Zwangsarbeiterinnen
und Zwangsarbeiter im Gegensatz zu den Helden des Großen Vaterländischen
Krieges keinen Platz. Ihre Geschichten wollte niemand hören, und der Makel,
mit dem ihre Erfahrung verbunden wurde, blieb an ihnen haften. „Am Tag des
Sieges, der für die ,Ostarbeiter' zum Tag der Erinnerung an ihre Befreiung hätte

23 Ebenda, S. 126.
24 Pastushenko, Zwangsarbeiter.
25 Ebenda.

werden müssen, fühlten sie sich überflüssig", so die russische Menschenrechtsorganisation „Memorial".[26]

Erst Anfang der 1990er-Jahre brachen viele ehemalige sowjetische Zwangsarbeiterinnen und Zwangsarbeiter erstmals ihr Schweigen. Nach einem Zeitungs-
artikel zum Thema erhielt „Memorial" mehr als 400 000 Briefe aus der Ukraine,
Russland und Belarus. Aus ihnen sprach auch die Hoffnung, nach all den Jahren
doch noch eine Entschädigung aus Deutschland erhalten zu können.

Aber auch in der Bundesrepublik geriet diese Opfergruppe zunächst in Vergessenheit. Dabei war noch in den Nürnberger Kriegsverbrecher-Prozessen die
„Versklavung" zu den Verbrechen gegen die Menschlichkeit gezählt worden.
Zwangsarbeit kam in den Geschichtsbüchern der frühen Bundesrepublik nicht
oder kaum vor. Und in der kollektiven Erinnerung schienen die Geschichten
vom Landarbeiter oder dem Kindermädchen aus dem Osten, die es bei den deutschen Bauern oder Familien doch gut gehabt hätten, die Realität der Zwangsarbeit zu überlagern. Firmen, die von der Sklavenarbeit profitiert hatten, klam-
merten dieses dunkle Kapitel ihrer Geschichte jahrzehntelang aus.

Die Bundesrepublik handelte 1953 im Londoner Schuldenabkommen aus,
dass Entschädigungen für ehemalige Zwangsarbeiterinnen und Zwangsarbeiter
unter „Reparationsansprüche" fielen, die zurückgestellt wurden, bis ein Friedensvertrag geschlossen werden würde. Auch nach dem Bundesentschädigungs-
gesetz hatten die ukrainischen Zwangsarbeiter keinen Anspruch auf Zahlungen.
Die DDR hatte sich ohnehin für nicht zuständig erklärt.

Nach der Wiedervereinigung 1990 schloss die Bundesrepublik sogenannte
Globalabkommen mit osteuropäischen Staaten. Die Ukraine erhielt 1993 für
die zu diesem Zweck gegründete Stiftung „Verständigung und Aussöhnung"
400 Millionen Euro. Damit sah die Bundesregierung alle individuellen Ansprüche ukrainischer NS-Opfer als erledigt an.

Doch einige Jahre später kam es doch noch zu einer Wende. Die deutsche
Öffentlichkeit hatte mittlerweile begonnen, sich mit dem Thema Zwangsarbeit
zu beschäftigen. In den USA waren Sammelklagen ehemaliger Zwangsarbeiter
eingereicht worden, die von deutschen Firmen eine Entschädigung verlangten.
Für diese Firmen hätte das sehr teuer werden können. Um die Klagen abzuwenden, sahen sich die deutsche Wirtschaft und die Bundesregierung zum Handeln
gezwungen. Im Jahr 2000 beschloss der Deutsche Bundestag mit den Stimmen
aller Fraktionen die Gründung der Bundesstiftung „Erinnerung, Verantwortung
und Zukunft", die sich vor allem der Entschädigung der ehemaligen Zwangs-

---

26 Memorial/Böll-Stiftung (Hrsg.), Für immer gezeichnet, S. 23.

arbeiterinnen und Zwangsarbeiter widmen sollte.[27] Sowohl die Bundesregierung als auch eine Stiftungsinitiative der deutschen Wirtschaft zahlten jeweils fünf Milliarden DM in die Stiftung ein. Außerdem schlossen Deutschland und die USA ein Abkommen, mit dem Rechtssicherheit für deutsche Unternehmen hergestellt werden sollte.

Die Mittel wurden über Partnerorganisationen in anderen Ländern an die Betroffenen ausgezahlt, die Stiftung „Verständigung und Aussöhnung" sollte gemäß dem Stiftungsgesetz mehr als 1,7 Milliarden DM verteilen. Zwangsarbeiter, die in Konzentrationslagern inhaftiert waren, erhielten eine einmalige Summe von 15 000 DM. Diejenigen, die in der Industrie Sklavenarbeit leisten mussten, erhielten 5000 DM. Auch Beschäftigte in der Landwirtschaft konnten diese Summe beantragen.[28]

Allerdings dauerte es noch mehrere Jahre, bis die Zahlungen abgeschlossen waren. Der Nachweis der Zwangsarbeit war für die Betroffenen in vielen Fällen kompliziert. Bis 2007 erhielten in der Ukraine 471 167 Personen eine Zahlung aus Deutschland.[29] Die Mehrheit der ehemaligen ukrainischen Zwangsarbeiterinnen und Zwangsarbeiter erlebte die späte Anerkennung ihres Leids nicht mehr.

27 Gesetz zur Errichtung einer Stiftung „Erinnerung, Verantwortung und Zukunft", 2. 8. 2000, Bundesgesetzblatt 2000, Teil I, Nr. 38, S. 1263–1269.
28 Ebenda, § 9.
29 Sechster und abschließender Bericht der Bundesregierung über den Abschluss der Auszahlungen und die Zusammenarbeit der Stiftung „Erinnerung, Verantwortung und Zukunft" mit den Partnerorganisationen, Deutscher Bundestag, Drucksache 16/9963, 9. 7. 2008, Tabelle 4, S. 6 f.

IV. Wege in die Moderne

SABINE VON LÖWIS

Die Grenzen der Ukraine

Koordinaten der politischen Geografie

Die Einsicht, dass heute als unverrückbar angesehene Grenzen keine natürliche Erscheinung, sondern in komplexen historischen Prozessen entstandene Setzungen sind, dass aber ihre Herstellung, Erhaltung oder Wiederherstellung sowohl Konflikte auslösen als auch solche beilegen können, ist nicht neu, aber sicherlich auch nicht banal. Diese historische Genese betrifft auch die Ukraine, deren Grenzen in der heutigen Form in mehreren Phasen während des 20. Jahrhunderts festgelegt wurden.[1] Die Auflösung des Russischen Imperiums sowie die Gründung und Auflösung der Sowjetunion, die Entwicklung nationaler Eliten und Bewegungen und die daraus folgenden Staatenbildungen, damit verbundene Grenzkonflikte und Kriege, Verhandlungen und Friedensverträge trugen zur heutigen territorialen Form der Ukraine und ihrer Nachbarstaaten bei. Als politische Konstruktionen müssen die Grenzen eines Landes immer in Beziehung zu den Grenzen der jeweiligen Nachbarstaaten betrachtet werden; außerdem sind Nachwirkungen der vergangenen politischen Ordnungen, aus denen sie entstanden sind, zu berücksichtigen. Regionale und geopolitische Kontexte bedingen dann wiederum die Beziehungen zu übergeordneten Verbünden und Staatengemeinschaften, wie z. B. dem Schengenraum, oder Handelsabkommen wie das Tiefe und Umfassende Freihandelsabkommen (Deep and Comprehensive Free Trade Agreement, DCFTA) zwischen der EU und benachbarten und sich mit der EU assoziierenden Staaten und haben Einfluss auf Grenz- oder Zollregime. Andere Verbünde, die einzelne postsowjetische Staaten gebildet haben, um Grenz- und Zollregimes zu regulieren, prägen ihrerseits die Verhältnisse zwischen der Ukraine und ihren Nachbarstaaten, indem sie Alternative, Ergänzung oder manchmal Konkurrenz zur wachsenden Westintegration des östlichen Europa sein können.

Die Republik Moldau hat z. B. seit 2018 einen Beobachterstatus in der Eurasischen Wirtschaftsunion (EAWU) und der De-facto-Staat Transnistrien hat das

---

1   Olena Palko/Constantin Ardeleanu (Hrsg.), Making Ukraine. Negotiating, Contesting, and Drawing the Borders in the Twentieth Century, Montreal 2022.

erklärte Ziel, der Eurasischen Wirtschaftsunion beizutreten. Gleichzeitig hat
die Republik Moldau das Assoziierungsabkommen mit der EU unterschrieben,
und sowohl Transnistrien, als Teil von Moldau, und Moldau selbst nehmen am
DCFTA teil.

Die ukrainische Westgrenze ist Teil der EU-Außengrenze und teilweise
Schengenraumgrenze im Osten; sie spielt daher eine mit Aufgaben und Auflagen
aufgeladene Rolle bei der Migrationskontrolle der EU, die auch die ukrainischen
Verhältnisse und die ihrer Nachbarn beeinflusst. Grenzen sind also nicht einfach
Bezeichnungen von Territorien, sondern in sich überlagernde Regelungswerke
eingebettet und durch unterschiedliche – und wandelbare – nationale und internationale Interessen geprägt.

Die ehemalige Außengrenze der Sowjetunion nach Westen war nach dem
Ende des Zweiten Weltkriegs überwiegend klar und auch demarkiert. Die Grenzen zwischen den neuen Nationalstaaten waren dagegen zunächst hinsichtlich
des Verlaufs und der Regelungen eines Grenzregimes unklar, da diese als Grenzen zwischen Sowjetrepubliken nur administrativen Charakter gehabt hatten.

Die Nachbarstaaten der Ukraine pflegen je nach der jeweiligen Rezeption
historischer politischer Ordnungen ganz unterschiedliche Beziehungen zur
Ukraine. Zudem wirken vergangene Grenzen der ehemaligen Imperien, Monar-
chien und Republiken, denen das heutige Gebiet der Ukraine angehört hatte,
bis heute nach: Es erscheinen Phantomschmerzen und -grenzen in Institutionen, Symbolen, Praktiken, dem Sprachgebrauch, im politischen oder sozialen
Verhalten, in Narrativen oder Imaginativen vergangener politischer Ordnungen,
die reaktualisiert, weiter gepflegt oder zu denen neue Beziehungen hergestellt
werden können.[2] Diese vergangenen politischen Geografien und damit assozi-
ierte oder zugeschriebene Eigenschaften, seien sie faktisch korrekt oder nicht,
dienen als Schablonen (place frames), um politische Strategien und Ansprüche
zu rechtfertigen und zu aktivieren.[3] Sie sind also häufig nicht einfach Hinterlas-
senschaften oder Relikte, sondern auf eine imaginierte Vergangenheit bezogene
Neuschöpfungen.[4]

2   Michael G. Esch/Béatrice von Hirschhausen (Hrsg.), Wahrnehmen, Erfahren, Gestalten.
     Phantomgrenzen und soziale Raumproduktionen, Göttingen 2017; Béatrice v. Hirschhausen/
     Hannes Grandits/Claudia Kraft/Dietmar Müller/Thomas Serrier (Hrsg.), Phantomgrenzen.
     Räume und Akteure in der Zeit neu denken, Göttingen 2015.
3   Joseph Pierce/Deborah G. Martin/James T. Murphy, Relational place-making: networked
     politics of place, in: Transactions of the Institute of British Geographers 36 (2011), S. 54–70;
     Bernd Belina, Raum. Zu den Grundlagen eines historisch-geographischen Materialismus,
     Münster 2017.
4   Sabine v. Löwis, Das Phantom der alten Grenze am Zbruč. Kontinuitäten und Brüche sozial-
     räumlicher Strukturen in der Westukraine, Göttingen (erscheint 2023).

So arbeitete Russland, der machtvolle Nachbar der Ukraine, seit Beginn des Zusammenbruchs der Sowjetunion am Konzept der Russkij Mir als neoimperiales Konzept und Gegenmodell zum „Westen".[5] Ungarische politische Eliten pflegen Phantomschmerz in der Imagination eines Großungarns vor dem Vertrag von Trianon,[6] ukrainische Intellektuelle pflegten orientalisierende Diskurse, die Unterschiede gesellschaftlicher oder politischer Ansichten zwischen Ost- und Westukraine u. a. auf die Zugehörigkeit der heutigen westukrainischen Territorien zum Habsburger Reich bzw. zu Österreich-Ungarn und der zentralen und östlichen Regionen zum Russischen Reich nach den Teilungen Polens zurückführen.[7] Solche Strategien konstruieren basierend auf vergangenen Ordnungen Identitäten, die dann politisch aufgeladen werden können.

Was sind (politische) Grenzen?

Grenzen sind zunächst einmal Konstrukte und nichts Natürliches. Dass sie Konstrukte sind, bedeutet nicht, dass sie nicht wirkmächtig wären. Sie werden von politischen Eliten hergestellt, die ein Staatsterritorium und darauf lebende Gesellschaften gegenüber einem bzw. einer anderen abgrenzen. Politische Grenzen, also Staatsgrenzen bestimmen Zugehörigkeiten, Wirtschaftssysteme, gesellschaftliche Ordnungen, kulturelle Traditionen und vieles mehr.

Da Grenzen nichts Feststehendes sind, können sie verschoben, neu gezogen oder aufgehoben werden, aber auch in ihrer Wirkung verstärkt werden. Im Interesse der Konfliktvermeidung, aber auch der Besitzstandssicherung wird heute – wie schon zuvor mehrfach in der Geschichte – davon ausgegangen, dass Grenzen unantastbar und stabil sind und die Souveränität von Staaten und somit ihr Territorium nicht angegriffen und somit verletzt oder verändert werden darf. Die vorangegangene Ordnung, die nach dem Zweiten Weltkrieg entstand, war

---

5   John O'Loughlin/Gerard Toal/Vladimir Kolossov, Who identifies with the „Russian World"? Geopolitical Attitudes in southeastern Ukraine. Crimea, South Ossetia, and Transnsitria, in: Eurasian Geography and Economics 57 (2016) 6, S. 745–778.

6   Gábor Szalkai, Summoning historical phantoms. Invention of memorial sites and reification of territorial identities in the Romanian Carpaths, in: L'Espace géographique 46 (2017) 2, S. 143–157.

7   Andrij Portnov, The arithmetic of otherness, ‚Donbas' in Ukrainian intellectual discourse, in: Eurozine 2017, https://www.eurozine.com/the-myth-of-the-two-ukraines/ [20. 2. 2023]; Sabine von Löwis, Umstrittene Räume in der Ukraine. Politische Diskurse, literarische Repräsentationen und kartographische Visualisierungen. Einführung, in: dies. (Hrsg.), Umstrittene Räume in der Ukraine, Politische Diskurse, literarische Repräsentationen und kartographische Visualisierungen, Göttingen 2020, S. 7–38.

in Osteuropa bis zum Ende des Kalten Krieges und dem Untergang der Sowjet-
union durch eine erstaunliche Stabilität gekennzeichnet.[8] Erst danach kam es
zu einer Reihe von friedlichen und gewaltsamen Grenzveränderungen, z. B. der
Auflösung der Tschechoslowakei, dem Zerfall der Sowjetunion, der Auflösung
Jugoslawiens, der gewaltsamen Annexion der Krim und aktuell dem offenen
Krieg Russlands gegen die Ukraine mit dem Ziel, Grenzen zu verschieben.

Grenzen werden als Linie auf einer Karte repräsentiert; dadurch werden sie
lokalisiert, dann im Territorium und durch Grenzanlagen markiert. Damit verbunden ist die Einrichtung eines formellen und informellen Grenzregimes, das
die Mobilität von Personen, Ideen und Gütern über Grenzen hinweg regelt.

Grenzen haben aber auch eine kommunikative bzw. diskursive Ebene. Sie
sind „räumliche Sinndeponie[n] für soziale Prozesse".[9] Sie dienen der ideellen
Abgrenzung unterschiedlicher Gemeinschaften voneinander; sie können obsolet werden, wenn eine Grenze als politische Institution aufgehoben wird.
Aufgehobene Grenzen können aber gleichzeitig fortgeführt werden, wenn sie
auf den mentalen Karten im Kopf und in Narrativen festgesetzt werden, wie
beispielsweise die innerdeutsche Grenze. Hier wie in anderen Fällen lässt sich
gleichsam von Phantomgrenzen sprechen.[10] Lange verwendete Narrative und
Imaginative können aber auch an Bedeutung verlieren, wenn eine neue Erzählung wirkmächtig wird, die auf Gegendiskurse oder auch veränderte politische
Agenden zurückgeht.

Die politische-territoriale Grenze ist also immer auch eine imaginierte Grenze,
die in den Köpfen der Menschen verankert werden muss: Zum einen durch Pässe,
die Zugehörigkeit und Identität verrechtlichen, aber auch durch Narrative und
Bilder, die das *Hier* von der *anderen Seite* unterscheiden und emotionale und
kulturelle Zugehörigkeit zum jeweiligen Staatsgebilde herstellen sollen.

Neben der Einrichtung eines Grenzregimes schlägt sich die territoriale
Grenze zumindest in der Moderne und außerhalb supranationaler Zusammen-
schlüsse wie der EU materiell im Raum in Form von Zäunen, Mauern oder
Grenzübergängen nieder. Dies beeinflusst die gesellschaftlichen Praktiken der
räumlichen Mobilität von Dingen und Lebewesen durch Auflagen, die zu erfüllen

8   Martin Bös/Kerstin Zimmer, „Wenn Grenzen wandern". Zur Dynamik von Grenzver-
    schiebungen im Osten Europas, in: Monika Eigmüller/Georg Vobruba, Grenzsoziologie,
    Die politische Strukturierung des Raumes, 2.Aufl., Wiesbaden 2016, S. 153–181; Tatiana
    Zhurzhenko, Making and Unmaking the Ukrainian-Russian Border since 1991, in: Palko/
    Ardeleanu (Hrsg.), Making Ukraine, S. 329–354.
9   Hans-Dietrich Schultz, „Natürliche Grenzen" als politisches Programm. in: Claudia
    Honegger/Stefan Hradil/Franz Taxler (Hrsg.), Grenzenlose Gesellschaft? Bd. 1, Opladen
    1999, S. 328–343.
10 Esch/von Hirschhausen, Wahrnehmen, Erfahren, Gestalten.

sind, um sie zu überqueren. Wie sehr eine Grenze im Alltag oder wirtschaftlichen oder kulturellen Austausch trennt, hängt ab von ihrer Überwindbarkeit bzw. Unüberwindbarkeit, die ihrerseits bestimmt werden von den offiziellen Regulierungen und Abkommen.

Grenzen der Ukraine und ihre politische Geografie

Die Ukrainische Sowjetrepublik, wie sie 1991 in die unabhängige Ukraine überging, erhielt ihre bis heute völkerrechtlich anerkannte territoriale Form im Jahr 1954 mit der Übertragung der Autonomen Republik Krim an die Ukrainische Sowjetrepublik.[11] Sie grenzt an sieben Nachbarstaaten. Die längsten Grenzabschnitte teilt sie mit drei weiteren Nachfolgestaaten der Sowjetunion: der Russischen Föderation (2295 km), der Republik Moldau (1222 km) und Belarus (1084 km). Diese Abschnitte waren die aufwendigsten mit Blick auf Delimitierung und Demarkierung – und auch hinsichtlich Aushandlungsprozessen darüber, wie mit diesen Grenzbefestigungen umzugehen sei und welche Stärke sie haben sollten.

Vier Grenzabschnitte, die gleichzeitig Außengrenzen der Sowjetunion waren, teilt die Ukraine mit osteuropäischen Staaten des ehemaligen sozialistischen Blocks: mit der Slowakei (97 km), die aus der Teilung der Tschechoslowakei 1994 hervorgegangen ist, Ungarn (137 km), Polen (535 km) und Rumänien (614 km). Diese Grenzen waren überwiegend klar und demarkiert, trotzdem gab es z. B. mit Rumänien noch Verhandlungen, bei denen es um den Ressourcenzugang im Schwarzen Meer um die Schlangeninsel ging.[12]

Die Grenzen zu Slowakei, Ungarn, Polen und Rumänien sind Teil der EU-Außengrenze und markieren im westlichen Verlauf die Grenze zum Schengenraum: Alle vier Staaten sind der EU beigetreten, aber Rumänien gehört nicht zum Schengenraum. Zudem sind Polen und Ungarn seit 1999, die Slowakei und Rumänien seit 2004 Mitgliedsstaaten der NATO. Die Republik Moldau ist ähnlich wie die Ukraine Unterzeichnerin eines Assoziierungsabkommens mit der EU, das ebenfalls 2014 unterschrieben wurde. Im Zuge des russischen Angriffskrieges beschlossen die Staats- und Regierungschefs der EU im Sommer 2022, der Republik Moldau und der Ukraine EU-Beitrittskandidatenstatus zu verleihen.

11   Hier sind die Grenzen der Ukraine vor der Annexion der Krim 2014 und der Entstehung der separatistischen Regionen in der Ostukraine gemeint; auf die damit verbundenen Grenzziehungen wird weiter unten eingegangen. Die aktuelle Frontlinie und die von Russland besetzten Gebiete werden hier nicht behandelt.
12   Katrin Boehk/Ekkehard Völkl, Ukraine, Von der Roten zur Orangenen Revolution, München 2007, S. 233.

Die postsowjetischen Grenzen zu den ehemaligen Sowjetrepubliken

Mit der Unabhängigkeitserklärung sahen sich die neu entstandenen Staaten vor der Aufgabe – mitunter auch der Chance –, ökonomische, soziokulturelle, sicherheitspolitische und ökologische Verflechtungen aus der Zeit der zentral gelenkten UdSSR und der durch sie geregelten regionalen Arbeitsteilung neu zu ordnen. Zudem mussten Grenzverträge und die Demarkierung der Grenze ausgehandelt werden, was in vielen Fällen lange hinausgezögert wurde. Ein Versuch, diesen Auflösungsprozess unter russischer Hegemonie zu steuern, war die Gründung der Gemeinschaft unabhängiger Staaten (GUS):[13] Sie hatte das Ziel, die Nachfolgestaaten der Sowjetunion politisch und ökonomisch zusammenzuhalten, zumindest aber die Desintegration der UdSSR möglichst friedlich ablaufen zu lassen. Dabei lag es im russischen Interesse, die neuen Grenzen weitgehend offen zu halten.[14] Aspekte, die typischerweise im nationalstaatlichen Kontext geklärt und verhandelt werden mussten, waren der Umgang und der Verbleib von ehemals sowjetischen Militäreinheiten und Waffensystemen im Zuge der Gründung eigener, d. h. nationaler Streitkräfte. Für die Ukraine betraf dies insbesondere die Frage nach der Schwarzmeerflotte, der Stadt und dem Militärhafen Sevastopol' sowie dem Umgang mit nun auf ukrainischem Territorium befindlichen sowjetischen Nuklearwaffen.[15]

Im Budapester Memorandum von 1994 gaben Russland, die Vereinigten Staaten und Großbritannien der Ukraine Sicherheitsgarantien, d. h. Souveränität einschließlich der Unantastbarkeit der territorialen Integrität.[16] Im Gegenzug gab die Ukraine bis 1996 die auf ihrem Territorium stationierten Nuklearwaffen an die Russische Föderation ab.[17] Der Vertrag über Freundschaft, Kooperation und Partnerschaft von 1997 regelte die Stationierung der Schwarzmeerflotte in Sevastopol'. Das Territorium wurde für zunächst 20 Jahre an Russland und die Schwarzmeerflotte verpachtet. Die Schwarzmeerflotte und militärische Infrastruktur wurden zwischen der Russländischen Föderation und der Ukraine aufgeteilt. Der Vertrag wurde zweimal verlängert und hatte zuletzt eine Laufzeit bis 2024. Im Jahr 2003 wurde ein weiterer Vertrag geschlossen, diesmal über die Demarkierung und Delimitierung der Staatsgrenze zwischen der Ukraine und

13 Jörg Stadelbauer, Die Nachfolgestaaten der Sowjetunion. Großraum zwischen Dauer und Wandel. Wissenschaftliche Länderkunden, Band 41, Darmstadt 1996, S. 69–90.
14 Zhurzhenko, Making and Unmaking, S. 329–354.
15 Boekh/Völkl, Ukraine, S. 208.
16 Das Memorandum wurde gleichermaßen für Kasachstan und Belarus abgeschlossen, auf deren Territorien sich auch sowjetische Nuklearwaffen befanden.
17 Boekh/Völkl, Ukraine, S. 208.

Russland. Weitere vertragliche Vereinbarungen über den schrittweisen technischen Ablauf der Demarkierung der Grenze und zur leichten Gestaltung von Grenzübertritten folgten.[18]

Der Austausch über die ehemals lediglich administrative Grenze hinweg blieb angesichts vielseitiger enger Kontakte der Menschen in beiden Richtungen rege. Mit der Annexion der Krim und der militärischen und finanziellen Unterstützung eines Separatismus durch Russland in der Südostukraine änderte sich dies, da nun die Grenzverträge obsolet wurden. Beide Seiten führten neue Regelungen ein. Internationale Pässe wurden obligatorisch für den Grenzübertritt eingeführt, der kleine Grenzverkehr eingestellt, Übergänge geschlossen. Die ukrainische Seite verstärkte Grenzbefestigungen und begann den streckenweisen Bau einer Mauer an der Grenze zu Russland. Mit dem offenen Krieg seit Februar 2022 wurde die Grenze zu Russland zum Kriegsgebiet.

Mit der Annexion der Krim und dem Beginn des Krieges in der Südostukraine 2014 verlor die Ukraine die Kontrolle über ca. 400 km ihrer Grenzen zu Russland. Zwei neue, ebenfalls völkerrechtlich umstrittene Grenzen prägen seit 2014 die Grenze der Ukraine zur Russländischen Föderation – die De-facto-Grenze zur Krim und die Kontaktlinie bzw. die Waffenstillstandslinie[19] zu den separatistischen Gebieten der Volksrepubliken Doneck und Lugansk im Südosten.

Die Krim-Frage war zum Zeitpunkt der Unabhängigkeitserklärung der Ukraine ein umstrittenes Thema, das aber in Aushandlungen und dem Zugeständnis einer Autonomen Region innerhalb der Ukraine gelöst wurde. Die ehemalige Autonome Sowjetrepublik wurde 1954 an die Ukrainische Sowjetrepublik übertragen, obwohl sie seit ihrer Eroberung durch das Zarenreich 1783 ein fester Bestandteil des russischen historischen, aber auch gesellschaftlichen Narrativs geworden war.[20] Eine zentrale Rolle spielten dabei der Krimkrieg, die Schlacht um Sevastopol' im Zweiten Weltkrieg sowie die darin eingebettete Schwarzmeerflotte. Es dominierten emotional und affektiv aufgeladene Vorstellungen der historisch als Vielvölkerregion charakterisierten Krim.[21] In der Vergangenheit gehörte die Halbinsel zu unterschiedlichen Imperien: zum Krim-Khanat, dem Osmanischen und dem Russischen Reich und schließlich als Autonome Republik auch zur Sowjetunion und ab 1954 zur Sowjetukraine,

18 Zhurzhenko, Making and Unmaking, S. 329–354.
19 Sabine von Löwis/Gwendolyn Sasse, A Border Regime in the Making? The Case of the Contact Line in Ukraine, in: Historical Social Research 46 (2021) 3, S. 208–244.
20 Gwendolyn Sasse, Der Krieg gegen die Ukraine, Hintergründe, Ereignisse, Folgen, München 2022, S. 69–81; dies., The Crimea Question: Identity, Transition, and Conflict, Harvard 2007.
21 Gerard Toal, Near Abroad. Putin, the West, and the Contest Over Ukraine and the Caucasus, Oxford 2017, S. 198–236.

was im russischen Narrativ nicht gleichwertig behandelt wird. Putin aktivierte in seiner Rede nach der formalen Annexion der Krim einen nun überwundenen Phantomschmerz, mit dem die Ereignisse als Wiedervereinigung ähnlich der deutschen Vereinigung 1990 legitimiert werden sollten. Diese Erzählung hebt einmal mehr hervor, dass Russland die Übertragung 1954 als unrechtmäßig einstuft. Die Annexion hat zum Abbruch sozialer Kontakte ebenso wie von Infrastruktur- und Wirtschaftsbeziehungen zwischen der Halbinsel und dem ukrainischen Festland geführt.

In der Südostukraine regte sich Protest gegen den politischen Wandel, der sich in Kiew seit den Protesten auf dem Majdan 2013/2014 und der Flucht des Präsidenten Janukovyč vollzogen hatte. Die Menschen in der Region befürchteten, von der Politik in Kiew abgehängt zu werden, insbesondere, dass die Folgen einer EU-Integration anstelle der Integration in die Eurasische Wirtschaftsunion nicht absehbar sein würden. Der Protest drückte im Wesentlichen Misstrauen gegenüber der sich neu bildenden ukrainischen Regierung aus. Er war zunächst friedlich, wurde aber von lokalen und regionalen Wirtschaftsinteressen und -konflikten überlagert und zu einem von Russland geförderten militärischen Konflikt verschärft.[22]

Es ging in der Folge um eine Waffenstillstandslinie, die von militärischer Logik von beiden Seiten bestimmt wurde. Sie wurde im Minsker Abkommen (Minsk I und II) als temporäre Linie vereinbart, die eine Reintegration der separatistischen Gebiete in die Ukraine ermöglichen sollte, so man sich in Verhandlungen einigen könne. Sie teilte ehemals miteinander vernetzte Industrie- und Siedlungsgebiete in den administrativen Regionen Donec'k und Luhans'k. Sie war zudem charakterisiert durch Zonen unterschiedlicher Militarisierung mit fünf Übergangspunkten, die überwiegend von Menschen aus den De-facto-Republiken genutzt wurden, um Rentenzahlungen zu erhalten. Aber auch Handel und soziale Kontakte wurden an dieser entstehenden Grenze über beide Seiten aufrechterhalten, sofern es die jeweiligen Regelungen zuließen.[23] Mit der Anerkennung der Republiken durch Russland 2022 und dem Krieg Russlands gegen die Ukraine waren das Abkommen und die Waffenstillstandslinie hinfällig.

Mit Moldau teilt die Ukraine mit 1222 km die zweitlängste Grenze nach der ukrainisch-russischen. Ein Drittel der Grenze zu Moldau wird durch den De-facto-Staat Transnistrien kontrolliert (454 km) und ist für die Republik Moldau nicht zugänglich. Die Moldauische Sozialistische Sowjetrepublik und die

22 Tetyana Malyarenko/Stefan Wolff, The Dynamics of Emerging De-Facto States. Eastern Ukraine in the Post-Soviet Space, London 2019.
23 Löwis/Sasse, A Border Regime in the Making?, S. 208–244.

Republik Moldau gehen auf die historische Region Bessarabien zurück, die zwischen Österreich, Russland und dem Osmanischen Reich umkämpft war und entsprechend mehrfach die staatliche Zugehörigkeit wechselte. Zu Bessarabien gehörte auch der Budžak, eine Vielvölkerregion im Süden, die heute im Südwesten der Ukraine liegt. Das Gebiet wurde im 19. Jahrhundert mal von Rumänien, mal vom Russischen Reich kontrolliert. Im Zweiten Weltkrieg eroberte die Sowjetunion 1940 Bessarabien, das damit Zugang zur Donaumündung erhielt. Nordwestlich wurde die Moldauische Sowjetrepublik eingerichtet, der südöstliche Teil blieb in der Sowjetukraine, um dieser Meer- und Flussschifffahrt zu ermöglichen.[24] Mit der Republik Moldau gab es kleinere Grenzstreitigkeiten, die in den vergangenen Jahrzehnten beigelegt wurden. Der im südöstlichsten Teil Moldaus gelegene Grenzübergang Palanca war lange Zeit ein Streitfall. Ein Stück der ukrainischen Straße M15 (Moldauische Straße M3), der kürzesten Verbindung zwischen Odesa und Reni, einem weiter südöstlich liegenden Grenzort zu Rumänien, quert die Grenze zweimal, da ein Teil von wenigen Kilometern auf moldauischem Territorium liegt. 2001 erreichten beide Länder ein Abkommen, das der Ukraine die Kontrolle und Souveränität des Straßenabschnitts zugestand.

Diese Aushandlung stand in engem Zusammenhang mit dem Grenzübergang Reni–Giurgiuleşti im Dreiländereck zwischen der Ukraine, Moldau und Rumänien. Giurgiuleşti liegt an der Mündung des Prut in die Donau und ist für Moldau der einzige Zugang zum Fluss und somit zum Schwarzen Meer. Der Hafen konnte 2005 ausgebaut werden, nachdem Moldau im Gegenzug zur Übereignung des Straßenstücks bei Palanca 430 m Land an den Flussbänken von Donau und Prut zugesprochen bekam, die Moldau für den Hafenausbau erhielt. Der Hafen ist von infrastruktureller und ökonomischer Bedeutung für die Republik Moldau und seit dem Krieg auch für die Ukraine: Er ist ein wichtiger Umschlagplatz für Waren aus der und in die Ukraine, seit die Schwarzmeerhäfen in Odesa und Mariupol' aufgrund von Krieg und russischer Besatzung nicht mehr oder nur eingeschränkt für die Ukraine nutzbar sind.[25]

Während diese kleineren Grenzstreitigkeiten beigelegt wurden, stellt die Grenze zum De-facto-Staat Transnistrien ein größeres und komplexeres Problem für die Ukraine dar. Dabei ist nicht so sehr die Grenze an sich das Problem, die identisch ist mit der Grenze zu Moldau, sondern die Eigentümlichkeit dieses De-facto-Staates und damit die Instabilität Moldaus. Transnistrien bzw. die

24 Constantin Ardeleanu, The Making of Romanian-Ukrainian-Moldovan Border at the Maritime Danube in the Nineteenth and Twentieth Centuries, in: Palko/Ardeleanu (Hrsg.), Making Ukraine, S. 317–320.

25 https://www.ebrd.com/news/2022/moldovas-strategic-danube-port-offers-a-lifeline-for-ukraine.html [20. 2. 2023].

Pridnestrovskaja Moldavskaja Respublika entstand nach einem kurzen militärischen Konflikt zu Beginn der 1990er-Jahre. Hintergrund waren Auseinandersetzungen über die Nationalsprachen und über die ethnokulturelle Gestalt der sich unabhängig erklärenden Republik Moldau angesichts seiner rumänischsprachigen und seiner östlich des Dnisters russischsprachigen Bevölkerung. Die ökonomischen und politischen Eliten der Region organisierten einen Protest gegen die restriktive Sprachenpolitik, der in eine separatistische Bewegung mündete, die die Pridnestrovskaja Moldavskaja Respublika ausrief. Die Republik Moldau versuchte, die separatistische Region gewaltsam zu reintegrieren. Nach der Zuspitzung des Konflikts unterstützte die in Tiraspol stationierte 14. Einheit der russländischen Armee die separatistische Bewegung. Es kam zu einem Waffenstillstand, doch der Konflikt schwelt bis heute.[26]

Teil der Konfliktlösung und gleichzeitig Teil des Problems ist die Stationierung von „Friedenstruppen", wie sie von russischer Seite bezeichnet werden. Ihre Stärke ist unklar; derzeit geht man von einer Größe von ca. 1500 Mann aus. Die De-facto-Republik, die von keinem Staat der Welt anerkannt wird, ist ökonomisch, politisch und militärisch von Russland abhängig. Dies drückt sich aus in Gaslieferungen, Rentenzahlungen und anderen finanziellen Leistungen. Im Gegenzug wird Loyalität zu Russland erwartet. In den 5+2-Gesprächen zur Lösung des Transnistrienkonflikts sitzen Russland, die Ukraine und Moldau an einem Tisch.[27] Schon seit dem verdeckten russischen Krieg in der Ostukraine 2014 waren die Beziehungen naturgemäß abgekühlt, seit dem im Februar 2022 begonnenen offenen Krieg Russlands sind die Verhandlungen auf Eis gelegt.

Die Annexion der Krim und der Krieg in der Ostukraine seit 2014 haben die Aufmerksamkeit der Ukraine auch auf diese Grenze gelenkt. Ein gemeinsamer moldauisch-ukrainischer Grenzposten auf dem Territorium der Ukraine wurde 2017 eingerichtet und erlaubt so der Republik Moldau, die für sie unzugängliche Grenzlinie zu kontrollieren.[28] 2005 wurde die European Union Border Assistant Mission (EUBAM) gegründet, die 2007 ihre Arbeit aufgenommen hat. Ziel der Grenzmission ist die Kontrolle des Grenzstreifens und die Harmonisierung des Grenzregimes mit EU-Regeln,[29] insbesondere des Handels, der durch

---

26   Jan Zofka, Postsowjetischer Separatismus. Die pro-russländischen Bewegungen im Dnjestr-Tal und auf der Krim (1989–1995), Göttingen 2015.

27   5+2 Gespräche: Transnistrien, Moldau; Russland, Ukraine, USA (Ko-Mediatoren); EU, OSCE (Beobachter).

28   Joint Ukrainian-Moldovan Border Checkpoint Opened In Breakaway Transdniester Region (rferl.org), https://www.rferl.org/a/ukraine-moldova-border-checkpoint-transdniester-poroshenko-filip/28621378.html [23. 2. 2023].

29   EUBAM – EU Border Assistance Mission to Moldova and Ukraine, https://eubam.org/.

Transnistrien führt und umfangreichen Schmuggel einschließt, von dem u. a. die Wirtschaftsoligarchie im De-facto-Staat ebenso profitiert wie Oligarchen aus Moldau, der Ukraine und Russland.[30] Der Schmuggel von Waren hat sich seit Kriegsbeginn der Grenzstatistik zufolge reduziert.[31]

Mit der Ukraine verbindet Belarus eine dünn besiedelte Grenzregion, die in Teilen durch den Reaktorunfall in Tschernobyl 1986 verseucht und unbewohnbar geworden ist. Die Grenze führt Richtung Westen weiter in die historische Region Polesien. Ähnlich wie in Bezug auf Russland gibt es ein vereinendes historisches Narrativ. Grenzverträge und Verträge über die Delimitierung der Grenze wurden zwischen Belarus und der Ukraine 1995 geschlossen, Belarus ratifizierte diese über längere Zeit allerdings nicht. Die daher nicht markierte Grenze erleichterte auch hier den Schmuggel, insbesondere von Vieh und Pferden, sowie Menschenhandel. Die Beziehungen beider Länder und Regelungen in Zoll- und Handelsfragen stehen häufig im Kontext der Beziehungen von Belarus zu Russland und Russlands zur Ukraine.[32] Entsprechend ist die Grenze zu Belarus angesichts des offenen Krieges Russlands gegen die Ukraine ein brisantes Problem, da sie als potenzielle weitere Frontlinie wahrgenommen wird. Präsident Lukašènka und die belarussischen politischen Eliten sind enge Verbündete Russlands und ermöglichten etwa die Stationierung russischer Truppen an ihrer Grenze zur Ukraine.

Nach der Annexion der Krim durch Russland und dem Krieg in der Südostukraine seit 2014 hat die Ukraine unilateral die Demarkierung der Grenze zu Belarus vorangetrieben und bis 2022 fast abgeschlossen.

Die ehemaligen Außengrenzen der Sowjetunion zu den osteuropäischen Staaten

Nördlich der Grenze zwischen Moldau und der Ukraine verläuft die rumänisch-ukrainische Grenze in den Karpaten und im Süden entlang des Budžak, früher Teil Bessarabiens. Die rumänisch-ukrainische Grenze ist überwiegend konfliktfrei, allein die Meergrenze hat seit der Unabhängigkeit der Ukraine zwischen

---

30 Ion Marandici/Alexandru Leşanu, The Political Economy of the Post-Soviet De Facto States, A Paired Comparison of Transnistria and the Donetsk People's Republic, in: Problems of Post-Communism 68 (2021) 4, S. 339–351.

31 Vgl. die Berichte der EUBAM hier Publications, https://eubam.org/.

32 Andrzej Szeptycki, Relations between Ukraine and the Republic of Belarus: the present conditions, status quo and perspectives. The Polish Institute of International Affairs, Research Papers No. 1/2006.

beiden Ländern für Auseinandersetzungen um die Schlangeninsel gesorgt. Diese ist auch wegen ihrer militärisch-strategischen Bedeutung im russischen Krieg gegen die Ukraine prominent geworden: Sie wurde von Russland nach Kriegsbeginn besetzt und im Juni 2022 wieder freigegeben.[33] Die Schlangeninsel, wenige Kilometer von der Küste der Ukraine und Rumäniens vor dem Donaudelta gelegen, hatte in der Vergangenheit wechselnde Zugehörigkeiten: osmanisch, moldauisch, rumänisch, bessarabisch, russisch, sowjetisch. 1948 trat Rumänien die Insel der Sowjetunion in einem Geheimprotokoll ab, sie wurde Teil der Sowjetukraine. Nach Auflösung der Sowjetunion fiel sie der Ukraine zu. Streit um die Insel zwischen beiden Länder entstand, da Rumänien Interesse an den Öl- und Gasressourcen in der Meeresregion hatte, die beide für sich beanspruchten. Dieser Streit wurde 2009 vom Internationalen Gerichtshof beigelegt, der Rumänien 79 % des Schwarzmeer-Kontinentalsockels und der Ukraine 21 % zuwies.[34]

Weitere Streitigkeiten, die ökologisch begründet wurden, drehten sich um den Bystroe-Kanal, der vom Schwarzen Meer auf der ukrainischen Seite zur Donau führt und die Verbindung zu den ukrainischen Häfen Reni, Izmajil und Vylkove herstellt. Die Ukraine wirft Rumänien vor, den Handel am Schwarzen Meer kontrollieren zu wollen.[35]

Der nördliche Teil der rumänisch-ukrainischen Grenze teilt die historische Region Bukowina in einen heute ukrainischen mit Černivci im Norden und einen rumänischen Teil im Süden. Die Bukowina gehörte lange Zeit zum Fürstentum Moldau, dann zum Habsburger Reich sowie zum Königreich Rumänien. Im Ersten Weltkrieg wurde sie von Russland beansprucht, aber schließlich von Rumänien eingenommen. Im Zweiten Weltkrieg war die Nordbukowina zwischen Rumänien und der Sowjetunion umkämpft und wurde zunächst von der Sowjetunion annektiert. Im Laufe des Krieges wurde sie von rumänischen Truppen eingenommen, die aber 1944 wieder von der Roten Armee zurückgedrängt wurden und die Grenze zwischen Sowjetunion und Rumänien von 1940 wiederherstellten.[36]

Die Bevölkerung des Gebietes besteht auf beiden Seiten aus Rumänen und Ukrainern. In der Region Černivci lebt eine rumänische und moldauische Minderheit, die laut Zensus 2001 aus ca. 12,5 % Rumänen und 7,3 % Moldauern

33 Constantin Ardeleanu, Die Schlangeninsel. Metamorphosen eines politischen Ortes, in: Zeitschrift für Ideengeschichte XVI (2022) 4, S. 5–13.

34 Ardeleanu, The Making of Romanian-Ukrainian-Moldovan Border, S. 307–328.

35 Tanya Richardson, Objecting (to) Infrastructure: Ecopolitics at the Ukrainian Ends of the Danube, in: Science as Culture 25 (2016) 1, S. 69–95.

36 Kurt Scharr, Die Landschaft Bukowina, Das Werden einer Region an der Peripherie 1774–1918, Wien 2010, S. 213–234.

besteht.[37] im Zuge einer eher eingleisigen ukrainischen Sprachenpolitik kam es zu Spannungen zwischen Rumänien und der Ukraine.

Die Grenze zwischen Ungarn und der Slowakei geht ähnlich wie die rumänisch-ukrainische auf Vereinbarungen, Ansprüche und Annexionen aus der Zeit des Ersten und Zweiten Weltkrieges zurück. Mit dem Vertrag von Trianon verlor Ungarn Transkarpatien, das der Tschechoslowakei zugewiesen wurde. Im Zweiten Weltkrieg kam die Region kurzzeitig (1939 bis 1944) zu Ungarn, nach dem Zweiten Weltkrieg zur Sowjetunion und der Ukrainischen Sowjetrepublik. Die kurze Grenze zur Tschechoslowakei und später zur Slowakei gilt als unproblematisch und ist politisch nicht umstritten.[38] Allerdings geben unterschiedliche politische Interessen gegenüber der in der Region lebenden ungarischsprachigen bzw. ungarischstämmigen Minderheit (ca. 12 %)[39] Anlass für Spannungen zwischen der Ukraine und Rumänien und Ungarn.

Wenngleich die Sprachen- und Minderheitengesetze in der Ukraine vorrangig die russischsprachige Minderheit im Südosten des Landes im Blick und die Förderung des Ukrainischen zum Ziel hatten, sorgen die Bedingungen der Grenzziehungen dafür, dass die Beziehungen zu den Nachbarn Ungarn und Rumänien mit in die Konflikte hineingezogen werden.

Die Regierung unter Viktor Janukovyč hatte 2012 ein Gesetz verabschiedet, das Minderheitsprachen einen Status als Regionalsprachen zugestand, was vor allem in den Gebieten im Südosten sowie in Transkarpatien und der Bukowina von Bedeutung war. Das Gesetz führte im Land zu großen Diskussionen, weil viele fanden, die ukrainische Sprache werde so gegenüber dem Russischen benachteiligt. Die Übergangsregierung nach dem Euromajdan 2013/2014 beschloss, dieses Gesetz aufzuheben. Doch nach Protesten aus den Nachbarländern, aber auch internationaler Kritik musste sie die Aufhebung wieder aussetzen. Gleichzeitig wurde eine Reform entwickelt. 2017 verabschiedete die Ukraine ein Bildungsgesetz, dem zufolge Minderheitensprachen nur in der Grundschule, aber nicht darüber hinaus unterrichtet werden sollten. Im privaten und kulturellen Bereich durften die Minderheitensprachen weiterhin verwendet werden. Die Nachbarländer Ungarn und Rumänien kritisierten das Gesetz, was zu politischen Verstimmungen sorgte. Unter der Regierung Petro Porošenkos wurde 2018 ein neues Sprachengesetz vorgestellt und 2019 verabschiedet. Es zielt darauf ab, Ukrainisch in öffentlichen Ämtern, Printmedien, Bildung und Wissenschaft usw.

---

37 https://www.ukrcensus.gov.ua/eng/ [20. 2. 2023].
38 Iaroslav Kovalchuk, To Reach beyond the Carpathians. The Integration of Transcarpathia into Soviet Ukraine, 1944–45, in: Palko/Ardeleanu (Hrsg.), Making Ukraine, S. 289–306.
39 https://de.wikipedia.org/wiki/Oblast_Transkarpatien [20. 2. 2023].

zu fördern bzw. für obligatorisch zu erklären. Für die Einführung des Gesetzes war eine Übergangsfrist bis zum Januar 2022 vorgesehen.[40] Die Gesetzesinitiativen der Ukraine drängen aus der Sicht Ungarns und Rumäniens die Minderheitensprachen zurück und verletzen damit die Rechte eines Teils ihrer Bevölkerung.

Neben den Sprachen sind Staatsbürgerschaften ein schwieriges Thema. Die ungarische Regierung vergibt sehr großzügig Pässe an ungarischstämmige Ukrainer, auch Rumänien bietet die Möglichkeit an, die rumänische Staatsbürgerschaft „wiederzuerlangen".[41] Die Ukraine erlaubt jedoch keine doppelte Staatsbürgerschaft, obgleich diese von vielen Menschen erwünscht ist und in der Praxis auch häufiger vergeben wird.[42] Ungarn und die Ukraine gerieten 2018, als die ungarische Passvergabe bekannt wurde, in einen heftigen Konflikt. Anders als bei Rumänien schwingt in ihren Beziehungen eine Art Phantomschmerz mit: Die ungarische Regierung und die Eliten des Landes pflegen das Bild eines Großungarn, das nach dem Ersten Weltkrieg aufgeteilt wurde und zu dem auch Transkarpatien gehörte. Karten zeigen Ungarn einschließlich dieser ukrainischen Region, die allgegenwärtig in Erzählungen, Symbolen, auf Fahnen etc. ist. Dieser Phantomschmerz ist auch dann zweckdienlich, wenn es darum geht, Gefälligkeiten gegenüber Russland zu demonstrieren. Die Energieabhängigkeit lässt die ungarische Regierung im Sinne Russlands agieren und trägt so auch dazu bei, dass der Konflikt mit der Ukraine zum Beispiel bezüglich der Minderheitenpolitik forciert wird.

Die Grenze und die Beziehungen zu Polen sind in anderer Weise komplex. Sie sind durch historische Ereignisse, Grenzänderungen, umfassende Bevölkerungsverschiebungen und Gewalttaten belastet. Die Regionen in der heutigen westlichen Ukraine gehörten bis zu den Teilungen Polens im 18. Jahrhundert zu Polen-Litauen und wurden dann dem Habsburgerreich zugeschlagen. Neben den historischen Regionen der Bukowina und Transkarpatien, die ebenfalls zum Habsburger Reich gehörten, betraf dies auch Galizien. Wolhynien kam als weitere historische Region 1793/95 zum Russischen Reich. Nach dem Ersten Weltkrieg wurde die heutige westliche Ukraine – das habsburgische Ostgalizien und Wolhynien – der Republik Polen zugeordnet. Es handelte sich um eine Region mit durchschnittlich 70 % Ukrainern, 20 % Polen und 10 % Juden. Die Organisation Ukrainischer Nationalisten (OUN), die 1929 in Wien gegründet wurde und ab 1942 einen militärischen Arm in der Ukrainischen Aufständischen Armee (UPA) hatte, lehnte sich gegen Tendenzen der Polonisierung und Unterdrückung

---

40 https://uacrisis.org/de/71737-will-new-language-law-change [20. 2. 2023].
41 Julien Danero Iglesias/Róbert Sata/Ágnes Vass, Citizenship and Identity: Being Hungarian in Slovakia and Romanian in Serbia and Ukraine, in: Minority Studies 18 (2016), S. 15–32.
42 Ebenda.

bzw. Beschneidung der ukrainischen Sprache und der Interessen der Ukrainer auf. Sie pflegte zeitweise einen Kurs des Ausgleichs mit den deutschen Besatzern und kämpfte bis in die späten 1940er-Jahre gegen die polnische Regierung. Während des Krieges beging sie grausame Massaker an Polen und Juden.

Das geheime Zusatzprotokoll zum sogenannten Hitler-Stalin-Pakt vom August 1939 sah eine Aufteilung Polens und des Baltikums in eine deutsche und eine russische Interessensphäre vor. Die Grenze folgte nun im Wesentlichen der Curzon-Linie, die nach dem Ersten Weltkrieg von englischer Seite als polnisch-russische Demarkationslinie gemäß der Muttersprache der jeweiligen Mehrheitsbevölkerung vorgeschlagen wurde. 1944 vereinbarte die polnische Provisorische Regierung mit der Ukrainischen Sowjetrepublik einen Bevölkerungsaustausch, der aber nicht vollständig umgesetzt wurde. Die anhaltenden Aktivitäten der UPA im Südosten forcierten die „Aktion Weichsel" (Akcja Wisła), die Zwangsumsiedlung der ukrainischen Polen nach Norden und Westen mit dem Ziel ihrer Assimilierung.[43] In den ukrainisch-polnischen Beziehungen wiegen diese Ereignisse weiterhin schwer. Dass ukrainische Nationalisten wie der Chef der OUN Stepan Bandera über längere Zeit und teilweise bis heute unreflektiert für ihren Unabhängigkeitskampf mit besonderen Ehren versehen werden, stößt in Polen auf wenig Verständnis und sorgt auch heute noch für Spannungen.[44]

Die Frage der Grenze zwischen Polen und der Ukraine spielt in der Gegenwart kaum eine Rolle. Nachdem es bis 2022 durch den nationalistischen Geschichtsdiskurs der polnischen Regierung zu Auseinandersetzungen kam, gehört Polen seit dem russischen Angriff zu den sichtbarsten und (neben den baltischen Staaten) rhetorisch konsequentesten Unterstützern der Ukraine im Hinblick auf eine EU-Integration und in der Verteidigung der Ukraine gegen den russischen Angriff.

Fazit

Im Zuge der Desintegration der Sowjetunion wurden die postsowjetischen Grenzen zu Russland, Belarus und Moldau in Verträgen und Prozessen der Delimitierung und Demarkierung von administrativen in internationale Grenzen

---

43 Michael G. Esch, „Gesunde Verhältnisse". Deutsche und polnische Bevölkerungspolitik in Ostmitteleuropa 1939–1950, Marburg 1998, S. 285–293.

44 Tatiana Zhurzhenko, The border as pain and remedy: commemorating the Polish-Ukrainian conflict of 1918–1919 in Lviv and Przemyśl, in: Nationalities Paper 42 (2014) 2, S. 242–268; Andrii Portnov, Poland and Ukraine. Entangled Histories, Asymmetric Memories. Essays, Berlin 2020.

überführt. Die Annexion der Krim und der Krieg in der Südostukraine seit 2014 haben diesen Prozess letztlich nochmals forciert. Während die Grenzen zu den postsowjetischen Staaten in Gänze verhandelt wurden, waren die ehemaligen Außengrenzen der Sowjetunion zu Polen, Ungarn, Rumänien und der Slowakei überwiegend geregelt, doch bestanden weiterhin einzelne strategische Streitigkeiten infrastruktureller und ressourcenbasierter Art.

Mit der EU-Assoziierung von Moldau und der Ukraine 2014 werden für die Bewohner beider Länder die Grenzen zur EU wieder flexibler. Dagegen schließen sich die Grenzen zu Belarus und Russland immer stärker. Die Westorientierung der ehemaligen Ukrainischen Sozialistischen Sowjetrepublik bedeutet faktisch eine Abgrenzung zu Russland, deren Folgen bislang noch nicht absehbar sind.

Die Grenzen der Ukraine und die Beziehungen zu den benachbarten Staaten, die historisch auf die eine oder andere Weise mit der Ukraine verbunden waren oder noch immer sind, hängen vor allem ab vom jeweiligen Umgang mit der imperialen oder staatlichen Vergangenheit und den daraus resultierenden Beziehungen im oder außerhalb des jeweiligen Landes. Neben den sozialen, kulturellen, sprachlichen oder ethnischen sind es auch politische und ökonomische Beziehungen sowie infrastrukturelle Abhängigkeiten und Ressourcen, die bei der Desintegration der Sowjetunion und der Integration in neue Staatenzusammenhänge bzw. politische und oder ökonomische oder gar militärische Organisationen nach innen und außen eine Rolle spielen.

Ungarische Eliten pflegen einen weitverbreiteten und sichtbaren Phantomschmerz über verlorene Gebiete, den die Regierung Orbán u. a. in der Energiefrage mit Blick auf die ungarische Minderheit einsetzt. Die russischen Eliten unter Putin verfolgen einen neoimperialen Krieg, den sie mit dem Konzept einer „Russischen Welt" legitimieren, die als Gegenmodell zum „neoliberalen Westen" entworfen wird. Auch die russische Minderheit in Moldau soll damit angesprochen und gebunden werden. Die Republik ist dadurch vor Herausforderungen gestellt, die zusätzlich durch Energieabhängigkeiten und Handelsbeziehungen geprägt sind.

Auf dem heutigen Territorium und in der Gesellschaft der Ukraine bilden sich verschiedene historische Zusammenhänge ab, über die sich politische und identitäre Bezüge bei Individuen oder kollektiven Akteuren aktivieren lassen. Gleichzeitig spielen bei der Aktivierung dieser Schablonen auch ökonomische, energiepolitische und normativ-politische Verflechtungen und Beziehungen eine Rolle.

JAN CLAAS BEHRENDS

Nation, Revolution, Krieg
Staat und Gesellschaft in der Ukraine (1991–2022)

Am 24. Februar 2022 endete die post-sowjetische Epoche mit dem militärischen Großangriff Russlands auf die gesamte Ukraine. Mit der Verteidigung gegen den genozidalen Krieg begann die militärische Selbstbehauptung der Ukraine gegenüber Moskau. Nun wird auf dem Schlachtfeld entschieden, ob es auch in Zukunft einen ukrainischen Staat geben wird und welche Grenzen er hat. Damit reiht sich die Ukraine in die lange Geschichte des Kampfes um nationale Souveränität in Osteuropa ein.[1] Bis 1918 war der Osten des Kontinents von wenigen Großmächten beherrscht – vom Deutschen Reich, dem Russischen Reich, Österreich-Ungarn und dem Osmanischen Reich. Der Zusammenbruch der Imperien am Ende des Weltkrieges und die Politik des amerikanischen Präsidenten Wilson ließen erstmals eine nationalstaatliche Ordnung – seit dem 19. Jahrhundert das Ziel der einzelnen Nationalbewegungen – auch in Osteuropa möglich erscheinen.[2]

Dies galt auch für die Ukraine, die 1918 aus dem Russischen Reich ausschied, aber im Dezember 1922, nach dem Sieg der Bolschewiki im Bürgerkrieg, zum Eintritt in die Sowjetunion gezwungen wurde.[3] Was den Polen und Finnen und Balten nach dem Zusammenbruch Russlands gelang – der Sprung in die Souveränität – endete in der Ukraine in weiteren sieben Jahrzehnten russischer Herrschaft unter sowjetischen Vorzeichen. Als Sowjetrepublik teilte die Ukraine die Gewalterfahrung des 20. Jahrhunderts – vom Holodomor und dem stalinistischen Terror hin zum deutschen Überfall 1941 und dem im Holocaust mündenden Vernichtungskrieg. Dennoch war die Ukraine in der Sowjetunion mehr als nur ein russisches Gouvernement: In begrenztem Maß bot die Ukrainische Sowjetrepublik in den 1920er-Jahren und nach dem Ende der Herrschaft Stalins einen Rahmen zur nationalen Entwicklung.

1   John Connelly, Peoples into Nations. A History of Eastern Europe, Princeton 2020, S. 157–326.
2   Larry Wolff, Woodrow Wilson and the Reimagining of Eastern Europe, Stanford 2020.
3   Zur Geschichte der Ukraine unübertroffen: Serhii Plokhy, Das Tor Europas. Eine Geschichte der Ukraine, Hamburg 2022.

Als die Ukraine zuerst im Frühjahr 2014 und dann im Februar 2022 ange-griffen wurde, stand ihre nationale Existenz erneut auf dem Spiel.[4] Zugleich zer-störte der Krieg vermeintliche Gewissheiten über die post-sowjetische Zeit: Es stellte sich heraus, dass die Ukraine kein gespaltenes Land war, auch kein *failed state* und dass die lang diskutierte Sprachfrage keine herausragende Rolle für die ukrainische Identität spielte. Im Gegenteil: 2022 zeigte sich, dass die Streitkräfte der Ukraine drei Jahrzehnte nach dem Ende der UdSSR eine Armee ihrer Bür-gerinnen und Bürger waren, die staatlichen Institutionen unter dem Druck des russischen Angriffs funktionierten und die Zivilgesellschaft den Abwehrkampf gegen die Invasoren leidenschaftlich unterstützte. Wie erklären wir diese Ent-wicklungen vor dem Hintergrund der turbulenten post-sowjetischen Geschichte der Ukraine?

Der Weg in die Souveränität

Nach dem Tod Stalins begann auch in der Ukraine eine neue Phase sowjetischer Herrschaft. Massenterror und genozidale Gewalt waren vorüber. Die Ukrai-nische Sowjetrepublik war Bestandteil der UdSSR. Kommunistische Kader aus der ukrainischen Sowjetrepublik spielten sowohl unter Chruščёv als auch wäh-rend der Herrschaft Leonid Brežnevs eine wichtige Rolle in Moskau. Brežnev selbst, der aus der Süd-Ost-Ukraine stammte, konnte, wenn er Russisch sprach, seinen ukrainischen Akzent nicht verleugnen.[5] Er brachte seine Landsleute in den Kreml, wo sein Dnipropetrovs'ker Clan bis 1982 zahlreiche Posten besetzte. Erst mit Brežnevs Tod endete die ukrainische Präsenz an den Schaltstellen der Macht.

Während eine gewisse kulturelle Autonomie im Spätsozialismus möglich war, wurde Dissens in der Ukraine – wie im Rest des Landes – unbarmherzig von den Behörden verfolgt. Noch 1985 starb der ukrainische Dissident und Schriftsteller Vasyl' Stus in einem sowjetischen Arbeitslager. Der „ukrainische Nationalismus", in der sowjetischen Propaganda stets mit der Figur Stepan Ban-deras verbunden, avancierte zu einem wichtigen Feindbild. Ukrainische Kultur und Sprache standen stets unter dem Verdacht des Separatismus – obwohl sie

---

4   Als erste Darstellungen des russischen Überfalls: Owen Mathews, Overreach. The Inside Story of Putin's War Against Ukraine, London 2022; Luke Harding, Invasion. Russia's Bloody War and Ukraine's Fight for Survival, London 2022; Gwendolyn Sasse, Der Krieg gegen die Ukraine. Hintergründe, Ereignisse, Folgen. München 2022.
5   Susanne Schattenberg, Leonid Breschnew. Staatsmann und Schauspieler im Schatten Sta-lins, Köln 2017, S. 127–572.

paradoxerweise teilweise offiziell gefördert wurden. Insgesamt gab es insbesondere in den größeren Städten stärkeren Druck, sich in die russischsprachige sowjetische Hochkultur zu assimilieren. Die ukrainische Sprache wurde im Spätsozialismus, besonders im Zentrum, im Süden und im Osten der Ukrainischen Sowjetrepublik, immer weiter zurückgedrängt. Russisch war in Charkiv, Odesa oder im Donbas die Alltagssprache der Mehrheit. Dennoch erhielt sich auch in den Jahren Leonid Brežnevs ein ukrainisches Sonderbewusstsein. Innerhalb des engen Korsetts der UdSSR ging der ukrainische Nationsbildungsprozess trotz der Russifizierung weiter. So konnten Ukrainer sich zugleich als Teil des sowjetischen Mainstreams sehen und doch eine ukrainische Identität bewahren.

Auch in der Ukraine bildete die Perestroika einen bedeutenden Einschnitt. In die erstarrte sowjetische Ordnung kam Bewegung. Im Unterschied zu Russland war die politische Reform in der Ukraine von Beginn an mit der nationalen Frage verbunden. Erstmals eröffnete sich die Möglichkeit, Distanz zum Zentrum offen aufzubauen. Kritik war insofern in der Ukraine nicht nur Kritik am bestehenden sowjetischen System, sondern auch Kritik an Moskau. Eine besondere Zäsur war die Reaktorkatastrophe von Tschernobyl, die im April 1986 im sowjetischen Reaktor nördlich von Kiew stattfand.[6] Wie andere bedeutende Industriebetriebe standen die Kernkraftwerke unter der direkten Kontrolle des Moskauer Zentrums. Auch die Reaktion auf die Reaktorkatastrophe wurde von Moskau aus kontrolliert. Hier zeigte sich, dass im ersten Jahr der Herrschaft Gorbačëvs die alten sowjetischen Verhaltensmuster weiterhin griffen. Das bedeutete Verschleiern, Verschweigen und Abwiegeln. Auf Anweisung des Kremls musste die 1. Maiparade 1986 in Kiew trotz der starken Radioaktivität stattfinden – die Fassade des Feiertags war der Führung wichtiger als die Gesundheit der Bevölkerung. Nur wenigen Funktionären gelang es, ihre Frauen und Kinder aus der Stadt zu bringen. Moskaus restriktive Informationspolitik führte dazu, dass das Vertrauen zum Zentrum rapide schwand.

In der gesamten sowjetischen Ukraine war die Perestroika eine Zeit des politischen Aufbruchs, aber auch des wirtschaftlichen Niedergangs. Wegen der Katastrophe von Tschernobyl und der umfassenden ökonomischen und gesellschaftlichen Probleme erlebte die Bevölkerung die Perestroika zu großen Teilen als Verlust von Wohlstand und Sicherheit – das Wort *katastroika* machte die Runde. Die verschiedenen, sich überlagernden Krisen, die beginnende Debatte über die ukrainische Geschichte unter sowjetischer Herrschaft und über den Holodomor sowie die industriellen Konflikte im Donbas, die zu wochenlangen Bergarbeiterstreiks führten, prägten diese Zeit. Die öffentliche Rede über

6   Serhii Plokhy, Chernobyl. History of a Tragedy, London 2018.

die sowjetischen Verbrechen in der Ukraine, das Ende der Tabus führten zur moralisch-politischen Diskreditierung der Kommunistischen Partei und Ideologie. In das politische Vakuum stießen politische Bewegungen wie *Ruch*, die sich als ukrainisch und anti-sowjetisch definierten. Ähnlich wie in den baltischen Republiken und in Georgien führte Glasnost, die zunehmende Öffentlichkeit, in der Ukraine zu einer Renaissance der nationalen Identität, die sich in Abgrenzung zur sowjetischen Vergangenheit und Gegenwart positionierte. Hinzu kam die Rückkehr der Religion nach Jahrzehnten der Repression. Traditionell war die Ukraine ein Land religiöser Vielfalt und während der Perestroika rekonstituierten sich die verschiedenen Gemeinschaften und forderten ihre Kirchen, Synagogen und Moscheen zurück.

Die kommunistischen Eliten der Ukraine realisierten Ende der 1980er-Jahre, dass sie sich vom Moskauer Zentrum abgrenzen mussten, um sich national neu zu legitimieren. Bereits bevor die parteistaatlichen Strukturen bröckelten, schwand die Legitimität der sowjetischen Ordnung. So reihte sich die Ukraine in die Parade der Souveränitätserklärungen. Nach dem Beispiel der baltischen Sowjetrepubliken verkündete sie, dass ihre Gesetze fortan die Regelungen des Zentrums brechen würden. Doch diese Erklärung der frei gewählten Rada, des Parlaments, war nur eine Etappe auf dem Weg zur staatlichen Unabhängigkeit. Die neuen Volksvertreter stützten sich erstmals seit 1918 auf ein demokratisches Mandat – sie sprachen für die Nation. Der amerikanische Präsident Georg H. W. Bush ermahnte zwar noch im Sommer 1991 in Kiew die ukrainischen Eliten, dass seine Regierung die Separation der Ukraine von der UdSSR nicht unterstützen würde. Doch dies sollte nichts ändern; der Zerfall des Imperiums geschah auch ohne amerikanische Hilfe.

Im August 1991 versuchte eine Gruppe sowjetischer Hardliner gegen Gorbačëv zu putschen.[7] Zwar scheiterte der Coup des KGB gegen den Generalsekretär nach nur wenigen Tagen, doch der anschließende Machtkampf zwischen Gorbačëv und seinem Widersacher, dem russischen Präsidenten Boris El'cin, eröffnete einen politischen Handlungsraum für die Führung in Kiew und ebnete den Weg zu einer souveränen Ukraine.

El'cins Entmachtung des sowjetischen Präsidenten Gorbačëv, seine Zerschlagung der KPdSU und die sukzessive Schwächung des Kremls schufen die Situation, die den Zerfall des Imperiums erst möglich machte. Doch auch die Emanzipation des neuen Staates von der Sowjetunion musste legitimiert werden. Dazu diente das ukrainische Referendum vom Dezember 1991, in dem sich 90 % der Ukrainer und Ukrainerinnen für die Unabhängigkeit aussprachen. Dieses

7   Serhii Plokhy, The Last Empire. The Final Days of the Soviet Union, London 2014.

Votum gegen Moskau machte es dem ukrainischen Präsidenten Leonid Kravčuk unmöglich, sich weiter an Gorbačëvs Reform der UdSSR zu beteiligen. Letztlich wurde die Ukraine deshalb bei den Verhandlungen von Belovezha zu einem entscheidenden Faktor, der die Auflösung der Sowjetunion besiegelte.

Der Sprung ins kalte Wasser:
Voraussetzungen und Entwicklungen einer unabhängigen Ukraine

Das Ende der Sowjetunion traf die Ukraine unvorbereitet. Zwar hatte sie seit 1922 als Sowjetrepublik existiert und war seit 1945 auf Betreiben Stalins UNO-Mitglied – doch gewichtige politische Entscheidungen waren stets in Moskau getroffen worden. 1991 existierte kein Konzept, wie sich eine unabhängige Ukraine in Europa positionieren sollte. In Moskau glaubte man zunächst, dass in der ukrainischen Frage noch nicht das letzte Wort gesprochen sei. Der Kreml rechnete unter Boris El'cin damit, die Ukraine oder zumindest ihre Wirtschaft und ihre Streitkräfte weiter an die Russische Föderation zu binden. Die USA und Europa hingegen waren primär wegen der ukrainischen Atomwaffen besorgt: Mit dem Ende der Sowjetunion war die Ukraine formal zur Nuklearmacht avanciert.

Die wirtschaftlichen und sozialen Grundlagen der unabhängigen Ukraine offenbarten ein widersprüchliches Bild.[8] Einerseits waren die industrielle Entwicklung und die Urbanisierung in der sowjetischen Ära weit fortgeschritten. Die Ukraine war kein Entwicklungsland. Andererseits handelte es sich hier um sowjetische Rüstungs- und Schwerindustrie, wie beispielsweise in der Raketenschmiede Dnipropetrovs'k oder bei den Stahlwerken und Minen im Donbas, deren Konkurrenz- und Zukunftsfähigkeit fragwürdig war. Trotz dieser Probleme verfügte die Ukraine jedoch über eine gut ausgebildete Bevölkerung und mehrere urbane Zentren mit Universitäten und wissenschaftlichen Instituten. Sechs Jahrzehnte nach der Kollektivierung und dem Holodomor lag die Landwirtschaft in weiten Teilen des Landes – auch im fruchtbaren Schwarzerdegebiet – am Boden. Dennoch verfügte die Ukraine auch im Agrarsektor über ein beträchtliches Potenzial. Tatsächlich sollte sie nach der Unabhängigkeit wieder zu einem der größten Agrarstaaten Europas aufsteigen. Am Beispiel der Landwirtschaft lässt sich exemplarisch zeigen, wie tiefgreifend die Moskauer Herrschaft die Entwicklung und den Wohlstand der Ukraine behinderte.

---

8   Ausführlich: Mychajlo Minakov/Georgiy Kasyanov/Mathew Rojansky (Hrsg.), From „the Ukraine" to Ukraine. A Contemporary History 1991–2021, Stuttgart 2021.

Das Erbe des Kommunismus lastete in politischer, sozialer und kultureller Hinsicht schwer auf dem jungen Staat. Die sowjetische Mentalität erwies sich als ausgesprochen zählebig. Im Unterschied zum Nachbarn Polen existierte keine handlungsfähige Gegenelite, die bereits im Untergrund klare Vorstellungen zur Zukunft des Landes entwickelt hätte. Die spätsozialistischen Machtnetzwerke – Männer aus der Partei, der Industrie oder den Geheimdiensten – hatten die Perestroika und den Kollaps der UdSSR in der Regel überstanden. Sie gaben, von den Fesseln der Ideologie befreit, weiterhin den Ton an und privatisierten die Ressourcen, die der sowjetische Staat geschaffen hatte. Jenseits der Konsolidierung der eigenen Macht und der hemmungslosen Selbstbereicherung verfügten sie jedoch kaum über eine Vision für eine post-sowjetische Ukraine. Auf lokaler Ebene verschwammen häufig die Grenzen zwischen den Machthabern und der organisierten Kriminalität, die in den 1990er-Jahren florierte. Wie in der Sowjetunion blieb es schwierig, ohne einen Patron, einen Schutz an übergeordneter Stelle, Karriere zu machen.[9] Die Prinzipien, die die Staatspartei geprägt hatten, galten nun auch im post-kommunistischen Staat: Loyalität gegenüber dem eigenen Netzwerk, informelles Handeln und eine gehörige Portion Skrupellosigkeit bestimmten das Agieren der Eliten, die sich schnell den Staat unterwarfen, dabei aber zunehmend auf eine Gesellschaft stießen, die nach eigenen Wegen aus der post-sowjetischen Misere suchte.

Für die Mehrheit der Bevölkerung, insbesondere für diejenigen, die jenseits der großen Zentren lebten, bedeutete das Ende der Sowjetunion einen immensen Verlust an Wohlstand und Erwartungssicherheit. Die bescheidene Berechenbarkeit der Brežnev-Zeit war unwiederbringlich verloren. Letztlich führte der Zusammenbruch der Sowjetunion die Ukraine zunächst in ein Jahrzehnt des wirtschaftlichen Zusammenbruchs.[10] Funktionierende Strukturen in der Wirtschaft, aber auch in der Gesundheitsvorsorge oder Alterssicherung verschwanden: Lebensstandard und -erwartung sanken. Für viele begann nun eine lange Phase des Überlebenskampfes mit zahlreichen wechselnden Jobs, die häufig auch jenseits der offiziellen Strukturen ein Einkommen ermöglichten. Wer ein Auto hatte, der fuhr nachts Taxi, wer an der Grenze wohnte, engagierte sich im Schmuggel, wer in Not geriet, verkaufte die Wertsachen der Familie. Auf den großen und kleinen Märkten, die es in den 1990er-Jahren in den Metropolen, Kleinstädten und Dörfern gab, blühte ein Handel, der aus der Not geboren war.

9   Alena Ledeneva, How Russia Works. The Informal Practices that Shaped Post-Soviet Politics and Business, Ithaca 2006.
10   Mikhail Minakov, Development and Dystopia. Studies in Post-Soviet Ukraine and Eastern Europe, Stuttgart 2018, S. 17–172.

Millionen von Ukrainerinnen und Ukrainer emigrierten in den Westen; ihre Transferzahlungen stabilisierten die Lage im Lande. Im Unterschied zu Ostdeutschland durchlief die Ukraine die post-kommunistische Transformation ohne das Netz eines funktionierenden Sozialstaates.[11] So waren die Bürgerinnen und Bürger häufig auf die Familie als stabiles Solidaritätsnetzwerk zurückgeworfen, das auch in diesen harten Zeiten funktionierte. Dies galt besonders für die ältere Generation, die von ihren Renten nicht überleben konnte.

Doch jenseits von Not und Armut waren die 1990er-Jahre auch eine Zeit der Freiheit und des Aufbruchs. Zum ersten Mal seit Jahrzehnten zog sich der Staat aus dem Leben seiner Bevölkerung zurück. Für die erste post-sowjetische Generation bedeutete dies Freiheit und Selbstverantwortung.[12] Der Unterricht an den Schulen und die Curricula der Universitäten wurden sukzessive entideologisiert. Studiengang und Studienort konnten nun – im Rahmen der eigenen Möglichkeiten – frei gewählt werden. Zunehmend verbesserten sich die Möglichkeiten, eigene Unternehmen zu gründen und in der Marktwirtschaft erfolgreich zu sein. Seit Mitte der 1990er-Jahre entstanden die ersten Kerne einer neuen Mittelschicht, die später zu einem Motor politischer Veränderung werden sollte. Die Bürgerinnen und Bürger konnten sich in ihren Kirchen oder in der Zivilgesellschaft engagieren. Pluralität und Diversität, die in der Sowjetunion jahrzehntelang unterdrückt wurden, prägten die Erfahrungswelt einer jungen Generation, die zunehmend die Möglichkeiten einer freien Gesellschaft nutzen lernte. Sie bewegte sich schon bald mit großer Selbstverständlichkeit innerhalb der Ukraine, aber auch darüber hinaus in Europa und der Welt. Die jungen, gut ausgebildeten Ukrainer und Ukrainerinnen wurden zum wachsenden Kapital des Landes.

Gleichzeitig stellte der Aufbruch jedoch auch einen Aderlass dar. Millionen kehrten einem Land den Rücken, das krisengeschüttelt blieb und keine ausreichende Perspektive bot. Die offenen Grenzen ermöglichten es ihnen, sich eine neue Zukunft in Europa, den Vereinigten Staaten oder in Israel aufzubauen. So entstand eine ukrainische Diaspora, die längst die Gesellschaften der Aufnahmeländer geprägt und bereichert hat. Familien verteilten sich über verschiedene Staaten und Kontinente. Der post-sowjetische Bürger konnte viele Heimaten haben. Eine große Zahl der Ausgewanderten blieb auf vielfältige Weise mit der Ukraine verbunden. Gerade diese immensen Wanderungsbewegungen trugen

11 Zur wirtschaftlichen Transformation nach der kommunistischen Diktatur in vergleichender Perspektive siehe Philipp Ther, Die neue Ordnung auf dem alten Kontinent. Eine Geschichte des neoliberalen Europa, Berlin 2014.
12 Zur post-sowjetischen Generation siehe, Olga Onuch/Henry E. Hale, The Zelensky Effect, London 2022, S. 37–76.

zur zunehmenden Offenheit des Landes bei. Städte und Regionen, die in der Sowjetunion von der Welt abgeschnitten waren, wurden geöffnet und internationalisiert. Das Ausland, zuvor fast unerreichbar, war plötzlich gleich nebenan.

Gegen Ende der 1990er-Jahre festigte sich für einen Teil der Bürgerinnen und Bürger ein bescheidenes Wohlstandsniveau. Sie konnten nun zunehmend am Konsum teilhaben und erwarben moderne Haushaltsgeräte, Autos oder bauten sich eine Datscha außerhalb der Stadt. 1991 war die eigene Wohnung in den großen sowjetischen Blocks häufig das einzige Kapital, das die Bürger aus dem Sozialismus mitnahmen. Mit steigendem Einkommen wurden die Wohnungen nun renoviert und auf westlichen Standard gebracht. Diese Entsowjetisierung des Alltags war für die Ukrainer ein wichtiges Anliegen, das Zeichen, dass man im „normalen", europäischen Leben ankommen konnte. Hier im Privaten eröffnete sich die Chance zur Selbstverwirklichung in einem freien Land. Die Entpolitisierung, der Rückzug in die eigene Familie waren nach Jahrzehnten ständiger Kampagnen eine große Versuchung. Doch schon bald sollte sich zeigen, dass die ukrainische Gesellschaft keineswegs zusehen wollte, wie einige wenige die Spielregeln bestimmten und die Macht an sich rissen.

Im ersten Jahrzehnt der Unabhängigkeit wurden Macht und Wohlstand in der post-sowjetischen Welt ungleich verteilt. Mit der Ausnahme des Baltikums gelang es in den meisten anderen Staaten – so auch in der Ukraine – einer kleinen Anzahl von Bürgern, immensen Reichtum anzuhäufen. Man sprach von den „Oligarchen", die im Hintergrund die Strippen ziehen und die Ressourcen kontrollieren. Ihr Einfluss war nicht nur in der Wirtschaft zu spüren. Die verschiedenen, in der Ukraine regional verwurzelten Clans und ihre Bosse konkurrierten auch um die politische Macht.[13] Unter ihren beständigen Interventionen litt auch die fragile Demokratie. In der oligarchisch kontrollierten Ukraine waren die politischen Parteien in der Regel nur „Projekte", die dazu dienten, die Interessen eines Clans durchzusetzen. In der ukrainischen Rada zählte nicht das politische Bekenntnis zu einem spezifischen Programm, sondern die Loyalität zu einem Patron, der „seine" Abgeordneten finanzierte. Deshalb kann man sicher über weite Strecken von einer dysfunktionalen oder streckenweise inszenierten Demokratie in Kiew sprechen.[14] Die verschiedenen Machtgruppen unterhöhlten die einzelnen Institutionen – von der Rada bis hin zur Justiz – von innen und instrumentalisierten sie für ihre Zwecke.

---

13   Mikhail Minakov, Republic of Clans. The Evolution of the Ukrainian Political System, in: Bálint Magyar (Hrsg.), Stubborn Structures. Reconceptualizing Post-Communist Regimes, Budapest 2019, S. 217–246.

14   Andrew Wilson, Virtual Politics. Faking Democracy in the Post-Soviet World, New Haven 2005, S. 33–150.

Trotz aller Defizite beim Aufbau eines neuen Staates unterschied sich die Ukraine jedoch bereits frühzeitig vom post-sowjetischen Russland. So gelang es der Ukraine bereits in den 1990er-Jahren, freie Wahlen durchzuführen und Mechanismen für einen friedlichen Machtwechsel zu etablieren. Das ist eine beträchtliche Errungenschaft, an der die meisten anderen post-sowjetischen Staaten scheiterten. Durch die verschiedenen Machtwechsel und die konkurrierenden oligarchischen Clans gelang es auch nicht, wieder eine autokratische Machtvertikale aufzubauen. Sowohl Leonid Kučma als auch Viktor Janukovyč versuchten eine Rückkehr zur autoritären Herrschaft – mit erheblicher Unterstützung des Kremls. Doch sie scheiterten am Widerstand der Gesellschaft und auch an der Gegenwehr ihrer Konkurrenten in der ukrainischen Elite. Letztlich sicherte die Konkurrenz zwischen den verschiedenen regionalen Clans in der Ukraine ein Mindestmaß an Pluralität. Paradoxerweise wurde dies durch die oligarchische Kontrolle über die Massenmedien noch gesichert. Zu keiner Zeit etablierte sich ein staatliches Narrativ, das wie in Russland von der Regierung kontrolliert wird. Die Pluralität der Öffentlichkeit, der mediale Streit haben zwar zum Zerrbild einer „zerrissenen" Ukraine beigetragen, doch sie bildeten ein Fundament für die zivile und demokratische Entwicklung ihrer Gesellschaft.

Im Unterschied zu Russland setzte die Ukraine nicht darauf, ihr Gewicht in der internationalen Arena zu vergrößern. Sie hatte keine imperialen Ambitionen. Letztlich verfolgten die ukrainischen Eliten eine oft widersprüchliche und zuweilen orientierungslose Politik der Nationsbildung. Doch gerade dieses *nation building* wurde vom großen Nachbarn im Norden argwöhnisch verfolgt. Dabei zeigte sich zunehmend, dass Moskau kein Interesse an einer selbstbewussten, souveränen und demokratischen Ukraine hatte.

Die Ukraine in Europa: Außenpolitische Dimensionen der Unabhängigkeit

Nach 1991 ist die vermeintliche Spaltung der Ukraine zwischen dem Westen des Landes, der teilweise erst mit der Teilung Polens 1939 zur Sowjetunion kam, und dem stärker sowjetisierten Osten betont worden. Diese Tendenz bildete sich durchaus in den ersten Präsidentschaftswahlen ab. Dennoch ist der Begriff der Spaltung irreführend und problematisch. Tatsächlich war die Genese einer nationalen Identität in allen Teilen des Landes ein dynamischer Prozess, der seit 2014 in Abgrenzung zur Sowjetunion und Russland neuen Schwung bekam. Auch für die 1990er-Jahre ist es weiterführender, die Pluralität und Heterogenität der ukrainischen Gesellschaft zu betonen, die sich nicht auf die Dichotomien

Ost-West und Russisch-Ukrainisch reduzieren lassen. Vielmehr gilt es, die regionalen Besonderheiten, auf die religiöse Vielfalt und den multiethnischen Charakter der Ukraine zu verweisen, die sich in keine einfachen Schemata pressen lassen. Dies bedeutete auch, dass ein radikaler ethnischer Nationalismus in der Ukraine nur im Westen des Landes teilweise anschlussfähig war. Für die Mehrheit des Landes galt, dass allein eine zivile ukrainische Identität ein tragfähiges Fundament für den neuen Staat darstellen konnte.[15] Insgesamt wurde über Fragen der ukrainischen Identität, die Frage der Stellung der beiden Sprachen Ukrainisch und Russisch und die Beziehung zur sowjetischen Vergangenheit offen debattiert.[16] Als Ergebnis dieser Diskussionen entstand langfristig ein pluralistisches und ziviles Selbstverständnis, das Volodymyr Zelens'kyj 2019 in den Mittelpunkt seiner Wahlkampagne stellte – und damit in allen Regionen einen überragenden Wahlerfolg erzielte.[17]

Trotz des eindeutigen Votums von 1991 blieb die ukrainische Staatlichkeit jedoch zunächst prekär. Ähnlich wie 1918 war das Land auf seine neue Rolle in Europa kaum vorbereitet. Russland weigerte sich, die Grenzen des Landes anzuerkennen. Die russischen Nationalisten stellten wiederholt die Krimfrage und unterstützten separatistische Bewegungen auf der Halbinsel.[18] Damit bekam die lange Geschichte verdeckter russischer Einflussnahme in der Ukraine neues Gewicht. Erst Präsident Zelens'kyj war gewillt, die Dominanz des großen Nachbarn zurückzudrängen. Seit 2020 geht er gegen russisch finanzierte Parteien und Medien vor.

In den ersten Jahren der El'cin-Ära war Russland noch an guten Beziehungen zum Westen und Kompromissen interessiert. So gelang 1995 nach zähen Verhandlungen die Aufteilung der sowjetischen Schwarzmeerflotte zwischen den beiden Nachfolgestaaten. Die Ukraine musste allerdings akzeptieren, dass russische Schiffe und Truppen in großem Umfang auf ihrem Territorium – der Krim – stationiert blieben. Dies war ein bedeutendes Zugeständnis an Moskau, das seine Truppen in anderen Staaten wie Moldau, Armenien oder Tadschikistan auch einsetzte, um seine Interessen durchzusetzen. Doch der Konflikt mit

---

15 Onuch/Hale, The Zelensky Effect, S. 77–156.
16 Heorhij Kas'janov, Memory Crash. The Politics of History in and around Ukraine, 1980s–2010s, Budapest 2022.
17 Onuch/Hale, The Zelensky Effect, S. 157–188.
18 Gwendolyn Sasse, The Crimea Question. Identity, Transition, and Conflict. Cambridge 2007; Jan Zofka, Postsowjetischer Separatismus. Die pro-russländischen Bewegungen im moldauischen Dnjestr-Tal und auf der Krim, 1989–1995, Göttingen 2015, S. 289–397; Jan Claas Behrends, Post-Soviet Separatism in Historical Perspective, in: Mikhail Minakov/Gwendolyn Sasse/Daria Isachenko (Hrsg.), Post-Soviet Secessionism. Nation-Building and State-Failure after Communism, Stuttgart 2021, S. 213–242.

den Separatisten in Tschetschenien band dem Kreml zunächst militärisch die Hände. Die russische Armee befand sich nicht in einem Zustand, der eine weitere Intervention erlaubt hätte. Das verschaffte der Ukraine eine lange Atempause.

Bereits in den 1990er-Jahren, aber besonders in der Ära Putin stand die ukrainische Innenpolitik stets im Fokus der russischen Außenpolitik.[19] Das Ziel Russlands war dabei nicht nur die Verteidigung einer vermeintlich historischen Einflusssphäre im post-sowjetischen Raum, sondern die Schaffung eines nur scheinsouveränen Nachbarstaates nach dem Vorbild der ostmitteleuropäischen Vasallenstaaten während des Kalten Krieges. Die russische Führung drang letztlich darauf, die Ordnung von Jalta wenigstens partiell wiederherzustellen. Da Vladimir Putin eine demokratische und westlich-orientierte Ukraine als Bedrohung wahrnahm, radikalisierte er nach den beiden ukrainischen Revolutionen seine negative Ukrainepolitik.[20]

Auf internationaler Ebene stand zuerst die Frage der nuklearen Bewaffnung auf der Agenda, die 1994 mit dem Budapester Memorandum geregelt wurde. In diesem Vertrag zwischen der Ukraine und Russland, den USA und Großbritannien verzichtete Kiew auf die sowjetischen Waffenarsenale und erhielt im Gegenzug von Russland die Anerkennung der Grenzen und von den Westmächten unverbindliche Sicherheitsgarantien. Der Vertrag war ein Produkt der 1990er-Jahre, als die internationale Politik sich darum bemühte, El'cins Russland in die globale Ordnung einzubinden. In der Rückschau ist das Budapester Memorandum einer der größten Fehlschläge der internationalen Diplomatie. Selten ist die Idee der Abrüstung so nachhaltig diskreditiert worden wie in diesem Vertrag. Die Ukraine stand seit dem Budapester Memorandum und insbesondere mit Beginn der Aufnahme ostmitteleuropäischer Staaten in der NATO in einem prekären Zwischenraum zwischen Russland und dem Westen. Kiew musste seine Unabhängigkeit verteidigen, ohne jedoch – wie Tschechien, Polen oder das Baltikum – über eine klare atlantische oder europäische Perspektive zu verfügen. Für die westeuropäischen Staaten stellte sich die Frage, ob sie der Ukraine den Weg nach Europa ebnen sollten oder – wie Angela Merkels Deutschland seit 2008 – die russische Hegemonie stillschweigend akzeptieren sollten.[21]

19 Angela Stent, Putin's World. Russia against the West and with the Rest, New York 2019, S. 141–209; Paul D'Anieri, Ukraine and Russia. From Civilized Divorce to Uncivil War, Cambridge 2019; Anna Colin Lebedev, Jamais frères? Ukraine et Russie. Une tragédie postsoviétique, Paris 2022; Andrea Graziosi, L'Ucraina e Putin. Tra storia e ideologica, Roma 2022.

20 Jan Claas Behrends, Putins negative Ukrainepolitik. Hintergründe und Analogien, in: Osteuropa 71 (2021) 7, S. 77–84.

21 Sabine Adler, Die Ukraine und wir. Deutschlands Versagen und die Lehren für die Zukunft, Berlin 2022, S. 34–52.

Zwei Revolutionen: Der Weg in den Krieg

Wie auch in anderen Staaten war die Durchsetzung der Demokratie in der Ukraine kein linearer Prozess. Tatsächlich waren mehrere Zyklen von Revolution und Restauration nötig, um die demokratische Ordnung zu festigen. Seit 2022 steht die Ukraine nun vor der Herausforderung, die Konsolidierung einer freien Ordnung und weitere Reformen in Kriegszeiten zu bewältigen. Trotz der Priorität der Verteidigung der Souveränität hat Präsident Zelens'kyj bekräftigt, dass er seinen Reformkurs entschlossen fortsetzen werde. Doch der Weg zum nationalen Konsens einer westlich orientierten Ukraine war lang und steinig.

Nach dem überraschend reibungsarmen Machtwechsel vom ersten Präsidenten der Ukraine Leonid Kravčuk zu Leonid Kučma zeigte sich, dass die demokratische Normalität keine Selbstverständlichkeit war. In der zweiten Hälfte der 1990er-Jahre begann im benachbarten Belarus der Aufbau eines autoritären Staates unter Aljaksandr Lukašènka und in Russland bediente sich Boris El'cin 1996 der Wahlmanipulation, um trotz des verlorenen Tschetschenienkrieges und fortschreitender Krankheit die Herrschaft seiner Clique zu konsolidieren. Von dieser autoritären Wende im post-sowjetischen Raum wurde auch die Ukraine erfasst. In Belarus, das in vielerlei Hinsicht als Laboratorium autoritärer Politik diente, wie auch in Russland begann in den 1990er Jahren der Rückbau demokratischer Rechte und Freiheiten.[22]

Bei ihrem autoritären Umbau bedienten sich die Nachbarstaaten ähnlicher Strategien. Ihre Eliten kontrollierten die Wahlergebnisse, sodass eine Abwahl des Herrschers nicht mehr möglich war, sie unterwarfen sich die Justiz, etablierten eine engmaschige Kontrolle über die Massenmedien, insbesondere das Fernsehen, entmündigten die Parlamente durch die Steuerung der Parteien und Abgeordneten und erteilten den Geheimdiensten freie Hand, unbequeme Journalisten und Oppositionelle zu verfolgen.[23] Dabei schreckten sie schon bald weder vor Inhaftierungen noch vor politischem Mord zurück. Zwar erreichten ihre Repressionen in den 1990er- und 2000er-Jahren noch keine sowjetischen Ausmaße, doch die Richtung war klar: zurück zur Autokratie, zurück zum autoritären Staat, Schluss mit Pluralismus und den Ungewissheiten, die eine Demokratie mit sich bringt. Die post-sowjetischen Eliten wollten ihre Erwartungssicherheit zurück: Die Abwahl der Herrschenden durch die Bevölkerung war nicht mehr vorgesehen.

---

22 Andrew Wilson, Belarus. The Last European Dictatorship, New Haven 2021.
23 Zu Russland siehe beispielsweise Samuel A. Greene/Grame B. Robertson, Putin v. the People. The Perilous Politics of a Divided Russia, New Haven 2019.

Zu Beginn der 2000er Jahre versuchte Leonid Kučma ebenfalls, die Macht seiner Entourage mit autoritären Mitteln zu konsolidieren. Zugleich waren er und sein designierter Nachfolger Viktor Janukovyč nicht nur Vertreter der schwerindustriell geprägten Regionen des Ostens, sondern auch Favoriten des Putin-Regimes. Ein innenpolitisch-autoritärer Kurs ging mit der engen Anbindung an Moskau einher. Langfristig hätte dies zu einer engeren Bindung und erneuten Abhängigkeit vom Kreml führen können. Unter ungeklärten Umständen wurde der Gegenkandidat des Moskauer Lagers, Juščenko, im September 2004 vergiftet. Nach dem Skandal um den Mord an einem Journalisten, der persönlicher Gegner Präsident Kučmas war, schien die Ukraine mit dem Mordanschlag auf einen Spitzenpolitiker ins autoritäre Lager abzudriften. Dieser Eindruck bestätigte sich, als das Wahlergebnis massiv zugunsten des Regierungslagers manipuliert wurde. Doch der (bela-)russische Weg zurück zur Autokratie scheiterte in der Ukraine spektakulär.

Innerhalb kurzer Zeit formierte sich in Kiew und anderen ukrainischen Städten eine soziale Bewegung gegen den Wahlbetrug. Sammelpunkt der politischen Proteste war der zentrale Platz der Hauptstadt, der Majdan. Dort artikulierten unterschiedliche politische Kräfte friedlich ihre Forderung nach der Wiederholung der Präsidentschaftswahlen. Binnen weniger Wochen zeigte sich, dass die „orangene Revolution", wie sie nach der Farbe der Bewegung genannt wurde, über erheblichen Rückhalt verfügte.[24] Im Unterschied zu Russland konnten die Eliten in der Ukraine nicht gegen die Gesellschaft regieren. Der autoritäre Staatsumbau stieß an seine Grenzen. Zum Entsetzen Moskaus kassierte das Oberste Gericht das umstrittene Wahlergebnis und ordnete Neuwahlen an. Damit war ein erheblicher politischer Konflikt auf friedliche Weise gelöst worden.

Die Neuwahlen gewann der „orangene" Kandidat Viktor Juščenko, der allerdings in den folgenden Jahren bewies, dass auch seine Reformpolitik in wesentlichen Teilen an den Beharrungskräften das Clansystems scheiterte. Dennoch verkörperte die „orangene Revolution" eine Zäsur. Sie zeigte, dass ein autoritärer Umbau in der Ukraine auf stärkeren Widerstand stieß als in den Nachbarstaaten. Die Moskauer Führung lernte, dass der Nationsbildungs- und Emanzipationsprozess beim südlichen Nachbarn weiter fortgeschritten war, als man wahrhaben wollte. Insbesondere die Generation Vladimir Putins, die von der Brežnev-Ära geprägt blieb, lebte weiterhin in der Vorstellung, dass Russen, Belarussen und Ukrainer eine ethnische Einheit und zugleich den Kern eines russisch-imperialen Staates bildeten.[25]

24   Andrew Wilson, Ukraine's Orange Revolution. New Haven 2006.
25   Behrends, Putins negative Ukrainepolitik.

Tatsächlich hatte in den Jahren seit 1991 ein Differenzierungs- und Emanzipationsprozess begonnen, der nicht mehr rückgängig zu machen war. Trotz vereinzelter Nostalgie für die Sowjetunion und kultureller Nähe zu Russland wollte nur eine verschwindende Minderheit im Staat Vladimir Putins leben. Zu viele Ukrainerinnen und Ukrainer hatten – in sämtlichen Generationen und Regionen – Gefallen an Freiheit und Selbstbestimmung gefunden. Die Sympathien für Putins neo-imperiale Rhetorik, Sowjetnostalgie und die Denunziation der Ukrainer als „Faschisten" reichten nicht weit. Insbesondere die Jugend wollte ihr Schicksal selbst bestimmen und blickte nach Westen. Sie hatte auf dem Majdan ihre Entschlossenheit zum Wandel bewiesen.

Doch auch nach der orangenen Revolution blieb die politische Orientierung der Ukraine umstritten. Es gab keine stabilen Mehrheiten für eine westliche oder eine pro-russische Politik. Nur eine Minderheit der Bevölkerung und der Eliten wollte vor 2014 den polnischen Weg gehen und die nationale Sicherheit im atlantischen Bündnis suchen. Insofern blieb die ukrainische Frage sowohl innenpolitisch – Demokratie oder Autokratie – als auch außenpolitisch – Westbindung oder Moskaus Eurasische Union – zwischen 2004 und 2013 ungelöst. Der seit 2010 zunehmend autoritär regierende, moskaufreundliche Viktor Janukovyč versuchte ein Assoziierungsabkommen mit der Europäischen Union zu verhandeln, doch betonte er zugleich stets seine Loyalität gegenüber Putin. Für den russischen Machthaber war dies keine Option. Im Oktober 2013 wies er Kiew an, das Abkommen mit der EU nicht zu unterzeichnen. Der ukrainische Präsident verhielt sich loyal zu seinem Moskauer Patron und löste damit die bisher größte Krise der post-sowjetischen Ukraine aus.

Nach einem Facebook-Auftritt des bekannten Journalisten Mustafa Najjem am 21. November 2013 versammelten sich auf dem Majdan spontan Studenten und Studentinnen, um gegen die Absage ihrer Regierung an Brüssel zu protestieren.[26] Wieder war es insbesondere die jüngere Generation, die sich für die Westbindung einsetzte. Anfang Dezember 2013 begann das Janukovyč-Regime mit seinem Versuch, die Proteste auf dem Majdan gewaltsam niederzuschlagen. Putin hatte sich von Moskau aus für ein rigoroses Vorgehen ausgesprochen. Der massive Polizeieinsatz und die Gewalt gegen Demonstrierende stellten einen bedeutenden Bruch in der politischen Kultur der post-sowjetischen Ukraine dar. Bis zum Majdan galt, dass politische Machtkämpfe möglichst zivil gelöst werden sollen. Diesen Konsens hatte das Regime nun aufgekündigt. Mit dem Gewalt-

---

26   David R. Marples/Frederick V. Mills (Hrsg.), Ukraine's Euromaidan. Analyses of a Civil
     Revolution, Stuttgart 2015; Mychailo Wynnyckyi, Ukraine's Maidan, Russia's War. A
     Chronicle and Analysis of the Revolution of Dignity, Stuttgart 2019.

einsatz gegen die unbewaffnete Jugend löste es allerdings eine revolutionäre Dynamik aus, die es schon bald nicht mehr kontrollieren konnte.

Im Zuge der Unruhen auf dem Majdan kam es im Winter 2013/14 nicht nur in Kiew, sondern auch in weiten Teilen des Landes zu heftigen Auseinandersetzungen zwischen Staat und Bevölkerung und zwischen Anhängern und Gegnern der Majdan-Bewegung. Dies führte im Zentrum Kiews und in anderen Regionen zum partiellen Kollaps der staatlichen Ordnung. Im Unterschied zu 2004 gelang es nicht, die Auseinandersetzung mit einem Kompromiss zu beenden. Beide Seiten sahen nach dem Beginn der Gewalt kaum Spielraum für Verhandlungen. Moskau stand an der Seite des Regimes, während sich westliche Regierungen im Laufe des Winters zunehmend mit der Protestbewegung solidarisierten. Damit wurde zunehmend klar: Der Majdan war bereits 2013/14 weit mehr als eine innerukrainische Angelegenheit. Auf dem zentralen Platz Kiews tobte vielmehr ein Kampf um die europäische Ordnung, der von beiden Seiten unversöhnlich geführt wurde. Vladimir Putins Russland weigerte sich, nach dem Verlust Ostmitteleuropas nun auch die Westbindung der Ukraine zu akzeptieren. Für die Ukrainer dagegen ging es zunehmend darum, die 1991 gewonnene Souveränität zu verteidigen. Außerdem wehrten sie sich gegen ein gewalttätiges und korruptes Regime von Moskaus Gnaden – diese beiden Dimensionen des Aufstandes zeigten sich auch in den Selbstbezeichnungen „Euro-Majdan" und „Revolution der Würde".

Wie andere europäische Revolutionen führte auch der Freiheitskampf der Ukraine in die Gewalt und den Krieg. Doch die Akteure des Winters 2014 waren weit davon entfernt, sich vorzustellen, dass Moskau bereit war, die europäische Ordnung von 1990 auf dem Altar seiner neoimperialen Ambitionen zu opfern. Vladimir Putin hatte zwar immer wieder erklärt, dass die Ukraine für ihn kein gleichberechtigter Staat sei. Aber glaubte er tatsächlich an seine eigenen Mythen und war er bereit, seine anerkannte Position als Staatsmann aufs Spiel zu setzen?

Gewalt und Zivilität: Die Ukraine im Krieg mit Russland

Der Ausbruch des Krieges zwischen Russland und der Ukraine lässt sich letztlich nicht genau datieren. Seit den 1990er-Jahren mischte sich der Kreml beständig in ukrainische Angelegenheiten ein. Seine Agenten wie der Oligarch Viktor Medvedčuk arbeiteten über Jahrzehnte an der Unterwanderung des ukrainischen Staates. Doch was seit Frühjahr 2014 geschah, hatte eine neue Qualität.

Im März 2014 tauchten unvermittelt bewaffnete russische Kräfte auf der Halbinsel Krim auf.[27] An ihren Uniformen trugen sie keine Abzeichen; sie gingen jedoch gezielt gegen Repräsentanten und Institutionen des ukrainischen Staates vor, entwaffneten die ukrainischen Einheiten und kaperten Kriegsschiffe der Marine. Tatsächlich hatte die russische Führung am letzten Tag der Olympischen Spiele im kleinen Kreis in Soči die Entscheidung zur Invasion der Krim getroffen. Dabei ging Moskau vorsichtig vor und wartete sowohl die Reaktion der lokalen Bevölkerung als auch des Westens ab. Insgesamt war die Besetzung und anschließende Annexion der Krim eine erfolgreiche militärische Operation. Der Westen reagierte nur zögerlich. Da Kiew sich entschloss, keinen militärischen Widerstand zu leisten, lief die Besetzung der Halbinsel reibungslos ab. Mit militärischem Druck wurde die lokale Verwaltung und das Parlament der Krim gefügig gemacht. Durch die verhaltene Reaktion der westlichen Staaten, die nur symbolische Sanktionen verhängten, sah der Kreml sich ermutigt, nach der Annexion der Krim auch den Süden und Osten der Ukraine ins Visier zu nehmen. Das Projekt „Neurussland", der Versuch des Kremls, weitere Teile der Ukraine abzutrennen, begann im Frühjahr 2014. Ziel war es nun, auch den Osten und Süden des Landes an Russland anzuschließen.

Doch schon bald zeigte sich, dass Putins Kalkül nicht aufging. In weiten Teilen der Ukraine formierte sich der Widerstand gegen den „hybriden Krieg", der von Geheimdienstleuten und irregulären Einheiten unter Anleitung Moskaus entfesselt wurde.[28] In Odesa, Charkiv oder Dnipro wurden diese Versuche teils gewaltsam zurückgewiesen. Nur im Donbas gelang es den irregulären Kräften, sich an einigen Orten festzusetzen. Ein „russischer Frühling" als Massenbewegung, wie von Moskau antizipiert, blieb jedoch auch hier aus. Die Macht der Separatisten kam aus den Gewehrläufen, ihre Unterstützung blieb gering. Seit dem Frühsommer formierte sich der militärische Widerstand der Ukraine, der darunter litt, dass die Streitkräfte über Jahrzehnte vernachlässigt worden waren. Zunächst waren es häufig Freiwilligenverbände – oft Kämpfer des Majdan –, die den militärischen Widerstand trugen. Im Sommer 2014 hatte sich der ukrainische Staat nach der Wahl Petro Porošenkos so weit konsolidiert, dass die prorussischen Kräfte aus Slov'jans'k und Mariupol' vertrieben werden konnten. Erst das Eingreifen regulärer russischer Einheiten stoppte seit August 2014 die ukrainische Offensive.

---

27   Mark Galeotti, Putin's Wars. From Chechnya to Ukraine, Oxford 2022, S. 166–191.
28   David Marples (Hrsg.), The War in Ukraine's Donbas. Origins, Contexts, and the Future, Budapest 2022; Dominique Arel/Jesse Driscoll, Ukraine's Unnamed War. Before the Russian Invasion of 2022, Cambridge 2023.

Sowohl die „Separatisten" als auch die reguläre russische Armee verübten seit 2014 in der Ukraine zahlreiche Kriegsverbrechen. Das spektakulärste war der Abschuss des zivilen Airliners MH 17, der am 17. Juli 2014 von einer russischen Rakete getroffen wurde. Alle 298 Insassen des Flugzeugs kamen dabei ums Leben. Letztlich wurde der Konflikt durch die Abkommen von Minsk im September 2014 und Februar 2015, die Russland nicht als Aggressor nannten und seinen Vasallen starke Rechte einräumten, weitgehend eingefroren. Doch von 2015 bis zum 24. Februar 2022 wurde an der Frontlinie im Donbas weiter gekämpft und getötet. Russland zog seine Truppen zu keinem Zeitpunkt zurück und okkupierte völkerrechtswidrig die Krim. Auf der Halbinsel selbst kam es zu Repressionen und Gewalt gegen die Krimtataren und die pro-ukrainische Bevölkerung.

Innenpolitisch gelang unter Petro Porošenko die Wiederherstellung der staatlichen Autorität in der Ukraine. Der neue Präsident, selbst ein vermögender Süßwarenfabrikant, versuchte zwar – auch auf Druck des Westens –, strukturelle Reformen anzugehen, doch insgesamt blieb er ein post-sowjetischer Politiker. Seine größte Leistung war die Stabilisierung der Lage im Donbas und die Internationalisierung des Konfliktes mit Russland. Insbesondere die Reform der Armee gelang trotz geringer Mittel – dabei half die Orientierung an den Standards westlicher Truppen.

Der Krieg gegen Russland wirkte als Katalysator des ukrainischen Nationsbildungsprozesses. Gegen den äußeren Feind und häufig gegen das persönliche Feindbild Putin formierte sich die Nation neu. Porošenko setzte dabei auf traditionelle Bausteine des Nationalismus (Armee, Sprache, Glaube), aber letztlich war das Durchhalten der Ukraine gegen die russischen Invasoren nicht dem schwachen Staat, sondern der starken Gesellschaft zu danken. Die Entsowjetisierung der Ukraine ging rapide weiter. Durch lokale Initiativen wurden Hunderte Lenindenkmäler seit 2014 geschleift („Leninopad"). Das Verhältnis zur sowjetischen Vergangenheit unterschied sich nun fundamental von anderen früheren Sowjetrepubliken. Selbst der 9. Mai, Tag des Sieges über Nazi-Deutschland, büßte einen Teil seines Nimbus ein. Letztlich wurde entschieden, die offiziellen Feiern wie im Westen auf den 8. Mai zu verlegen. Putins Krieg änderte die Mentalitäten und die politischen Einstellungen in der Ukraine. Der Konflikt beschleunigte ihre Abkehr von der sowjetischen Welt, ihren Weg nach Westen.

Es ist zu früh, eine Bilanz der Amtszeit Porošenkos zu ziehen. Sein bedeutendster Triumph war die Autokephalie der Ukrainischen Orthodoxen Kirche, die am 6. Januar 2019 vom Patriarchen Konstantinopels bestätigt wurde und auch hier eine Befreiung aus den Klammern Moskaus bedeutete. Doch mit seiner Wahlniederlage gegen Volodymyr Zelens'kyj kam erstmals ein Vertreter der

Generation der Unabhängigkeit an die Macht. Zelens'kyj, von Beruf Schauspieler und Medienunternehmer, jüdischer Herkunft und aus dem Südosten des Landes, war lange Zeit ein Star im russischen Fernsehen, aber habituell weit entfernt von der sowjetisch sozialisierten Generation, die immer noch Russland regiert. Er steht nicht nur für einen politischen Umbruch – die konsequente Westorientierung auf sämtlichen Politikfeldern –, sondern für eine neue Generation, die von der Freiheit und Unabhängigkeit nach dem Ende der Sowjetunion geprägt ist.

Zelens'kyjs Wahlprogramm setzte auf den Ausgleich mit Russland, den Versuch, den Konflikt auf zivile Weise beizulegen. Dass ihm dies nicht gelungen ist, lag an seinem russischen Gegenüber. Heute wissen wir weder, wie der Krieg ausgeht und ob die Ukraine als souveräner Staat bestehen wird. Sicher ist, dass die ukrainische Frage nach dem 11. September 2002 der zweite prägende Konflikt des 21. Jahrhunderts ist. Genozidale Kriegführung steht wieder auf der Tagesordnung in Europa, und Russland hat den Weg zurück zur totalitären Herrschaft beschritten. Was dies alles für Europa bedeutet, entscheidet sich auf den Schlachtfeldern der Ukraine. Aus einem post-sowjetischen Staat ist das Vorfeld der liberalen Ordnung und des Völkerrechts geworden – in Europa und der Welt. Das ist tragisch, aber es zeigt auch, wie offen die Geschichte nach dem Ende der Sowjetunion war. Der Weg in die Freiheit war möglich, aber die Ukrainer und Ukrainerinnen wissen auch, dass er einen hohen Preis hat. In ihrem Land entscheidet sich, ob in der Ordnung Europas das Recht oder die Macht gilt und wer die Vorherrschaft haben soll: souveräne Staaten oder Imperien.

WOLFGANG TEMPLIN

Zivilgesellschaft der Ukraine
Dissidenten, Demokraten, Erneuerer

In aktuellen Debatten zur Situation der Ukraine als Opfer der russischen Aggression wird immer wieder von der Widerstandskraft der ukrainischen Zivilgesellschaft gesprochen. Die Vielfalt zivilgesellschaftlicher Organisationen und Initiativen in allen Teilen der Ukraine, ihr Kampf um eine konsequente Durchsetzung
von Reformen unter den härtesten Bedingungen des Krieges müssen imponieren.

Oft tritt dahinter die Frage nach den langen Traditionslinien zivilgesellschaftlichen Engagements in der Ukraine zurück, nach der Geschichte und den
historischen Prägungen einzelner Initiativen und Akteure. Ohne den Blick darauf sind ihre heutige Kraft und Vielfalt, ist ihre künftige Rolle nicht zu verstehen.

Ukrainische Unabhängigkeitsbewegung

Die Entwicklung der ukrainischen Nation hat eine jahrhundertelange Vorgeschichte. Sie reicht von der Kiewer Rus' und den Kosakenrepubliken der Zaporoger Sič bis zur Geschichte der ukrainischen Unabhängigkeitsbewegung im
19. Jahrhundert. Nach den polnischen Teilungen und der Zwischenphase der
Napoleonischen Kriege gerieten die nichtpolnischen und nichtrussischen Eliten
in den russisch beherrschten ukrainisch-litauischen Territorien immer stärker
unter kolonisatorischen Druck. Bei Existenz einer eigenen Hochsprache und
damit verbundener Literatur galt Ukrainisch als rückständige Bauernsprache,
Ukrainer in Russland fielen unter die abwertende Bezeichnung Kleinrussen. Die
neu gegründeten Universitäten in Charkiv (1805) und Kiew (1830) sollten zaristische Staatsdiener und loyale Fachleute ausbilden, wurden jedoch zu Zentren
politischer Unruhe und einer modernen ukrainischen Nationalbewegung. Im
russischen Herrschaftsgebiet wurden ihre Vertreter verfolgt und waren scharfen Repressalien ausgesetzt. In den ukrainischen Territorien der Habsburger
Monarchie, vor allem in Galizien, regten sich zur gleichen Zeit nationale Bestrebungen. Sie konnten sich unter viel liberaleren Bedingungen entwickeln.

Der Austausch zwischen ukrainischen Patrioten in all diesen Territorien funktionierte trotz aller Beschränkungen und Blockaden. Die Akteure formulierten den Anspruch auf die Schaffung einer souveränen, einigen, unteilbaren Ukraine. Dabei kamen lange Traditionen, Kultur, Sprache zusammen; nationale, politische und soziale Befreiungsmotive gingen ineinander über.[1]

Eine für die Folgegeschichte eminent wichtige Funktion in allen ukrainischen Territorien hatte die Glaubensgemeinschaft der orthodox-unierten Kirche. Sie entstand bereits 1569 als Kompromiss zwischen der ostkirchlichen orthodoxen Kultur der Rus und der katholischen polnischen und litauischen Kultur. Ihre Mitglieder erkannten Rom als Oberhaupt an, behielten jedoch ihre eigene Liturgie, ihre eigene Kirchensprache und eigene kirchenrechtliche Regelungen, darunter den Wegfall des Zölibats. Die damit verbundene Gleichberechtigung für Römische Katholiken, Unierte und Orthodoxe war ein entscheidendes emanzipatorisches Moment. Das galt auch für die Anerkennung weiterer christlicher und nichtchristlicher Glaubensrichtungen.[2]

Gläubige und Priester der unierten Kirche innerhalb des russischen Herrschaftsgebietes waren stärkstem Druck, Verboten und Verfolgungen ausgesetzt, denn der absolutistische Anspruch des Zaren gab nur der orthodoxen Staatsreligion Raum.

Als Schutzraum ukrainischer Identität und stets gefährdete Glaubensgemeinschaft wurden die unierte Kirche und ihre Vertreter mit Wechselfällen, Katastrophen und Umbrüchen konfrontiert. In den Jahrzehnten vor dem Ersten Weltkrieg, in der Zwischenkriegszeit und dem jahrzehntelangen Aufgehen der ukrainischen Territorien in der Sowjetukraine kamen auf zahlreiche Gemeinden härteste Belastungen zu. Die gescheiterten Versuche eigener Staatsbildung, politischer und bewaffneter Widerstand gegen polnische und stalinistisch-sowjetrussische Unterdrückung sahen eine ukrainische Kirche, die um ihr Überleben kämpfte.[3]

Als sich nach dem Tod Stalins unter dem Dach der Sowjetukraine eine neue Generation ukrainischer Patrioten, Wissenschaftler, Künstler und Intellektueller

---

1   Die wohl beste Darstellung des komplexen Nationsbildungsprozesses der benachbarten Nationen liefert Timothy Snyder, der hier bewusst von einer „Rekonstruktion" spricht; Timothy Snyder, Rekonstrukcja narodów. Polska, Ukraina, Litwa, Białoruś 1569–1999 [Rekonstruktion der Nationen. Polen, Ukraine, Litauen und Belarus 1569–1999], Pograniczy Sejny 2009.

2   Christiane Schubert/Wolfgang Templin, Dreizack und Roter Stern. Geschichtspolitik und historisches Gedächtnis in der Ukraine, Berlin 2015.

3   Dazu liefern die in Gesprächsform vorliegenden Lebenserinnerungen Bohdan Osadčuks eine wichtige Quelle: Polska i Ukraina. Rozmowy z Bohdanem Osadczukiem [Polen und die Ukraine. Gespräche mit Bohdan Osadčuk], geführt von Basil Kerski und Andrzej Stanisław Kowalczyk unter Mitarbeit von Krzysztof Zastawny. 2. erw. und aktual. Ausgabe, Kollegium Osteuropa, Wrocław 2008.

formierte, mussten diese eine Gratwanderung vollziehen. Sie sahen sich in ihrer großen Mehrzahl als unabhängige Ukrainer, die aber den radikalen Nationalismus und die terroristischen Aktivitäten von Teilen des bewaffneten ukrainischen Widerstands ablehnten. Sie hielten engen Kontakt zu den Aktivisten der baltischen und georgischen Unabhängigkeitsbewegungen, sahen im benachbarten Volkspolen der Tauwetterperiode ein Fenster in die Freiheit, solidarisierten sich mit russischen Dissidenten, die dem großrussischen Nationalismus abschworen. Ihren Führern blieben harte Prüfungen nicht erspart.[4]

Levko Luk'janenko, einer ihrer bekanntesten Vertreter, wurde als junger Redakteur einer kommunistischen Zeitung Mitbegründer einer „Ukrainischen Arbeiter- und Bauernvereinigung", die sich für eine Ukraine außerhalb der Sowjetunion einsetzte. Für dieses „Verbrechen" wurde gegen ihn die Todesstrafe verhängt, die erst später in eine langjährige Haft- und Lagerstrafe umgewandelt wurde. Der wohl bekannteste ukrainische Oppositionelle dieser Jahrzehnte, V'jačeslav Čornovil, verfasste 1964 ein Papier mit dem Titel „Wege und Aufgaben der ukrainischen Freiheitsbewegung". Er verbrachte mit kurzen Unterbrechungen 17 Jahre in sowjetischen Strafanstalten. Vertreter der gleichen Generation, die vor diesen Konsequenzen zurückschreckten, wählten zunächst den Weg einer Kulturdissidenz, mühten sich um die Erhaltung und Entwicklung der ukrainischen Sprache und Literatur, gingen den Spuren ukrainischer Geschichte nach. Die Unabhängigkeitsfrage wurde ausgeklammert, obwohl sie stets im Hintergrund stand. Für die in Gruppen und Zirkeln tätigen Studenten, Angestellten und jungen Arbeiter wurde die Kirche zum Rückzugs- und Schutzraum, ob sie nun selbst praktizierende Gläubige waren oder aus einer laizistisch-atheistischen Tradition kamen.

Über die 1960er-Jahre hinaus, den Schock der Niederschlagung des Prager Frühlings 1968, entfaltete in den siebziger Jahren der KSZE-Prozess, die Frage der Bürger- und Menschenrechte im gesamten Ostblock und in der Sowjetunion selbst, eine ungeheure Wirkung.

Wirkung der Helsinkigruppen und der „Solidarność"

Im Mai 1976 entstand das Moskauer Helsinki-Komitee, dem im November 1976 das Kiewer Helsinki-Komitee folgte. Dessen Mitglieder stammten aus allen Teilen der Ukraine. Von den 37 Mitgliedern des ukrainischen Komitees kamen 36

---

4   Tatiana Kosinowa, Polski mit. Polska w oczach sowieckich dysydent [Der polnische Mythos. Polen in den Augen der sowjetischen Dissidenten], Warschau 2012.

in Straflager. Ein Mitglied wurde wegen Zeigens des Transparentes „Es lebe die unabhängige kommunistische Ukraine" in die Psychiatrie eingewiesen. Andere Verhaftete wurden nicht wegen Menschenrechtsaktivitäten, sondern wegen vermeintlichen Waffenbesitzes, Vergewaltigung, Diebstahls und Drogenhandels angeklagt. Drei der inhaftierten Mitglieder, darunter der Poet Vasyl' Stus, kamen noch in den 1980er-Jahren im Lager ums Leben, als der Perestroika-Stern des Michail Gorbačëv längst zu leuchten begonnen hatte.

Wie wichtig für viele Aktivisten der geistige Raum der ukrainischen Kirche war, zeigt das Beispiel des 1949 in der Westukraine geborenen Myroslav Marynovyč. Sein Großvater war Geistlicher. Nach seiner Jugend, in der er an kommunistische Ideale glaubte, näherte er sich mehr und mehr den Dissidentenkreisen an und wurde Gründungsmitglied des am 9. November 1976 entstandenen ukrainischen Helsinki-Komitees. Er verbüßte sieben Jahre Lagerhaft und fünf Jahre Verbannung und lehnte es ab, Gnadengesuche zu stellen. Sein damaliges Ringen und das religiöse Leben in den Lagern beschrieb er in seiner Schrift „Das Evangelium eines Narren in Christo". In der unabhängigen Ukraine sollte er zu den Wegbereitern für die Gründung der Ukrainischen Katholischen Universität Lemberg, eines wichtigen Zentrums der Sammlung zivilgesellschaftlicher Kräfte, und deren Prorektor werden.[5]

Für die Unabhängigkeitsbewegungen in den Ländern des Ostblocks und der Sowjetunion selbst wurde 1980 die Solidarność-Bewegung zum Fanal. Eine aus Streiks und Arbeitskämpfen hervorgegangene unabhängige Gewerkschaft wuchs binnen weniger Monate zur gesellschaftlichen Massenbewegung mit über zehn Millionen Mitgliedern. Auf ihrem ersten Kongress im September 1981 wurde eine „Botschaft an die Nationen Osteuropas" verabschiedet, die in alle Teile der Ukraine hineinwirkte.

Das Dilemma Gorbačëvs war grundlegend. Er trat an als Retter eines Systems, zu dessen Totengräber er wurde. Rechtsstaat, Demokratie und Marktwirtschaft ließen sich nicht durch Erneuerung und Modernisierung eines Systems durchsetzen, in dem Rechtlosigkeit, Ein-Parteien-Herrschaft und zentralistisch-planwirtschaftliche Ineffizienz konstitutiv waren. Zudem fehlte dem Südrussen Gorbačëv jedes Gespür für die Brisanz der nationalen Frage – anders als seinem Kontrahenten Andrej Sacharov, den er nach Jahren der Verfolgung und Verbannung in die Freiheit entließ. Sacharov setzte sich für das Recht der Nationen auf ihren eigenen Weg, auf die Möglichkeit der Loslösung vom imperialen

---

5   Für den Weg dieses Teils der ukrainischen Unabhängigkeitsbewegung stehen die Erinnerungen von Myroslav Marynovyč, Всесвіт за колючим дротом: спогади і роздуми дисидента [Das Universum hinter dem Stacheldraht. Erinnerungen und Einsichten eines Dissidenten], L'viv 2016.

Staatskörper der Sowjetunion ein. Krimtataren, Juden, Kasachen, Tschetschenen, Ukrainer, Litauer, Letten und Esten waren ständige Gäste bei den Sacharovs.

Mit diesen Fragen waren auch die aus den Lagern zurückkehrenden zivilen Aktivisten der Ukraine konfrontiert, ob sie sich nun in erneut begründeten Kultur- und Sprachgesellschaften sammelten oder unter dem Dach einer neu geschaffenen ukrainischen Helsinki-Union. Den schwierigen und belasteten Fragen ukrainischer Geschichte nahm sich die „Ukrainische Memorial Gesellschaft" an, die von Beginn an mit dem bereits gegründeten Moskauer Memorial zusammenarbeitete. Der Charakter und die Verbrechen des extremen ukrainischen Nationalismus, die Beteiligung von Ukrainern an der Errichtung und dem Ausbau des sowjetischen Zwangssystems spielten eine entscheidende Rolle. Die Arbeit ukrainischer Menschenrechts- und Geschichtsinitiativen ging Hand in Hand. Ukrainer und Russen standen hier zusammen.

Polnische Oppositionelle und Intellektuelle nahmen eine Entwicklung wahr, die weit über Gorbačëv hinausreichte, Haltungen und Werte zeigte, die die Kommunisten dem *Homo sovieticus* längst auszutreiben suchten. Der polnische Russizist Andrzej Drawicz meinte, ein Wunder zu erleben: „Güte, Solidarität, Menschlichkeit, Aufrichtigkeit, Toleranz, Vergebung ... Russland versucht, sich zu vermenschlichen. Russland kehrt endlich nach Europa zurück, in einem Sinne, den wir – so glaube ich – instinktiv alle teilen. Es kehrt zurück zu einem Kontinent der Werte, Prinzipien, Traditionen, die sich auf einen breit geteilten Konsens stützen."[6]

Aus den immer breiteren zivilgesellschaftlichen Initiativen der späten Sowjetukraine ging im September 1989 die nach baltischem Vorbild begründete Bewegung *Ruch* hervor. Ihr Programm war zunächst auf eine Demokratisierung des sowjetischen Staatenbundes gerichtet. Angehörige anderer Nationen und Nationalitäten wie Russen sowie Juden gehörten ganz selbstverständlich zu den Gründungsmitgliedern. Im Januar 1990 war *Ruch* Initiator einer Aktion, die den Unabhängigkeitswillen der gesamten Ukraine vorwegnahm. In einer Menschenkette zwischen Lemberg und Kiew gedachten die Teilnehmer der Vereinigung von west- und ostukrainischer Volksrepublik im Jahr 1919. Auf einem Kongress von *Ruch* war eine starke polnische Delegation mit Adam Michnik und Jacek Kuroń vertreten, die sich für die ukrainische Unabhängigkeit einsetzten. Sie standen auch in den folgenden Jahren und Jahrzehnten für eine gleichberechtigte polnisch-ukrainische Zusammenarbeit und die Aussöhnung beider Länder ein, die ihre eigenen Wunden mit der Vergangenheit hatten.

6 Wolfgang Templin, Farbenspiele. Die Ukraine nach der Revolution in Orange, Osnabrück 2007, S. 56.

Die unabhängige Ukraine bis zur Majdan-Revolution der Würde im Winter 2013/14

Die friedliche Revolution von 1989/90, in der sich die Staaten des Ostblocks aus ihrer Gefangenschaft befreien konnten und das geteilte Deutschland wieder zusammenfand, hielt für die nach Unabhängigkeit oder größerer Autonomie strebenden Teilstaaten der zerfallenden Sowjetunion ganz verschiedene Wege bereit. Der Ukraine gelang der Sprung in die formale Souveränität, obwohl sie lange Zeit von ihrer sowjetischen Vergangenheit geprägt wurde und sich nur schwer von ihrer Abhängigkeit vom großen Nachbarn Russland zu lösen vermochte. Sie gehörte zu den drei Ländern, die zum slawischen Herzstück des sowjetischen Imperiums zählten. In der ukrainischen Gesellschaft stritten sich ehemalige Oppositionelle, zivile liberale Akteure und rechtskonservative Nationalisten über den weiteren Weg in die Unabhängigkeit und die Öffnung des Systems. Sogenannte Souverän-(Reform-)Kommunisten lösten sich aus dem Körper der herrschenden Partei, während ukrainische Altkommunisten sich am liebsten weiter an Moskau geklammert hätten.

Die Loslösung von dieser Abhängigkeit und die Befreiung vom Leichengift des *Homo sovieticus* strebten viele jüngere Ukrainer an, die nie zur Garde der alten Oppositionellen gehört und nie die Realität der Lager erfahren hatten. Zu ihnen gehörte auch Mykola Rjabčuk, der später zu einem der bekanntesten Intellektuellen des Landes wurde. Er war in dieser Zeit Mitbegründer der Kiewer „Krytyka“, die zu einer der bekanntesten historischen und kulturellen Zeitschriften der Ukraine wurde und zugleich als Verlag existierte.

Andere seiner Altersgenossen organisierten auf dem Majdan die ersten Studentenproteste und einen Hungerstreik, als im Herbst 1990 der Zug in die Unabhängigkeit ins Stocken geriet. Die meisten von ihnen wollten sich nicht der professionellen Politik verschreiben und dem Gerangel in den Kiewer Machtzirkeln aussetzen, sondern als kulturelles und soziales Ferment einer zivilen Gesellschaft wirken. Viele von ihnen fanden sich rund fünfzehn Jahre später in den Wochen der Revolution in Orange auf dem Majdan wieder.

Ganz anders als Kiew geprägt, nahm in der ersten Hälfte der neunziger Jahre Lemberg eine Rolle als ukrainisches Piemont ein. Stadt und Region besaßen die Funktion eines Katalysators für den Prozess der Unabhängigkeit und die Entwicklung ziviler Netzwerke. Neben der Lemberger Memorial-Gesellschaft gab es zahlreiche kulturelle Klubs und Vereinigungen. Im April 1989 erschien die erste Nummer eines unabhängigen Kulturmagazins mit dem irritierenden Titel „Ji“, in Anspielung auf einen ukrainischen Buchstaben. Taras Voznjak, ein Dissident der achtziger Jahre, gründete das Zeitschriftenprojekt mit Freunden, die der Dissidenz nahestanden, und baute es in den neunziger Jahren zu einem der bekanntesten unabhängigen Kulturprojekte der Ukraine aus. Der ukrainisch-polnische und der ukrainisch-jüdische Dialog, die Probleme regionaler Identität und die Fragen nach dem europäischen Weg der Ukraine spielten in der Zeitschrift, auf jährlichen Seminaren, internationalen Konferenzen und Workshops eine wichtige Rolle.

Im November 1996 trafen in dem Erholungsort Podkowa Leśnia in der Nähe von Warschau ehemalige Dissidenten aus vierzehn Ländern des ehemaligen Sowjetblocks zusammen. Sie suchten nach Möglichkeiten, erneuten totalitären Tendenzen im gesellschaftlichen und politischen Leben ihrer jeweiligen Länder wirksam entgegenzutreten. Als mehrheitlich zivile Aktivisten sahen sie sich außerhalb der politischen Machtstrukturen und kamen zu der ernüchternden Antwort, dass sie hier wenig ausrichten konnten. Gleichwohl sahen sie eine gemeinsame Aufgabe für sich, deren Bewältigung durchaus eine Rückwirkung auf ihre Gesellschaften haben konnte: ihre eigene Geschichte, ihr Aufbegehren gegen die Unfreiheit, ihren Kampf als Oppositionelle aufzuarbeiten, zu dokumentieren und vorzustellen. Außer ihnen selbst würde das niemand tun. Zu den wichtigsten Initiatoren dieses Unternehmens zählten neben den polnischen die ukrainischen Akteure, die zudem einen bedeutenden Anteil der redaktionellen Arbeit an einem „Lexikon der Dissidenten" trugen, das schließlich in zwei umfangreichen Bänden die Lebensläufe wichtiger Oppositioneller aus über zwanzig Ländern umfasste.[7]

Kern der ukrainischen Bemühungen um dieses internationale Unternehmen wurde die Charkiver Menschenrechtsgruppierung um den Journalisten und früheren Oppositionellen Evgenij Sacharov. In ihrer Arbeit verbanden die Mitstreiter historische Recherchen, die Erstellung eines einzigartigen Archivs mit der Dokumentation von Menschenrechtsverletzungen und Reformdefiziten in der unabhängigen Ukraine. In der *Human Rights Protection Group* arbeiten Historiker, Pädagogen, Juristen, Psychologen und Mediziner zusammen.

Bereits die Auswahl der Personen für das Kompendium und die inhaltlichen Probleme der Darstellung waren eine Herkulesarbeit. Der Löwenanteil der schließlich ausgewählten und vorgestellten Namen fiel auf die Polen, die Russen und die Ukrainer. Unter den 46 ausgewählten Dissidenten befanden sich Levko Luk'janenko, V'jačeslav Čornovil und Myroslav Marynovyč. Die beiden Ersteren

---

7 Słownik dysydentów. Czołowe postacie ruchów opozycyjnych w krajach komunistycznych w latach 1956–1989 [Lexikon der Dissidenten. Führende Persönlichkeiten der oppositionellen Bewegungen in den Ländern des Kommunismus in den Jahren von 1956–1989]. 2 Bde., Warschau 2007.

waren als politische Repräsentanten von *Ruch* in die Politik gegangen. Čornovil blieb der unumstrittene Führer der Bewegung und geriet gegen Ende der neunziger Jahr in immer stärkeren Konflikt zu dem zweiten Präsidenten der Ukraine, Leonid Kučma, der ursprünglich Wirtschaftsfunktionär im ostukrainischen Dnipropetrovs'k gewesen war. Als Čornovil erklärte, im Kampf um Kučmas zweite Amtszeit gegen den Präsidenten anzutreten, kam er wenige Monate vor der Präsidentschaftswahl im März 1999 bei einem mysteriösen Autounfall ums Leben. Der Tod Čornovils reihte sich in eine Reihe von Rätseln in der jüngeren ukrainischen Geschichte ein, und nur einem Überlebenskünstler wie Kučma, der auch in den Mord an dem kritischen Journalisten Heorhij Gongadze verstrickt war, konnte es bis in die Gegenwart hinein gelingen, im politischen Leben des Landes präsent zu bleiben.

In diesen Übergangsjahren einer formal unabhängigen Ukraine, in der die Realisierung ihrer Reformpotenziale zu stagnieren drohte, deren Oligarchen mit Politikern spielten und handelten, wurde eine Person wie Bohdan Osadčuk unersetzlich. Seit den frühen fünfziger Jahren des 20. Jahrhunderts war er einer der wichtigsten Vertreter liberaler ukrainischer Oppositionskräfte in der Ukraine. Für das sowjetische System und den KGB war er einer der gefährlichsten Gegner, und er wurde bis zum Ende der achtziger Jahre mit Einreiseverbot in seine Heimat belegt. Osadčuk vertrat in der Pariser *Kultura* um Jerzy Giedroyc die Positionen der ukrainischen Dissidenten und warb unermüdlich für ein enges Zusammengehen mit polnischen, russischen und baltischen Oppositionellen. Nach der friedlichen Revolution von 1989 war er überglücklich, endlich wieder die Orte und Regionen seiner Kindheit und Jugend aufsuchen zu können, und reiste durch die ganze Ukraine. Die Reformen des Landes begleitete er engagiert und kritisch, wurde zum informellen Berater aller ukrainischen Präsidenten, deren Schwächen er deutlich benannte, und unterhielt Kontakte zu Boris El'cin. Ebenso präsent war er auf der polnischen Seite sowie in den Metropolen des Westens, darunter in Deutschland. Er war auch einer der Ersten, die klarsichtig sahen, was sich mit dem ersten Tschetschenienkrieg und dem Ende der Ära El'cin für die Beziehung der Ukraine zu Russland abzeichnete.

Mit dem Amtsantritt Vladimir Putins änderte sich die Lage des „gefährdeten" Reformstaates Ukraine sehr schnell. Konnte sich das Land mit einem Gegenüber wie El'cin noch Chancen auf einen eigenen Entwicklungsweg ausrechnen, hatte Putin von Beginn an nur ein Ziel: Der unbequeme Nachbar musste erneut fest an die Kette gelegt werden. Wenn schon nicht als Teil einer Sowjetunion, die es nicht mehr gab, dann unter der Herrschaft moskautreuer Kräfte. Einen geeigneten Mann dafür fand er in dem Donec'ker Mafiaboss und ehemaligen Kriminellen Viktor Janukovyč, gegen den er genug in der Hand hatte. Kučma, der nach seiner zweiten Amtszeit nicht mehr kandidieren konnte, war erpressbar genug, um Janukovyč zu seinem Wunschnachfolger zu erklären.

Alles schien nach Plan zu laufen, bis im Herbst 2004 aktive Wahlbeobachter und Wahlbegleiter aus der ukrainischen Gesellschaft dem Spiel einen Strich durch die Rechnung machten. Den Auftakt machte der Journalist Mustafa Najjem und spätere politische Aktivist mit seinem Aufruf. Der hunderttausendfache Protest gegen die Fälschung der Wahlergebnisse erfasste das ganze Land. Zahlreiche Intellektuelle und Schriftsteller erreichten mit ihren Auftritten und Appellen die ukrainische und darüber hinaus die internationale Öffentlichkeit. Mitglieder der Oppositionsparteien und Abgeordnete wurden gemeinsam mit einfachen Bürgern für mehrere Wochen zu Veranstaltungsmanagern, PR-Fachleuten, Kommandanten von Zeltlagern oder Teilnehmern von Wahlkampfexkursionen, die sie durch die gesamte Ukraine führten. Sie alle bereiteten die Tribünen vor, die dann von Hunderttausenden umlagert wurden und auf denen sich Viktor Juščenko und Julija Tymošenko als politische Führer präsentierten.

Wer von den zivilen Aktivisten sich entschied, den Weg der „orangenen Kräfte" in die Berufspolitik oder in die Verwaltung der Ministerien mitzugehen, machte sehr oft ernüchternde Erfahrungen und resignierte nicht selten. Das Dilemma einer aktiven, aber dennoch zu schwachen und instabilen Zivilgesellschaft zeigte sich erneut.

Die orangenen Hoffnungsträger der ukrainischen Gesellschaft fanden zu keiner Kooperation, rivalisierten miteinander und zerstritten sich. Im März 2010 gelang dem kriminellen Donec'ker Janukovyč, den viele schon abgeschrieben hatten, in sauberen Wahlen ein Sieg um die Präsidentschaft gegenüber Julija Tymošenko. Drehte sich alles im Kreis und drohte die Ukraine endgültig, erneut in die Hand Moskaus zu fallen?

Dass dem nicht so war, zeigte sich sehr schnell. Bei aller Schwäche und Zerstrittenheit eines Teils ihrer führenden Repräsentanten hatte sich der explizit politische Teil ziviler Aktivisten nicht davon abbringen lassen, nach Verbündeten im Parlament zu suchen, mit den Mitteln der medialen Aufklärung und Kampagnen gegen die Verquickungen politischer Führungskräfte mit den Oligarchenkreisen vorzugehen und eigene, neue Vereine, Organisationen und Parteien zu gründen. Zu ihnen gehörten Lemberger Aktivisten um Andríj Sadovýj mit dem Verein und der späteren Partei *Samopomitsch* (Selbsthilfe). Sie standen für eine Stärkung der Selbstverwaltungsorgane, eine stärkere Regionalisierung und Dezentralisierung sowie für politische und wirtschaftliche Transparenz. Zeitweilig wurden sie zur drittstärksten Kraft im ukrainischen Parlament. Andríj Sadovýj ist bis heute Oberbürgermeister von Lemberg und überaus populär.

Ein anderer unabhängiger Ansatz entstand mit dem ehemaligen Boxer Vitalij Klyčkó, der die *Ukrainische Allianz für Reformen (UDAR* – auf Deutsch: Schlag, Hammer) ins Leben rief und zur Partei werden ließ. UDAR setzte sich unter ihrem populären Führer konsequent für den Weg nach Europa ein, nahm den Kampf gegen Korruption auf und versuchte, einen anderen Politikstil durchzusetzen.

Mit alldem musste Janukovyč rechnen, er konnte die demokratischen und zivilen Errungenschaften der Ukraine nicht einfach außer Kraft setzen. So versprach er eigene Reformen, beschuldigte seine politischen Widersacher der Unfähigkeit und der Verstrickung mit ukrainischen Oligarchen und schlug immer wieder prowestliche Töne an.

Wer in dieser Zeit auf Tagungen und Kongressen in der Ukraine unterwegs war, wurde mit Antikorruptions- und Reforminitiativen konfrontiert, die von oben installiert waren, sehr regierungsnah klangen und nach russischem Vorbild funktionierten. Der Petersburger Dialog und andere deutsch-russische Dialogforen, die von deutschen Politik- und Wirtschaftskreisen überaus geschätzt waren, wimmelten von solchen Zivilattrappen. Unabhängige zivile Kräfte und Initiativen, deren Arbeit nicht nur durch solche Akteure erschwert wurde, mussten immer wieder abwägen, ob sie auf begrenzte Kooperation setzen oder auf Distanz gehen sollten.

Viktor Janukovyč hatte eigene Ambitionen und wollte nicht als bloßer Statthalter Moskaus in die Geschichte eingehen. Auf der einen Seite war er ein hemmungsloser Kleptokrat, der mit den Mitgliedern seines Clans und engen Vertrauten das ganze Land ausplünderte. Auf der internationalen Bühne wollte er durchaus positiv und proeuropäisch wahrgenommen werden. Er verfolgte seine politischen Widersacher und brachte sie – wie Julija Tymošenko, die zweifellos viele Fehler gemacht hatte – mit haltlosen Anschuldigungen hinter Gitter. Dabei musste er stets mit starkem Widerstand im eigenen Land und internationalen Reaktionen rechnen.

Ein Gipfel der Länder der „östlichen Partnerschaft" in Vilnius im November 2013 setzte diesem Lavieren ein jähes Ende. Zur Unterschrift stand das Assoziierungsabkommen der Ukraine mit der Europäischen Union, was das Land einen weiteren wichtigen Schritt in Richtung Europa bringen und ein weiteres Stück heraus aus dem Einflussbereich Russlands herauslösen sollte. Putin konnte und wollte das auf keinen Fall akzeptieren und setzte Janukovyč vor dem Gipfel mit allen Mitteln und kompromittierenden Materialien (Kompromaten) unter Druck, sodass dieser im letzten Moment die Unterschrift verweigerte und damit sein eigenes Ende besiegelte.

Die Winterwochen des Euro-Majdan, der Sturz des Präsidenten, seine Flucht und deren Folgen wurden zu einer Bewährungsprobe für die ukrainische Zivilgesellschaft. Aktivisten aus allen Teilen der Ukraine versuchten mit zunächst friedlichen Mitteln sicherzustellen, dass der Weg nach Europa nicht versperrt wurde. Schließlich standen sie im Feuer der Scharfschützen.[8]

Der Ausbruch des Krieges 2014 – eine völlig neue Situation für die Zivilgesellschaft

Vor dem Hintergrund des Überfalls auf die gesamte Ukraine im Februar 2022 erscheinen die Jahre von 2014 bis 2021 häufig als bloßer Übergang oder Zwischenphase. Das ist jedoch eine mehr als verkürzte Perspektive, denn es war eine Zeit, in der sich die ukrainische Zivilgesellschaft auf eine völlig neue Situation einstellen musste, die sie aber erstarken ließ. Das Land lebte bereits im Krieg.

In den ersten Tagen nach der überstürzten Flucht von Janukovyč am 17. Februar 2014 schien das noch anders zu sein. Die immer gewalttätigeren Kämpfe der Tage davor, der Einsatz von Spezialeinheiten und Scharfschützen hatten zahlreiche Opfer gefordert, darunter viele Aktivisten der Zivilgesellschaft aus allen Teilen der Ukraine sowie internationale Unterstützer. Eine provisorische Übergangsregierung machte den Weg für vorgezogene Parlaments- und Präsidentschaftswahlen frei. Darauf galt es sich vorzubereiten. Zugleich traten reformunwillige Akteure aus Politik und Wirtschaft auf die Bremse. Sie wollten zum alten Status zurückkehren, wobei kaum jemand es wagte, sich mit dem auf ganzer Linie diskreditierten Janukovyč zu solidarisieren. Die Auseinandersetzung mit ihnen und den alten Eliten des provisorischen Übergangs schien im Vordergrund zu stehen. Der Überfall auf die Krim änderte alles.

Zu den zahlreichen Chronisten der folgenden Jahre gehört zweifellos Winfried Schneider Deters, der lange Jahre für die Friedrich-Ebert-Stiftung in Kiew gearbeitet hatte. In seiner zweibändigen Rekonstruktion der „ukrainischen Schicksalsjahre" 2013–2019 beschreibt er minutiös und detailreich die politische und diplomatische Vorgeschichte der Niederlage, des Sturzes und der Flucht von Viktor Janukovyč, die Hintergründe des Überfalls auf die Krim und der „Operation Neurussland", die zur Abtrennung der gesamten östlichen und südlichen Ukraine führen sollte.[9]

---

8 Eine materialreiche Darstellung zahlreicher Kontexte und Persönlichkeiten des dramatischen Majdangeschehens gibt die bekannte ukrainische Journalistin Соня Кошкіна [Sonja Koškina], Майдан. Нерозказана історія [Majdan. Die nichterzählte Geschichte], Kyjiv 2015.
9 Winfried Schneider Deters, Ukrainische Schicksalsjahre 2013–2019. 2 Bde., Berlin 2021.

Zivile Akteure, die bis dahin mit ausschließlich friedlichen Mitteln agiert hatten, wurden über Nacht zu militärischen Kämpfern und Partisanen, leisteten Entscheidendes beim Aufbau und Einsatz einer Territorialverteidigung, die den Erfolg der „Operation Neurussland" verhinderte. Sie warfen die von Russland gelenkten und militärisch unterstützten Separatisten auf den Donbas zurück, auf die östlichen Territorien der Regionen Donec'k und Luhans'k, in denen im Mai 2014 sogenannte Volksrepubliken installiert wurden. Eine durch Janukovyč völlig heruntergewirtschaftete, weitgehend handlungsunfähige ukrainische Armee konnte die Separatisten nicht allein zurückdrängen. Über zwei Millionen Binnenflüchtlinge entkamen aus den sogenannten Volksrepubliken in die nicht besetzten Gebiete der Ukraine. Bei der Aufnahme dieser Menschen leistete die ukrainische Zivilgesellschaft Enormes. Universitäten aus Donec'k und Luhans'k wechselten in andere Städte, der Fußballverein Šachtar Donec'k trainierte in Kiew und die Luhans'ker Philharmoniker spielten fortan in Lemberg.

Die Reaktionen des Westens auf die ersten Kriegsschritte Putins blieben unzureichend, es kam lediglich zur verbalen Verurteilung und zu völlig unzureichenden Sanktionen. Ein Grund dafür lag in dem fehlenden Glauben an eine langfristige Überlebensfähigkeit einer proeuropäischen souveränen Ukraine. Ein weiterer entscheidender Faktor war die von Illusionen verblendete und vor allem von wirtschaftlichen Interessen bestimmte fortgesetzte Bindung an Russland als Partner.

Mit den Minsker Vereinbarungen kam es zu einer Kompromissinitiative über die Köpfe der Ukrainer hinweg. Sie stellte die Souveränitätsrechte des ukrainischen Staates infrage und gab Russland die Möglichkeit, sein eigentliches Ziel weiter zu verfolgen. Eine ungeteilte, souveräne, auf eine europäische Zukunft ausgerichtete Ukraine durfte nicht existieren.

Schneider Deters schildert in seiner Chronik mit quälender Ausführlichkeit, wie die militärisch noch immer schlecht geführte und unzureichend bewaffnete Ukraine nach ersten militärischen Erfolgen im Frühsommer 2014 und dem Zurückdrängen der Separatisten bei Ilovajs'k und anderen Schlüsselorten dramatische Niederlagen einstecken musste. Mit den folgenden Minsker Vereinbarungen, die ihr eine Atempause versprachen und mit OSZE-Beobachtern internationale Kräfte einschalteten, drohten dauerhafte territoriale Verluste und die Aufgabe ihrer Souveränität. Mit einer „Autonomieregelung" für weite Teile des Donbas, die faktisch von Russland besetzt waren, formell aber ukrainisches Staatsgebiet bleiben sollten, hätten sie sich jeder außenpolitischen Handlungsfähigkeit beraubt. Die Ukraine wäre zu einer amputierten Nation geworden, zu einem neutralen Pufferstaat zwischen Ost und West. In politischen und diplomatischen Kreisen machte das magische Wort von der Finnlandisierung die

Runde. Dass nur wenige Jahre später Finnland mit aller Entschiedenheit in die NATO drängen würde, um besser vor einem Überfall Russlands geschützt zu sein, lag damals außerhalb jeder Vorstellung.

Am Zustandekommen der toxischen Minsk-Regelungen wirkten von ukrainischer Seite ausgerechnet Personen wie Leonid Kučma mit, der sich durch seine guten Kontakte zur russischen Seite empfahl. Vertreter der ukrainischen Zivilgesellschaft, die gegen eine solche Farce protestierten, taten in diesem Moment zugleich das einzig Richtige. In den vom ersten Ansturm der Separatisten befreiten und unter ukrainischer Kontrolle stehenden Teilregionen des Donbas trugen sie entscheidend dazu bei, die dortige Zivilgesellschaft unter Kriegsbedingungen zu stärken, die Lebensbedingungen der dort verbliebenen Bevölkerung zu erleichtern, eigene soziale und kulturelle Initiativen ins Leben zu rufen. Völlig offen blieb, wie lange dieser Zustand anhalten würde.

Stimmen von Kritikern, die aus Polen und den baltischen Staaten kamen, den Blick für die Strategie Russlands nicht verloren und vor der Illusion eines dauerhaft „eingefrorenen Konfliktes" warnten, verhallten auf der großen internationalen Bühne. Die deutsche Politik zeigte sich in ihrer übergroßen Mehrheit resistent gegen alle Warnungen, ihre Vertreter setzten auf die vielversprechenden Möglichkeiten bisheriger und noch stärkerer positiver Beziehungen mit Russland. Kritiker, die auf das Erpressungspotenzial verwiesen, das der Ausbau von Nordstream II in sich barg, die sich gegen die defensive Haltung großer Teile des Westens aussprachen, wurden arrogant überhört oder als überzogen oder hysterisch abgetan. Dass sich in diesen Stimmen eine jahrzehntelange und gar – blickt man weit zurück – jahrhundertelange Erfahrung mit den Unterdrückungs- und Terrorpotenzialen des imperialen, kolonialistischen Russlands ausdrückte, blieb ausgeblendet.

Ganz anders in den Kreisen und Gruppen der international organisierten Bürger- und Menschenrechtsaktivisten aus dem ehemaligen Ostblock. Die Arbeit an der eigenen Geschichte und deren Dokumentation, die sie seit den neunziger Jahren betrieben, machte nur einen geringen Teil ihres Wirkens aus. Über alle Krisen, Rückschläge und Erfolge der kommenden Jahre hielt ihre Zusammenarbeit an, suchten sie Formen der Intervention in verschiedenen Ländern. Nach dem Überfall Russlands auf die Krim organisierten sie ein Krim-Forum, um den Widerstand der dortigen Bevölkerung zu unterstützen und russische Repressionen zu dokumentieren. Zum Höhepunkt wurde ein zweites Krim-Forum, das im November 2016 in Jubiläumsfeiern eingebettet war, mit denen der 40. Jahrestag der Gründung der ukrainischen Helsinki-Gruppe begangen wurde. Die damit verbundene Konferenz fand vom 9. bis 10. November in Lemberg statt, mit über 80 Teilnehmern aus zahlreichen Ländern. Sie wurde von der katholischen

Universität Lemberg ausgerichtet und stand unter der Schirmherrschaft von Andríj Sadovýj als Bürgermeister von Lemberg.[10]

Für alle Teilnehmer war es ein überwältigendes Erlebnis. Haftgenossen und Weggefährten aus langen Jahrzehnten lagen sich in den Armen. Die Russen um Memorial und andere Gruppen, darunter Sergej Kovalëv und Aleksandr Podrabinek, trafen auf ihre ukrainischen Partner und die Teilnehmer aus dem Baltikum; Vertreter der Emigration aus Frankreich, Kanada und den USA kamen dazu. Aus Polen war eine starke Delegation mit Jarosław Kurski, Danuta Kuroń und Adam Michnik angereist. Myroslav Marynovyč stand der Konferenz als Präsident vor und repräsentierte zugleich die orthodoxe Glaubensgemeinschaft, zu der führende Vertreter anderer christlicher Konfessionen, Rabbiner und muslimische Geistliche hinzukamen und die Zusammenkunft bereicherten.[11]

Im Mittelpunkt des Treffens standen die Situation auf der Krim und natürlich die Frage, was die neue Entwicklung bedeutete. Die Stimmen und Urteile in dieser Debatte waren heterogen, sie reichten von sehr skeptisch bis ausgesprochen optimistisch. So häufig wie in dieser Runde wurden Putin und seine Kamarilla selten in die Hölle gewünscht. Der Kampf mit ihnen bedeutete für die Teilnehmer die Verteidigung aller Werte, auf denen unsere Zivilisation beruht. Diese Werte wurden von den Vertretern der verschiedenen Glaubensrichtungen unterschiedlich definiert, schlossen sich aber wechselseitig nicht aus. Frieden, Demokratie und Menschenrechte gehörten dazu. Der russische Angriff auf die Ukraine wurde als tödlicher Angriff auf all diese Werte in einer gemeinsamen Resolution verurteilt.

Die Bedrohung von außen war die eine Herausforderung, mit der sich die ukrainische Zivilgesellschaft konfrontiert sah. Aber auch die inneren Probleme blieben. Weder der Schock des russischen Überfalls noch die Neuwahlen bedeuteten einen grundlegenden Neustart, keine wirkliche Läuterung der ukrainischen Politik. Viele Parteien standen weiter unter dem Einfluss von Oligarchen, die zudem über ihre eigenen Medien und Fernsehkanäle verfügten. Abgeordnete nutzten ihre Mandate, um zweifelhafte Geschäfte zu betreiben, anstatt die Interessen ihrer Wähler zu vertreten. Große Teile der Richterschaft blieben korrupt und bestechlich. Petro Porošenko, der zum neuen Staatspräsidenten wurde, zeigte sich im Kampf dagegen kaum wirklich konsequent und hatte große Mühe, sich vom eigenen Firmenimperium zu lösen.

Die zivilgesellschaftlichen Akteure der jüngeren Generation konnten von den Erfahrungen der Veteranen und Älteren zehren, die wie Bohdan Osadčuk

---

10 40th Jubilee oft he Ukrainian Helsinki Group. Ukrainian Catholic University L'viv 2016.
11 Einen Einblick in die Gedankenwelt der Ukrainischen Orthodoxen Kirche gibt: Myroslav Marynovyč, Die ukrainische Idee und das Christentum oder Das Herumtummeln der bunten Rosse der Apokalypse. Aus dem Ukrainischen von Günter Korzak, Pößneck 2015.

und V'jačeslav Čornovil, wie Evgenij Sacharov, Taras Voznjak und andere voller Energie mit ihnen verbunden blieben. Zugleich fanden sie zu neuen Arbeitsformen, schufen unter den Bedingungen neu gewonnener Freiheit eigene Medien und verstärkten die Vernetzung mit internationalen Verbündeten immer mehr.

Als Erfolgsmodell kristallisierte sich der „Sandwich"-Ansatz heraus: Die Zivilgesellschaft übte mit Protesten, Kampagnen und Reformvorschlägen von innen Druck auf die ukrainischen Entscheidungsträger aus. Gleichzeitig nutzte die internationale Gemeinschaft bzw. deren Teile, die an die Reformfähigkeit und die Überlebensfähigkeit einer unabhängigen Ukraine glaubten, ihre finanziellen und diplomatischen Druckmittel, um von außen auf die Umsetzung von Reformen zu drängen. Bei der Bekämpfung der Korruption sollten ein unabhängiges Antikorruptionsgericht und ein unabhängiges nationales Antikorruptionsbüro helfen, ebenso die mit modernsten Mitteln gestaltete Transparenz in der Frage individueller Einkommen und staatlicher Finanzströme. Eine durchgreifende Dezentralisierung bot die Chance finanzieller Umverteilung in die Regionen und Kommunen hinein, eines eigenverantwortlichen Umgangs mit den damit verbundenen Ressourcen. Mit der Unterstützung dieser Reformen konnte Präsident Porošenko zunächst seine politische Position verbessern, insbesondere auf den schwierigen Feldern der Korruptionsbekämpfung und der immer dringlicheren Justizreform aber blieb er zögerlich.

Im Wahlkampf und im Ergebnis der Präsidentschaftswahlen des Jahres 2019 kam es zu einem für viele Beobachter erstaunlichen Ergebnis. Der ursprünglich immer noch als Favorit gesehene Porošenko verlor gegen einen Herausforderer, der als Entertainer geglänzt hatte und damit populär geworden war, aber so gut wie keine politische Erfahrung mitbrachte, Volodymyr Zelens'kyj. Die Meinungen über ihn gingen extrem auseinander. Bis zum Tag der Wahl war er maßlos unterschätzt worden; die Tatsache, dass der „Clown" ein Jurastudium absolviert hatte, ging unter. Zum 60. Geburtstag von Janukovyč war er noch als bestellter Entertainer aufgetreten.

Aktualität und Ausblick

Spätestens der 24. Februar 2022 zeigte, was wirklich in Zelens'kyj steckte. In den ersten Jahren seiner Präsidentschaft hatte er häufig falsche Personalentscheidungen getroffen, überzogene Hoffnungen in die Dialogbereitschaft Putins gesetzt und lange Zeit gebraucht, um sich von Ihor Kolomojs'kyj zu lösen, dem Oligarchen, der seine gesamte Karriere begleitet hatte und dafür Gegendienste erwartete.

Spätestens als Zelens'kyj das großzügige Angebot der USA zur eigenen Rettung mit der Bemerkung abwies, er brauche Waffen und keine Mitfahrgelegenheit, zeigte sich ein anderer Präsident. Seine täglichen Auftritte, seine Dauerpräsenz im Präsidentenpalast, der zur Festung ausgebaut wurde, seine großen virtuellen Reden auf den internationalen Bühnen wurden zu einer unschätzbaren Kraftquelle für den Verteidigungskampf, für das Überleben der Ukraine.

Damit ist die Frage nach dem „Friedenspräsidenten" Zelens'kyj noch lange nicht beantwortet. Sein politisches Schicksal wird von den nächsten Wahlen abhängen. Wahlen, bei denen die ukrainische Zivilgesellschaft ihr immer stärkeres Gewicht in die Waagschale werfen wird. Unter den Bedingungen eines wahrscheinlich immer noch anhaltenden Krieges wird sich entscheiden, ob die Ukraine auf ihrem Reformweg vorangekommen ist und welche Kräfte für welchen Weg stehen. Und es wird sich zeigen, dass der Krieg, die Verteidigung des Landes und die zahllosen Opfer eine ebenso unermessliche menschliche Tragödie und kaum zu bewältigende Belastung sind, wie sie Neues zutage bringen.

Die ukrainische Kultur erlebt unter den Bedingungen des Krieges eine Blüte. Ukrainische Schriftsteller, Künstler und Intellektuelle sind weltweit stärker bekannt, werden deutlich stärker anerkannt als vorher. Sie verbinden ihre unmittelbare Beteiligung an den Kämpfen mit dem Wirken in ihren eigentlichen Berufen. So auch der Schriftsteller Serhij Žadan, der international zur Stimme der Ukraine wurde, aber auch immer wieder in seine ostukrainische Heimat zurückkehrt. Er fährt von Charkiv an die nahe Front, tritt dort oder in den Schutzkellern der Millionenmetropole auf. „Um Charkiv herum kämpfen sehr viele Künstler – Musiker, Schriftsteller, Schauspieler. Wenn wir Konzerte spielen, kommen sie, stellen die Waffen beiseite und singen."

Der gleichfalls aus der Ostukraine stammende Historiker Andrii Portnov, in Polen und Deutschland mittlerweile gleichermaßen beheimatet, beschreibt, was dies aus seiner Sicht für den Umgang mit Geschichte bedeutet: „Der derzeitige tragische Moment in der europäischen Geschichte bietet eine einmalige Gelegenheit, die Struktur des gesamten Kontinents zu überdenken, sowie eine Chance für eine neue, strategische Zusammenarbeit zwischen Deutschland, Polen und der Ukraine."[12]

Ein Krieg als Katalysator des Neuen. Wer kann sich eine solche Realität wünschen? Aber sie ist so, und die Akteure der ukrainischen Zivilgesellschaft werden sich ihr stellen.

---

12 Andrii Portnov, Dialog in der Mitte Europas: Reflexionen anlässlich der Verleihung des DIALOG-Preises 2022, in: Dialog. Deutsch-Polnisches Magazin Nr. 142 (2022/23), S. 82–86, hier S. 84.

V. Krise

TILMAN PLATH

„Neurussland" als anti-ukrainische Konstruktion im Donbass nach 2014

Der Aufsatz, den Putin im Vorfeld seines Angriffs auf die Ukraine zur Geschichte des Landes veröffentlichte,[1] hat zwei Dinge besonders deutlich gemacht: erstens, wie wichtig Geschichtspolitik generell für die Legitimation seiner aggressiven Außenpolitik ist, und zweitens, dass die Ukraine nicht nur als selbstständiger Nationalstaat für die Wiedererrichtung eines von Moskau kontrollierten Imperiums hinderlich ist, sondern auch von Putin als Bedrohung für seine eigene Macht gesehen wird.[2]

Eine Schlüsselrolle im ideologischen Kampf gegen die Idee eines ukrainischen Nationalstaats kommt der Ostukraine und ihrer russischsprachigen Bevölkerung zu. Die Propagierung einer eigenständigen regionalen Identität dient als anti-ukrainisches Narrativ, das zunächst die nationalstaatliche Geschichtspolitik Kyjivs zerstören und im zweiten Schritt die Integration der gesamten Ukraine in ein russländisches Geschichtskonzept vorbereiten soll. Vor dem Hintergrund dieses größeren Kontextes ist es daher lohnend, die Geschichtspolitik in den beiden Volksrepubliken Doneck und Lugansk etwas genauer zu betrachten und nach historischen Bezugsgrößen zu fragen, die zur Schaffung einer regionalen prorussischen Identität förderlich sein könnten.

Es ist diese Region, in der nicht nur militärisch gekämpft wird, sondern auch die Frontlinie der Auseinandersetzung um die Erinnerung verläuft, die etwa seit der Jahrtausendwende in Osteuropa zwischen Russland auf der einen und Ostmitteleuropa auf der anderen Seite ausgetragen wird. Auslöser ist die ostmitteleuropäische Sicht, den Sieg des Stalinismus in Ostmitteleuropa als zweite Okkupation zu betrachten und mit der nationalsozialistischen Herrschaft gleichzusetzen, was in Russland als „Falsifizierung" der Geschichte betrachtet

---

1 Deutsche Übersetzung in: Wladimir Putin, Über die historische Einheit der Russen und Ukrainer. Dokumentation, in: Osteuropa 71 (2021), S. 51–66.

2 Andreas Kappeler, Revisionismus und Drohungen. Wladimir Putins Text zur Einheit von Russen und Ukrainern, in: Osteuropa 71 (2021), S. 67–76.

wird, da hier der Sieg der Sowjetunion auch weiterhin als antifaschistischer Befreiungskampf bewertet wird.[3] Der Ukraine und insbesondere der Ostukraine kommt in diesem Kampf eine Schlüsselrolle zu, da sich hier beide Erzählungen überlappen.[4]

In der Geschichte der Ostukraine sind verschiedene historische Bezugsgrößen auszumachen, die das Regionalbewusstsein wohl gefördert haben. Darunter sind in historischer Reihenfolge vor allem die Herrschaft der Zaporoger Kosaken, Neurussland, die Machnovščina und die Sowjetrepublik Doneck-Krivoj Rog zu nennen, von denen vor allem Neurussland nicht zuletzt schon wegen des im Namen erkennbaren prorussischen Bezugs eine besondere Rolle spielt. Zur Beurteilung des Konzepts Neurussland wird in diesem Beitrag die seit 2014 herausgegebene gleichnamige Zeitschrift genauer betrachtet. Zur Analyse der unterschiedlichen Gewichtung und Darstellung der genannten vier historischen Herrschaftsformen wird ein Blick in zwei historische Lehrbücher der Donecker Universität von 2018 geworfen.[5] Es ist bemerkenswert, dass etwa zwei Drittel der Dozenten 2014 das Historische Institut der Universität Doneck verlassen haben.[6] Nach deren Fortgang kam es zur prorussischen Umgestaltung des Profils des Historischen Instituts, wie die Präsentation des Dekans auf dem Petersburger Historischen Forum 2022 verdeutlicht.[7]

Zaporoger Kosaken

Eine mögliche, aber zugleich auch ambivalente historische Referenz für eine ostukrainische Identitätsbildung stellen die Zaporoger Kosaken dar. Es handelt sich dabei um eine Kriegergesellschaft in der Frühen Neuzeit, die sich am unteren Dnepr aus polnisch-litauischer Sicht „hinter den Stromschnellen"

3   Tilman Plath, Vom Weg in die vorhersehbare Vergangenheit. Geschichtspolitik in Polen und Russland 2010–2020, in: Zeitschrift für Geschichtswissenschaft 70 (2022), S. 744–760.
4   N. Koposov, Memory laws, memory wars. The politics of the past in Europe and Russia, Cambridge 2018, S. 178.
5   L. G. Šepko /V. N. Nikol'skij, Istorija Donbassa. Ot Drevnosti do sovremennosti [Die Geschichte des Donbass. Von der Antike bis zur Gegenwart], Doneck 2018; V. I. Šabel'nikov, Kurs lekcij po istorii Donbassa s drevnejšich vremen do našich dnej [Ein Studienbuch zur Geschichte des Donbass von der Antike bis zur heutigen Zeit], Doneck 2018.
6   Von 65 verblieben nur 23 Dozenten. Andrej I. Minaev, Istoričeskaja nauka i istoričeskoe obrazovanie v Doneckom universitete. Itogi i perspektivy [Geschichtswissenschaft und historische Bildung an der Universität Doneck]. Panel: Kruglyj stol „Istoriko-kul'turnoe nasledie Donbassa": Problemy sochranenija i vostonovlenija [Runder Tisch: „Das historisch-kulturelle Erbe des Donbass"], Sankt-Peterburg 2022.
7   Ebenda.

(„za porog“) in einem größeren Gebiet ansiedelte, das auch als Wilde Steppe oder Wildes Feld („dikoe pole“) bekannt ist. Die Menschen kamen in dieses weitgehend herrschaftslose Gebiet, um den feudalen Strukturen Polen-Litauens oder Moskaus/Russlands zu entfliehen, und boten ihre militärischen Dienstleistungen als Kosaken wechselnden Auftraggebern an.[8]

Geschichtspolitisch konkurrieren zwei gegenläufige Narrative zwischen der Ukraine und Russland, ähnlich den Vereinnahmungsversuchen der Kyiver Rus' durch Kyjiv und Moskau. Aus ukrainischer Sicht repräsentieren die Zaporoger Kosaken idealtypisch die Idee ukrainischer Unabhängigkeit zwischen Polen-Litauen und Russland und die damit verbundene Herrschaft des Hetmanats als Keimzelle ukrainischer Staatlichkeit. Aus russischer Sicht handelte es sich um ostslawische Kämpfer, die sich von der polnisch-litauischen Unterdrückung befreit, das Bündnis mit Moskau gesucht und somit zurück zur ostslawischen Gemeinschaft unter Moskaus Führung gefunden hätten. Der Konflikt wird noch dadurch verschärft, dass Kosaken selbst unterschiedlich gesehen werden, entweder als freiheitsliebende Kämpfer oder als russlandtreue Patrioten.[9]

Da Zaporoger Kosaken im ukrainischen Geschichtsbewusstsein eine sehr prominente Rolle spielen, fällt im Kontrast dazu auf, dass ihnen in der Geschichtsdarstellung der Donecker Universität nicht einmal ein eigenes Unterkapitel gewidmet ist. Ihre Herrschaft wird als chaotisch dargestellt, die der Errettung durch die russische Zivilisation bedurft habe.[10] Etwas neutraler, allerdings mit einem Schwerpunkt auf die benachbarten Donkosaken und deren vermeintlich prorussischen Orientierung ist in dem kürzeren Lehrbuch mit geringerer Auflage der Universität Doneck von der frühneuzeitlichen Kosakenherrschaft in der Ostukraine zu lesen.[11] Dass Kosaken generell auch von der prorussischen Seite als historische Referenz in Anspruch genommen werden, zeigt der hohe Anteil von Kosakenregimentern aufseiten der Separatisten ab 2014.[12]

Der Kampf um die Deutungshoheit der Kosakentradition in der Ostukraine ist auch deshalb von zentraler Bedeutung, da er symbolisch für den allgemeineren Konflikt um das Motiv des Freiheitskampfes gegen Fremdbestimmung ist. So wie aus ukrainischer Sicht die ukrainische Nation sich aus der russischen

---

8   Andreas Kappeler, Geschichte der Ukraine. 7. Aufl., Bonn 2022 S. 54–71.
9   Lars Karl, Kosaken – das sind Russen, nur besser! Identitätskonzepte der russländischen Kosakenbewegung zwischen Slawentum, Nation und Imperium, in: ders./Stefan Troebst/ Wiebke Helm (Hrsg.), Post-Panslavismus. Slavizität, Slavische Idee und Antislavismus im 20. und 21. Jahrhundert, Göttingen 2014, S. 194–257.
10   Šepko/Nikol'skij, Istorija Donbassa, S. 227–229.
11   Šabel'nikov, Kurs lekcij po istorii Donbassa, S. 26–31.
12   Marlene Laruelle, The three colors of Novorossiya, or the Russian nationalist mythmaking of the Ukrainian crisis, in: Post-Soviet Affairs 32 (2016), S. 55–74, hier S. 63.

(auch der polnischen) Unterdrückung befreit hat, so handelte es sich dabei – nicht zuletzt unmittelbar nach dem Maidan – in der ostukrainischem Erzählung um einen Befreiungskampf gegen die Unterdrückung der Putschisten und Geschichtsumdeuter aus Kyjiv. Aus dieser Perspektive erschien Russland wiederum als Befreier, frei nach der Devise: Der Unterdrücker meines Unterdrückers ist mein Befreier.

Neurussland

Weniger ambivalent als das Kosakenmotiv, zugleich eindeutiger auf Russland bezogen und daher aus russischer Sicht geeigneter für die Stärkung eines ost-ukrainischen Regionalbewusstseins ist das Konzept Neurussland. Der Begriff bezeichnet ost- und südukrainische Gebiete, die im späten 18. Jahrhundert Teil des Russischen Reiches wurden und in denen es zu einer Reihe von Städtegründungen, darunter u. a. Odessa, Cherson, Mariupol, und Besiedlungsprojekten unter Katharina II. kam.[13]

Wegen seines klar prorussisch-imperialen Charakters benutzte Putin den Begriff zur Destabilisierung der Ukraine bereits im Frühjahr 2014. Sofort nahmen die beiden gerade erst gegründeten Volksrepubliken Doneck und Lugansk das Konzept auf und gründeten am 24. Mai 2014 unter Führung der Separatisten-aktivisten Pavel Gubarev und Oleg Carev eine Konföderation Neurussland,[14] deren Flagge von einer Kriegsfahne der zaristischen Marine inspiriert ist, die aber wohl nicht zufällig zugleich der Konföderierten-Flagge im Bürgerkrieg der USA sehr ähnelt. Seither existiert auch eine Zeitschrift gleichen Namens, die die neoimperiale Perspektive propagiert. In der Eigenpräsentation auf der Homepage werden als „Hauptziel die schnellstmögliche Eingliederung des Donbass und Neurusslands in die russländische Föderation" sowie die endgültige Zerstörung des Projekts der „Bandera-Ukraine" unmissverständlich formuliert.[15] Neben den lokalen Aktivisten beteiligten sich am Neurusslanddiskurs auch russische Natio-nalisten, nicht zuletzt Mitglieder des 2012 gegründeten ultranationalistischen

---

13 Natalia Tuschinski, Militärische Sicherung und wirtschaftlicher Nutzen. Cherson und der Städtebau im Süden des Russländischen Reiches am Ende des 18. Jahrhunderts, in: Moderne Stadtgeschichte 2/2022, S. 42–54.

14 Pavel Gubarev, Doneckaja i Luganskaja respubliki ob'edinilis' v Novorossiju [Die Republiken Doneck und Lugansk in Noworossija], in: RT, 24. 5. 2014, https://russian.rt.com/article/33401. – Die Weblinks in diesem Beitrag wurden zuletzt am 23. 12. 2022 abgerufen und geprüft.

15 Novorossija, https://novopressa.ru/.

Izborsk-Klubs.[16] Dass die Sprengkraft der Idee Neurussland weit über den lokalen Raum in der Ostukraine hinausgeht, ist an der intensiven Beteiligung russischer Nationalisten an der Debatte erkennbar. So schrieb 2014 der bekannte nationalistische Intellektuelle Aleksandr Dugin über den berüchtigten Kämpfer Igor Strelkov (Girkin): „Strelkov – er ist nicht das russische Militär. Er ist ein Schatten der russischen Vergangenheit, er ist ein Vorbote der russischen Zukunft. Er ist das, was in der Gegenwart fehlt. Strelkov ist berufen worden zum Dienst für die russische Welt, das russische Volk, die russische Zivilisation."[17]

Darüber hinaus richtete Dugin eine eigene Internetseite Novorossija.su ein, auf der er dafür plädierte, die Idee Neurussland und die bis dahin konkurrierenden rechten Konzepte Eurasien und russische Welt (russkij mir) miteinander zu versöhnen.[18] Zudem machte Dugin Neurussland auch für neonationalistische Kräfte des „russischen Frühlings" anschlussfähig, indem er bewusst die Doppeldeutigkeit des Begriffs Neurussland herausstellte – die geografisch-historische Dimension, bezogen auf das Gebiet der Ostukraine, sowie die ideelle Komponente im Sinne der Erneuerung Russlands.[19]

Auch der lokale Aktivist Pavel Gubarev sieht im Konzept Neurussland Potenzial, das weit über den regionalen ostukrainischen Rahmen hinausgeht und zur Erneuerung eines russischen Nationalismus beitragen kann: „Wir haben in unseren Reihen sowohl Sozialisten, Stalinisten, Konservative, Monarchisten, Nationalisten, russische Imperialisten als auch sogenannte sowjetische Imperialisten. Also entsteht in Neurussland tatsächlich eine neue Ideologie. Ich nenne sie die Herrschaft des Volkes. Es gibt drei vereinigende Prinzipien. Wenn man diejenigen zusammennimmt, die gegenwärtig Neurussland verteidigen, dann kann man mit Bestimmtheit sagen, dass sie alle für die russische Welt [russkij mir], die Orthodoxie und traditionelle Werte einstehen. […] Es gibt drei Grundwerte: die russische Welt, die Volksherrschaft, soziale Gerechtigkeit – das ist es, was diese Leute vereinigt."[20]

16   Laruelle, The three colors of Novorossiya, S. 58.
17   Aleksandr Dugin, Zaščiščaem Novorossiju! Tak točno! Est', ni šagu nazad! [Wir verteidigen Neurussland! Genauso! Keinen Schritt zurück!], in: Novorossija 2014, https://docs.yandex. ru/docs/view?url=ya-disk-public%3A%2F%2FgNCmrRRmckgQvKHuv%2BfvBo8CKl23gQ wHwzNbcfCYtIkd0w44zFKl24Q0aI%2BbhPMCq%2FJ6bpmRyOJonT3VoXnDag%3D%3D &name=Novorossia_002.pdf&nosw=1.
18   Laruelle, The three colors of Novorossiya, S. 60.
19   Ebenda, S. 67.
20   Pavel Gubarev, Interv'ju, in: Novorossija 2014, https://docs.yandex.ru/docs/view?url=ya-disk-public%3A%2F%2FaV9Y%2FGinapivdBEujQUqF0Yof1YXTykI79GzF5isDx0ya6eo RUVmxsvcz0ibyLRpq%2FJ6bpmRyOJonT3VoXnDag%3D%3D&name=Novorossia_010. pdf&nosw=1.

Die Kombination aus traditionellen Werten, einer konservativen Haltung und Sowjetnostalgie erlaubt es im regionalen Kontext des Donbass, auch kapitalistische Anführer wie Rinat Achmetov als Gegner zu identifizieren und somit das Konzept Neurussland zu einem linken Projekt zu erklären.[21]

Da Neurussland politisch anschlussfähig für rechte und linke Strömungen ist, wird es im Lehrbuch der Universität Doneck auch in ethnischer Hinsicht bewusst als multiethnisch dargestellt – mit deutschen, serbischen, bulgarischen und griechischen Kolonialisten. Ihre Gemeinsamkeit besteht in der Zugehörigkeit zum russländischen Imperium sowie der regionalen Anbindung an das Gebiet Neurussland und ist somit paradigmatisch für das heutige regionale Selbstverständnis der Volksrepubliken Doneck und Lugansk und ihr Verhältnis zu Russland.[22]

Doch wurde das Projekt nach dem zweiten Minsker Abkommen im Frühjahr 2015 fallen gelassen.[23] Auch das private Museum Neurussland in St. Petersburg wurde geschlossen. Ebenso fällt auf, dass ein entsprechendes Kapitel in dem auflagenstärkeren Lehrbuch von 2018 fehlt.[24] Stattdessen entwickelte der Separatistenführer der Volksrepublik Doneck, Aleksandr Zacharčenko, 2017 die Idee, einen neuen gesamtukrainischen Staat „Kleinrussland" mit Doneck als Hauptstadt und den zwei Amtssprachen Kleinrussisch (Ukrainisch) und Russisch zu gründen, wobei der Begriff Kleinrussland zur Bezeichnung der Ukraine wie schon Neurussland eine in die zaristisch-imperiale Epoche zurückreichende Tradition besitzt.[25] Erst durch den Angriff im Februar 2022 und die offizielle Inkorporation der vier Gouvernements Cherson, Zaporož'e, Doneck und Lugansk im September 2022 trat die neoimperiale Stoßrichtung der russischen Außenpolitik in dieser Region wieder deutlich zutage.

---

21   Laruelle, The three colors of Novorossiya, S. 61.
22   Šabel'nikov, Kurs lekcij po istorii Donbassa, S. 60.
23   Proekt „Novorossija" zakryt. Kreml menjaet plany 2015, in: Korrespondent.net, 21.5.2015, https://korrespondent.net/ukraine/3517781-proekt-novorossyia-zakryt-kreml-meniaet-plany.
24   Šepko/Nikol'skij, Istorija Donbassa, S. 249.
25   Aleksandr Voronovič, Istoričeskaja politika v nepriznannych respublikach Pridnestrov'ja i Donbassa v postsovetskom kontekste [Geschichtspolitik in den nicht anerkannten Republiken Transnistrien und Donbass im postsowjetischen Kontext], in: Aleksej Il'ič Miller/ Dmitrij Valer'evič Efremenko (Hrsg.), Politika pamjati v sovremennoj Rossii i stranach Vostočnoj Evropy: aktory, instituty, narrativy [Geschichtspolitik im gegenwärtigen Russland und in den Ländern Osteuropas: Akteure, Institute, Narrative], St. Petersburg 2020, S. 610–627, hier S. 619.

Machnovščina

Auch in der Geschichte des 20. Jahrhunderts lassen sich Herrschaftsepisoden in der Ostukraine finden, die sich für die Schaffung eines regionalen Bewusstseins eignen. Ein schillerndes Beispiel stellt die sogenannte Machnovščina dar, also die Herrschaft des Anarchisten Nestor Machno in der Ostukraine von 1918–1921, die sich ausgehend von seinem Heimatort Gulaj Pole im heutigen Oblast Zaporož'e nicht weit vom Gebiet der Volksrepublik Doneck in wechselnder Ausdehnung auf Gebiete der Ostukraine erstreckte. Da es sich allerdings um eine größtenteils ukrainischsprachige Bewegung handelte, die sich noch dazu gegen die moskauzentrierten Bewegungen der Bolschewisten und deren weiße Gegner unter Anton Denikin in besonderer Weise zur Wehr setzte und den Namen „Ukraine" zur Betitelung ihrer kämpfenden Einheiten benutzte, eignet sich dieses historische Kapitel ostukrainischer Regionalgeschichte denkbar schlecht für eine neoimperiale Vereinnahmung aus russländischer Sicht. So findet die Machno-Bewegung auch kaum Erwähnung im aktuellen Geschichtslehrbuch der Universität Doneck. Und dort, wo dies geschieht, werden die Kämpfer, wie schon die Zaporoger Kosaken, als chaotische Plünderer dargestellt, nach deren Herrschaft die ordnende Hand Russlands bzw. der sowjetrussischen Macht notwendig gewesen sei.[26] Auch im kürzeren Lehrbuch wird Machno und seiner Bewegung wenig Platz eingeräumt und zusätzlich darauf verwiesen, dass er – und nicht etwa die Bolschewisten – die Zusammenarbeit gekündigt habe und somit selbst die Schuld an der Verfolgung seiner Person durch die Sowjets trage.[27]

Auf den eher ukrainischen Bezugsrahmen verwies nicht zuletzt die Uniformierung der Kämpfer, die offensichtlich eine Traditionslinie zu den Zaporoger Kosaken und deren Freiheitsmotiv herstellte. Auch die Publikation einer ukrainischsprachigen Zeitung – „Weg zur Freiheit" („Šljach do voli") – der Bewegung deutet in diese Richtung. Allerdings kämpften die mitunter mit den Bolschewisten kooperierenden Anarchisten zunächst primär gegen den mit den Mittelmächten verbündeten Pavel Skoropadskij und später auch gegen die Soldaten Symon Petljuras, die für einen ukrainischen Nationalstaat eintraten, sodass Machnos Bewegung auch aus Kyjiver Perspektive durchaus irrige Ziele verfolgte und somit umso mehr für einen regionalen Separatismus steht, der allerdings anders als die Volksrepubliken Doneck und Lugansk nicht von Moskau aus kontrolliert wird.[28]

---

26 Šepko/Nikol'skij, Istorija Donbassa, S. 370, 375.
27 Šabel'nikov, Kurs lekcij po istorii Donbassa. S. 92.
28 Zur Machno-Bewegung siehe Colin Darch, Nestor Makhno and rural anarchism in Ukraine, 1917–1921, London 2020; Sean Patterson, Makhno and memory. Competing narratives of the Civil War in Ukraine, 1917–1921, Winnipeg 2020.

Außerdem ist die anarchistische Bewegung Machnos aus heutiger russischer Sicht viel zu revolutionär, als dass sie zur aktuellen Geschichtspolitik Moskaus passen würde. Entsprechend ist in der Zeitung „Novorossija" mit Blick auf die Revolution von 1917 vom „leninistisch-trozkistischen Maidan" (Oktoberrevolution) oder vom „Verrat von 1917" (Februarrevolution) die Rede.[29]

Donecko-Krivorožskaja Respublika (DKR)

Ist also der regionale Anarchismus Machnos kaum integrierbar, so gibt es eine andere – im Westen wenig bekannte – Episode der Revolution und des Bürgerkriegs in der Region, die neben dem Konzept Neurussland trotz ihres revolutionären Charakters geeignet zur Schaffung eines moskautreuen Regionalpatriotismus sein könnte: die Anfang 1918 unter Führung von Fedor Sergeev (Artem) gegründete Sowjetrepublik Doneck-Krivoj Rog im Südosten der heutigen Ukraine.[30] Sie wird als geradezu idealtypischer Vorläufer der heutigen Volksrepublik dargestellt, da sie sich ausdrücklich gegen die projektierte ukrainische Sowjetrepublik mit der Hauptstadt Kyjiv und gegen die deutsch kontrollierte Ukraine richtete. Allerdings wurde sie auf Betreiben Lenins schon im März 1918 zugunsten einer gesamtukrainischen Sowjetrepublik wieder aufgelöst.

Aufgrund dieser Konstellation eignete sich diese kurze Episode jedoch als identitätsstiftender Referenzpunkt für die Ostukraine bereits vor dem Ausbruch der offenen Gewalt 2014 und wurde schon zuvor in Publikationen Oles' Buzins und Vladimir Kornilovs propagiert.[31] Seit 2015, also seit der Auflösung Neurusslands als Vereinigung der beiden Volksrepubliken, begeht die politische Führung der Volksrepublik Doneck am 12. Februar den Gründungstag der Sowjetrepublik Doneck-Krivoj Rog mit offiziellen Gedenkveranstaltungen. Außerdem verabschiedete die Volksrepublik Doneck im selben Jahr ein Memorandum zur Gründung des Staates und seines historischen Erbes, das ausdrücklich die Sowjetrepublik als Vorläuferin der Volksrepublik bezeichnet.[32] Einen Höhepunkt

---

29 Artem Ol'chin, Prizrak Fevralja [Der Geist des Februars], in: Novorossija 2017, https://docs. yandex.ru/docs/view?url=ya-disk-public%3A%2F%2FpbNd1HPFCbNMr%2FGVSeubeW8L UcossUch8%2BZ1CgJAuKd%2BJugULO3WMo1H%2BKnlLKNFq%2FJ6bpmRyOJonT3Vo XnDag%3D%3D&name=Novorossia%20128.pdf&nosw=1.

30 Šepko/Nikol'skij, Istorija Donbassa, S. 368 f.

31 Oles' Buzina, Sojuz pluga i trezuba: kak pridumali Ukrainu [Der Bund von Pflug und Dreizack. Wie man sich die Ukraine ausgedacht hat], Kiew 2013; Vladimir Kornilov, Donecko-Krivorožskaja respublika: rasstreljanaja mečta [Die Republik Doneck-Krivoj Rog. Der ermordete Traum], Char'kov 2011.

32 Voronovič, Istoričeskaja politika, S. 610.

erreichten die Festlichkeiten zum 100. Jahrestag der Republikgründung 2018.[33] Auch die Lehrbücher von 2018 widmen dieser Sowjetrepublik anders als den Zaporoger Kosaken, Neurussland oder der Machnovščina ungeachtet der sehr kurzen Existenz eigene Unterkapitel.[34]

Die Sowjetrepublik Doneck-Krivoj Rog eignet sich als Referenzpunkt für die heutigen Volksrepubliken auch deshalb nicht, da der territoriale Rahmen sich auch auf das heute russische Gebiet Rostov na Don erstreckte und somit die russländische/anti-ukrainische Dimension zusätzlich unterstreicht. Zudem ging das beanspruchte Territorium auch innerhalb der ukrainischen Gebiete deutlich über das der Volksrepublik Doneck hinaus. Beispielsweise war zunächst Char'kov die Hauptstadt,[35] sodass auch in dieser Hinsicht der expansionistische Charakter des Projekts gegenüber dem ukrainischen Staat deutlich wird und auch in dieser Funktion in der Tradition des Projekts Neurussland steht.[36]

Nicht zu unterschätzen ist auch die sozialistische Komponente der Sowjetrepublik Doneck-Krivoj Rog, die sich mit der allgemeinen Sowjetnostalgie und dem regionalen Arbeiterethos des Industriegebietes Donbass gut vereinbaren lässt und somit das Widerstandspotenzial gegen den westlichen Kapitalismus, der vermeintlich in Kyjiv Einzug gehalten hat, zusätzlich erhöht.[37] Diese antiwestliche Stoßrichtung der Sowjetrepublik Doneck-Krivoj Rog hat auf der 100-Jahrfeier 2018 auch der Separatistenführer Aleksandr Zacharčenko in seiner Ansprache hervorgehoben: „Liebe Landsleute! Ich beglückwünsche Euch zum Jahrestag der Gründung der Republik Doneck-Krivoj Rog. Genau vor 100 Jahren sagten unsere Vorfahren ‚Ja' zu Gleichheit, Freiheit und Gerechtigkeit und ‚nein' zum Westen. Nach vielen Jahren übernehmen wir Nachkommen ihre Losungen und Ideen. Alles, was wir heute gestalten, machen wir für unsere Zukunft, wir errichten einen gerechten Staat. Aber im Unterschied zu unseren Vorfahren werden wir nicht verlieren, sondern uns wird alles gelingen!"[38]

Allerdings sollte Zacharčenko selbst nicht mehr viel gelingen. Wenige Monate nach seiner Rede wurde er Opfer eines Anschlags.

33 E. A. Babkina, Ideologija „Novorossiji" v kontekste istoričeskoj politiki samoprovozglašen-nych respublik Donbassa [Die Ideologie „Neurussland" im Kontext der Geschichtspolitik der selbsternannten Republiken im Donbass], in: Miller/Efremenko (Hrsg.), Politika pam-jati, S. 591–609, hier S. 607.

34 Šepko/Nikol'skij, Istorija Donbassa, S. 364–377; Šabel'nikov, Kurs lekcij po istorii Donbassa, S. 87 f.

35 Šepko/Nikol'skij, Istorija Donbassa, S. 368.

36 Voronovič, Istoričeskaja politika, S. 619.

37 Babkina, Ideologija „Novorossiji", S. 598.

38 Zit. nach ebenda, S. 607.

Fazit

Obwohl alle vier genannten historischen Bezüge geeignet wären, ein regionales ostukrainisches Geschichtsbewusstsein zu stärken, werden die Zaporoger Kosaken als „zu ukrainisch" empfunden und passen somit nicht zum Zeitgeist der Volksrepubliken. Auch die Machnovščina ist zu autark und historisch komplex, als dass sie in ein prorussisches Narrativ integriert werden könnte. Umso stärker eignen sich jedoch Neurussland und die Sowjetrepublik Doneck-Krivoj Rog als Bezugspunkte für eine Identitätsbildung. So weist der Dekan des Historischen Instituts der Universität Doneck ausdrücklich darauf hin, dass man seit 2014 zwei neue Schwerpunkte erarbeitet habe: „die Geschichte Neurusslands" und „die Geschichte des Donbass während des Großen Vaterländischen Krieges". Darüber hinaus lasse man besondere Aufmerksamkeit der Erforschung der Sowjetrepublik Doneck-Krivoj Rog zuteilwerden, „als Muster für die Gründung der Donecker Volksrepublik".[39]

Die Kombination der Sowjetrepublik Doneck-Krivoj Rog mit dem Konzept Neurussland als historische Referenz ermöglicht eine politische Hybridität, die die historische Spaltung des Bürgerkrieges zwischen Rot und Weiß im Osten der Ukraine überwindet und unter dem Dach eines neuen russländischen Patriotismus verbindet.[40] Zugleich vereint diese Kombination den sowjetischen Internationalismus mit dem multiethnischen Imperium, was ebenfalls für die Volksrepubliken von zentraler Bedeutung beim Kampf gegen den „faschistischen" Nationalismus Kyjivs ist. Diese Symbiose geht sogar noch über den lokalen Rahmen der Ostukraine hinaus, da auch der moderne russische Nationalismus stolz darauf ist, unter dem Dach der russkij verschiedene Ethnien zu akzeptieren.[41] Aleksandr Voronovič weist in diesem Zusammenhang darauf hin, dass der multiethnische Nationalismus ein Phänomen ist, das schon in anderen prorussischen Separatistengebieten erprobt sei, so vor allem in Transnistrien, und spricht in diesem Kontext von internationalem Separatismus, wobei es doch treffender wäre, diesen als russländischen Separatismus zu bezeichnen.[42]

Zentral in diesem Zusammenhang ist die Fokussierung auf den Begriff des Volkes (narod) anstelle der Nation. Das multiethnische „Volkstum" wird positiv konnotiert und dem monoethnischen „faschistischen" Nationalismus der Ukraine gegenübergestellt. So findet sich in einer Handreichung für Lehrkräfte

---

39   Minaev, Istoričeskaja nauka.
40   Laruelle, The three colors of Novorossiya.
41   Babkina, Ideologija „Novorossiji", S. 599.
42   Voronovič, Istoričeskaja politika, S. 611.

an Schulen der Volksrepublik Doneck von 2017 folgende Definition der russ-kij mir: „Russkij mir – das ist die Gemeinschaft von Menschen, die unabhängig von ihrer Nationalität sich als Russen fühlen, Träger der russischen Kultur und der russischen Sprache und geistig mit Russland verbunden sind und sich nicht gleichgültig gegenüber seinem Schicksal verhalten."[43] Nicht von ungefähr ist aus der multiethnischen Sowjetrepublik von 1918 eine multiethnisch-russländische Volksrepublik von 2018 geworden.[44] Auch der „Russische Frühling" im Donbass 2014 wird als Volksbewegung dargestellt, die im klaren Kontrast zum Euro-maidan stehe, der ein von außen – von Amerika – gesteuerter Umsturzversuch gewesen sei.[45]

Die solcherart vollzogene Integration der Geschichtspolitik der Volksrepu-bliken Doneck und Lugansk in den russländischen Kontext ist neben den dar-gestellten regionalen historischen Bezügen darüber hinaus natürlich auch an der Omnipräsenz des Großen Vaterländischen Krieges ablesbar, wie die Festlichkei-ten am 9. Mai oder das massive Auftreten des Georgsbands – des russisch/sowje-tischen miltärischen Abzeichens – in der Öffentlichkeit deutlich machen.[46] Eine lokale Besonderheit dieser „Pobedonosie" – der Siegeshysterie – liegt in dem star-ken Gegenwartsbezug und der Gleichsetzung des Sieges gegen die Faschisten des Deutschen Reiches mit dem Sieg bzw. Kampf gegen die Faschisten Kyjivs, z. B. durch das Tragen von Porträts verstorbener Kämpfer der Volksrepubliken beim Unsterblichen Regiment – einem Gedächtnismarsch für gefallene Rotarmisten.

Nicht nur den Kriegshandlungen kommt in diesem Narrativ eine globa-les Gewicht zu, sondern auch der intellektuellen Interpretation der historisch vermeintlich unbedeutenden Episoden Neurusslands und der Sowjetrepublik Doneck-Krivoj Rog. Sie bergen eine ideologische Sprengkraft, die weit über den lokalen Rahmen hinausgeht. Mutmaßlich wegen der hybriden Anschlussfähig-keit nach rechts und links besitzen die lokalen Geschichtsdeutungen im Donbass eine große Ausstrahlung ins Innere Russlands, aber auch auf internationaler Ebene.

---

43   Zit. nach ebenda, S. 625.
44   Ebenda, S. 611.
45   M. M. Rudenko, Rudenko o knige „Istorija Donbassa: Ot drevnosti do sovremennosti". Intervju [Rudenko über das Buch „Geschichte des Donbass: Von der Antike bis in die Gegen-wart", Interview], in: DNR live, 2020, http://dnr-live.ru/m-rudenko-o-knige-istoriya-don bassa-ot-drevnosti-do-sovremennosti/.
46   Babkina, Ideologija „Novorossiji", S. 603.

WOLFGANG BENZ

Kontroverse Erinnerung:
Stepan Bandera, ein Terrorist als Nationalheld?

Einem Land, das mit Krieg überzogen wird, der in brutaler Aggression aus imperialem Anspruch begann, der mit perfider Begründung in verbrecherischer Absicht gegen die Zivilbevölkerung, gegen Infrastruktur und Ressourcen, gegen die Lebensbedingungen des Volkes exekutiert wird, darf man ein hohes Maß an Patriotismus, nationalem Selbsterhaltungswillen und entsprechender Emotion zubilligen. Gegenüber der Waffengewalt des Angreifers behauptet sich die Ukraine nicht nur mit bewundernswerten technischen und militärischen Leistungen.

Die Rhetorik des Sprechers der Nation wird mit Zuwendung und materieller Hilfe der zivilisierten Welt erwidert. Im Namen der vom Despotismus des übermächtigen Russland bedrängten Nation appelliert der Staatspräsident an die Werte westlicher demokratischer Kultur angesichts der autoritären Hybris des östlichen Nachbarn. Der Widersacher im Kreml begründet seinen Herrschaftsanspruch über die Ukraine mit Legenden und den Formeln einer Geschichtsklitterung, die dem ukrainischen Volk nicht nur das Selbstbestimmungsrecht verweigert, sondern auch die ethnische und kulturelle Identität abspricht. Putins Gefolge wird der Glaube an diese Argumentation mit den Methoden der Diktatur beigebracht. Sie beginnen mit Verführung und mit Zwang, verordneter öffentlicher Meinung, gelenkter Justiz, willkürlicher Polizeigewalt und enden im Staatsterror. Der militärische Angriff auf die Ukraine wurde mit dem Züchtigungsrecht gegen eine Nation begründet, das sich der Putin-Staat auch gegen die eigenen Bürger anmaßt.

In der Stunde solcher Not gehört die Beschwörung nationaler Heroen zu den legitimen Waffen der Opfer des Überfalls. Die Jungfrau von Orleans ist den Franzosen heiliges Symbol wie König Stephan I. den Ungarn, Jan Sobieski den Polen oder Giuseppe Garibaldi den Italienern. Die Ukraine tut sich schwerer, weil sie nicht auf Helden verweisen kann, die in lange zurückliegender historischer Zeit gewirkt haben und deshalb zur nicht hinterfragbaren Legende, zum nationalen Mythos geworden sind.

Der Weg zur eigenständigen ukrainischen Nation hat noch keine lange Geschichte, die Erinnerung Mitlebender und deren unmittelbarer Nachkommen ist davon in unterschiedlichen Territorien geprägt, sie betrifft Ukrainer wie Polen, Russen wie Deutsche und, was schwerer wiegt, sie ist eine Erinnerung an Enttäuschung, Vergeblichkeit, an Gewalt mit unendlichen Opfern. Die ukrainische Nationalbewegung ist untrennbar mit der Erinnerung an zwei Weltkriege, an die sowjetische Herrschaft und an die nationalsozialistische Okkupation verbunden. Das öffentliche Gedächtnis ist auch aus diesem Grund gespalten durch unterschiedliche Erfahrungsräume in der Mitte und im Osten einerseits und im Westen des Landes andererseits. Das macht es schwer, den ukrainischen Nationalismus zu begreifen, und es ist nicht möglich, ihn als einheitliches Phänomen zu werten. Es ist aber auch nicht möglich, die Tatsache zu ignorieren, dass eine zentrale Figur wie Stepan Bandera als Exponent nationaler Selbstbehauptung gepriesen wird, der nach westlich-demokratischem Verständnis für Verbrechen gegen die Menschlichkeit verantwortlich war. Der Tatbestand wurde aus gutem Grund im Nürnberger Hauptkriegsverbrecherprozess nach dem Zusammenbruch des NS-Regimes Gegenstand der Anklage und dann Delikt im Völkerrecht.

Wenn man die Wertegemeinschaft des Westens anerkennt, der sich die Ukraine anschließen möchte, in der sie willkommen ist, wie schon die Solidarität beweist, die ihr im Krieg entgegengebracht wird, dann muss das Nationalbewusstsein, das etwa in der Person des Stepan Bandera symbolisiert ist, hinterfragt werden. Das umso mehr, wenn ein Botschafter des Landes ihn mit heftigem Ungestüm auf den Sockel hebt und in peinlicher Obsession darauf beharrt, dass er nichts Böses gesagt habe. Den Zweifel an der lauteren Absicht und am naiven Glauben des damals akkreditierten Vertreters der Ukraine in Berlin nährt auch die Tatsache, dass Kiew erst unter Druck und sich diplomatischer Notwendigkeit beugend zum Botschafter auf Distanz ging, ihn aber erst mehrere gesichtswahrende Monate später von seinem Posten abgelöst hat.

Neben der akademischer Frage, wie viel Nationalismus dem Zusammenhalt der Gemeinschaft der Europäischen Union zuträglich ist (die Regierungen in Warschau und Budapest stellen das Problem gern zur Schau), gehört das Problem nationalistischer Ideologie und Egozentrik in die Werkstatt der Historiker, die eindeutige Antworten haben und Exempel für die Wirkung nationalistischer Politik präsentieren können. Nicht zuletzt ist nationales Empfinden, das sich in der Steigerung durch ausgrenzende Ressentiments gegen „Fremde" Luft verschafft und regelmäßig in Gewalt endet, die Menschenleben kostet und derzeit Millionen Menschen weltweit zur Flucht und Vertreibung verdammt, eine Frage nicht nur der politischen Moral, sondern der menschlichen Existenz.

An Stepan Bandera scheiden sich die Geister. Heroisiert zur Lichtgestalt, verdammt als Judenfeind und Polenmörder, schillert das Bild des Mannes in der politischen Kultur der ukrainischen Nation. Er kam 1909 in einem ostpolnischen Dorf zur Welt und schied fünfzig Jahre später durch Meuchelmord in München aus ihr. In der Ostukraine schon zu Lebzeiten wenig beachtet, in der Sowjetunion als Faschist abgetan und im Exil von einem Agenten des KGB getötet, begann die Verklärung des Agitators und Terroristen zur nationalen Kultfigur mit der Unabhängigkeit der Ukraine in den 1990er-Jahren. In der Westukraine wurden Straßen und Plätze nach Stepan Bandera benannt, Denkmale und Museen sind ihm gewidmet, zum Helden der Ukraine wurde er 2010 vom Staatspräsidenten Juščenko proklamiert, eine Würde, die dem postumen Träger im gleichen Jahr vom nachfolgenden Präsidenten Janukovyč wieder aberkannt wurde.

Ins deutsche Bewusstsein geriet der ukrainische Chauvinist durch die öffentliche Huldigung, die ihm der ukrainische Botschafter in Berlin Andrij Mel'nyk, ein Nationalist von hohen Graden, nach dem russischen Überfall auf die Ukraine erwies. Damit machte der Vertreter der Ukraine in der Bundesrepublik in der Rolle des Elefanten im Porzellanladen mehr Furore als mit seinen sonstigen Bemühungen auf diplomatischem Parkett. Des Botschafters Beharren auf seiner Bandera-Begeisterung in Interviews und Talkshows erregte Erstaunen und befremdete auch in Israel, denn Bandera war bekennender Antisemit und als Chef einer terroristischen Vereinigung auch intellektueller Urheber und politisch verantwortlich für die Massengewalt, der unzählige polnische Bürger zum Opfer fielen.

Die Karriere Stepan Banderas vollzog sich überwiegend außerhalb der Ukraine, sie führte ihn ins polnische Gefängnis und ins deutsche KZ. Nach dem Zweiten Weltkrieg lebte er in München im Exil. Seine politische Laufbahn endete jedoch nicht durch die Giftpistole des sowjetischen Mörders, sondern in der Gloriole des Nationalhelden im Freiheitskampf einer unabhängigen und von Russland mit Krieg überzogenen Ukraine. Die politische Figur Banderas und der Kult um seine Person, dessen Ursprung, Instrumentalisierung und Wirkung hat mit dem Kampf um die staatliche Integrität, den Russland der Ukraine aufgezwungen hat, neue Bedeutung gewonnen.

Zwei Feindbilder trieben ihn an. Eines bildete der am Ende des Ersten Weltkriegs wiedergegründete Staat Polen, das andere war die Sowjetunion, in der nationale Traditionen, Sprachen, ethnisches und kulturelles Selbstverständnis ihrer Völker marginalisiert waren. Der radikale Nationalist Stepan Bandera verfolgte das Ziel eines politisch souveränen und ethnisch geschlossenen ukrainischen Nationalstaats, in dem Juden ebenso unerwünscht waren wie Polen und Russen.

Als Sohn eines griechisch-katholischen Priesters im ostgalizischen Kreis Kalusch (ukr. Kaluš, poln. Kałusz) geboren, gehörte er zur ländlichen Intelligenz, erlebte als Kind die ukrainischen Staatsgründungsversuche in Kiew 1917 und Lemberg 1918. Der Faszination faschistischer Ideologien erlag er wie so viele, und sein Antisemitismus war ein durch Sozialisation selbstverständliches Element seiner Weltanschauung. Nach dem Abitur begann er 1927 ein Studium der Agrarwissenschaft am Polytechnikum in Lemberg. Schon als Schüler ist Bandera in der ukrainischen Nationalbewegung aktiv geworden, im Alter von 20 Jahren trat er 1929 der paramilitärischen Organisation Ukrainischer Nationalisten (OUN) bei.

Diese in Wien von Veteranen des Ersten Weltkriegs 1929 gegründete Gruppierung wurde Banderas politische Heimat. Vorbilder waren Mussolini, Hitler und die kroatische Ustascha-Bewegung. Ziel war ein ukrainischer Nationalstaat, der aus östlichem polnischem Territorium (Ostgalizien und Wolhynien) und der Sowjetrepublik Ukraine gebildet werden sollte. Das Territorium des erhofften ukrainischen Staats hatte bis zum Ende des Ersten Weltkriegs überwiegend zum russischen Zarenreich gehört (Zentral- und Ostukraine) und wurde dann Bestandteil der Sowjetunion. Die Westukraine hatte bis zum Ende des Ersten Weltkriegs unter österreich-ungarischer (Ostgalizien) bzw. russischer Herrschaft (Wolhynien) gestanden und gehörte nun zum wieder geborenen Staat Polen. Auf ostpolnischem Territorium lebten fünf bis sechs Millionen Ukrainer, sie stellten dort die Mehrheit der Bevölkerung, waren aber als Bürger diskriminiert, weil sie dem Selbstverständnis eines polnischen Nationalstaats im Wege standen.

Die militante ukrainische Nationalbewegung OUN hatte vor allem Zulauf von Gymnasiasten und Studierenden. Man kann sie als einen politischen Verein juveniler chauvinistischer Heißsporne sehen. Bandera war für die Propaganda im Leitungsgremium der OUN verantwortlich, im Juni 1933 wurde er, 24 Jahre alt, offiziell providnyk (Führer) der aggressiven Nationalbewegung. Er hatte die Fäden in der Hand, organisierte Attentate, war u. a. verantwortlich für den tödlichen Anschlag auf den polnischen Innenminister Pieracki im Juni 1934. 1935 stand Bandera deswegen in Warschau vor Gericht, wurde zum Tode verurteilt, aber zu lebenslanger Haft begnadigt. Im Prozess hatte er die Mission der OUN mit folgenden Worten beschworen: „Wir verstehen unsere Idee als so groß, dass zu ihrer Verwirklichung nicht Hunderte, sondern Tausende Menschenleben geopfert werden müssen."[1] Noch martialischer klang die gleiche Botschaft in der Verlautbarung des „Ukrainischen Pressedienstes": „Die OUN schätzt den Wert

---

1   Grzegorz Rossoliński-Liebe, Stepan Bandera. The Life and Afterlife of a Ukrainian Nationalist. Fascism, Genocide, and Cult, Stuttgart 2014, S. 281.

des Lebens ihrer Mitglieder. Aber unsere Idee und unsere Anschauung sind so groß, dass wir es, um sie zu verwirklichen, wagen, das Leben des Einzelnen, von Hunderten, sogar von Millionen zu opfern."[2]

Der bewaffnete Arm des radikalen Flügels der OUN, die 1943 gegründete „Ukrainische Aufständische Armee (UPA)" praktizierte mit Massakern an der polnischen Zivilbevölkerung und durch Pogrome gegen Juden, mit der Beteiligung an den von der Wehrmacht und der SS im okkupierten Polen verübten Gräueltaten die Prophezeiung Banderas.

Nach der Spaltung der OUN im Jahr 1940 blieb Stepan Bandera Chef der radikalen Variante OUN-B und versuchte im Sommer 1941, eine Woche nach dem Einmarsch der Wehrmacht in der Sowjetunion, einen Nationalstaat Ukraine auszurufen. In falscher Einschätzung der Absichten des nationalsozialistischen Regimes, das kolonialen „Lebensraum" erstrebte ohne das Hemmnis einer pseudosouveränen Staatlichkeit, wie bei den Satelliten Slowakei oder Kroatien, war die erhoffte deutsche Rückendeckung bei der Proklamation einer „unabhängigen" Ukraine nur eine Illusion.

Indirekt hatte die deutsche Wehrmacht dazu ermuntert, nämlich durch die Aufstellung zweier Einheiten, die in der Ukrainer kämpften. Die Bataillone „Roland" und „Nachtigall" blieben Episode. Im Verband „Nachtigall" kämpften 300 Ukrainer neben 100 Deutschen. Bekannt wurde das Bataillon, weil der stellvertretende Kommandeur Theodor Oberländer im zweiten Kabinett Adenauer von 1953 bis 1960 Bundesminister für Vertriebene war und damit Zweifel am demokratischen Eifer der jungen Bundesrepublik nährte.[3] Das Bataillon „Nachtigall" wurde Anfang August 1941 wieder aufgelöst, da die deutsche Wehrmacht keinen Bedarf an Waffenhilfe aus den Reihen der OUN hatte. Das ukrainische Territorium war restlos unter deutscher Kontrolle. Der Westen war dem Generalgouvernement einverleibt, der Osten wurde als „Reichskommissariat Ukraine" unter der Hoheit des Reichsministeriums für die besetzten Ostgebiete (Alfred Rosenberg) vom Reichskommissar Erich Koch verwaltet nach dem Motto: „Wir sind ein Herrenvolk, das bedenken muß, daß der geringste deutsche Arbeiter rassisch und biologisch tausendmal wertvoller ist als die hiesige Bevölkerung."[4]

Der unerwünschte Alleingang endete für den Staatsgründer Bandera mit der zwangsweisen Übersiedlung nach Berlin und Ende des Jahres 1941 mit der

---

2   Franziska Bruder, „Den ukrainischen Staat erkämpfen oder sterben". Die Organisation Ukrainischer Nationalisten (OUN) 1929–1948, Berlin 2007, S. 41.

3   Philipp Christian Wachs, Der Fall Theodor Oberländer (1905–1998). Ein Lehrstück deutscher Geschichte, Frankfurt a, M,/New York 2000.

4   Ernst Koch in einer Rede in Kiew am 5. März 1943, zit. nach: Léon Poliakov/Joseph Wulf, Das Dritte Reich und seine Denker, Wiesbaden 1989,

Inhaftierung im KZ Sachsenhausen. Sein Aufenthalt im KZ war aber nicht mit Entwürdigung, Misshandlung und vollkommener Entmenschlichung verbunden, wie sie nahezu alle Häftlinge erfuhren. Bandera lebte als „Sonderhäftling" wie andere Prominente im Zellenbau des Lagers, isoliert von den Gefangenen, die mit Appellstehen, Zwangsarbeit, Prügelstrafe, Hunger gequält wurden. Bandera hatte es einigermaßen komfortabel, bewohnte eine geräumige Zelle. Dazu waren durch Entfernen einer Zwischenwand zwei Zellen zusammengelegt worden. Banderas Gemach war möbliert und mit Teppichen ausgestattet. Er wurde gut ernährt, musste keine Häftlingskleidung tragen, er war nicht kahl geschoren und durfte regelmäßig den Besuch seiner Frau empfangen. Sie überbrachte ihm Nachrichten und leitete seine Befehle nach außen. Sechs Männer seiner Entourage waren ebenfalls als „Sonder- oder Ehrenhäftlinge" im KZ Sachsenhausen interniert.

Ende September 1944 wurde Stepan Bandera wieder in Freiheit gesetzt. Jetzt brauchte das NS-Regime jeden Mann, der bereit war, gegen die siegreich nach Westen drängende Rote Armee zu kämpfen. Gottlob Berger, hochrangiger Multifunktionär der SS und Vertrauter Himmlers, hatte im Herbst 1944 als „Deutscher General in der Slowakei" den Aufstand dort niedergeschlagen und war gerade nach Berlin zurückgekehrt an seinen Schreibtisch an der Spitze des SS-Hauptamtes (gleichzeitig war er Chef des Ergänzungsamtes der Waffen-SS). Der umtriebige Mann, der sich den Spitznamen „General Wirrwarr" aufgrund seines Ideenreichtums, mit dem seine organisatorischen Fähigkeiten nicht restlos harmonierten, verdient hatte, war u. a. damit beschäftigt, dem Personalmangel der SS durch die Aufstellung „fremdvölkischer" Einheiten abzuhelfen. In der Not galten die rassenpolitischen und sonstigen elitären Vorgaben der SS-Ideologie als Kriterien der Mitgliedschaft nur noch bedingt. Den „germanischen" Divisionen der Waffen-SS, in denen auch Holländer, Flamen und Dänen als Freiwillige dienten, folgten Verbände der nominell 38 SS-Divisionen, in denen jetzt unter Aufgabe auch des Prinzips der Freiwilligkeit „rassisch" und ideologisch „Minderwertige" interessant erschienen. Zwei Divisionen wurden aus Ukrainern rekrutiert. Sie verhalfen zwar Hitler nicht zum propagierten „Endsieg", sie konnten den Untergang der deutschen Hybris nicht verhindern, trugen aber zum Odium bei, „die Ukrainer" seien anfällig für faschistische Ideologien. Mit solcher Denunziation stützt Jahrzehnte später Putin seinen Machtanspruch und begründet die militärische Aggression gegenüber der Ukraine.

Im Herbst 1944 ging es der deutschen Führung darum, die absehbare militärische Katastrophe an der Ostfront abzuwenden. Eine Möglichkeit offerierte der sowjetische General Andrej Vlasov, der seit 1942 in deutscher Kriegsgefangenschaft war und als Gegner Stalins für eine Befreiungsarmee aus Russen und anderen Angehörigen der Völker der UdSSR unter seiner Führung warb. An der

Seite der Wehrmacht sollte sie Stalin und den Bolschewismus niederkämpfen. Vlasov musste sich bis November 1944 auf Propaganda-Aufrufe beschränken. Jetzt durfte er endlich unter Kriegsgefangenen der Roten Armee und „Ostarbeitern" werben und zwei Infanteriedivisionen und weitere Verbände aufstellen. Als Oberbefehlshaber gebot er in den letzten Monaten des Zweiten Weltkriegs über die „Vlasov-Armee". Sie kämpfte als Verband der Wehrmacht.

Im Herbst 1944 verspürte auch Stepan Bandera, der am 29. September aus der Internierung im KZ Sachsenhausen freigelassen worden war, das Bedürfnis nach militärischen Aktionen zur Förderung der Unabhängigkeit der Ukraine. Er bat Gottlob Berger um ein Gespräch. Der befahl ihn am 5. Oktober 1944 zu sich. Berger verwies Bandera in der Unterredung auf die Vlasov-Armee als geeigneten Ort der Kooperation. Das lehnte Bandera ab. Wegen des russisch-ukrainischen Gegensatzes würde er jeden Einfluss auf seine Anhänger verlieren, wenn er sich dem Russen Vlasov anschließen würde. Berger ängstigte Bandera daraufhin mit der Drohung eines Arrangements zwischen Hitler und Stalin, worauf Bandera mit ähnlich irrealen Mutmaßungen konterte. Die Herren konnten sich trotz ihres Bedürfnisses nach Kollaboration nicht verständigen. In seinem Rapport an den Reichsführer SS fasste Berger den Eindruck zusammen, den er über den Führer der ukrainischen Nationalisten gewonnen hatte: „Ein gewandter, zäher, fanatischer Slawe. Seiner Idee bis zum Letzten verschworen. Im Augenblick für uns unerhört wertvoll, später gefährlich. Haßt sowohl Groß-Russen wie Deutsche. Ich bitte vorschlagen zu dürfen, ihn trotz allem einzusetzen, seine Bewegung zu aktivieren. Gegen uns kann er im Augenblick nicht viel unternehmen, aktiviert für uns kann er den Nachschub doch erheblich gefährden."[5]

Mit der deutschen Niederlage 1944/45 waren die Hoffnungen der ukrainischen Nationalbewegung zwar endgültig gegenstandlos, nicht aber die Illusionen. Der Kampf um die Unabhängigkeit wurde als Guerillakrieg an zwei Fronten weiter geführt: gegen die Sowjetukraine und gegen Polen. Die UdSSR hatte, wie im Hitler-Stalin-Pakt 1939 vereinbart, das ostpolnische Territorium, das 1941 von Hitlerdeutschland okkupiert war, wieder in Besitz genommen, ebenso wie das „Reichskommissariat Ukraine", das 1941–1944 unter deutscher Herrschaft gestanden hatte, Antikommunistische und antipolnische Emotionen trieben auch nach dem Ende des Zweiten Weltkriegs im Südosten Polens militante Freischärler unter ukrainischer Fahne, kommandiert von der Bandera-Bewegung, zum Aufstand sowohl gegen die Sowjetisierung des Landes wie gegen die polnische Staatlichkeit.

---

5   Chef des SS-Hauptamtes SS-Obergruppenführer Gottlob Berger an Reichsführer SS Heinrich Himmler, 6. 10. 1944, Archiv KZ-Gedenkstätte Sachsenhausen.

Der Kampf der rabiaten ukrainischen Nationalbewegung gegen die polnische Bevölkerung im Südosten der zum zweiten Mal wiederentstandenen polnischen Republik und die Opposition gegen die kommunistische Gesellschaftsordnung, die unter sowjetischer Dominanz 1944/45 etabliert wurde, dauerten in der Nachkriegszeit noch jahrelang an. Akteure waren – als Gegenspieler der polnischen Armee – Partisanen der Ukrainischen Nationalbewegung, die auf Banderas Befehl kämpften, und die nicht weniger aggressive polnische antikommunistische Bewegung WiN.[6] In polnischer und sowjetischer Perspektive waren die raubenden und mordenden Banditen Faschisten und ehemalige Nazikollaborateure, die ihre Anweisungen aus dem westlichen Ausland, vom ukrainischen Exil, de facto von der OUN-Zentrale in München durch Stepan Bandera erhielten.

In der DDR war der polnische Roman „Feuerschein in den Beskiden" weitverbreitet. Dessen Autor hatte 1945–1947 als Offizier eines polnischen Regiments gegen ukrainische Freischärler im Südosten Polens gekämpft.[7] Die Brutalität der Banden gegenüber polnischen Bauern, Juden und Vertretern der neuen polnischen Staatlichkeit wird in diesem Buch trotz fiktiver Personen und deren romanhafter Beziehungen untereinander realistisch und drastisch geschildert: „Überall floß Blut. Ein Menschenleben bedeutete nichts, es hing von einer Augenblickslaune der Banditen ab. Die Staatsgewalt in diesen Gebieten verlor ihren Wert ebenso wie das Leben der Bewohner. Es herrschte und regierte in einem Dorf oder Städtchen, wer sich gerade dort aufhielt. Heute konnte es das Militär sein, morgen eine Bande der UPA oder WiN. Um des lieben Friedens willen führten die Leute die Befehle sowohl der einen als auch der anderen aus. Sie waren am schlechtesten dran, denn sie blieben immer an Ort und Stelle. Diejenigen, welche diese Situation nervlich nicht ertrugen, reisten unter militärischem Schutz in die westlichen Grenzgebiete oder in die UdSSR aus. Es wurden immer mehr. Insbesondere die Gebiete im Süden von Sanok entvölkerten sich. Das Leben erstarb. Der Schnee bedeckte die Brandstätten der verlassenen Dörfer, von denen einzig die Namen auf den Landkarten blieben."[8]

Der Kampf ukrainischer Freischärler gegen polnisches Volkstum, kommunistische Ideologie und das imperiale Sowjetsystem dauerte bis weit in die 1950er-Jahre. Das Ende der Sowjetunion, die Neugründung der Ukraine als unabhängiger Staat erweckten nationalistische Mythen zu neuem Leben. Unter Abspaltung der judenfeindlichen und faschistischen Ideologeme, die der

---

6   WiN bezieht sich auf den Namen der Vereinigung Freiheit und Unabhängigkeit [Zrzeszenie Wolność i Niezawisłość].

7   Jan Gerhard, Feuerschein in den Beskiden, Berlin 1964, zit. nach der 3. Auflage 1988, ursprünglich Warschau 1960.

8   Ebenda, S. 185.

historischen ukrainischen Nationalbewegung so wesensimmanent gewesen waren, dass sie auf Hitlerdeutschland als Wunschpartner beim Streben nach staatlicher Existenz gesetzt hatte, wurde forcierter Nationalismus zum Bindekitt der heterogenen Landesteile. Die Erinnerungspolitik der 1990er-Jahre errichtete die Fundamente der Denkmäler, die Stepan Bandera und anderen nationalen Heroen zunächst in der Westukraine, dann in geringerem Ausmaß auch im Osten des Landes gewidmet wurden.

Die Tradition des Bandera-Kultes, der sich in Hunderten von Straßen, die ihm in vielen ukrainischen Orten gewidmet sind, in Monumenten, Gedenktafeln, Büsten und etlichen Museen ausdrückt, reicht an den Beginn der 1990er-Jahre zurück. In einigen Städten wurden Denkmale der Sowjetzeit durch Bandera-Statuen ersetzt. So musste in Drohobyč, Velyki Mosty und Turka das sowjetische Idol Lenin dem antisowjetischen Heroen Bandera weichen. Andernorts trat er an die Stelle der Opfer des Zweiten Weltkriegs oder eines als Mahnmal postierten Panzers der Roten Armee oder er verdrängte die Skulptur „sowjetische Arbeiterin". Ironischerweise arbeiteten die postsowjetischen Gestalter des öffentlichen Gedächtnisses mit ähnlichen ästhetischen Kategorien wie die Staatskünstler der Brežnev-Ära. So verliehen sie dem schmächtigen Stepan Bandera als einer Symbolgestalt des ukrainischen Patriotismus die kämpferische Pose Lenins.

Die Ära der Bandera-Denkmäler begann in seinem Geburtsort Staryj Uhryniv. Dort wurde 1990 das erste Monument zu seinen Ehren errichtet. Das nächste entstand 1991 in Hordynja im Oblast Lemberg. Im Herbst 2013 existierten in der Westukraine schon fast 50 öffentliche Erinnerungszeichen ganz unterschiedlicher Dimension, von der bescheidenen Plakette über Büsten bis zum sieben Meter hohen Monument in Lemberg oder dem Memorial in Ivano-Frankivs'k, das die Fläche von sechs Fußballfeldern einnimmt.[9]

Der durch die Person Banderas symbolisierte Ukraine-Patriotismus blieb nicht auf den Westen des Landes beschränkt. Das Motiv der Erinnerungsstrategie, die auch mit Gedenkfeiern, Fackelzügen und Kundgebungen in der politischen Kultur des Landes präsent ist, und zwar schon vor Putins Überfall auf die Ukraine, war zunächst eine antisowjetische Gebärde: „In Sowjetzeiten repräsentierte Bandera eine Gegenerinnerung, und sein Name stand für einen Kult, der proportional zu seiner Denunziation durch die Sowjets wuchs und besonders in der Diaspora gepflegt wurde"[10]

---

9   Andre Liebich/Oksana Myshlovska, Stepan Bandera wird gefeiert, in: Ukraine-Analysen Nr. 140, 5. 11. 2014.
10 Ebenda, S. 2.

Bandera, der sich seit 1934 kaum noch in der Ukraine aufhielt, der zuletzt in der Diaspora in München agiert hatte, war längst eine mythische Figur, die sich für politische Zwecke und Interessen instrumentalisieren ließ. Das umso mehr, als er schon über 30 Jahre tot war, als die Ukraine die Unabhängigkeit erlangte. Die „Allukrainische Vereinigung Swoboda", die von der Westukraine ausgehend ab 2005 mit antirussischen und antipolnischen sowie antisemitischen Parolen Gefolgschaft in der ganzen Ukraine gewann, nahm Bandera in Beschlag und stellte ihn in den Dienst eines Chauvinismus, der sich ab Anfang 2013 im Sturm gegen Denkmale aus der Sowjetzeit auslebte. Der Bandera-Kult wurde auch in den Demonstrationen des Euromajdan-Protestes zelebriert. Die Toten des Februar 2014 wurden als Nachfolger der historischen Formationen des ukrainischen Nationalismus, OUN und UPA, vereinnahmt.

Der Heroenkult um den 1959 ermordeten OUN-Chef Bandera ist, genauso wie der Nationalismus mancher ukrainischer Patrioten, mehr als ein verständlicher Reflex auf den russischen Aggressor, der nach dem vom Kreml inszenierten separatistischen Konflikt in der Region Donbas und der Annexion der Krim 2014 in den Angriff gegen das ganze Land und dessen Bevölkerung im Februar 2022 mündete.

Ukrainischer Nationalismus wurzelt in tieferem Grund, als ihn der berechtigte Selbstbehauptungswille gegenüber brutaler Zerstörungs- und Vernichtungswut im Krieg Russlands bietet. Die Geschichte des Landes und seiner Menschen im Schatten übermächtiger Nachbarn verweist auf Erklärungen. Dazu müssen imperialer Anspruch und koloniale Attitüde in den Blick genommen werden, die von den russischen Zaren und in deren Nachfolge von den Diktatoren Hitler und Stalin unter Berufung auf diametrale Ideologien aus Machtkalkül und zum Ressourcengewinn gegen die Ukraine exekutiert wurden. Martialisches Nationalbewusstsein und die lärmende Proklamation des eigenen Vorrangs vor den Interessen anderer Nationen sind aber nach der leidvollen Erfahrung zweier Weltkriege als unbrauchbare Instrumente zur Förderung des Zusammenlebens, gar zum Gewinn und Erhalt des Friedens erkannt und deshalb unter Vernünftigen geächtet.

Feindbilder als Produkte von Vorurteilen (das lehrt eine Ressentimentforschung, die freilich noch mehr politische Akzeptanz finden muss[11]) gehören in der komplexen Welt globaler Vernetzung und wechselseitiger Abhängigkeit aller Nationen sowie im Bewusstsein gemeinsamer existenzieller Bedrohung zu den überholten Modellen der Krisenbewältigung. Formeln wie „Politik der Stärke",

---

11 Vgl. Wolfgang Benz, Vom Vorurteil zur Gewalt. Politische und soziale Feindbilder in Geschichte und Gegenwart, Freiburg 2020.

die Selbstdarstellung nationalistischen Furors, vermeintliche Sicherheitsbedürfnisse durch Konstruktionen aus Geschichtsklitterung zur Darstellung eigener
Überlegenheit, kalkulierte Denunziation zur Ausgrenzung oder Unterwerfung
von Ethnien oder Nationen haben als Feindbilder ihre Unbrauchbarkeit bewiesen. Sie haben stets zu neuen Konflikten geführt, Menschen durch Flucht und
Vertreibung entwurzelt oder um ihr Leben gebracht.

Die ukrainischen Nationalisten, die in den 1930er-Jahren mit Terror und
Mord begannen und zwei Jahrzehnte später von der Sowjetunion mit den gleichen Methoden zur Strecke gebracht wurden, wenn es ihnen nicht gelang, nach
Westeuropa, in die USA, nach Kanada oder Australien zu entkommen, wo sie
sich in Diasporagemeinden zusammenfanden, können kein Vorbild sein – nicht
für die Abwehr der russischen Aggression und schon gar nicht als Muster für ein
„gesundes Nationalbewusstsein", das im Stolz auf das Eigene andere abwertet.

Zur Behauptung gegen den Aggressor braucht die Ukraine die Solidarität des
Westens. Im Wertekanon des demokratischen Europa, in dem Toleranz einen
hohen Rang hat, als dessen Mitglied die ukrainische Nation bessere Zeiten erleben will und soll, ist für schäumendes nationales Selbstverständnis kein Platz
mehr.

Die europäischen Werte, schwer genug errungen und nicht von selbstverständlich dauerndem Bestand, bilden den Hintergrund, vor dem das öffentliche Erinnern an Stepan Bandera zu bewerten ist. Nicht um seine Person geht
es, schon gar nicht darum, ihn als Chiffre zur Denunziation der Mehrheit der
Ukrainer oder – in noch dümmerer Pauschalisierung – aller Bürger des Landes zu benutzen. Die Denkmale und Straßen, die den Namen des politischen
Führers einer Terrororganisation tragen, erregen freilich Argwohn und provozieren die Frage, wie viele Bürger der Ukraine die positiven Konnotationen des
Bandera-Nationalismus mittragen.

Den Argwohn steigert die Tatsache, dass der ukrainische Botschafter Andrij
Mel'nyk – also keineswegs ein Parteifunktionär, weder Privatmann noch Exponent eines randständigen extremistischen Vereins, sondern ranghoher Sendbote
des Staatspräsidenten und der Regierung bald nach seinem Amtsantritt in Berlin, am 12. Januar 2015 an das Grab Banderas nach München reiste, um ihm
dort seine Verehrung zu bekunden. Den Gipfel seines Bandera-Kultes erklomm
der bekennende Nationalist Mel'nyk Jahre später in einem Interview, als er seinen Heroen von aller Verantwortung und Schuld öffentlich freisprach.[12] Mel'nyk

12 In der Podcast-Serie Jung und Naiv (YouTube) hatte Andrij Mel'nyk am 29. Juni 2022 im
Gespräch mit dem Journalisten Tilo Jung Bandera verharmlost und damit beträchtliches
Aufsehen erregt.

leugnete historische Fakten und verkündete, Bandera habe niemanden ermordet. Aber Himmler, Heydrich, Eichmann und Konsorten haben ja auch nicht persönlich Hand angelegt bei den Völkermorden unter nationalsozialistischer Ideologie. Sie haben jedoch als Gefolgschaft und Unterführer eines verbrecherischen Idols Verantwortung für millionenfachen Mord.

Dass die politisch banale und moralisch unwürdige Argumentation des ukrainischen Diplomaten Ende Juni 2022 heftige Empfindungen, nicht nur in Deutschland, auslöste, hatte gute Gründe.[13] Das ist so wenig als Stolz deutscher Musterschüler auf eine (übrigens beschämend spät in Gang gekommene) Erinnerungskultur zu erklären wie die Verniedlichung der Possen des Botschafters Mel'nyk. Er sei eben ein überzeugter Nationalist, schrieben ihm Wohlgesinnte, um den Skandal schönzureden. Nicht nur, dass sich der Botschafter in deutschen Medien als Lügner darstellen lassen musste,[14] weil er sich im Eifer des Leugnens der Bandera-Schuld mit Behauptungen verhedderte wie der, er habe das KZ Sachsenhausen, in dem Bandera interniert war, besucht, um sich dort selbst darüber zu informieren. Zum Skandal wurden die Tiraden des Botschafters endgültig, weil er monatelang weiter amtierte, obwohl das Außenministerium in Kiew sich von seinen Äußerungen distanzierte und seine Abberufung verkündete. Schon das ist ein erstaunliches Stück Diplomatiegeschichte, dass der Außenminister öffentliche Äußerungen eines Botschafters in dessen Privatsphäre verwies, sie bedauerte, aber nicht durch sofort angeordnete und vollzogene Demission unmissverständlich rügte. Dem Abzug Mel'nyks aus Berlin am 14. Oktober 2022 folgte unmittelbar seine Ernennung zum Vize-Außenminister der Ukraine. Die Rangerhöhung nach dem Skandal macht staunen.

Ohne das martialische Wirken des ukrainischen Diplomaten Mel'nyk in Berlin wäre Stepan Bandera kaum so ins öffentliche Interesse geraten, wie es im Zuge ukrainischer nationaler Selbstbehauptung gegenüber Russland nach Putins Angriff geschehen ist. Als Märtyrer des Antibolschewismus, der einem Mörder des sowjetischen Geheimdienstes zum Opfer fiel, wurde er nach dem Ende des Sowjetsystems zunächst nur in der Westukraine als Symbolgestalt der

---

13   Im Deutschlandfunk kommentierte Sabine Adler, der ukrainische Botschafter sei in Putins Falle getappt: „[…] ein Ukrainer, der zugibt, von Bandera nicht weit entfernt zu sein. […] Mel'nyk hat seinem Land einen Bärendienst erwiesen. Sein Verhalten führte zu Streit zu Hause, mit Polen, Deutschland, in der EU. Der lachende Dritte ist Putin, der es genau darauf angelegt hat." Deutschlandfunk, 5. 7. 2022.

14   Maritta Adam-Tkalec, „SS-General Berger über den ukrainischen Faschisten Bandera: Unerhört wertvoll", in: Berliner Zeitung, 8. 7. 2022; siehe auch Ulrich Gutmair, „Ukraines Botschafter Mel'nyk über Bandera. Doch, seine Truppen mordeten", in: taz, 1. 7. 2022; Peter Korig, „Der Fall Melnyk", in: jungle.world, 14. 7. 2022, https://jungle.world/artikel/2022/28/der-fall-melnyk [17. 12. 2022].

Unabhängigkeit und Freiheit verehrt. Dann wurde Bandera von der Euromaj-
danbewegung okkupiert: Die Aktivisten, die für die Öffnung der Ukraine nach
dem westlich orientierten Europa kämpften, nannten sich – ironisch und popu-
listisch – „Banderivci", was es der russischen Propaganda leicht machte, die pro-
westliche Bewegung in toto als faschistisch zu denunzieren. Der Name Bandera
wurde zum schillernden Begriff, der von Rechtsextremisten vereinnahmt, aber
auch von der demokratischen Gegenseite in Anspruch genommen wurde. Das
erschwert die Einordnung des Phänomens in ein objektives politisches Begriffs-
system – wie die Bewertung des ukrainischen Nationalismus generell. Das Agieren des Botschafters Mel'nyk und die offiziellen Reaktionen der Regierung in
Kiew sind auch bei sorgfältiger Analyse des politischen Kontextes und Vermeidung aller Generalisierung Indizien für einen Nationalismus, der mit zeitge-
mäßem Demokratieverständnis nicht kompatibel ist.[15]

---

15   Vgl. Andrii Portnov, „Wir müssen über Bandera reden – die ideologische Aufladung einer
     historischen Figur hat fatale Konsequenzen für die politische Kultur der Ukraine", in: Neue
     Zürcher Zeitung, 21. 2. 2021.

ARND BAUERKÄMPER

Putins Gedächtnispolitik als Waffe
Fälschungen und Verzerrungen der Geschichte
im Krieg gegen die Ukraine[1]

Der Angriff Russlands auf die Ukraine am 24. Februar 2022 ist maßgeblich durch Vladimir Putins extrem selektive und auch verfälschende „neoimperiale Lesart der Geschichte" geprägt worden.[2] Diese sollte nicht nur große Bevölkerungsgruppen an das Regime binden, sondern den Krieg auch außenpolitisch rechtfertigen. Schon zuvor war Putins radikale Gedächtnispolitik zu einer Waffe für politische Ansprüche und Forderungen gegenüber dem westlichen Nachbarstaat, aber auch gegenüber den östlichen Mitgliedsländern der NATO und darüber hinaus den USA geworden. Diese Entwicklung ist zwar auch auf die Transformation in Osteuropa seit dem Ende des Kalten Krieges (1989–1991) zurückzuführen, vor allem aber mit der Herausbildung von Putins autoritärem Regime und dem Kampf gegen „innere Feinde" seit der Jahrtausendwende einhergegangen. Innenpolitische Repression und außenpolitischer Revisionismus haben damit die Gedächtnispolitik der Moskauer Machthaber fortschreitend und vor allem seit 2012 nachhaltig geprägt. Die politischen Vorgaben, die u. a. in zahlreichen Gesetzen zur öffentlichen Erinnerung festgelegt worden sind, haben sich auf die gesamte Geschichte Russlands seit dem 9. Jahrhundert bezogen. Jedoch hat der Zweite Weltkrieg in Putins Bemühungen, seine repressive Innenpolitik und den Angriff auf die Ukraine und den Westen zu rechtfertigen, einen besonders hohen Stellenwert eingenommen. Dieser Beitrag konzentriert sich deshalb auf den Umgang mit den Jahren von 1939 bis 1945, in denen den Kämpfen rund 26,6 Millionen Staatsangehörige der UdSSR (darunter 11,4 Millionen Soldaten und 15,2 Millionen Zivilisten) zum Opfer fielen.[3]

---

1   Für Hinweise zum Manuskript dieses Beitrages danke ich Friedrich Huneke (Leibniz Universität Hannover).

2   Martin Aust u. a., Osteuropa zwischen Mauerfall und Ukrainekrieg. Besichtigung einer Epoche, Berlin 2022, S. 138.

3   Angaben nach: Christian Hartmann, Unternehmen Barbarossa. Der deutsche Krieg im Osten 1941–1945, München 2011, S. 115 f. Zum Folgenden besonders: Klaus Gestwa, Putin, der Cliotherapeut. Überdosis an Geschichte und politisierte Erinnerungskonflikte in Ost-

Der Weg zu Putins radikal nationalistischer Gedächtnispolitik war keineswegs vorgezeichnet. Vielmehr hatte sich die russische Machtelite um Präsident Boris El'cin in den 1990er-Jahren trotz einer unübersehbaren Kontinuität verschwörungstheoretischer Vorstellungen von Nationalisten gegenüber dem Westen zumindest partiell an den transnationalen Bezugsrahmen des Gedenkens an den Zweiten Weltkrieg angenähert. Die bis zu den Jahren um 2005 noch erkennbaren Ansätze der russischen Regierung, eine nationalistische Gedächtnispolitik mit universalistisch (vor allem an Menschenrechten) orientierten Narrativen zu verbinden, konterkarierte aber schon die neue hybride Staatssymbolik, die gleichermaßen durch vorrevolutionäre wie sowjetische Traditionsbezüge gekennzeichnet war. So wurden bereits seit 1996 bei Feiern zum „Tag des Sieges" (9. Mai) erneut Symbole der Sowjetherrschaft gezeigt.[4] Ab etwa 2008 hat Staatspräsident Vladimir Putin vollends eine Gedächtnispolitik durchgesetzt, in der heroische Narrative nationaler Aufopferung eng mit einer zunehmenden Rehabilitierung der stalinistischen Herrschaft (einschließlich des Hitler-Stalin-Paktes vom 23. August 1939) einhergegangen sind.[5]

Gedächtnispolitik wird im Allgemeinen von spezifischen (in der Regel einflussreichen) Akteuren initiiert, geprägt und gesteuert. Sie etablieren Erinnerungsregimes, die zwar nicht immer rechtlich kodifiziert sind, aber durchweg jeweils Normen, Regeln und politische Maßnahmen vorgeben. Diese verleihen der Gedächtnispolitik, die vor allem Herrschaft legitimieren soll, ihre Stabilität und Verbindlichkeit. Jedoch unterscheiden sich in dieser Hinsicht Demokratien und Diktaturen, in denen eine oligarchisch herrschende Gruppe den öffentlichen Diskurs bestimmt. Demgegenüber treffen in demokratischen Systemen auch hegemoniale Erinnerungsnarrative auf Widerspruch. Hier können Erinnerungskonflikte zwischen Personen und Gruppen, die jeweils unterschiedliche

---

europa, in: Neue Politische Literatur 67 (2022) 1, S. 15–53; Jan Kusber, Russlands Krieg gegen die Ukraine. Eine historische Einordnung, in: Geschichte für heute 15 (2022) 4, S. 43–56; David L. Hoffmann (Hrsg.), The Memory of the Second World War in Soviet and Post-Soviet Russia, London 2022; Lars Karl/Igor J. Polianski (Hrsg.), Geschichtspolitik und Erinnerungskultur im neuen Russland. Formen der Erinnerung, Göttingen 2009; Aust u. a., Osteuropa, S. 136–178.

4   Kathleen E. Smith, Mythmaking in the New Russia. Politics and Memory during the Yeltsin Era, Ithaca 2002, S. 89.

5   Birgit Hofmann/Katja Wezel, Einleitung. Neue nationale und transnationale Perspektiven der Diktaturüberwindung in Europa, in: dies. u. a. (Hrsg.), Diktaturüberwindung in Europa. Neue nationale und transnationale Perspektiven, Heidelberg, 2010, S. 1–18, hier S. 13 f.; Katrin Hammerstein, Europa und seine bedrückende Erbschaft. Europäische Perspektiven auf die Aufarbeitung von Diktaturen, in: Wolfgang R. Assmann/Albrecht Graf von Kalnein (Hrsg.), Erinnerung und Gesellschaft. Formen der Aufarbeitung von Diktaturen in Europa, Berlin 2011, S. 43–56, hier S. 43 f.

Ziele und Interessen vertreten, in freien Öffentlichkeiten mit einer pluralistischen Berichterstattung in verschiedenen Medien ausgetragen werden.[6]

Kontext: Nationalistische Gedächtnispolitik in Ost- und Südosteuropa und Erinnerungskonflikte in der Europäischen Union seit den 1990er-Jahren

Nach der Überwindung der kommunistischen Diktaturen haben sich in nahezu ganz Ost- und Südosteuropa nationalistische Erinnerungsnarrative verbreitet, die in den Erinnerungskulturen und in der Geschichtsschreibung auch vor 1989 tradiert worden waren.[7] Hier hat sich nicht – wie in den frühen 1990er-Jahren erhofft – ein dialogisches, sondern ein antagonistisches Erinnern durchgesetzt, in dem Geschichte letztlich zu einem politischen Argument geworden ist. Dazu trugen besonders nationalistische Regierungen bei.[8] So hat die von Staatspräsident Vladimir Putin bestimmte Gedächtnispolitik Russlands den Sieg der UdSSR im Zweiten Weltkrieg gefeiert, während die Aggressionen und Verbrechen der sowjetischen Partei- und Staatsführung zusehends verschwiegen oder gerechtfertigt worden sind. In Russland hat sich eine besonders radikale Heroisierung der nationalen Geschichte durchgesetzt, die sich zusehends auch gegen andere, dem Westen zugehörige oder ihm zuneigende Staaten richtete.

Wichtige Wegmarken in diesem Prozess waren die Zentralisierung des politischen Systems und die „Orange Revolution" in der Ukraine im November und Dezember 2004, Putins Rede auf der Münchner Sicherheitskonferenz (2007), der

---

6   Helmut König, Art. „Das Politische des Gedächtnisses", in: Christian Gudehus/Ariane Eichenberg/Harald Welzer (Hrsg.), Gedächtnis und Erinnerung. Ein interdisziplinäres Handbuch, Stuttgart 2010, S. 115–125, hier S. 115, 120–123. Überblick zu den (hier nicht darzulegenden) Konzepten der historischen Erinnerungsforschung in: Arnd Bauerkämper, Das umstrittene Gedächtnis. Die Erinnerung an Nationalsozialismus, Faschismus und Krieg in Europa seit 1945, Paderborn 2012, S. 45–50.

7   „Erinnerungskultur" umfasst alle „denkbaren Formen der bewussten Erinnerung an historische Ereignisse, Persönlichkeiten und Prozesse […], seien sie ästhetischer, politischer oder kognitiver Natur". Vgl. Christoph Cornelißen, Was heißt Erinnerungskultur? Begriff – Methoden – Perspektiven, in: Geschichte in Wissenschaft und Unterricht 54 (2003), S. 548–563, hier S. 555.

8   Stefan Berger, History and Identity. How Historical Theory Shapes Historical Practice, Cambridge 2022, S. 40; Christoph Cornelißen, Zum Wandel der Erinnerungskulturen in Europa nach 1989/91, in: Aus Politik und Zeitgeschichte 72 (2022) 1–2, S. 48–54; Kusber, Russlands Krieg, S. 44; Aust u. a., Osteuropa, S. 154. Zum dialogischen Erinnern: Aleida Assmann, Die Last der Vergangenheit, in: Zeithistorische Forschungen 4 (2007), S. 375–385. Vgl. auch den Bericht in der Frankfurter Allgemeinen Zeitung (FAZ), 23. 10. 2019, S. 8.

Angriff russischer Truppen auf Georgien im Sommer 2008 und die Proteste nach Putins gefälschter Wiederwahl zum Präsidenten 2012. Dieser Prozess eskalierte mit den Demonstrationen gegen den prorussischen ukrainischen Präsidenten Viktor Janukovyč auf dem Majdan-Platz in Kiew und dessen anschließender Flucht nach Russland (2013/14), der Annexion der Krim (2014) und der Erhebung gegen den belarussischen Staatschef Aljaksandr Lukašènka 2020.[9]

Mit diesen Ereignissen verschärfte Putin seine Politik gegen die – von ihm definierten – inneren und äußeren „Feinde". Verschwörungsvorstellungen wurden integraler Bestandteil seiner immer aggressiveren Gedächtnispolitik, die Verzerrungen und Fälschungen der Vergangenheit umfasste. Politische Opportunität – nicht aber wissenschaftliche Befunde und Erkenntnisse – bestimmten den Umgang mit Geschichte. Dabei rückte der Triumph im „Großen Vaterländischen Krieg" seit 2005 erneut in den Mittelpunkt der russischen Gedächtnispolitik, nachdem die Sakralisierung des Sieges von 1945 in Russland in den 1990er-Jahren vorübergehend zurückgetreten war, wie der Verzicht auf Militärparaden in den Jahren 1991 bis 1994 zeigte. Im Besonderen hat sich Putin bemüht, nationalheroische Erinnerungsnarrative zur Festigung seiner Herrschaft und zur Rechtfertigung der aggressiven Interventionspolitik gegenüber benachbarten Staaten einzusetzen. Dabei sind auch die Geschichte der Sowjetunion und sogar Stalin zumindest partiell rehabilitiert worden. Schon 2010 stellten hellsichtige Beobachter fest, dass Russland an einem „post-imperialen Syndrom" leide.[10]

Demgegenüber hat die Gedächtnispolitik in den Ländern, die 1944/45 von der UdSSR befreit und (erneut) besetzt worden waren, vorrangig auf Verbrechen der kommunistischen Regime und ihrer Anhänger abgehoben. Dabei sind die nationalsozialistische Diktatur und stalinistische (oder sogar allgemeiner die kommunistischen) Regimes nach 1989/90 als Varianten „totalitärer" Herrschaft vielfach gleichgesetzt worden. Außer der NS-Besatzungsherrschaft im

---

9   Dazu ausführlich: Andreas Kappeler, Ungleiche Brüder. Russen und Ukrainer vom Mittelalter bis zur Gegenwart. 2. Aufl., München 2022, S. 210–229.
10 Zaur Gasimov, Russlands staatlicher Umgang mit der Stalinismus-Zeit, in: Jahrbuch für Politik und Gesellschaft 1 (2010) 1, S. 87–110, hier S. 88. Vgl. auch Galina Michaleva, Vergangenheitsbewältigung als Voraussetzung für die Modernisierung Russlands, in: Wolfgang Stephan Kissel/Ulrike Liebert (Hrsg.), Perspektiven einer europäischen Erinnerungsgemeinschaft. Nationale Narrative und transnationale Dynamiken seit 1989, Münster 2010, S. 47–58, hier S. 47, 50; Nikolay Koposov, Memory Laws, Memory Wars. The Politics of the Past in Europe and Russia, Cambridge 2017, S. 7, 9 f., 12 f., 302, 305, 308 f.; David L. Hoffmann, Introduction: The Politics of Commemoration in the Soviet Union and Contemporary Russia, in: ders. (Hrsg.), Memory, S. 1–4, hier S. 9; Elizabeth A. Wood, Performing Memory and its Limits: Vladimir Putin and the Celebration of World War II in Russia, in: Hoffmann (Hrsg.), Memory, S. 249–275, hier S. 250.

Zweiten Weltkrieg hat die Abgrenzung von der sowjetischen Hegemonie und den kommunistischen Diktaturen während der folgenden vier Jahrzehnte die Erinnerungskulturen nachhaltig geprägt. Dagegen haben Nationalisten in diesen Staaten die Zusammenarbeit mit den nationalsozialistischen Besatzern im Zweiten Weltkrieg verdeckt, verdrängt oder sogar nachträglich legitimiert. Darüber hinaus sind sie wiederholt sogar zu einem gedächtnispolitischen Angriff auf ihre Nachbarstaaten übergegangen. So wies der ehemalige polnische Botschafter in Deutschland, Andrzej Przyłębski, 2020 nicht nur die Behauptung seines ukrainischen Kollegen Andrij Mel'nyk zurück, dass die deutsche Besatzungsherrschaft in der Ukraine acht Millionen Menschen das Leben gekostet habe, sondern er bezeichnete die Ukrainer pauschal als NS-Kollaborateure, die Polen hingegen als Opfer des „Dritten Reiches". Der deutsch-polnische Gedenkort und das Dokumentationszentrum deutscher Besatzungsherrschaft im Zweiten Weltkrieg, deren Errichtung der Deutsche Bundestag im Oktober 2020 beschloss, müssen sich in diesen Konflikten behaupten.[11]

Die zerstörerische Kraft einer nationalistischen Gedächtnispolitik, mit der letztlich über nationale „Ehre" und Legitimität gestritten wurde, ist in Südosteuropa und dort in den 1990er-Jahren im zerfallenden Jugoslawien besonders deutlich hervorgetreten. Hier war eine weitverbreitete Selbstviktimisierung besonders eng mit der Glorifizierung der eigenen Geschichte verschränkt. Dabei wurden oft radikale Freund-Feind-Bilder hervorgebracht und verbreitet, die sich auf Frontstellungen im Zweiten Weltkrieg bezogen. So beriefen sich führende Vertreter der Serben und Kroaten jeweils auf Gruppen, die – wie die Tschetniks unter dem serbischen Oberst Draža Mihailović und die kroatischen Ustascha des faschistischen Rechtsanwalts Ante Pavelić – im Zweiten Weltkrieg gegen die Partisanen unter Josip Broz Tito, aber auch gegeneinander gekämpft hatten. Zudem beschuldigte die serbische Führung um Slobodan Milošević in den Kontroversen um das Konzentrationslager Jasenovac (wo die Ustascha von 1941 bis 1945 Serben und Regimegegner ermordet hatte) die anderen Völker Jugoslawiens pauschal des Genozids. Auch die Schlacht auf dem Amselfeld (1389) wurde von serbischer Seite als Abwehrkampf gegen „Feinde" verherrlicht. Insgesamt sollte die jeweilige Gedächtnispolitik, welche die führenden Vertreter der verschiedenen ethnischen Gruppen propagierten, die eigenen Ziele und Forderungen rechtfertigen. Dagegen hat eine kritische Auseinandersetzung mit den

---

11 Aust u. a., Osteuropa, S. 157 f., 172 f. Vgl. auch Arnd Bauerkämper, Auf dem Weg zu einer europäischen Erinnerungskultur? Der Nationalsozialismus, der Zweite Weltkrieg, der Holocaust und die stalinistischen Verbrechen im Gedächtnis der Europäer seit 1945, in: Jahrbuch für Politik und Geschichte 5 (2014), S. 43–65.

oft mythologisierten Erinnerungsorten in den Nachfolgestaaten Jugoslawiens
weithin emotionale Abwehr ausgelöst.[12]

Demgegenüber herrscht in West- und Mitteleuropa seit den 1990er-Jahren
eine Gedächtnispolitik vor, die der systematischen Ermordung der Juden einen
herausgehobenen Stellenwert zugewiesen hat. Die Kluft zwischen den europäischen Ländern ist besonders spektakulär in der Kontroverse über die Rede der
früheren lettischen Außenministerin Sandra Kalniete zur Eröffnung der Leipziger
Buchmesse am 24. März 2004 hervorgetreten. Die Politikerin hatte behauptet,
dass Nationalsozialismus und Kommunismus gleichermaßen verbrecherisch
gewesen seien. Daraufhin verließ der Vizepräsident des Zentralrats der Juden
in Deutschland, Salomon Korn, empört den Saal. Auch die maßgeblich von den
neuen osteuropäischen Mitgliedstaaten herbeigeführten Resolutionen des Europäischen Parlaments zur Notwendigkeit der Verurteilung von Verbrechen totalitärer Regimes (Januar 2006), zum Hungertod von Millionen Bauern in der Ukraine
1932/33 (2008) und zum Gewissen Europas und zum Totalitarismus (April 2009)
sind bis zur Gegenwart umstritten. Dies gilt auch für eine Entschließung des EU-
Parlaments vom September 2019, in der die Sowjetunion und das „Dritte Reich"
mit dem Hinweis auf den Hitler-Stalin-Pakt als Ausgangspunkt des Zweiten Weltkrieges gleichgesetzt worden sind. Dieses selektive Erinnern hat Putin seinerseits
genutzt, um Polen, das nach dem Münchner Abkommen vom 30. September 1938
das Teschener Gebiet besetzt und damit zur Zerschlagung der Tschechoslowakei
beigetragen hatte, unberechtigterweise die Schuld am Zweiten Weltkrieg zuzu-
weisen. Die Erinnerungskonflikte, denen unterschiedliche Perspektiven und
Erfahrungen der Geschichte des 20. Jahrhunderts zugrunde lagen, sind zwar mit
zunehmend aggressiver Rhetorik, aber noch friedlich ausgetragen worden.[13]

---

12 Heike Karge, Der Charme der Schizophrenie. Psychiatrie, Krieg und Gesellschaft im serbo-
    kroatischen Raum, Berlin 2021; Ilana R. Bet-El, Unimagined Communities: the Power of the
    Memory and the Conflict in the Former Yugoslavia, in: Jan-Werner Müller (Hrsg.), Memory
    and Power in Post-War Europe. Studies in the Presence of the Past, Cambridge 2002, S. 206–
    222, hier S. 211; Wolfgang Höpken, Vergangenheitspolitik im sozialistischen Vielvölker-
    staat: Jugoslawien 1944 bis 1991, in: Petra Bock/Edgar Wolfrum (Hrsg.), Umkämpfte Ver-
    gangenheit. Geschlechtsbilder, Erinnerung und Vergangenheitspolitik im internationalen
    Vergleich, Göttingen 1999, S. 210–243, hier S. 211 f., 218; Carl Bethke/Holm Sundhaussen
    (Hrsg.), Zurück zur „alten Überheblichkeit"? Geschichte in den jugoslawischen Nachfolge-
    kriegen 1991–2000, in: Helmut Altrichter (Hrsg.), GegenErinnerung. Geschichte als politi-
    sches Argument im Transformationsprozess Ost-, Ostmittel- und Südosteuropas, München
    2006, S. 204–218, bes. S. 207; Arnd Bauerkämper, Die Dominanz partikularer gegenüber
    universalistischen Narrativen. Erinnerungen an den Zweiten Weltkrieg in Südosteuropa im
    europäischen Kontext, in: Südosteuropa-Mitteilungen 61 (2021) 1–2, S. 49–60.
13 Stefan Troebst, Die Europäische Union als „Gedächtnis und Gewissen Europas"? Zur EU-
    Geschichtspolitik seit der Osterweiterung, in: Étienne François u. a. (Hrsg.), Geschichts-

Russlands nationalistische und imperialistische Gedächtnispolitik

Jedoch war dem Angriff Russlands auf die Ukraine schon lange zuvor ein veritabler „Erinnerungskrieg" vorangegangen.[14] In den letzten 15 Jahren hat Putin eine Gedächtnispolitik durchgesetzt, in der nationalheroische Narrative eng mit der Zurückweisung universalistischer Bezüge (so auf Menschenrechte) einhergegangen sind. In diesem Prozess nahm das Motiv vom „ewigen Russland" einen zentralen Stellenwert ein. Auch die seit den 1830er-Jahren verbreitete und oktroyierte Bezeichnung „allrussische Nation" – in welche die „Kleinrussen" (Ukrainer) durch Zwang integriert waren – hat Putin aufgenommen, um die Existenz eines ukrainischen Staates in Abrede zu stellen.[15]

Nicht nur im Verhältnis zu den neuen Mitgliedstaaten der Europäischen Union, sondern auch in den Beziehungen zu den ehemaligen Republiken der Sowjetunion wie Georgien, Estland und Litauen hatte sich bereits seit 2005 ein regelrechter „Krieg der Gedächtnisse" herausgebildet.[16] In diesen Konflikten hat Putin jeweils russische Minderheiten mobilisiert. So löste Anfang 2007 ein vom Parlament Estlands verabschiedetes Gesetz, mit dem das sowjetische Kriegerdenkmal des „Bronzesoldaten" in Tallinn (Reval) versetzt werden sollte, heftige Proteste aus, die besonders von der russischen Jugendorganisation *Nočnoj Dozor* getragen wurden. Aber auch viele Esten und Regierungen von EU-Staaten kritisierten den Nationalismus des Ministerpräsidenten Andrus Ansip. Schließlich

politik in Europa seit 1989. Deutschland, Frankreich und Polen im internationalen Vergleich, Göttingen 2013, S. 94–156; ders., Jalta versus Stalingrad, GULag versus Holocaust. Konfligierende Erinnerungskulturen im größeren Europa, in: Bernd Faulenbach/Franz-Josef Jelich (Hrsg.), „Transformationen" der Erinnerungskulturen in Europa nach 1989, Essen 2006, S. 23–49; Birgit Schwelling, Erinnerung als Medium der kulturellen Integration Europas?, in: Johannes Wienand/Christiane Wienand (Hrsg.), Die kulturelle Integration Europas, Wiesbaden 2010, S. 212–234, hier S. 216, 229; Aline Sierp, Memory and Trans-European Identity. Unifying Divisions, New York 2014, S. 123–126; Aust u. a., Osteuropa, S. 156 f. Zur Debatte um Kalniete: Sandra Kalniete, Europa muss sich über die Bewertung der Totalitarismen in seiner Geschichte des 20. Jahrhunderts verständigen, in: Jahrbuch für Historische Kommunismusforschung 2009, S. 359–369; Boris Barth, Staatlicher Terror, kollektive Erinnerung und Geschichtspolitik – Sandra Kalnietes „Mit Ballschuhen im sibirischen Schnee", in: Neue Politische Literatur 52 (2007), S. 25–36.

14 Zum Begriff: Koposov, Memory Laws, S. 7, 9 f., 12 f.; 308 f.

15 Jutta Scherrer, Sowjetunion/Rußland. Siegermythos versus Vergangenheitsaufarbeitung, in: Monika Flacke (Hrsg.), Mythen der Nationen. 1945 – Arena der Erinnerungen. Bd. 2, Mainz 2004, S. 619–670, hier S. 626–655; Ekaterina Makhotina, Vergangenheitsdiskurse zur Sowjetzeit in Russland und Litauen, in: Assmann/von Kalnein (Hrsg.), Erinnerung, S. 195–222; Kappeler, Brüder, S. 23 f., 225 f.

16 Irina Scherbakova, Zerrissene Erinnerung. Der Umgang mit Stalinismus und Zweitem Weltkrieg im heutigen Russland, Göttingen 2010, S. 55.

wurde das sowjetische Ehrenmal aus dem Zentrum Tallinns auf einen Militär-
friedhof am Stadtrand verlegt.[17]

Insgesamt verschärfte die russische Regierung seit 2005 fortschreitend
ihre Gedächtnispolitik. Letztlich diente sie der Vorbereitung und Legitimation
außenpolitischer Interventionen und neuer Kriege unter dem Vorwand eines
vermeintlich legitimen Kampfes Russlands um die nationale Existenz gegen
die NATO, besonders die USA. Die Ukraine ist in dieser verschwörungstheore-
tischen Perspektive, die auf ein vorgeblich umfassendes „Anti-Russland-Projekt"
abhebt, lediglich ein „Protektorat" der Vereinigten Staaten. Schon lange vor dem
Angriff auf die Ukraine hatte Putin in einem Essay „Über die „historische Einheit der Russen und Ukrainer", der am 12. Juli 2021 auf der Website der russischen Regierung veröffentlicht wurde, offen die Existenz einer eigenständigen
ukrainischen Nation bestritten. Er wiederholte diese Behauptung, mit der er das
Gebot der unantastbaren Souveränität von Staaten im Völkerrecht ignorierte, in
seinen Reden vom 21. Februar 2022 (zur Anerkennung der „Volksrepubliken"
Doneck und Lugansk) und drei Tage später unmittelbar vor dem Beginn des
„militärischen Spezialeinsatzes".[18]

Die russische Regierung hatte gegenüber dem westlichen Nachbarstaat aber
schon in den letzten 15 Jahren vor dem Angriff, den Putin auch mit einem „Genozid" (angeblich an vier Millionen Menschen) im Donbas rechtfertigte, einen
Vormachtanspruch vertreten, der historisch legitimiert werden sollte. Diese
Gedächtnispolitik hat von der historisch falschen Inanspruchnahme der mittel-
alterlichen Kiewer Rus, die im 9. Jahrhundert von den normannischen Warägern
aufgebaut worden war, ausschließlich für Russland über die im 17. Jahrhundert
entstandene Vorstellung einer Einheit von Russen und Ukrainern, die Eingliederung „Neurusslands" (im Süden der heutigen Ukraine) in das Russische Reich
im 18. Jahrhundert bis zum Konzept der „allrussischen Nation" und der Deutung
des Zweiten Weltkrieges als nationaler Befreiungskampf gereicht. So hat Patriarch

17 Karsten Brüggemann, Geteilte Geschichte als transnationales Schlachtfeld: Der estnische
    Denkmalstreit und das sowjetische Erbe in der Geschichtspolitik Russlands und der balti-
    schen Staaten, in: Hofmann/Wezel (Hrsg.), Diktaturüberwindung, S. 210–225; ders., Denk-
    mäler des Grolls. Estland und die Kriege des 20. Jahrhunderts, in: Osteuropa 58 (2008) 6,
    S. 129–146; Carmen Scheide, Erinnerungsbrüche. Baltische Erfahrungen und Europas
    Gedächtnis, in: Osteuropa 58 (2008) 6, S. 117–128, hier S. 121–123, 126.
18 Zitate in: Wladimir Putin, „Wir erkennen die Volksrepubliken an" (21. 2. 2022), S. 119–135,
    hier S. 126; ders., Über die historische Einheit der Russen und der Ukrainer, abgedr. in: Ost-
    europa 71 (2021) 7, S. 51–66, hier S. 62–64. Vgl. auch Wladimir Putin, „Unser Vorgehen dient
    der Selbstverteidigung" (24. 2. 2022), abgedr. in: Osteuropa 72 (2022) 1–3, S. 141–148, hier
    S. 143–144; FAZ, 14. 7. 2021, S. 3. Zur völkerrechtlichen Beurteilung: Angelika Nußberger,
    Tabubruch mit Ansage. Putins Krieg und das Recht, in: Osteuropa 72 (2022) 1–3, S. 51–64,
    hier S. 51, 53.

Kyrill I., Vorsteher der russisch-orthodoxen Kirche, 2016 in Moskau unweit der Kremlmauer in Anwesenheit Putins ein Standbild des Fürsten Vladimir (geboren um 960, gestorben 1015) eingeweiht, das eine historische Kontinuität zum gegenwärtigen russischen Staat konstruieren soll.[19]

Der Zweite Weltkrieg bildet den Eckpfeiler der russischen Gedächtnispolitik. Putin hat nicht die mangelnde Vorbereitung Stalins auf den Angriff der deutschen Wehrmacht verurteilt, sondern vielmehr auf angebliche Pläne der ukrainischen Führung verwiesen, 2014/15 im Donbas einen „Blitzkrieg" zu beginnen. Auch der stellvertretende Sekretär des russischen Sicherheitsrates Dmitrij Medvedev (von 2008 bis 2012 Präsident und von 2012 bis 2020 Ministerpräsident) entdeckte nicht nur einen „Nazismus" in der Ukraine, sondern konstruierte in einem Text, der am 5. April 2022 veröffentlicht wurde, Analogien zum Aufstieg des deutschen Militarismus, der „erst von der Roten Armee im Jahr 1945 vernichtet" worden sei.[20]

Durchweg ist in derartigen Parallelisierungen der Heroismus der Russen im Zweiten Weltkrieg gefeiert, der Beitrag der Partisanen in den sowjetischen Republiken außerhalb Russlands (besonders in der Ukraine) zum Sieg dagegen unterschlagen oder abgewertet worden. Dies betrifft auch den Anteil der westlichen Alliierten am Sieg über das nationalsozialistische Deutschland 1945. Ebenso ist der Hitler-Stalin-Pakt als Ausdruck einer vermeintlich ausschließlich defensiven Politik der Sowjetunion gerechtfertigt, aber Polen als aggressive Macht stigmatisiert worden, besonders mit dem Hinweis auf die Okkupation des Olsagebietes im Norden der Tschechoslowakei nach dem Münchner Abkommen vom 30. September 1938. Zur russischen Gedächtnispolitik gehört auch der inflationäre und willkürliche Gebrauch des Begriffs „Faschismus". Ebenso ist der Holocaust besonders seit 2015 oft lediglich genutzt worden, um die Kollaboration ost(mittel)europäischer Länder mit den nationalsozialistischen Besatzern zu verurteilen und demgegenüber die Rolle der UdSSR im Sieg über die Sowjetunion zu überhöhen.[21]

---

19 Dazu umfassend: Kappeler, Brüder, S. 17–34, 85–110, 179–181, 225; Ricarda Vulpius, Kampf dem Ukrainertum, in: FAZ, 26. 9. 2022, S. 6. Vgl. auch FAZ, 9. 5. 2022, S. 107. Putins Behauptung eines „Genozids" nach: Putin, „Wir erkennen die Volksrepubliken an", S. 134; ders., „Unser Vorgehen geht dient der Selbstverteidigung", S. 145 f. FAZ, 11. 12. 2021, S. 6 und 19. 2. 2022, S. 2. Dazu auch: Aust u. a., Osteuropa, S. 138. Die Bezeichnung „Neurussland" z. B. in: Putin, „Wir erkennen die Volksrepubliken an", S. 130.

20 Dmitri Medwedev, Über Fakes und wahre Geschichte, abgedr. in: Osteuropa 72 (2022) 1–3, S. 167 f., hier S. 167. Vgl. auch Putin, „Wir erkennen die Volksrepubliken an", S. 134; ders., „Unser Vorgehen geht dient der Selbstverteidigung", S. 144, 146 f.

21 Anton Weiss-Wendt, Holocaust Discourse in Putin's Russia as a Foreign Policy Tool, in: Hoffmann (Hrsg.), Memory, S. 276–298, hier S. 283, 286, 290 f.; Hoffmann, Introduction, S. 10.

Schon lange vor dem Angriff auf die Ukraine hatte das Putin-Regime seine nationalistischen Erinnerungsnarrative auch innerhalb Russlands „von oben" durchgesetzt. So gelang es, durch politischen Druck auf Multiplikatoren wie Lehrkräfte und Journalisten, neue staatliche Kommissionen, gesetzliche Vorgaben, die Errichtung repräsentativer Denkmäler und eine Kommerzialisierung der russischen Geschichte die offizielle Gedächtnispolitik zu verbreiten und davon abweichende Erinnerungen – so an die Verfolgung in der stalinistischen Sowjetunion – zu unterdrücken. Putin selber ist wiederholt offensiv für eine nationalrussische Gedächtnispolitik eingetreten, so 2007 gegenüber Geschichtslehrern, die er aufforderte, ein positives Bild der Entwicklung Russlands zu vermitteln. Seitdem ist diese Gedächtnispolitik in Studiengängen und Schulcurricula zur „patriotischen Geschichte" verankert worden, indem etwa Aleksandr Nevskijs Sieg gegen ein schwedisches und ein livländisches Heer 1240 bzw. 1242 verherrlicht worden ist (wie schon seit 1649 im Kirchenkalender und im Zarenreich). Auch hat die russische Führung den Triumph der russischen Volkswehr, der 1612 die „Zeit der Wirren" (*smuta*) beendete, glorifiziert, erstmals öffentlich 2005, als am 4. November der „Tag der nationalen Einheit" gefeiert wurde. Damit verbunden sind Ressentiments gegen „Feinde" (wie „Faschisten", „Terroristen" und Demokraten) gelenkt worden.[22] Zwar haben sich die staatlichen Eingriffe in die Vermittlung von Geschichte durchweg auf den „Großen Vaterländischen Krieg" und besonders den „Tag des Sieges" konzentriert, der die Einheit Russlands symbolisieren soll. Aber noch im Sommer 2022 hat Putin den Angriffskrieg gegen die Ukraine auch mit dem Hinweis auf die Eroberungen Zar Peters I. im Großen Nordischen Krieg (1700–1721) gerechtfertigt.[23]

Darüber hinaus sollten repräsentative Denkmäler und andere Bauten die nationalistische staatliche Gedächtnispolitik durchsetzen und verbreiten. Schon in den späten 1980er- und frühen 1990er-Jahren hatten die Behörden in Moskau die Fertigstellung des „Siegesparks" vorangetrieben. Ergänzt durch eine dem Heiligen Georg geweihte orthodoxe Kirche, eine Moschee, eine Synagoge und ein

---

22 Isabelle de Keghel, Verordneter Abschied von der revolutionären Tradition: Der „Tag der nationalen Einheit" in der Russländischen Föderation, in: Karl/Polianski (Hrsg.), Geschichtspolitik, S. 119–140, hier S. 123 f.; Jutta Scherrer, Erinnerung und Vergessen: Russlands Umgang mit (seiner) Geschichte in einer europäischen Perspektive, in: ebenda, S. 23–40, hier S. 33; Galina Zvereva, Die Konstruktion einer Staatsnation: Geschichtslehrbücher für das neue Russland, in: ebenda, S. 87–118, hier S. 95 f.; Jan Foitzik, Russische Geschichtslehrbücher für die 11. Klasse der allgemeinbildenden Schulen. Eine Sammelbesprechung, in: Jahrbücher für Geschichte Osteuropas 59 (2011), S. 399–411; Frithjof Benjamin Schenk, Alexandr Nevskij, Heiliger – Fürst – Nationalheld. Erinnerungsfigur im russischen kulturellen Gedächtnis (1263–2000), Köln 2004.
23 FAZ, 11. 6. 2022, S. 4.

Holocaust-Museum präsentierte sich die Anlage zum 50. Jahrestag des Kriegsendes 1995 als Erinnerungsstätte des sowjetischen Sieges, den ein 141 Meter hohes Denkmal mit einem Abbild der Göttin Nike an der Spitze symbolisieren soll. Nachdem die Sakralisierung des Triumphes, der fünfzig Jahre zuvor unter enormen Opfern errungen worden war, vorübergehend verblasst war, hat Putin den Siegespark erneut aufgewertet. Auch ließ die russische Regierung Gedenkstätten für die in Afghanistan und Tschetschenien gefallenen Soldaten oftmals in der Nähe der Denkmäler zum Zweiten Weltkrieg errichten. 2008/09 wurden bei der Restaurierung des Moskauer U-Bahnhofs Kurskaja sogar stalinistische Parolen, die 1961 beseitigt worden waren, wieder in die Verzierung des Foyers eingefügt.[24]

Der Steuerung und Kontrolle der Erinnerungskultur haben auch neu gebildete staatliche Institutionen gedient. So gründete Putins vorübergehender Nachfolger als Präsident, Dmitrij Medvedev, im Mai 2009 eine „Kommission beim Präsidenten der Russischen Föderation zur Verhinderung von Versuchen der Geschichtsfälschung zum Nachteil der Interessen Russlands". Dem Gremium, das von einem höheren Verwaltungsbeamten geleitet wurde, gehörten außer Politikern Vertreter des Innenministeriums, des Geheimdienstes und des Generalstabes an. Mit der Bildung des Komitees wurde die nationalheroische Gedächtnispolitik zum Zweiten Weltkrieg institutionell festgeschrieben, sodass die Kommission 2014 aufgelöst werden konnte.[25]

Die Gedächtnispolitik ist seit der Jahrtausendwende – besonders aber ab 2010 – durch gesetzliche Vorgaben ergänzt worden. Zwar haben sich Erinnerungsgesetze, die seit 1990 Aussagen über die Vergangenheit normiert haben, auch in anderen Ländern – besonders Frankreich – über die Leugnung des Holocaust hinaus auch auf den Umgang mit weiteren Verbrechen gegen die Menschlichkeit bezogen. So verabschiedete die französische Nationalversammlung im Dezember 2011 eine Gesetzesvorlage, die Strafen für die Leugnung des Völkermords an den Armeniern vorsieht. Noch im Oktober 2022 trat in Spanien nach heftigen innenpolitischen Auseinandersetzungen ein Gesetz über „demokratische Erinnerung" in Kraft, nach dem die Verfolgung, Zwangsarbeit und Ermordung politischer Gegner während des Bürgerkrieges und in der Franco-Diktatur künftig in Lehrplänen und Schulbüchern behandelt werden muss.[26] In demselben Monat dehnte der Deutsche Bundestag den Straftatbestand der Billigung, Leugnung und Verharmlosung des Holocaust auf andere Völkermorde und Kriegsverbrechen

24 Thomas C. Wolfe, Past as Present, Myth, or History? Discourses of Time and the Great Fatherland War, in: Richard Ned Lebow/Wulf Kansteiner/Claudio Fogu (Hrsg.), The Politics of Memory in Postwar Europe, London 2006, S. 249–283, hier S. 277; Gasimov, Umgang, S. 103.
25 Michaleva, Vergangenheitsbewältigung, S. 47; Gasimov, Umgang, S. 93.
26 FAZ, 26. 10. 2022, S. 4.

aus.[27] Regierungen osteuropäischer Staaten haben vor allem versucht, die Gedächtnispolitik gegenüber der Repression, Deportation und Ermordung unter der sowjetischen und kommunistischen Herrschaft gesetzlich zu normieren.[28]

In Russland ist diese allgemeinere Tendenz jedoch seit 2005 zusehends radikalisiert worden. Dabei hat das Putin-Regime den Kampf gegen innenpolitische Gegner ihrer unkritischen nationalistischen Narrative russischer Geschichte verschärft und dazu auch Erinnerungsgesetze erlassen. So ist es durch eine Gesetzesänderung seit 2014 möglich, nicht-konforme geschichtliche Aussagen mit einer Geldstrafe von bis zu 300 000 Rubel sowie einem maximalen Freiheitsentzug von bis zu fünf Jahren zu ahnden. Das Verfassungsänderungsgesetz, das die Staatsduma am 11. März 2020 annahm, legt in seinem Artikel 67 fest, dass „die Verteidiger des Vaterlandes" zu ehren seien und der Staat „den Schutz der historischen Wahrheit" sichern soll. Am 9. Juni 2021 verabschiedete das russische Parlament schließlich den Entwurf für einen Zusatz zu dem Gesetz, der es unter Strafe stellt, die Sowjetunion mit NS-Deutschland zu vergleichen. Darüber hinaus ist verboten worden, die „entscheidende Rolle der Sowjetunion beim Sieg über NS-Deutschland" zu leugnen.[29]

Mit der gesetzlichen Festschreibung der staatlichen Gedächtnispolitik ist die Unterdrückung abweichender Erinnerungen einhergegangen. Dies hat sukzessive besonders die Arbeit der 1989 gegründeten zivilgesellschaftlichen Organisation „Memorial" eingeschränkt, die sich der Aufarbeitung politischer Gewaltherrschaft, der Verteidigung der Menschenrechte und der Fürsorge für die Überlebenden des GULag gewidmet hat. Besonders in den frühen 1990er-Jahren trug die Gesellschaft maßgeblich zur Rehabilitierung von Opfern des Stalinismus bei. Dafür wurde sie 2004 mit dem Alternativen Nobelpreis ausgezeichnet. Ab 2009 engten die russischen Behörden ihre Aktivitäten aber zusehends ein. Ein Ende 2012 in Kraft getretenes Gesetz über „ausländische Agenten" stigmatisierte „Memorial" offen. Die Gesellschaft musste Bußgelder zahlen, um eine Registrierung als „Agent" zu vermeiden. Nachdem das Verfassungsgericht der Russischen Föderation noch am 28. Januar 2015 eine Klage wegen „Aushöhlung der verfassungsmäßigen Ordnung" abgewiesen hatte, ordnete das Oberste Gericht Russlands am 28. Dezember 2021 schließlich die Auflösung der Vereinigung an.[30]

---

27   FAZ, 28. 10. 2022, S. 4.
28   Winfried Schulze, Erinnerung per Gesetz oder „Freiheit für die Geschichte"?, in: Geschichte in Wissenschaft und Unterricht 59 (2008), 7–8, S. 364–381, bes. S. 371–377; Koposov, Memory Laws, S. 7, 9 f., 12, 301 f., 308 f.
29   Koposov, Memory Laws, S. 21, 303 f., 310.
30   Wladislaw Hedeler, „Aushöhlung der verfassungsmäßigen Ordnung und Aufruf zum Sturz der Regierung". Das drohende Ende der Menschenrechtsorganisation Memorial, in:

Umgekehrt hat die russische Regierung vor allem seit 2012 auch eine Kommerzialisierung und Festivalisierung geschaffen oder politisch überformt. So sind militärhistorische Ferienlager und Festivals der 2012 gegründeten „Russischen Gesellschaft für Militärgeschichte" staatlich gefördert worden. Offizielle Unterstützung hat auch der Rockerclub „Nachtwölfe" erhalten, der nationalistische Erinnerungsnarrative verbreitet. Putin hat zur Popularisierung seiner nationalistischen Gedächtnispolitik auch das „Georgsband" übernommen. Es handelt sich um schwarz-orange gestreifte Stoffstreifen, welche die Nachrichtenagentur RIA Novosti erstmals am 9. Mai 2005 verbreitet hatte, vor allem um den „Tag des Sieges" zu feiern. Im Rekurs auf das Band zum Orden des Heiligen Georg, den Zarin Katharina II. 1769 gestiftet hatte, und angelehnt an die britische *remembrance poppy* (zum Gedenken gefallener Soldaten, besonders in den beiden Weltkriegen), gilt sie in Russland als Zeichen der Dankbarkeit gegenüber den Kriegsveteranen. Seit 2012 ist das „Georgsband" aber auch gezielt als Zeichen der Loyalität gegenüber Putins Regime eingesetzt worden., so bei den Feiern am 9. Mai 2022. Insgesamt dokumentieren diese Initiativen, zu denen auch die Märsche des „Unsterblichen Regiments" (mit Porträts von Kriegsteilnehmern) gehören, die Bemühungen der Moskauer Machthaber, passende gesellschaftliche Initiativen für ihre überaus selektive und aggressive Gedächtnispolitik in Dienst zu nehmen und ihnen damit einen demokratischen Anschein zu verleihen.[31]

Nationalistische Gedächtnispolitik in Osteuropa als Vorwand russischer Aggressionen: die Ukraine als Beispiel

Seit 2015 hat Putin den osteuropäischen Ländern, die versucht haben, sich dem russischen Einfluss zu entziehen, pauschal „Faschismus" vorgeworfen. Im umkämpften „Schlachtfeld der Erinnerungen" ist der Begriff damit zu einer Waffe geworden, die besonders der Ukraine und den baltischen Staaten grundsätzlich ihre Legitimität und Souveränität entziehen soll. Dabei haben radikale Nationalisten, die in diesen Ländern, aber auch in anderen osteuropäischen Staaten

---

Zeitschrift für Geschichtswissenschaft 70 (2022) 2, S. 161–165; Elke Fein, Die Gesellschaft „Memorial" und die postsowjetische Erinnerungskultur in Russland, in: Karl/Polianski (Hrsg.), Geschichtspolitik, S. 165–186; Evgenija Lezina, *Memorial* und seine Geschichte. Russlands historisches Gedächtnis, in: Osteuropa 64 (2014) 11/12, S. 165–176; Vera Ammer, Zwischen Anerkennung und Drangsalierung. Zur Situation der Internationalen Gesellschaft „Memorial" in Russland, in: Deutschland Archiv 43 (2010) 1, S. 15–19. Vgl. auch FAZ, 25. 11. 2021, S. 11; 15. 12. 2021, S. 3 und 29. 12. 2022, S. 1, 3, 8; Die Zeit, 25. 11. 2021, S. 1.
31 Gestwa, Putin, S. 27 f., 30. Vgl. auch FAZ, 9. 5. 2022, S. 8.

jeweils für ein ethnisch homogenes Volk eingetreten sind, der russischen Politik ungewollt, aber durchaus wirkungsvoll Auftrieb verliehen. Jedoch sind von den Anhängern Putins andere Stimmen, die in Osteuropa ein selbstkritisches „negatives" Gedächtnis gefordert und vertreten haben, bewusst übersehen worden.[32]

In der Ukraine hat die offizielle Gedächtnispolitik seit den 1990er-Jahren die vorübergehende nationale Unabhängigkeit von 1917 bis 1921/22 akzentuiert sowie auf das Gedenken an die Opfer der sowjetischen Okkupation und stalinistischen Herrschaft abgehoben.[33] Hier verlieh ein gegen das sowjetische Narrativ des „Großen Vaterländischen Krieges" gerichtetes kommunikatives Gedächtnis einer Erinnerungskultur Auftrieb, die nicht zuletzt auch die Opfer der Hungersnot in der Ukraine 1932/33 umfasste. So haben Nationalisten um den Präsidenten Viktor Juščenko (2005–2010) den Tod von rund sechs Millionen Menschen als „Holodomor" bezeichnet und ihn 2006 offiziell zum Genozid am ukrainischen Volk erklärt.[34] Demgegenüber ist von den prorussischen Kräften – so der Regierung, die Janukovyč 2010 bildete – die offizielle Gedächtnispolitik des östlichen Nachbarstaates weitgehend übernommen worden. Liberale Ukrainer haben dagegen auf einem Gedenken bestanden, das auch die Opfer unter den ethnischen Minderheiten – besonders unter den Juden und Polen – einbezieht.[35]

---

32 Georgiy Kasianov, Memory Crash. Politics of History in and around Ukraine, 1980s–2010s, Budapest 2022, bes. S. 213, 221, 389-393; Gestwa, Putin, S. 15. Zum Konzept die Erläuterungen in: Reinhart Koselleck, Formen und Traditionen des negativen Gedächtnisses, in: Volkhard Knigge/Norbert Frei (Hrsg.), Verbrechen erinnern. Die Auseinandersetzung mit Holocaust und Völkermord, München 2002, S. 21–32.

33 Siehe zum Folgenden auch den Beitrag von Wolfgang Benz in diesem Band.

34 Am 30. November 2022 erkannte auch der Bundestag die Hungersnot als Völkermord an. Vgl. zur Diskussion: Andrii Portnov, Der Holodomor als Genozid. Historiographische und juristische Diskussionen, in: Osteuropa 70 (2020) 1–2, S. 31–50; Georgiy Kasianov, The Great Famine of 1932–1933 (Holodomor) and the Politics of History in Contemporary Ukraine, in: Stefan Troebst (Hrsg.), Postdiktatorische Geschichtskulturen im Süden und Osten Europas. Bestandsaufnahme und Forschungsperspektiven, Göttingen 2010, S. 619–641; ders., Memory Crash, S. 230, 263–274; Stephan Merl, War die Hungersnot von 1932–1933 eine Folge der Zwangskollektivierung der Landwirtschaft oder wurde sie bewußt im Rahmen der Nationalitätenpolitik herbeigeführt?, in: Guido Hausmann/Andreas Kappeler (Hrsg.), Ukraine. Gegenwart und Geschichte eines neuen Staates, Baden-Baden 1993, S. 145–166. Siehe auch den Beitrag von Stephan Merl in diesem Band; FAZ, 26. 11. 2022, S. 1, 28. 11. 2022, S. 8, 30. 11. 2022, S. 8.

35 Felix Münch, Der letzte Kampf um Anerkennung. Die Geschichtspolitik Wiktor Juschtschenkos im Januar 2010 als Spiegelbild seiner Amtszeit als Präsident der Ukraine, in: Ulf Engel/Matthias Middell/Stefan Troebst (Hrsg.), Erinnerungskulturen in transnationaler Perspektive, Leipzig 2012, S. 199–217, hier S. 204–207; Tomasz Stryjek, Opfer und Helden – vergangenheitspolitische Strategien der ukrainischen Eliten, in: François u. a. (Hrsg.), Geschichtspolitik in Europa seit 1989, S. 264–307, hier S. 268–270; Tanja Penter/Dmytro Tytarenko, Der Holodomor, die NS-Propaganda in der Ukraine und ihr schwieriges Erbe,

Diese Ambivalenz in der ukrainischen Erinnerungskultur hat Putin rigoros für seine Politik ausgenutzt. In der Ukraine war der Widerstand der Nationalisten gegen die sowjetische Fremdherrschaft auch vor der Unabhängigkeitserklärung vom 24. August 1991 unvergessen geblieben, besonders aber in den ukrainischen Exilgemeinden (so in Kanada), wo auch die Erinnerung an den „Holodomor" fortgelebt hatte. Daran anknüpfend vertrat nach der „Orange Revolution" der neue Präsident Juščenko von 2005 bis 2010 eine nationalistische Gedächtnispolitik. Über die Ukrainisierung der Gesellschaft – besonders des Bildungswesens – und die Verdrängung der russischen Sprache hinaus rehabilitierte er führende Aktivisten der 1929 gegründeten „Organisation Ukrainischer Nationalisten" (OUN) und ihres militärischen Arms, der „Ukrainischen Aufständischen Armee".[36] Diese hatte auch nach dem Zweiten Weltkrieg gegen die sowjetische Armee gekämpft, war erst 1954 vollends zerschlagen worden und trifft v. a. deshalb bis zur Gegenwart auf Zustimmung. Beide Verbände verfochten durchweg einen rigorosen Antikommunismus, einen militanten Antisemitismus und einen radikalen Nationalismus, der auf die Verdrängung von Minderheiten (v. a. Juden und Polen) aus dem angestrebten ethnisch homogenen ukrainischen Nationalstaat zielte.[37]

Der führende Politiker der OUN, Stepan Bandera, hatte während der Besetzung der Ukraine durch deutsche Truppen im Sommer 1941 vorübergehend sogar mit den Nationalsozialisten kooperiert, um einen Nationalstaat zu gründen, den sein Stellvertreter Jaroslav Stec'ko am 30. Juni 1941 in Lemberg proklamierte. Allerdings musste die OUN ihre Forderung nach nationaler Unabhängigkeit der Ukraine aufgeben, da Hitler sie ablehnte. Bandera wurde daraufhin von 1942 bis Ende 1944 als „Ehrenhäftling" im KZ Sachsenhausen inhaftiert. Er ist aber für Verbrechen der OUN politisch und moralisch verantwortlich, vor allem für die Ermordung von rund 4000 Juden in Lemberg am 30. Juni und 1. Juli 1941 und die Massaker in Wolhynien und Ostgalizien, denen 1943/44 zwischen 70 000 und 100 000 Menschen – überwiegend Polen – zum Opfer fielen.[38]

in: Vierteljahrshefte für Zeitgeschichte 69 (2021), S. 573–667, hier S. 634; Kusber, Russlands Krieg, S. 48. Vgl. auch FAZ, 11. 5. 2022, S. N3.

36   Kasianov, Memory Clash, S. 232, 254–258, 321–326, 337–349. Siehe zum Folgenden auch den Beitrag von Grzegorz Rossoliński-Liebe in diesem Band.

37   Per A. Rudling, The OUN, the UPA and the Holocaust: A Study in the Manufacturing of Historical Myths, Pittsburgh 2017; ders., Multiculturalism, Memory, and Ritualization: Ukrainian Nationalist Monuments in Edmonton, Alberta, in: Nationalities Papers 39 (2011), S. 733–768; Jutta Scherrer, Ukraine. Konkurrierende Erinnerungen, in: Flacke (Hrsg.), Mythen, Bd. 2, S. 719–736, hier S. 722 f., 728. Zu Bandera: Grzegorz Rossoliński-Liebe, Stepan Bandera: The Life and Afterlife of a Ukrainian Nationalist: Fascism, Genocide, and Cult, Stuttgart 2014. Hierzu und zum Folgenden zusammenfassend: Kappeler, Brüder, S. 177 f.

38   David Marples, Stepan Bandera: In Search for a Ukraine for Ukrainians, in: Rebecca Haynes/Martyn Rady (Hrsg.), In the Shadow of Hitler. Personalities of the Right in Central and

Jedoch halfen einige Ukrainer jeweils den verfolgten jüdischen und polnischen Minoritäten, wenngleich z. T. gegen Bezahlung. Jedenfalls muss Putins pauschale Stigmatisierung der Ukraine als „faschistisch" klar zurückgewiesen werden.[39]

Andererseits können die OUN und die UPA vor diesem historischen Hintergrund nur unter einer engen nationalistischen Perspektive zu Vorkämpfern ukrainischer Unabhängigkeit stilisiert werden. Dieses Erinnerungsnarrativ ist besonders im Westen des Landes verbreitet, wo sich in Lemberg auch ein Gedenkstein für die 1943 gebildete SS-Division „Galizien" befindet. Allerdings ist dieses Ehrenmal keineswegs unumstritten. Juščenko löste auch in mehreren osteuropäischen Nachbarländern der Ukraine – besonders in Polen – und in westlichen Staaten Protest aus, als er den UPA-Offizier Roman Šuchevyč 2007 zu einem „Helden der Ukraine" erhob. Unmittelbar vor dem Ende seiner Amtszeit verlieh er 2010 diesen Titel auch Bandera, der 1959 in seinem Münchener Exil von einem KGB-Agenten ermordet worden war.[40]

Zwar arbeitete nur eine Minderheit der Ukrainer im Zweiten Weltkrieg mit den deutschen Besatzern zusammen, und radikal nationalistische Parteien erhielten in den Parlaments- und Präsidentschaftswahlen, die 2019 in der Ukraine stattfanden, lediglich geringe Stimmenanteile. Zudem schweigt die russische Propaganda über die „Russische Befreiungsarmee", die 1944/45 unter General Andrej Vlasov für das „Dritte Reich" kämpfte.[41] Dennoch sind Äußerungen von Vertretern der ukrainischen Regierung wie des ehemaligen ukrainischen Botschafters Mel'nyk über Bandera nicht nur historisch unzutreffend, sondern auch politisch schädlich. Apologetische Deutungen der OUN und der UPA werden von der russischen Führung im Erinnerungskrieg gegen die Ukraine rücksichtslos zur Delegitimierung dieses Staates ausgenutzt.[42]

Eastern Europe, London 2011, S. 277–244, hier S. 234, 236, 239 f.; Grzegorz Rossoliński-Liebe, Der Verlauf und die Täter des Lemberger Pogroms vom Sommer 1941. Zum aktuellen Stand der Forschung, in: Jahrbuch für Antisemitismusforschung 22 (2013), S. 207–243; Franziska Davies/Katja Makhotina, Offene Wunden Osteuropas. Reisen zu Erinnerungsorten des Zweiten Weltkrieges, Darmstadt 2022, S. 76 f., 83–86.
39 Kusber, Russlands Krieg, S. 48.
40 Vgl. Stryjek, Opfer, S. 278–287; Kasianov, Memory Clash, S. 233, 337, 249 f.; Davies/Makhotina, Wunden, S. 71; Kusber, Russlands Krieg, S. 47; Kappeler, Brüder, S. 180; Münch, Kampf, S. 207–211. Kritisch zum Bandera-Kult auch Georgiy Kasianov in: Die Zeit, 28. 7. 2022, S. 17.
41 Kappeler, Brüder, S. 178–180.
42 Berichte in: FAZ, 6. 7. 2022, S. 1, 3, 13. Mel'nyk hat seine Äußerungen nachträglich in fragwürdiger Weise mit dem Hinweis gerechtfertigt, dass nach einer jüngsten Umfange 78 Prozent der Ukrainer Bandera positiv beurteilt hätten, Die Zeit, 28. 7. 2022, S. 7. Vgl. demgegenüber Stryjek, Opfer, S. 278–287; Münch, Der letzte Kampf, S. 207–211.

Fazit

Die nationalrussische Gedächtnispolitik ist von Putins Regime aktiv zur Dämonisierung innerer und äußerer „Feinde" genutzt worden, sowohl gegenüber der innenpolitischen Opposition als auch gegenüber den westlichen Staaten und den osteuropäischen Ländern, die sich dem Westen zugewandt haben. Innen- und Außenpolitik waren auch darüber hinaus in der aggressiv-nationalistischen Gedächtnispolitik Russlands schon lange vor dem Angriff auf die Ukraine eng miteinander verschränkt. Dabei hat das Putin-Regime auch die nationalistischen Erinnerungsnarrative instrumentalisiert, die zumindest zeitweise und punktuell in osteuropäischen Staaten verbreitet worden sind.

Es ist deutlich geworden, dass die nationalheroische Gedächtnispolitik Russlands unter Vladimir Putin unmittelbar das Verhältnis zur Ukraine beeinflusst hat. Der militärische Angriff auf den westlichen Nachbarstaat ist ohne die politische Überformung der Erinnerungskultur in Russland selber nicht zu verstehen. Dieser Prozess hat besonders im letzten Jahrzehnt auch zu einer gedächtnispolitischen Rehabilitierung der stalinistischen Diktatur geführt, wie das Verbot der kritischen Organisation „Memorial" am 28. Dezember 2021 und die Reden Putins in den Monaten vor und nach dem Überfall vollends gezeigt haben. In ihnen hat sich ein ausgeprägter russischer Nationalismus und Imperialismus mit einer Selbstviktimisierung verbunden, die auf dem Narrativ der Erniedrigung und Demütigung durch den Westen gründet. Auf diese Weise emotional aufgeladen, hat die offizielle Gedächtnispolitik den Angriff auf die Ukraine als Präventivkrieg gegen den „Nazismus" ausgegeben, obwohl auch überlebende Opfer des Holocaust derzeit in der Ukraine sterben oder vertrieben werden.[43] Der Sieg im Zweiten Weltkrieg nimmt in der extrem selektiven russischen Gedächtnispolitik, die letztlich auf einer „Vergewaltigung der Geschichte" beruht, weiterhin eine zentrale Position ein. So hat Putin in seiner Rede am 9. Mai 2022 – wie erwartet – an die (weit über seine Anhänger hinaus verbreitete) Glorifizierung des sowjetischen Triumphes angeknüpft und diese noch verstärkt.[44]

Zugleich sind aber auch Grenzen in der russischen Gedächtnispolitik – von Putin offenbar unterschätzte Folgen und Widerstände – hervorgetreten. So ist Russland wegen seines Angriffs und des damit verbundenen aggressiven, überaus opportunistischen und selektiven Umgangs mit der Geschichte in der Staatengemeinschaft weitgehend isoliert. Abgesehen von wenigen Verbündeten wie dem weißrussischen Diktator Lukašènka hat die nationalistische und

---

43   Dazu z. B. der Artikel in: Die Zeit, 16. 4. 2022, S. 65.
44   FAZ, 9. 5. 2022, S. 8 f.; Zitat: Aust u. a., Osteuropa, S. 138.

imperialistische Gedächtnispolitik Putins schon seit 2005 Widerstand hervorgerufen, besonders in den osteuropäischen Nachbarstaaten. Dies gilt auch für die politische Instrumentalisierung des Holocaust. Zudem konfrontiert der Umgang mit der Sowjetunion die offizielle Gedächtnispolitik in Russland mit einem Dilemma: Einerseits hat Putin Stalins Politik zumindest partiell verteidigt. Andererseits ist Lenin in der Kriegspropaganda aber bezichtigt worden, der Ukraine die Unabhängigkeit gewährt zu haben – was ebenfalls zumindest grob verkürzt ist, da Lenin lediglich auf den ukrainischen Nationalismus reagierte, ihn aber keineswegs ausgelöst oder bestärkt hatte. Nicht zuletzt ist die Verehrung Putins in orthodoxen Kirchen auf Widerspruch gestoßen. So musste ein Mosaik, das ihn zeigte, noch im Mai 2020 nach Protesten aus der Kathedrale der russischen Streitkräfte („Kathedrale des Sieges") entfernt werden. Schon zehn Jahre zuvor war eine Initiative gescheitert, in Moskau Bilder sowjetischer Generäle einschließlich Stalins auszuhängen.[45]

Letztlich sind Erinnerungen offenkundig nur begrenzt zu steuern und damit politisch in Dienst zu nehmen. Darüber hinaus sollte selbstkritisches Erinnern in den ostmitteleuropäischen Staaten auch unter dem Druck des russischen Angriffskrieges gefördert werden. Eine Verfestigung nationaler Narrative liegt zwar nahe, vermag aber Erinnerungskonflikte nicht zu lösen. Vielmehr ist nicht hinter die Entschlossenheit der Dissidenten im Kalten Krieg zurückzufallen, eine Verständigung (aber keinen vollständigen Konsens) über unterschiedliche und sogar gegensätzliche Erinnerung zu suchen. So erschien in der polnischen Exilzeitschrift „Kultura" schon 1977 ein Aufruf, in dem Freiheit, aber auch das Eingeständnis eigenen Unrechts zur Grundlage eines föderativen Europas erklärt worden waren.[46] Während die einseitige, auch strafrechtlich bewehrte politische Legitimationsfunktion der russischen Gedächtnispolitik offenkundig und die Verantwortung für den Angriffskrieg unumstritten ist, besteht kein Anlass, in der wissenschaftlichen Auseinandersetzung in einfache Gegenüberstellungen zurückzufallen.[47]

45 Alexander Vatlin, Die sowjetische Vergangenheit im heutigen Russland, in: Volkhard Knigge u. a. (Hrsg.), Arbeit am europäischen Gedächtnis. Diktaturerfahrung und Demokratieentwicklung, Köln 2011, S. 123–135, hier S. 127; Wood, Memory, S. 249, 252, 262. Offizielle Gedächtnispolitik, in: Putin, „Wir erkennen die „Volksrepubliken an", S. 119–121.

46 Mateusz Fałkowski, Wider den großrussischen Imperialismus. Die Aktualität der Erklärung zur Ukraine (1977), abgedr. in: Osteuropa 72 (2022) 6–8, S. 151–156, hier S. 157. Umfassend zur „Kultura": Bernard Wiaderny, „Schule des politischen Denkens". Die Exilzeitschrift „Kultura" im Kampf um die Unabhängigkeit Polens 1947–1991, Paderborn 2018.

47 So auch das Plädoyer von Andreas Hilger in seiner Rezension zu Manfred Sapper/Volker Weichsel (Hrsg.), Russlands Krieg gegen die Ukraine. Propaganda, Verbrechen, Widerstand, Berlin 2022, in: H-Soz-Kult, 3. 11. 2022, www.hsozkult.de/publicationreview/id/reb-128152.

ROMAN DUBASEVYCH

„Helden sterben nicht."

Heldentum und Männlichkeit seit Euromajdan

> „Ich liebe dich und werde mich nicht erinnern an das
> was früher war.
> Und hinterlasse dir
> unter Nachbars Teppich
> das teuerste, was ich hab': den letzten Schlüssel
> von meinem Zuhause, das vielleicht bald nicht mehr da ist.
> Es könnte schon jetzt von dannen sein."[1]
>
> *Kateryna Kalytko*

Während die Berichterstattung über den russischen Angriff auf die Ukraine in der Anfangsphase vorwiegend um zwei Themen – die Traumata des Krieges (Buča, Irpin', Mariupol') und den spektakulären Widerstand der ukrainischen Armee gegen die russischen Invasoren – kreiste, blieb der mediale Fokus in der Folge auf das Thema der Waffenlieferungen fixiert. Die hartnäckige, opferreiche Abwehr der russischen Aggression und das verzweifelte Werben um die Ausrüstung werden meist von medienwirksamen Auftritten des ukrainischen Präsidenten Volodymyr Zelens'kyj flankiert: Das Bild eines russophonen Staatsoberhaupts jüdischer Herkunft, das eine junge osteuropäische Demokratie gegen einen übermächtigen und despotischen Angreifer anführt, erweckt Solidarität, Sympathien und das Gefühl, aus der Geschichte endlich gelernt zu haben.

Die biblischen Reminiszenzen des Kampfes des ukrainischen David gegen den russischen Goliath (Ulrich Bröckling) wurden früh von historischen Parallelen begleitet. Die Kommentare prominenter Historiker wie Timothy Snyder, die die russische Aggression mit dem deutschen Überfall auf die Sowjetunion verglichen oder Putins Regime mit dem Neologismus „schizophaschistisch"

---

1 „Я люблю тебе і не пригадуватиму, / що раніше було. / І залишу для тебе / під сусідчиним килимком / найдорожче, що маю: останній ключ / від мого дому, якого скоро може не стати. / Може, уже нема." – Diese und weitere Übersetzungen stammen vom Verfasser.

Roman Dubasevych

etikettierten, waren nur die Spitze des dominanten Trends, diesen Krieg ausschließlich durch das Prisma des Zweiten Weltkriegs zu sehen.[2] In dieser Perspektive scheint es angesichts der russischen Härte und Selbstherrlichkeit nur eine Option zu geben – bedingungslosen Widerstand, Verhandlungen mit einem besessenen Diktator darf es nicht geben. Nur der Sieg der Ukraine gegen das neue Böse – ein Hybrid aus Hitler und Stalin – kann die zivilisierte Welt vor der Schmach des Münchner Appeasement von 1938 und dessen katastrophalen Konsequenzen bewahren. Eindringlich warnte die Stalinismus-Forscherin Anne Applebaum vor der einstigen Naivität Chamberlains und betonte, die Ukraine stehe heute an der „frontline of democracy". Die (mediale) Wirksamkeit historischer Vorlagen aus dem Krieg gegen Nazi-Deutschland veranschaulicht die Ansprache des ukrainischen Präsidenten, die er am 8. Februar 2023 im britischen Parlament hielt. Zelens'kyj scherzte, bei seinem ersten Besuch der britischen „War Rooms" und einer kurzen Sitzpause in Churchills Sessel im Jahr 2020 habe er sich nicht denken können, eines Tages in dessen Haut zu stecken.[3]

Die Entscheidung der ukrainischen Führung, den ungleichen Kampf gegen eine nukleare Supermacht aufzunehmen, und die Opferbereitschaft der ukrainischen Gesellschaft sind in der Tat beeindruckend. Sie stoßen aber immer wieder auf westliche Zurückhaltung gegenüber Waffenlieferungen. Dagegen herrscht in den ukrainischen Medien ein Konsens: Statt aus der Geschichte zu lernen, weigere sich der saturierte Westen, seine „Komfortzone" zu verlassen. Die westliche Vorsicht, so der innerukrainische Tenor, sei opportunistisch: Während sich die Ukraine trotz ihrer knappen Ressourcen entschieden dem zivilisatorischen Bösen stellt, hätte der übermächtige Westen schon in den ersten Kriegswochen dem Treiben des russischen Diktators ein Ende setzen können. Man zögere aus Dekadenz und Eigennutz, um seine wirtschaftlichen Interessen

---

2   Der Osteuropahistoriker Tarik Cyril Amar warnte in seinem Vortrag bereits 2015 vor der affektiven Wirkung der Hitler-Stalin-Vergleiche. Nach Amar reproduziert die rhetorische Rahmung des Konflikts vielmehr die „Zugzwang"-Dynamik des Ersten Weltkrieges. Tarik C. Amar, No Good War, Die Ukraine und die europäische Sinnkrise, in: Roman Dubasevych/Matthias Schwartz (Hrsg.), Sirenen des Krieges. Diskursive und affektive Dimensionen des Ukraine-Konflikts, Berlin 2020, S. 166–172. Der österreichische Militärexperte, Oberst Dr. Markus Reisner, resümierte seinen Beitrag an der Wiener Diplomatischen Akademie sogar mit einem Karl-Kraus-Zitat: „Krieg – das ist zuerst die Hoffnung, daß es einem besser gehen wird, hierauf die Erwartung, daß es dem anderen schlechter gehen wird, dann die Genugtuung, daß es dem anderen auch nicht besser geht, und hernach die Überraschung, daß es beiden schlechter geht." Diplomatische Akademie Wien. Der Ukrainekrieg und die neue globale Machtstruktur. YouTube, 27. 1. 2023, https://www.youtube.com/watch?v=wSGwroV8W6g, Min 23:00–23:10 [6. 3. 2023].

3   Promova Volodymyra Zelens'koho u brytans'komu parlamenti. Ofis Prezydenta Ukrajiny, YouTube vom 8. 2. 2023, https://www.youtube.com/watch?v=p_GhqmwY5s4 [6. 3. 2023].

nicht zu gefährden. Aber auch dieser Schwäche – dem sogenannten Wohlstands-
oder gar „Vulgärpazifismus“ – begegnet man offensiv, etwa der damalige ukrainische Botschafter in Deutschland Andrij Mel'nyk: Die Kritiker sollten „die
Klappe halten“, Waffen liefern, die Ukrainer machten schon ihren „Job“.

Mit dem Vergleich des Kriegswerks mit alltäglicher Arbeit reproduzierte
Mel'nyk allerdings einen Euphemismus, den die Ukrainer besonders oft in den
ersten Kriegsmonaten verwendeten. Die Bezeichnung des Krieges und Tötens
der Aggressoren als „Job“, der effizient erledigt werden müsse, mag als heroisches
Understatement erscheinen, veranschaulicht aber die Verknüpfung des Heroismus
mit dem Trauma bzw. seiner Verdrängung. Das ungeheure Kriegsgeschehen wird
dabei sogar in ein positives Selbstbild gekehrt. So energisch, wie die ukrainische
Zivilgesellschaft ihr Land reformieren wollte, gehe sie jetzt gegen die barbarischen
Invasoren vor: eine hart arbeitende und gewissenhafte Nation, endlich frei von
notorischen Selbstzweifeln und der Notwendigkeit nach äußerer Anerkennung.
Der schwindende Sinn für eine gemeinsame zivilisatorische Katastrophe wird in
der Regel durch den lapidaren Spruch „Nam svoje robyt'“ (Wir machen unser
Ding) begleitet, den Zelens'kyjs Amtsvorgänger Petro Porošenko 2017 in seiner
Rede benutzte, um den selbstbewussten Umgang mit neoimperialen Aspirationen
Russlands zu betonen. Die heroische Wahrnehmung des Kriegs prägt auch den
ukrainischen Alltag. Die zahlreichen Servicepoints, in denen die Menschen bei
kriegsbedingten Strom- und Heizungsausfällen sich aufwärmen und ihre Geräte
aufladen können, heißen „punkty nezlamnosti“ (Stellen der Ungebrochenheit),
ein Prädikat, das auch den Titel der großen Pressekonferenz von Zelens'kyj in
Island am 24. Februar 2023 zierte – „Februar. Ein Jahr der Ungebrochenheit“.

Die Wunden der „wilden 1990er“

Angesichts der medialen Dominanz heroischer Bilder in der Darstellung des
Ukrainekrieges drängt sich aus kulturwissenschaftlicher Perspektive die Frage
auf, inwiefern sie nur dem aktuellen Anlass, dem russischen Angriffskrieg,
geschuldet sind oder vielleicht auch einer älteren Tradition entspringen. Oder
provokativer: Inwiefern haben die im Kulturkanon verankerten heroischen Narrative – sichtbar übrigens auf beiden Seiten – diesen Krieg neben anderen Faktoren wie Geopolitik vielleicht sogar antizipiert bzw. präfiguriert? Bei der Betonung
der „Zeitenwende“ wird oft vergessen, dass der russischen Aggression eine Reihe
symbolischer Konflikte vorausging – „memory wars“, Sprach- und Glaubens-
kämpfe, die immer wieder auch durch die Rhetorik des „clash of civilizations“ –
der Vorstellung eines epochalen Kulturkampfes um Europas Werte wie Freiheit

und Demokratie – untermauert wurden. So entscheidend diese Prismen für das Verstehen des Konfliktes sind, möchte der vorliegende Beitrag jedoch einen bisher wenig beachteten Aspekt – die Rolle des Geschlechts fokussieren. Mithilfe der psychoanalytischen Traumatheorie sollen die Verknüpfung von Männlichkeit, Heroismus und kriegerischer Gewalt erhellt und die phantasmatische Dimension des Krieges stärker herausgearbeitet werden.

Was das postsowjetische Russland angeht, lässt sich Vladimir Putins Machtaufstieg eindeutig anhand der Konjunktur militanter heroischer Männlichkeiten verfolgen. Während die Intensivierung des Heroischen hier vor allem im Film zutage trat – im restaurativen Charakter von „Barbier von Sibirien" (1998, Nikita Michalkov), bei „Vorošylov-Schützen" (1999, Stanislav Govoruchin), „Nachtwache" (2004, Timur Bekmambetov), „Türkisches Gambit" (2005, Džanik Fajziev), der „Neunten Kompanie" (2005, Fedor Bondarčuk), „Admiral" (2006, Andrej Kravčuk), „Taras Bul'ba" (2008, Vladimir Bortko), „Zitadelle" (2011, Nikita Michalkov) bis „28 Panfilov-Kämpfer" (2016, Andrej Šalepa) –, wurde dem Einfluss der ukrainischen Heldendiskurse kaum Aufmerksamkeit zuteil. Noch seltener wurden die kulturellen Sprungfedern des aktuellen Krieges im Westen thematisiert, der sich weniger für die psychosozialen und kulturellen Widersprüche osteuropäischer Nachbarn als für Fragen der Energiesicherheit, der wirtschaftlichen und politischen Stabilität interessierte.

Die Prominenz imperialer und (post)sowjetischer Militärhelden in Russland erschöpft allerdings nicht das Gesamtrepertoire der dominanten Männlichkeitsbilder. Kaum geringere Popularität erlangten auch die Protagonisten krimineller Provenienz. Der legendäre Zweiteiler „Brat I/II" (Bruder I/II, 1997/2000) von Aleksej Balabanov könnte als Paradebeispiel für die gleitenden und reziproken Übergänge zwischen dem militärischen und dem kriminellen Heldentum dienen, die manchmal in denselben Filmen und Protagonisten zusammengeführt wurden. Balabanovs Hauptfigur Danila Bagrov feierte seit 2014 sogar ein überraschendes Comeback. Der Kampf des romantischen Tschetschenienveteranen für den Sieg der (russischen) „Wahrheit" über die (Geld-)Macht des kapitalistischen Westens stiftete nicht nur eine der Hauptmantras der russischen Kriegspropaganda, sondern barg unheimliche Prophezeiungen. In Teil II, der Danila und seinen mafiösen Bruder auf die Suche nach Gerechtigkeit ins Herz der kapitalistischen Finsternis, nach Chicago schickt, sollen beide von Schlägern aus der ukrainischen Diaspora gestoppt werden. Bei einem Showdown auf der Toilette eines russischen Restaurants begleitet der ältere und zynische Viktor das Abknallen seines Verfolgers mit den denkwürdigen Worten: „Das habt ihr für Sevastopol'!", eine Aussage, die die offene Wunde des Krim-Verlustes bereits 2000 deutlich artikulierte. In diesem Sinne wurde der Buchstabe V, der neben dem Z die russischen Panzer in der Ukraine zierte, als Präposition aus dem Brat-Motto „Sila V pravde" (In der Wahrheit liegt die Kraft) interpretiert.[4]

Das Misstrauen der Ukrainer gegenüber ihrem Nachbarn sowie zumindest das medienwirksame Beharren darauf, dass die Friedensverhandlungen nur zu ukrainischen Konditionen zu führen seien, werden oft mit der Metaphorik der in „Brat" dokumentierten „wilden" 1990er-Jahre gerechtfertigt, als die organisierte Kriminalität den Staatsapparat unterwanderte und sich die Bevölkerung im Stich gelassen fühlte. Da man Vladimir Putin selbst in der russischen Opposition als Zwitterwesen aus einem verhassten KGB-Funktionär und einem hochstaplerischen Kleinkriminellen betrachtet, der nur die Sprache der Macht versteht und nur bei ausreichend Gegenwind aus dem Westen zurückrudert, möchte man sich nun als ambitionierter EU-Kandidat erst recht nicht das zweite Mal überrumpeln lassen.

Die paradoxe Symbiose zwischen militärischem und kriminellem Heldentum im russischen Actionfilm steht im Kontrast zum ukrainischen Kulturkanon, der fast ausschließlich auf den Figuren der Unabhängigkeitskämpfer basiert, vor allem auf dem ukrainischen Kosakenmythos. Die ukrainische Hymne, die politische Tradition, die ukrainische Hoch- und Populärkultur, schließlich Tourismus und Kommerz sind voller Hinweise auf die Vorstellung, dass sowohl die ukrainische Eigenstaatlichkeit als auch ihr Streben nach Freiheit und Demokratie direkt auf den unbändigen Freiheitsdrang und rebellischen Geist der Zaporoger Kosaken zurückgehen. Dass die bekanntesten Repräsentationen dieses Mythos von Autoren und Künstlern geschaffen wurden, die wie Nikolai Gogol' (Mykola Hohol') oder Il'ja Repin zwar aus der Ukraine stammten, aber entweder auf Russisch schrieben oder genauso zum Kanon der russischen Kunst gehören, wird meist übersehen. Trotz des unterschiedlichen Status als Täter und Opfer, ungeachtet aller Differenzen in der politischen Agenda weisen beide Kriegsparteien eine frappierende strukturelle Ähnlichkeit auf – die zentrale Rolle des von der russisch-ukrainischen Romantik erschaffenen Kosaken- und Freiheitsmythos, der im 19. Jahrhundert die soziale und politische Emanzipation mit einer militanten Männlichkeit und einem eigenen Zivilisationsanspruch verknüpfte.

4 O. A. „Sila V pravde": V Minoborony ob"jasnili značenie bukv na rossijskoj voennoj technike. Moskovskij komsomolec vom 3.3.2022, https://tver.mk.ru/amp/social/2022/03/03/sila-v-pravde-v-minobrony-obyasnili-znachenie-bukv-na-rossiyskoy-voennoy-tekhnike.html [13. 3. 2023]. Dass die russischen Entwickler der Deep-Fake-Software während ihrer Präsentation für Vladimir Putin ausgerechnet den deutschen Bundeskanzler Olaf Scholz Danilas Worte über die Macht der Wahrheit wiederholen ließen, war ironisch gemeint, bestätigt aber die selbstidentifikatorische Macht dieses Spruchs. O. A. Putinu pokazali dipfejk Šol'ca, govorivšyj slovami Danily Bagrova, Life.ru vom 24.11.2022, https://life.ru/p/1541217 [14. 3. 2023].

Obwohl Russland in diesem Krieg der unbestrittene Aggressor ist, soll hier
weniger die bereits ausführlich diskutierte Militarisierung der russischen Gesellschaft unter Vladimir Putin als der Einfluss heroischer Erinnerungsdiskurse auf
die ukrainische Identität im Mittelpunkt stehen. Diese Blickrichtung steht aber
nur scheinbar der Empathie und Solidarität mit dem Opfer entgegen oder rela-
tiviert gar russische Kriegsverbrechen, sondern will die Widersprüche ausloten,
die für das Überleben einer demokratischen Ukraine und für den zukünftigen
Frieden von Bedeutung sein könnten.

Der Stammbaum des ukrainischen Heldentums, das im Zentrum der ukrai-
nischen Identitäts- und Nationsbildung steht, könnte mit folgender Linie beginnen: Kosaken – Hajdamaken – Soldaten der Petljura-Armee – antikommunistische Rebellen – Kämpfer der Ukrainischen Aufständischen Armee (UPA).
Während der dramatischen Ereignisse des Euromajdan wurde der historische
Kanon um das Gedenken an die „Himmlische Hundertschaft" – die Opfer des
Majdanmassakers – aktualisiert. Die wachsenden Opferzahlen der „Anti-Terror-
Operation" (ATO) führten rasch zur nächsten Erweiterung des nationalen Helden-
pantheons, z. B. durch die „Cyborgs", die Verteidiger des Sergej-Prokof'jev-Flug-
hafens in Donec'k, deren Rolle in diesem Krieg die Kämpfer des Azov-Regiments
oder die Verteidiger der „Festung Bachmut" übernahmen. Die assoziative Verbindung der „Cyborgs" zu unsterblichen Sci-Fi-Robotern oder rechter Azov-Kämp-
fer zum berühmten Stahlwerk in Mariupol' suggerierten ebenfalls die Unzerstör-
barkeit und einen kompromisslosen Einsatz für die eigene Sache.

Kulturwissenschaftliche Reflexionen zum Trauma und Heldentum

> „In dieser unserer Dunkelheit kann man noch besser die Schreie
> unserer Toten, Gefolterten, aller zur Rache Mahnenden hören.
> Sie lässt sich nicht gegen uns wenden."[5]
> *Ostap Slyvyns'kyj*

Um der Wirkungsmacht der heroischen Dispositive auf die ukrainische Gesellschaft nachzugehen, bedürfen wir eines breiten analytischen Instrumentariums.
Während Jan Assmanns Theorie des kulturellen Gedächtnisses die kontrapräsentische Funktion des Kosaken- und UPA-Mythos – ihre kompensatorische Rolle in
Bezug auf die krisenhafte Gegenwart – erhellt, bringt uns die psychoanalytische

---

5 „У темряві нашій ще краще чутно крики убитих, катованих, усіх тих, хто кличе до
помсти. / Її не можна супроти нас повернути."

Theorie auf die Spur eines dem ukrainischen, aber auch dem russischen Identitätsnarrativ inhärenten traumatischen Mechanismus. Die Rolle des Traumas und des Prinzips seiner neurotischen Wiederholung gehören grundsätzlich zu den wichtigsten Entdeckungen der Psychoanalyse. Jedoch ist es bedeutend, dass der Beginn der psychoanalytischen Traumatheorie – Freuds Aufsatz „Jenseits des Lustprinzips“ (1919/20) – im Nachklang des Ersten Weltkrieges entstand. Die Wiederkehr der schmerzhaften Szenen in den Träumen kriegstraumatisierter Soldaten verblüffte Freud und zwang ihn zur Revision seiner Annahme über die uneingeschränkte Herrschaft des Lustprinzips im seelischen Leben. Der Begründer der Psychoanalyse äußerte daher die Annahme, dass die Wiederholung schmerzhafter Inhalte ein verzweifeltes Bemühen der Psyche darstellt, die durch das traumatische Ereignis produzierte Reizüberflutung zu bewältigen. Diese Wiederholung beeinträchtigt nicht nur das Innenleben, sondern wird auch in der Außenwelt reaktiviert – es kommt zur ständigen Aktualisierung des Traumas, einer auf den ersten Blick widersinnigen selbstzerstörerischen Reinszenierung des schmerzhaften Erlebnisses, das eben „Jenseits des Lustprinzips“ situiert ist. Diese Beobachtung veranlasste Freud zur Annahme eines Todestriebs – einer paradoxen Tendenz zur Selbstzerstörung, deren Ziel die endgültige Befreiung von Schmerz und Leid ist.

Trauma und kollektive Identität

> „gott sagte: zieht die trauerkleidung an, so werden völker geschaffen
> ihre samen wachsen in der tiefe der gräber und in erschießungslisten.“[6]
> *Nadija Hluškova*

Der türkisch-amerikanische Psychiater und Psychoanalytiker Vamık D. Volkan, der seit Mitte der 1980er-Jahre auch als Mediator in zahlreichen internationalen Krisengebieten wie in Nordzypern, im Jugoslawien-Krieg oder Bergkarabach fungierte, bietet uns wichtige Einsichten in das Zusammenspiel zwischen Trauma und Identität, das individuelles und kollektives Erleben miteinander verbindet. Volkan zufolge besitzen die kollektiven Traumata eine besondere konnektive Kraft, die unterschiedliche Gruppen einer Gesellschaft miteinander verbindet und eine gemeinsame Identität stiftet.[7] Die traumatischen Ereignisse,

6   „бог сказав: одягайте траур, так створюються народи / їх насіння зростає в глибинах поховань і розстрільних списках.“
7   Vamik D. Volkan, Killing in the Name of Identity. A Study of Bloody Conflicts, Virginia 2019 [2006], S. 154.

die ins Zentrum solcher kollektiven Identitätserzählungen rücken, bezeichnet er als „gewähltes Trauma" („chosen trauma"): „A chosen trauma is a large group's mental representation of a historic event that resulted in collective feelings of helplessness, victimization, shame, and humiliation at the hands of ‚others': and typically involves drastic losses of people, land, prestige, and dignity. [...] members of the traumatized group deposit their injured selves, and internalized images of others who were hurt during the traumatic event, into the developing selves of children in the next generation. These children are also given certain tasks, such as reversing helplessness, shame, and humiliation, and turning passivity into activity and assertion. Another task that is passed to the next generation relates to completing the shared mourning process."[8]

Mit der Zeit erblasst das historische Ereignis – die Geschichte wird zunehmend zur Erinnerungspolitik und zum Identitätsmarker, dafür wächst aber das Gefühl der historischen Ungerechtigkeit und das Bedürfnis nach einer Revision des Status quo.

Trauma und Geschlecht

> „Ob es dir gefällt oder nicht, meine Schönheit,
> du musst dich gedulden."[9]
> *Vladimir Putin*

Die von Volkan angesprochene Demütigung und Ohnmacht, die historische Traumata begleiten und zu gewaltvollen Ressentiments führen, beschäftigte auch die US-amerikanische Soziologin und feministische Psychoanalytikerin Nancy J. Chodorow. Bei ihren Überlegungen über die Ursprünge terroristischer Gewalt stellte sie sich die Frage, warum gewöhnliche Männer auf Demütigungen und traumatische Ereignisse mit viel mehr Hass und Gewalt reagieren als Frauen. Chodorows Idee ist, dass die Ursachen der männlichen Gewaltbereitschaft in einer besonders fragilen Identitätsstruktur liegen, die sich meist in Opposition

---

8   Ebenda, S. 173.
9   „Нравится, не нравится, терпи моя красавица" – Mit diesen Worten betonte der russische Präsident Vladimir Putin am Ende der russisch-französischen Verhandlungen am 8. Februar 2022 die Alternativlosigkeit des Minsker Abkommens für die Ukraine. Er verwendete wahrscheinlich ein Liedzitat aus dem Refrain der aus der Krim stammenden Punk-Rock-Band *Krasnaja Plesen'* (Roter Schimmel), das von einem nekrophilen Mann erzählt, der eine tote Schönheit im Sarg vergewaltigt. Dabei handelt es sich um eine eigenwillige Interpretation einer russischen Variante des Dornröschen-Märchens.

zur weiblichen Identität definiert.[10] Entsprechend reagieren Männer besonders empfindlich auf die Verletzungen ihrer Grenzen vor allem durch andere Männer: „Masculinity is not being a boy-child in relation to adult father, and it is signalled psychically by not being subordinate to, shamed, or humiliated by other men."[11]

Laut Chodorow werden kollektive Erschütterungen häufig als Angriffe gegen das eigene Selbst empfunden, die Angst vor seiner Fragmentierung verstärkt die regressiven Abwehrmechanismen der „schizoid-paranoiden" Spaltung (Melanie Klein). Die „schlechten" Anteile bzw. „inneren Objekte" der eigenen Identität werden nach außen projiziert und bekämpft. Der in der Psychoanalyse mit dem Begriff „projektive Identifikation" bezeichnete Mechanismus ist in den Kulturwissenschaften teilweise dank der postkolonialen Theorie als „othering", d. h. eine Extremform negativer Stereotypisierung bekannt, in der internationalen Politik und Diplomatieforschung berührt er aber den affektiven Kern des „security dilemma".

In Anlehnung an Chodorow drängt sich die Frage auf, ob die traditionelle Verknüpfung des männlichen Heldentums mit dem militärischen Bereich (Ute Frevert) nur auf physischen Besonderheiten des männlichen Körpers beruht oder eine bedeutende psychosoziale Komponente aufweist. Unter diesem Gesichtspunkt erscheint die heroische Männlichkeit nicht nur als Ergebnis psychischer Resilienz und Standfestigkeit, sondern im Gegenteil als verzweifelter Versuch, die traumatische Verletzung eigener Grenzen zu beherrschen. Die sozialpolitische Ambivalenz des Heldentums unterstreicht der Sozialphilosoph Ulrich Bröckling, der den exklusiven Status des Helden sogar im starken Widerspruch zum egalitären Verständnis demokratischer Gesellschaften und ihrer modernen Komplexität sieht, die mehr durch die Kooperation und Arbeitsteilung als übermenschliche individuelle Leistungen geprägt ist.[12] Dabei ist der „postheroische" Zustand keineswegs gesichert, sondern wird immer wieder durch Rückfälle in populistische Idealisierungsmuster begleitet. Auch Bröckling sieht einen Zusammenhang zwischen Heldenverehrung und Totenkult: „Die Begeisterung für die Kyjiver Bürger, die sich mit Molotowcocktails bewaffnen, überdeckt die unerträgliche Ahnung, wie wenig brennende Benzinflaschen gegen Luftangriffe auszurichten vermögen."[13]

10   Nancy J. Chodorow, Hate, humiliation, and masculinity, in: Sverre Varvin/Vamik D. Volkan (Hrsg.), Violence or Dialogue: Psychoanalytic Insights on Terror and Terrorism, London 2003, S. 98.
11   Ebenda, S. 99.
12   Ulrich Bröckling, Postheroische Helden. Ein Zeitbild, Berlin 2020.
13   Harry Nutt, „Er braucht nicht zu lügen". Ist Volodymyr Zelens'kyj ein Held? Ein Gespräch mit dem Sozialwissenschaftler Ulrich Bröckling, in: Berliner Zeitung, 22. 3. 2022.

Heroische Genealogien der Ukraine

„Heute tauchte ein Video auf, in dem die Besatzer auf eine bestialische Art einen Kämpfer ermordeten, der ihnen tapfer ins Gesicht ‚Ruhm der Ukraine!‘ sagte. Ich möchte, dass wir alle vereint auf seine Worte antworten würden: ‚Ruhm dem Helden! Ruhm den Helden! Ruhm der Ukraine.‘“[14]

Volodymyr Zelens'kyj

Neben den heroisierten Verbänden wie den „Cyborgs“ oder den Azov-Kämpfern gab es seit Kriegsbeginn 2014 in der Ukraine zahlreiche prominente Einzelpersonen aus dem militärischen Bereich wie die Pilotin Nadija Savčenko oder aus dem zivilen Leben wie den Regisseur Oleh Sencov, die ihre Berufe niederlegten und in den Kampf zogen. Besondere Prominenz erlangte der Lemberger Opernsänger Vasyl' Slipak, der seine vielversprechende Karriere in Paris aufgab, als Kriegstourist des „Rechten Sektors“ im Osten kämpfte und 2016 fiel. Sein Auftritt im traditionellen gestickten Hemd und mit Kosakenzopf, aber auch der Kriegsname „Mif“ (Mythos) sowie seine Lieblingsrolle des Mephistopheles aus dem „Faust“ (1859) von Charles Gounod veranschaulichen die enge Verflechtung zwischen Realität und Mythos. Zur globalen Verkörperung der heroischen Ukraine ist ohne Zweifel der ukrainische Präsident Volodymyr Zelens'kyj geworden, den die internationalen Medien mal „hero of our time“ (*New Statesman*), mal „prince of freedom“ (*Time*) nannten und der zur Person und zum Europäer des Jahres auserkoren wurde.

Blickt man auf die frühen 2000er-Jahre zurück, in denen die heute dominanten heroischen Genderbilder entworfen oder neu entdeckt wurden, liegt es nahe, die hohe Konjunktur der Tschetschenienveteranen wie Danila Bagrov auf der russischen oder der antisowjetischen Rebellen aus dem Bürgerkrieg/Zweiten Weltkrieg auf der ukrainischen Seite als Spiegelungen einer tiefen gesellschaftlichen Krise der postsowjetischen Situation zu interpretieren: die Erosion rechtsstaatlicher Strukturen, öffentlicher Sicherheit, sozialer Standards sowie eine Neusortierung von Genderrollen. Während die Verschmelzung der russischen „vory v zakone“ (Diebe im Gesetz) mit den strammen Obristen eine verzweifelte

---

14 „Сьогодні з'явилося відео, як окупанти по-звірячому вбили воїна, який хоробро сказав їм у вічі: ‚Слава Україні!‘. Хочу, щоб ми всі разом, у єдності, відповіли на його слова: ‚Герою слава! Героям слава! Україні слава!‘“ – Mit diesem Kommentar reagierte der ukrainische Präsident am 7. 3. 2023 auf ein Video der brutalen Hinrichtung eines gefangenen ukrainischen Soldaten. Die Aufnahme mit Oleksandr Macijevs'kyj stammt vom Dezember 2022, tauchte aber vor dem Hintergrund der verlustreichen Kämpfe um die strategische ostukrainische Stadt Bachmut auf und bekam einen viralen Charakter.

Suche nach Gerechtigkeit und ethischer Orientierung markierte, war die Popularität der nationalistischen Kämpfer der Ukrainischen Aufständischen Armee in der Ukraine ebenfalls Ausdruck der Sehnsucht nach stabilen moralischen Referenzen innerhalb einer von Korruption und wildkapitalistischem Überlebenskampf geplagten ukrainischen Gesellschaft.

Das eklatante Paradoxon der ukrainischen Geschichtspolitik und ihrer Heldenmythen besteht allerdings darin, dass zur Orientierung für eine künftige liberal-demokratische Ukraine ausgerechnet anarchistische Rebellen oder Vertreter des radikalen ukrainischen Nationalismus herangezogen wurden. Das Führungspersonal der UPA, des militärischen Flügels der Organisation Ukrainischer Nationalisten (OUNb) unter der Führung von Stepan Bandera, Jaroslav Stec'ko und Roman Šuchevyč, bestand aus Juden- und Polenhassern oder Nazikollaborateuren, auch wenn sie mit den Nationalsozialisten in Konflikt gerieten. Neben der relativ ahnungslosen Dorfjugend, die für eine imaginäre „freie Ukraine" zu sterben bereit war, bestand das Gerüst der Organisation aus fanatischen Kämpfern, die teils von der deutschen Abwehr geschult, teils aus ukrainischen Verbänden innerhalb der Wehrmacht oder aus der ukrainischen Hilfspolizei rekrutiert wurden. Um diese Figuren jedoch als Idole für eine Demokratie salonfähig zu machen, wurden ihre radikalen antidemokratischen, antisemitischen, antipolnischen oder terroristischen Elemente herausgefiltert. Dass sie häufig eines gewaltsamen Todes durch die Gestapo oder die sowjetische Exekutive starben oder langjährige Gulag-Strafen verbüßen mussten, machte sie im populären Gedächtnis zu Märtyrern für die Unabhängigkeit und glich die Radikalität ihrer Ideologie und Verbrechen gewissermaßen aus. Erhalten aber blieben die Tradition eines kompromisslosen Übermenschentums und die Forderung nach radikaler Hingabe an die „Idee", an Werte und Bereitschaft, sich selbst und die Feinde der Ukraine zu opfern. Das Ausmaß der ideologischen Verwirrung belegt die Tatsache, dass der 1932 geschaffene „Marsch der ukrainischen Nationalisten" mit dem Titel „Zrodylys' my velykoji hodyny" (Zur großen Stunde sind wir geboren) 2018 zur offiziellen Hymne der ukrainischen Armee genauso wie der Ausruf „Slava Ukrajini!" – „Herojam Slava!" (Ruhm der Ukraine! – Ruhm den Helden!) zur offiziellen Begrüßungsformel erklärt wurden und nun im Europaparlament erklingen.

Je größer die Enttäuschungen der drei Jahrzehnte der Unabhängigkeit wuchsen, desto bedeutender wurden die kompromisslosen Kämpferfiguren. Die Proklamation von Stepan Bandera und Roman Šuchevyč zu „Helden der Ukraine", mit der sich Präsident Viktor Juščenko im Januar 2010 aus dem Amt verabschiedete, stellte den Höhepunkt einer Entwicklung dar, die in der Populärkultur bereits im vollen Gange war. Die selektive postsowjetische Aufarbeitung der Geschichte heroisierte nicht nur Opfer des Stalinismus, sondern auch Vertreter

des nationalistischen Widerstandes. Nach dem Auftauchen der UPA-Kämpfer in
den Filmen der frühen 2000er-Jahre – „Neskorenyj" (Der Ungebrochene, 2000,
Oles' Jančuk), „Zalizna sotnja" (Eiserne Hundertschaft, 2004, ebenfalls von Oles'
Jančuk) – folgten auch Musikalben wie „Naši partyzany" (Unsere Partisanen,
2000) der berühmten Rockband *Plač Jeremiji* (Jeremiahs Klage). 2007 wurde
gegenüber dem Portal des Rathauses der westukrainischen Metropole Lemberg,
das eben seine Multikulturalität entdeckte, ein Lokal namens „Kryjivka" eröffnet. Das historische Themenrestaurant, dessen Name auf Ukrainisch wörtlich
„Unterschlupf" bedeutet, aber historisch einen UPA-Bunker bezeichnet, wurde
über Nacht populär. Seine Besucher, zahlreiche Touristen aus der Zentral- und
Ostukraine ließen sich weder von einem mit einem deutschen MG bewaffneten
und camouflierten Portier noch von der ideologischen Prüfung abschrecken, die
in der zackigen Beherrschung von „Slava Ukrajini!" mündete.

Dem wachsenden UPA-Kult konnte sich weder die Gastronomie noch die
Hochkultur länger verschließen. Keine Geringere als Oksana Zabužko, eine der
prominentesten Autorinnen des Landes, die sich in den 1990er-Jahren einen
Namen mit sprachvirtuosen, zeitdiagnostischen Essays machte und als Femi-
nistin galt, veröffentlichte den Roman „Das Museum verlassener Geheimnisse"
(2009), die Familiensaga eines transgenerationellen ukrainischen Widerstands.
Als historisches Pendant seiner weiblichen Protagonistin, der Investigativjour-
nalistin Daryna Hoščcyns'ka, fungierte der edle UPA-Kämpfer und OUN-Agent
Adrian Ortyns'kyj. Im Roman verübte er nicht nur ein fiktives Attentat auf eine
Nazi-Größe in Lemberg, sondern stellte darüber hinaus das Gegenbild zu ver-
hassten Figuren des sowjetischen Geheimdienstes NKVD/KGB dar. Es ist sym-
ptomatisch, dass die Schuld für ihre Verbrechen der Ziehsohn des russischen
Besatzers, der opportunistische ukrainisch-jüdische Geheimdienstler Pavlo
Buchalov sühnen muss, der Daryna Hoščcyns'ka bei ihrer Recherche unterstützt.
Der symbolischen Rückkehr der UPA und ihres Widerstandsmythos widmeten
sich auch andere Autorinnen und Politikerinnen wie Marija Matios mit ihrem
Erzählband „Nacija" (dt. Die Nation, 2001), aber auch Rockgruppen wie *Komu
vnyz* (Wer will nach unten), *Tartak* (Sägewerk), *Sokyra Peruna*[15] (Peruns Axt)
und andere. Ein Rockfestival namens *banderštat* – die Stadt Banderas – wurde
ins Leben gerufen, „Kryjivkas" in vielen ukrainischen Ortschaften wieder nach-
gebaut und im Geschichtsunterricht verwendet.

Obwohl das Institut für nationales Gedächtnis unter der Leitung des UPA-
Historikers und späteren Chefs des ukrainischen Geheimdienstarchivs Volodymyr

---

15 In der slawischen Mythologie ist Perun (pl. Piorun) der Gott des Gewitters und Donners,
    vergleichbar in seinem höchsten Status mit dem germanisch-skandinavischen Odin.

V"jatrovyč viel Energie in die Rehabilitierung und Stilisierung der UPA als Symbol anti-autoritären Widerstandes investierte, erwiesen sich die Schatten der Beteiligung am Holocaust und vor allem an ethnischen „Säuberungen" gegen Polen in Wolhynien 1943 als ein ernsthaftes Hindernis für eine reibungslose innen- und außenukrainische Verbreitung dieses Mythos. Vor allem ließ sich die Glorifizierung der UPA schwer mit der aufkommenden gesamteuropäischen Erinnerungskultur vereinbaren.

Die problematischen Seiten der nationalistischen Guerillas im neuen liberaldemokratischen Selbstverständnis wurden vor dem Krieg durch die Wiederentdeckung der Streitkräfte der kurzlebigen ukrainischen Volksrepublik UNR 1917–1919 sowie die ideologisch weniger verfänglichen antisowjetischen Aufständischen kompensiert, die bis in die 1920er-Jahre hinein gegen die Kollektivierung rebellierten. Dabei wurden die Sowjetmacht und der Kommunismus grundsätzlich externalisiert und ästhetisch dämonisiert, d. h. nicht als Ergebnis eines komplexen historischen Prozesses betrachtet, an dem ein beachtlicher Teil der ukrainischen Gesellschaft mitwirkte. Die Sowjetzeit wurde immer wieder als Folge einer russisch-jüdischen Verschwörung dargestellt. Im Zuge der Entstehung eines neuen ukrainischen Erinnerungskanons kam es zur Vermischung und Potenzierung diverser Befreiungsmythologien – der UPA, junger UNR-Kämpfer (Schlacht bei Kruty) und der Rebellen aus dem Cholodnyj Jar, deren Kampf gegen die sowjetische Agrarreform einen breiten Anschluss an das aufkommende Holodomor-Narrativ bot.

Die bekanntesten filmischen Repräsentationen der stalinistischen Repression und der durch die Kollektivierung ausgelösten Hungersnot „Holodomor" 1932–33 – „Povodyr" (Der Blindenführer, 2013, Oles' Sanin), „Bitter Harvest" (2017, George Mendeliuk) oder „Mr Jones" (2019, Agnieszka Holland) – stellen die Kommunisten häufig als gewalt- und drogenabhängige Psychopathen in Begleitung von Figuren mit auffälligen orientalisch-semitischen Zügen dar. Obschon die antisowjetischen Rebellionen in der Ukraine gerade in der frühen Konsolidierungsphase der Sowjetmacht folgenlos blieben, wurden sie in der nationalen Historiografie zu zentralen Ereignissen stilisiert, die die russisch-sowjetische Herrschaft ernsthaft bedroht und die Kontinuität der ukrainischen Identität und Würde gesichert hätten. Die von der russischen Besatzungsarmee durchgeführten Getreidekonfiszierungen im Süden der Ukraine wurden daher umgehend als Wiederholung der genozidalen Verbrechen des Stalin-Regimes gedeutet.

Stellvertretend für diesen Strang der nationalen Opfer- und Widerstandsmythologie stehen die Rebellen aus dem „Cholodnyj Jar", der „Kalten Schlucht", einer Gegend in der Nähe von Poltava, in der auch die blutigen Hajdamakenaufstände von 1768 ihren Anfang nahmen und die dank der Dichtung von Taras Ševčenko, etwa seines Poems „Hajdamaky" (1841), einen festen Platz im ukrainischen kulturellen Gedächtnis haben. Der Mythos um den antisowjetischen Bauernaufstand von Cholodnyj Jar wurde hauptsächlich durch den Roman von Vasyl' Škljar „Zalyšenec'. Čornyj voron" (Der Zurückgebliebene. Der schwarze Rabe) und seine filmische Adaption von Taras Tkačenko im Jahr 2019 begründet. Der 2011 für den wichtigsten Ševčenko-Literaturpreis nominierte historische Fantasy-Roman (sic!) wurde ausgerechnet von einem Regisseur verfilmt, der 2016 das international viel beachtete Familiendrama „Hnizdo horlyci" (Das Nest der Turteltaube, 2016) drehte. Der feinfühlige Film über die zerrissene Familie einer ukrainischen Arbeitsmigrantin nach Italien zeichnet ein armseliges Bild von ukrainischen Männern, die, verlassen von ihren Frauen („den Turteltauben"), in ihrem nun erkalteten „Nest" immer mehr dem Alkoholkonsum verfallen und ihre Rivalität mit dem gepflegten italienischen Liebhaber der Protagonistin verlieren. Der Kontrast zwischen zerrütteter ukrainischer Männlichkeit aus dem „Nest" und den unbeugsamen und wehrhaften Rebellen aus dem historischen Fantasy-Drama lässt aber auf eine tiefe kontrapräsentische Komplementarität schließen. Zu diesem Traumakomplex gehört sicherlich die ukrainische Angst, ein Kompromiss mit Putin käme der Einladung an einen Hauseinbrecher und Vergewaltiger gleich, der sich vor allem an weiblichen Familienmitgliedern vergreift – eine zentrale Metapher, die nicht nur durch Putins nekrophile Äußerungen, sondern auch durch Verbrechen in besetzten Gebieten als Axiom gilt.

Ein eigenes Kapitel in der heroischen Genealogie der heutigen Ukraine bildet die Figur des Anarchisten Nestor Machno (1888–1934), dessen Verbände bei Isaak Babel', Konstantin Paustovskij und sogar in sowjetischen Musikfilmen wie „Die Hochzeit in Malinovka" (1967) auftauchen. Im August 2006 wurde in der einstigen Residenz des Otamanen, im zentralukrainischen Städtchen Huljajpole, ein Kulturfestival mit dem Titel „Der Unabhängigkeitstag mit Machno" begründet, das als Gegenpol zu offiziellen Staatsfeiern konzipiert war. Das Ereignis, das die prominentesten Vertreter und Vertreterinnen der ukrainischen Literaturszene wie Serhij Žadan, Oles' Ul'janenko, Svitlana Povaljajeva, Irena Karpa oder Andrij Kokotjucha versammelte, bestürzte die Öffentlichkeit mit martialischen und erotischen Inszenierungen. Für unseren Zweck ist es jedoch wichtig, dass Machnos schwarze Fahne mit dem Slogan „Freiheit oder Tod" neben nationalen und Europa-Fahnen auch am denkwürdigen Tannenbaum des Euromajdan auftauchte. Dessen Installation diente Viktor Janukovyč als Vorwand für die brutale Auflösung der Studentendemo am 30. November 2013, die als Katalysator für die landesweiten Massenproteste wirkten. Von seinem eher marginalen, makaber-

karnevalesken Platz in der ukrainischen Kulturökonomie fand er schnell seinen Weg ins Zentrum der Euromajdan-Ikonografie durch die Bilder von Andrij
Jermolenko, einem Kyjiver Künstler, der die Abzeichen für Selbstverteidigungs-
einheiten des Euromajdan und Freiwilligenverbände entwarf.

Ihren bekanntesten Ausdruck fand die Potenzierung der antisowjetischen
und antirussischen Aufstandsmythologie im erwähnten historischen Film-
drama „Povodyr" (Der Blindenführer, 2013, Oles' Sanin). Der Streifen erzählt
die Geschichte eines ehemaligen Teilnehmers am „Befreiungskampf" 1917–1919,
der am Vorabend der Hungersnot als blinder Bänkelsänger durch die Ukraine
zieht, um einen breiten Aufstand zum Sturz des verhassten Sowjetregimes vorzubereiten. Die Anleihen aus dem Herzstück des ukrainischen Literaturkanons,
der Sammlung „Kobzar" (1837) von Taras Ševčenko, waren unübersehbar; der
ehemalige Veteran und Träger des nationalen Gedächtnisses verkörpert wie kein
anderer die mobilisierende Kraft, die der Kosakenmythos gegen das Sowjetregime entfalten sollte.

Die Tatsache, dass die Premiere des Films aufgrund der Proteste des Euro-
majdan erst 2014 stattfinden konnte, ändert nichts an seinem symptoma-
tischen, ja unheimlich prophetischen Charakter. Je härter die Repressionen des
Janukovyč-Regimes gegen Demonstrierende waren, desto mehr Elemente historischer Kampf- und Widerstandsnarrative flossen in die Ikonografie und Rhetorik der Proteste ein.

Die brutalen Misshandlungen durch die Polizei, die Entführungen und
Morde an Aktivisten und Aktivistinnen führten mit der Zeit zur Gegenwehr,
die in Straßenschlachten und Hausbesetzungen mündete. Die ukrainische Revolution unter proeuropäischen und zivilgesellschaftlichen Slogans reagierte auf
die brutale Repression mit einer Radikalisierung, die nicht nur im Aufwind des
ansonsten politisch marginalen „Rechten Sektors", sondern auch in der Assimi-
lation zweifelhafter historischer Symbole und Slogans wie der nationalistischen
Grußformeln kulminierte. Während Soziologen wie Volodymyr Iščenko noch
zur Zeit der dramatischen Ereignisse das Eskalationspotenzial erkannten, das
vom „Rechten Sektor" oder der rechtsradikalen „Svoboda"-Partei ausging,[16]
sprachen Politikwissenschaftler wie Serhiy Kudelia sogar von „einem strategischen Einsatz der Gewalt", den die Oppositionsspitze nicht scheute, um
das Regime zum Einlenken zu zwingen.[17] Wie kontrovers auch immer die

16 Volodymyr Iščenko, Učast' krajnich pravych u protestach Majdanu – sproba systematyčnoji
    ocinky, in: Spil'ne 9 (2015), https://commons.com.ua/uk/uchast-krainih-pravyh-u-
    protestah-maidanu/ [7.3.2023].
17 Serhiy Kudelia, When Numbers Are Not Enough. The Strategic Use of Violence in Ukraine's
    2014 Revolution, in: Comparative Politics 7 (2018), S. 501–521.

Einschätzungen der Experten waren, es herrscht Konsens darüber, dass die Eskalation der Straßenkämpfe, die in Massenerschießungen der Demonstranten durch Polizeikräfte und der Flucht von Janukovyč resultierte, eine Wegscheide in der jüngsten ukrainischen Geschichte darstellt, die auch die Büchse der Pandora der ukrainisch-russischen Konfrontation öffnete.

Es folgte eine gut dokumentierte Tragödie. Dabei ist es wieder bezeichnend, dass die Massentrauer um die erschossenen Protestierenden in religiös-nationalistische Bahnen kanalisiert wurde. Die Opfer der polizeilichen Gewalt bekamen sehr schnell den Ehrennamen „Himmlische Hundertschaft", ein Begriff, der neben der religiösen Komponente zumindest dreifache historische Konnotationen hervorruft: Die militärische Bezeichnung *sotnja* („Hundertschaft") rekurrierte auf den Mythos der Kosaken, der UPA und auch auf das Opfernarrativ der „Schlacht bei Kruty", eines Kampfes im Jahr 1919 nahe der gleichnamigen Bahnhofsstation bei Kyjiv, bei dem einige Hundert proukrainischer Kadetten und Studenten den roten Vormarsch auf Kyjiv aufhalten sollten. Zwischen beiden opferreichen (wie aussichtslosen) Auseinandersetzungen, bei denen meist sehr junge und unerfahrene Menschen starben, wurde bald eine Analogie gezogen. Im Moment der tiefen Betroffenheit und Trauer entstand der Slogan „Helden sterben nicht!", der seitdem häufig bei Begräbnissen auch des aktuellen Krieges wiederholt wird.

Dabei wird übersehen, dass der Kruty-Mythos ein russisches Pendant bei der Verteidigung Kyjivs gegen die ukrainischen Truppen durch russische Kadetten hat, das durch den Roman „Die weiße Garde" (1925) von Michail Bulgakov geschaffen wurde. Während Bulgakovs Klassiker 2012 in einer achtteiligen russischen Serie von Sergej Snježkin realisiert wurde, kam die erste filmische Adaption der ukrainischen Geschichtsversion 2019 mit dem historischen Actionfilm „Kruty 1918" (Oleksij Šaparjev) zur Aufführung. Beide Filme verbindet nicht nur die Matrix des Sparta-Mythos, sondern sie liefern auch Porträts unheimlicher Figuren der jüdischen Kommunisten und Geheimagenten, die die Verteidigungspläne edler militärischer Helden immer wieder vereiteln.

Der Begriff „Hundertschaft" evozierte tragische historische Ereignisse, die sich realer als die Gegenwart anfühlen. Die Eliminierung der zeitlichen Differenz in postmodernen Nostalgiefilmen beschäftigte bereits Fredric Jameson, der sie als referenzlosen Simulakren betrachtete und mit dem Schwund der Historizität in Verbindung brachte.[18] Anders als bei Jameson handelt es sich aber in unserem Fall weniger um eine Kolonisierung der Vergangenheit durch die

---

18   Fredric Jameson, Postmodernism, or, The Cultural Logic of Late Capitalism, Durham 1991, S. 66–68.

Gegenwart, sondern umgekehrt um ein paradoxes Überschreiben der Gegenwart durch die Vergangenheit, das z. B. Zelens'kyjs Gefühle in Churchills „War-Room"-Sessel wiedergibt. In diesem Sinne werden das Massaker auf dem Majdan direkt als Wiederholung von Kruty, der russische Angriff auf Kyjiv in den frühen Morgenstunden als Nazi-Überfall auf die Sowjetunion und die Exzesse in Buča als Verbrechen der Wehrmacht gegen die sowjetische Zivilbevölkerung erlebt.

So reell die erlittenen Traumatisierungen sind, eine derartige Reduktion der zeitlichen Struktur und Überidentifizierung mit der Vergangenheit korrelieren mit Hanna Segals Konzeptualisierungen der Psychose.[19] Um den spezifischen Kollaps der Symbolfähigkeit bei ihren psychotischen Patienten zu beschreiben, entwickelte sie das Konzept einer „symbolic equation" (symbolische Gleichsetzung), die den Verlust der Fähigkeit bezeichnet, zwischen einem Symbol und Objekt zu unterscheiden, eine „defensive symbolische Verschmelzung des Selbst mit dem Objekt und des Objekts mit dem Symbol".[20] Natürlich lassen sich die Beobachtungen Segals nicht unmittelbar auf die kollektive Ebene übertragen, zumal wir in der Geschichte im Gegensatz zum wahnhaften Erleben häufig mit einer sehr komplexen Mischung aus Realität und Fantasie konfrontiert werden. Aber ist es ein Zufall, dass Putins Heraufbeschwörung der patriotischen Geister am 22. Februar 2023 im Lužniki-Stadion mit einer Reihe von teilweise grotesken historischen Szenen untermalt wurde, die das russische Heldentum im Kampf gegen die westlichen Invasoren – Kreuzritter, Schweden, Franzosen, Deutsche und nun der ukrainischen „Junta" – zelebrierten?

Analog wurden im ukrainischen Kontext die Annexion der Krim und die russische Unterstützung des Separatismus, mit der Moskau auf die europäischen Integrationsbemühungen der Ukraine reagierte, als Bestrafung des abtrünnigen Hetmans Ivan Mazepa (1639–1709) für seinen Lagerwechsel zum „europäischen" König Karl XII. identifiziert. Dass sich einer der Urheber der separatistischen Rebellion, der pensionierte russische FSB-Oberst Igor' Girkin alias Strelkov, vor dem Krieg als leidenschaftlicher historischer Reenactor mit einem ausgeprägten Faible für die Weiße Garde betätigte, liefert einen weiteren Beweis für erstaunliche Realisierungen des traumatischen Wiederholungszwangs.

Mit dem Ausbruch militärischer Auseinandersetzungen im Osten der Ukraine 2014 explodierte die Zahl der Opfer und damit auch der Heldengeschichten.

---

19 Hanna Segal, On symbolism, in: dies., Psychoanalysis, Literature, and War. Papers 1972–1995, New York 2005 [1997], S. 33–38.
20 Robert D. Hinshelwood, Wörterbuch der kleinianischen Psychoanalyse, Stuttgart 2004 [1989], S. 645.

Dennoch schien es, als bestünde gerade beim chaotischen, unübersichtlichen Kriegsgeschehen ein Hunger nach Sinngebung, nach Orientierung, die durch eine entscheidende Schlacht entstehen könnten. Zu einem solchen zentralen Ereignis geriet der Kampf um den Sergej-Prokof'ev-Flughafen von Donec'k, der als ukrainisches „Verdun", „Stalingrad" bezeichnet wurde. Das nationale Prestigeobjekt, das erst anlässlich der Fußball-Europameisterschaft 2012 als internationaler Hub eröffnet wurde, verlor bereits nach den ersten Monaten seine militärische Bedeutung, verwandelte sich umso mehr zu einem symbolträchtigen Ort einer Entscheidungsschlacht. Wegen ihres monatelangen erbitterten Widerstandes bekamen die ukrainischen Flughafenverteidiger den Namen „Cyborgs". Das war der Beginn einer Mythologisierung, die durch Talkshows, Comics, Filme und sogar eine Münzprägung getragen wurde. Selbst eine vorübergehende Teilnahme an dem militärisch wenig ergiebigen Kampf diente als Karrierebooster für die Exekutive.[21] Die Legendenbildung fand ihr Äquivalent auf der separatistischen Seite in der Verherrlichung der Bataillone mit aufschlussreichen Namen „Somali" und „Sparta" der sogenannten Helden der Novorossija „Givi" (Mychajlo Tolstych) und „Motorola" (Arsenij Pavlov).

Zugleich zeichneten sich im dritten und vierten Jahr der ATO eine wachsende Erschöpfung der materiellen und menschlichen Ressourcen, eine Stagnation der aktiven Kriegführung ab. Nach einem halben Jahr fiel der Donec'ker Flughafen nach größeren Kesselschlachten bei Ilovajs'k und Debal'cevo. Vor allem aber nach der Unterzeichnung des Minsk-Abkommens konzentrierte sich das Kriegsgeschehen auf einige Hotspots im Osten und rückte immer mehr in den Hintergrund. Aufgrund der wachsenden Kriegsmüdigkeit konnte der damalige Amtsinhaber Petro Porošenko trotz seiner nationalistischen Mobilisierung mit den Slogans „Armee, Sprache, Glaube" die Wahlen nicht mehr gewinnen. Die Mehrheit der ukrainischen Gesellschaft gefiel sich einerseits in der heldenhaften Pose, die russische Aggression gestoppt zu haben. Andererseits trachtete sie nach Frieden und lehnte die Doppelstandards unter der Porošenko-Regierung ab. Das wachsende Unbehagen am politischen Status quo markierte der Umstand, dass die beiden aussichtsreichsten Konkurrenten Porošenkos nicht aus der politischen Klasse, sondern aus dem Show-Biz stammten – der Komiker und Medienunternehmer Volodymyr Zelens'kyj und der Sänger Svjatoslav Vakarčuk, der Frontmann der bekannten Band *Okean El'zy.*

---

21 Zum ukrainischen Heldendiskurs seit 2014 allgemein und dem Cyborg-Mythos im Besonderen siehe Roman Dubasevych, „Helden sterben nicht": Die Cyborgs vom Sergei-Prokofjew-Flughafen, in: ders./Matthias Schwartz (Hrsg.), Sirenen des Krieges, S. 175–225.

Coda

> „Die Sonne der Geschichte geht auf. Die Menschen rufen: ‚Vivat!'
> Du schreist auch ‚Vivat!' – also trägst du die Schuld nicht allein."[22]
>
> *Boris Chersonskij*

Der erstaunliche Sieg von Volodymyr Zelens'kyj und der von ihm angeführten Partei „Diener des Volkes" war sicherlich der medialen Prominenz des noch unbekannten Politikers zu verdanken: der Popularität seines Kabaretts „Kvartal 95", der ukrainischen Politshow Nr. 1, sowie dem gleichnamigen TV-Sequel. Auf den ersten Blick erschien Zelens'kyjs Protagonist als Gegenpol zu militärischen Heldenfiguren. In seiner Rolle als Geschichtslehrer Vasyl' Holoborod'ko verkörperte er den Vertreter einer zivilen und gebildeten Mittelschicht, eine ukrainische Vox populi. „Diener des Volkes" bestach vor allem mit einem realitätsnahen Sittenbild der ukrainischen Gesellschaft und einer beißenden Satire über die herrschende Klasse, die käuflichen Politiker und Oligarchen.

Der friedfertige, humorvolle und volksnahe Charakter des Dieners war aber nicht nur eine filmische Fiktion, sondern schlug sich in politischen Initiativen des neu gewählten Präsidenten nieder. Zelens'kyj bereiste die Front, versprach die Liberalisierung des Grenzverkehrs mit den separatistischen Republiken. Das Land fieberte dem lange ausgebliebenen Gefangenenaustausch entgegen, im Zuge dessen unter anderen der Filmemacher Oleh Sencov nach zwei Jahren Haft in einem sibirischen Lager freikam. Zu den hoffnungsvollen Zeichen zählte auch die bewusste Distanzierung von der nationalistischen Rhetorik Porošenkos. Mehr noch: Der aus dem industriellen Herzen der ukrainischen Stahlindustrie Kryvyj Rih stammende Zelens'kyj stand auch für die Forderung, „den Donbas zu erhören", also die Anliegen der russischsprachigen Wähler ernst zu nehmen. Zelens'kyjs integrative Bemühungen lassen sich am besten an seinen Neujahrsansprachen illustrieren, in denen er rhetorisch für die größtmögliche kulturelle und soziale Inklusion plädierte.

Dennoch zeigten bereits die ersten Besuche an der Front, dass seine Autorität die nun tonangebenden Vertreter nationalistischer Freiwilligenbataillone oder Veteranenverbände wenig beeindruckte. Rückblickend kann man die Zeichen seiner Entwicklung von einem Träger der Friedenshoffnungen zum tapferen Anführer einer ungebrochenen Nation bereits in seinem ersten medialen Streitgespräch beobachten, das er mit den Kämpfern des „Rechten Sektors" führte.

---

22 „Восходит Солнце Истории. Люди кричат: ‚Виват!' / Ты тоже кричишь ‚Виват', а значит – не виноват."

Die Alleingänge der Nationalisten störten immer wieder die fragile Waffenruhe, daher kam es zu einer emotionalen Aussprache zwischen den Soldaten und dem neu gewählten Präsidenten, in der Zelens'kyj plötzlich in den kriminellen Jargon der 1990er-Jahre wechselte.

Während seine Gefolgschaft die Wahl des kriminellen Sprachregisters als Ausdruck seiner Standfestigkeit und Schlagfertigkeit bejubelte, sahen die Anhänger Porošenkos darin einen Beweis seines Opportunismus und seiner Schauspielkunst. Als die ersten Rückschläge bei der Überwindung des politischen Erbes seiner Vorgänger eintraten, die ersten personellen Skandale in seiner hastig rekrutierten Partei, fiel sein nervöser Umgang mit kritischen Fragen von Journalisten auf. Gleichzeitig wurde der ukrainische Präsident von den national-liberalen, proeuropäischen Eliten regelmäßig an den Pranger gestellt, die sich zwar vom korrupten und zwielichtigen Porošenko enttäuscht zurückzogen, aber nicht von seinen Ideologemen. Jedes Telefonat mit Vladimir Putin, jeder Gefangenenaustausch, jede Anspielung auf die Verhandlungen oder die Notwendigkeit eines Dialogs mit abtrünnigen „Volksrepubliken" wurden mit äußerstem Misstrauen und Argwohn kommentiert.

Ein Menetekel der nahenden Katastrophe hätte man erkennen können, als die ukrainische Öffentlichkeit durch einen Spionageskandal erschüttert wurde, der Zelens'kyj und seine Administration bis zum Kriegsausbruch beschäftigte. Der Hauptzug dieser Affäre, die in die Geschichte unter dem vollmundigen Titel „Wagnergate" eingegangen ist, war ihr ausgeprägter verschwörungstheoretischer Charakter: Zelens'kyj und seinem Team wurde vorgeworfen, im letzten Moment eine entscheidende Operation zurückgepfiffen zu haben, die ukrainische Geheimdienstler in Zusammenarbeit mit westlichen Partnern geplant hätten. Über ein Scheinangebot sollten die Mitglieder der berüchtigten russischen Söldner-Truppe im Rahmen eines fiktiven Auftrags nach Libyen gelockt werden. Der Flug über das ukrainische Staatsgebiet hätte für sie aber in einer Notlandung und Festsetzung enden sollen, die den ukrainischen und internationalen Gerichten gewichtige Zeugen und Beweise für die Beteiligung der russischen Armee am Krieg im Donbas und an Kriegsverbrechen erbracht hätte. Obwohl die Angelegenheit gerade angesichts der Friedenshoffnungen äußerst abenteuerlich klang, mussten sich Zelens'kyj und sein Team auf jeder Pressekonferenz rechtfertigen. Letztlich verlief der „Wagnergate"-Skandal im Sande, nährte jedoch die Aura eines „Hochverrats" um den Präsidenten.

In Ermangelung großer Korruptionsskandale wurde Zelens'kyjs angebliche Unzuverlässigkeit meist an seiner ukrainischen Sprache festgemacht, die klare phonetische, grammatikalische und syntaktische Interferenzen mit dem Russischen aufweist. Quelle zahlreicher hasserfüllter Kommentare war besonders seine

Aussage, die Sprachwahl, Straßenumbenennungen und anderes machten für ihn keinen Unterschied, solange es „um Liebe" geht und die Straßenbeleuchtung funktioniert. Diese satirische und zugleich tolerante Bemerkung reizte aber die national-liberalen und nationalistischen Kräfte, die das Ukrainische für die einzige Gewähr der gesellschaftlichen Transformation und erfolgreichen Europäisierung hielten. Zelens'kyj wurde fortan ständig mit der russischen Floskel „kakaja raznica" („Was für ein Unterschied") gehänselt. Besonders die intellektuellen und künstlerischen Eliten, allen voran die Protagonisten der ukrainischen Gegenwartsliteratur wie Oksana Zabužko, Jurij Andruchovyč, Mykola Rjabčuk, teilweise auch Serhij Žadan und andere verachteten Zelens'kyj für seine versöhnliche Haltung gegenüber der sowjetischen Vergangenheit und ihren Nostalgieritualen. In seiner Person und Entourage witterten sie eine traumatische Revanche des *homo sovieticus*, die Wiederkehr eines *maloros*, eines vom Minderwertigkeitskomplex geplagten „Kleinrussen", der die Ukraine statt nach Europa und in den Westen wieder in den Sumpf der „russischen Welt" zurückführen wolle. Ein Generalverdacht, der zuweilen durch latent antisemitische Vorwürfe einer engen Verstrickung mit mächtigen jüdischen Oligarchen wie Ihor Kolomojs'kyj und durch seinen Spitznamen „Zelja" ins Dämonische kultiviert wurde.

Stagnierende Friedensgespräche, kumpelhafte Loyalität gegenüber seinem Team, mangelnde Professionalität und Druck durch Nationalisten und aus Russland führten zu steigender Nervosität, die sich in linguistischen und ethischen Ausrutschern manifestierte. Dies war wahrscheinlich der Wendepunkt, an dem Zelens'kyj auf den hegemonialen nationalistischen Diskurs einschwenkte, um Glaubwürdigkeit als *lider naciji* (Führer der Nation) zu erlangen. Dabei tappte er in die populistische Falle seiner Filmfigur: Gelang ihm ein souveräner Umgang mit Oligarchen, so blieb er gegenüber seinem Volk tatsächlich ein Diener und ließ sich von seinen Leidenschaften wie der Protagonist Holoborod'ko von denen seiner Familienmitglieder treiben.[23] Die erstaunliche Metamorphose eines lebenslustigen Komikers und schlagfertigen Lieblings des ukrainischen Publikums zum kampfbereiten und leidgeprüften Anführer einer unbeugsamen Nation wurde aber nicht nur zur gigantischen Tragödie des Politikers und Menschen Zelens'kyj, sondern zu derjenigen der Ukraine.

In der aufgeheizten Stimmung der letzten Vorkriegsmonate wurden im Dezember 2021 wegen des Verdachts des Hochverrats zugunsten Russlands die

---

23 Zu politischen Implikationen der familiären Matrix als populistisches Herrschaftsideal in Zelens'kyjs Serie siehe Matthias Schwartz, Der „Diener des Volkes". Wolodymyr Selenskyjs Präsidentschaft in der Ukraine. Blog des Leibniz-Zentrums für Literatur- und Kulturforschung, 29. 9. 2020, https://www.zflprojekte.de/zfl-blog/2020/05/29/matthias-schwartz-der-diener-des-volkes-wolodymyr-selenskyjs-praesidentschaft-in-der-ukraine/ [13. 3. 2023].

Hauptsender der Opposition verboten, die seit Jahren die Erfüllung des Minsker Abkommens anmahnten und vor der drohenden Konflikteskalation warnten. Da sich aber die oppositionellen Parteien aus den Trümmern des Janukovyč-Lagers bildeten und als prorussisch galten, genossen sie wenig Glaubwürdigkeit und wurden kurz nach Kriegsausbruch komplett verboten. Zur denkwürdigen Manifestation des Heroischen kam es am 1. Januar 2022, dem Geburtstag von Stepan Bandera, als die ganze Nation an einem Flashmob teilnahm, der im Singen des Liedes „Батько наш Бандера, Україна – мати / Ми за Україну будем воювати" (Unser Vater Bandera, Ukraine – Mutter / Wir sind bereit, für die Ukraine zu kämpfen) bestand. Angesichts der monatelangen russischen Drohkulisse an den ukrainischen Grenzen schien nur ein Wunder die weitere Eskalation verhindern zu können.

Zelens'kyjs Metamorphose vom politischen Neuling zum „Anführer der freien demokratischen Welt" im Kampf gegen die russische Despotie vollzog sich vor aller Augen. Der witzig-verspielte, zutiefst zivile Habitus seiner Person wich einem neuen Stil – militärischen Tarnhosen, T-Shirts mit der Aufschrift „Fight Like Ukrainians", rhetorischen Kampfansagen und Durchhalteparolen. Die Auszeichnung der konservativen Winston-Churchill-Stiftung, die er aus den Händen des damaligen britischen Premiers Boris Johnson erhielt, besiegelte die ukrainische Identifikation mit Großbritanniens Rolle im Zweiten Weltkrieg. Auch Vergleiche mit Israel gehörten dazu, die die Entschlossenheit markieren, sich im Alleingang dem übermächtigen Aggressor zu stellen und so die einstweilige Demütigung Europas wettzumachen.

So rational das Verhalten von Zelens'kyj und der Ukraine als Reaktion auf den brutalen Angriff Russlands wirkt, so steht es doch auch in einem auffälligen Zusammenhang mit der Dominanz der Helden- und Opferdiskurse im nationalen Gedächtnis beider Kulturen. Die russische Aggression fügt sich reibungslos in die Kette historischer Traumata, die Russland als eine zerstörerische, ja barbarische Kraft imaginieren, die alle ukrainischen Bemühungen vereitelt, ein zivilisiertes europäisches Land zu werden. Genauso wie das ukrainische Streben gen Westen und die erbitterte Verteidigung dieser Wahl als Verrat, abenteuerliche Politik und Undankbarkeit empfunden werden, werden die russische Einkreisungsängste aktiviert.

Die Wunden des Krieges und entsprechend der ukrainische Hass auf die Aggressoren werden immer tiefer. In Reaktion auf den russischen Terror wurden nicht nur der Landesname und derjenige seines Präsidenten von den meisten ukrainischen Medien kleingeschrieben, sondern hin und wieder als monströse *orcs* bezeichnet. Aber die symbolischen Exzesse, mit denen die ukrainischen Medien auf die massiven Zerstörungen durch russische Truppen reagieren,

unterstreichen nicht nur die Tiefe der psychischen Verletzungen, sondern ihr
Zusammenspiel mit historischen Traumanarrativen. Vor diesem Hintergrund
werden die russische Brutalität und Rücksichtslosigkeit erst recht als Wiederholung der jahrhundertelangen Unterdrückung empfunden, gegen die sich die
Ukrainer immer auflehnten. Wenn ein sterbender Soldat im historischen Drama
„Kruty 1918“ seinem pazifistischen Bruder sagt: „Eine Unabhängigkeit ohne
Blut gibt es nicht“, dann referiert er auf das gängige ukrainische Erklärungs-
muster, die demokratisch-liberale Staatsgründung 1917–1919 sei nicht aufgrund
der ethnosozialen und politischen Komplexität der Ukraine gescheitert, sondern
allein am Mangel militärischer Kraft und einer allzu friedfertigen Staatsführung
der Berufsintellektuellen an seiner Spitze. Um dem Martyrium von Generationen von Ukrainerinnen und Ukrainern ein Ende zu setzen, bedürfte es heute
einer vernichtenden Niederlage Russlands auf dem Schlachtfeld. Eine Ansage,
die zusammen mit dem durch die Aggression provozierten Kulturkampf, dem
„culture cancelling“ von allem Russischen (und Belarussischen) wiederum die
abstrusesten russischen Annihilationsängste bestätigt und diesen Krieg zu
einem Überlebenskampf macht.

Dass beide Kriegsparteien, sowohl der Aggressor als auch das Opfer, diesen
Krieg in Metaphern einer verletzten, erniedrigten Männlichkeit beschreiben,
indem sie beide – jeder auf seine Art – von der Wiederherstellung der Würde
und der Erhebung von den Knien sprechen, wirft die schmerzhafte Frage auf,
ob wir es bei diesem Konflikt bei aller Ungleichheit der Widersacher nicht mit
einem doppelten Reenactment, einer traumatischen Resonanz, zu tun haben, die
auf der „Teleskopierung“ (Sigrid Weigel) „gewählter“ Traumata beruht.

MIRIAM KOSMEHL

Volodymyr Zelens'kyj – Präsident in finsterer Zeit

Der sechste Präsident der unabhängigen Ukraine war 2019 mit der Zuversicht angetreten, den 2014 von Russland begonnenen Krieg gegen sein Land zügig zu beenden. Stattdessen ist er seit dem 24. Februar 2022 mit einem vollumfänglichen Angriffs- und Vernichtungskrieg konfrontiert, dessen Wahrscheinlichkeit er indes zuvor öffentlich herunterspielte. Mit seinem Widerstand und hohem persönlichen Einsatz beeindruckt der am 25. Januar 1978 noch in der Sowjetunion geborene Volodymyr Zelens'kyj – nicht zuletzt in Russland. Und weil er inzwischen im Vergleich zum 26 Jahre älteren Präsidenten der Russischen Föderation für viel mehr steht als nur eine andere Generation – für die Verteidigung von Freiheit und Selbstbestimmung –, ist er für das autoritäre und rückwärtsgewandte Herrschaftsmodell Vladimir Putins tatsächlich eine Bedrohung. Für die Ukraine ist er Oberbefehlshaber in einem existenziellen Krieg – mit Führungsqualitäten, die schwerer wiegen als Schwächen. Hannah Arendt schrieb zur richtigen Haltung „in finsteren Zeiten", dass „etwas Erhellung […] weniger von Theorien und Begriffen als von jenem unsicheren, flackernden und oft schwachen Licht ausgehen könnte, welches einige Männer und Frauen unter beinahe allen Umständen in ihrem Leben und ihren Werken anzünden und über der ihnen auf der Erde gegebenen Lebenszeit leuchten lassen".[1] Dass so oder so ähnlich dem Präsidenten der Ukraine gegenüber empfunden wird, dafür sprechen inzwischen zahlreiche Ehrungen Zelens'kyjs, etwa mit der US-Freiheitsmedaille[2] oder als Person des Jahres 2022.[3] Das *TIME*-Magazin findet, er habe „die Welt auf eine Weise wachgerüttelt", wie „seit Jahrzehnten nicht" zu beobachten.

---

1   Hannah Arendt, Menschen in finsteren Zeiten, München 2021, S. 10.
2   Selenskyj erhält US-Freiheitsmedaille, in: Tagesschau, 22. 8. 2022.
3   Edward Felsenthal/Maxim Dondyuk, Volodymyr Zelensky and the Spirit of Ukraine, in: Time-Magazin, 7. 12. 2022; Roula Khalaf/Christopher Miller/Ben Hall, FT Person of the Year: Volodymyr Zelenskyy. 'I am more responsible than brave', in: Financial Times, 5. 12. 2022.

Turbulenzen, Entbehrungen und Unsicherheit prägten die 1990er-Jahre in allen ehemaligen Sowjetrepubliken, in der Ukraine,[4] wo die Menschen auch im Süden und Osten mit großer Mehrheit für ihre Unabhängigkeit stimmten,[5] nicht weniger als in Russland. Zelens'kyj erlebte diese Zeit als Teenager in der südukrainischen Industriestadt Kryvyj Rih. In seinem Geburtsort sind die Einwohner zwar überwiegend ethnische Ukrainer, doch ist Russisch die meistgesprochene und auch Zelens'kyjs Muttersprache. Jugend- und Organisierte Kriminalität gehören zum Alltag, und dass Zelens'kyj Ringkampf und Gewichtheben betreibt, um sich auf der Straße verteidigen zu können, erinnert an Vladimir Putins Judo-vergangenheit. Ein wesentlicher Unterschied zum jungen Putin im damals noch Leningrad genannten Sankt-Peterburg: Zelens'kyj nimmt auch Ballettunterricht.

Vom Kabarettisten in der Gemeinschaft Unabhängiger Staaten der 1990er Jahre ...

Mit Perestroika und Glasnost gewann in vielen ehemaligen Sowjetrepubliken das Fernsehkabarett immer mehr Anhänger. Insbesondere der noch in den 1960er-Jahren im sowjetischen TV begonnene Wettbewerb „Klub der Witzigen und Einfallsreichen" begeisterte grenzübergreifend.[6] Anfang der 1970er-Jahre war die Reihe wieder eingestellt worden, weil der Zensurbehörde die spontanen Dialoge missfielen. Schließlich ermöglichte die im Dezember 1991 als überstaatliches Gremium entstandene Gemeinschaft Unabhängiger Staaten (GUS)[7] auf der Grundlage neuer Freiheiten und Internationalität ein ganz besonderes Format, aus Überbleibseln einer gemeinsamen, teilweise aufgezwungenen Kultur mit Russisch als Verkehrssprache. An unzähligen Universitäten fanden Qualifikationsturniere statt, und nur die besten Länderteams schafften es ins Fernsehen.

... zum Verteidiger der Ukraine gegen Russland

Gesang und Tanz bestimmten die Shows ebenso wie doppeldeutige Dialoge. Politik war nur eine beliebte Reibungsfläche, die Darsteller bezogen nicht selbst Position. Im Vordergrund stand, sich über alle und alles lustig zu machen. Zelens'kyj selbst zeigte sich in mancher Hinsicht vielfältiger als der postsowjetische Durch-

---

4   Serhii Plokhy, The Gates of Europe. A History of Ukraine, New York 2015, S. 328–332.
5   Ebenda, S. 321.
6   Der Klub „Wesjolych i Nachodtschiwych" ist bis heute erfolgreich, siehe https://kvn.ru.
7   Plokhy, The Gates of Europe, S. 322.

schnitt, etwa, indem er in Stöckelschuhen oder Latex auftrat. In den ehemaligen Sowjetrepubliken waren die Gesellschaften kaum so liberal, bei Männern weibliche Züge zu akzeptieren oder gar Homosexualität.[8] Der Humor war oft derb. Steven Derix und Marina Shelkunova beschreiben in ihrer Zelens'kyj-Biografie den Sketch „Zum Tanzen geboren",[9] in dem Zelens'kyj einen Mann spielt, der nicht aufhören kann zu tanzen. Ein Schauspielerkollege interviewt ihn zu seiner „Störung", aber er swingt so ansteckend, dass er und der Interviewer bald Wange an Wange tanzen. „Welche Nationalität haben Sie?", fragt der Interviewer. „Ich bin Russe", antwortet Zelens'kyj, „und Sie?" Der Interviewer erschrocken: „Sagen wir, ich komme aus der Ukraine." Zelens'kyj dreht ihm im Tanz sein Hinterteil zu und ruft: „Ehrlich gesagt hat die Ukraine Russland schon immer gefickt." „Sagen Sie mir nichts", schreit der Interviewer. „Sie verstehen nicht, was Sie tun, erst fickt die Ukraine Russland …" – die beiden tauschen ihre Positionen – „und dann Russland die Ukraine". Der Sketch nimmt vorweg, was Zelens'kyj lange anhaften sollte: Vorwürfe, keine Haltung zu den russisch-ukrainischen Beziehungen gehabt zu haben. Bis zum 24. Februar 2022.

Mit seinem Mut, in Kyjiv zu bleiben, zeigt Zelens'kyj da klar seine Loyalität gegenüber der Ukraine. Nach Angabe von Verteidigungsminister Oleksij Reznikov waren tschetschenische Killerkommandos auf ihn angesetzt.[10] *Associated Press* berichtete, Zelens'kyj habe ein Angebot der USA, ihn aus Kyjiv zu evakuieren, mit den Worten abgelehnt: „Ich brauche Munition, keine Mitfahrgelegenheit." Ein hochrangiger US-Beamter kommentierte allerdings, das sei nach seinem besten Wissen nie passiert, ergänzend: „Aber Hut ab vor Zelens'kyj und den Menschen in seinem Umfeld. Es war eine großartige Aussage."[11]

Von Äquidistanz zu politischen Inhalten und Akteuren …

Noch in einer traditionellen Neujahrsshow am 11. Dezember 2013 blieb Zelens'kyj auf Distanz zum realen Geschehen – mitten in Kyjiv, der Euro-Majdan ist in vollem Gang, und Präsident Viktor Janukovyč geht bereits mit brutaler Gewalt gegen

8   Sexistische Witze gehörten allerdings ebenso zu Zelens'kyjs Standardrepertoire. Noch 2014 sollten seinem Ensemble homophobe Witze vorgeworfen werden. Die Gruppe entschuldigte sich und erklärte, sich nicht über LGBT-Gruppen lustig machen zu wollen. Siehe Wojciech Rogacin, Selenskyj. Die Biografie, München 2022 (1. eBook-Ausgabe), S. 118.

9   Steven Derix/Marina Shelkunova, Selenskyj. Die ungewöhnliche Geschichte des ukrainischen Präsidenten, Hamburg 2022, S. 20 f.

10 Joshua Yaffa, Arming Ukraine. How the West helped fight Vladimir Putin, in: The New Yorker, 24. 10. 2022, S. 55.

11 Ebenda.

friedliche Demonstranten vor. Zelens'kyj unterstützte seine für ihre Freiheit demonstrierenden Mitbürger nicht wie andere ukrainische Künstler, machte sie sogar zum Ziel seines Spotts: „Unser Volk hat die Tradition, sich alle zehn Jahre um Neujahr herum auf dem Majdan zu versammeln, um einen Wandel einzuleiten", beginnt ein Sprecher die Show, während auf der Bühne Schauspieler die für ihre Brutalität berüchtigte Sondereinheit *Berkut* darstellen. „Und jedes Mal ist es dasselbe", spielt der Sprecher auf die aktuellen Proteste und die Orange Revolution von 2004 an. Auf der Bühne gehen die Schläger auseinander und geben den Blick auf einen reich gedeckten Tisch frei, an dem Präsident Janukovyč und sein Widersacher tafeln, der ehemalige Präsident Viktor Juščenko, gespielt von Zelens'kyj. Weitere Politprominenz gesellt sich dazu, ein *Berkut*-Offizier schenkt Wodka aus. Dass immer wieder dieselben Politiker miteinander kungeln, finden viele bitterwahr; die Witze über die Protestierenden kommen nicht bei allen an. Zelens'kyj verteidigte schon damals selbstbewusst, was er bis heute als seine volksnahe Kommunikation sieht oder vorgibt: „Ich will demonstrieren, aber für die Menschen, nicht für die Versprechen der Regierung oder der Opposition."[12] Als Präsident wird er ähnlich klingen, wenn er Einstudiertes über Soziale Netzwerke verbreitet und das gegenüber Pressekonferenzen oder Interviews traditioneller Medien vorzieht. Es wird ihm den Vorwurf des Populismus eintragen.

2016 schließlich sorgt ein Auftritt für einen landesweiten Skandal. Wojciech Rogacin beschreibt in seiner Zelens'kyj-Biografie eine Parodie Petro Porošenkos, die „nicht nur als Angriff auf den [damaligen] Präsidenten, sondern gar als einer auf die Ukraine gewertet" worden sei. „Die Ukraine hat ein neues Wirtschaftssystem erarbeitet: das ‚Bettlertum'", sagt Zelens'kyj als Porošenko. „Gebt uns Geld, und wir garantieren, dass wir es Euch nicht zurückgeben." Es folgt der Vergleich der Ukraine mit einer Darstellerin „aus deutschen Filmen für Erwachsene", die von ausländischen Krediten nie genug kriegen könne.[13] Zur Empörung mag beigetragen haben, dass Zelens'kyj die Ukraine im Rahmen eines gern von Russinnen und Russen besuchten Sommerfestivals im lettischen Urlaubsort Jūrmala aufs Korn nahm. Die Verbreitung über Soziale Netzwerke tat das Ihre. Es ging ja nicht zum ersten Mal um Geschmacksgrenzen. Zelens'kyj verteidigte den Inhalt seiner Aussage. Schließlich stehe die Zukunftsfähigkeit der eigenen Kinder auf dem Spiel. Und neben massiver Kritik bekam er auch die beachtliche eigene Reichweite zu spüren, die er inzwischen, mithilfe Sozialer Medien, erzielte. Politische Beobachter sehen hierin einen Schlüsselmoment.[14]

---

12   Derix/Shelkunova, Die ungewöhnliche Geschichte, S. 65–67.
13   Rogacin, Biografie, S. 120 f.
14   Sergii Rudenko, Selenskyj: Eine politische Biografie, München 2022 (eBook-Ausgabe), S. 91.

… zum politischen Hauptdarsteller

„Die Politik ist eine gute Bekannte, die Du aber nicht leiden kannst und die Dir jeden Tag zusetzt."[15] Diese Zelens'kyj zugeschriebene Aussage trifft gut seine ambivalente Beziehung zur politischen Realität. Lange hielt er sich abseits, um schließlich doch mitzumachen. Als er in der Ukraine als Produzent und Schauspieler auf Erfolgskurs war, kamen die ersten konkreten Angebote. Andrij Bohdan, umtriebiger Berater unter anderem des Oligarchen Ihor Kolomojs'kyj, zu dem Zelens'kyj vor allem eine unangemessene Nähe nachgesagt wird,[16] soll Zelens'kyj 2015 eine politische Kandidatur im Wahlkreis Dnipropetrovs'k angetragen haben, die dieser allerdings ablehnte. Kolomojs'kyj war nicht nur Gouverneur der gleichnamigen Region, 2016 umbenannt in Dnipro, bis Petro Porošenko ihn 2015 absetzte. Er ist einer der reichsten Ukrainer, mit weit gefächerten geschäftlichen Interessen, etwa in Öl und Gas, Metallurgie, Medien und Finanzen. Bohdan, wegen seiner Neigung zu Allmacht in der Ukraine auch „Vizepräsident Bohdan" tituliert und nach Zelens'kyjs Wahlsieg kein Jahr lang Leiter seines Präsidentenbüros,[17] war es nach eigener Aussage auch, der Zelens'kyj 2016 die Präsidentschaftskandidatur nahelegte – und dass sich Geld für den Wahlkampf finden lasse.[18]

Im Dezember 2018 nimmt Zelens'kyj das Video auf, das zum Jahreswechsel 2018/19 auf „1+1" ausgestrahlt wird, dem TV-Sender, dessen Mehrheitseigner Kolomojs'kyj ist – anstelle des zu diesem Zeitpunkt traditionellen Grußworts des tatsächlichen Präsidenten Porošenko. Zelens'kyj verkündet, er werde sich als Präsident bewerben – angeblich zur Überraschung selbst seiner Frau Olena.[19] Zur gleichen Zeit läuft die dritte Staffel der selbst produzierten Erfolgsserie „Diener des Volkes", in der Zelens'kyj den Geschichtslehrer Wasyl Holoborodko spielt, der als Präsident aus dem Volk die Ukraine von politischer Korruption befreit, Zelens'kyjs innenpolitisch zentrales Wahlkampfversprechen. Seine außenpolitisch wichtigste Ankündigung: innerhalb eines Jahres den Krieg mit Russland zu beenden. Zelens'kyj selbst vergleicht sich in einem Interview mit dem fiktiven Charakter Holoborodko, der mehr wider eigenen Willen und von seinem Umfeld gedrängt Präsident wird, sich dann aber „von einem desorientierten Menschen in einen harten Präsidenten" verwandelt.[20]

---

15   Rogacin, Biografie, S. 143.
16   Florian Hassel, Selenskys gefürchteter Helfer, in: Süddeutsche Zeitung, 23. 4. 2019.
17   Zelens'kyj entband Bohdan am 11. 2. 2020 wieder von seinen Aufgaben.
18   Rudenko, Politische Biografie, S. 44–46; Rogacin, Biografie, S. 162–165.
19   Rudenko, Politische Biografie, S. 184, zitiert Zelens'kyj nach einem Interview Zelenskas mit
      BBC Ukraine: „Habe ich denn nichts gesagt? Hab' ich vergessen."
20   Rogacin, Biografie, S. 168.

Anfänge in Kryvyj Rih und Karrierestart in Moskau
in den 1990er-Jahren

Zelens'kyj kommt aus einer typischen sowjetischen Intelligenzija-Familie. Die Mutter ist Ingenieurin, der Vater Mathematiker und Professor an einer technischen Universität, mit einer Spezialisierung für Bergbau in Schwerindustrie-Städten tätig, vergleichbar etwa mit Eisenhüttenstadt in der DDR. Die Eltern sind beide jüdischer Herkunft.[21] Entsprechend absurd ist das in unterschiedlicher Form wiederholte Narrativ Putins, die Ukraine „de-nazifizieren" zu wollen.[22] Zelens'kyjs Familie lebte in bescheidenem Wohlstand in einem rauen Milieu. „Wenn ich mich auf einen Kampf einlasse, dann laufe ich nicht davon. Ich kann notfalls verlieren, aber ich mache mich nicht mittendrin aus dem Staub. Nein. Die weiße Flagge ist nicht meine Flagge", beschrieb Zelens'kyj, was ihn präge.[23] Vier Jahre später, der russische Großangriff ist in vollem Gang, nimmt er im Zentrum Kyjivs mit seinem Smartphone das Video auf, das viral gehen wird, von sich und engsten Mitarbeitern: „Der Präsident steht hier. […] Unsere Soldaten stehen hier, zusammen mit unserer gesamten Gesellschaft. Wir verteidigen unsere Unabhängigkeit, unsere Nation. Es lebe die Ukraine!"[24]

Zunächst wollte Zelens'kyj Diplomat oder Anwalt werden. Den Anwaltsplan verwirft er, als er sieht, wie vergleichsweise begrenzt eine reale Gerichtsverhandlung als Bühne ist. Stattdessen verwirklicht sich der vielseitig interessierte und talentierte Student in Kabarett- und Comedy-Teamwettkämpfen.[25] Im ersten Studienjahr an der juristischen Fakultät wirbt ihn ein erfahrenes Team an, 1996 hat er seinen ersten Fernsehauftritt. Als er und das Team 1997 einen wichtigen Wettkampf gewinnen, werden sie mit Unterstützung des einflussreichen russischen TV-Moderators Aleksandr Masljakov zu einer festen Größe russischer

---

21 „Wir waren eine ganz normale sowjetische jüdische Familie", sagt Zelens'kyj in einem Interview mit *The Times of Israel* 2020. „Die meisten jüdischen Familien in der Sowjetunion waren nicht religiös." Derix/Shelkunova, Die ungewöhnliche Geschichte, S. 14 f. Ausführlicher, auch zu Zelens'kyjs persönlicher Einstellung zu Religion und Glauben, Rogacin, Biografie, S. 60–64.

22 Siehe vor allem die Fernsehansprache Vladimir Putins an die ukrainische Armee am zweiten Tag des russischen Angriffskrieges, zitiert etwa in: Derix/Shelkunova, Die ungewöhnliche Geschichte, S. 12.

23 Gespräch mit dem ukrainischen Journalisten Dmytro Gordon im Dezember 2018 in drei Teilen auf YouTube, Russisch mit deutschen Untertiteln. Zitat ab Minute 28:23.

24 In dem Kurzvideo (abrufbar auf YouTube mit deutschen Untertiteln) stehen neben Zelens'kyj der Fraktionsvorsitzende der Präsidentenpartei „Diener des Volkes" Davyd Arachamija, der Chef des Präsidentenbüros Andrij Jermak, Premierminister Denys Šmyhal' und Spitzenberater Michajlo Podoljak, auf die Zelens'kyj der Reihe nach verweist, wenn er sagt, „wir sind hier".

25 Rudenko, Politische Biografie, S. 77–81, für die Angaben im gesamten Absatz.

Fernsehunterhaltung. Das Ensemble nennt sich „Kvartal 95" – nach dem Stadt-
viertel in Kryvyj Rih, in dem Zelens'kyj und andere aufwuchsen. Die Gruppe,
zu der auch Zelens'kyjs spätere Frau gehört, ist ein überwiegend ukrainisches
Team, lebt aber sechs Jahre hauptsächlich in Moskau und reist für Wettkämpfe
durch die postsowjetischen Staaten. Bindungen aus der Zeit bestehen bis heute,
vor allem die Šefir-Brüder Boris und Serhij werden Freunde fürs Leben und
Partner in Geschäft und Politik. Volodymyr Hrojsman, Ministerpräsident der
Ukraine von 2016 bis 2019, wird später einmal anmerken, als neuer Kontakt von
außen sei es sehr schwer, Zugang zu Zelens'kyj zu finden.[26]

Rückkehr in die Ukraine und Neustart in Kyjiv 2003

Zelens'kyj ist niemand, der sich einfach unterordnet oder den bequemsten Weg
geht. 2003 bricht er den Moskauer Erfolgskurs ab, als man dort seine Beiträge
zensiert.[27] Ab 2001 war in Russland am Beispiel des Fernsehkanals NTW des
Medienunternehmers Vladimir Gusinskij zu verfolgen, wie ein Sender unter
Kreml-Kontrolle geriet. Das Ensemble „Kvartal 95" beschließt, sich in der
ukrainischen Hauptstadt mit einer eigenen Produktionsfirma selbstständig zu
machen. Zelens'kyj und die Šefir-Brüder gründen die Produktionsfirma „Studio
Kvartal 95" – kurz vor der für die Ukraine zweiten Zäsur nach der Unabhängigkeit 1991. In der Orangen Revolution prangern die Menschen im Herbst 2004
den Wahlbetrug von Viktor Janukovyč an und machen in einer Wahlwiederholung Viktor Juščenko zum Präsidenten.[28]

Hoher Arbeitseinsatz und Engagement bringen Sponsoren und Auftritts-
möglichkeiten, das Team von „Studio Kvartal 95" ist gleichermaßen euphori-
siert von der neuen Freiheit wie in Sorge um den Lebensunterhalt. Eine Jubilä-
umsshow in Kyjiv zum Jahreswechsel 2003/04 eröffnet die Zusammenarbeit mit
dem TV-Sender „1+1", damals im Besitz des Filmemachers und Medienmana-
gers Oleksandr Rodnjans'kyj,[29] dessen Sohn heute zum Beraterkreis Zelens'kyjs

26 Rogacin, Biografie, S. 219.
27 Derix/Shelkunova, Die ungewöhnliche Geschichte, S. 42.
28 Die Ukraine hatte einen anderen Weg als Russland eingeschlagen, wo Boris El'cin in der
    Auseinandersetzung mit dem Parlament auf Gewalt gesetzt und ein Präsidialsystem durch-
    gesetzt hatte. Seit 1996 gibt es ein gemischtes präsidial-parlamentarisches System. Außer-
    dem ist die Ukraine regional so vielfältig, dass sich politische, wirtschaftliche und kulturelle
    Unterschiede im Parlament artikulieren und verhandelt werden müssen. Siehe Plokhy, The
    Gates of Europe, S. 327 f.
29 Vgl. Oleksandr Rodnjans'kyj – Wikipedia, https://de.wikipedia.org/wiki/Oleksandr_
    Rodnjanskyj.

gehört.[30] Mit dem Beginn der Orangen Revolution endet diese Zusammenarbeit wieder, als angesichts der realen Ereignisse Comedy mit Show-Einlagen wenig gefragt ist. Dafür zeigt sich der Sender „Inter" interessiert, will aber Politsatire für ein breites Publikum. Ein entsprechend angepasstes Format namens „Kvartal am Abend" (*Wetschernyj Kvartal*) trifft dann mit Politikerparodien den Nerv der Zeit. Die Querelen der Protagonisten der Orangen Revolution, von Präsident Juščenko und Ministerpräsidentin Tymošenko, werden legendär, aber auch russische Spitzenpolitiker werden karikiert.[31] Zelens'kyj steigt bei „Inter" zum Programmdirektor und Hauptproduzenten auf. Nicht allen gefallen die scharfen Witze, darunter auch Zelens'kyjs in der Sowjetunion sozialisierten Eltern. „Studio Kvartal 95" produziert aber zunehmend auch unpolitische Erfolgsserien und Filme, immer auch in Russisch und oft mit Zelens'kyj als Star, und wird so zu einer der größten Unterhaltungsfirmen in der GUS.

Oligarchenmarionette oder Herr im politischen Haus?

Erst im Herbst 2012 wechselt Zelens'kyj vom Privatsender „Inter", damals in den Händen von Präsident Janukovyč nahestehenden Oligarchen, wieder zu dem reichweitestärkeren TV-Kanal „1+1". Seit 2010 ist der allerdings in den Händen des Oligarchen Kolomojs'kyj. Mit den Produktionen von „Studio Kvartal 95" auf „1+1" erreicht Zelens'kyjs Popularität in der Ukraine einen neuen Höhepunkt. Man produziert weiter auch für den viel größeren russischsprachigen Markt, und jenseits der Grenzen laufen die Shows und Filme ebenso mit Erfolg. So ist nachvollziehbar, dass Zelens'kyj sein Vermögen selbst verdient hat, als Entertainer, Schauspieler und Produzent.[32] Zelens'kyjs Leben ist davon geprägt, selbst den Weg vorzugeben, Abhängigkeit steht dazu im Widerspruch. Seine werteorientierten Eltern passen ebenso wenig in das Bild, unter der Fuchtel ausgerechnet Kolomojs'kyjs zu stehen, des Oligarchen, der als besonders skrupellos gilt,[33] weil ihm nicht nur finanziell motivierte, sondern gewaltsame Straftaten vorgeworfen werden.

---

30 Auf Twitter @arodnyansky, Presidential Adviser @APUkraine (Büro des Präsidenten der Ukraine).

31 In Russland selbst war die Erfolgsfernsehserie „Kukly" (Puppen), in der Marionetten russische Politiker nachspielten, verboten worden.

32 Das ukrainische Forbes-Magazin erklärte Zelens'kyj Ende 2011 zum reichsten Showman der Ukraine; Forbes zufolge verdiente Zelens'kyjs Firma Millionen US-$ aus Film- und Fernsehproduktionen, siehe Rogacin, Biografie, S. 130.

33 Hassel, Selenskys gefürchteter Helfer.

Wenn Zelens'kyj der Vorwurf, von Kolomojs'kyj abhängig zu sein, bis heute begleitet, dann liegt das an der besonderen Bedeutung des ukrainischen Privatfernsehens.[34] Denn davon machte Zelens'kyj in seinem Wahlkampf vor allem Gebrauch. Über siebzig Prozent aller Ukrainerinnen und Ukrainer holen sich ihre Informationen über Politik aus dem Fernsehen,[35] obwohl Oligarchen die Privatsender zu politischem Nutzen betreiben, als finanzielles Verlustgeschäft. Auch im Zuge der bemerkenswerten Entwicklungen der Revolution der Würde gelang es nicht, das Kräfteungleichgewicht zwischen Reformern auf der einen Seite und alten Eliten und ihren Netzwerken auf der anderen zu beseitigen.[36] Zwar öffnete sich der Zugang zur Politik, aber fair wurde er damit noch lange nicht. Die reichweitestarken Privatsender blieben neben gekauften Mandaten Einfallstore für politische Korruption. Der Zugang zu TV-Präsenz oder politischem Mandat erfolgte meist über Geld und Einfluss. Keine Chance hatte, wer nicht schon bekannt war; und ausreichende Bekanntheit ermöglichte kaum der ab 2014 mit ausländischer Unterstützung etablierte, aber schwache öffentlich-rechtliche Rundfunk. Im Resultat hatten politische Kandidaten ohne einflussreiche Sponsoren keine Chance, in den Privatkanälen vorzukommen, und wenn sie sich dennoch behaupteten, wurde Berichterstattung nicht selten gegen sie eingesetzt.

Zelens'kyj hat dem Instrument „reichweitestarker Privatsender" in seinem Wahlkampf noch einmal einen ganz neuen Spin gegeben.[37] Indem er den Präsidenten in der selbstproduzierten Erfolgsserie „Diener des Volkes" spielte, verwischten die Grenzen zwischen dem beliebten Serienhelden, dem Präsidenten aus dem Volk, der in der Politik aufräumt, und dem realen Zelens'kyj bis zur Unkenntlichkeit. Der reale Präsidentschaftskandidat wurde so noch bekannter, blieb aber politisch unverbraucht. Soziale Medien und YouTube steigerten seine Popularität zusätzlich bei Wählern, die das Fernsehen nicht erreichte. Die besondere Mischung aus Fiktion und Realität war der Kern einer Strategie, die sich als hoch effektiv erweisen sollte: In der realen Stichwahl gegen Porošenko wählten die Menschen Zelens'kyj mit der absoluten Mehrheit von 73 Prozent der Stimmen zum Präsidenten. Das ist der höchste Wert, den ein Präsident in der unabhängigen Ukraine je erreichte.

---

34 Die folgende Situationsbeschreibung bezieht sich auf die Zeit vor der russischen Invasion vom 24. 2. 2022. Zu deren Beginn wird die ukrainische Regierung die größten TV-Kanäle des Landes in einem einzigen Programm namens „Telemarathon" vereinigen.

35 NDI (National Democratic Institute), Opportunities and Challenges Facing Ukraine's Democratic Transition, Nationwide Survey, Dec. 1–Jan. 10, 2021–2022, S. 35.

36 John Lough/Iulian Rusu, Why Is Progress towards the Rule of Law So Challenging? The Cases of Ukraine and Moldova, Bertelsmann Stiftung (Hrsg.), 21. 4. 2021, S. 8, S. 17 f.

37 Florian Hassel, Selenskys Sieg ist Ausdruck eines kranken politischen Systems, in: Süddeutsche Zeitung, 22. 4. 2019.

So überschnitten sich die Interessen des Produzenten, Schauspielers und Präsidentschaftskandidaten Zelens'kyj und des Medienmagnaten und Oligarchen Kolomojs'kyj. Dutzende Flüge Zelens'kyjs zu Treffen mit Kolomojs'kyj in Genf oder Tel Aviv, dessen weitere Wohnorte, verweisen zudem auf intensive Geschäftsbeziehungen. Kritische Abhängigkeit belegen sie für sich allein nicht. Dazu addieren sich divergierende Interessen von Kolomojs'kyj und Vorgängerpräsident Porošenko. Spätestens als in Porošenkos Amtszeit Kolomojs'kyjs „PrivatBank" verstaatlicht wurde, waren die beiden Gegner.[38]

Im Oktober 2021 ließen dann die sog. Pandora-Papers Mutmaßungen wieder aufleben, dass Zelens'kyj selbst an Offshore-Firmen beteiligt sei.[39] Besonders schwer wiegt das Vorbringen, Zelens'kyj bzw. seine Vertrauten Serhij Šefir und Ivan Bakanov hätten rund 40 Millionen US-$ von Offshore-Unternehmen Kolomojs'kyjs über Konten von dessen „PrivatBank" erhalten. Zelens'kyj erklärte, Offshore-Gesellschaften genutzt zu haben, um sich und seine Medienunternehmen vor politischer Einflussnahme unter Präsident Janukovyč zu schützen, er habe eigene Offshore-Beteiligungen vor seinem Amtsantritt allerdings an Vertraute abgegeben.[40] Seine Glaubwürdigkeit nahm dennoch Schaden. Zum einen hatte er seinem politischen Gegner Porošenko im Wahlkampf dessen Offshore-Anlagen vorgeworfen. Vor allem aber beunruhigte die Frage, in welchem Verhältnis Zelens'kyj und sein Umfeld zu Kolomojs'kyjs mutmaßlichem Milliardenbetrug stehen könnten, also den aus Kolomojs'kyjs „PrivatBank" verschwundenen 5,5 Milliarden EURO.[41] Denn während gegen Kolomojs'kyj in der Sache Gerichtsverfahren in Großbritannien und den USA, auf Zypern, in der Schweiz sowie in Israel anhängig sind, kam es ausgerechnet in der Ukraine nie zur Anklage.[42] Der reformorientierte Generalstaatsanwalt Ruslan Rjabošapka wollte nach eigener

38 Kolomojs'kyj war Eigentümer der über ein Jahrzehnt scheinbar sehr erfolgreichen „PrivatBank". Im Dezember 2016 war sie bankrott. Der Staat rettete sie, weil so viele Ukrainerinnen und Ukrainer dort ihr Geld angelegt hatten. Die Wirtschaftsprüfungsgesellschaft Kroll stellte Schulden von 5,5 Milliarden EUR fest, sodass die nunmehr staatliche Bank den ehemaligen Miteigentümer Kolomojs'kyj in der Ukraine, der Schweiz, in Zypern, dem Vereinigten Königreich und den USA strafrechtlich zu belangen suchte. 2016 verließ Kolomojs'kyj die Ukraine und kehrte erst mit Zelens'kyjs Wahl 2019 zurück. Viele Parlamentarier sind über Geschäftsunternehmungen mit Kolomojs'kyj verbunden, nicht nur aus der Präsidenten-Partei „Diener des Volkes".
39 Von deutscher Seite war die Süddeutsche Zeitung an dem internationalen Rechercheprojekt beteiligt, in dem rund 600 Journalisten aus 150 Medien an der Auswertung eines umfassenden Daten-Leaks arbeiteten, koordiniert vom ICIJ (International Consortium for Investigative Journalism). Zu Zelens'kyj: Mauritius Much/Frederik Obermaier, Der Oligarch und sein Clown, in: Süddeutsche Zeitung, 4. 10. 2021, S. 12.
40 Derix/Shelkunova, Die ungewöhnliche Geschichte, S. 147–149.
41 Vgl. Anm. 38.
42 Ein Londoner Gericht spricht von Belegen für einen „Betrug von epischem Ausmaß".

Aussage gegen Kolomojs'kyj vorgehen und sieht ihn hinter der eigenen Entlassung im März 2020. Nachfolgerin Iryna Venediktova, eine Vertraute Zelens'kyjs, redete sich noch Anfang 2021 heraus, warum wegen des mutmaßlichen Milliardenbetrugs ausgerechnet in der Ukraine noch kein Strafverfahren gegen Kolomojs'kyj anhängig sei. Erklärungen, Kolomojs'kyj habe Rechnungen von „Studio Kvartal 95" beglichen, haben Zweifel nicht ausgeräumt – zudem inzwischen kein geringerer als US-Außenminister Antony Blinken Kolomojs'kyj „aktuelle und fortgesetzte Handlungen mit dem Ziel, demokratische Prozesse und Institutionen in der Ukraine zu untergraben", vorwarf und ihn als „ernsthafte Gefahr für die Zukunft der Ukraine" bezeichnete.[43] Eine ukrainische Journalistin schließlich sprach für viele mit ihrer Frage, warum Zelens'kyj als Präsident mit einer absoluten parlamentarischen Mehrheit die Ukraine nicht so aufstelle, dass zumindest die Menschen in seinem Umfeld ihr Vermögen den Institutionen im eigenen Land anvertrauen.[44]

Aufschluss darüber, ob Zelens'kyj von dem Kolomojs'kyj angelasteten Betrug profitierte, ob enge Vertraute Zelens'kyjs legale Konstrukte der Steueroptimierung nutzten oder illegal Steuern vermieden, vor allem aber, wie Zelens'kyj gegen Korruption im Allgemeinen und Geldwäsche im Besonderen vorgehen würde, erhofften sich Beobachter – allen voran die in der Ukraine aktiven Antikorruptionsfachleute – von den konkreten Vorhaben, die Zelens'kyj als Präsident anschieben oder unterstützen würde. Jedenfalls, bis der am 24. Februar 2022 von Moskau entfesselte Angriffskrieg auch ihre Arbeit veränderte.[45]

Oberstes Politikziel nach innen: Korruptionsbekämpfung

Nach seinem erfolgreichen Wahlkampf verheddette sich Zelens'kyj in den Herausforderungen des politischen Alltags. Weil er mit einem klaren Nein zu Vetternwirtschaft angetreten war und der Zusage, dass Expertise der ausschlaggebende Faktor für Entscheidungen in Politik und Verwaltung sei, traf auf Unverständnis,

---

43 Antony J. Blinken, Public Designation of Oligarch and Former Ukrainian Public Official Ihor Kolomoyskyy Due to Involvement in Significant Corruption, U.S. Department of State Press Statement, 5. 3. 2021.
44 Derix/Shelkunova, Die ungewöhnliche Geschichte, S. 149.
45 Effektiv gegen Geldwäsche vorzugehen gehört auch zu den von der EU-Kommission angeführten Schritten für den EU-Kandidatenstatus der Ukraine, siehe Directorate-General for Neighbourhood and Enlargement Negotiations, Commission Opinion on Ukraine's application for membership of the European Union, in: Communication from the Commission to the European Parliament, the European Council and the Council, COM(2022) 407 final, 17. 6. 2022, S. 11.

dass er so zahlreich Freunde, ehemalige Mitarbeiter oder Geschäftspartner an die Schaltstellen der Macht berief, die ausgerechnet Fachkompetenz nicht mitbrachten.[46] Die Bevölkerung akzeptierte zwar mehrheitlich, dass Zelens'kyj neu auf verschiedensten Politikfeldern war, sah es gar als Vorteil, dass er nicht aus den üblichen politischen Eliten kam. Dennoch fiel auf, dass nicht selten persönliche Verletztheit oder Erbitterung im Vordergrund standen, kaum sachlich-inhaltlicher Streit, als es schon nach kurzer Zeit zu Trennungen von Behördenleitern oder Ministern kam, die als Zelens'kyjs politische Lehrer oder Weggefährten angetreten waren. Zelens'kyjs „Überzeugungskraft" beruhte, jedenfalls so lange seine Beliebtheitswerte noch hoch waren, vor allem darauf, sich auf „das Volk" zu berufen, etwa, als er das Parlament unter dem Beifall der davor versammelten Bürgerinnen und Bürger frühzeitig auflöste: „Ich sehe, dass nicht allen meine Worte gefallen. Das ist sehr schlecht, denn nicht ich, das ukrainische Volk stellt diese Forderungen."[47] Emotionen und Vereinfachung prägten seinen Politikstil ebenso wie das „Turboregime" des Parlaments, das, so kritische Beobachter, in einem vom Präsidentenbüro vorgegebenen Eiltempo mehr Wert auf das Verabschieden von Gesetzen legte als auf ihre Anwendung. Ein Weggefährte, der eine eigene politische Partei gründen und vor der russischen Invasion Zelens'kyj an Popularität überholen sollte,[48] kritisierte Zelens'kyj und „seine Leute" dafür, wird aber andererseits ebenso für diesen Politikstil verantwortlich gemacht.[49] Derselbe Weggefährte nannte Zelens'kyj einen „Idealisten", der „es gut meine mit der Ukraine", aber „unrealistischen" Plänen folge.[50]

Als sich 2020 das (alte) Verfassungsgericht[51] daran machte, der seit 2014 eingerichteten Antikorruptionsinfrastruktur den rechtlichen Boden zu entziehen,[52]

---

46   Der ukrainische Investigativdienst „Bihus" zählte drei Dutzend Personen in offiziellen Positionen, die mit Zelens'kyjs Medienkarriere oder familiär verbunden sind: Maxim Opanasenko, Vom Architekten zur Ukrainischen Eisenbahn, von der Bankkasse in den Nationalen Sicherheitsdienst: Bihus.Info über die schnellen Karrieren im öffentlichen Sektor (Ukrainisch), 16. 11. 2022.

47   Rogacin, Biografie, S. 185.

48   Dmytro Razumkow, siehe NDI (National Democratic Institute), Anm. 35, S. 27.

49   Rudenko, Politische Biografie, S. 36.

50   Rogacin, Biografie, S. 219.

51   Die Besetzung des Verfassungsgerichts geht noch auf die Zeit des ehemaligen Präsidenten Janukovyč zurück.

52   Mit der Revolution der Würde hatten reformorientierte Neuparlamentarier mithilfe des Drucks internationaler Partner der Ukraine spezielle Antikorruptionsinstitutionen aufgebaut, um politischer Korruption, gesteuerter Strafverfolgung und beeinflussten Gerichtsentscheidungen einen Riegel vorzuschieben. Als diese nun tatsächlich arbeitsfähig waren, versuchten Kräfte, die keine Veränderungen wollten, deren Verfahren abzuwehren, darunter auch einige hohe Richter.

wollte Zelens'kyj die Verfassungsrichter abberufen. Das hätte wiederum gegen die Verfassung verstoßen und wäre kaum nachhaltig gewesen.[53] Zelens'kyj konnte bislang nicht glaubwürdig vermitteln, an Strukturen und Verfahren zu arbeiten, die gegenseitige Kontrolle gewährleisten und langfristig verhindern, dass Amtsträger ihre Funktionen für politische oder persönliche Zwecke missbrauchen. Das würde auch rechtsstaatliche Verfahren zur Wahl bzw. Abberufung von Verfassungsrichtern umfassen, im Gegensatz zur Ernennung und Abberufung nur von Gnaden des Präsidenten. Ihre Schlüsselrolle macht die Justiz, ebenso wie die Staatsanwaltschaft, häufig zu Zielen von Korruption, wenn intransparente Netzwerke Reformen blockieren, dabei aber eine legale Fassade zeigen wollen.[54] Die EU-Kommission verband daher ihre Empfehlung für den EU-Kandidatenstatus der Ukraine mit der Forderung konkreter Schritte, die als Voraussetzung für eine Erfolgsbilanz des EU-Kandidaten Ukraine bei der Bekämpfung von Korruption großen Ausmaßes gelten.[55] Einige davon sind inzwischen erfüllt, vor allem ist, nach fast zweijähriger Verzögerung, ein neuer Antikorruptionsstaatsanwalt ernannt,[56] der allen vom Nationalen Antikorruptionsbüro (NABU) verfolgten Fällen vorsteht. Dagegen endete aber die Berufung eines neuen Generalstaatsanwalts in einer höchst zweifelhaften Personalentscheidung. Unabhängige Experten zweifeln an seiner Eignung.[57] Zelens'kyj aber wird so lange nicht glaubwürdig für Rechtsstaatlichkeit stehen können, so lange er persönliche Loyalität höher bewertet als unabhängige Verfahren gegen Personen, die begründet der Korruption beschuldigt werden.[58]

---

53 Miriam Kosmehl, Ukraine. Die höchstrichterliche Krise, in: Tagesspiegel, 6. 11. 2020.

54 Miriam Kosmehl, Antikorruption, in: Rechtsstaatsförderung. Handbuch für Forschung und Praxis, Stuttgart 2022, S. 241.

55 Vgl. Anm. 45. Darunter ist auch das Auswahlverfahren für Verfassungsrichter.

56 Die Rekrutierung eines Antikorruptionsstaatsanwalts war lange und aus vorgeschobenen Gründen verschleppt worden, und als schließlich nach über einem Jahr der beste Kandidat feststand, haben die vom Parlament benannten Mitglieder des Auswahlausschusses sich geweigert, diesen förmlich zu ernennen. Am 28. 7. 2022 wurde Oleksandr Klymenko ernannt, siehe dpa-Meldung, Ukraine bekommt neuen Antikorruptions-Staatsanwalt, in: Süddeutsche Zeitung, 28. 7. 2022.

57 Oleg Sukhov, New top prosecutor accused of sabotaging graft cases, persecuting opposition, in: Kyiv Independent, 23. 7. 2022. Darin zitiert der anerkannte Antikorruptionsexperte Vitalij Šabunin, der den neuen Generalstaatsanwalt als politische Besetzung beschreibt, der Zelens'kyj und dessen Bürochef Andrij Jermak diene, „Verbündete reinzuwaschen".

58 Exemplarisch ist der Fall Oleh Tatarov, einer von zehn Stellvertretern von Zelens'kyjs Stabschef Andrij Jermak, ausgerechnet zuständig für Strafverfolgung und Antikorruption. Das Nationale Antikorruptionsbüro (NABU) ermittelte gegen ihn wegen Bestechung, die Generalstaatsanwaltschaft übertrug den Fall an den Sicherheitsdienst (SBU), obwohl das NABU dagegen ukrainisches Recht und eine Entscheidung des Hohen Antikorruptionsgerichts der Ukraine geltend machen konnte. Vgl. Oleg Sukhov, Prosecutor who helped destroy Tatarov

Doch erst wenn das Überleben als Staat nicht mehr im Vordergrund steht, wird Zelens'kyj als Präsident der Ukraine an rechtsstaatlichen Lösungen für die genannten Fälle gemessen werden können – sowie daran, dass nicht eine politisch gefügige Generalstaatsanwaltschaft oder ein von der Präsidialverwaltung beeinflusster Sicherheitsdienst Verfahren der unabhängigen Antikorruptionsorgane sabotieren. Dasselbe gilt dafür, dass Oligarchen wie Kolomojs'kyj dem Zugriff der ukrainischen Justiz nicht mehr entzogen sind. Kurz: dass die ukrainische Staatspraxis Gewaltenteilung gewährleistet. Das am 23. September 2021 erlassene Anti-Oligarchengesetz[59] dagegen fällt für sich allein in die erwähnte „Methode" schnell verabschiedeter, nicht umfassend wirkender Einzelmaßnahmen, die zuvorderst kommunikativ wirken. Ein Indikator dafür, dass Zelens'kyj die Rechtsstaatsprobleme der Ukraine löst, ist es nicht.

Oberstes Politikziel nach außen: Frieden mit Russland

Lange sah Zelens'kyj die ukrainischen Eliten dafür verantwortlich, den Krieg mit Russland, der 2014 begann, nicht schon längst beendet zu haben.[60] Als Präsident wollte er seinen Amtsvorgänger Porošenko sogar rechtlich belangen im Zusammenhang mit Militäroperationen in der Ostukraine. Ein Auftritt und ein Interview am 17. April 2014 zeigen Zelens'kyjs Ambivalenz noch nach der Krim-Annexion, als in der Ostukraine schon Stadtverwaltungen besetzt, pro-ukrainische Bürger entführt, gefoltert und ermordet wurden, nach demselben Muster wie später im Zuge russischer Besatzung 2022. Ostukrainischen Lokalmedien sagte Zelens'kyj, man wolle mit dem Auftritt „maximalen Druck zur Einigung des Landes ausüben und die aktuelle Regierung [in Kyjiv] maximal

graft case attends his birthday party, in: Kyiv Post, 10. 9. 2021. Sogar Jermak wird der Korruption bezichtigt: 2020 veröffentlichte ein damaliger Abgeordneter der Zelens'kyj-Partei Videos, die mutmaßlich zeigen, wie Jermaks Bruder Denys den Verkauf von Regierungsposten verhandelte. Die Brüder Jermak bestritten nicht die Echtheit der Videos, wiesen die Anschuldigungen aber zurück. Andere geleakte Videos zeigen mutmaßlich den Stabschef, wie er diskutiert, gegen einzelne Unternehmen hart durchzugreifen – ein in der postsowjetischen Ukraine nicht unübliches Vorgehen gegen Wettbewerber, das sich so gar nicht mit der Notwendigkeit verträgt, Investoren anzuziehen. Auch hier steht der Vorwurf im Raum, vom NABU eröffnete Fälle seien „begraben" worden, indem sie an den Sicherheitsdienst übertragen oder Fristen überschritten wurden, vgl. Oleg Sukhov, Explainer: Is there any merit to Congresswoman Spartz' accusation against Zelensky's chief of staff?, in: Kyiv Independent, 13. 7. 2022.

59 Euronews/dpa-Meldung, Parlament in Kiew verabschiedet Anti-Oligarchengesetz, 23. 9. 2021.
60 Wenn nicht anders angegeben, sind dieses und die folgenden Details aus: Arkady Moshes/ Ryhor Nizhnikau, Zelenskyy's Change of Approach Towards Russia. From Soft Touch To Firm Hand. Finnish Institute of International Affairs Briefing Paper 340, Mai 2022.

[…] erschüttern".[61] Zelens'kyj und sein Team reisten aber auch als Entertainer an die Front, um für ukrainische Soldaten zu spielen. 2014 spendete die Produktionsfirma öffentlich eine Millionen Hrywnja, etwa 70 000 Euro, an die ukrainische Armee. Nach eigenen Angaben war Zelens'kyj seitdem auch nicht mehr in Russland, und „Studio Kvartal 95" produziert nicht mehr für den russischen – lukrativeren – Markt.[62] Biograf Rudenko sieht es so: „[Die Gruppe] musste sich entscheiden, auf welcher Seite sie steht."[63]

Als Präsident schlug Zelens'kyj dann gegenüber Russland zunächst eine deutlich versöhnlichere Sprache an als sein Vorgänger: Im offiziellen Diskurs war nicht länger vom „russischen Aggressor" die Rede, die Menschen in den besetzten Gebieten wollte Zelens'kyj „zurückgewinnen", teilweise übernahm er das russische Narrativ, der Krieg sei ein „hausgemachtes ukrainisches Problem". Gleichzeitig verbesserte er die humanitäre Lage, erleichterte Übergänge über die Front, die sog. Kontaktlinie, und erreichte zwei Gefangenenaustausche.[64] Sein enger Vertrauter Boris Šefir bezeichnete noch Ende 2019 Kremlchef Putin als „klugen Mann", mit dem man sich „doch einigen" könne. Zelens'kyjs Hauptverhandler mit Moskau bis 2020, sein heutiger Stabschef Andrij Jermak, stellte seine Kontakte zu russischen Eliten heraus.

Für die Mehrheit der Ukrainer war Frieden um den Preis elementarer Zugeständnisse allerdings inakzeptabel, vor allem wegen der Menschenrechtsverletzungen in den seit 2014 von Russland besetzten Gebieten. Vadym Prystajko, Außenminister von August 2020 bis März 2021, zog die „Steinmeier-Reihenfolge" zur Lösung der russisch-ukrainischen Konfrontation in Betracht: Lokalwahlen in der faktisch von Russland besetzten Ostukraine *vor* einem russischen Truppenabzug und Grenzkontrolle wieder durch die Ukraine, nicht Russland. Zelens'kyj kehrte als Präsident zum Minsk-Prozess zurück, den von Deutschland und Frankreich begleiteten Friedensverhandlungen, obwohl er ihn in seinem Wahlkampf noch als „nutzlos" tituliert hatte. Im Dezember 2019 hat er sein erstes persönliches Treffen mit Putin in Paris, das erste Treffen zwischen Russland und der Ukraine seit 2016.[65]

---

61 Rudenko, Politische Biografie, S. 104–106. Die Gruppe spielte in Horlivka, als dort ein Stadtrat entführt und ermordet wurde. Von dem konkreten Fall wusste Zelens'kyj nichts; des Vorwurfs, in dieser Situation aufgetreten zu sein, konnte er sich nicht erwehren.

62 Flurin Clalüna/Barbara Klingbacher/Reto U. Schneider, Wie zwei Männer zu Todfeinden wurden, in: Neue Zürcher Zeitung, 5. 4. 2022.

63 Rudenko, Politische Biografie, S. 106.

64 Kritik erntete er dafür, dass er mit Vladimir Cemach eigenmächtig einen mutmaßlichen Kriegsverbrecher und Zeugen des Abschusses des Passagierflugzeugs MH17 in einen Gefangenenaustausch einbezog.

65 Andrew Higgins, In First Meeting With Putin, Zelensky Plays to a Draw Despite a Bad Hand, in: The New York Times, 9. 12. 2019.

Als russische Antworten ausbleiben, realisiert er schließlich im Oktober 2020, dass Moskau keine Lösung sucht.[66] Die Ukraine weist die „Steinmeier-Reihenfolge" wieder zurück und besteht auf dem bedingungslosen Abzug russischer Truppen. Zelens'kyj versichert sogar, ein autonomer Status für die Gebiete Luhans'k und Donec'k komme nicht in Betracht. Zelens'kyj ist da ein Jahr im Amt, für Putin sind es zwanzig.

Falls Zelens'kyj neben den russischen Truppenbewegungen seit dem Frühjahr 2021 den Aufsatz Putins aus dem Juli 2021 nicht ernst genug nahm, in dem dieser sehr explizit der Ukraine die Souveränität abspricht und vor einer westlich beeinflussten Ukraine als Anti-Russland warnt, dann ist er damit sowohl in guter wie in großer Gesellschaft. Weil Zelens'kyj den umfassenden russischen Angriff aber bis zuletzt als vermeidbar darstellte, trifft ihn der Vorwurf, die Kriegsgefahr verheimlicht zu haben.[67] CIA-Direktor William Burns, von US-Präsident Biden im November 2021 nach Moskau geschickt, kam nach eigenen Angaben mit einer klaren Botschaft zurück, die er im Januar 2022 auch nach Kyjiv weitertrug: Putin halte Zelens'kyj für einen schwachen Führer, die Ukrainer für nachgiebig und glaube, Russlands Militär könne zu minimalen Kosten einen entscheidenden Sieg erringen.[68] Zelens'kyj bat die USA daraufhin um umfangreiche Waffenlieferungen. Für Unbehagen der Amerikaner sorgte, dass Zelens'kyj bis zuletzt die negativen Auswirkungen auf den ukrainischen Aktienmarkt und das Investitionsklima in den Vordergrund stellte und man keinen ukrainischen Plan erkannte; die Ukrainer fühlten sich nach Aussage von Zelens'kyjs Chefberater Mychajlo Podoljak mit den Warnungen alleingelassen. Außerdem schien der Generalstabschef dem Präsidententeam zu misstrauen und umgekehrt.[69] Erwähnt gehört in diesem Zusammenhang auch Zelens'kyjs Jugendfreund Ivan Bakanov, den er an die Spitze des Sicherheitsdienstes SBU berufen hatte. Ihm werden inzwischen elementare strategische Fehler vorgeworfen, die es den russischen Truppen ermöglicht haben sollen, nach dem 24. Februar 2022 so zügig in der Südukraine vorzudringen.[70]

---

66 Arkady Moshes und Ryhor Nizhnikau schlussfolgern allerdings, Zelens'kyj sei bis Februar 2022 noch nicht in der Lage oder nicht bereit gewesen, eine endgültige Entscheidung zu treffen; das habe Moskau für ihn getan. Anm. 60, S. 7. Zu Zelens'kyjs Lernkurve dürften auch die landesweiten Lokalwahlen im Herbst 2020 beigetragen haben, in denen die Präsidentenpartei „Diener des Volkes" einen Dämpfer erhielt.

67 Letztendlich ist unklar, ob Zelens'kyj die großflächige Invasion noch bis zuletzt für vermeidbar hielt oder sie nur öffentlich leugnete, um die ukrainische Wirtschaft nicht zu schädigen.

68 Yaffa, Arming Ukraine, S. 53 f.

69 Ebenda, S. 54 f.

70 Warum russische Truppen bis nach Cherson gelangen konnten, ohne auf Widerstand zu stoßen, ist unklar und noch aufzuklären. Hohe Beamte des Sicherheitsdienstes (SBU) der Region sind entlassen und des militärischen Ranges enthoben bzw. des Verrats angeklagt.

Die Zäsur – Überlebenskampf

Angesichts des umfassenden Krieges hat sich Zelens'kyj als fähiger Anführer gezeigt. Im Unterschied zu Putin soll er sich nicht in militärische Aktionen einmischen, sondern die Expertise der Generäle akzeptieren.[71] Er zeichnet sich zudem durch die Intensität seiner Kommunikation aus, intern und extern, und durch die Präzision und Hartnäckigkeit, mit der er etwa andere Staatsmänner und -frauen an die existenziellen Bedürfnisse der Ukraine erinnert. Monatelang hat er es so geschafft, eine wesentliche Mehrheit hinter „dem einen Ziel: Die Bewahrung unserer Unabhängigkeit und der Sieg der Ukraine" zu vereinen und Hilfe aufrechtzuerhalten.[72] Heraus sticht auch, in einer Mischung aus Einfühlungsvermögen und Disziplin den eigenen Bürgern fast täglich Mut zuzusprechen und dabei über die Kriegstrümmer hinaus in die Zukunft zu blicken. All das trägt bei zu dem im zehnten Kriegsmonat mit über 90 Prozent höchsten Zustimmungswert eines Präsidenten der Ukraine.

Krisenmanagement – Kooperation statt Konfrontation

Angesichts eigener militärischer Niederlagen setzt Russland darauf, gezielt zivile Infrastruktur zu zerstören. In der Millionenstadt Kyjiv etwa verlangt das Zelens'kyj ab, mit seinem politischen Gegner in Gestalt des Oberbürgermeisters und Verwaltungschefs Vitalij Klyčkó zusammenzuarbeiten. Dass Präsident und Hauptstadtbürgermeister sich nicht auf Augenhöhe auseinandersetzen, wie Versorgung oder Evakuierung der Menschen konkret zu gewährleisten sein könnten, wirft kein gutes Licht auf Zelens'kyj.[73] In der seit 2014 mit Erfolg dezentralisierten Ukraine wird aber spätestens der Wiederaufbau dem Präsidenten Zelens'kyj die Fähigkeit abverlangen, eine langfristig gute Kooperation über sein eigenes Team hinaus zu gewährleisten.

Das Problem Ihor Kolomojs'kyj scheint Zelens'kyj auf besondere Weise loswerden zu wollen. Seit dem 20. Juli 2022 deutet einiges darauf hin, dass der

---

71 Wolodymyr Selenskyj, Botschaft aus der Ukraine, München 2022, S. 17.
72 Rede Zelens'kyjs zum 24. August 2022, dem ukrainischen Unabhängigkeitstag, in: Selenskyj, Botschaft aus der Ukraine, S. 154.
73 Das Zelens'kyj-Team griff Klyčkó dafür an, nicht genug „Aufwärmpunkte" für die Hauptstadtbewohner zu schaffen. In seiner Entgegnung nennt Klyčkó Zelens'kyj nicht namentlich, erinnert aber daran, „kein Untergebener zu sein" und „dass es so etwas wie Selbstverwaltung gibt". Interview mit Vitalij Klitschko, Man muss darauf vorbereitet sein, dass die Stromabschaltungen bis zum Frühjahr gehen können (Russisch), in: RBK-Ukraine, 28. 11. 2022.

Präsident dem ehemaligen Geschäftspartner die ukrainische Staatsangehörigkeit entzogen hat.[74] Unklar bleiben die Folgen, sowohl für Strafverfahren wegen Kolomojs'kyjs mutmaßlichem Milliardenbetrug in der Ukraine wie auch für seine Auslieferung in Länder, in denen Strafverfahren gegen ihn anhängig sind.[75]

„Früher sagten wir ‚der Frieden'. Heute sagen wir ‚der Sieg'."[76]

Wenn die Ukraine im Krieg mit Russland gewinnt, dann liegt das vor allem an der Tapferkeit ihrer Menschen. Wenn sie nicht gewinnt, dann liegt das jedenfalls nicht an mangelnder Entschlossenheit ihres Präsidenten. Im Gegenteil leistet Zelens'kyj den maximalen Beitrag zu Widerstand und Kampf um die Freiheit. Ob er sein Land auf dem Weg zu einer liberalen Demokratie weiter voranbringen wird, kann sich erst vollständig erweisen, wenn die Ukraine den Krieg gewonnen hat. Falls er Versprechen nicht hält, werden die Menschen ihn abwählen. Denn seine hohen Zustimmungswerte gelten ebenso dem weiteren Wandel im Land, etwa einem künftigen EU-Beitritt. Auch als Friedenspräsident wird Zelens'kyj liefern müssen. Im Gegensatz zu Kremlchef Vladimir Putin braucht Volodymyr Zelens'kyj das Volk.

Der Beitrag wurde im Dezember 2022 abgeschlossen.

---

74 Ein Foto eines Präsidialdekrets listet zehn Personen, darunter Kolomojs'kyj, denen es die ukrainische Staatsbürgerschaft entzieht, unterschrieben ist das Dekret allerdings nicht. Siehe Igor Kossov/Oleksiy Sorokin, Rumors of Zelensky stripping top oligarch Kolomoisky's citizenship gain ground, in: Kyiv Independent, 23. 7. 2022. Beobachter verweisen auf Bestätigungen aus dem Präsidentenstab, siehe Alexandra Nekrashchuk/Artem Ilyin/Andrei Samofalov, Die großen Zehn. Wie viel die reichsten Ukrainer mit dem Krieg verloren und wie viel sie für den Sieg ausgegeben haben (Russisch), in: Novoe Vremya, 6. 11. 2022, mit Zitat des Parlamentariers Jaroslav Jurčyšyn, ehem. Executive Director of Transparency International Ukraine v. 20. 10. 2022: Im Stab des Präsidenten habe man den Entzug bestätigt.
75 In den USA interessiert man sich für Kolomojs'kyj, weil er dort mit den mutmaßlich unterschlagenen Milliarden Fabriken und Firmen kaufte und sich inzwischen die schädigenden Folgen zeigen.
76 Rede Zelens'kyjs zum 24. August 2022, in: Botschaft aus der Ukraine, S. 152.

Die Autorinnen und Autoren

PROF. DR. ARND BAUERKÄMPER, Professor für die Geschichte des 19. und 20. Jahrhunderts an der Freien Universität Berlin. Arbeitsschwerpunkte: Geschichte des Faschismus in Europa, Geschichte Deutschlands nach 1945, historische Erinnerungsforschung. Einschlägige Publikation: Das umstrittene Gedächtnis. Die Erinnerung an Nationalsozialismus, Faschismus und Krieg in Europa seit 1945 (2012).

DR. JAN CLAAS BEHRENDS arbeitet als Projektleiter am Leibniz-Zentrum für Zeithistorische Forschung (ZZF) in Potsdam und vertritt eine Professur an der Europa-Universität Viadrina in Frankfurt an der Oder. Forschungsgebiete: Geschichte Osteuropas, Stadtgeschichte, Gewaltforschung, Kriege und Konflikte im post-sowjetischen Raum.

PROF. DR. WOLFGANG BENZ, Historiker und Vorurteilsforscher, 1969–1990 Referent am Institut für Zeitgeschichte München, dann bis 2011 Professor und Leiter des Zentrums für Antisemitismusforschung der Technischen Universität Berlin, Mitglied in Gremien der Forschung, der Politischen Bildung und der Gedenkarbeit. Mitglied im PEN. Autor und Herausgeber zahlreicher Veröffentlichungen zur deutschen Geschichte, zum Antisemitismus und zur Vorurteilsforschung, u. a. Handbuch des Antisemitismus, 8 Bände, München/Berlin 2008–2015.

DR. ANGELIKA CENSEBRUNN-BENZ, Jg. 1981, Studium der Neueren deutschen Geschichte und Philologie an der Technischen Universität Berlin; Forschung und Publikationen zur Geschichte des NS und der DDR, darunter: Handlanger der SS. Die Rolle der Trawniki-Männer im Holocaust (2015); zuletzt: Stiefkinder der Republik. Das Heimsystem der DDR und die Folgen (2022).

JPROF. DR. ROMAN DUBASEVYCH wurde an der Universität Wien mit einer Arbeit zum Habsburgermythos in der postsowjetischen Westukraine promoviert.

Seit April 2018 ist er Juniorprofessor für Ukrainische Kulturwissenschaft in Greifswald und akademischer Leiter der internationalen Sommerschule „Greifswalder Ukrainicum". Forschungsinteressen: Theorien des kulturellen Gedächtnisses, transgenerationalle Traumavermittlung, Postmoderne, Postkoloniale Theorie, Psychoanalyse, Pop- und Rockkultur, kulturelle Repräsentationen des Krieges in der Ukraine. Seit Februar 2022 koordiniert er das von BMBF geförderte Verbundprojekt „UNDIPUS" zur Erforschung des Einflusses des Krieges auf die ukrainische Gesellschaft.

PROF. DR. FRANK GOLCZEWSKI, Jg. 1948 in Katowice, Polen; 1969–1973 Studium der Geschichte, Slavistik, Pädagogik, Philosophie an der Universität zu Köln, 1973 Promotion, 1980 Habilitation. 1983–1994 Professor für Neuere Geschichte an der Universität der Bundeswehr Hamburg; seit 1994 Professor für Osteuropäische Geschichte an der Universität Hamburg, 2014 pensioniert. Ausgewählte Publikationen: Polnisch-jüdische Beziehungen 1881–1922; Wiesbaden 1981; (Hrsg.), Geschichte der Ukraine, Göttingen 1993; Deutsche und Ukrainer 1914–1939, Paderborn 2010.

MIRIAM KOSMEHL beobachtet seit Oktober 2017 als Senior Expert der Bertelsmann Stiftung die Entwicklungen in Osteuropa. Zuvor leitete sie fünf Jahre das Büro der Friedrich-Naumann-Stiftung für die Freiheit in Kyjiw. Die studierte Volljuristin, die auch einen Master in Rechtswissenschaften (LL.M.) für Völkerrecht und Internationales Wirtschaftsrecht hat, war neun Jahre Projektleiterin und Gutachterin für die Gesellschaft für Internationale Zusammenarbeit (GIZ), arbeitete im Büro für Demokratische Institutionen und Menschenrechte der OSZE in Warschau und in Brüssel als Programm- und Projektmitarbeiterin in der European Human Rights Foundation (EHRF).

DR. PHIL. HABIL. STEPHAN LEHNSTAEDT ist seit 2016 Professor für Holocaust-Studien an der Touro University, Campus Berlin. Er hat an der LMU München, der HU Berlin und der London School of Economics gelehrt und war 2010 bis 2016 wissenschaftlicher Mitarbeiter am Deutschen Historischen Institut Warschau.

DR. SABINE VON LÖWIS ist Geographin und forscht am Zentrum für Osteuropa und internationale Studien (ZOiS) in Berlin und leitet den Forschungsschwerpunkt Konfliktdynamiken und Grenzregionen. Sie arbeitet zu Raum-Zeit-Dynamiken, Grenzregionen, post-sowjetischen Konfliktregionen und hat einen Länderfokus auf die Ukraine und die Republik Moldau.

PROF. DR. DR. H.C. MULT. STEPHAN MERL, Jg. 1947. seit 1991 Professor für Allgemeine Geschichte unter besonderer Berücksichtigung der Osteuropäischen Geschichte an der Universität Bielefeld. Arbeitsgebiete: u. a. Wirtschafts- und Sozialgeschichte Russlands und der Sowjetunion; Agrarsektor im Industrialisierungsprozess, Sowjetisierung und Entstalinisierung in Osteuropa; Vergleichende Konsumgeschichte. Veröffentlichungen: u. a. Politische Kommunikation in der Diktatur. Deutschland und die Sowjetunion im Vergleich, Göttingen 2012.

DR. TIM B. MÜLLER, Jg. 1978, Historiker, wissenschaftlicher Leiter des Verbands Deutscher Sinti und Roma Baden-Württemberg, Lehrbeauftragter an der Universität Mannheim; zuvor wissenschaftlicher Mitarbeiter an der Humboldt-Universität zu Berlin und am Hamburger Institut für Sozialforschung. Buchpublikationen u.a. „Krieger und Gelehrte" (2010), „Nach dem Ersten Weltkrieg" (2014), „Normalität und Fragilität" (hg. mit Adam Tooze, 2015), „Basic Concepts of Romani Policies in Europe" (mit Iulius Rostas, 2021).

DR. THEOL. HABIL. ANDRIY MYKHALEYKO, Privatdozent am Lehrstuhl für Mittlere und Neue Kirchengeschichte an der Katholischen Universität Eichstätt-Ingolstadt

PD DR. TILMAN PLATH, Privatdozent an der Universität Greifswald, Gastprofessor an der Staatlichen Universität St. Petersburg. Promotion: Zwischen Schonung und Menschenjagden. Die Arbeitseinsatzpolitik in den baltischen Generalbezirken des Reichskommissariats Ostland 1941–1944/45. Habilitation: Peters unsichtbare Hand? Außenhandelspolitik und ökonomisches Denken im Russland des 18. Jahrhunderts. Forschungsschwerpunkte: Geschichte Lettlands, Deutsche Besatzungspolitik in Osteuropa während des Zweiten Weltkrieges, Russischer Merkantilismus, Geschichtspolitik in Osteuropa.

DR. IMMO REBITSCHEK ist Assistent am Lehrstuhl für Osteuropäische Geschichte der Universität Jena. Er hat mit einer Arbeit über die sowjetische Staatsanwaltschaft promoviert (Die Disziplinierte Diktatur, 2018) und zur Geschichte der Justiz im Stalinismus, über Hungerkrisen im Russischen Imperium und zur ukrainischen Staatswerdung 1918 geforscht und publiziert. Demnächst erscheint der von ihm mit herausgegebene Band *Social Control under Stalin and Khrushchev* (University of Toronto Press). Aktuell schreibt er eine Geschichte der Hungerhilfe und des autoritären Humanitarismus im ausgehenden Zarenreich.

DR. GRZEGORZ ROSSOLIŃSKI-LIEBE, Jg. 1979, studierte Kulturwissenschaften und Geschichte an der Europa-Universität Viadrina mit Auslandsaufenthalten in Dublin und Lemberg. Seine Dissertation über das Leben und den Kult von Stepan Bandera schrieb er an der Universität Hamburg und der University of Alberta. Seit 2012 wissenschaftlicher Mitarbeiter an der Freien Universität Berlin. Forschungsschwerpunkte: Holocaust in Osteuropa, transnationaler Faschismus in West- und Osteuropa, jüdische, polnische und ukrainische Geschichte vom 18. bis 21. Jahrhundert, Antisemitismus.

CLAUDIA VON SALZEN ist seit 2002 Journalistin beim *Tagesspiegel*. In der Politikredaktion schrieb sie zunächst vor allem über Mittel- und Osteuropa sowie Russland, bis sie 2014 als politische Korrespondentin ins Hauptstadtbüro wechselte. Sie hat Mittlere und Neuere Geschichte, Deutsche und Slavische Philologie in Göttingen studiert und die Berliner Journalisten-Schule besucht.

VIKTORIA SAVCHUK ist Referentin der Geschäftsführung beim Zentrum Liberale Moderne. Als Juristin und Advocacy Expertin war sie mehrere Jahre bei der NGO „CrimeaSOS" in Kyjiw tätig. Sie studierte Jura an der Nationalen Akademie des Inneren der Ukraine und an der Georg-August-Universität Göttingen.

ANDREAS SCHULZ, Jg. 1988, ist Historiker und Fachbereichsleiter in der Landeszentrale für politische Bildung Baden-Württemberg. Er promoviert im Bereich der Erinnerungskultur und ist Lehrbeauftragter an der Karlshochschule Karlsruhe.

PROF. DR. GERHARD SIMON, Jg. 1937, Promotion 1967, Universität Hamburg; Habilitation 1986, Universität zu Köln. Außerplanmäßiger Professor für Osteuropäische Geschichte; Leitender Wissenschaftlicher Direktor am Bundesinstitut für ostwissenschaftliche und internationale Studien, Köln. Hauptarbeitsgebiete: Nationalismus und Nationalitätenpolitik in der Sowjetunion, Zeitgeschichte der Ukraine.

DR. JOHANNES SPOHR ist Historiker und betreibt in Berlin den Recherchedienst *present past* zum Nationalsozialismus in Familie und Gesellschaft (present-past. net). 2021 erschien seine Dissertation *Die Ukraine 1943/44. Loyalitäten und Gewalt im Kontext der Kriegswende*. Zuletzt erschien von ihm und Clemens Böckmann *Phantastische Gesellschaft. Gespräche über falsche und imaginierte Familiengeschichten zur NS-Verfolgung*. Johannes Spohr ist Vorstandsmitglied des Vereins KONTAKTE-КОНТАКТЫ sowie Mitglied des Arbeitskreises für intergenerationelle Folgen des Holocaust, ehem. PAKH e. V.

WOLFGANG TEMPLIN ist DDR-Bürgerrechtler und Publizist. Er war Mitbegründern von Bündnis 90. Von 2010 bis 2014 leitete er das Warschauer Auslandsbüro der Heinrich-Böll-Stiftung. Publikationen u. a.: Dreizack und Roter Stern. Geschichtspolitik und historisches Gedächtnis in der Ukraine (zus. mit Christiane Schubert, 2015); Revolutionär und Staatsgründer. Józef Piłsudski. Eine Biografie (2022).

JIM G. TOBIAS ist Historiker und Journalist. Leiter und Mitbegründer des Nürnberger Instituts für NS-Forschung und jüdische Geschichte des 20. Jahrhunderts e. V. (www.nurinst.org). Zahlreiche Buchveröffentlichungen, TV-, Radio-Beiträge und Webangebote zur deutschen und jüdischen Geschichte.

DR. MARIO WENZEL, Jg. 1975, Historiker. 2014 Promotion an der Technischen Universität Berlin; freiberufliche Tätigkeit mit Schwerpunkten zur NS- und DDR-Geschichte. Ehrenamtliches Engagement im Bildungswerk Stanisław Hantz e. V. Wichtigste Publikation: Arbeitszwang und Judenmord. Die Arbeitslager für Juden im Distrikt Krakau des Generalgouvernements 1939–1944 (2017).

DR. JULIANE WETZEL, Historikerin; 1987–1991 wiss. Mitarbeiterin am Institut für Zeitgeschichte, München. 1991–2023 wissenschaftliche Mitarbeiterin am Zentrum für Antisemitismusforschung der TU Berlin; Mitglied der deutschen Delegation der International Holocaust Remembrance Alliance (IHRA), Vorstandsmitglied der Kreuzberger Initiative gegen Antisemitismus und des Wiener Wiesenthal Instituts für Holocaust-Studien; zahlreiche Publikationen zu den Themen Juden unter nationalsozialistischer Verfolgung, jüdische Nachkriegsgeschichte, Rechtsextremismus und aktuelle Formen des Antisemitismus.

Personenregister

Fränk, Gerhard 265
Franco, Francisco 208, 387
Franke, Andreas 258
Franko, Ivan 70 f.
Franz, Romeo 165
Franziskus (Papst) 94
Freud, Sigmund 401
Frevert, Ute 403

Garibaldi, Giuseppe 364
Geibel, Paul Otto 265
Genevriere, Reiner 264
Georg (Heiliger) 230, 238 f., 363,
386, 389
Gerlach, Christian 252
Giedroyc, Jerzy 342
Gieseke, Walter 265 f.
Girkin, Igor' 357, 411
Glass, Tadeus 243
Globocnik, Odilo 283
Göring, Hermann 295
Gogol', Nikolai (Hohol', Mykola)
399
Golczewski, Frank 240
Gongadze, Heorhij 342
Gorbačëv (Gorbatschow), Michail
24 f., 52–54, 85, 319–321, 338 f.
Gounod, Charles 404
Govoruchin, Stanislav 398
Gräbe, Hermann 237, 241–244
Graetschus, Siegfried 277
Gregor VII. (Papst) 63
Grodetski, Kitty 243
Groscurth, Helmuth 142
Grossman, Vasilij 219 f.
Gubarev, Pavel 356 f.
Günther, Wilhelm 250
Gusinskij, Vladimir 424

Hagen, Mark von 116
Heil, Otto 260, 262
Heinrich IV. (römisch-deutscher
König) 63
Heydrich, Reinhard 248, 375
Hilarion (Rudnyk) von Edmonton
91
Himmler, Heinrich 83, 237, 248 f.,
253, 265, 283, 293 f., 369, 375
Hitler, Adolf 30, 47, 50, 81 f., 147 f.,
206, 208, 248, 261, 265, 280 f.,
288, 315, 367, 369 f., 373, 378,
382, 385, 391, 396
Hluškova, Nadija 401
Hnativ, Maria (Schwester
Khrysantia) 238
Holland, Agnieszka 407
Holler, Martin 155, 161
Hołówko, Tadeusz 205
Holubovyč, Vsevolod 75
Horst & Jüssen (Firma) 264, 272 f.,
275
Hoščcyns'ka, Daryna 406
Hrojsman, Volodymyr 424
Hruševs'kyj, Mychajlo 59, 61,
71–73
Huneke, Douglas K. 241

Ilarion (Grigorij Alfeev) (Metropo-
lit) 93–95
Innozenz IV. 63
Iščenko, Volodymyr 409
Izjaslav I. (Großfürst von Kyjiv)
62 f.

Jagoda, Genrich 188
Jakovenko, Volodymyr 165
Jameson, Fredric 410
Jančuk, Oles' 406

Ortsregister